U0905200

2023

（总第41期 No.41）

四川统计年鉴

Sichuan Statistical Yearbook

四　川　省　统　计　局
国家统计局四川调查总队　编

Statistical Bureau of Sichuan
NBS Survey Office in Sichuan

中国统计出版社
China Statistics Press

图书在版编目（CIP）数据

四川统计年鉴. 2023 = Sichuan Statistical Yearbook 2023 : 汉英对照 / 四川省统计局，国家统计局四川调查总队编. -- 北京 : 中国统计出版社，2023.12
ISBN 978-7-5230-0162-2

Ⅰ. ①四… Ⅱ. ①四… ②国… Ⅲ. ①统计资料－四川－2023－年鉴－汉、英 Ⅳ. ① C832.71-54

中国国家版本馆 CIP 数据核字 (2023) 第 133190 号

四川统计年鉴2023

作　　者 / 四川省统计局　国家统计局四川调查总队
责任编辑 / 熊丹书
执行编辑 / 王　毅
出版发行 / 中国统计出版社有限公司
地　　址 / 北京市丰台区西三环南路甲6号　邮政编码 /100073
电　　话 / 邮购（010）63376909　书店（010）68783171
网　　址 / http://www.zgtjcbs.com
印　　刷 / 成都鑫达彩印印务有限责任公司
经　　销 / 新华书店
开　　本 / 890mm×1240mm　1/16
字　　数 / 1100　千字
印　　张 / 33.75　彩页 1
版　　别 / 2023 年 12 月第 1 版
版　　次 / 2023 年 12 月第 1 次印刷
定　　价 / 420.00 元　　Price: 420.00 yuan(RMB)

本书附同版本 CD-ROM 一张，光盘内容以书面文字为准。
如有印装差错，由本社发行部调换。

《四川统计年鉴2023》

编委会和编辑部

SICHUAN STATISTICAL YEARBOOK 2023

编 者 说 明

一、《四川统计年鉴2023》是一部全面反映四川省经济和社会发展情况的综合性统计资料年刊。本年鉴收录了全省和各市（州）、县（市、区）2022年经济和社会发展各方面的大量统计数据，以及历史重要年份和近年来的全省主要统计数据。

二、本年鉴正文内容分为22个篇章，即：1.综合；2.国民经济核算；3.人口；4.就业和工资；5.固定资产投资；6.能源；7.资源和环境；8.财政和物价；9.人民生活和社会保障；10.城市发展；11.民族自治地方概况；12.县（市、区）概况；13.农业；14.工业；15.建筑业；16.交通运输和邮电业；17.国内贸易；18.对外经济贸易和旅游；19.金融业；20.教育、科技和专利；21.文化、体育和卫生；22.其他社会活动。为方便读者使用，部分统计表下作了简要注释，并在各篇末附有主要统计指标解释。

三、与《四川统计年鉴2022》比较，本年鉴在“综合”篇，整理了1978年以来四川省经济社会发展总量、速度、比例和构成资料。根据现行统计调查制度修订情况，在“人民生活和保障”篇，删除了“按收入五等份分组的城镇居民家庭生活设施情况”表；在“农业”篇，删除了“农村用电量”指标；由于相关部门统计方法制度变化，对“外商投资”相关指标进行了规范和统一，增加了旅游相关数据，原“对外经济贸易”篇改名为“对外经济贸易和旅游”。

四、本年鉴中，涉及的部门统计资料均由省级相关部门提供。

五、本年鉴中涉及的历史数据，均以最新出版的本年鉴数据为准。

六、本年鉴中所使用的度量衡单位均采用国际统一标准计量单位。

七、本年鉴中部分数据合计数或相对数由于单位取舍不同而产生的计算误差，均未做机械调整。

八、本年鉴表中的符号使用说明：“空格”表示该项统计指标数据不足本表最小单位数、数据不详或无该项数据；“#”表示其中的主要项。

Preface

Ⅰ. *Sichuan Statistical Yearbook 2023* is an annual statistics publication to reflect various aspects of Sichuan's economic and social development, which covers very comprehensive data series in 2022 and some selected data series in historically important years and the most recent years at provincial level, local levels of prefecture and level of county.

Ⅱ. The *Yearbook* contains twenty-two chapters: 1.General Survey; 2.National Accounts; 3.Population; 4.Employment and Wages; 5.Investment in Fixed Assets; 6.Energy; 7.Resources and Environment; 8.Local Government Finance and Prices; 9. People's Livelioods and Social Security; 10.Urban Development; 11.Survey of Minority Nationality Autonomous Areas; 12.Survey of County (City, District); 13.Agriculture; 14.Industry; 15.Construction; 16.Transportation, Postal and Telecommunication Services Industry; 17.Domestic Trade; 18.Foreign Trade and Economic Cooperation and International Tourism; 19.Finance and Insurance; 20.Education, Science Technology and Patents; 21.Culture, Sports and Public Health; 22.Other Social Activities. To facilitate readers, the brief notes below Some statistical tables, and Explanatory Notes on Main Statistical Indicators is attached to the end of each chapter.

Ⅲ. Compared with *Sichuan Statistical Yearbook 2022*, data on the aggregate, speed, proportion and composition of the main indicators of Sichuan's economic and social development since 1978 are sorted out in Chapter 1 "General Survey" of the *Yearbook*. Revision according to the current statistical survey system, delete "Living Facilities of Urban Households by Income Quintile" in chapter 9 "People's Livelioods and Social Security"; delete the indicator of "Electricity Consumption in Rural Area" in Chapter 13 "Agriculture". Due to institutional changes in statistical methods of relevant departments, the indicators related to "foreign investment" have been standardized and unified, and tourism related data has been added, the Chapter 18 "Foreign Trade and Economic Cooperation" has been renamed "Foreign Trade and Economic Cooperation and International Tourism".

Ⅳ. In the *Yearbook*, the relevant department statistics are provided by relevant departments at the provincial level.

Ⅴ. For updated historical date, please refer to the newly published version of the *Yearbook*.

Ⅵ. The units of measurement used in the *Yearbook* are international standard measurement units.

Ⅶ. Statistical discrepancies on totals and relative figures due to rounding are not adjusted in the *Yearbook*.

Ⅷ. Notations used in the *Yearbook*: "blanks space" means that the statistical index data is less than the minimum number of units in the table, the data is unknown or is not available; "#" indicates the main item.

目　　录

CONTENTS

一、综　合
Chapter 1　General Survey

二、国民经济核算
Chapter 2　National Accounts

三、人 口
Chapter 3 Population

四、就业和工资
Chapter 4 Employment and Wages

五、固定资产投资
Chapter 5 Investment in Fixed Assets

六、能　源
Chapter 6　Energy

七、资源和环境
Chapter 7 Resources and Environment

八、财政和物价
Chapter 8 Local Government Finance and Price

九、人民生活和社会保障
Chapter 9 People's Living Conditions and Social Security

十、城市发展
Chapter 10 Urban Development

十一、民族自治地方概况
Chapter 11 Survey of Ethnic Minority Autonomous Areas

十二、县（市、区）概况
Chapter 12 Survey of County (City,District)

十三、农　业
Chapter 13 Agriculture

十四、工 业
Chapter 14 Industry

十五、建筑业
Chapter 15 Construction

十六、交通运输和邮电业
Chapter 16 Transportation and Post

十七、国内贸易
Chapter 17 Domestic Trade

十八、对外经济贸易和旅游
Chapter 18 Foreign Trade and Economic Cooperation and Tourism

十九、金融业
Chapter 19 Financial Intermediation

二十、教育、科技和专利
Chapter 20　Education, Science, Technology and Patents

二十一、文化、体育和卫生
Chapter 21 Culture, Sports and Public Health

二十二、其他社会活动
Chapter 22 Other Social Activities

年末户籍人口

（万人）
7000
6000
5000
4000
3000
2000
1000
0
6500
6465
6317
6140
5997
5850
5753
5606
5598
5544
2632
2694
2785
2998
3116
3272
3347
3476
3496
3524
2013年
2014年
2015年
2016年
2017年
2018年
2019年
2020年
2021年
2022年
城镇人口
乡村人口

就业人员

（万人）
5000
4500
4000
3500
3000
2500
2000
1500
1000
500
0
4634
4638
4652
4657
4667
4690
4714
4745
4727
4706
2013年
2014年
2015年
2016年
2017年
2018年
2019年
2020年
2021年
2022年

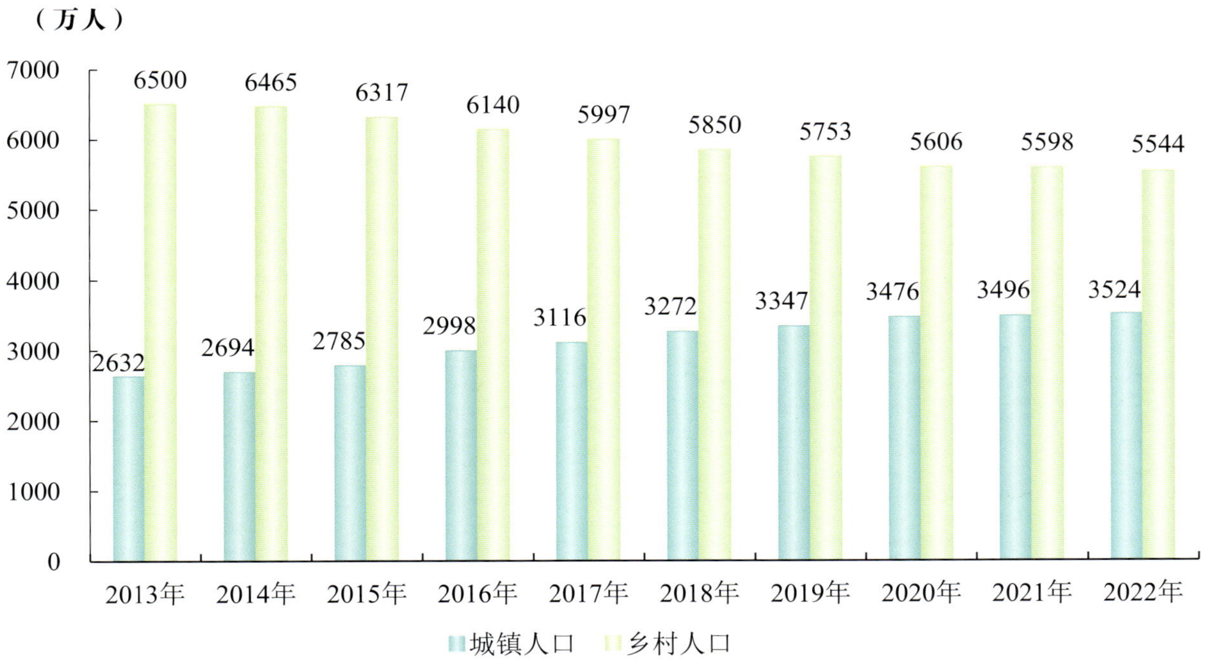

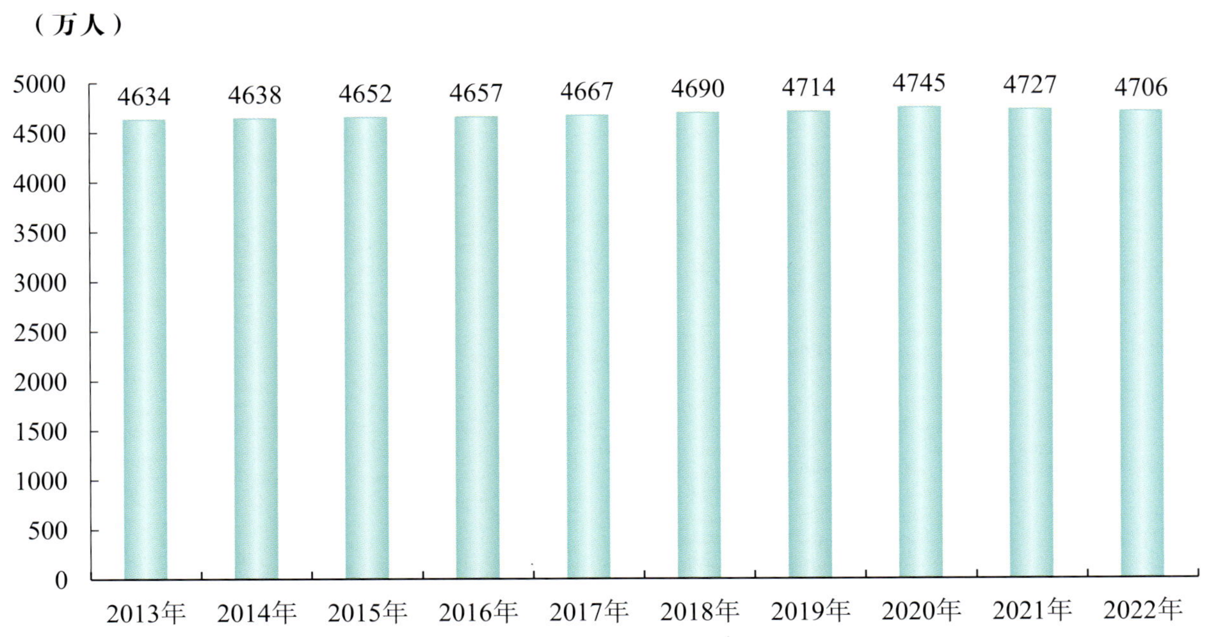

三次产业就业人员构成

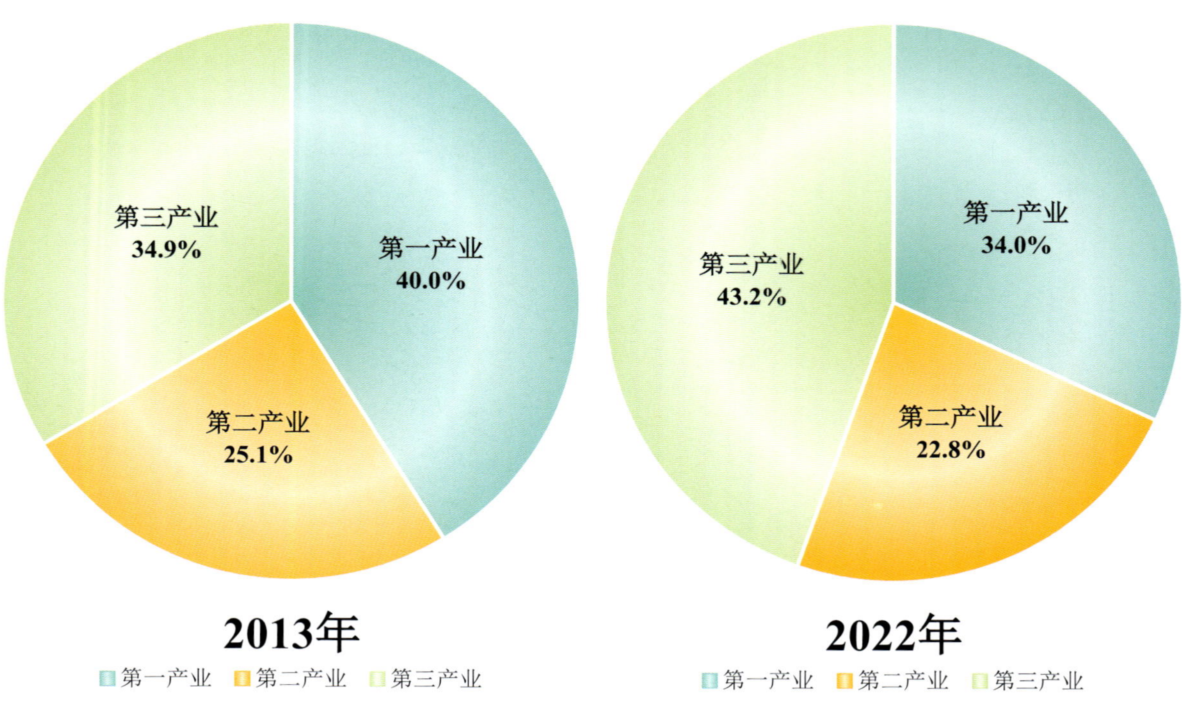

地区生产总值和增长速度

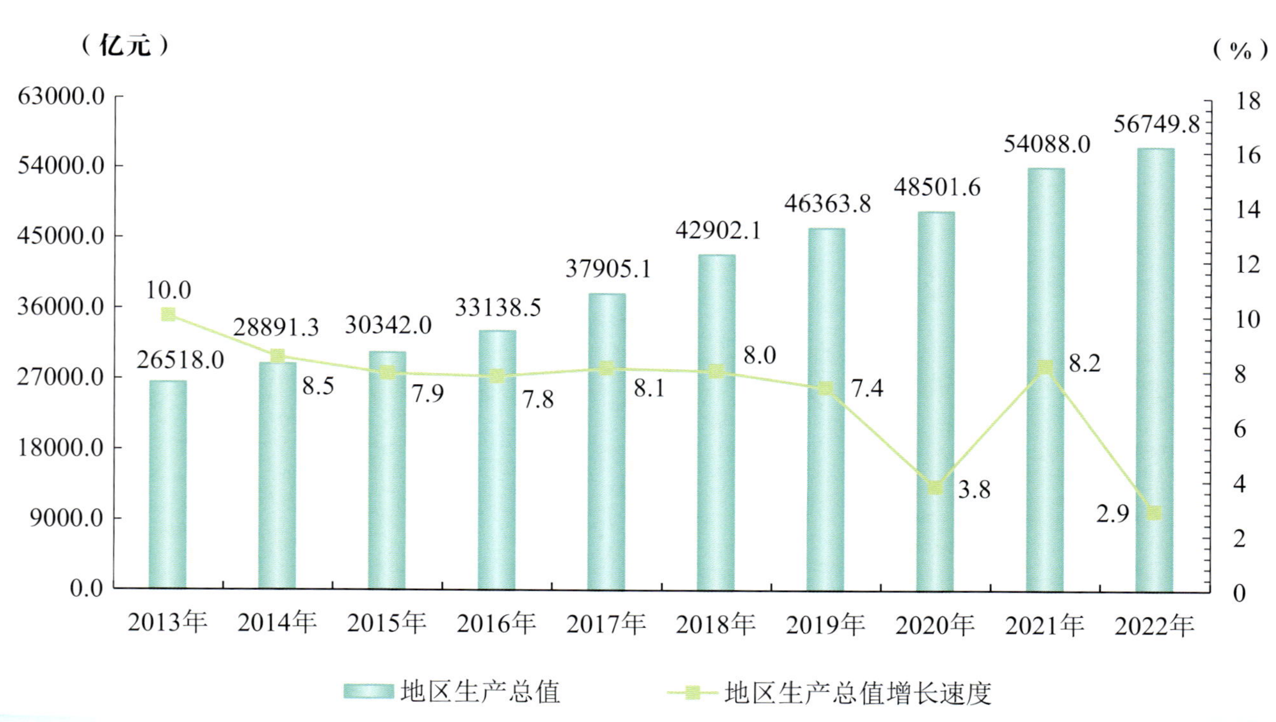

地区生产总值构成

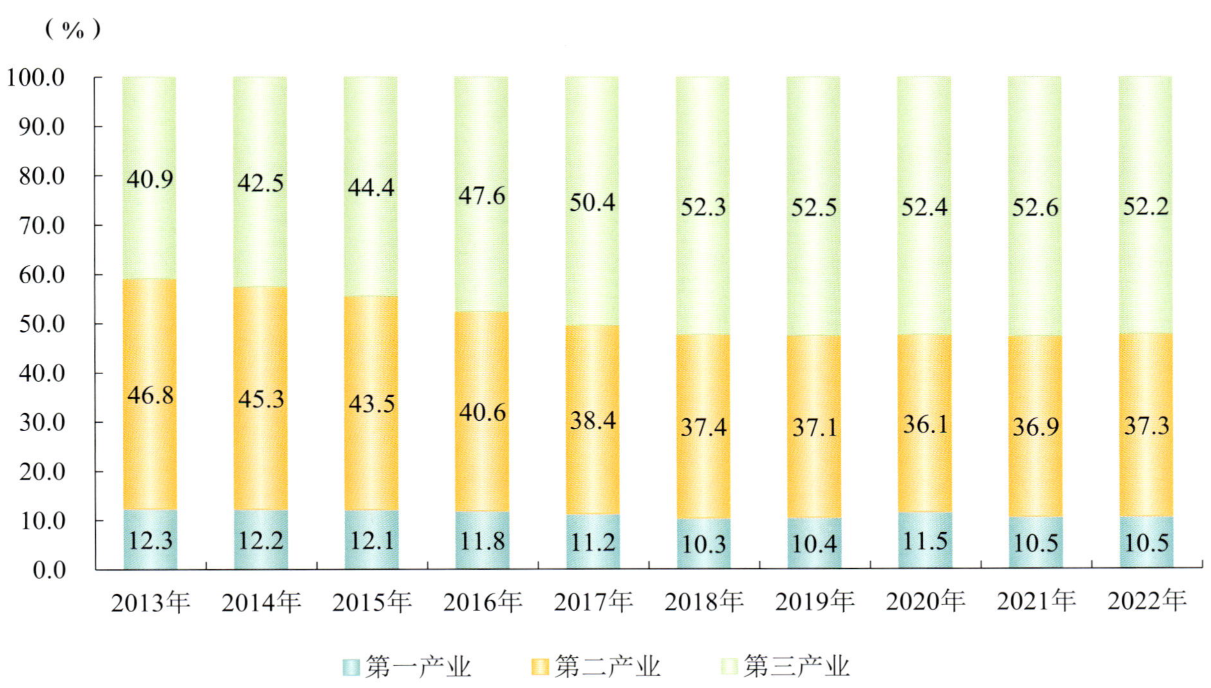

人均地区生产总值

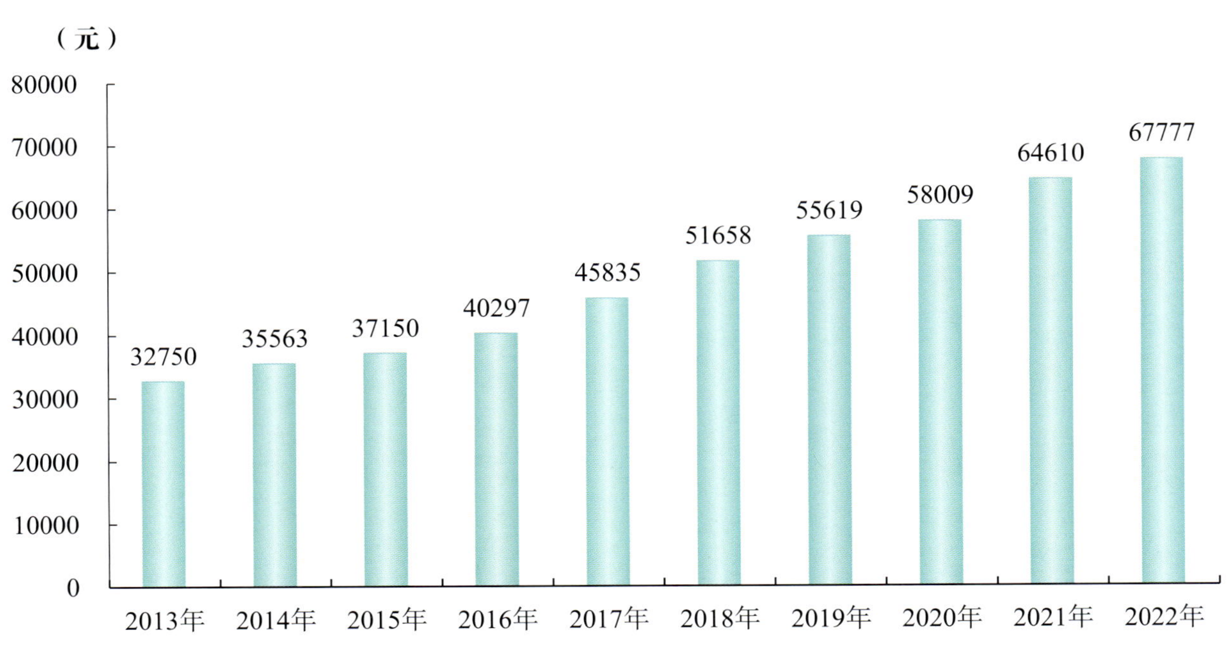

农林牧渔业总产值

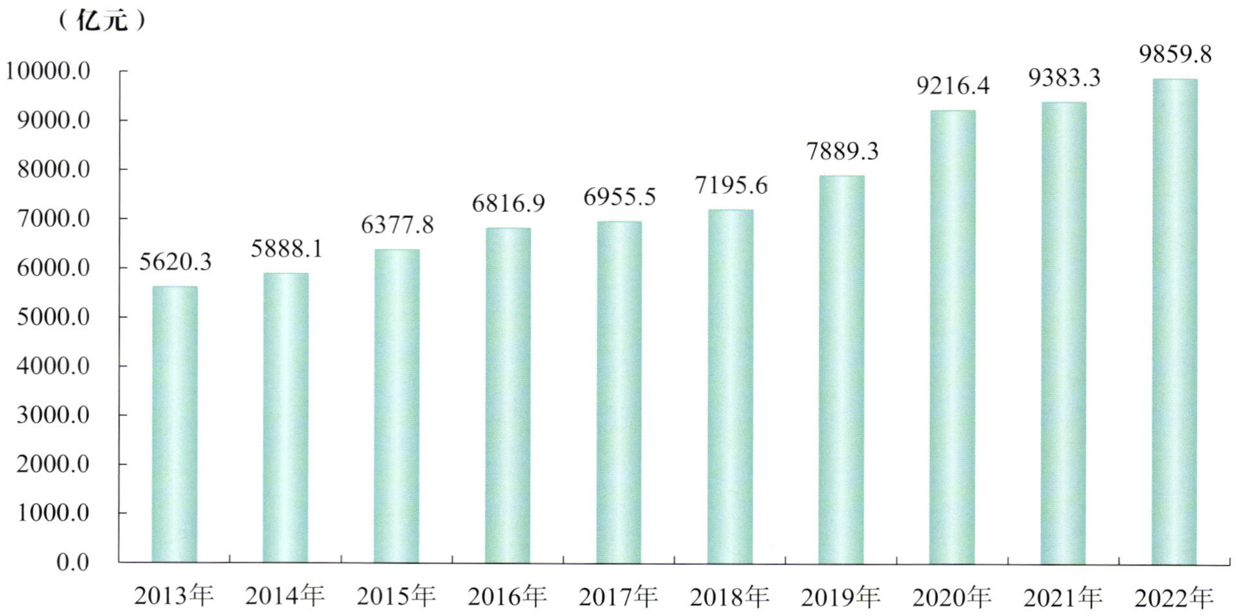

粮食作物和油料作物播种面积

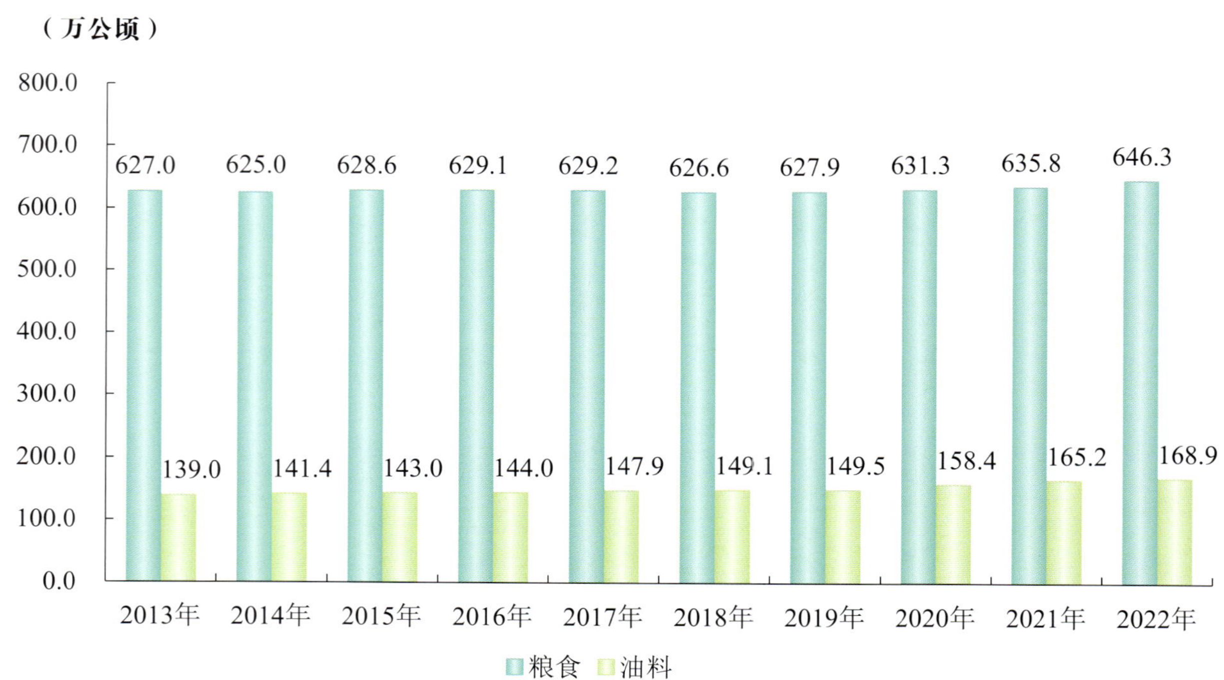

粮食产量和油料产量

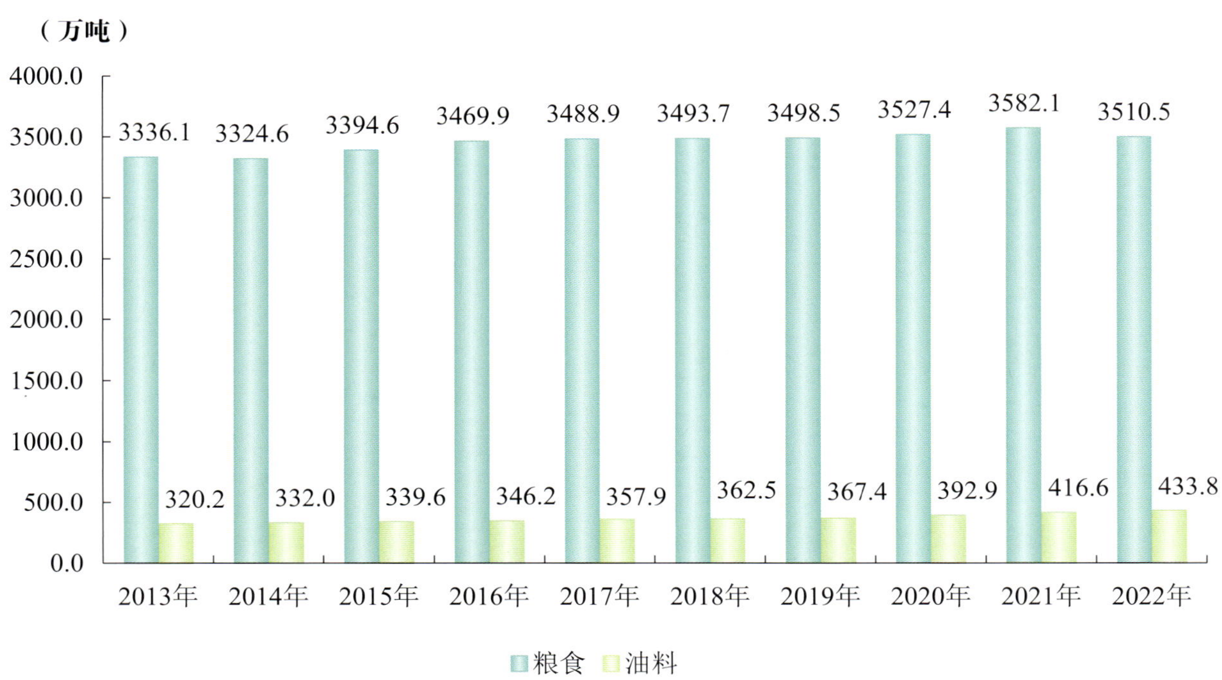

肉类总产量

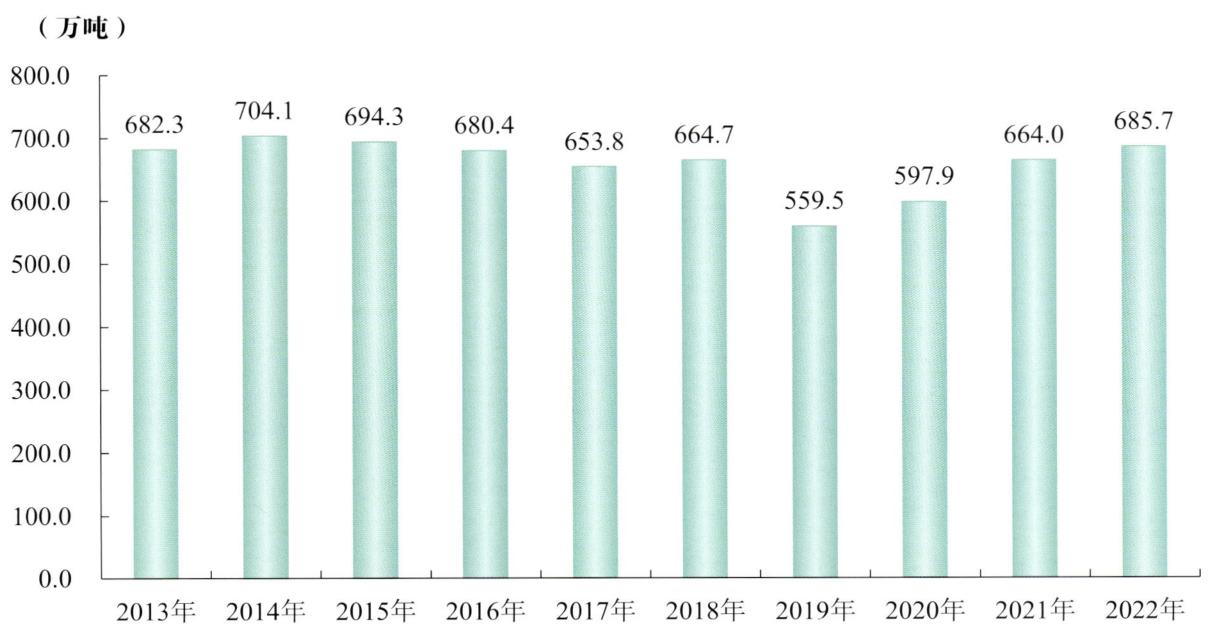

化肥施用量

（万吨）
300.0
250.0
200.0
150.0
100.0
50.0
0.0
251.1
252.1
252.1
249.0
242.0
235.2
222.8
210.8
207.2
204.4
2013年
2014年
2015年
2016年
2017年
2018年
2019年
2020年
2021年
2022年

工业增加值

（亿元）
18000.0
16000.0
14000.0
12000.0
10000.0
8000.0
6000.0
4000.0
2000.0
0.0
10309.0
10703.8
10735.0
10790.9
11437.8
12360.1
13165.9
13401.0
15546.1
16412.2
2013年
2014年
2015年
2016年
2017年
2018年
2019年
2020年
2021年
2022年

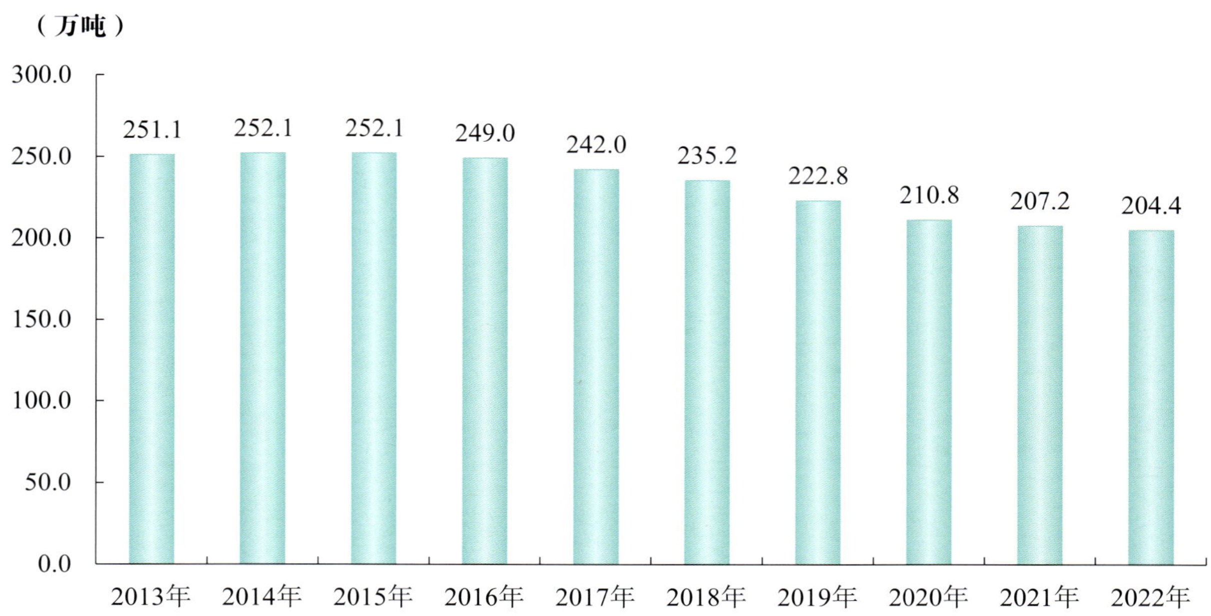

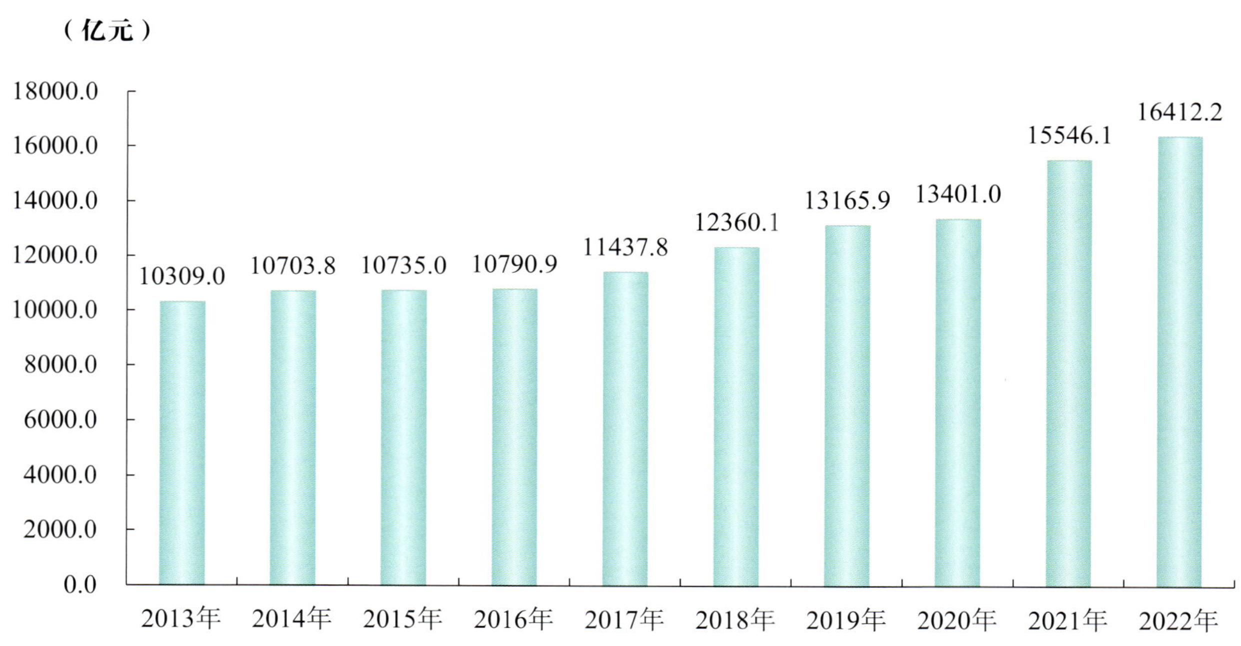

规模以上工业企业利润总额

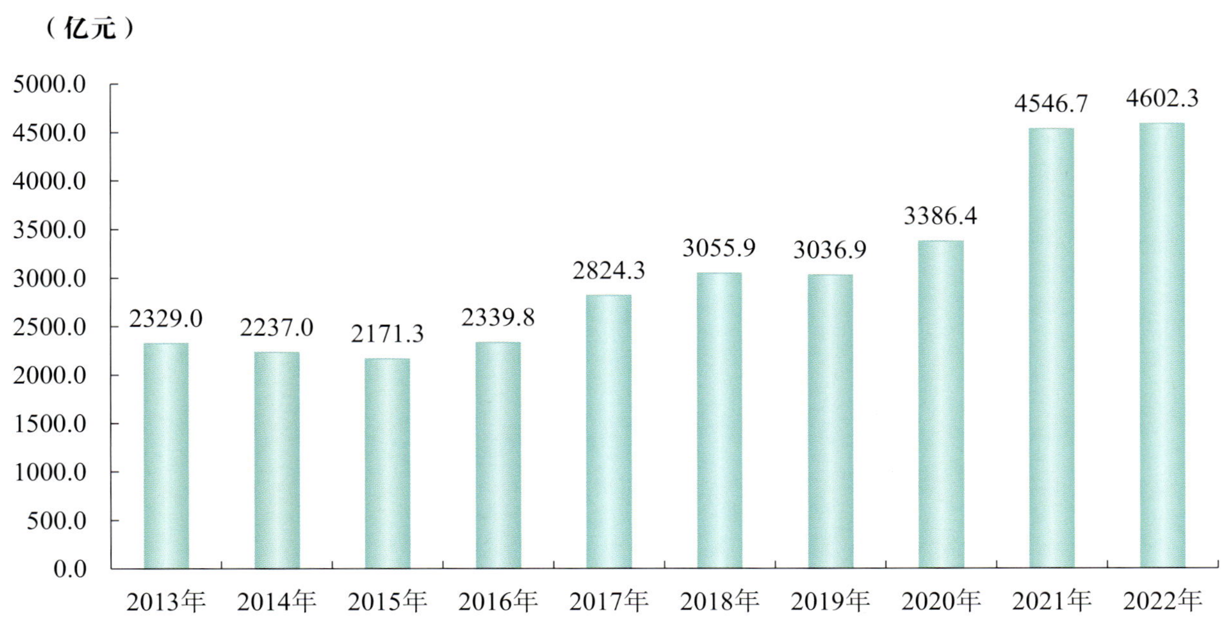

规模以上工业企业发电量

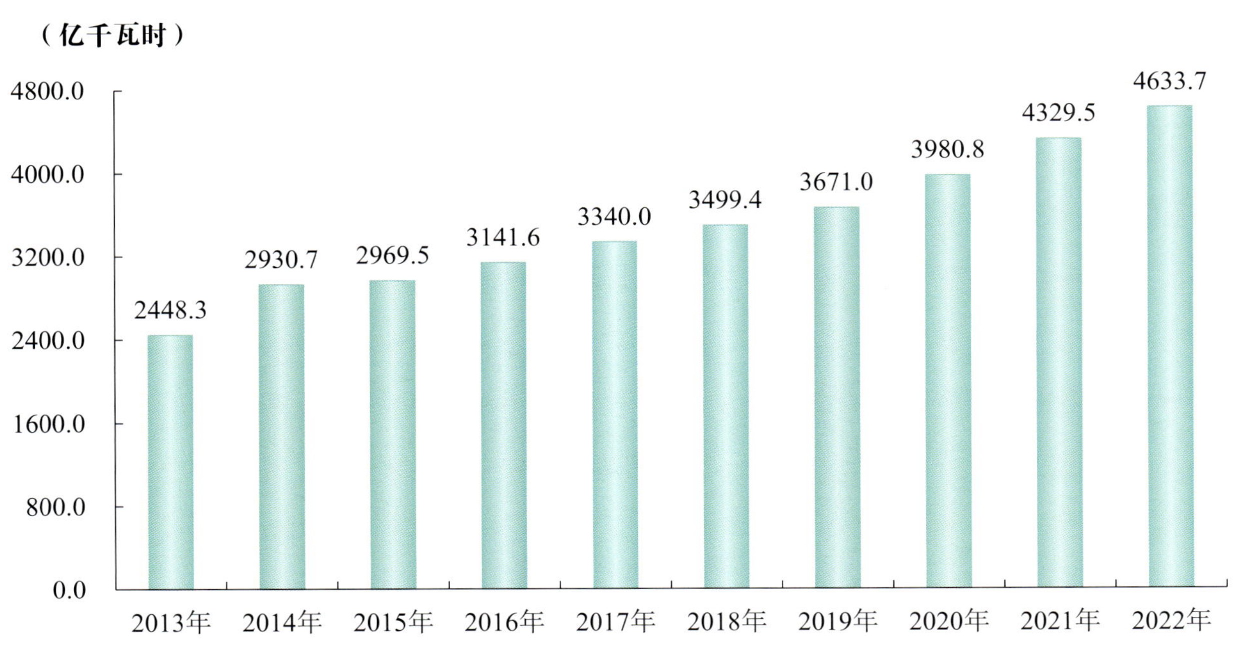

规模以上工业企业水泥产量

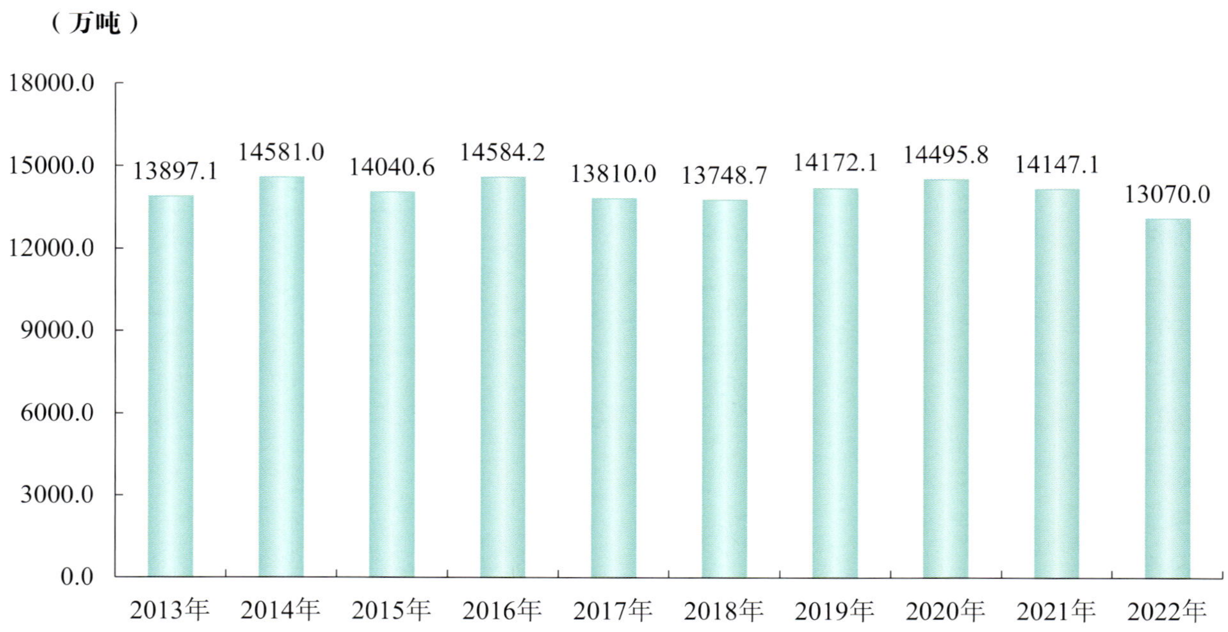

规模以上工业企业成品钢材产量

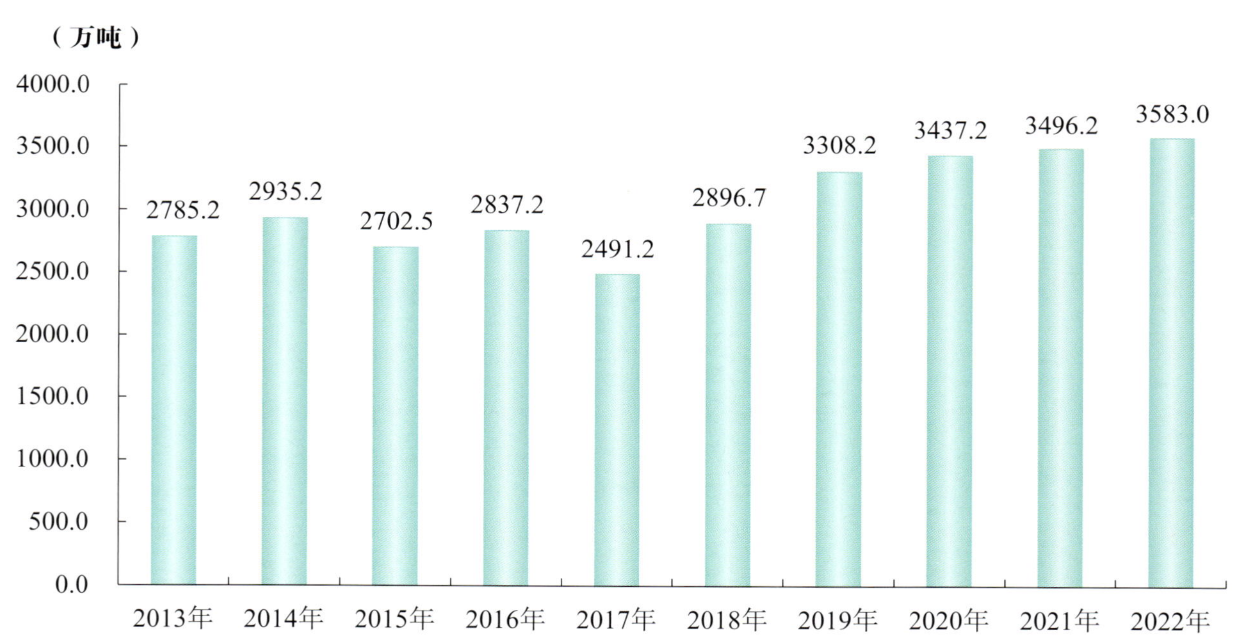

规模以上工业企业汽车产量

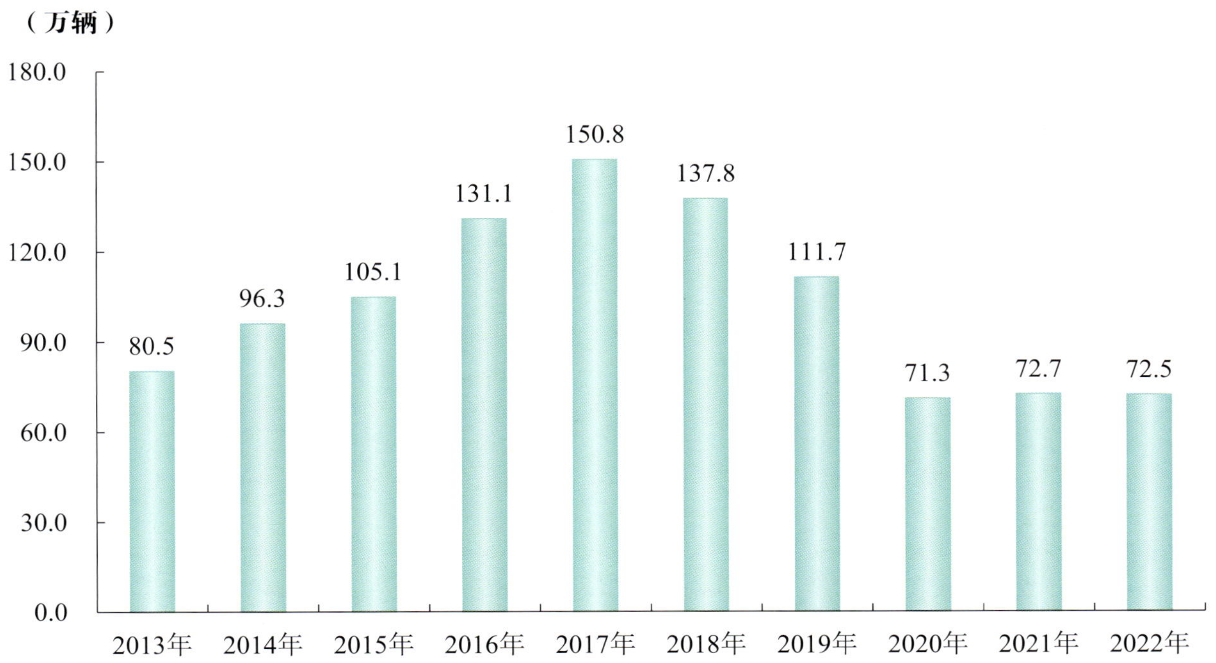

全社会固定资产投资增长速度

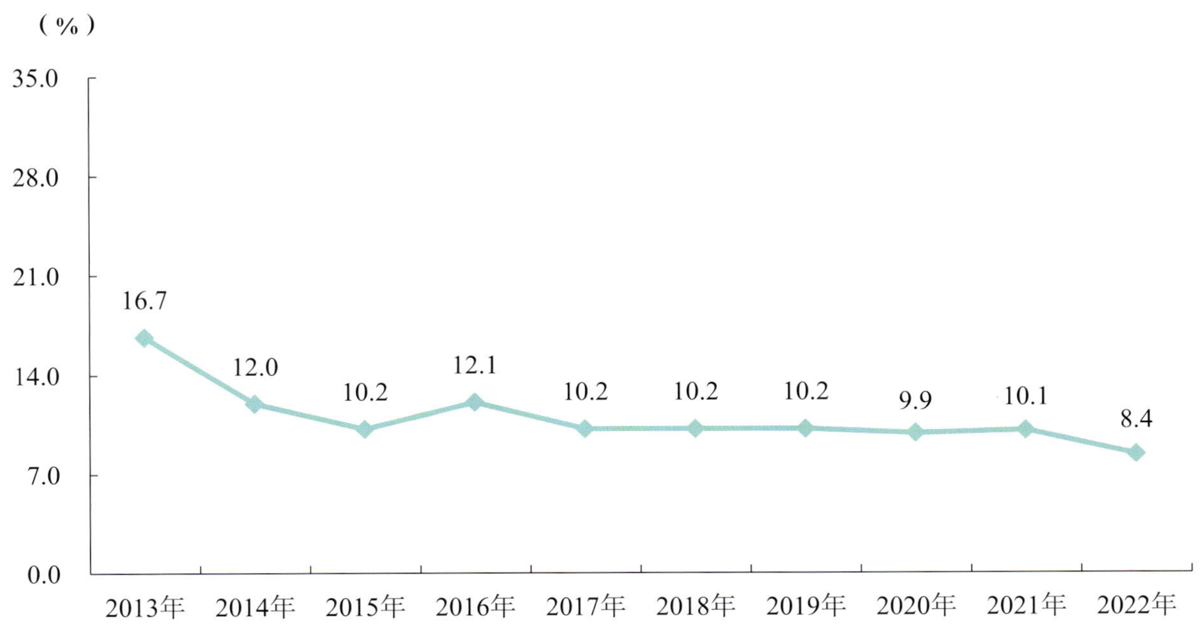

能源生产量和消费量

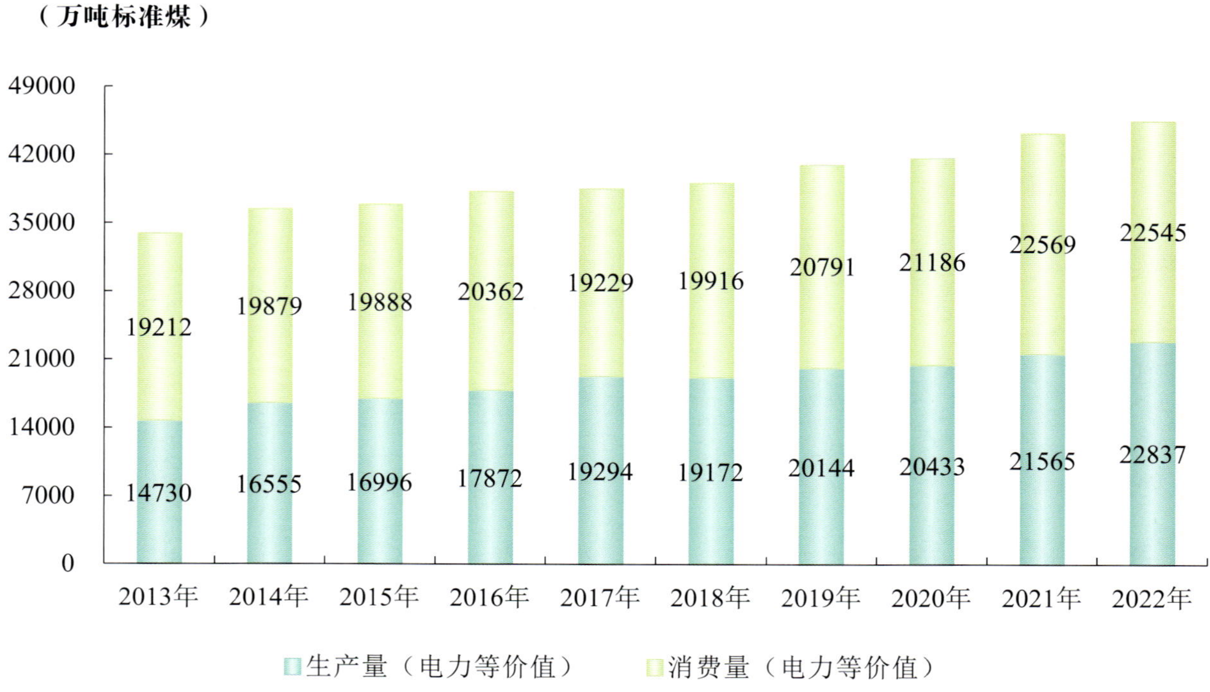

社会消费品零售总额

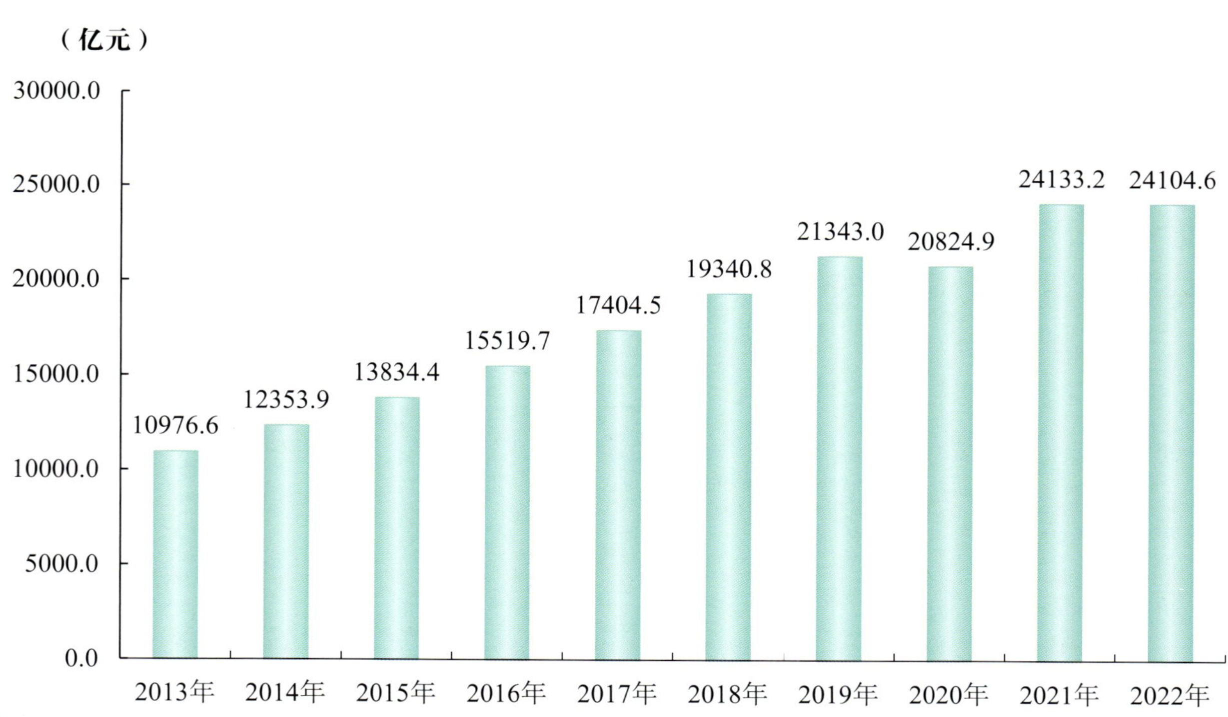

进口额和出口额

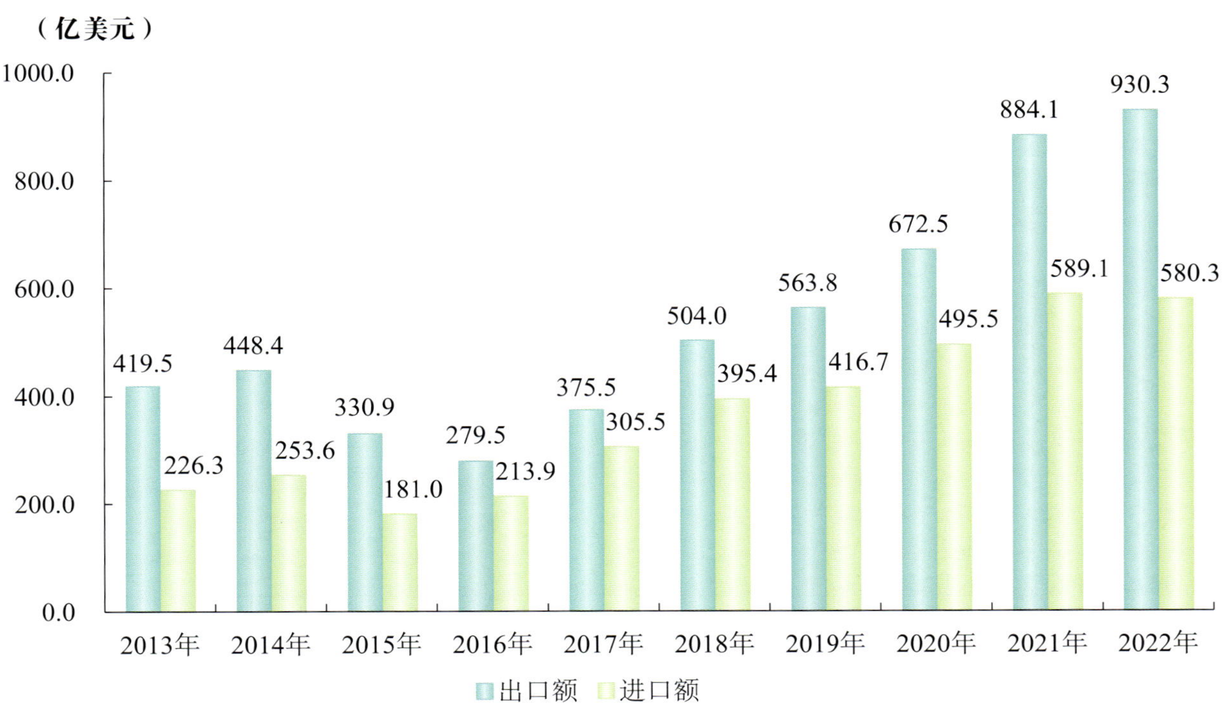

地方一般公共预算收入和支出

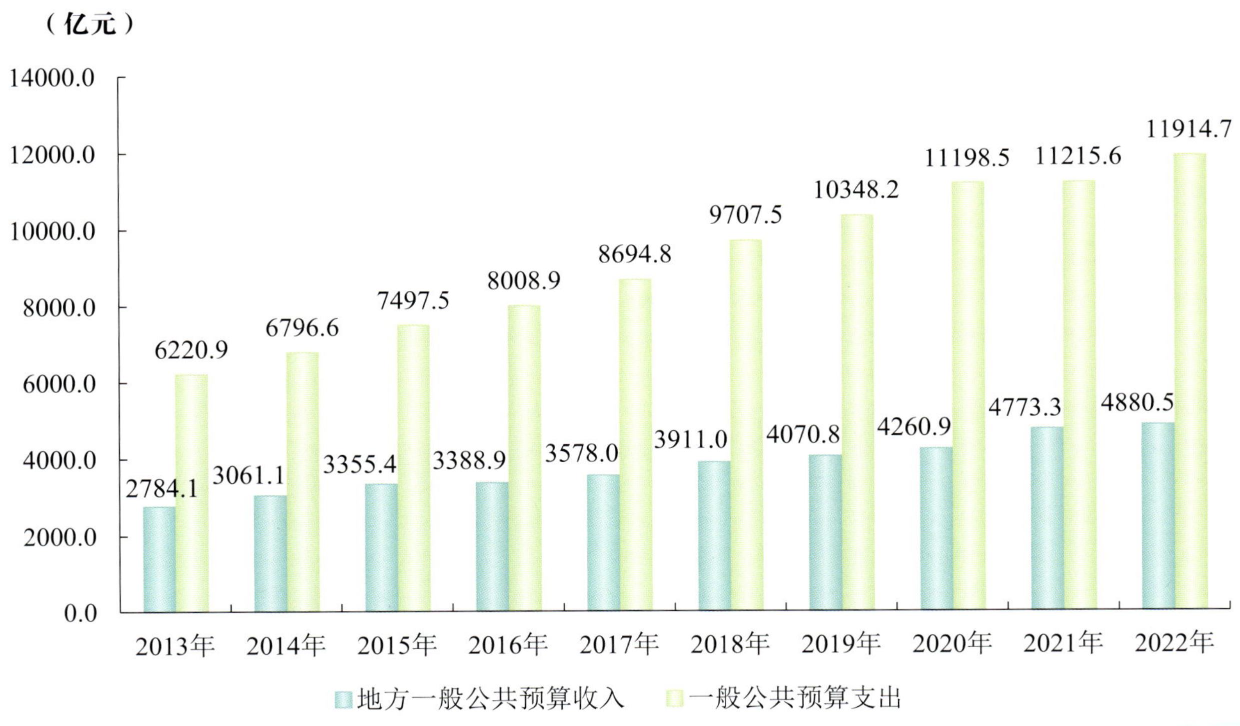

年末金融机构人民币各项存贷款余额

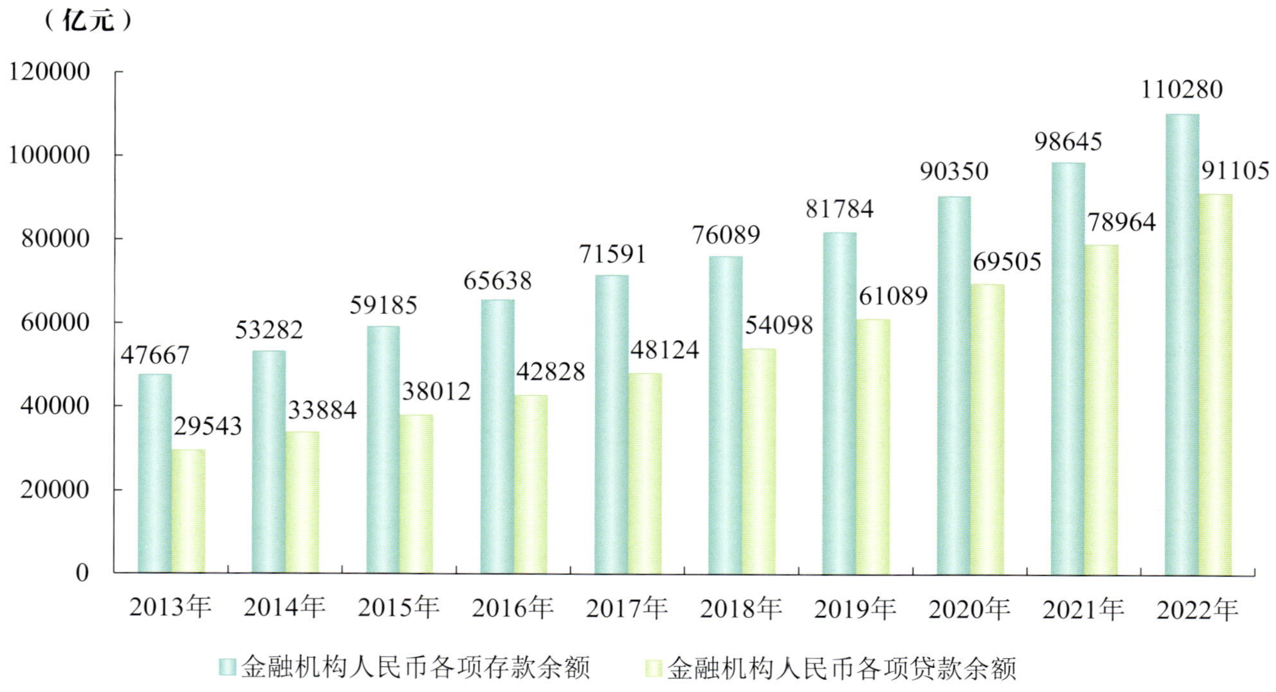

城乡居民人均可支配收入

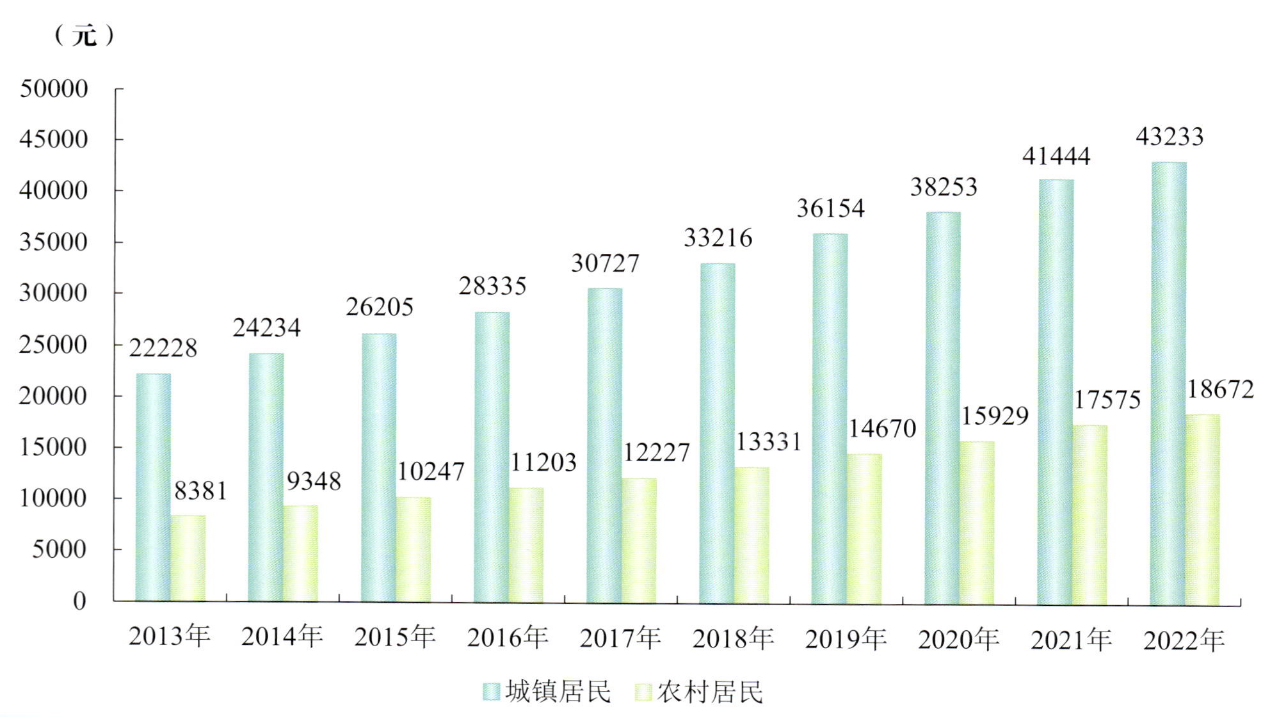

城乡居民人均消费支出

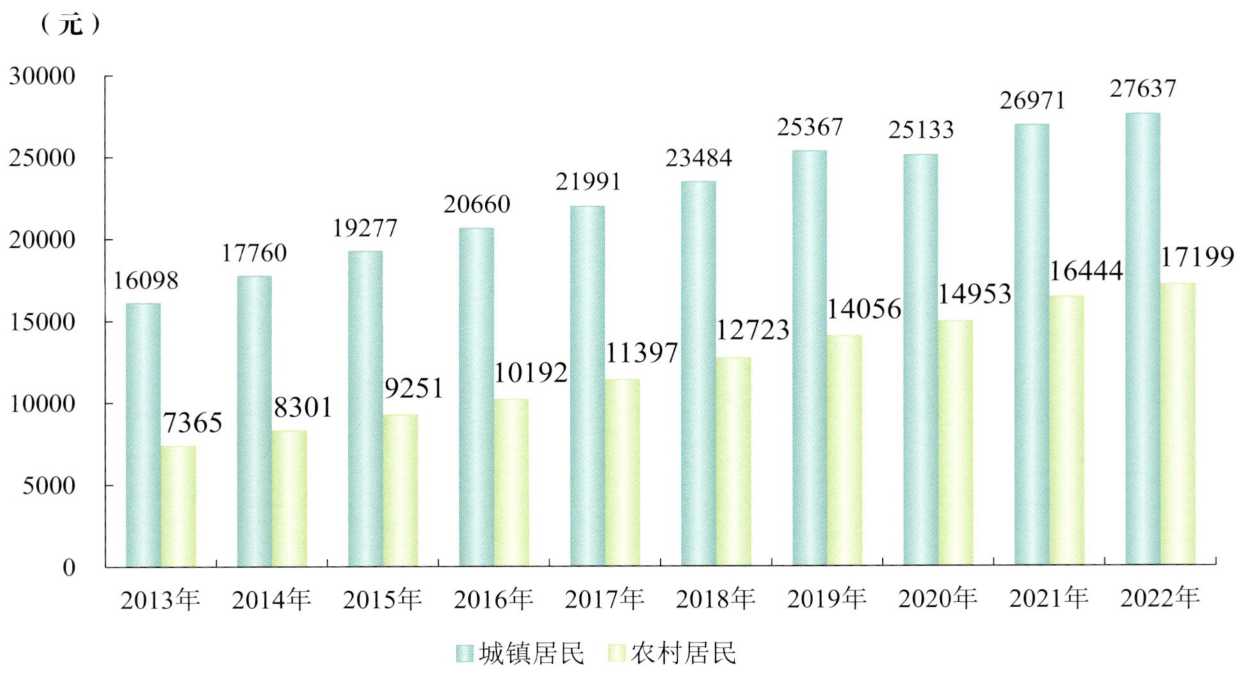

居民消费价格涨跌情况

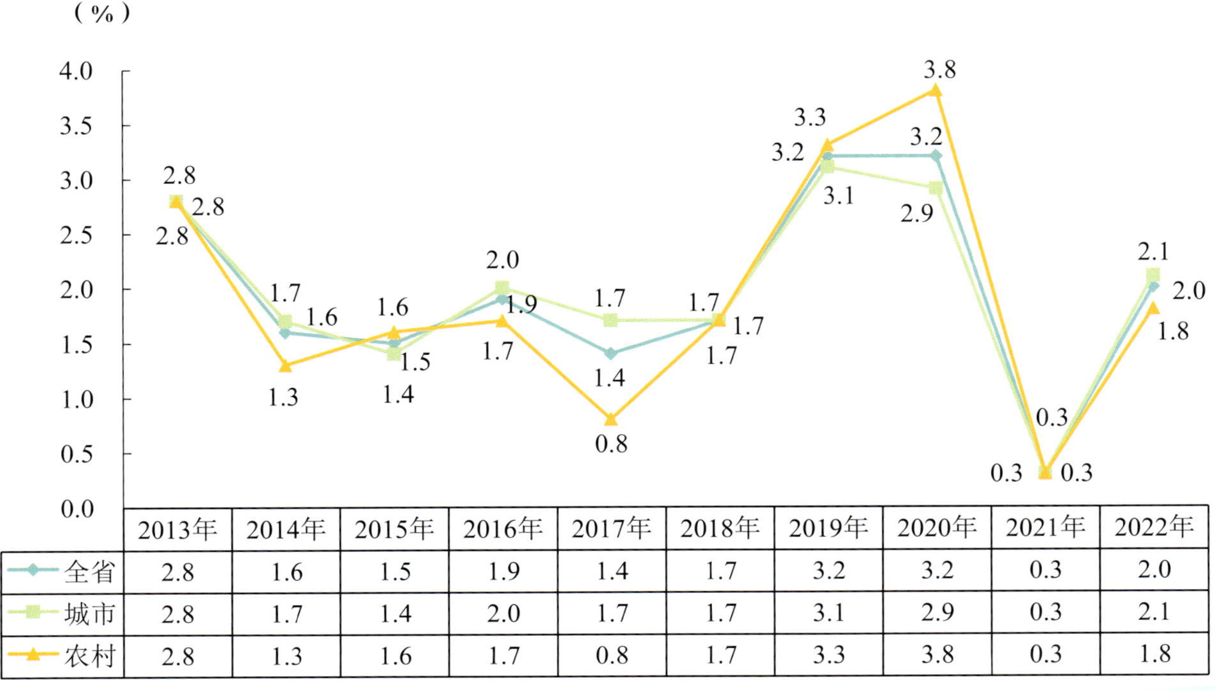

	2013年	2014年	2015年	2016年	2017年	2018年	2019年	2020年	2021年	2022年
全省	2.8	1.6	1.5	1.9	1.4	1.7	3.2	3.2	0.3	2.0
城市	2.8	1.7	1.4	2.0	1.7	1.7	3.1	2.9	0.3	2.1
农村	2.8	1.3	1.6	1.7	0.8	1.7	3.3	3.8	0.3	1.8

工业生产者出厂价格涨跌情况

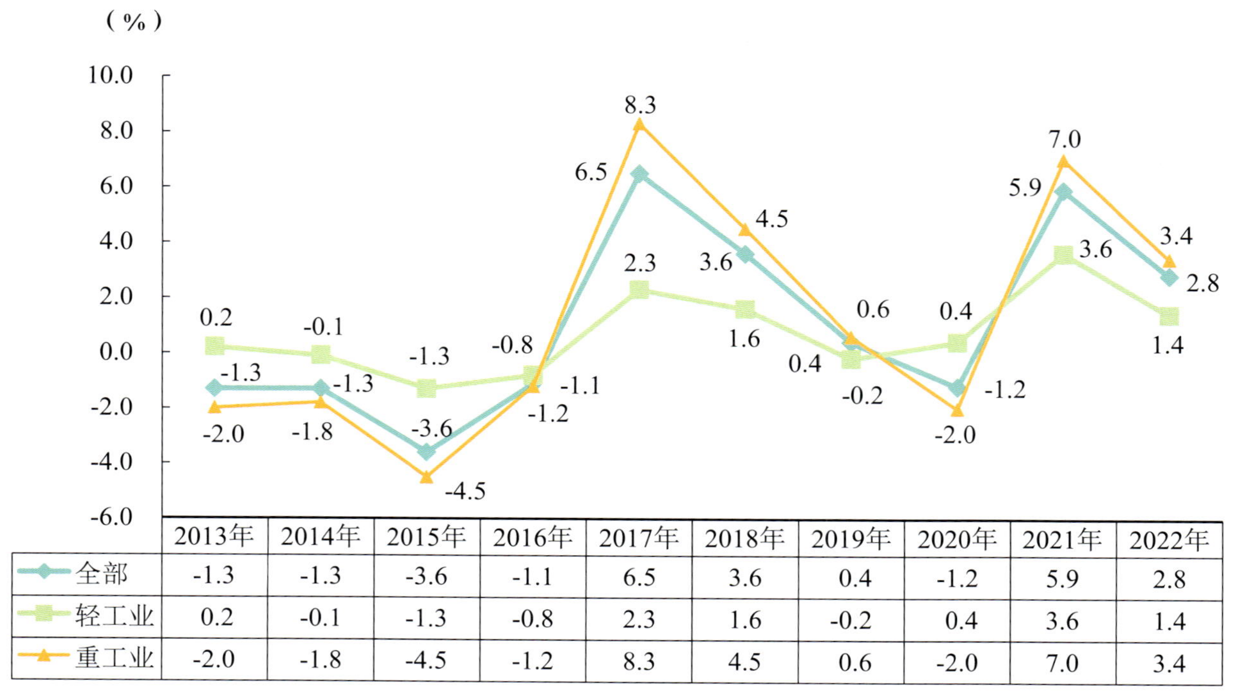

	2013年	2014年	2015年	2016年	2017年	2018年	2019年	2020年	2021年	2022年
全部	-1.3	-1.3	-3.6	-1.1	6.5	3.6	0.4	-1.2	5.9	2.8
轻工业	0.2	-0.1	-1.3	-0.8	2.3	1.6	-0.2	0.4	3.6	1.4
重工业	-2.0	-1.8	-4.5	-1.2	8.3	4.5	0.6	-2.0	7.0	3.4

货物周转量和旅客周转量

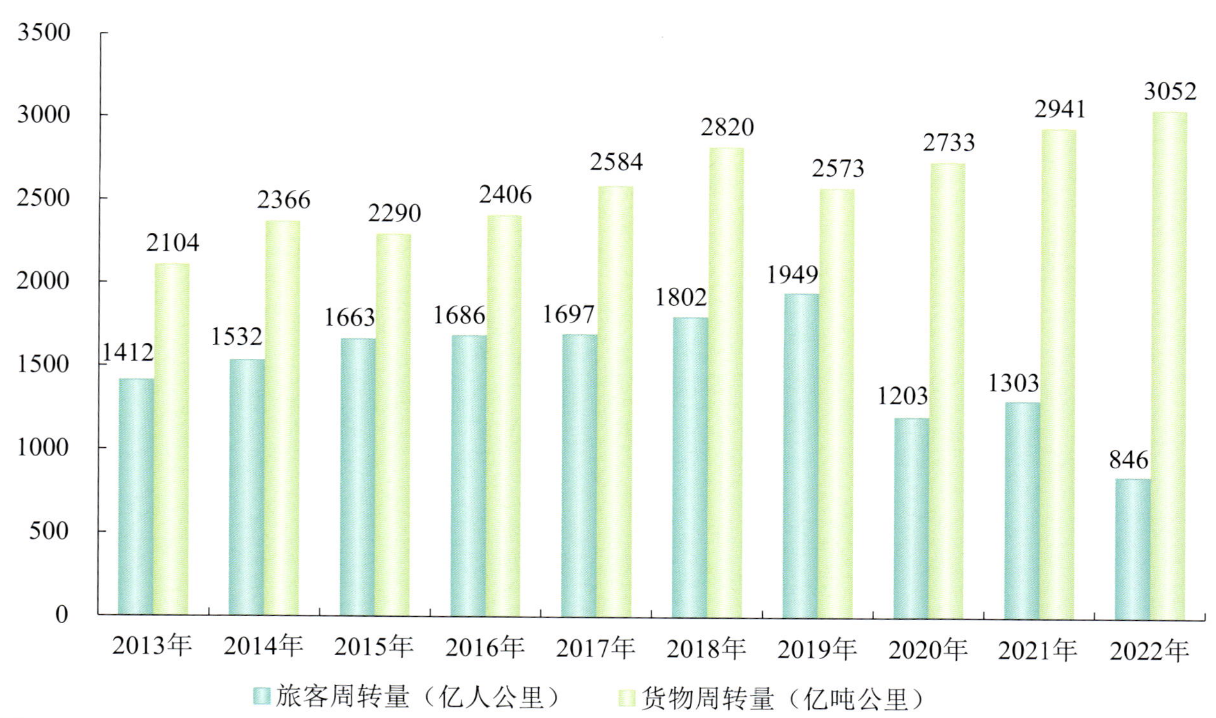

高速公路里程

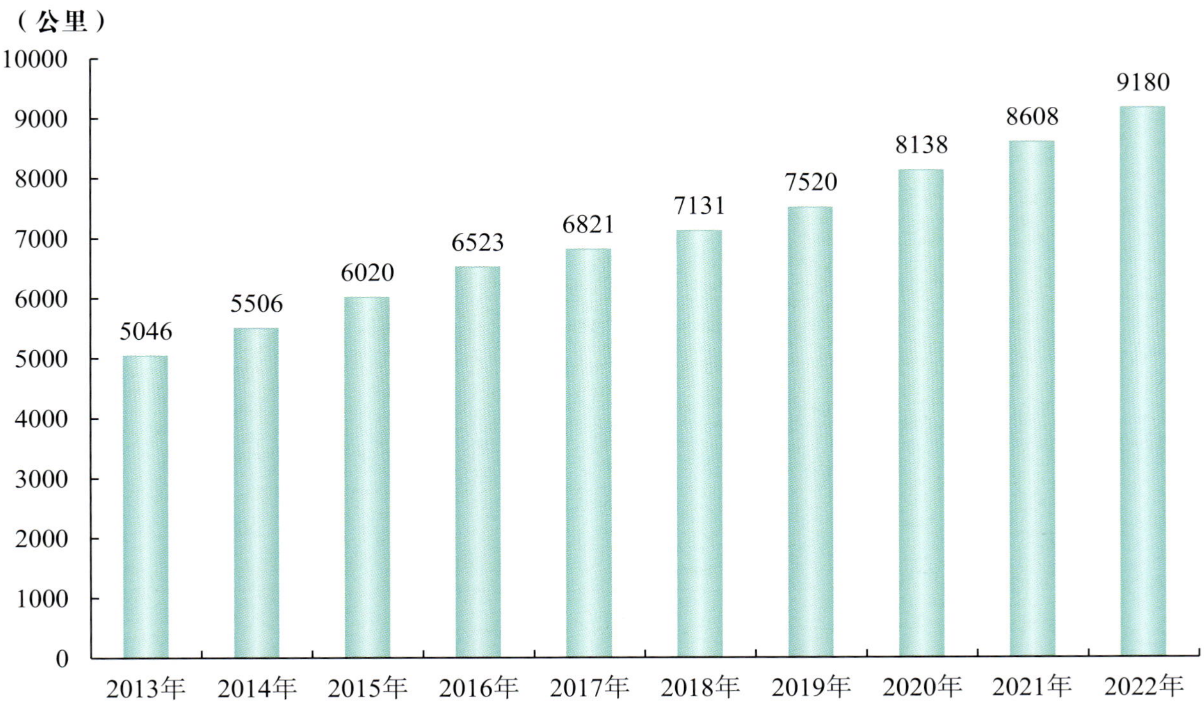

广播覆盖率和电视覆盖率

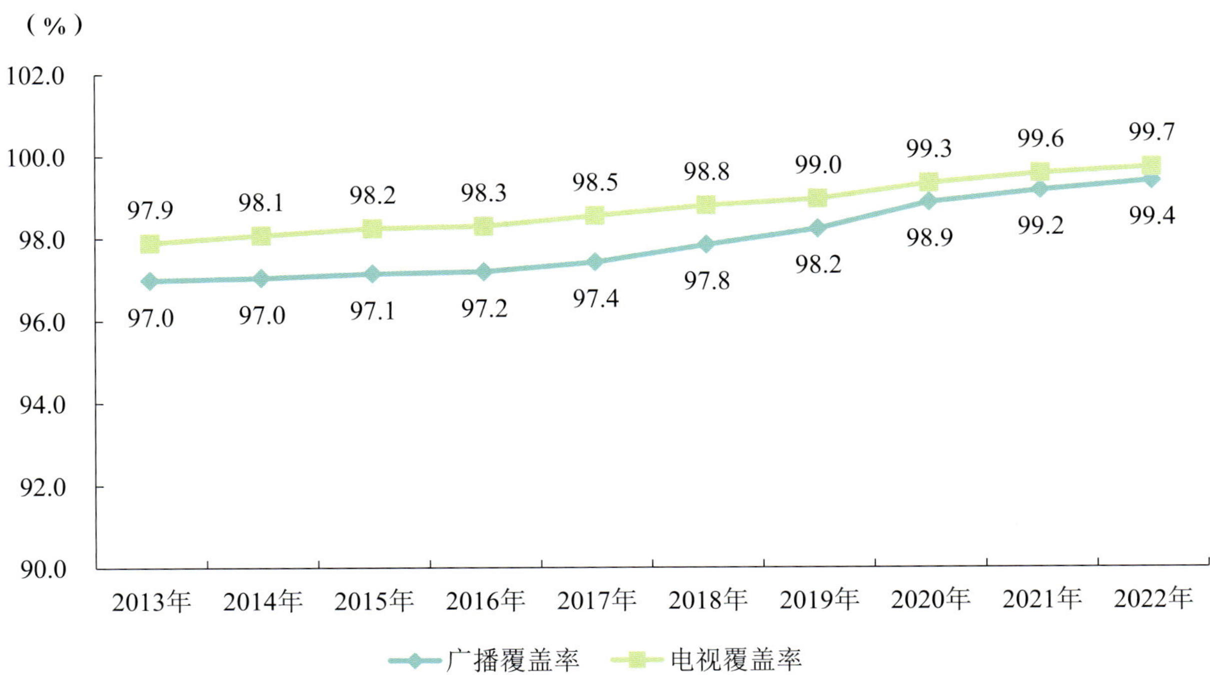

各类学校在校学生数

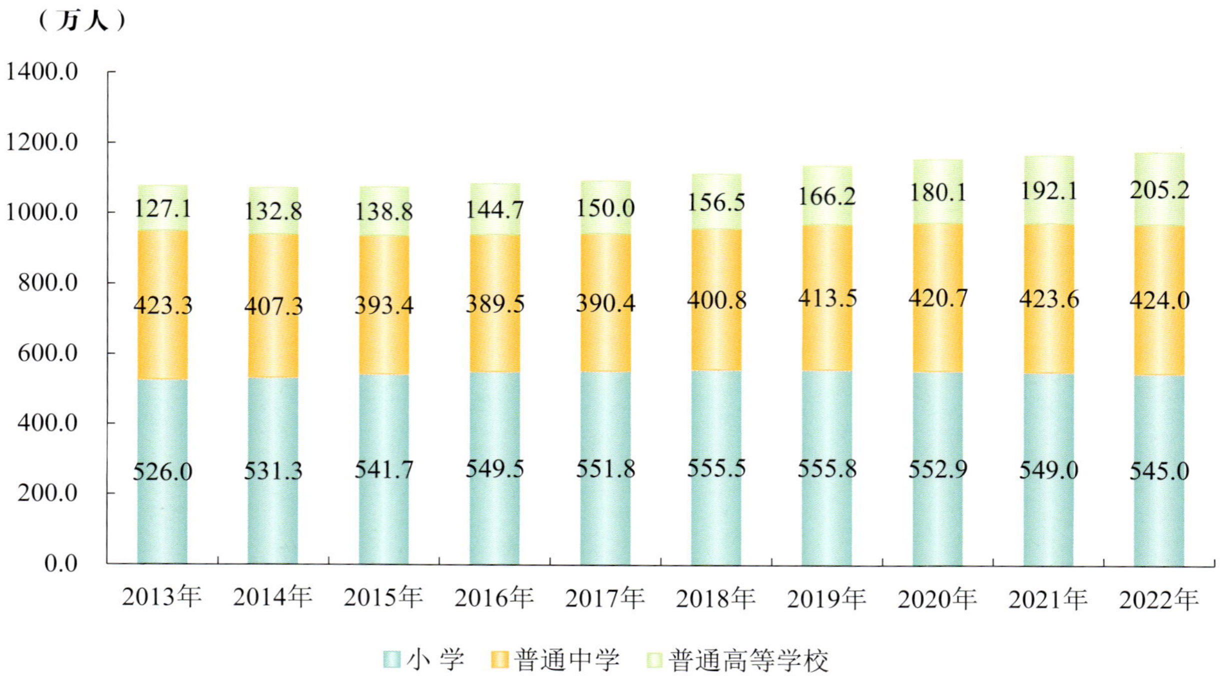

卫生机构床位数

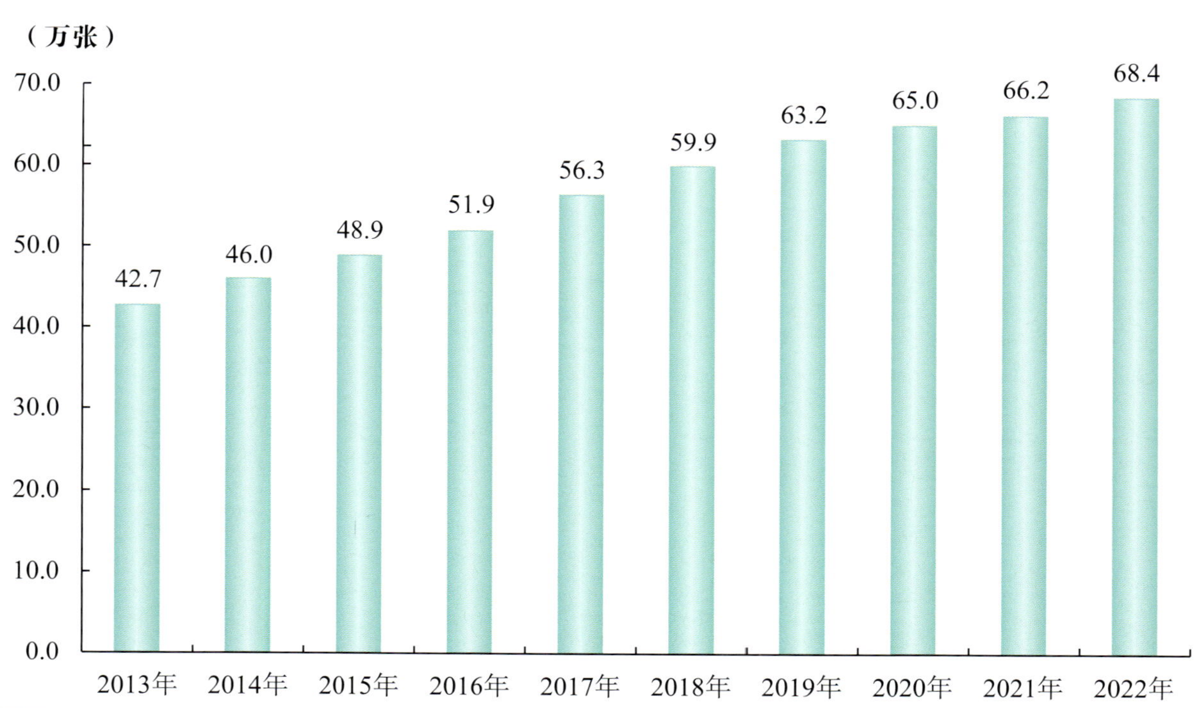

01 综　合

Chapter 1 General Survey

SICHUAN STATISTICAL YEARBOOK

1−1 各市(州)行政区划及辖区面积(2022年底)
Administrative Divisions and Area by Region (End of 2022)

单位：个、平方公里 (unit, sq.km)

市(州)	Region	县(市、区) Counties, Cities at County Level and Districts under City Administration					乡、镇、街道办事处 Township, Towns and Street Communities					辖区面积 Administrative Area
		合计 Total	市辖区 Districts under the Jurisdiction of Cities	县级市 Cities at County Level	县 Coun -ties	自治县 Autono -mous Counties	合计 Total	乡 Town -ship	#民族乡 Ethnic Township	镇 Towns	街道 Sub-districts	
全 省	**Sichuan**	**183**	**55**	**19**	**105**	**4**	**3101**	**626**	**83**	**2016**	**459**	**486052.3**
成都市	Chengdu	20	12	5	3		261			100	161	14335.0
自贡市	Zigong	6	4		2		90	2		63	25	4380.6
攀枝花市	Panzhihua	5	3		2		49	15	10	23	11	7401.4
泸州市	Luzhou	7	3		4		126	8	8	92	26	12236.2
德阳市	Deyang	6	2	3	1		84	4		67	13	5909.8
绵阳市	Mianyang	9	3	1	4	1	166	31	14	122	13	20248.4
广元市	Guangyuan	7	3		4		142	23	2	112	7	16311.1
遂宁市	Suining	5	2	1	2		95	3		72	20	5323.2
内江市	Neijiang	5	2	1	2		83			70	13	5384.7
乐山市	Leshan	11	4	1	4	2	132	18	2	103	11	12723.0
南充市	Nanchong	9	3	1	5		242	38	1	162	42	12477.2
眉山市	Meishan	6	2		4		80	5		62	13	7139.5
宜宾市	Yibin	10	3		7		136	17	12	105	14	13266.2
广安市	Guangan	6	2	1	3		124	10		99	15	6340.5
达州市	Dazhou	7	2	1	4		200	30	4	149	21	16582.0
雅安市	Yaan	8	2		6		96	29	13	57	10	15046.2
巴中市	Bazhong	5	2		3		139	6		116	17	12293.3
资阳市	Ziyang	3	1		2		89	13		67	9	5744.0
阿坝藏族羌族自治州	Aba	13		1	12		174	92	1	82		83016.3
甘孜藏族自治州	Ganzi	18		1	17		289	177	3	110	2	149599.3
凉山彝族自治州	Liangshan	17		2	14	1	304	105	13	183	16	60294.4

注：行政区划情况及辖区面积由四川省民政厅提供。
a) Data of administrative division and area are provided by Sichuan Provincial Civil Affairs Department.

1−2 各市(州)基层群众自治组织情况(2022年底)
Basic Statistics on Grass Roots Organizations by Region(End of 2022)

单位：个 (unit)

市(州)	Region	社区居委会 Community Neighborhood Committee	居民小组 Residents Unit	村民委员会 Villagers Committee	村民小组 Villagers Group
全 省	**Sichuan**	**8285**	**59157**	**26083**	**155270**
成都市	Chengdu	1751	21512	1294	14197
自贡市	Zigong	284	954	703	6408
攀枝花市	Panzhihua	106	544	230	341
泸州市	Luzhou	344	2386	1143	10471
德阳市	Deyang	371	4199	816	8209
绵阳市	Mianyang	488	2310	1582	11695
广元市	Guangyuan	352	1016	1379	3403
遂宁市	Suining	336	1706	1109	8272
内江市	Neijiang	356	3519	924	11065
乐山市	Leshan	264	2021	1107	9275
南充市	Nanchong	789	3811	2215	6822
眉山市	Meishan	337	3171	510	4871
宜宾市	Yibin	309	1212	1792	9580
广安市	Guangan	349	2645	1366	13738
达州市	Dazhou	621	3581	1662	8352
雅安市	Yaan	105	491	554	1618
巴中市	Bazhong	493	273	1316	1384
资阳市	Ziyang	266	1844	963	6264
阿坝藏族羌族自治州	Aba	64	143	1090	3644
甘孜藏族自治州	Ganzi	70	73	2181	3285
凉山彝族自治州	Liangshan	230	1746	2147	12376

1−3 各市(州)行政区划一览表(2022年底)
Administrative Division Schedule by Region (End of 2022)

市(州) Region	县、市、区 Counties, Cities at County Level and Districts under City Administration
成都市 Chengdu	锦江区、青羊区、金牛区、武侯区、成华区、龙泉驿区、青白江区、新都区、温江区、双流区、郫都区、新津区 都江堰市、彭州市、邛崃市、崇州市、简阳市、金堂县、大邑县、蒲江县 Jinjiang, Qingyang, Jinniu, Wuhou, Chenghua, Longquanyi, Qingbaijiang, Xindu, Wenjiang, Shuangliu, Pidu, Xinjin, Dujiangyan, Pengzhou, Qionglai, Chongzhou, Jianyang, Jintang, Dayi, Pujiang
自贡市 Zigong	自流井区、贡井区、大安区、沿滩区、荣县、富顺县 Ziliujing, Gongjing, Daan, Yantan, Rongxian, Fushun
攀枝花市 Panzhihua	东区、西区、仁和区、米易县、盐边县 Dongqu, Xiqu, Renhe, Miyi, Yanbian
泸州市 Luzhou	江阳区、龙马潭区、纳溪区、泸县、合江县、叙永县、古蔺县 Jiangyang, Longmatan, Naxi, Luxian, Hejiang, Xuyong, Gulin
德阳市 Deyang	旌阳区、罗江区、广汉市、什邡市、绵竹市、中江县 Jinyang, Luojiang, Guanghan, Shifang, Mianzhu, Zhongjiang
绵阳市 Mianyang	涪城区、游仙区、安州区、江油市、梓潼县、平武县、北川羌族自治县、三台县、盐亭县 Fucheng, Youxian, Anzhou, Jiangyou, Zitong, Pingwu, Beichuan, Santai, Yanting
广元市 Guangyuan	利州区、昭化区、朝天区、剑阁县、旺苍县、青川县、苍溪县 Lizhou, Zhaohua, Chaotian, Jiange, Wangcang, Qingchuan, Cangxi
遂宁市 Suining	船山区、安居区、射洪市、蓬溪县、大英县 Chuanshan, Anju, Shehong, Pengxi, Daying
内江市 Neijiang	市中区、东兴区、隆昌市、资中县、威远县 Downtown, Dongxing, Longchang, Zizhong, Weiyuan
乐山市 Leshan	市中区、五通桥区、沙湾区、金口河区、峨眉山市、犍为县、井研县、夹江县、沐川县、峨边彝族自治县、马边彝族自治县 Downtown, Wutongqiao, Shawan, Jinkouhe, Emeishan, Qianwei, Jingyan, Jiajiang, Muchuan, Ebian, Mabian
南充市 Nanchong	顺庆区、高坪区、嘉陵区、阆中市、南部县、西充县、营山县、仪陇县、蓬安县 Shunqing, Gaoping, Jialing, Langzhong, Nanbu, Xichong, Yingshan, Yilong, Pengan
眉山市 Meishan	东坡区、彭山区、仁寿县、洪雅县、丹棱县、青神县 Dongpo, Pengshan, Renshou, Hongya, Danling, Qingshen
宜宾市 Yibin	翠屏区、南溪区、叙州区、江安县、长宁县、高县、筠连县、珙县、兴文县、屏山县 Cuiping, Nanxi, Xuzhou, Jiangan, Changning, Gaoxian, Junlian, Gongxian, Xingwen, Pingshan
广安市 Guangan	广安区、前锋区、华蓥市、岳池县、武胜县、邻水县 Guanganqu, Qianfeng, Huaying, Yuechi, Wusheng, Linshui
达州市 Dazhou	通川区、达川区、万源市、宣汉县、开江县、大竹县、渠县 Tongchuan, Dachuan, Wanyuan, Xuanhan, Kaijiang, Dazhu, Quxian
雅安市 Yaan	雨城区、名山区、荥经县、汉源县、石棉县、天全县、芦山县、宝兴县 Yucheng, Mingshan, Yingjing, Hanyuan, Shimian, Tianquan, Lushan, Baoxing
巴中市 Bazhong	巴州区、恩阳区、平昌县、通江县、南江县 Bazhou, Enyang, Pingchang, Tongjiang, Nanjiang
资阳市 Ziyang	雁江区、安岳县、乐至县 Yanjiang, Anyue, Lezhi
阿坝藏族羌族自治州 Aba	马尔康市、汶川县、理县、茂县、松潘县、九寨沟县、金川县、小金县、黑水县、壤塘县、阿坝县、若尔盖县、红原县 Maerkang, Wenchuan, Lixian, Maoxian, Songpan, Jiuzhaigou, Jinchuan, Xiaojin, Heishui,Rangtang, Abaxian, Ruoergai, Hongyuan
甘孜藏族自治州 Ganzi	康定市、泸定县、丹巴县、九龙县、雅江县、道孚县、炉霍县、甘孜县、新龙县、德格县、白玉县、石渠县、色达县、理塘县、巴塘县、乡城县、稻城县、得荣县 Kangding, Luding, Danba, Jiulong, Yajiang, Daofu, Luhuo, Ganzixian, Xinlong, Dege, Baiyu, Shiqu, Seda, Litang, Batang, Xiangcheng, Daocheng, Derong
凉山彝族自治州 Liangshan	西昌市、会理市、木里藏族自治县、盐源县、德昌县、会东县、宁南县、普格县、布拖县、金阳县、昭觉县、喜德县、冕宁县、越西县、甘洛县、美姑县、雷波县 Xichang, Huili, Muli, Yanyuan, Dechang, Huidong, Ningnan, Puge, Butuo, Jinyang, Zhaojue, Xide,Mianning, Yuexi, Ganluo, Meigu, Leibo

1-4 国民经济和社会发展总量与速度指标

指 标		Item	
人口		**Population**	
年末常住人口	(万人)	Total Resident Population (year-end)	(10 000 persons)
年末户籍人口	(万人)	Total Registered Population (year-end)	(10 000 persons)
#男性	(万人)	Male	(10 000 persons)
女性	(万人)	Female	(10 000 persons)
#城镇	(万人)	Urban	(10 000 persons)
乡村	(万人)	Rural	(10 000 persons)
就业		**Employment**	
就业人员合计	(万人)	Employment	(10 000 persons)
按三次产业分		By Three Strata of Industry	
第一产业	(万人)	Primary Industry	(10 000 persons)
第二产业	(万人)	Secondary Industry	(10 000 persons)
第三产业	(万人)	Tertiary Industry	(10 000 persons)
按城乡分		By Residence in Urban and Rural	
城镇就业人员	(万人)	Urban Employees	(10 000 persons)
乡村就业人员	(万人)	Rural Employees	(10 000 persons)
国民经济核算		**National Accounting**	
地区生产总值	(亿元)	Gross Regional Product	(100 million yuan)
第一产业	(亿元)	Primary Industry	(100 million yuan)
第二产业	(亿元)	Secondary Industry	(100 million yuan)
第三产业	(亿元)	Tertiary Industry	(100 million yuan)
人均地区生产总值	(元)	Per Capita Gross Regional Product	(yuan)
人民生活		**People's Livelihood**	
全体居民人均可支配收入	(元)	Per Capita Disposable Income of Total Residents	(yuan)
#工资性收入	(元)	Income of Wages and Salaries	(yuan)
全体居民人均消费支出	(元)	Per Capita Living Expenditures for Consumption of Total Residents	(yuan)
#食品烟酒支出	(元)	Food, Tobacco and Liquor	(yuan)
全体居民恩格尔系数	(%)	Engle Coefficient of All Residents	(%)

Principal Aggregate Indicators on National Economy and Social Development and the Related Growth Rates

总量指标 Aggregate Indicator					指数(%) Index(%) (2022年为以下各年) (2022 as Percentage of the Following Years)			平均增长速度(%) Average Annual Growth Rate(%)	
1978	2000	2020	2021	2022	1978	2000	2021	1979～2022	2001～2022
	8234.8	8371.0	8372.0	8374.0		101.7	100.0		0.1
7071.9	8407.5	9081.6	9094.5	9067.5	128.2	107.9	99.7	0.6	0.3
3621.5	4358.9	4653.7	4658.4	4640.8	128.1	106.5	99.6	0.6	0.3
3450.4	4048.6	4427.9	4436.1	4426.6	128.3	109.3	99.8	0.6	0.4
784.2	1565.0	3475.5	3496.1	3523.9	449.4	225.2	100.8	3.5	3.8
6287.7	6842.5	5606.1	5598.4	5543.6	88.2	81.0	99.0	-0.3	-1.0
3087.0	4658.4	4745.0	4727.0	4706.0	152.4	101.0	99.6	1.0	0.0
2524.2	2643.4	1542.0	1506.0	1602.0	63.5	60.6	106.4	-1.0	-2.3
279.5	871.1	1098.0	1111.0	1074.0	384.3	123.3	96.7	3.1	1.0
283.3	1143.9	2105.0	2110.0	2030.0	716.5	177.5	96.2	4.6	2.6
465.5	1093.9	2489.0	2522.0	2508.0	538.8	229.3	99.4	3.9	3.8
2621.5	3564.5	2256.0	2205.0	2198.0	83.8	61.7	99.7	-0.4	-2.2
184.61	3928.20	48501.64	54087.98	56749.81	6027.1	828.3	102.9	9.8	10.1
82.20	945.58	5556.86	5662.00	5964.29	793.2	250.4	104.3	4.8	4.3
65.55	1433.11	17505.61	19949.74	21157.11	12588.2	1316.2	103.9	11.6	12.4
36.86	1549.51	25439.17	28476.24	29628.41	10647.2	773.1	102.0	11.2	9.7
261	4956	58009	64610	67777	5097.5	783.9	102.9	9.3	9.8
		26522	29080	30679			105.5		
		13032	14392	15234			105.8		
		19783	21518	22302			103.6		
		7026	7549	7738			102.5		
		35.5	35.1	34.7					

1-4 续表 1

指 标		Item	
城镇居民人均可支配收入	(元)	Per Capita Disposable Income of Urban Residents	(yuan)
#工资性收入	(元)	Income of Wages and Salaries	(yuan)
城镇居民人均消费支出	(元)	Per Capita Living Expenditures for Consumption of Urban Residents	(yuan)
#食品烟酒支出	(元)	Food, Tobacco and Liquor	(yuan)
城镇居民恩格尔系数	(%)	Engle Coefficient of Urban Households of Urban Residents	(%)
农村居民人均可支配收入	(元)	Annual per Capita Disposable Income of Rural Residents	(yuan)
农村居民人均生活消费支出	(元)	Expenditure for Consumption of Rural Residents	(yuan)
#食品烟酒支出	(元)	Food, Tobacco and Liquor	(yuan)
农村居民恩格尔系数	(%)	Engle Coefficient of Urban Households of Rural Residents	(%)
全部单位就业人员工资总额	(亿元)	Total Wages of Staff and Workers in all Units	(100 million yuan)
全部单位就业人员平均工资	(元)	Average Money Wages of Staff and Workers in all Units	(yuan)
财政		**Government Finance**	
地方一般公共预算收入	(亿元)	Local General Public Budget Revenue	(100 million yuan)
一般公共预算支出	(亿元)	Local General Public Budget Expenditure	(100 million yuan)
能源		**Energy**	
一次能源生产总量	(万吨标准煤)	Primary Energy Output	(10 000 tons SCE)
能源消费总量	(万吨标准煤)	Total Energy Consumption	(10 000 tons SCE)
房地产		**Real Estate**	
房地产完成投资额	(亿元)	Completed Investment of Real Estate	(100 million yuan)
农业		**Agriculture**	
农林牧渔业总产值	(亿元)	Gross Output Value of Farming, Forestry, Animal Husbandry and Fishery	(100 million yuan)
#农业	(亿元)	Farming	(100 million yuan)
牧业	(亿元)	Animal Husbandry	(100 million yuan)
粮食产量	(万吨)	Grain Yield	(10 000 tons)
油料产量	(万吨)	Oil Bearing Crops Yield	(10 000 tons)
蔬菜及食用菌产量	(万吨)	Yield of Vegetables and Edible Fungi	(10 000 tons)
水果产量	(万吨)	Yield of Fruits	(10 000 tons)
水产品产量	(万吨)	Output of Aquatic Products	(10 000 tons)
肉猪出栏头数	(万头)	Number of Slaughtered Fattened Hogs	(10 000 heads)
猪年末头数	(万头)	Number of Hogs (year-end)	(10 000 heads)
牛年末头数	(万头)	Number of Oxen (year-end)	(10 000 heads)

continued

总量指标 Aggregate Indicator					指数(%) Index(%) (2022年为以下各年) (2022 as Percentage of the Following Years)			平均增长速度(%) Average Annual Growth Rate(%)	
1978	2000	2020	2021	2022	1978	2000	2021	1979～2022	2001～2022
		38253	41444	43233			104.3		
		21951	23934	25053			104.7		
		25133	26971	27637			102.5		
		8741	9246	9358			101.2		
		34.8	34.3	33.9					
		15929	17575	18672			106.2		
		14953	16444	17199			104.6		
		5478	5969	6189			103.7		
		36.6	36.3	36.0					
26.3	436.9	10453.2	11541.6	12330.3	46848.5	2821.9	106.8	15.0	16.4
590.0	8323.0	74520.0	81420.0	84911.9	14391.8	1020.2	104.3	12.0	11.1
	233.9	4260.9	4773.2	4880.5		2086.9	102.2		14.8
	452.0	11198.5	11215.7	11914.7		2636.0	106.2		16.0
2552.0	6279.0	20433.1	21565.0	22836.6	894.9	363.7	105.9	5.1	6.0
2552.0	6518.0	21185.9	22569.4	22545.0	883.4	345.9	99.9	5.1	5.8
	196.0	7315.3	7831.9	7215.8		3682.1	92.1		17.8
95.7	1483.5	9216.4	9383.3	9859.8	828.2	268.3	104.4	4.9	4.6
73.9	785.4	4701.9	5089.5	5528.8	462.0	227.6	104.4	3.5	3.8
18.2	611.8	3613.8	3305.3	3281.7	1949.2	278.8	104.1	7.0	4.8
2381.8	3568.5	3527.4	3582.1	3510.5	147.4	98.4	98.0	0.9	-0.1
52.8	193.0	392.9	416.6	433.8	821.6	224.8	104.1	4.9	3.8
	2312.6	4813.4	5039.1	5198.7		224.8	103.2		3.8
17.8	321.6	1221.3	1290.9	1380.5	7755.6	429.2	106.9	10.4	6.8
3.1	51.3	160.4	166.5	172.1	5625.7	335.5	103.4	9.6	5.7
1614.0	6594.4	5614.4	6314.9	6548.4	405.7	99.3	103.7	3.2	0.0
3243.0	5229.2	3875.4	4255.1	4158.6	128.2	79.5	97.7	0.6	-1.0
745.0	1046.7	880.3	830.5	868.7	116.6	83.0	104.6	0.3	-0.8

1-4 续表 2

指 标		Item	
肉类总产量	(万吨)	Output of Meat	(10 000 tons)
#猪肉	(万吨)	Output of Pork	(10 000 tons)
农作物总播种面积	(万公顷)	Total Sown Areas	(10 000 hectares)
#粮食	(万公顷)	Sown Areas of Grain Crops	(10 000 hectares)
化肥施用量	(万吨)	Consumption of Chemical Fertilizers	(10 000 tons)
#氮肥	(万吨)	Nitrogen	(10 000 tons)
造林面积	(万公顷)	Afforestation Area	(10 000 hectares)
规模以上工业企业		**Industrial Enterprises above Designated Size**	
主要财务指标		Principal Financial Indicators	
资产总计	(亿元)	Total Assets	(100 million yuan)
负债合计	(亿元)	Total Liability	(100 million yuan)
所有者权益合计	(亿元)	Owners' Equities	(100 million yuan)
营业收入	(亿元)	Business Revenue	(100 million yuan)
营业成本	(亿元)	Business Cost	(100 million yuan)
利润总额	(亿元)	Total Profits	(100 million yuan)
平均用工人数	(万人)	Number of Average Employed Persons	(10 000 persons)
主要产品产量		Output of Major Products	
布	(亿米)	Cloth	(100 million m)
机制纸及纸板	(万吨)	Machine-made Paper and Paperboards	(10 000 tons)
原盐	(万吨)	Salt	(10 000 tons)
卷烟	(亿支)	Cigarettes	(100 million pieces)
白酒(商品量)	(万千升)	Liquor	(10 000 kiloliter)
天然气	(亿立方米)	Natural Gas	(100 million cu.m)
发电量	(亿千瓦小时)	Electricity	(100 million kwh)
#水电	(亿千瓦小时)	Hydropower	(100 million kwh)
生铁	(万吨)	Pig Iron	(10 000 tons)
粗钢	(万吨)	Crude Steel	(10 000 tons)
成品钢材	(万吨)	Steel Products	(10 000 tons)
水泥	(万吨)	Cement	(10 000 tons)
农用氮、磷、钾化学肥料(折纯)	(万吨)	Chemical Fertilizer	(10 000 tons)

注：2017年及以前营业收入、营业成本分别为主营业务收入、主营业务成本。

continued

总量指标 Aggregate Indicator					指数(%) Index(%) (2022年为以下各年) (2022 as Percentage of the Following Years)			平均增长速度(%) Average Annual Growth Rate(%)	
1978	2000	2020	2021	2022	1978	2000	2021	1979～2022	2001～2022
78.00	641.25	597.94	664.01	685.72	879.1	106.9	103.3	5.1	0.3
76.00	478.59	394.79	460.49	478.00	628.9	99.9	103.8	4.3	0.0
885.91	960.91	984.99	999.99	1022.74	115.4	106.4	102.3	0.3	0.3
744.10	685.40	631.26	635.77	646.35	86.9	94.3	101.7	-0.3	-0.3
62.50	212.60	210.82	207.16	204.37	327.0	96.1	98.7	2.7	-0.2
46.40	123.00	90.71	81.85	76.44	164.7	62.1	93.4	1.1	-2.1
20.05	48.91	34.39	24.37	18.60	92.8	38.0	76.3	-0.2	-4.3
	4586.11	53091.09	61644.05	68314.26		1489.6	110.8		13.1
	2955.77	29718.74	34786.30	38943.57		1317.5	112.0		12.4
	1630.26	23266.90	26805.66	29370.65		1801.6	109.6		14.0
	2073.17	46565.30	54215.01	50413.61		2431.7	93.0		15.6
	1613.98	38367.50	44305.55	40961.84		2537.9	92.5		15.8
	71.32	3386.38	4546.72	4602.33		6453.1	101.2		20.9
	208.00	302.16	310.15	301.90		145.1	97.3		1.7
5.2	6.0	14.6	13.7	12.1	233.6	200.7	88.3	1.9	3.2
26.4	71.5	365.8	389.0	347.7	1317.0	486.2	89.4	6.0	7.5
127.7	215.5	512.7	532.9	473.8	371.1	219.9	88.9	3.0	3.6
50.4	128.7	895.2	910.8	911.6	1809.8	708.6	100.1	6.8	9.3
	63.7	367.6	364.1	348.1		546.6	95.6		8.0
60.8	88.6	452.4	522.2	554.1	911.5	625.4	106.1	5.2	8.7
139.3	500.2	3980.8	4329.5	4633.7	3326.4	926.3	107.0	8.3	10.6
54.8	315.1	3349.1	3531.4	3681.3	6720.1	1168.3	104.2	10.0	11.8
224.0	555.6	2136.8	2092.0	2036.4	909.2	366.5	97.3	5.1	6.1
238.2	602.4	2792.6	2782.9	2787.3	1170.3	462.7	100.2	5.7	7.2
174.0	541.3	3437.2	3496.2	3583.0	2059.0	661.9	102.5	7.1	9.0
454.8	766.4	14495.8	14147.1	13068.8	2873.3	1705.2	92.4	7.9	13.8
102.5	263.5	349.6	335.7	373.0	363.9	141.6	111.1	3.0	1.6

a) The data of business revenue and business cost are revenue from principal business and cost of principal business respectively in 2017 and before.

1-4 续表 3

指 标		Item	
贸易		**Trade**	
社会消费品零售总额	(亿元)	Total Retail Sales of Consumer Goods	(100 million yuan)
城镇	(亿元)	Retail Sales in Town	(100 million yuan)
乡村	(亿元)	Retail Sales in Rural	(100 million yuan)
进出口总额	(亿美元)	Total Import and Export	(USD 100 million)
出口总额	(亿美元)	Total Export	(USD 100 million)
进口总额	(亿美元)	Total Import	(USD 100 million)
交通运输		**Transportation**	
铁路营业里程	(公里)	Railways in Operation	(km)
公路里程	(万公里)	Highways	(10 000 km)
#高速公路	(公里)	Expressway	(km)
民用汽车拥有量	(万辆)	Possession of Civil Motor Vehicles	(10 000 units)
#私人汽车	(万辆)	Private	(10 000 units)
旅客周转量	(亿人公里)	Passenger-Kilometers	(100 million passenger-km)
货物周转量	(亿吨公里)	Freight Traffic	(100 million ton-km)
文化、教育和卫生		**Culture, Education and Health**	
图书出版总印数	(万册)	Total Printed Copies of Published Books	(10 000 copies)
杂志出版总印数	(万册)	Total Printed Copies of Published Magazines	(10 000 copies)
报纸出版总印数	(万份)	Total Printed Copies of Published Newspapers	(10 000 copies)
专任教师数		Full-time Teachers	
普通高等学校	(万人)	Regular Institutions of Higher Education	(10 000 persons)
普通中学	(万人)	Regular Secondary Schools	(10 000 persons)
小学	(万人)	Primary Schools	(10 000 persons)
在校学生数		Number of Students Enrollment	
普通高等学校	(万人)	Regular Institutions of Higher Education	(10 000 persons)
普通中学	(万人)	Regular Secondary Schools	(10 000 persons)
小学	(万人)	Primary Schools	(10 000 persons)
医院数	(个)	Number of Hospitals	(unit)
医院床位数	(万张)	Number of Beds in Hospital	(10 000 bed)

continued

总量指标 Aggregate Indicator					指数(%) Index(%) (2022年为以下各年) (2022 as Percentage of the Following Years)			平均增长速度(%) Average Annual Growth Rate(%)	
1978	2000	2020	2021	2022	1978	2000	2021	1979～2022	2001～2022
61.60	1669.30	20824.87	24133.21	24104.64	39130.9	1444.0	99.9	14.5	12.9
		17138.83	19936.22	20122.50			100.9		
		3686.04	4197.00	3982.14			94.9		
0.41	25.45	1168.02	1473.22	1510.59	368437.1	5935.5	102.5	20.5	20.4
0.19	13.94	672.48	884.09	930.30	489631.3	6673.6	105.2	21.3	21.0
0.22	11.51	495.54	589.13	580.29	263769.4	5041.6	98.5	19.6	19.5
2813	2333	5312	5687	5937	211.1	254.5	104.4	1.7	4.3
8.2	9.1	39.4	39.9	40.5	491.5	445.7	101.5	3.7	7.0
	1000	8140	8608	9180		918.0	106.6		10.6
	76.5	1292.2	1382.0	1458.4		1906.4	105.5		14.3
		1141.2	1218.4	1288.6			105.8		
86.7	633.4	1202.7	1303.3	846.3	976.1	133.6	64.9	5.3	1.3
215.8	666.4	2733.3	2940.8	3052.1	1414.3	458.0	103.8	6.2	7.2
24993	27315	34996	41931	40882	163.6	149.7	97.5	1.1	1.8
562	4950	5131	5077	5079	903.7	102.6	100.0	5.1	0.1
51889	133590	104858	99971	98258	189.4	73.6	98.3	1.5	-1.4
0.90	1.84	9.54	9.90	10.49	1159.5	569.6	105.9	5.7	8.2
16.75	21.70	32.14	33.07	33.52	200.1	154.5	101.4	1.6	2.0
34.27	33.16	34.49	34.94	34.95	102.0	105.4	100.0		0.2
3.57	23.55	180.09	192.08	205.15	5744.2	871.2	106.8	9.6	10.3
383.88	391.98	420.67	423.63	424.03	110.5	108.2	100.1	0.2	0.4
1074.59	802.65	552.91	548.98	545.02	50.7	67.9	99.3	-1.5	-1.7
603	1128	2435	2481	2465	408.8	218.5	99.4	3.3	3.6
6.22	11.11	48.48	49.75	51.70	831.1	465.4	103.9	4.9	7.2

1-5 国民经济和社会发展比例和效益指标
Proportions and Efficiency Indicators on National Economy and Social Development

指　　标		Item		2020	2021	2022
人口与就业		**Population and Employment**				
出生率	(‰)	Birth Rate	(‰)	7.6	6.9	6.4
死亡率	(‰)	Death Rate	(‰)	6.3	8.7	9.0
自然增长率	(‰)	Natural Growth Rate	(‰)	1.3	-1.9	-2.6
城镇登记失业率	(%)	Unemployment Rate in Urban Areas	(%)	3.6	3.6	3.6
国民经济核算		**National Accounting**				
人均地区生产总值	(元)	Per Capita GDP	(yuan)	58009	64610	67777
人民生活		**People's Living Conditions**				
城乡收入比(农村居民收入为1)		Urban and Rural Income Ratio(Rural Income as 1)		2.4	2.4	2.3
财政		**Government Finance**				
地方一般公共预算收入与地区生产总值之比	(%)	Local General Public Budget Income to GDP	(%)	8.8	8.8	8.6
一般公共预算支出与地区生产总值之比	(%)	Local general public budget expenditure to GDP	(%)	23.1	20.7	21.0
农业		**Agriculture**				
每公顷播种面积农产品产量		Output of Farm Crops per Hectare of Sown Area				
粮食	(公斤)	Grain	(kg)	5588	5634	5431
油料	(公斤)	Oilseeds	(kg)	2481	2522	2569
国内贸易		**Domestic Trade**				
人均社会消费品零售总额	(元)	Per Capita Retail Sales of Consumer Goods	(yuan)	24877	28826	28785
金融		**Financial Intermediation**				
金融机构人民币各项存款与地区生产总值之比	(%)	Financial institutions RMB Deposits as Percentage of GDP	(%)	186.3	182.4	194.3
金融机构人民币各项贷款与地区生产总值之比	(%)	Financial institutions RMB Loans as Percentage of GDP	(%)	143.3	146.0	160.5
教育		**Education**				
每万人口普通高等学校在校大学生数	(人)	Number of College Students per 10000 Population	(person)	215.4	229.4	245.0
文化		**Culture**				
每百万人有公共图书馆	(个)	Number of Public Libraries per Million Persons	(unit)	2.5	2.5	2.5
每百万人有文化馆、文化站	(个)	Number of Cultural Centers and Stations per Million Persons	(unit)	53.0	51.3	51.2
人均年出版报纸	(份)	Annual Number of Newspaper Published per Capita	(copy)	12.5	11.9	11.7
人均年出版图书、杂志	(册)	Annual Number of Books and Magazines Published per Capita	(copy)	4.8	5.6	5.5
卫生		**Public Health**				
每万人口医院数	(个)	Number of Hospitals per 10000 Population	(unit)	0.3	0.3	0.3
每万人口医院床位数	(张)	Number of Beds of Hospitals per 10000 Population	(bed)	57.9	59.4	61.7

注：人均指标均按年平均常住人口计算。
a) The per capita data is calculated by average permanent resident population.

1—6 国民经济和社会发展结构指标
Composition Indicators on National Economic and Social Development

单位：% (%)

指 标	Item	2020	2021	2022
户籍人口结构	**Structure of Resident Population**			
城镇人口	Urban Population	18.6	38.4	38.9
乡村人口	Rural Population	81.4	61.6	61.1
就业人员结构	**Employment Structure**			
第一产业	Primary Industry	32.5	31.9	34.0
第二产业	Secondary Industry	23.1	23.5	22.8
第三产业	Tertiary Industry	44.4	44.6	43.2
地区生产总值结构	**GDP Structure**			
第一产业	Primary Industry	11.5	10.5	10.5
第二产业	Secondary Industry	36.1	36.9	37.3
第三产业	Tertiary Industry	52.4	52.6	52.2
进出口总额构成	**Composition of Total Import and Export**			
出口	Export	57.6	60.0	61.6
进口	Import	42.4	40.0	38.4
第一产业总产值构成	**Composition of Gross Output Value of Primary Industry**			
农业	Farming	52.9	55.7	57.6
林业	Forestry	3.3	4.5	4.6
牧业	Animal Husbandry	41.2	36.2	34.2
渔业	Fishery	2.5	3.6	3.6
旅客周转量构成	**Composition of Passenger-Kilometers**			
铁路	Railways	21.1	23.8	25.3
公路	Highways	24.1	20.7	19.9
水路	Waterways	0.1	0.1	0.1
民用航空	Civil Aviation	54.7	55.3	54.6
货物周转量构成	**Composition of Freight Ton-kilometers**			
铁路	Railways	29.7	29.6	29.7
公路	Highways	59.1	60.9	60.9
水路	Waterways	10.7	9.0	9.0
民用航空	Civil Aviation	0.5	0.5	0.4

1-7 按主要行业分法人单位数(2022年)
Number of Legal Entities by Sector(2022)

单位：个 (unit)

市(州)	Region	合计 Total	农、林、牧、渔业 Agriculture, Forestry, Animal Husbandry and Fishery	采矿业 Mining	制造业 Manufacturing	电力、热力、燃气及水生产和供应业 Production and Supply of Electricity,Heat, Gas and Water	建筑业 Construction	批发和零售业 Wholesale and Retail Trades
全　省	**Sichuan**	**1595315**	**148381**	**4763**	**97886**	**7755**	**137005**	**392191**
成都市	Chengdu	715978	18241	187	35586	1129	69623	198359
自贡市	Zigong	33187	4036	127	3362	187	2402	7702
攀枝花市	Panzhihua	23112	2017	529	1416	232	1261	7394
泸州市	Luzhou	62076	5276	184	4681	378	5297	17292
德阳市	Deyang	57495	5077	103	9386	315	3967	12801
绵阳市	Mianyang	97631	11056	248	7738	426	9647	22140
广元市	Guangyuan	36204	6392	242	2104	159	3344	6034
遂宁市	Suining	39291	7151	68	2272	160	3419	8334
内江市	Neijiang	33206	5236	171	2388	225	1885	7301
乐山市	Leshan	41012	3836	342	2842	404	2980	10558
南充市	Nanchong	71226	10710	125	3618	282	7102	14322
眉山市	Meishan	47711	6653	103	3733	286	3710	9922
宜宾市	Yibin	55492	9019	340	3914	421	3935	12723
广安市	Guangan	34622	5477	100	2325	256	3143	7373
达州市	Dazhou	63265	12447	434	3675	394	3969	16298
雅安市	Yaan	27567	3135	303	2370	672	1746	6725
巴中市	Bazhong	32956	6873	75	1336	264	2671	5139
资阳市	Ziyang	25856	4003	5	1902	82	2270	6004
阿坝藏族羌族自治州	Aba	20426	6225	152	750	293	907	2697
甘孜藏族自治州	Ganzi	20779	3456	168	522	284	896	2588
凉山彝族自治州	Liangshan	56223	12065	757	1966	906	2831	10485

注：建筑业企业按照法人单位注册地原则进行统计。
a) Construction enterprises are counted according to the principle of the registered location of legal entities.

1-7 续表 1 continued

单位：个 (unit)

市(州)	Region	交通运输、仓储和邮政业 Transport, Storage and Post	住宿和餐饮业 Hotels and Catering Services	信息传输、软件和信息技术服务业 Information Transmission, Software and Information Technology	金融业 Financial Intermediation	房地产业 Real Estate	租赁和商务服务业 Leasing and Business Services	科学研究和技术服务业 Scientific Research and Technical Services
全 省	**Sichuan**	**36222**	**32083**	**97501**	**5304**	**48671**	**234871**	**99577**
成都市	Chengdu	15688	14836	73952	2227	23061	121919	61602
自贡市	Zigong	802	630	981	140	799	3835	1572
攀枝花市	Panzhihua	1034	428	561	67	771	2309	941
泸州市	Luzhou	1683	1110	1896	185	1744	9679	2559
德阳市	Deyang	1362	829	1911	192	1865	7539	3357
绵阳市	Mianyang	2165	1938	4858	269	3141	12372	6675
广元市	Guangyuan	662	532	866	112	946	5785	1386
遂宁市	Suining	730	719	1127	162	1132	4771	1560
内江市	Neijiang	880	644	782	135	1073	3999	1387
乐山市	Leshan	1420	795	1017	144	1384	4878	1621
南充市	Nanchong	1475	1285	1983	253	2989	9347	2966
眉山市	Meishan	949	793	962	148	1968	8677	1884
宜宾市	Yibin	1077	1452	1078	176	1313	6685	2009
广安市	Guangan	585	520	914	149	1182	3609	1437
达州市	Dazhou	1098	1763	1372	214	1529	6398	1851
雅安市	Yaan	1022	597	625	110	559	3319	878
巴中市	Bazhong	483	541	612	83	929	4894	1246
资阳市	Ziyang	471	298	575	101	748	2980	905
阿坝藏族羌族自治州	Aba	564	626	255	65	248	1833	526
甘孜藏族自治州	Ganzi	513	609	289	159	203	2422	704
凉山彝族自治州	Liangshan	1559	1138	885	213	1087	7621	2511

1-7 续表 2 continued

单位：个 (unit)

市(州)	Region	水利、环境和公共设施管理业 Management of Water Conservancy, Environment and Public Facilities	居民服务、修理和其他服务业 Service to Households, Repair and Other Services	教育 Education	卫生和社会工作 Health and Social Service	文化、体育和娱乐业 Culture, Sports and Entertainment	公共管理、社会保障和社会组织 Public Management, Social Security and Social Organization
全 省	**Sichuan**	**11333**	**36497**	**41901**	**22867**	**46780**	**93727**
成都市	Chengdu	4408	18313	13157	8495	24211	10984
自贡市	Zigong	344	669	1101	572	1007	2919
攀枝花市	Panzhihua	230	607	572	295	546	1902
泸州市	Luzhou	415	1432	1787	990	1599	3889
德阳市	Deyang	423	1176	1296	632	1373	3891
绵阳市	Mianyang	718	2418	2546	1205	2585	5486
广元市	Guangyuan	344	642	1206	546	904	3998
遂宁市	Suining	294	752	1371	725	1104	3440
内江市	Neijiang	205	667	1438	565	836	3389
乐山市	Leshan	348	872	1598	733	1163	4077
南充市	Nanchong	510	1530	2448	1458	2123	6700
眉山市	Meishan	415	863	1510	690	1232	3213
宜宾市	Yibin	445	1407	1913	850	1279	5456
广安市	Guangan	230	640	1473	628	956	3625
达州市	Dazhou	434	1475	2016	1173	1344	5381
雅安市	Yaan	265	526	838	451	765	2661
巴中市	Bazhong	287	631	1104	598	759	4431
资阳市	Ziyang	216	361	1235	548	432	2720
阿坝藏族羌族自治州	Aba	245	243	521	332	565	3379
甘孜藏族自治州	Ganzi	194	202	789	510	734	5537
凉山彝族自治州	Liangshan	363	1071	1982	871	1263	6649

1-8 分地区按三次产业和机构类型分法人单位数(2022年)

Number of Legal Entities by Three Strata of Industry and Type of Institutions(2022)

单位：个 (unit)

市(州)	Region	法人单位数 Number of Legal Entities	按三次产业分 Grouped by Three Strata of Industry			按机构类型分 By Type of Institutions			
			第一产业 Primary Industry	第二产业 Secondary Industry	第三产业 Tetiary Industry	企业法人 Business Entity	事业法人 Institution Entity	机关法人 Government Entity	社会团体 Social Organization
全 省	**Sichuan**	**1595315**	**138252**	**245512**	**1211551**	**1341741**	**54210**	**15162**	**17881**
成都市	Chengdu	715978	16683	105545	593750	683941	6411	1826	3378
自贡市	Zigong	33187	3795	6032	23360	27400	1587	489	702
攀枝花市	Panzhihua	23112	1917	3367	17828	18817	1134	372	527
泸州市	Luzhou	62076	4998	10477	46601	51867	1951	611	772
德阳市	Deyang	57495	4570	13619	39306	46715	1951	520	1095
绵阳市	Mianyang	97631	10185	17970	69476	83008	3250	754	1094
广元市	Guangyuan	36204	5882	5817	24505	25349	2023	575	692
遂宁市	Suining	39291	6712	5885	26694	30992	1773	467	746
内江市	Neijiang	33206	5000	4651	23555	24822	2244	460	442
乐山市	Leshan	41012	3488	6500	31024	30453	2564	750	833
南充市	Nanchong	71226	9813	11074	50339	51531	3804	848	1303
眉山市	Meishan	47711	6014	7786	33911	35447	2142	529	742
宜宾市	Yibin	55492	8447	8557	38488	42496	3214	763	809
广安市	Guangan	34622	5219	5807	23596	26559	2061	542	519
达州市	Dazhou	63265	11745	8421	43099	49693	3387	740	690
雅安市	Yaan	27567	2978	5062	19527	20830	1571	595	620
巴中市	Bazhong	32956	6525	4333	22098	20369	2558	538	591
资阳市	Ziyang	25856	3671	4238	17947	17840	1714	329	399
阿坝藏族羌族自治州	Aba	20426	6103	2093	12230	10623	1360	853	584
甘孜藏族自治州	Ganzi	20779	3262	1864	15653	9132	2929	1338	414
凉山彝族自治州	Liangshan	56223	11245	6414	38564	33857	4582	1263	929

注：建筑业企业按照法人单位注册地原则进行统计。
a) Construction enterprises are counted according to the principle of the registered location of legal entities.

1-8 续表 continued

单位：个 (unit)

市(州)	Region	按机构类型分 By Type of Institutions						
		民办非企业单位 Private Non-enterprise Unit	基金会 Foundation	居委会 Neighborhood Committee	村委会 Village Committee	农民专业合作社 Specialized Farmers' Cooperative	农村集体经济组织 Rural Collective Economic Organization	其他组织机构 Others
全　省	**Sichuan**	**20756**	**140**	**7946**	**26663**	**81656**	**24900**	**4260**
成都市	Chengdu	7373	73	1611	1511	7453	1538	863
自贡市	Zigong	586	5	277	696	1262	108	75
攀枝花市	Panzhihua	321	2	107	231	1268	274	59
泸州市	Luzhou	869	6	343	1140	3109	1178	230
德阳市	Deyang	641	4	370	823	3167	2070	139
绵阳市	Mianyang	1228	2	487	1589	4258	1707	254
广元市	Guangyuan	494	2	346	1389	3492	1593	249
遂宁市	Suining	876	2	323	1114	2611	126	261
内江市	Neijiang	683	6	338	952	2246	883	130
乐山市	Leshan	813	6	261	1107	3397	708	120
南充市	Nanchong	1399	6	739	2302	7868	1246	180
眉山市	Meishan	670	2	315	546	3113	4068	137
宜宾市	Yibin	769	3	303	1801	4199	1013	122
广安市	Guangan	662	1	321	1391	2442	10	114
达州市	Dazhou	1171	1	593	1733	3891	1278	88
雅安市	Yaan	469	5	102	567	2488	269	51
巴中市	Bazhong	564	1	487	1306	4952	1463	127
资阳市	Ziyang	501	6	265	963	2885	780	174
阿坝藏族羌族自治州	Aba	94	2	63	1125	5264	185	273
甘孜藏族自治州	Ganzi	28	1	70	2182	3255	942	488
凉山彝族自治州	Liangshan	545	4	225	2195	9036	3461	126

1—9 按地区和控股情况分企业法人单位数(2022年)

Numbers of Corporate Enterprises by Region and the Status of Holdings(2022)

单位：个 (unit)

市(州)	Region	企业单位数 Numbers of Enterprises	国有控股 State-holding	集体控股 Collective-holding	私人控股 Private-holding	港、澳、台商控股 Hong Kong, Macao and Taiwan-holding	外商控股 Foreign-holding	其他 Others
全 省	**Sichuan**	**1341741**	**20186**	**12230**	**1300969**	**1687**	**1701**	**4968**
成都市	Chengdu	683941	6304	2657	672029	1166	1228	557
自贡市	Zigong	27400	552	431	25204	14	22	1177
攀枝花市	Panzhihua	18817	440	254	18003	16	14	90
泸州市	Luzhou	51867	1217	1501	48867	28	16	238
德阳市	Deyang	46715	797	594	45117	69	54	84
绵阳市	Mianyang	83008	1230	464	80935	77	54	248
广元市	Guangyuan	25349	574	301	24382	11	16	65
遂宁市	Suining	30992	445	135	30103	30	44	235
内江市	Neijiang	24822	449	279	23650	23	24	397
乐山市	Leshan	30453	550	369	29449	27	22	36
南充市	Nanchong	51531	825	617	49960	39	21	69
眉山市	Meishan	35447	731	333	34194	39	34	116
宜宾市	Yibin	42496	1068	940	40344	29	17	98
广安市	Guangan	26559	532	298	25402	25	22	280
达州市	Dazhou	49693	730	720	47874	21	27	321
雅安市	Yaan	20830	712	384	19257	17	10	450
巴中市	Bazhong	20369	583	411	19314	8	7	46
资阳市	Ziyang	17840	371	252	17042	14	38	123
阿坝藏族羌族自治州	Aba	10623	379	115	9953	6	4	166
甘孜藏族自治州	Ganzi	9132	526	154	8303	4	5	140
凉山彝族自治州	Liangshan	33857	1171	1021	31587	24	22	32

注：建筑业企业按照法人单位注册地原则进行统计。

a) Construction enterprises are counted according to the principle of the registered location of legal entities.

1-10 按地区和登记注册类型分企业法人单位数(2022年)
Number of Business Entities by Region and Status of Registration(2022)

单位：个 (unit)

市(州)	Region	企业单位数 Number of Enterprises	内资企业 Domestic Funded Enterprises	#国有企业 State-owned Enterprises	#集体企业 Collective-owned Enterprises	#股份合作企业 Cooperative Enterprises	#联营 Joint Ownership
全　省	**Sichuan**	**1341741**	**1337205**	**6092**	**4129**	**2450**	**662**
成都市	Chengdu	683941	680628	1833	1021	758	127
自贡市	Zigong	27400	27344	154	177	65	27
攀枝花市	Panzhihua	18817	18783	92	80	16	17
泸州市	Luzhou	51867	51809	97	241	87	10
德阳市	Deyang	46715	46577	200	204	64	22
绵阳市	Mianyang	83008	82853	263	137	79	48
广元市	Guangyuan	25349	25318	109	104	100	13
遂宁市	Suining	30992	30889	108	54	19	8
内江市	Neijiang	24822	24761	138	125	49	11
乐山市	Leshan	30453	30399	146	137	92	9
南充市	Nanchong	51531	51474	302	191	246	51
眉山市	Meishan	35447	35359	256	93	77	30
宜宾市	Yibin	42496	42448	263	318	150	69
广安市	Guangan	26559	26499	335	59	98	31
达州市	Dazhou	49693	49621	391	333	191	46
雅安市	Yaan	20830	20786	173	192	63	27
巴中市	Bazhong	20369	20339	172	148	88	26
资阳市	Ziyang	17840	17786	102	162	29	16
阿坝藏族羌族自治州	Aba	10623	10607	371	55	20	36
甘孜藏族自治州	Ganzi	9132	9119	256	28	12	6
凉山彝族自治州	Liangshan	33857	33806	331	270	147	32

注：建筑业企业按照法人单位注册地原则进行统计。
a) Construction enterprises are counted according to the principle of the registered location of legal entities.

1-10 续表 continued

单位：个 (unit)

市(州)	Region	#有限责任公司 Limited Liability Corporation	#股份有限公司 Share-holding Corporations Ltd.	#私营 Private	港、澳、台商投资企业 Enterprises with Funds from Hong Kong, Macao and Taiwan	外商投资企业 Enterprises with Foreign Investment
全 省	**Sichuan**	**161891**	**9025**	**1143549**	**1805**	**2731**
成都市	Chengdu	100578	2802	572323	1296	2017
自贡市	Zigong	2408	446	23821	16	40
攀枝花市	Panzhihua	1458	158	16850	18	16
泸州市	Luzhou	6374	258	44457	32	26
德阳市	Deyang	4756	353	40476	69	69
绵阳市	Mianyang	5503	377	75585	72	83
广元市	Guangyuan	2925	255	21625	6	25
遂宁市	Suining	2092	181	28249	23	80
内江市	Neijiang	2142	295	21192	27	34
乐山市	Leshan	2948	247	26625	24	30
南充市	Nanchong	3934	591	45739	31	26
眉山市	Meishan	4212	438	29383	38	50
宜宾市	Yibin	4205	289	36618	25	23
广安市	Guangan	2255	211	23257	26	34
达州市	Dazhou	3599	709	43475	33	39
雅安市	Yaan	3158	253	16537	23	21
巴中市	Bazhong	1596	139	17887	16	14
资阳市	Ziyang	2035	171	15122	9	45
阿坝藏族羌族自治州	Aba	1090	115	8760	4	12
甘孜藏族自治州	Ganzi	1171	199	7348	4	9
凉山彝族自治州	Liangshan	3452	538	28220	13	38

主要统计指标解释

行政区划 指国家对行政区域的划分。根据有关法规规定，我国的行政区域划分如下：(1)全国分为省、自治区、直辖市；(2)省、自治区分为自治州、县、自治县、市；(3)自治州分为县、自治县、市；(4)县、自治县分为乡、民族乡、镇；(5)直辖市和较大的市分为区、县；(6)国家在必要时设立的特别行政区。

平均增长速度 平均增长速度表明社会经济现象在一个较长的时期内逐期平均增长变化的程度，它不能根据各个环比增长速度直接求得，但与平均发展速度之间存在着一定的数量关系：平均增长速度＝平均发展速度－1。

平均发展速度是一种根据环比发展速度计算的序时平均数，由于各时期对比的基础不同，所以计算平均发展速度不能采用一般的序时平均数的计算方法，计算方法分为水平法和累计法。水平法，又称几何平均法，即将环比发展速度按连乘法用几何平均数公式计算。累计法，也称方程法，根据一段时期内各年发展水平总和与基期水平的关系，列出方程式计算平均发展速度。水平法着重考虑最后一年所达到的发展水平；累计法着重考虑整个时期累计发展水平的总量。

本《年鉴》内所列的增长速度，均用“水平法”计算。从某年到某年平均增长速度的年份，均不包括基期年在内。如1978年以来的平均增长速度是以1978年为基期计算的，则写为1979−2022年平均增长速度，其余类推。

国民经济行业分类 自2017年年报和2018年定期报表开始使用新的《国民经济行业分类》（GB/T4754−2017）。该分类是由国家统计局组织修订，原国家质量监督检验检疫总局和中国国家标准化管理委员会于2017年6月30日发布。这次修订是在2011年分类标准的基础上，结合我国经济活动特点，参照联合国《全部经济活动的国际标准产业分类》（ISIC/Rev.4）进行的。修订后的《国民经济行业分类》（GB/T4754−2017）共有门类20个，大类97个，中类473个，小类1382个。

企业登记注册类型 是以在市场监管部门登记注册的各类企业为划分对象，以市场监管部门对企业登记注册的类型为依据，将企业登记注册类型分为内资企业、港澳台商投资企业和外商投资企业三大类。内资企业包括国有企业、集体企业、股份合作企业、联营企业、有限责任公司、股份有限公司、私营企业和其他企业；港澳台商投资企业和外商投资企业分别包括合资经营企业、合作经营企业、独资经营企业和股份有限公司等。

国有企业 指企业全部资产归国家所有，并按《中华人民共和国企业法人登记管理条例》规定登记注册的非公司制的经济组织。不包括有限责任公司中的国有独资公司。

集体企业 指企业资产归集体所有，并按《中华人民共和国企业法人登记管理条例》规定登记注册的经济组织。

股份合作企业 指以合作制为基础，由企业职工共同出资入股，吸收一定比例的社会资产投资组建，实行自主经营，自负盈亏，共同劳动，民主管理，按劳分配与按股分红相结合的一种集体经济组织。

联营企业 指两个及两个以上相同或不同所有制性质的企业法人或事业单位法人，按自愿、平等、互利的原则，共同投资组成的经济组织。联营企业包括国有联营企业、集体联营企业、国有与集体联营企业和其他联营企业。

有限责任公司 指根据《中华人民共和国公司登记管理条例》规定登记注册，由两个以上、五十个以下的股东共同出资，每个股东以其所认缴的出资额对公司承担有限责任，公司以其全部资产对其债务承担责任的经济组织。有限责任公司包括国有独资公司以及其他有限责任公司。

股份有限公司 指根据《中华人民共和国公司登记管理条例》规定登记注册，其全部注册资本由等额股份构成并通过发行股票筹集资本，股东以其认购的股份对公司承担有限责任，公司以其全部资产对其债务承担责任的经济组织。

私营企业 指由自然人投资设立或由自然人控股，以雇佣劳动为基础的营利性经济组织。包括按照《中华人民共和国公司法》《中华人民共和国合伙企业法》以及《中华人民共和国个人独资企业法》规定登记注册的私营独资企业、私营合伙企业、私营有限责任公司、私营股份有限公司和个人独资企业。

其他企业 指上述企业之外的其他内资经济组织。

与港澳台商合资经营企业 指港澳台地区投资者与内地企业依照原《中华人民共和国中外合资经营企业法》及有关法律的规定，按合同规定的比例投资设立，分享利润、分担风险和亏损的企业。

与港澳台商合作经营企业 指港澳台地区投资者与内地企业依照原《中华人民共和国中外合资经营企业法》及有关法律的规定，依照合作合同的约定进行投资或提供条件设立，分配利润、分担风险和亏损的企业。

港澳台商独资经营企业 指依照原《中华人民共和国外资企业法》及有关法律的规定，在内地由港澳台地区投资者全额投资设立的企业。

港澳台商投资股份有限公司 指根据国家有关规定，经商务部（原外经贸部）批准设立，并且其中港、澳、台商的股本占公司注册资本的比例达25%以上的股份有限公司。凡其中港、澳、台商的股本占公司注册资本的比例小于25%的，属于内资企业中的股份有限公司。

其他港澳台商投资企业 指在中国境内参照原《外国企业或个人在中国境内设立合伙企业管理办法》和《外商投资合伙企业登记管理规定》，依法设立的港、澳、台商投资合伙企业等。

中外合资经营企业 指外国企业或外国人与中国内地企业依照原《中华人民共和国中外合资经营企业法》及有关法律的规定，按合同规定的比例投资设立，分享利润、分担风险和亏损的企业。

中外合作经营企业 指外国企业或外国人与中国内地企业依照原《中华人民共和国中外合资经营企业法》及有关法律的规定，依照合作合同的约定进行投资或提供条件设立，分配利润、分担风险和亏损的企业。

外资企业 指依照原《中华人民共和国外资企业法》及有关法律的规定，在中国内地由外国投资者全额投资设立的企业。

外商投资股份有限公司 指根据国家有关规定，经商务部（原外经贸部）批准设立，并且其中外资的股本占公司注册资本的比例达25%以上的股份有限公司。凡其中外资股本占公司注册资本的比例小于25%的，属于内资企业中的股份有限公司。

其他外商投资企业 指在中国境内依照原《外国企业或个人在中国境内设立合伙企业管理办法》和《外商投资合伙企业登记管理规定》，依法设立的外商投资合伙企业等。

Explanatory Notes on Main Statistical Indicators

Divisions of Administrative Areas refers to the division of administrative areas by the State. The relative laws stipulate that 1) the whole country is divided into provinces, autonomous regions and municipalities directly under the Central Government; 2) provinces and autonomous regions are further divided into autonomous prefectures, counties, autonomous counties and cities; 3) autonomous prefectures are further divided into counties, autonomous counties and cities; 4) counties and autonomous counties are further divided into townships, ethnic townships and towns; 5) municipalities directly under the Central Government and large cities are divided into districts and counties; 6) the State shall, when necessary, establish special administrative regions.

Average Annual Growth Rate shows the average growth rate of social and economic development during a longer period. It can not be directly calculated by chain based growth rate. The relation is: Average Annual Growth Rate = Average Speed of Development – 1.

Average speed of development is the time series average of speed which calculated by chain based. Because the reference bases during the different periods are not same, average speed of development can not be calculated by the general method. Level approach and accumulative approach for calculating average speed of development rate are applied. The "level approach", or the method of calculating the geometric average, is derived by the formula of geometric average of the chain-based speeds of development, or comparing the level of the last year of the interval with that of the beginning year; the other is called the "accumulative approach" or the "algebraic average", "equation" method, which is derived by the summation of the actual figure of each year in the interval divided by the figure in the base year. The level approach focuses on the level of the last year, while the accumulative approach emphasizes the aggregate development in the duration.

The average annual growth rates listed in the Yearbook are calculated by the level approach. The base year is not listed in the duration for which average annual growth rates are computed. For instance, the average annual growth rate of the years since 1978 is shown as the average annual growth rate of 1979-2022 without showing the base year 1978.

Industrial Classification of the National Economy The new Industrial Classification of the National Economy (GB/T 4754-2017) is introduced starting from the compilation of 2017 annual statistics and 2018 monthly or quarterly statistics. The revision, based on the 2011 classification, was organized by the National Bureau of Statistics taking into consideration of the characteristics of economic activities in China and the International Standards of the Industrial Classification of All Economic Activities (ISIC/Rev.4) of the United Nations. The new Classification was promulgated by the former National Administration of Quality Supervision, Inspection and Quarantine and the Standardization Administration of the People's Republic of China on June 30, 2017. The revised version of the Industrial Classification of the National Economy (GB/T 4754-2017) is composed of 20 sections, 97 divisions, 473 groups and 1382 classes.

Registration Status of Enterprises Enterprises are classified into 3 categories, namely enterprises with domestic investment, enterprises with investment from Hong Kong, Macao and Taiwan, and enterprises with foreign investment, according to the registration status of an enterprise in market supervision administration. Domestic-invested enterprises include state-owned enterprises, collective-owned enterprises, cooperative enterprises, joint ownership enterprises, limited liability corporations, share-holding corporations Ltd., private enterprises and other enterprises. Included in the enterprises with investment from Hong Kong, Macao and Taiwan and enterprises with foreign investment are joint-venture enterprises, cooperative enterprises, sole-proprietorship enterprises and share-holding corporations Ltd., etc.

State-owned Enterprises refers to non-corporation economic units where the entire assets are owned by the State and which have been registered in accordance with the Regulation of the People's Republic of China on the Management of Registration of Corporate Enterprises. Not included from this category are solely State-funded corporations in the limited liability corporations.

Collective-owned Enterprises refers to economic units where the assets are owned collectively and which have been registered in accordance with the Regulation of the People's Republic of China on the Management of Registration of Corporate Enterprises.

Cooperative Enterprises refers to a form of collective economic units where capitals come mainly from employees as their shares, with certain proportion of capital from the outside, where production is organized on the basis of independent operation, independent accounting for profits and losses, joint work, democratic management, and a distribution system that integrates remuneration according to work with dividend according to capital share.

Joint Ownership Enterprises refers to economic units established by two or more corporate enterprises or corporate institutions of the same or different ownership, through joint investment on the basis of voluntary participation, equality, and mutual benefits. They include State joint ownership enterprises; collective joint ownership enterprises; joint State-collective enterprises; and other joint ownership enterprises.

Limited Liability Corporations refers to economic units established with investment from 2-50 investors and registered in accordance with the Regulation of the People's

Republic of China on the Management of Registration of Corporations, each investor bearing limited liability to the corporation depending on its share of investment, and the corporation bearing liability to its debt to the maximum of its total assets. Limited liability corporations include solely State-funded limited liability corporations and other limited liability corporations.

Share-holding Corporations Ltd. refers to economic units registered in accordance with the Regulation of the People's Republic of China on the Management of Registration of Corporations, with total registered capital divided into equal shares and raised through issuing stocks. Each investor bears limited liability to the corporation depending on the holding of shares, and the corporation bears liability to its debt to the maximum of its total assets.

Private Enterprises refer to profit-making economic units invested and established by natural persons, or controlled by natural persons, using employed labour. Included in this category are private sole-proprietorship enterprise, private partnership enterprise, private limited liability companies, private limited-liability company by shares and individual sole-proprietorship enterprise registered in accordance with the Company Law, the Law on Partnership Business and the Law on Individual Proprietorship Enterprises.

Other Domestic-funded Enterprises refers to domestic-funded economic units other than those mentioned above.

Joint Venture Enterprises with Hong Kong, Macao and Taiwan are enterprises jointly established by investors from Hong Kong, Macao and Taiwan with enterprises in the mainland of China in accordance with the former Law of the People's Republic of China on Sino-foreign Contractual Joint Venture and other relevant laws, where the investment and establishment and the sharing of profits, risks and loss according to the proportion specified in the contract.

Cooperative Enterprises with Hong Kong, Macao and Taiwan established by investors from Hong Kong, Macao and Taiwan with enterprises in the mainland of China in accordance with the former Law of the People's Republic of China on Sino-foreign Contractual Joint Venture and other relevant laws, where the investment or provision of facilities and the sharing of profits, risks and loss as agreed in the cooperation contracts.

Sole-proprietorship Enterprises with Investment from Hong Kong, Macao and Taiwan refer to enterprises established in the mainland of China with exclusive investment from investors from Hong Kong, Macao and Taiwan in accordance with the former Law of the People's Republic of China on Enterprises with Foreign Investment and other relevant laws.

Share-holding Corporations Ltd. with Investment from Hong Kong, Macao and Taiwan refer to share-holding corporations Ltd. established with the approval from the Ministry of Commerce (the former Ministry of Foreign Trade and Economic Relations) in line with relevant state regulations, where the share of investment from Hong Kong, Macao or Taiwan businessmen exceeds 25% of the total registered capital of the corporation. In case the share of investment from Hong Kong, Macao or Taiwan is less than 25% of the total registered capital, the enterprise is to be classified as domestic-invested share-holding corporation Ltd.

Other Enterprises with Funds from Hong Kong, Macao and Taiwan refer to partnership enterprises with investments from Hong Kong, Macao and Taiwan established within the territory of China in accordance with the former Administrative Measures on the Establishment of Partnership Enterprises in China by Foreign Enterprises or Foreign Individuals and Regulations for the Administration of the Registration of Foreign-invested Partnership Enterprises.

Joint Venture Enterprises with Foreign Investment refer to enterprises jointly established by foreign enterprises or foreigners with enterprises in the mainland of China in accordance with the former Law of the People's Republic of China on Sino-foreign Contractual Joint Venture and other relevant laws, where the investment and establishment and the sharing of profits, risks and loss according to the proportion specified in the contract.

Cooperative Enterprises with Foreign Investment refer to enterprises jointly established by foreign enterprises or foreigners with enterprises in the mainland of China in accordance with the former Law of the People's Republic of China on Sino-foreign Contractual Joint Venture and other relevant laws, where the investment or provision of facilities and the sharing of profits, risks and loss as agreed in the cooperation contracts.

Sole-proprietorship Enterprises with Foreign Investment refer to enterprises established in the mainland of China with exclusive investment from foreign investors in accordance with the former Law of the People's Republic of China on Enterprises with Foreign Investment and other relevant laws.

Share-holding Corporations Ltd. with Foreign Investment refer to share-holding corporations Ltd. established with the approval from the Ministry of Commerce (the former Ministry of Foreign Trade and Economic Relations) in line with relevant state regulations, where the share of investment from foreign investors exceeds 25% of the total registered capital of the corporation. In case the share of foreign investment is less than 25% of the total registered capital, the enterprise is to be classified as domestic-invested share-holding corporation Ltd.

Other Enterprises with Foreign Funds refer to partnership enterprises established within the territory of China in accordance with the former Administrative Measures on the Establishment of Partnership Enterprises in China by Foreign Enterprises or Foreign Individuals and Regulations for the Administration of the Registration of Foreign-invested Partnership Enterprises.

02／国民经济核算

Chapter 2 National Accounts

2-1 地区生产总值
Gross Regional Product

单位：亿元 (100 million yuan)

年份 Year	地区生产总值 Gross Regional Product	第一产业 Primary Industry	第二产业 Secondary Industry	第三产业 Tertiary Industry	农林牧渔业 Agriculture, Forestry, Animal Husbandry and Fishery	工业 Industry	建筑业 Construction
1978	184.61	82.20	65.55	36.86	82.20	59.40	6.15
1980	229.31	101.68	81.05	46.58	101.68	73.18	7.87
1985	421.15	172.90	148.11	100.14	172.90	127.13	20.98
1986	458.23	181.20	160.62	116.41	181.20	138.12	22.50
1987	530.86	202.25	187.88	140.73	202.25	160.49	27.39
1988	659.69	241.95	238.32	179.42	241.95	206.44	31.88
1989	744.98	263.15	263.44	218.39	263.15	231.08	32.36
1990	890.95	321.41	312.64	256.90	321.41	276.08	36.56
1991	1016.31	339.00	376.48	300.83	339.00	331.37	45.11
1992	1177.27	372.04	441.57	363.66	376.24	383.52	62.90
1993	1486.08	449.38	580.38	456.32	454.69	501.36	85.14
1994	2001.41	597.37	782.77	621.27	604.52	676.09	114.92
1995	2443.21	662.46	980.91	799.84	671.18	843.23	147.74
1996	2871.65	770.02	1156.01	945.62	780.27	989.50	178.33
1997	3241.47	880.28	1265.32	1095.87	891.85	1068.55	210.11
1998	3474.09	912.24	1324.01	1237.84	924.65	1090.65	247.66
1999	3649.12	926.03	1349.63	1373.46	939.06	1114.50	250.15
2000	3928.20	945.58	1433.11	1549.51	959.61	1170.63	278.65
2001	4293.49	981.67	1572.01	1739.81	997.00	1270.86	318.82
2002	4725.01	1047.95	1733.38	1943.68	1064.82	1392.09	360.74
2003	5346.20	1128.57	2020.50	2197.13	1147.66	1627.92	414.59
2004	6303.96	1329.07	2439.71	2535.18	1351.58	1990.03	475.63
2005	7195.88	1403.24	2961.19	2831.45	1427.47	2454.28	536.97
2006	8494.68	1613.99	3658.07	3222.62	1638.87	3059.45	633.99
2007	10562.10	1966.53	4607.73	3987.84	1999.83	3896.48	754.25
2008	12756.21	2138.96	5766.49	4850.76	2174.96	4912.40	905.98
2009	14190.60	2160.37	6653.24	5376.99	2194.45	5621.30	1089.57
2010	17224.78	2384.89	8283.21	6556.68	2424.58	7032.89	1317.42
2011	21050.87	2854.62	10014.39	8181.86	2900.43	8457.36	1642.71
2012	23922.41	3142.55	11231.06	9548.80	3198.88	9408.52	1919.92
2013	26518.02	3257.42	12418.94	10841.66	3323.58	10308.99	2217.67
2014	28891.33	3524.74	13082.69	12283.90	3598.67	10703.84	2494.79
2015	30342.01	3660.96	13192.45	13488.60	3745.49	10735.01	2555.50
2016	33138.48	3900.60	13450.13	15787.75	3991.86	10790.93	2757.77
2017	37905.14	4262.51	14569.17	19073.46	4365.27	11437.80	3235.85
2018	42902.10	4427.43	16056.94	22417.73	4544.32	12360.07	3809.77
2019	46363.75	4807.52	17187.92	24368.31	4937.99	13165.91	4150.27
2020	48501.64	5556.86	17505.61	25439.17	5701.23	13401.02	4245.17
2021	54087.98	5662.00	19949.74	28476.24	5818.12	15546.06	4581.01
2022	56749.81	5964.29	21157.11	29628.41	6133.07	16412.20	4888.58

注：①本表按当年价格计算；从2013年起，地区生产总值核算执行国家统计局新的《国民经济行业分类》和《三次产业划分规定》(以下有关各表同)；②按照国家统计局统一部署，依据第四次全国经济普查结果修订了1992年以来的GDP历史数据。

a) The data in this table are calculated at current prices; The regional GDP accounting has executed the NBS new "Classification of National Economic Industries" and the "Provisions of Three Industrial Division" since 2013(the same as the following related tables); b) According to the unified deployment of the NBS, the historical GDP data since 1992 have been revised based on the results of the fourth national Economic census.

2−1 续表 continued

单位：亿元 (100 million yuan)

年份 Year	批发和零售业 Wholesale and Retail Trades	交通运输、仓储和邮政业 Transport, Storage and Post	住宿和餐饮业 Hotels and Catering Services	金融业 Financial Intermediation	房地产业 Real Estate	其他 Others	人均地区生产总值（元） Per Capita Gross Regional Product (yuan)
1978	7.75	6.17	3.02	4.88	2.42	12.62	261
1980	9.68	7.39	3.77	6.71	2.94	16.09	320
1985	24.85	14.31	9.67	11.71	5.93	33.67	570
1986	28.84	17.88	11.21	13.21	6.85	38.42	614
1987	35.09	22.64	13.65	15.98	8.11	45.26	702
1988	47.19	27.80	18.35	19.84	9.92	56.32	861
1989	56.45	33.82	22.04	23.55	11.68	70.85	960
1990	61.29	40.71	24.57	29.79	14.56	85.98	1136
1991	65.94	48.96	27.64	34.09	17.76	106.44	1283
1992	78.45	56.70	31.34	40.68	24.41	123.03	1477
1993	90.29	70.18	39.00	51.13	30.34	163.95	1854
1994	121.26	85.71	54.28	65.01	68.91	210.71	2338
1995	181.21	113.01	70.47	71.31	80.41	264.65	3043
1996	220.19	129.83	85.63	82.13	95.63	310.14	3550
1997	240.78	145.08	93.64	93.19	124.13	374.14	4032
1998	254.51	165.91	99.41	108.45	148.09	434.76	4294
1999	270.84	179.25	109.25	118.32	165.17	502.58	4540
2000	283.26	217.41	120.08	153.05	180.05	565.46	4956
2001	311.95	248.34	133.51	168.86	198.60	645.55	5376
2002	341.12	271.19	151.41	183.13	210.82	749.69	5890
2003	380.53	297.36	167.49	204.35	235.91	870.39	6565
2004	453.41	313.10	193.24	230.35	272.01	1024.61	7751
2005	497.39	355.76	214.82	250.85	296.96	1161.38	8828
2006	575.32	419.97	246.81	284.16	355.52	1280.59	10371
2007	697.05	472.72	294.71	344.75	414.32	1687.99	12963
2008	836.33	472.63	327.03	437.28	539.65	2149.95	15685
2009	1005.62	489.29	393.12	482.55	600.12	2314.58	17387
2010	1197.99	500.87	460.81	606.88	643.27	3040.07	21230
2011	1420.15	545.03	536.34	792.61	723.35	4032.89	26136
2012	1635.88	591.65	588.48	1176.10	832.58	4570.40	29627
2013	1831.37	617.86	645.86	1530.15	918.40	5124.14	32750
2014	2083.19	864.72	706.00	1621.95	1308.04	5510.13	35563
2015	2359.96	941.85	780.26	1878.45	1519.69	5825.80	37150
2016	2760.32	1118.84	852.91	2312.70	1878.64	6674.51	40297
2017	3432.31	1205.90	934.01	2720.81	2602.57	7970.62	45835
2018	3835.52	1401.66	1043.24	2922.37	3118.08	9867.07	51658
2019	4243.77	1473.14	1178.57	3101.67	3269.09	10843.34	55619
2020	4299.46	1359.52	996.27	3320.34	3396.00	11782.63	58009
2021	4924.75	1534.68	1221.35	3552.60	3623.51	13285.90	64610
2022	5132.14	1587.45	1180.12	3840.07	3446.04	14130.14	67777

2-2 地区生产总值指数
Indices of Gross Regional Product

(上年=100) (preceding year=100)

年份 Year	地区生产总值 Gross Regional Product	第一产业 Primary Industry	第二产业 Secondary Industry	第三产业 Tertiary Industry	农林牧渔业 Agriculture, Forestry, Animal Husbandry and Fishery	工业 Industry	建筑业 Construction
1978	117.4	113.8	121.2	117.4	113.8	126.0	88.4
1980	109.5	104.0	109.7	118.3	104.0	109.5	111.5
1985	111.9	104.3	118.0	117.1	104.3	117.0	125.0
1986	105.5	101.0	106.5	111.9	101.0	107.0	103.3
1987	108.7	103.0	112.2	112.5	103.0	112.0	113.2
1988	107.5	101.9	113.8	106.2	101.9	116.4	97.0
1989	103.2	102.8	101.9	105.7	102.8	103.5	89.1
1990	109.1	106.9	109.5	111.3	106.9	110.0	105.7
1991	109.1	108.5	106.3	113.4	108.5	104.4	120.6
1992	112.6	104.6	120.5	113.1	104.6	118.9	131.1
1993	112.9	105.0	120.1	113.0	105.1	120.1	118.8
1994	110.6	104.4	117.3	108.2	104.4	118.4	110.1
1995	112.3	105.5	111.5	120.1	105.6	110.7	117.0
1996	111.6	107.3	109.2	118.6	107.4	108.3	115.2
1997	110.5	106.2	111.6	112.8	106.2	111.4	112.7
1998	109.6	104.6	110.8	111.8	104.7	109.8	116.6
1999	106.5	105.0	106.0	108.2	105.0	105.8	106.8
2000	109.0	102.3	108.2	114.6	102.3	108.0	109.2
2001	109.0	105.7	110.2	110.0	105.1	111.6	110.1
2002	110.5	105.6	111.9	112.2	105.6	112.1	110.9
2003	111.0	103.9	116.3	110.0	104.0	117.2	111.8
2004	111.9	106.1	116.0	110.8	106.2	116.6	112.8
2005	112.7	105.4	118.6	110.4	105.4	120.3	109.2
2006	113.5	102.6	117.7	114.6	102.6	121.6	103.9
2007	114.5	104.8	120.9	112.0	104.8	121.6	115.5
2008	111.0	101.0	114.0	111.7	101.0	115.7	103.4
2009	114.5	104.0	116.4	116.2	104.0	115.0	124.0
2010	115.1	104.3	122.8	109.7	104.4	123.5	117.5
2011	115.0	104.4	121.6	110.5	104.5	122.8	116.0
2012	111.7	104.6	115.9	108.3	104.5	115.8	115.2
2013	110.0	103.5	112.0	109.2	103.6	111.3	115.7
2014	108.5	103.8	109.0	109.2	103.9	108.8	109.7
2015	107.9	103.8	107.7	109.4	103.9	107.3	110.1
2016	107.8	103.8	107.6	109.2	104.0	107.5	107.8
2017	108.1	103.8	107.5	109.7	103.9	108.1	105.0
2018	108.0	103.6	107.5	109.5	103.8	108.0	105.4
2019	107.4	102.8	107.4	108.4	103.0	107.8	106.1
2020	103.8	105.1	103.8	103.4	105.2	103.8	103.1
2021	108.2	107.0	107.8	108.8	107.0	110.0	101.3
2022	102.9	104.3	103.9	102.0	104.3	103.3	105.1

注：本表按可比价格计算。
a) The indices in this table are calculated at comparable prices.

2-2 续表 continued

(上年=100) (preceding year=100)

年份 Year	批发和零售业 Wholesale and Retail Trades	交通运输、仓储和邮政业 Transport, Storage and Post	住宿和餐饮业 Hotels and Catering Services	金融业 Financial Intermediation	房地产业 Real Estate	其他 Others	人均地区生产总值 Per Capita Gross Regional Product
1978							
1980	117.2	115.6	117.2	122.9	117.6	118.8	108.6
1985	120.7	129.7	120.5	107.1	112.6	113.6	111.4
1986	111.7	120.3	111.6	108.7	111.2	108.9	104.6
1987	113.2	117.7	113.2	113.5	110.1	105.7	107.3
1988	112.1	102.4	112.0	101.8	101.9	103.8	106.3
1989	102.4	106.8	102.8	103.1	106.0	111.5	101.8
1990	104.0	112.5	106.8	120.4	113.7	108.1	107.9
1991	105.2	115.3	110.0	109.9	107.4	120.6	108.0
1992	109.9	116.2	104.7	107.6	121.2	114.0	111.9
1993	104.5	114.5	113.0	112.0	129.1	115.4	112.3
1994	107.8	100.2	111.7	109.0	164.2	100.2	103.6
1995	129.8	117.4	112.8	103.6	113.3	126.2	119.7
1996	121.5	112.0	121.5	105.3	120.0	123.2	110.8
1997	105.7	109.0	105.7	109.7	125.5	118.1	111.2
1998	109.3	110.3	109.2	113.2	116.7	112.8	108.9
1999	106.4	103.7	109.9	106.1	113.4	109.5	107.2
2000	107.0	122.7	113.1	129.5	105.5	116.3	110.6
2001	109.3	109.6	110.3	108.3	108.6	109.6	108.2
2002	110.0	109.0	114.1	108.4	105.1	117.5	110.1
2003	111.4	107.3	110.5	109.5	110.1	110.1	109.3
2004	112.4	107.4	111.3	107.9	111.5	111.5	112.0
2005	113.4	108.2	112.3	106.9	107.2	111.4	112.5
2006	113.0	109.5	112.5	110.3	114.2	116.6	113.0
2007	112.5	110.7	108.4	112.8	111.1	113.4	115.1
2008	114.3	105.2	101.1	104.5	105.3	117.9	111.2
2009	126.2	95.5	121.0	129.5	129.6	112.0	114.1
2010	113.5	106.5	110.6	107.7	100.1	111.5	115.8
2011	114.0	106.0	109.2	126.6	106.8	107.1	115.8
2012	111.6	105.8	105.2	118.8	108.5	105.8	111.4
2013	110.2	104.0	104.9	118.3	109.8	107.7	109.7
2014	109.8	106.3	106.2	112.4	112.9	108.3	108.1
2015	108.0	104.8	103.8	112.1	109.9	110.6	107.3
2016	107.6	104.3	106.1	108.3	110.7	110.9	107.1
2017	109.0	104.8	106.8	106.8	109.3	112.1	107.5
2018	107.4	105.9	107.7	100.7	110.4	113.4	107.5
2019	106.5	107.0	108.1	106.1	105.6	110.4	107.0
2020	100.3	99.4	89.3	106.1	102.1	106.4	103.4
2021	111.5	110.7	119.2	103.6	101.8	110.1	108.1
2022	102.6	99.7	95.4	106.1	94.6	103.7	102.9

2-3 地区生产总值指数
Indices of Gross Regional Product

(1978年=100) (year of 1978=100)

年份 Year	地区生产总值 Gross Regional Product	第一产业 Primary Industry	第二产业 Secondary Industry	第三产业 Tertiary Industry	农林牧渔业 Agriculture, Forestry, Animal Husbandry and Fishery	工业 Industry	建筑业 Construction
1978	100.0	100.0	100.0	100.0	100.0	100.0	100.0
1980	120.6	112.3	121.2	133.7	112.3	121.0	123.4
1985	194.0	161.8	202.3	250.7	161.8	193.5	287.2
1986	204.6	163.4	215.4	280.5	163.4	207.1	296.7
1987	222.4	168.3	241.7	315.6	168.3	231.9	335.8
1988	239.1	171.5	275.1	335.2	171.5	270.0	325.7
1989	246.8	176.3	280.3	354.3	176.3	279.4	290.2
1990	269.2	188.5	306.9	394.3	188.5	307.4	306.8
1991	293.7	204.5	326.3	447.1	204.5	320.9	370.0
1992	330.7	213.9	393.1	505.7	213.9	381.5	485.0
1993	373.4	224.6	472.2	571.5	224.8	458.2	576.2
1994	413.0	234.5	553.8	618.3	234.7	542.5	634.4
1995	463.8	247.4	617.5	742.6	247.9	600.6	742.3
1996	517.6	265.5	674.4	880.7	266.2	650.4	855.1
1997	571.9	281.9	752.6	993.5	282.7	724.6	963.7
1998	626.8	294.9	833.9	1110.7	296.0	795.6	1123.7
1999	667.6	309.6	883.9	1201.8	310.8	841.7	1200.1
2000	727.7	316.8	956.4	1377.2	318.0	909.0	1310.5
2001	793.2	334.8	1053.9	1514.9	334.2	1014.5	1442.9
2002	876.4	353.6	1179.3	1699.8	352.9	1137.2	1600.1
2003	972.8	367.3	1371.6	1869.7	367.0	1332.8	1789.0
2004	1088.6	389.8	1591.0	2071.7	389.8	1554.1	2018.0
2005	1226.9	410.8	1887.0	2287.1	410.8	1869.6	2203.6
2006	1392.5	421.5	2220.9	2621.1	421.5	2273.4	2289.5
2007	1594.4	441.7	2685.1	2935.6	441.7	2764.5	2644.4
2008	1769.8	446.1	3061.0	3279.0	446.1	3198.5	2734.3
2009	2026.4	464.0	3563.0	3810.3	464.0	3678.3	3390.6
2010	2332.4	483.9	4375.4	4179.8	484.4	4542.7	3983.9
2011	2682.2	505.2	5320.5	4618.7	506.2	5578.4	4621.4
2012	2996.1	528.5	6166.5	5002.1	529.0	6459.8	5323.8
2013	3295.7	547.0	6906.4	5462.3	548.0	7189.7	6159.6
2014	3575.8	567.7	7528.0	5964.8	569.4	7822.4	6757.1
2015	3858.3	589.3	8107.7	6525.5	591.6	8393.5	7439.6
2016	4159.2	611.7	8723.9	7125.8	615.3	9023.0	8019.9
2017	4496.1	635.0	9378.2	7817.0	639.3	9753.8	8420.9
2018	4855.8	657.8	10081.5	8559.7	663.5	10534.1	8875.6
2019	5215.2	676.2	10827.6	9278.7	683.4	11355.8	9417.0
2020	5413.3	710.7	11239.0	9594.2	719.0	11787.3	9708.9
2021	5857.2	760.5	12115.6	10438.4	769.3	12966.1	9835.2
2022	6027.1	793.2	12588.2	10647.2	802.4	13393.9	10336.8

注：本表按可比价格计算。
a) The indices in this table are calculated at comparable prices.

2-3 续表 continued

(1978年=100) (year of 1978=100)

年份 Year	批发和零售业 Wholesale and Retail Trades	交通运输、仓储和邮政业 Transport, Storage and Post	住宿和餐饮业 Hotels and Catering Services	金融业 Financial Intermediation	房地产业 Real Estate	其他 Others	人均地区生产总值 Per Capita Gross Regional Product
1978	100.0	100.0	100.0	100.0	100.0	100.0	100.0
1980	132.2	126.7	132.2	145.5	128.4	134.7	118.8
1985	295.9	213.9	296.4	221.3	226.2	245.9	185.3
1986	330.5	257.4	330.7	240.6	251.5	267.8	193.9
1987	374.1	302.9	374.4	273.1	276.9	283.0	208.0
1988	419.4	310.2	419.3	278.0	282.1	293.8	221.1
1989	429.5	331.3	431.1	286.6	299.1	327.6	225.1
1990	446.6	372.7	460.4	345.0	340.0	354.1	242.9
1991	469.9	429.7	506.4	379.2	365.2	427.0	262.3
1992	516.4	499.4	530.2	408.0	442.6	486.8	293.5
1993	539.6	571.8	599.1	457.0	571.4	561.8	329.6
1994	581.7	572.9	669.2	498.1	938.3	562.9	341.5
1995	755.1	672.6	754.9	516.0	1063.1	710.4	408.8
1996	917.4	753.3	917.2	543.4	1275.7	875.2	452.9
1997	969.7	821.1	969.5	596.1	1601.0	1033.6	503.7
1998	1059.9	905.7	1058.7	674.8	1868.4	1165.9	548.5
1999	1127.7	939.2	1163.5	716.0	2118.8	1276.7	588.0
2000	1206.6	1152.4	1315.9	927.2	2235.3	1484.8	650.3
2001	1318.9	1263.0	1451.4	1004.1	2427.5	1627.3	703.6
2002	1450.7	1376.7	1656.1	1088.5	2551.3	1912.1	774.7
2003	1616.1	1477.2	1830.0	1191.9	2809.0	2105.3	846.7
2004	1816.5	1586.5	2036.8	1286.0	3132.1	2347.4	948.4
2005	2059.9	1716.6	2287.3	1374.8	3357.6	2615.0	1066.9
2006	2327.7	1879.6	2573.2	1516.4	3834.3	3049.0	1205.6
2007	2618.7	2080.8	2789.4	1710.5	4259.9	3457.6	1387.6
2008	2993.2	2189.0	2820.0	1787.4	4485.7	4076.5	1543.1
2009	3777.4	2090.5	3412.3	2314.7	5813.5	4565.7	1760.6
2010	4287.3	2226.3	3773.9	2493.0	5819.3	5090.8	2038.8
2011	4887.6	2359.9	4121.2	3156.1	6215.0	5452.2	2360.9
2012	5454.5	2496.8	4335.5	3749.4	6743.3	5768.4	2630.1
2013	6010.9	2596.7	4547.9	4435.6	7404.1	6212.6	2885.2
2014	6600.0	2760.3	4829.9	4985.6	8359.3	6728.3	3118.9
2015	7128.0	2892.7	5013.4	5588.8	9186.8	7441.5	3346.6
2016	7669.7	3017.1	5319.2	6052.7	10169.8	8252.6	3584.2
2017	8360.0	3162.0	5680.9	6464.3	11115.6	9251.1	3853.0
2018	8978.6	3348.5	6118.3	6509.5	12271.7	10490.8	4142.0
2019	9562.2	3582.9	6613.9	6906.6	12958.9	11581.8	4431.9
2020	9590.9	3561.4	5906.2	7327.9	13231.0	12323.1	4582.6
2021	10693.8	3942.5	7040.2	7591.7	13469.2	13567.7	4953.8
2022	10971.9	3930.7	6716.4	8054.8	12741.8	14069.7	5097.5

2-4 地区生产总值构成
Composition of Gross Regional Product

单位：% (%)

年份 Year	地区生产总值 Gross Regional Product	第一产业 Primary Industry	第二产业 Secondary Industry	第三产业 Tertiary Industry
1978	100.0	44.5	35.5	20.0
1980	100.0	44.3	35.3	20.4
1985	100.0	41.1	35.2	23.7
1986	100.0	39.5	35.0	25.5
1987	100.0	38.1	35.4	26.5
1988	100.0	36.7	36.1	27.2
1989	100.0	35.3	35.3	29.4
1990	100.0	36.1	35.1	28.8
1991	100.0	33.4	37.0	29.6
1992	100.0	31.6	37.5	30.9
1993	100.0	30.2	39.1	30.7
1994	100.0	29.8	39.1	31.1
1995	100.0	27.1	40.1	32.8
1996	100.0	26.8	40.3	32.9
1997	100.0	27.2	39.0	33.8
1998	100.0	26.3	38.1	35.6
1999	100.0	25.4	37.0	37.6
2000	100.0	24.1	36.5	39.4
2001	100.0	22.9	36.6	40.5
2002	100.0	22.2	36.7	41.1
2003	100.0	21.1	37.8	41.1
2004	100.0	21.1	38.7	40.2
2005	100.0	19.5	41.2	39.3
2006	100.0	19.0	43.1	37.9
2007	100.0	18.6	43.6	37.8
2008	100.0	16.8	45.2	38.0
2009	100.0	15.2	46.9	37.9
2010	100.0	13.8	48.1	38.1
2011	100.0	13.6	47.6	38.8
2012	100.0	13.1	46.9	40.0
2013	100.0	12.3	46.8	40.9
2014	100.0	12.2	45.3	42.5
2015	100.0	12.1	43.5	44.4
2016	100.0	11.8	40.6	47.6
2017	100.0	11.2	38.4	50.4
2018	100.0	10.3	37.4	52.3
2019	100.0	10.4	37.1	52.5
2020	100.0	11.5	36.1	52.4
2021	100.0	10.5	36.9	52.6
2022	100.0	10.5	37.3	52.2

注：本表按当年价格计算。

a) The data in this table are calculated at current prices.

2-5 各市(州)按三次产业分地区生产总值(2022年)
Gross Regional Product by Three Strata of Industry and Region (2022)

单位：亿元 (100 million yuan)

市(州)	Region	地区生产总值 Gross Regional Product	第一产业 Primary Industry	第二产业 Secondary Industry	第三产业 Tertiary Industry	人均地区生产总值(元) Per Capita Gross Regional Product (yuan)
全 省	**Sichuan**	**56749.81**	**5964.29**	**21157.11**	**29628.41**	**67777**
成都市	Chengdu	20817.50	588.42	6404.12	13824.96	98149
自贡市	Zigong	1638.42	253.31	621.32	763.79	66602
攀枝花市	Panzhihua	1220.52	112.22	677.79	430.51	100454
泸州市	Luzhou	2601.52	277.17	1330.67	993.68	61054
德阳市	Deyang	2816.87	296.22	1354.92	1165.73	81412
绵阳市	Mianyang	3626.94	381.47	1514.33	1731.14	74171
广元市	Guangyuan	1139.78	214.02	445.44	480.32	50056
遂宁市	Suining	1614.47	220.99	772.88	620.60	58137
内江市	Neijiang	1656.95	293.18	544.88	818.89	53485
乐山市	Leshan	2308.81	300.96	992.21	1015.64	73226
南充市	Nanchong	2685.45	502.05	1012.98	1170.42	48343
眉山市	Meishan	1635.51	242.31	657.61	735.59	55273
宜宾市	Yibin	3427.84	395.96	1723.21	1308.67	74341
广安市	Guangan	1425.02	247.18	444.20	733.64	43901
达州市	Dazhou	2502.72	432.99	913.78	1155.95	46588
雅安市	Yaan	902.51	169.45	283.66	449.40	62981
巴中市	Bazhong	765.01	192.08	196.85	376.08	28641
资阳市	Ziyang	948.16	194.17	290.44	463.55	41586
阿坝藏族羌族自治州	Aba	462.51	92.09	114.22	256.20	56473
甘孜藏族自治州	Ganzi	471.94	84.24	131.41	256.29	42710
凉山彝族自治州	Liangshan	2081.36	473.81	730.19	877.36	42625

注：本表按当年价格计算；人均GDP按年平均常住人口计算。
a) The data in this table are calculated at current prices; the per capita GDP are calculated based on the annual average date of resident population.

2-6 各市(州)按三次产业分地区生产总值指数(2022年)
Indices of Gross Regional Product by Three Strata of Industry and Region(2022)

上年=100 (preceding year=100)

市(州)	Region	地区生产总值 Gross Regional Product	第一产业 Primary Industry	第二产业 Secondary Industry	第三产业 Tertiary Industry	人均地区生产总值 Per Capita Gross Regional Product
全 省	**Sichuan**	**102.9**	**104.3**	**103.9**	**102.0**	**102.9**
成都市	Chengdu	102.8	103.8	105.5	101.5	102.0
自贡市	Zigong	100.5	104.4	96.6	102.4	101.3
攀枝花市	Panzhihua	103.5	104.9	104.0	102.4	103.4
泸州市	Luzhou	104.1	104.4	104.2	104.0	104.0
德阳市	Deyang	103.1	104.3	103.0	103.1	103.1
绵阳市	Mianyang	105.0	104.4	105.9	104.5	104.7
广元市	Guangyuan	100.3	104.4	94.9	103.8	101.1
遂宁市	Suining	104.2	104.4	105.6	102.7	105.1
内江市	Neijiang	101.5	104.4	99.8	101.5	102.4
乐山市	Leshan	103.8	104.5	105.5	102.2	104.0
南充市	Nanchong	101.3	104.3	97.5	103.4	101.9
眉山市	Meishan	103.8	104.6	104.6	102.9	103.8
宜宾市	Yibin	104.5	104.3	105.2	103.9	104.2
广安市	Guangan	100.3	104.4	94.8	102.2	100.5
达州市	Dazhou	103.5	104.4	105.4	101.7	103.8
雅安市	Yaan	104.0	104.6	103.9	103.7	104.0
巴中市	Bazhong	101.3	104.2	96.4	102.6	102.4
资阳市	Ziyang	103.8	104.4	105.1	102.9	104.7
阿坝藏族羌族自治州	Aba	101.3	104.4	100.3	100.6	101.3
甘孜藏族自治州	Ganzi	103.5	104.2	106.0	102.1	103.8
凉山彝族自治州	Liangshan	106.0	104.2	108.6	104.9	105.6

注：本表按可比价格计算。
a) The indices in this table are calculated at comparable prices.

2-7 各市(州)地区生产总值
Gross Regional Product by Region

单位：亿元 (100 million yuan)

市(州)	Region	2012	2013	2014	2015	2016	2017	2018	2019	2020	2021	2022
全 省	**Sichuan**	**23922.41**	**26518.02**	**28891.33**	**30342.01**	**33138.48**	**37905.14**	**42902.10**	**46363.75**	**48501.64**	**54087.98**	**56749.81**
成都市	Chengdu	8619.60	9450.66	10368.43	10662.31	11874.07	13931.39	15698.94	17010.66	17838.00	19962.31	20817.50
自贡市	Zigong	832.00	913.37	942.09	970.27	1020.84	1166.17	1314.74	1404.21	1440.03	1595.86	1638.42
攀枝花市	Panzhihua	627.40	652.33	685.75	712.56	762.93	842.25	941.45	1002.02	1023.82	1150.78	1220.52
泸州市	Luzhou	1003.40	1156.59	1279.12	1369.31	1500.64	1698.91	1895.55	2071.04	2162.63	2432.70	2601.52
德阳市	Deyang	1234.55	1403.84	1465.24	1525.77	1692.82	1907.43	2148.39	2325.74	2383.47	2686.96	2816.87
绵阳市	Mianyang	1264.76	1470.41	1612.08	1743.00	1957.91	2313.57	2613.30	2870.49	3020.54	3404.05	3626.94
广元市	Guangyuan	450.61	520.25	563.08	614.12	657.27	751.81	880.50	953.20	1008.01	1116.25	1139.78
遂宁市	Suining	654.65	706.69	809.00	871.36	926.84	1046.43	1230.85	1339.71	1375.63	1519.87	1614.47
内江市	Neijiang	877.83	915.11	973.86	1018.00	1086.43	1182.11	1318.83	1412.39	1444.49	1605.53	1656.95
乐山市	Leshan	989.26	1096.93	1195.81	1280.63	1335.40	1481.61	1709.81	1872.60	2001.17	2194.14	2308.81
南充市	Nanchong	1083.02	1283.71	1391.70	1463.40	1592.97	1838.25	2115.73	2302.31	2357.85	2610.62	2685.45
眉山市	Meishan	736.49	821.09	900.39	958.67	1011.94	1149.22	1269.90	1365.71	1403.00	1556.52	1635.51
宜宾市	Yibin	1119.80	1293.47	1411.37	1470.10	1609.56	1862.19	2349.31	2633.11	2813.34	3196.33	3427.84
广安市	Guangan	720.19	790.91	838.46	874.39	928.03	1047.67	1157.00	1250.07	1301.57	1417.82	1425.02
达州市	Dazhou	1055.24	1159.16	1272.12	1366.56	1495.49	1697.58	1879.53	2027.51	2117.80	2368.28	2502.72
雅安市	Yaan	403.77	428.95	475.79	519.02	561.65	608.54	653.34	723.04	754.59	847.56	902.51
巴中市	Bazhong	374.67	400.22	472.29	507.68	549.91	607.23	704.66	739.87	705.75	737.41	765.01
资阳市	Ziyang	470.04	507.51	537.09	572.76	643.84	688.54	728.63	777.37	807.50	890.50	948.16
阿坝藏族羌族自治州	Aba	188.93	216.43	237.31	274.99	291.53	318.13	368.66	390.03	410.62	449.63	462.51
甘孜藏族自治州	Ganzi	174.37	185.95	216.42	254.53	265.67	317.31	366.49	388.34	409.94	447.04	471.94
凉山彝族自治州	Liangshan	1041.83	1144.43	1243.96	1312.56	1372.73	1448.79	1556.48	1670.21	1733.15	1917.40	2081.36

注：本表按当年价格计算。
a) The data in this table are calculated at current prices.

2-8 各市(州)地区生产总值指数
Indices of Gross Regional Product by Region

上年=100 (preceding year=100)

市(州)	Region	2012	2013	2014	2015	2016	2017	2018	2019	2020	2021	2022
全　省	**Sichuan**	**111.7**	**110.0**	**108.5**	**107.9**	**107.8**	**108.1**	**108.0**	**107.4**	**103.8**	**108.2**	**102.9**
成都市	Chengdu	111.4	109.9	108.7	107.9	107.8	108.1	108.0	107.8	104.0	108.6	102.8
自贡市	Zigong	112.1	111.1	107.6	108.4	107.7	108.3	108.8	107.6	103.9	108.3	100.5
攀枝花市	Panzhihua	111.7	110.7	109.3	108.1	107.9	107.4	107.5	106.2	103.9	108.3	103.5
泸州市	Luzhou	112.5	111.0	109.9	110.0	109.5	109.1	107.7	108.0	104.2	108.5	104.1
德阳市	Deyang	111.3	109.8	108.7	108.2	108.4	109.0	108.9	107.2	102.5	108.7	103.1
绵阳市	Mianyang	111.4	109.8	108.8	108.6	108.3	109.1	109.0	108.1	104.4	108.7	105.0
广元市	Guangyuan	112.0	110.5	108.9	108.6	108.0	108.1	108.3	107.5	104.2	108.2	100.3
遂宁市	Suining	112.1	110.9	109.2	111.2	109.1	108.4	108.8	108.1	104.3	108.2	104.2
内江市	Neijiang	111.9	110.3	108.8	108.0	107.8	107.1	107.8	107.6	103.9	108.5	101.5
乐山市	Leshan	112.6	110.4	107.0	109.1	108.3	108.2	108.7	107.6	104.1	108.2	103.8
南充市	Nanchong	112.1	110.7	107.2	107.6	107.8	108.6	109.0	107.9	103.8	107.8	101.3
眉山市	Meishan	112.7	110.7	109.0	109.2	108.4	105.3	107.5	107.3	104.2	108.4	103.8
宜宾市	Yibin	112.0	108.1	108.0	108.5	108.2	108.8	109.2	108.8	104.6	108.9	104.5
广安市	Guangan	112.2	110.7	109.2	109.6	107.9	108.2	108.0	107.5	103.6	108.1	100.3
达州市	Dazhou	111.5	110.2	108.4	103.1	107.5	108.3	108.3	107.6	104.1	108.3	103.5
雅安市	Yaan	111.5	103.9	110.0	109.0	108.1	108.0	108.0	108.0	104.4	108.4	104.0
巴中市	Bazhong	112.4	110.7	108.8	108.6	107.8	108.1	108.1	105.8	102.5	103.3	101.3
资阳市	Ziyang	112.1	110.6	108.8	108.8	107.8	107.8	107.7	107.0	104.0	108.1	103.8
阿坝藏族羌族自治州	Aba	111.8	110.2	105.6	107.9	106.2	104.1	104.6	106.1	103.3	107.5	101.3
甘孜藏族自治州	Ganzi	111.0	112.1	104.2	105.1	106.9	109.0	109.3	106.5	103.6	107.0	103.5
凉山彝族自治州	Liangshan	111.6	110.2	108.3	102.8	105.9	105.3	104.1	105.6	103.9	107.2	106.0

注：本表按可比价格计算。
a) The indices in this table are calculated at comparable prices.

2-9 各市(州)第一产业增加值
Primary Industry by Region

单位：亿元 (100 million yuan)

市(州)	Region	2012	2013	2014	2015	2016	2017	2018	2019	2020	2021	2022
全　省	**Sichuan**	**3142.55**	**3257.42**	**3524.74**	**3660.96**	**3900.60**	**4262.51**	**4427.43**	**4807.52**	**5556.86**	**5662.00**	**5964.29**
成都市	Chengdu	341.89	343.86	402.92	413.99	492.02	565.18	578.84	612.22	655.20	582.86	588.42
自贡市	Zigong	99.43	118.15	126.50	133.68	145.33	174.70	189.57	202.38	231.36	242.43	253.31
攀枝花市	Panzhihua	33.94	40.39	47.29	52.59	67.23	78.67	86.03	91.69	96.91	103.57	112.22
泸州市	Luzhou	135.36	150.78	167.19	173.76	181.72	192.05	197.30	216.99	256.47	265.08	277.17
德阳市	Deyang	200.42	201.14	202.28	204.38	212.61	219.82	223.48	234.61	272.73	281.34	296.22
绵阳市	Mianyang	194.33	199.01	200.92	202.00	203.16	260.75	266.96	302.46	370.97	377.34	381.47
广元市	Guangyuan	79.77	85.22	95.79	106.82	120.55	137.35	146.59	153.02	186.80	198.64	214.02
遂宁市	Suining	128.61	130.76	136.43	145.38	154.62	163.45	171.08	185.22	218.26	220.81	220.99
内江市	Neijiang	170.10	178.88	187.08	194.91	205.13	216.91	229.18	240.52	269.12	277.07	293.18
乐山市	Leshan	135.71	140.97	150.13	170.34	181.88	204.94	217.86	242.70	290.34	292.00	300.96
南充市	Nanchong	313.57	319.68	338.07	340.84	344.39	355.01	366.56	404.27	460.78	474.85	502.05
眉山市	Meishan	137.32	144.51	156.64	162.05	168.73	183.95	187.54	199.17	222.86	229.80	242.31
宜宾市	Yibin	193.44	198.22	215.39	221.31	232.88	251.99	254.75	277.65	344.57	356.12	395.96
广安市	Guangan	133.71	140.93	159.67	167.06	168.84	183.92	193.94	204.33	235.26	243.51	247.18
达州市	Dazhou	277.31	284.97	300.15	307.15	312.36	313.14	313.63	344.85	393.59	411.60	432.99
雅安市	Yaan	69.08	71.02	81.76	87.64	90.18	101.67	113.84	128.05	151.79	157.90	169.45
巴中市	Bazhong	81.64	82.74	83.85	85.06	89.37	102.09	108.32	124.01	161.82	174.50	192.08
资阳市	Ziyang	104.55	105.83	114.10	119.42	122.31	124.82	127.82	142.07	168.51	173.30	194.17
阿坝藏族羌族自治州	Aba	26.88	28.99	32.44	41.00	47.78	55.93	63.40	67.10	82.07	88.30	92.09
甘孜藏族自治州	Ganzi	49.79	53.65	57.78	57.84	58.25	58.61	58.83	66.52	80.68	79.36	84.24
凉山彝族自治州	Liangshan	235.69	237.73	268.38	273.75	301.25	317.57	331.92	367.68	406.76	431.63	473.81

注：本表按当年价格计算。
a) The data in this table are calculated at current prices.

2-10 各市(州)第一产业增加值指数
Indices of Primary Industry by Region

上年=100 (preceding year=100)

市(州)	Region	2012	2013	2014	2015	2016	2017	2018	2019	2020	2021	2022
全　省	**Sichuan**	**104.6**	**103.5**	**103.8**	**103.8**	**103.8**	**103.8**	**103.6**	**102.8**	**105.1**	**107.0**	**104.3**
成都市	Chengdu	104.5	103.4	103.3	103.8	104.0	103.7	103.6	102.5	103.3	104.8	103.8
自贡市	Zigong	104.7	103.7	104.1	103.7	104.0	104.2	103.8	102.9	105.6	107.1	104.4
攀枝花市	Panzhihua	104.6	104.4	104.5	104.0	104.5	104.3	104.0	103.4	105.1	107.6	104.9
泸州市	Luzhou	104.8	104.1	104.1	103.7	103.8	103.9	103.7	102.6	105.6	106.7	104.4
德阳市	Deyang	104.5	103.3	104.1	103.5	101.9	103.8	103.6	102.5	103.6	107.3	104.3
绵阳市	Mianyang	104.5	102.9	103.7	103.4	102.9	104.1	103.9	102.9	105.4	107.5	104.4
广元市	Guangyuan	104.7	103.3	104.1	103.5	104.1	104.2	103.8	103.1	105.8	107.3	104.4
遂宁市	Suining	104.5	103.0	103.6	103.3	103.7	103.6	103.5	102.7	105.3	107.6	104.4
内江市	Neijiang	104.6	103.8	103.7	103.7	104.2	102.9	103.8	102.9	105.8	106.9	104.4
乐山市	Leshan	104.3	103.2	103.8	103.7	103.8	103.9	103.8	102.8	105.8	106.9	104.5
南充市	Nanchong	104.5	103.4	104.2	103.6	103.7	103.8	104.2	102.9	106.2	107.5	104.3
眉山市	Meishan	104.6	103.4	103.9	103.8	103.9	103.8	103.6	103.0	105.7	106.9	104.6
宜宾市	Yibin	104.8	103.4	103.6	103.7	103.6	103.5	103.6	102.9	105.7	107.6	104.3
广安市	Guangan	104.5	103.3	104.0	103.6	102.9	103.4	103.5	102.8	105.6	107.3	104.4
达州市	Dazhou	104.5	103.5	103.7	103.7	104.1	103.7	103.6	102.9	105.5	107.6	104.4
雅安市	Yaan	104.0	102.0	104.5	103.8	103.6	103.9	103.9	103.1	105.8	108.2	104.6
巴中市	Bazhong	104.2	103.1	103.0	103.4	103.7	103.6	103.7	102.6	105.4	107.4	104.2
资阳市	Ziyang	104.7	102.7	103.9	103.0	103.6	103.9	103.6	102.7	105.4	107.4	104.4
阿坝藏族羌族自治州	Aba	106.0	104.4	104.6	103.9	104.8	103.1	103.4	103.1	104.5	106.9	104.4
甘孜藏族自治州	Ganzi	104.0	104.0	104.5	103.8	104.1	104.4	103.5	102.9	104.5	104.8	104.2
凉山彝族自治州	Liangshan	104.5	104.4	104.4	103.9	104.1	103.8	103.8	103.3	104.8	107.0	104.2

注：本表按可比价格计算。
a) The indices in this table are calculated at comparable prices.

2-11 各市(州)第二产业增加值
Secondary Industry by Region

单位：亿元 (100 million yuan)

市(州)	Region	2012	2013	2014	2015	2016	2017	2018	2019	2020	2021	2022
全　省	**Sichuan**	**11231.06**	**12418.94**	**13082.69**	**13192.45**	**13450.13**	**14569.17**	**16056.94**	**17187.92**	**17505.61**	**19949.74**	**21157.11**
成都市	Chengdu	3979.92	4067.91	4193.64	4210.93	4216.36	4504.73	4834.16	5187.57	5333.93	5989.23	6404.12
自贡市	Zigong	427.49	452.66	458.45	462.69	472.12	495.86	525.30	558.98	559.47	619.80	621.32
攀枝花市	Panzhihua	444.07	453.16	471.57	475.15	482.91	506.35	522.96	549.76	557.93	631.22	677.79
泸州市	Luzhou	567.35	657.89	725.18	728.47	779.88	856.41	938.00	1023.38	1042.40	1226.49	1330.67
德阳市	Deyang	646.23	767.09	786.86	789.83	809.96	963.99	1083.27	1133.31	1126.60	1283.90	1354.92
绵阳市	Mianyang	570.85	742.59	836.29	844.18	878.05	993.66	1090.63	1161.75	1186.89	1404.04	1514.33
广元市	Guangyuan	203.76	256.29	274.09	282.30	289.08	316.50	359.69	386.68	405.33	459.62	445.44
遂宁市	Suining	340.87	376.84	459.62	480.95	487.66	522.22	562.00	618.31	614.98	701.53	772.88
内江市	Neijiang	361.78	365.10	373.51	375.27	385.41	422.62	445.79	474.70	465.25	531.63	544.88
乐山市	Leshan	522.89	599.33	651.89	655.35	658.50	685.22	740.94	799.33	814.63	923.55	992.21
南充市	Nanchong	407.29	570.52	613.78	616.67	641.60	709.23	851.20	923.07	916.76	1043.80	1012.98
眉山市	Meishan	362.23	411.97	434.44	437.42	447.21	465.78	490.89	526.45	528.02	622.03	657.61
宜宾市	Yibin	596.76	722.18	746.30	754.00	772.30	856.40	1180.98	1324.52	1374.30	1601.44	1723.21
广安市	Guangan	332.60	336.02	337.96	342.42	349.57	368.55	382.72	414.89	417.78	466.22	444.20
达州市	Dazhou	421.33	491.10	526.55	533.69	548.97	592.60	653.26	720.51	735.05	839.11	913.78
雅安市	Yaan	193.17	195.55	197.94	199.41	200.19	206.46	207.77	227.07	227.44	263.25	283.66
巴中市	Bazhong	142.95	156.31	176.62	177.92	186.03	207.99	238.22	234.38	198.91	201.27	196.85
资阳市	Ziyang	181.68	194.13	199.33	202.76	207.55	216.94	224.95	230.99	228.90	270.71	290.44
阿坝藏族羌族自治州	Aba	77.99	79.32	80.82	81.94	83.08	86.39	91.16	95.26	96.33	109.37	114.22
甘孜藏族自治州	Ganzi	45.61	47.22	52.88	53.50	54.12	75.93	87.32	99.21	104.82	119.38	131.41
凉山彝族自治州	Liangshan	404.26	475.77	484.97	487.59	499.57	515.35	545.72	564.73	575.28	660.73	730.19

注：本表按当年价格计算。
a) The data in this table are calculated at current prices.

2-12 各市(州)第二产业增加值指数
Indices of Secondary Industry by Region

上年=100 (preceding year=100)

市(州)	Region	2012	2013	2014	2015	2016	2017	2018	2019	2020	2021	2022
全　省	**Sichuan**	**115.9**	**112.0**	**109.0**	**107.7**	**107.6**	**107.5**	**107.5**	**107.4**	**103.8**	**107.8**	**103.9**
成都市	Chengdu	115.9	111.9	108.6	107.2	106.6	106.7	107.0	106.8	104.3	107.7	105.5
自贡市	Zigong	114.0	112.8	108.0	107.9	108.0	108.0	108.7	108.0	104.9	105.7	96.6
攀枝花市	Panzhihua	112.2	111.6	108.5	108.6	108.2	107.3	107.5	105.8	104.7	106.8	104.0
泸州市	Luzhou	115.9	112.5	111.4	110.0	110.3	109.7	108.5	108.4	103.3	108.6	104.2
德阳市	Deyang	115.0	111.4	109.2	108.5	109.3	109.6	109.3	107.0	101.5	108.0	103.0
绵阳市	Mianyang	117.0	112.3	109.3	108.8	108.4	109.0	109.6	108.0	104.1	108.8	105.9
广元市	Guangyuan	117.2	113.8	109.6	108.8	109.2	108.8	109.6	107.8	104.8	107.3	94.9
遂宁市	Suining	115.5	114.1	110.5	111.5	109.8	108.7	109.1	109.0	104.3	107.6	105.6
内江市	Neijiang	114.6	111.4	109.7	108.3	108.8	107.2	108.5	108.6	104.1	106.7	99.8
乐山市	Leshan	114.8	111.6	106.2	109.9	108.5	108.5	108.4	107.9	103.9	108.6	105.5
南充市	Nanchong	118.8	114.7	107.0	108.3	108.0	109.2	109.9	109.3	102.7	105.9	97.5
眉山市	Meishan	115.9	112.5	111.4	110.6	109.6	103.3	107.2	107.9	103.4	112.7	104.6
宜宾市	Yibin	116.1	108.2	108.1	108.6	109.0	109.1	110.0	109.7	105.2	108.2	105.2
广安市	Guangan	116.1	113.5	111.4	110.8	108.9	108.4	108.6	108.4	103.6	106.6	94.8
达州市	Dazhou	116.9	113.4	109.2	101.1	108.3	107.9	108.3	109.9	105.2	105.4	105.4
雅安市	Yaan	115.3	103.3	112.1	109.9	109.4	107.9	107.6	107.8	104.6	108.4	103.9
巴中市	Bazhong	118.3	115.9	110.0	109.4	109.5	109.7	109.4	102.2	101.8	98.8	96.4
资阳市	Ziyang	116.4	113.4	111.7	109.8	108.5	107.8	107.5	106.9	103.9	108.8	105.1
阿坝藏族羌族自治州	Aba	117.8	114.1	106.5	108.0	105.8	108.7	103.9	104.7	105.3	108.5	100.3
甘孜藏族自治州	Ganzi	117.3	118.8	101.7	104.0	111.3	117.9	116.6	113.9	108.3	107.0	106.0
凉山彝族自治州	Liangshan	115.9	114.4	110.9	100.4	105.5	105.9	100.8	102.5	105.2	108.4	108.6

注：本表按可比价格计算。
a) The indices in this table are calculated at comparable prices.

2-13 各市(州)第三产业增加值
Tertiary Industry by Region

单位：亿元 (100 million yuan)

市(州)	Region	2012	2013	2014	2015	2016	2017	2018	2019	2020	2021	2022
全　省	**Sichuan**	**9548.80**	**10841.66**	**12283.90**	**13488.60**	**15787.75**	**19073.46**	**22417.73**	**24368.31**	**25439.17**	**28476.24**	**29628.41**
成都市	Chengdu	4297.79	5038.89	5771.87	6037.39	7165.69	8861.48	10285.94	11210.87	11848.87	13390.22	13824.96
自贡市	Zigong	305.08	342.56	357.14	373.90	403.39	495.61	599.87	642.85	649.20	733.63	763.79
攀枝花市	Panzhihua	149.39	158.78	166.89	184.82	212.79	257.23	332.46	360.57	368.98	416.00	430.51
泸州市	Luzhou	300.69	347.92	386.75	467.08	539.04	650.45	760.25	830.67	863.76	941.13	993.68
德阳市	Deyang	387.90	435.61	476.10	531.56	670.25	723.62	841.64	957.82	984.14	1121.72	1165.73
绵阳市	Mianyang	499.58	528.81	574.87	696.82	876.70	1059.16	1255.71	1406.28	1462.68	1622.66	1731.14
广元市	Guangyuan	167.08	178.74	193.20	225.00	247.64	297.96	374.22	413.50	415.88	457.98	480.32
遂宁市	Suining	185.17	199.09	212.95	245.03	284.56	360.76	497.77	536.18	542.39	597.53	620.60
内江市	Neijiang	345.95	371.13	413.27	447.82	495.89	542.58	643.86	697.17	710.12	796.83	818.89
乐山市	Leshan	330.66	356.63	393.79	454.94	495.02	591.45	751.01	830.57	896.20	978.58	1015.64
南充市	Nanchong	362.16	393.51	439.85	505.89	606.98	774.01	897.97	974.97	980.31	1091.97	1170.42
眉山市	Meishan	236.94	264.61	309.31	359.20	396.00	499.49	591.47	640.09	652.12	704.69	735.59
宜宾市	Yibin	329.60	373.07	449.68	494.79	604.38	753.80	913.58	1030.94	1094.47	1238.77	1308.67
广安市	Guangan	253.88	313.96	340.83	364.91	409.62	495.20	580.34	630.85	648.53	708.08	733.64
达州市	Dazhou	356.60	383.09	445.42	525.72	634.16	791.84	912.64	962.15	989.16	1117.57	1155.95
雅安市	Yaan	141.52	162.38	196.09	231.97	271.28	300.41	331.73	367.92	375.36	426.41	449.40
巴中市	Bazhong	150.08	161.17	211.82	244.70	274.51	297.15	358.12	381.48	345.02	361.63	376.08
资阳市	Ziyang	183.81	207.55	223.66	250.58	313.98	346.78	375.86	404.31	410.09	446.49	463.55
阿坝藏族羌族自治州	Aba	84.06	108.12	124.05	152.05	160.67	175.81	214.10	227.67	232.22	251.97	256.20
甘孜藏族自治州	Ganzi	78.97	85.08	105.76	143.19	153.30	182.77	220.34	222.61	224.44	248.31	256.29
凉山彝族自治州	Liangshan	401.88	430.93	490.61	551.22	571.91	615.87	678.84	737.80	751.11	825.03	877.36

注：本表按当年价格计算。
a) The data in this table are calculated at current prices.

2-14 各市(州)第三产业增加值指数
Indices of Tertiary Industry by Region

上年=100 (preceding year=100)

市(州)	Region	2012	2013	2014	2015	2016	2017	2018	2019	2020	2021	2022
全 省	**Sichuan**	**108.3**	**109.2**	**109.2**	**109.4**	**109.2**	**109.7**	**109.5**	**108.4**	**103.4**	**108.8**	**102.0**
成都市	Chengdu	107.3	108.3	109.3	109.3	108.9	109.4	109.0	108.7	103.9	109.2	101.5
自贡市	Zigong	111.4	110.3	107.9	110.9	108.6	110.0	110.4	108.5	102.4	111.0	102.4
攀枝花市	Panzhihua	111.3	108.5	112.7	107.2	108.2	108.4	108.5	107.9	101.5	110.7	102.4
泸州市	Luzhou	109.1	111.0	109.1	112.7	110.4	110.0	107.7	109.2	105.2	108.9	104.0
德阳市	Deyang	107.3	109.4	109.7	109.6	109.5	110.1	110.1	108.9	103.5	109.9	103.1
绵阳市	Mianyang	106.8	108.9	109.9	110.2	109.7	110.5	109.6	109.5	104.4	108.9	104.5
广元市	Guangyuan	110.0	110.2	110.3	110.8	108.3	109.1	108.6	108.9	102.8	109.5	103.8
遂宁市	Suining	111.2	109.9	110.0	115.3	111.0	110.3	111.0	109.3	103.9	109.0	102.7
内江市	Neijiang	110.8	111.2	109.3	109.1	108.4	108.7	108.9	108.6	103.1	110.3	101.5
乐山市	Leshan	111.8	110.6	109.7	109.4	109.6	109.3	110.6	108.8	103.9	108.2	102.2
南充市	Nanchong	109.6	110.8	109.8	109.4	110.4	111.0	110.9	109.1	103.8	109.7	103.4
眉山市	Meishan	111.7	111.4	107.2	109.1	109.0	108.5	109.5	108.5	104.5	105.5	102.9
宜宾市	Yibin	107.7	110.4	109.9	110.2	109.1	110.7	110.4	109.8	103.4	110.2	103.9
广安市	Guangan	110.5	110.0	108.1	110.4	109.2	110.0	109.4	108.4	102.9	109.3	102.2
达州市	Dazhou	109.1	110.0	110.2	105.6	108.7	111.1	110.7	107.6	102.5	110.6	101.7
雅安市	Yaan	108.3	105.8	108.5	109.6	108.7	109.7	109.8	109.7	103.8	108.4	103.7
巴中市	Bazhong	112.0	109.9	110.8	110.5	108.0	108.5	108.5	109.4	102.1	104.0	102.6
资阳市	Ziyang	109.9	110.8	106.6	110.2	109.3	109.6	109.6	108.8	103.5	108.0	102.9
阿坝藏族羌族自治州	Aba	107.4	107.8	104.9	109.2	106.8	102.0	105.3	107.6	101.9	107.3	100.6
甘孜藏族自治州	Ganzi	109.5	110.0	106.5	106.7	106.4	107.4	108.4	104.4	100.9	107.7	102.1
凉山彝族自治州	Liangshan	110.1	107.5	106.6	105.7	107.2	105.5	107.0	109.3	102.6	106.3	104.9

注：本表按可比价格计算。
a) The indices in this table are calculated at comparable prices.

2–15 各市(州)人均地区生产总值
Per Capita Gross Regional Product by Region

单位：元 (yuan)

市(州)	Region	2012	2013	2014	2015	2016	2017	2018	2019	2020	2021	2022
全　省	**Sichuan**	**29627**	**32750**	**35563**	**37150**	**40297**	**45835**	**51658**	**55619**	**58009**	**64610**	**67777**
成都市	Chengdu	54211	57538	61099	60643	65067	73770	80503	84584	86266	94837	98149
自贡市	Zigong	31208	34260	35510	36809	38993	44681	50664	54959	57326	64375	66602
攀枝花市	Panzhihua	51300	53165	55934	58216	62382	68980	77231	82403	84404	94793	100454
泸州市	Luzhou	23873	27656	30741	32869	35832	40383	44918	48903	50885	57132	61054
德阳市	Deyang	34805	39995	41900	43756	48588	54795	61788	67005	68847	77703	81412
绵阳市	Mianyang	27346	31724	34572	37093	41324	48442	54376	59381	62151	69798	74171
广元市	Guangyuan	18177	20986	22797	24883	26795	30990	36749	40355	43337	48638	50056
遂宁市	Suining	20477	22378	25954	28337	30568	35150	42167	46615	48523	54300	58137
内江市	Neijiang	24196	25583	27627	29337	31823	35213	40062	43754	45553	51377	53485
乐山市	Leshan	30570	33940	37125	39858	41640	46315	53633	58942	63188	69501	73226
南充市	Nanchong	17496	20928	22909	24325	26741	31210	36390	40145	41717	46743	48343
眉山市	Meishan	24873	27665	30275	32192	33992	38720	42873	46123	47431	52638	55273
宜宾市	Yibin	25215	29251	31968	33200	36097	41456	51941	57820	61427	69531	74341
广安市	Guangan	22562	24887	26450	27548	29083	32689	35999	38702	40073	43558	43901
达州市	Dazhou	19281	21180	23244	24965	27325	31012	34392	37284	39182	43955	46588
雅安市	Yaan	26757	28483	31656	34694	37847	41341	44688	49796	52366	59105	62981
巴中市	Bazhong	11657	12653	15196	16645	18410	20767	24596	26377	25720	27322	28641
资阳市	Ziyang	18682	20497	21985	23668	26726	28761	30770	33207	34806	38717	41586
阿坝藏族羌族自治州	Aba	21180	24373	26875	31284	33432	36864	43220	46376	49532	54900	56473
甘孜藏族自治州	Ganzi	15838	16813	19550	22951	23848	28432	32869	34891	36931	40347	42710
凉山彝族自治州	Liangshan	22867	25048	27090	28312	29139	30373	32413	34566	35720	39396	42625

注：本表按当年价格计算；人均GDP按年平均常住人口计算。

a) The data in this table are calculated at current prices; the per capita GDP are calculated based on the annual average date of resident population.

2-16 各市(州)人均地区生产总值指数
Indices of Per Capita Gross Regional Product by Region

上年=100 (preceding year=100)

市(州)	Region	2012	2013	2014	2015	2016	2017	2018	2019	2020	2021	2022
全　省	**Sichuan**	**111.4**	**109.7**	**108.1**	**107.3**	**107.1**	**107.5**	**107.5**	**107.0**	**103.4**	**108.1**	**102.9**
成都市	Chengdu	107.8	106.4	105.2	104.2	103.8	104.5	104.6	104.5	101.2	106.7	102.0
自贡市	Zigong	112.4	111.1	108.1	109.1	108.4	108.6	109.4	109.3	105.7	109.8	101.3
攀枝花市	Panzhihua	111.2	110.3	109.4	108.3	108.0	107.6	107.7	106.4	104.1	108.2	103.4
泸州市	Luzhou	112.8	111.6	110.5	109.9	108.9	108.6	107.3	107.6	103.8	108.3	104.0
德阳市	Deyang	112.9	111.0	109.1	108.5	108.5	109.1	109.0	107.4	102.7	108.8	103.1
绵阳市	Mianyang	111.3	109.6	108.1	107.8	107.4	108.2	108.3	107.5	103.8	108.3	104.7
广元市	Guangyuan	112.0	110.5	109.3	108.7	108.7	109.3	109.7	109.0	105.8	109.6	101.1
遂宁市	Suining	113.4	112.3	110.6	112.7	110.7	110.4	111.0	109.8	105.7	109.6	105.1
内江市	Neijiang	113.5	111.8	110.4	109.7	109.5	108.9	109.9	109.7	105.8	110.1	102.4
乐山市	Leshan	112.6	110.5	107.4	109.4	108.5	108.5	109.0	108.0	104.5	108.5	104.0
南充市	Nanchong	113.2	111.7	108.3	108.7	108.9	109.8	110.5	109.4	105.3	109.1	101.9
眉山市	Meishan	112.5	110.4	108.8	109.1	108.4	105.7	107.7	107.4	104.3	108.4	103.8
宜宾市	Yibin	112.6	108.6	108.2	108.1	107.5	108.0	108.5	108.1	104.0	108.5	104.2
广安市	Guangan	112.6	111.2	109.5	109.5	107.3	107.7	107.7	106.9	103.0	107.9	100.5
达州市	Dazhou	111.5	110.2	108.4	103.0	107.5	108.2	108.4	108.1	104.8	108.6	103.8
雅安市	Yaan	111.5	104.1	110.2	109.5	109.0	108.9	108.8	108.7	105.2	108.9	104.0
巴中市	Bazhong	114.1	112.5	110.7	110.7	110.1	110.5	110.3	108.0	104.7	105.0	102.4
资阳市	Ziyang	114.4	112.4	110.3	109.9	108.3	108.5	108.9	108.2	104.9	109.0	104.7
阿坝藏族羌族自治州	Aba	112.4	110.7	106.2	108.4	107.1	105.2	105.8	107.6	104.8	108.8	101.3
甘孜藏族自治州	Ganzi	110.3	111.6	104.1	104.9	106.4	108.8	109.4	106.7	103.9	107.2	103.8
凉山彝族自治州	Liangshan	111.3	109.8	107.8	101.9	104.2	104.0	103.4	105.0	103.5	106.9	105.6

注：本表按可比价格计算。
a) The indices in this table are calculated at comparable prices.

2-17 各市(州)民营经济增加值(2022年)
Civilian-owned Value Added by Region(2022)

单位：亿元 (100 million yuan)

市(州)	Region	民营经济增加值 Civilian-owned Value Added	第一产业 Primary Industry	第二产业 Secondary Industry	第三产业 Tertiary Industry	人均民营经济增加值(元) Per Capita Civilian-owned Value Added (yuan)
全　省	**Sichuan**	**30467.88**	**1463.85**	**13378.43**	**15625.60**	**36388**
成都市	Chengdu	10156.84	75.94	3339.01	6741.89	47887
自贡市	Zigong	907.12	51.94	409.25	445.93	36875
攀枝花市	Panzhihua	609.61	21.71	349.89	238.01	50174
泸州市	Luzhou	1458.89	71.13	818.05	569.71	34238
德阳市	Deyang	1598.16	81.93	868.34	647.89	46189
绵阳市	Mianyang	2155.94	44.07	1074.66	1037.21	44089
广元市	Guangyuan	631.01	71.61	291.95	267.45	27712
遂宁市	Suining	992.09	56.65	566.08	369.36	35725
内江市	Neijiang	993.41	46.27	461.84	485.30	32066
乐山市	Leshan	1299.16	94.36	673.28	531.52	41204
南充市	Nanchong	1612.15	138.58	806.10	667.47	29022
眉山市	Meishan	935.18	48.24	413.83	473.11	31605
宜宾市	Yibin	1977.76	97.08	1131.13	749.55	42892
广安市	Guangan	816.27	65.06	350.89	400.32	25147
达州市	Dazhou	1528.58	95.93	694.87	737.78	28455
雅安市	Yaan	530.64	28.47	224.78	277.39	37030
巴中市	Bazhong	433.41	64.87	172.33	196.21	16227
资阳市	Ziyang	519.84	43.90	239.87	236.07	22800
阿坝藏族羌族自治州	Aba	204.11	44.62	71.51	87.98	24922
甘孜藏族自治州	Ganzi	180.26	69.93	34.74	75.59	16313
凉山彝族自治州	Liangshan	927.45	151.56	386.03	389.86	18993

注：本表按当年价格计算；人均民营经济增加值年平均人口数按常住人口计算。
a) The data in this table are calculated at current prices; per capita civilian-owned value added are calculated on the annual average resident population.

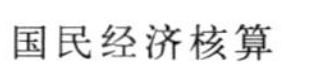

2-18 各市(州)民营经济增加值指数(2022年)
Indices of Civilian-owned Value Added by Region(2022)

上年=100　　(preceding year=100)

市(州)	Region	民营经济增加值 Civilian-owned Value Added	第一产业 Primary Industry	第二产业 Secondary Industry	第三产业 Tertiary Industry	人均民营经济增加值 Per Capita Civilian-owned Value Added
全　省	**Sichuan**	**101.2**	**103.9**	**101.2**	**101.0**	**101.2**
成都市	Chengdu	99.8	104.0	100.7	99.4	99.1
自贡市	Zigong	99.8	103.9	98.6	100.4	100.6
攀枝花市	Panzhihua	99.6	104.5	101.1	97.1	99.5
泸州市	Luzhou	102.2	103.7	102.1	102.0	102.1
德阳市	Deyang	101.9	103.9	101.3	102.3	101.8
绵阳市	Mianyang	103.0	103.4	101.3	104.6	102.7
广元市	Guangyuan	99.8	103.7	96.9	102.0	100.6
遂宁市	Suining	103.3	103.9	102.7	104.0	104.1
内江市	Neijiang	99.6	103.6	99.8	99.1	100.5
乐山市	Leshan	103.2	104.0	105.8	99.9	103.3
南充市	Nanchong	100.9	103.9	97.8	104.0	101.4
眉山市	Meishan	103.8	104.1	103.4	104.0	103.7
宜宾市	Yibin	103.5	104.0	103.2	103.8	103.2
广安市	Guangan	100.4	103.7	97.4	102.5	100.6
达州市	Dazhou	103.0	103.7	102.8	103.0	103.3
雅安市	Yaan	104.1	104.2	103.1	104.8	104.1
巴中市	Bazhong	100.1	104.0	98.7	100.1	101.2
资阳市	Ziyang	100.4	104.4	99.0	101.0	101.3
阿坝藏族羌族自治州	Aba	100.5	103.0	98.0	101.2	100.5
甘孜藏族自治州	Ganzi	101.2	103.7	104.1	97.8	101.5
凉山彝族自治州	Liangshan	101.3	104.1	101.9	99.6	100.9

注：本表按可比价格计算。
a) The data in this table are calculated at comparable prices.

主要统计指标解释

国内（地区）生产总值(GDP)　指一个国家（或地区）所有常住单位在一定时期内生产活动的最终成果。国内生产总值有三种表现形态，即价值形态、收入形态和产品形态。从价值形态看，它是所有常住单位在一定时期内生产的全部货物和服务价值与同期投入的全部非固定资产货物和服务价值的差额，即所有常住单位的增加值之和；从收入形态看，它是所有常住单位在一定时期内创造的各项收入之和，包括劳动者报酬、生产税净额、固定资产折旧和营业盈余；从产品形态看，它是所有常住单位在一定时期内最终使用的货物和服务价值与货物和服务净出口价值之和。在实际核算中，国内生产总值有三种计算方法，即生产法、收入法和支出法。三种方法分别从不同的方面反映国内生产总值及其构成。

对于一个地区来说，称为地区生产总值或地区 GDP。

三次产业　三次产业的划分是世界上较为常用的产业结构分类，但各国的划分不尽一致。根据《国民经济行业分类》（GB/T 4754—2017）和《三次产业划分规定》，我国的三次产业划分是：

第一产业是指农、林、牧、渔业（不含农、林、牧、渔专业及辅助性活动）。

第二产业是指采矿业（不含开采专业及辅助性活动），制造业（不含金属制品、机械和设备修理业），电力、热力、燃气及水生产和供应业，建筑业。

第三产业即服务业，是指除第一产业、第二产业以外的其他行业。

民营经济　是具有中国特色的一种经济类型。统计对象包括内地公民、民间机构和内地公民集体拥有所有权、经营权或控制权的营利法人、非营利法人、特别法人、非法人组织和个体经营户。

Explanatory Notes on Main Statistical Indicators

Gross Domestic Product (GDP)　refers to the final products produced by all resident units in a country (or in a region) during a certain period of time. Gross domestic product is expressed in three different perspectives, namely value, income, and products respectively. GDP in its value perspective refers to the balance of total value of all goods and services produced by all resident units during a certain period of time, minus the total value of input of goods and services of the nature of non-fixed assets; in other words, it is the sum of the value-added of all resident units. GDP from the perspective of income refers to the sum of all kinds of revenue, including Compensation of Employees, Net Taxes on Production, Depreciation of Fixed Assets, and Operating Surplus. GDP from the perspective of products refers to the value of all goods and services for final demand by all resident units plus the net exports of goods and services during a given period of time. In the practice of national accounting, gross domestic product is calculated from three approaches, namely production approach, income approach and expenditure approach, which reflect gross domestic product and its composition from different angles.

For a region, it is called as Gross Regional Product(GRP) or regional GDP.

Three Strata of Industry　Classification of economic activities into three strata of industry is a common practice in the world, although the grouping varies to some extent from country to country. In China, according to Industrial classification for National Economic Activities (GB/T 4754—2017) and Rules on Division of Three Strata of Industries, economic activities are categorized into the following three strata of industry:

Primary industry refers to agriculture, forestry, animal husbandry and fishery industries (not including professional and auxiliary activities of agriculture, forestry, animal husbandry and fishery industries).

Secondary industry refers to mining and quarrying (not including professional and auxiliary activities of mining), manufacturing (not including repair service of metal products, machinery and equipment), production and supply of electricity, heat, gas and water, and construction.

Tertiary industry refers to all other economic activities not included in the primary or secondary industries.

Civilian-owned Economy　refers to the economic type with Chinese characteristics.The statistical objects include profit-making legal persons, non-profit legal persons, special legal persons, non legal person organizations and self-employed households with ownership, management or control rights of mainland citizens, non-governmental organizations and profit-making legal persons.

03 人 口

Chapter 3 Population

SICHUAN STATISTICAL YEARBOOK

3-1 年末常住人口、城镇化率、出生率、死亡率和自然增长率
Resident Population(year-end), Urbanization Rate, Birth Rate, Death Rate and Natural Growth Rate of Population

年 份 Year	年末常住人口 (万人) Resident Population (year-end)	城镇化率 (%) Urbanization Rate (%)	出生率 (‰) Birth Rate (‰)	死亡率 (‰) Death Rate (‰)	自然增长率 (‰) Natural Growth Rate (‰)
1952			41.0	18.2	22.8
1957			29.2	12.1	17.1
1962			28.0	14.6	13.4
1965			42.4	11.4	31.0
1970			38.7	9.2	29.5
1975			31.2	8.9	22.3
1978			15.1	7.0	8.1
1980			13.0	6.8	6.2
1985			15.4	7.2	8.2
1990			19.1	7.7	11.4
1995			17.1	7.2	9.9
1996			16.6	7.3	9.3
1997			15.7	7.0	8.7
1998			14.6	7.1	7.5
1999			13.8	7.0	6.8
2000	8234.8	26.70	12.1	7.0	5.1
2001	8143.0	27.20	11.2	6.8	4.4
2002	8110.0	28.20	10.4	6.5	3.9
2003	8176.0	30.10	9.2	6.1	3.1
2004	8090.0	31.10	9.1	6.3	2.8
2005	8212.0	33.00	9.7	6.8	2.9
2006	8169.0	34.30	9.2	6.3	2.9
2007	8127.0	35.60	9.2	6.3	2.9
2008	8138.0	37.40	9.5	7.1	2.4
2009	8185.0	38.70	9.1	6.4	2.7
2010	8045.0	40.18	8.9	6.6	2.3
2011	8064.0	41.85	9.8	6.8	3.0
2012	8085.0	43.35	9.9	6.9	3.0
2013	8109.0	44.96	9.9	6.9	3.0
2014	8139.0	46.51	10.2	7.0	3.2
2015	8196.0	48.27	10.3	6.9	3.4
2016	8251.0	50.00	10.5	7.0	3.5
2017	8289.0	51.78	11.3	7.0	4.3
2018	8321.0	53.50	11.1	7.0	4.1
2019	8351.0	55.36	10.7	7.1	3.6
2020	8371.0	56.73	7.6	6.3	1.3
2021	8372.0	57.82	6.9	8.7	-1.9
2022	8374.0	58.35	6.4	9.0	-2.7

注：①2000年、2010年、2020年为当年人口普查数据推算数，其余年份是依据年度人口变动调查并结合人口普查推算的修订数(以下有关表同)。②本表中出生率、死亡率和自然增长率在1981年及以前均根据公安年报计算，1982年以后按人口变动抽样调查计算。

a) The data of 2000, 2010 and 2020 are estimated by the census data of that year; the data of other years are the revised figures estimated by the annual population change survey and the cunsus (The same as the following related tables). b) Data of birth rate, death rate and natural growth rate in this table before 1981 were taken from the annual reports of the Bureau of Public Security. Since 1982, the data of province have been estimated by the annual population change survey.

3-2 各市(州)年末常住人口、城镇化率、出生率、死亡率、自然增长率和人口密度(2022年)

Resident Population(year-end), Urbanization Rate, Birth rate, Death rate, Natural Growth Rate and Population Density by Region(2022)

市(州)	Region	年末常住人口 (万人) Resident Population (year-end) (10 000 persons)	城镇化率 (%) Urbanization Rate (%)	出生率 (‰) Birth Rate (‰)	死亡率 (‰) Death Rate (‰)	自然增长率 (‰) Natural Growth Rate (‰)	人口密度 (人/平方公里) Population Density (person/sq.km)
全 省	**Sichuan**	**8374.0**	**58.35**	**6.39**	**9.04**	**-2.65**	**172**
成都市	Chengdu	2126.8	79.89	6.92	5.96	0.96	1484
自贡市	Zigong	245.2	56.67	5.18	10.56	-5.38	560
攀枝花市	Panzhihua	121.6	70.23	6.58	7.24	-0.66	164
泸州市	Luzhou	426.3	51.91	7.36	11.97	-4.61	348
德阳市	Deyang	346.1	57.61	5.98	10.14	-4.16	586
绵阳市	Mianyang	489.8	54.29	6.41	8.80	-2.39	242
广元市	Guangyuan	227.1	48.55	7.03	9.25	-2.23	139
遂宁市	Suining	277.2	58.68	6.31	6.60	-0.29	521
内江市	Neijiang	308.8	51.56	7.35	14.71	-7.36	573
乐山市	Leshan	315.3	54.57	7.20	10.20	-3.00	248
南充市	Nanchong	554.9	51.75	5.65	6.88	-1.23	445
眉山市	Meishan	296.1	51.61	6.84	10.58	-3.74	415
宜宾市	Yibin	461.8	53.55	9.31	11.48	-2.17	348
广安市	Guangan	323.8	45.32	9.65	14.16	-4.51	511
达州市	Dazhou	535.5	51.30	5.75	7.19	-1.44	323
雅安市	Yaan	143.3	54.02	6.91	8.58	-1.67	95
巴中市	Bazhong	265.8	47.34	7.91	8.64	-0.73	216
资阳市	Ziyang	226.9	42.66	6.13	12.25	-6.13	395
阿坝藏族羌族自治州	Aba	82.3	42.55	9.64	4.94	4.70	10
甘孜藏族自治州	Ganzi	110.3	31.92	8.43	3.17	5.26	7
凉山彝族自治州	Liangshan	489.1	39.46	17.17	7.56	9.61	81

注：全省年末常住人口、城镇化率、出生率、死亡率、自然增长率数据，由国家统计局核定；市（州）出生率、死亡率、自然增长率数据，由市（州）统计局基于人口普查、年度人口变动调查、公安、卫健、民政等部门数据综合评估确定。

a) The data of resident population, urbanization rate, birth rate, death rate and natural growth rate at the end of the year of the province shall be approved by the National Bureau of Statistics; The data of birth rate, death rate and natural growth rate of the city (prefecture) shall be determined by the municipal (prefecture) statistics bureau based on the comprehensive evaluation of the data from the population census, annual population change survey, and the data from public security, health, civil affairs and other departments.

3−3 各市(州)年末常住人口数
Resident Population(year-end) by Region

单位：万人 (10 000 persons)

市(州)	Region	2012	2013	2014	2015	2016	2017	2018	2019	2020	2021	2022
全 省	**Sichuan**	**8085.0**	**8109.0**	**8139.0**	**8196.0**	**8251.0**	**8289.0**	**8321.0**	**8351.0**	**8371.0**	**8372.0**	**8374.0**
成都市	Chengdu	1510.9	1564.3	1619.8	1685.3	1858.2	1918.8	1981.3	2040.9	2094.7	2119.2	2126.8
自贡市	Zigong	266.8	266.3	264.3	262.9	260.6	261.3	257.6	253.3	249.0	246.7	245.2
攀枝花市	Panzhihua	122.7	122.7	122.5	122.3	122.2	122.0	121.8	121.3	121.3	121.4	121.6
泸州市	Luzhou	419.7	416.7	415.5	417.7	419.9	421.4	422.6	424.4	425.6	425.9	426.3
德阳市	Deyang	351.6	350.4	348.9	348.5	348.2	347.9	347.4	346.7	345.7	345.9	346.1
绵阳市	Mianyang	462.7	464.3	468.2	471.6	475.9	479.2	481.9	484.9	487.1	488.3	489.8
广元市	Guangyuan	248.5	247.3	246.7	246.8	243.8	241.3	237.9	234.4	230.7	228.3	227.1
遂宁市	Suining	317.8	313.8	309.6	305.4	301.0	294.3	289.4	285.4	281.5	278.2	277.2
内江市	Neijiang	360.3	355.1	349.8	344.2	338.6	332.8	325.6	320.0	314.2	310.4	308.8
乐山市	Leshan	323.6	322.7	321.4	321.1	320.3	319.4	318.2	317.2	316.1	315.1	315.3
南充市	Nanchong	616.2	610.5	604.4	598.7	592.7	585.2	577.6	569.3	561.0	556.2	554.9
眉山市	Meishan	296.4	297.2	297.6	297.9	297.4	296.1	296.2	296.0	295.6	295.9	296.1
宜宾市	Yibin	442.9	441.5	441.5	444.1	447.6	450.8	453.8	456.9	459.1	460.5	461.8
广安市	Guangan	318.3	317.2	316.7	318.0	320.1	320.8	322.0	324.0	325.6	324.8	323.8
达州市	Dazhou	547.1	547.4	547.2	547.6	547.0	547.7	545.3	542.2	538.7	537.0	535.5
雅安市	Yaan	150.8	150.4	150.1	149.1	147.7	146.6	145.7	144.6	143.6	143.1	143.3
巴中市	Bazhong	318.9	313.6	307.9	302.1	295.3	289.4	283.5	277.4	271.4	267.6	265.8
资阳市	Ziyang	354.2	350.8	347.5	347.6	240.3	238.4	235.1	233.0	231.0	228.4	226.9
阿坝藏族羌族自治州	Aba	89.0	88.5	88.1	87.6	86.8	85.8	84.7	83.5	82.3	81.5	82.3
甘孜藏族自治州	Ganzi	110.5	110.7	110.6	111.1	111.7	111.5	111.4	111.2	110.8	110.2	110.3
凉山彝族自治州	Liangshan	456.1	457.6	460.7	466.4	475.7	478.3	482.0	484.4	486.0	487.4	489.1

3-4 各市(州)常住人口城镇化率
Urbanization Rate of Resident Population by Region

单位：% (%)

市(州)	Region	2012	2013	2014	2015	2016	2017	2018	2019	2020	2021	2022
全　省	**Sichuan**	**43.35**	**44.96**	**46.51**	**48.27**	**50.00**	**51.78**	**53.50**	**55.36**	**56.73**	**57.82**	**58.35**
成都市	Chengdu	68.18	69.75	71.36	73.01	74.01	75.29	76.60	78.00	78.77	79.48	79.89
自贡市	Zigong	43.07	44.63	45.98	47.52	48.52	50.39	52.30	54.29	55.40	56.20	56.67
攀枝花市	Panzhihua	61.72	62.94	63.77	65.01	65.78	66.81	67.68	69.13	69.57	69.92	70.23
泸州市	Luzhou	40.17	41.34	42.34	43.71	44.68	46.37	47.64	48.93	50.24	51.36	51.91
德阳市	Deyang	43.44	44.86	46.30	47.91	49.02	50.88	52.58	54.38	55.97	57.07	57.61
绵阳市	Mianyang	41.40	42.57	43.69	44.92	45.90	47.27	48.60	49.71	51.66	53.63	54.29
广元市	Guangyuan	35.11	36.36	37.84	39.36	40.36	42.22	43.82	45.51	47.04	48.06	48.55
遂宁市	Suining	41.55	43.49	45.20	47.09	48.83	50.98	53.51	56.13	57.30	58.21	58.68
内江市	Neijiang	40.95	41.90	42.91	44.02	44.94	46.37	47.77	48.88	50.07	51.08	51.56
乐山市	Leshan	41.21	42.64	43.94	45.69	46.72	48.51	49.95	51.83	53.11	54.07	54.57
南充市	Nanchong	37.48	38.62	40.05	41.81	42.96	44.84	46.75	48.79	50.22	51.22	51.75
眉山市	Meishan	37.25	39.04	40.64	42.42	43.49	45.42	47.08	48.87	50.14	51.11	51.61
宜宾市	Yibin	39.84	40.84	41.89	43.46	44.60	46.37	47.63	49.57	51.39	52.94	53.55
广安市	Guangan	31.60	33.38	34.87	36.41	37.53	39.31	40.94	42.92	44.07	44.86	45.32
达州市	Dazhou	35.56	37.44	39.16	41.12	42.32	44.34	46.31	48.49	49.80	50.83	51.30
雅安市	Yaan	37.84	39.84	41.80	43.78	45.48	47.35	49.35	51.54	52.78	53.55	54.02
巴中市	Bazhong	32.30	34.27	36.00	37.70	38.88	40.67	42.63	45.04	46.16	46.92	47.34
资阳市	Ziyang	31.95	32.97	33.79	34.91	35.61	36.84	38.23	39.88	41.29	42.12	42.66
阿坝藏族羌族自治州	Aba	31.75	33.04	33.88	34.96	35.64	36.67	38.58	40.56	41.49	42.09	42.55
甘孜藏族自治州	Ganzi	22.14	23.23	24.14	25.17	25.90	26.92	28.44	30.10	31.01	31.52	31.92
凉山彝族自治州	Liangshan	28.94	30.11	31.11	32.39	33.00	34.04	34.89	35.96	36.96	38.66	39.46

3-5 年末户籍总人口数及构成
Total Registered Population and its Composition(year-end)

单位：万人 (10 000 persons)

年份 Year	年末户籍总人口 Total Registered Population (year-end)	按性别分 By Sex		按城乡分 By Residence	
		男 Male	女 Female	城镇人口 Urban Population	乡村人口 Rural Population
1952	4628.5	2357.9	2270.6		
1957	5088.8	2601.0	2487.8	568.0	4520.8
1962	4688.3	2368.9	2319.4	535.9	4152.4
1965	5162.1	2623.3	2538.8	606.4	4555.7
1970	6052.4	3089.0	2963.4	688.9	5363.5
1975	6874.7	3508.2	3366.5	736.6	6138.1
1978	7071.9	3621.5	3450.4	784.2	6287.7
1980	7154.8	3668.3	3486.5	829.6	6325.2
1985	7419.3	3828.9	3590.4	1025.9	6393.4
1990	7892.5	4088.1	3804.4	1101.7	6790.8
1995	8161.2	4238.9	3922.3	1331.8	6829.4
1996	8215.4	4266.6	3948.8	1378.1	6837.3
1997	8264.7	4291.4	3973.3	1420.1	6844.6
1998	8315.7	4317.5	3998.2	1460.3	6855.4
1999	8358.6	4337.7	4020.9	1507.7	6850.9
2000	8407.5	4358.9	4048.6	1565.0	6842.5
2001	8436.6	4375.4	4061.2	1622.1	6814.5
2002	8474.5	4395.3	4079.2	1677.6	6796.9
2003	8529.4	4424.7	4104.7	1795.2	6734.2
2004	8595.3	4460.0	4135.3	1914.3	6681.0
2005	8642.1	4483.6	4158.5	2013.8	6628.3
2006	8722.5	4520.3	4202.2	2070.8	6651.7
2007	8815.2	4566.4	4248.8	2140.0	6675.2
2008	8907.8	4607.7	4300.1	2203.4	6704.4
2009	8984.7	4639.2	4345.5	2286.3	6698.4
2010	9001.3	4640.4	4360.9	2355.2	6646.1
2011	9058.4	4665.6	4392.8	2462.7	6595.7
2012	9097.4	4685.0	4412.4	2512.0	6585.4
2013	9132.6	4700.8	4431.8	2632.4	6500.2
2014	9159.1	4710.4	4448.7	2694.0	6465.1
2015	9102.0	4680.1	4421.9	2785.2	6316.8
2016	9137.0	4696.2	4440.8	2997.5	6139.5
2017	9113.4	4677.8	4435.6	3116.3	5997.1
2018	9121.8	4678.3	4443.5	3271.5	5850.3
2019	9099.5	4665.3	4434.2	3346.8	5752.7
2020	9081.6	4653.7	4427.9	3475.5	5606.1
2021	9094.5	4658.4	4436.1	3496.1	5598.4
2022	9067.5	4640.8	4426.7	3523.9	5543.6

注：本篇章所列户籍人口资料均由四川省公安厅提供；2014年及以前的城镇人口、乡村人口为非农业人口、农业人口。

a) Data in this table were taken from the annual reports of the Bureau of Sichuan Provincial Public Security; Data of urban population and rural population before 2014 are those of non-agricultural population and agricultural population.

3-6 各市(州)年末户籍总户数及人口数(2022年)
Number of Registered Households and Population by Region(year-end)(2022)

市(州)	Region	年末户籍总户数(万户) Total Registered Households (year-end) (10 000 households)	年末户籍总人口(万人) Total Registered Population (year-end) (10 000 persons)	男性 Male	女性 Female	城镇人口 Urban Population	乡村人口 Rural Population
全　省	**Sichuan**	**3157.7**	**9067.5**	**4640.8**	**4426.7**	**3523.9**	**5543.6**
成都市	Chengdu	584.3	1571.6	775.6	795.9	1081.6	489.9
自贡市	Zigong	105.9	313.7	159.2	154.5	113.0	200.7
攀枝花市	Panzhihua	36.7	106.9	54.1	52.8	55.8	51.1
泸州市	Luzhou	159.2	503.8	259.5	244.3	201.2	302.6
德阳市	Deyang	150.9	378.5	191.5	187.0	141.4	237.1
绵阳市	Mianyang	197.5	525.7	268.6	257.0	193.8	331.9
广元市	Guangyuan	111.6	293.1	150.2	142.9	81.6	211.5
遂宁市	Suining	132.0	354.4	183.4	171.0	107.1	247.3
内江市	Neijiang	140.1	399.0	205.4	193.5	111.4	287.5
乐山市	Leshan	124.9	345.6	175.5	170.2	132.7	212.9
南充市	Nanchong	246.5	708.6	369.7	338.9	204.3	504.3
眉山市	Meishan	122.7	338.6	171.4	167.3	132.7	205.9
宜宾市	Yibin	164.0	548.4	284.4	264.0	206.6	341.8
广安市	Guangan	143.8	449.5	235.3	214.2	108.1	341.4
达州市	Dazhou	232.5	644.5	338.5	306.0	235.5	408.9
雅安市	Yaan	54.4	151.5	77.2	74.3	70.2	81.4
巴中市	Bazhong	127.1	359.1	187.6	171.5	104.4	254.7
资阳市	Ziyang	121.3	333.2	174.1	159.1	56.4	276.9
阿坝藏族羌族自治州	Aba	27.9	89.5	45.6	43.9	24.1	65.4
甘孜藏族自治州	Ganzi	26.5	109.3	55.0	54.3	21.5	87.8
凉山彝族自治州	Liangshan	147.9	543.0	278.9	264.1	140.4	402.7

3-7　各市(州)年末户籍人口数
Registered Population(year-end) by Region

单位：万人　　(10 000 persons)

市(州)	Region	2012	2013	2014	2015	2016	2017	2018	2019	2020	2021	2022
全　省	**Sichuan**	**9097.4**	**9132.6**	**9159.1**	**9102.0**	**9137.0**	**9113.4**	**9121.8**	**9099.5**	**9081.6**	**9094.5**	**9067.5**
成都市	Chengdu	1173.4	1188.0	1210.7	1228.1	1398.9	1435.3	1478.1	1502.3	1519.7	1556.2	1571.6
自贡市	Zigong	328.5	329.7	330.0	327.5	327.4	323.9	322.4	320.1	317.8	316.7	313.7
攀枝花市	Panzhihua	111.9	112.0	111.9	110.6	110.5	109.4	108.3	108.4	108.0	107.5	106.9
泸州市	Luzhou	505.2	508.4	508.9	505.7	508.3	509.6	509.7	508.6	508.0	506.7	503.8
德阳市	Deyang	391.5	392.0	392.5	390.0	391.7	387.7	386.8	384.5	382.3	381.5	378.5
绵阳市	Mianyang	545.4	547.4	548.8	545.5	545.2	536.8	536.0	531.4	528.5	527.0	525.7
广元市	Guangyuan	311.7	310.2	310.1	305.3	304.8	302.6	300.5	298.7	297.0	295.2	293.1
遂宁市	Suining	376.1	379.4	380.4	378.8	377.9	369.7	365.4	362.3	359.3	357.6	354.4
内江市	Neijiang	426.6	426.8	426.0	420.4	420.0	415.1	411.8	408.2	405.5	403.0	399.0
乐山市	Leshan	355.1	356.0	355.7	353.8	354.7	351.9	350.5	349.1	348.0	347.2	345.6
南充市	Nanchong	759.6	759.0	759.0	742.3	741.3	732.7	728.7	723.4	719.3	714.8	708.6
眉山市	Meishan	350.4	352.2	353.0	349.1	350.2	345.1	344.4	342.3	341.8	340.5	338.6
宜宾市	Yibin	546.6	550.4	554.3	552.1	555.9	555.4	552.3	551.4	551.0	550.5	548.4
广安市	Guangan	468.5	470.4	471.7	467.4	467.3	464.6	462.2	458.8	455.6	453.2	449.5
达州市	Dazhou	695.6	687.6	688.1	682.8	683.6	671.7	665.8	658.6	652.8	649.1	644.5
雅安市	Yaan	156.5	157.0	157.2	154.9	155.0	153.9	153.3	153.0	152.6	152.2	151.5
巴中市	Bazhong	390.0	390.2	383.1	379.5	375.3	376.2	368.3	365.6	364.1	361.6	359.1
资阳市	Ziyang	505.9	507.3	507.3	503.7	354.5	348.9	346.1	342.2	338.9	336.9	333.2
阿坝藏族羌族自治州	Aba	91.4	92.0	92.2	91.4	92.0	91.5	90.3	90.0	89.7	89.7	89.5
甘孜藏族自治州	Ganzi	110.3	110.2	111.3	109.2	110.1	110.1	110.1	109.7	108.6	109.2	109.3
凉山彝族自治州	Liangshan	497.2	506.4	506.9	503.9	512.4	521.3	530.8	530.9	533.1	538.3	543.0

3-8 各市(州)年末户籍城镇人口数
Registered Urban Population(year-end) by Region

单位：万人 (10 000 persons)

市(州)	Region	2012	2013	2014	2015	2016	2017	2018	2019	2020	2021	2022
全　省	**Sichuan**	**2512.0**	**2632.4**	**2694.0**	**2785.2**	**2997.5**	**3116.3**	**3271.5**	**3346.8**	**3475.5**	**3496.1**	**3523.9**
成都市	Chengdu	716.7	728.7	755.8	720.6	784.6	851.1	901.6	940.7	1015.6	1056.4	1081.6
自贡市	Zigong	111.4	112.5	113.2	126.5	132.1	134.2	135.7	136.4	121.4	113.7	113.0
攀枝花市	Panzhihua	60.1	59.9	59.5	58.9	58.0	57.1	56.5	56.6	57.5	56.3	55.8
泸州市	Luzhou	95.8	152.3	154.0	123.0	192.5	209.1	210.1	212.2	202.3	201.7	201.2
德阳市	Deyang	110.5	117.4	120.6	136.1	121.6	120.5	124.2	126.2	133.9	141.5	141.4
绵阳市	Mianyang	152.8	158.0	163.0	176.8	178.7	179.0	187.3	190.2	193.4	193.2	193.8
广元市	Guangyuan	71.3	72.2	73.5	73.5	68.6	70.9	72.8	75.6	81.3	81.9	81.6
遂宁市	Suining	89.1	97.5	99.2	107.4	98.0	96.4	100.6	103.5	109.6	107.8	107.1
内江市	Neijiang	94.6	96.4	97.4	110.3	115.4	114.5	113.6	112.5	113.8	111.4	111.4
乐山市	Leshan	114.9	118.5	120.4	134.0	122.1	126.5	129.0	132.5	135.8	135.0	132.7
南充市	Nanchong	172.0	176.6	179.1	173.1	207.2	206.6	211.1	210.7	211.6	205.0	204.3
眉山市	Meishan	96.2	98.9	100.6	100.2	111.0	111.3	116.7	119.5	133.7	132.9	132.7
宜宾市	Yibin	104.9	106.2	108.2	118.1	132.3	147.1	196.6	208.8	211.1	206.9	206.6
广安市	Guangan	87.8	90.6	94.1	103.9	107.5	107.7	117.3	116.8	112.0	111.3	108.1
达州市	Dazhou	137.3	139.6	144.2	160.0	204.3	212.0	218.2	222.2	235.9	238.0	235.5
雅安市	Yaan	39.3	42.6	43.6	54.0	65.8	65.9	67.4	67.9	70.7	70.4	70.2
巴中市	Bazhong	73.1	78.1	79.2	89.0	93.8	99.4	99.8	102.2	106.1	104.9	104.4
资阳市	Ziyang	87.3	89.2	90.7	93.4	57.0	56.3	56.9	56.3	64.7	59.2	56.4
阿坝藏族羌族自治州	Aba	20.8	20.5	20.8	31.5	26.3	27.0	25.5	25.3	25.3	24.3	24.1
甘孜藏族自治州	Ganzi	16.4	16.2	16.2	16.3	18.1	19.3	19.2	18.8	18.5	21.6	21.5
凉山彝族自治州	Liangshan	59.7	60.5	60.7	78.6	102.6	104.4	111.4	111.9	121.3	122.7	140.4

主要统计指标解释

人口数 指一定时点、一定地区范围内有生命的个人总和。

年度统计的年末人口数指每年 12 月 31 日 24 时的人口数。

常住人口 指实际经常居住在某地半年以上的人口。常住人口主要包括：(1) 调查时点居住在本乡、镇、街道，户口也在本乡、镇、街道的人；(2) 调查时点居住在本乡、镇、街道，户口不在本乡、镇、街道，离开户口登记地半年以上的人；(3) 调查时点居住在本乡、镇、街道，尚未办理常住户口的人；(4) 调查时点居住在港澳台或国外，户口在本乡、镇、街道的人。

户籍人口 指不管是否外出和外出时间长短，只要在某地公安户籍管理部门登记了常住户口，则为该地区的户籍人口。户籍人口数据由公安部门统计。

城镇人口和乡村人口 城镇人口是指居住在城镇范围内的全部常住人口；乡村人口是除上述人口以外的全部人口。

城镇化率 城镇化指伴随工业化的发展，非农产业向城镇聚集，农村人口向城镇集中的自然历史过程，是世界各国工业化进程中必然经历的历史阶段。城镇化率是指一个国家（地区）城镇的常住人口占该国家（地区）总人口的比例，是衡量城镇化水平高低，反映城镇化进程的一个重要指标。

出生率(又称粗出生率) 指在一定时期内(通常为一年)一定地区的出生人数与同期内平均人数(或期中人数)之比，用千分率表示。本资料中的出生率指年出生率，其计算公式为：

$$\text{出生率}=\frac{\text{年出生人数}}{\text{年平均人数}}\times 1000‰$$

式中：出生人数指活产婴儿，即胎儿脱离母体时(不管怀孕月数)，有过呼吸或其他生命现象。年平均人数指年初、年底人口数的平均数，也可用年中人口数代替。

死亡率(又称粗死亡率) 指在一定时期内(通常为一年)一定地区的死亡人数与同期内平均人数(或期中人数)之比，用千分率表示。本资料中的死亡率指年死亡率，其计算公式为：

$$\text{死亡率}=\frac{\text{年死亡人数}}{\text{年平均人数}}\times 1000‰$$

人口自然增长率 指在一定时期内(通常为一年)人口自然增加数(出生人数减死亡人数)与该时期内平均人数(或期中人数)之比，用千分率表示。计算公式为：

$$\text{人口自然增长率}=\frac{\text{本年出生人数}-\text{本年死亡人数}}{\text{年平均人数}}\times 1000‰$$
$$=\text{人口出生率}-\text{人口死亡率}$$

Explanatory Notes on Main Statistical Indicators

Total Population refers to the total number of people alive at a certain point of time within a given area.

The annual statistics on total population is taken at midnight, the 31st of December.

Usual Resident Population refers to the population that actually reside in a place, usually longer than half a year. Usual Resident Population mainly includes 1) those who live in their own townships, towns and streets at the time of investigation, and whose household registration is also in their own townships, towns and streets; 2) those who live in their own townships, towns and streets at the time of investigation, and whose household registration is not in their own townships, towns and streets, and who have left the registered place of household registration for more than half a year; 3) those who live in their own townships, towns and streets at the time of investigation, but have not yet processed permanent household registration; 4) Household registration in their own townships, towns and streets, and people living in Hong Kong, Macao, Taiwan or abroad at the time of investigation.

Household Registration Population refers to the population that regardless of whether or not to go out and the length of time, as long as the permanent residence registration is registered in the local public security household registration administration department, it will be the registered residence population in the area. The household registration data are collected by the public security department.

Urban Population and Rural Population Urban population refers to all people residing in cities and towns; while rural population refers to population other than urban population.

Urbanization rate Urbanization refers to the natural historical process in which non-agricultural industries gather in cities and towns and rural population concentrate in cities and towns with the development of industrialization. It is the inevitable historical stage in the process of industrialization in all countries of the world. Urbanization rate refers to the proportion of the permanent population of a country (region) to the total population of the country (region), which is an important index to measure the level of urbanization and reflect the process of urbanization.

Birth Rate or (Crude Birth Rate) refers to the ratio of the number of births to the average population (or mid-period population) during a certain period of time (usually a year), expressed in ‰. Birth rate in the chapter refers to annual birth rate. The following formula is used:

$$\text{Birth Rate} = \frac{\text{Number of Births}}{\text{Annual Average Population}} \times 1000‰$$

Number of births in the formula refers to live births, i.e. when a baby has breathed or showed any vital phenomena regardless of the length of pregnancy.

Annual average population is the average of the number of population at the beginning of the year and that at the end of the year. Sometimes it is substituted by the mid-year population.

Death Rate (or Crude Death Rate) refers to the ratio of the number of deaths to the average population (or mid-period population) during a certain period of time (usually a year), expressed in ‰. Death rate in the chapter refers to annual death rate. The following formula is used:

$$\text{Death Rate} = \frac{\text{Number of Deaths}}{\text{Annual Average Population}} \times 1000‰$$

Natural Growth Rate of Population refers to the ratio of natural increase in population (number of births minus number of deaths) in a certain period of time (usually a year) to the average population (or mid-period population) of the same period, expressed in ‰. The following formula is applied:

$$\begin{array}{c}\text{Natural Growth}\\ \text{Rate of Population}\end{array} = \frac{\text{Number of Births - Number of Deaths}}{\text{Annual Average Population}} \times 1000‰$$

$$= \text{Birth Rate-Death Rate}$$

04 就业和工资

Chapter 4 Employment and Wages

4-1 就业和工资情况
Employment and Wages

(年末数) (year-end)

项 目	Item	2012	2013	2014	2015	2016	2017	2018	2019	2020	2021	2022
就业人员合计 (万人)	**Total Number of Employed Persons (10 000 persons)**	**4635.00**	**4634.00**	**4638.00**	**4652.00**	**4657.00**	**4667.00**	**4690.00**	**4714.00**	**4745.00**	**4727.00**	**4706.00**
第一产业	Primary Industry	1905.00	1854.00	1804.00	1758.40	1709.00	1661.50	1618.00	1579.50	1542.00	1506.00	1602.00
第二产业	Secondary Industry	1173.00	1163.00	1155.00	1144.40	1132.00	1120.00	1112.00	1098.00	1098.00	1111.00	1074.00
第三产业	Tertiary Industry	1557.00	1617.00	1679.00	1749.20	1816.00	1885.50	1960.00	2036.50	2105.00	2110.00	2030.00
就业人员构成 (合计=100)	**Composition of Employed Persons (total=100)**	**100.0**	**100.0**	**100.0**	**100.0**	**100.0**	**100.0**	**100.0**	**100.0**	**100.0**	**100.0**	**100.0**
第一产业	Primary Industry	41.1	40.0	38.9	37.8	36.7	35.6	34.5	33.5	32.5	31.9	34.0
第二产业	Secondary Industry	25.3	25.1	24.9	24.6	24.3	24.0	23.7	23.3	23.1	23.5	22.8
第三产业	Tertiary Industry	33.6	34.9	36.2	37.6	39.0	40.4	41.8	43.2	44.4	44.6	43.2
城镇就业人员 (万人)	**Urban Employed Persons (10 000 persons)**	**1746.44**	**1828.37**	**1910.49**	**2009.35**	**2108.54**	**2207.38**	**2303.75**	**2406.78**	**2489.00**	**2522.00**	**2508.00**
#城镇非私营单位就业人员	Urban Employed Persons in Non-private Units	640.89	846.24	808.75	795.47	787.53	792.21	780.64	788.94	861.76	871.47	881.43
#城镇私营单位就业人员	Urban Employed Persons of Private-owned Units	329.80	342.10	287.10	307.10	347.40	377.98	423.80	448.68	571.69	558.87	578.30
乡村就业人员 (万人)	**Rural Employed Persons (10 000 persons)**	**2888.56**	**2805.63**	**2727.51**	**2642.65**	**2548.46**	**2459.62**	**2386.25**	**2307.22**	**2256.00**	**2205.00**	**2198.00**
按城乡分就业人员构成 (合计=100)	**Composition of Employed Persons by Urban and Rural (Total = 100)**	**100.0**	**100.0**	**100.0**	**100.0**	**100.0**	**100.0**	**100.0**	**100.0**	**100.0**	**100.0**	**100.0**
城镇	Urban	37.7	39.5	41.2	43.2	45.3	47.3	49.1	51.1	52.5	53.4	53.3
乡村	Rural	62.3	60.5	58.8	56.8	54.7	52.7	50.9	48.9	47.5	46.6	46.7
全部单位就业人员工资总额 (亿元)	**Total Wages of All Employed Persons (100 million yuan)**	**3772.36**	**5287.16**	**5631.68**	**6168.65**	**6612.38**	**7186.52**	**7979.50**	**8806.66**	**10453.20**	**11541.64**	**12330.33**
全部单位就业人员平均工资 (元)	**Average Wage of All Employees (yuan)**	**35873**	**41795**	**45697**	**50466**	**54425**	**58671**	**64717**	**69267**	**74520**	**81420**	**84912**
城镇登记失业人数 (万人)	**Number of Registered Unemployed Persons in Urban Areas (10 000 persons)**	**41.67**	**42.87**	**54.36**	**54.64**	**56.26**	**55.78**	**53.31**	**50.40**	**54.44**	**53.88**	**51.59**
城镇登记失业率 (%)	**Registered Unemployment Rate in Urban Areas (%)**	**4.1**	**4.1**	**4.2**	**4.1**	**4.2**	**4.0**	**3.5**	**3.3**	**3.6**	**3.6**	**3.6**

注：2011-2019年数据根据第七次全国人口普查的结果进行了修订（以下相关表同）。
a) From 2011 to 2019, were revised according to the 7th National Population Census（the same as the following related tables）.

4−2 各市(州)就业人员数
Number of Employed Persons by Region

(年末数)单位：万人 (year-end)(10 000 persons)

市(州)	Region	2012	2013	2014	2015	2016	2017	2018	2019	2020	2021	2022
全　省	**Sichuan**	**4635.00**	**4634.00**	**4638.00**	**4652.00**	**4657.00**	**4667.00**	**4690.00**	**4714.00**	**4745.00**	**4727.00**	**4706.00**
成都市	Chengdu	829.37	857.59	885.46	918.65	1006.15	1037.09	1072.31	1107.93	1143.32	1156.12	1159.14
自贡市	Zigong	149.07	148.60	147.22	145.91	143.59	143.71	141.93	139.56	137.24	135.93	134.37
攀枝花市	Panzhihua	64.42	64.29	64.07	63.81	63.77	63.54	63.56	63.30	63.66	64.69	64.88
泸州市	Luzhou	232.75	230.85	229.77	230.15	230.68	231.08	232.16	233.15	234.54	234.13	233.78
德阳市	Deyang	218.88	215.95	214.40	213.29	213.31	212.78	212.82	212.39	212.81	211.37	210.16
绵阳市	Mianyang	275.38	275.79	276.64	276.71	277.33	278.77	280.52	281.97	283.91	284.03	284.36
广元市	Guangyuan	142.14	141.21	140.62	140.18	138.00	136.34	134.66	132.68	131.28	129.30	127.82
遂宁市	Suining	191.41	187.59	183.83	179.73	176.94	172.71	170.12	167.77	165.32	162.03	160.61
内江市	Neijiang	221.90	217.03	213.03	208.93	204.78	200.94	196.92	193.53	190.96	186.60	183.31
乐山市	Leshan	184.34	183.62	182.56	181.75	180.02	179.19	178.83	178.27	178.40	177.50	176.79
南充市	Nanchong	364.78	360.81	356.60	352.54	346.64	341.17	337.32	334.47	330.48	325.45	322.30
眉山市	Meishan	178.73	177.85	177.37	176.95	175.89	174.83	175.19	175.07	175.42	174.50	173.54
宜宾市	Yibin	248.70	247.68	247.24	247.81	247.97	248.79	250.60	252.01	255.91	258.41	258.75
广安市	Guangan	169.43	168.43	167.85	167.90	169.73	169.78	170.74	171.80	173.63	173.15	171.18
达州市	Dazhou	310.38	309.83	309.17	308.30	307.77	307.62	306.82	306.08	305.72	304.64	303.62
雅安市	Yaan	84.65	84.22	83.91	83.05	83.18	82.41	82.05	81.43	81.30	80.79	80.69
巴中市	Bazhong	183.86	180.63	177.04	174.10	172.00	168.27	165.12	162.57	159.87	155.79	152.92
资阳市	Ziyang	215.24	212.51	210.90	209.54	142.74	141.37	139.65	138.40	137.91	133.41	129.80
阿坝藏族羌族自治州	Aba	49.48	49.12	48.81	48.86	48.97	48.32	47.79	48.61	48.16	45.88	46.07
甘孜藏族自治州	Ganzi	62.76	62.77	62.60	62.66	63.05	62.83	62.89	63.68	63.78	61.61	59.86
凉山彝族自治州	Liangshan	257.33	257.63	258.91	261.18	264.49	265.46	268.00	269.33	271.38	271.67	272.05

注：因行政区划调整，2016年起，简阳市划入成都市，资阳市数据不再包含简阳市（以下有关表同）。
a) Due to administrative division adjustment，the city of Jianyang has been divided into Chengdu，and the data of Ziyang not contain Jianyang since 2016 (The same as the following related tables).

4-3 按三次产业分就业人员数
Number of Employed Persons by Three Strata of Industry

(年末数) (year-end)

年份 Year	就业人员 (万人) Number of Employed Persons (10 000 persons)				构成 Composition in Percentage (合计=100) (total = 100)		
		第一产业 Primary Industry	第二产业 Secondary Industry	第三产业 Tertiary Industry	第一产业 Primary Industry	第二产业 Secondary Industry	第三产业 Tertiary Industry
1952	2027.92	1753.89	89.37	184.66	86.5	4.4	9.1
1957	2258.38	1947.49	108.57	202.32	86.2	4.8	9.0
1962	2101.58	1810.90	117.47	173.21	86.2	5.6	8.2
1965	2267.18	1925.30	163.38	178.50	84.9	7.2	7.9
1970	2737.59	2339.83	210.36	187.40	85.5	7.7	6.8
1975	2998.60	2474.11	271.48	253.01	82.5	9.1	8.4
1978	3087.02	2524.21	279.50	283.31	81.8	9.1	9.1
1980	3259.78	2638.03	309.24	312.51	80.9	9.5	9.6
1985	3742.97	2824.95	491.67	426.35	75.5	13.1	11.4
1990	4265.20	3108.89	578.08	578.23	72.9	13.5	13.6
1995	4619.10	2983.94	752.91	882.25	64.6	16.3	19.1
1996	4627.20	2875.86	772.74	978.60	62.2	16.7	21.1
1997	4641.20	2872.41	780.44	988.35	61.9	16.8	21.3
1998	4651.40	2824.40	786.09	1040.91	60.7	16.9	22.4
1999	4654.30	2747.08	800.54	1106.68	59.0	17.2	23.8
2000	4658.40	2643.35	871.12	1143.93	56.7	18.7	24.6
2001	4664.80	2595.84	867.65	1201.31	55.6	18.6	25.8
2002	4667.60	2517.48	896.18	1253.94	53.9	19.2	26.9
2003	4683.50	2482.80	906.70	1294.00	53.0	19.4	27.6
2004	4691.00	2445.70	916.00	1329.30	52.2	19.5	28.3
2005	4702.00	2421.50	926.30	1354.20	51.5	19.7	28.8
2006	4715.00	2306.90	946.00	1462.10	48.9	20.1	31.0
2007	4731.10	2266.22	1065.71	1399.15	47.9	22.5	29.6
2008	4740.00	2186.18	1108.32	1445.50	46.1	23.4	30.5
2009	4756.62	2144.13	1141.59	1470.90	45.1	24.0	30.9
2010	4677.00	2043.85	1164.57	1468.58	43.7	24.9	31.4
2011	4650.00	1972.00	1167.00	1511.00	42.4	25.1	32.5
2012	4635.00	1905.00	1173.00	1557.00	41.1	25.3	33.6
2013	4634.00	1854.00	1163.00	1617.00	40.0	25.1	34.9
2014	4638.00	1804.00	1155.00	1679.00	38.9	24.9	36.2
2015	4652.00	1758.40	1144.40	1749.20	37.8	24.6	37.6
2016	4657.00	1709.00	1132.00	1816.00	36.7	24.3	39.0
2017	4667.00	1661.50	1120.00	1885.50	35.6	24.0	40.4
2018	4690.00	1618.00	1112.00	1960.00	34.5	23.7	41.8
2019	4714.00	1579.50	1098.00	2036.50	33.5	23.3	43.2
2020	4745.00	1542.00	1098.00	2105.00	32.5	23.1	44.4
2021	4727.00	1506.00	1111.00	2110.00	31.9	23.5	44.6
2022	4706.00	1602.00	1074.00	2030.00	34.0	22.8	43.2

4-4 各市(州)按三次产业分就业人员数(2022年)
Number of Employed Persons by Three Strata of Industry and Region(2022)

(年末数) (year-end)

市(州)	Region	就业人员(万人) Number of Employed Persons (10 000 persons)	第一产业 Primary Industry	第二产业 Secondary Industry	第三产业 Tertiary Industry	构成 Composition in Percentage (合计=100) (total = 100) 第一产业 Primary Industry	第二产业 Secondary Industry	第三产业 Tertiary Industry
全 省	**Sichuan**	**4706.00**	**1602.00**	**1074.00**	**2030.00**	**34.0**	**22.8**	**43.2**
成都市	Chengdu	1159.14	162.79	324.65	671.70	14.0	28.0	58.0
自贡市	Zigong	134.37	51.26	33.03	50.08	38.1	24.6	37.3
攀枝花市	Panzhihua	64.88	22.23	13.43	29.22	34.3	20.7	45.0
泸州市	Luzhou	233.78	86.04	65.61	82.13	36.8	28.1	35.1
德阳市	Deyang	210.16	68.16	50.66	91.34	32.4	24.1	43.5
绵阳市	Mianyang	284.36	79.71	84.16	120.49	28.0	29.6	42.4
广元市	Guangyuan	127.82	53.76	22.28	51.78	42.1	17.4	40.5
遂宁市	Suining	160.61	64.96	36.54	59.11	40.4	22.8	36.8
内江市	Neijiang	183.31	52.74	49.86	80.71	28.8	27.2	44.0
乐山市	Leshan	176.79	72.05	30.90	73.84	40.7	17.5	41.8
南充市	Nanchong	322.30	112.35	74.17	135.78	34.9	23.0	42.1
眉山市	Meishan	173.54	72.02	37.92	63.60	41.5	21.9	36.6
宜宾市	Yibin	258.75	111.78	65.02	81.95	43.2	25.1	31.7
广安市	Guangan	171.18	76.02	37.35	57.81	44.4	21.8	33.8
达州市	Dazhou	303.62	129.35	43.06	131.21	42.6	14.2	43.2
雅安市	Yaan	80.69	34.77	12.41	33.51	43.1	15.4	41.5
巴中市	Bazhong	152.92	67.21	31.30	54.41	43.9	20.5	35.6
资阳市	Ziyang	129.80	60.93	21.20	47.67	46.9	16.3	36.8
阿坝藏族羌族自治州	Aba	46.07	25.21	2.51	18.35	54.7	5.5	39.8
甘孜藏族自治州	Ganzi	59.86	43.79	2.87	13.20	73.2	4.8	22.0
凉山彝族自治州	Liangshan	272.05	154.87	35.07	82.11	56.9	12.9	30.2

4-5 按城乡分就业人员数
Number of Employed Persons by Residence in Urban and Rural Areas

(年末数)单位: 万人　　(year-end)(10 000 persons)

年份 Year	就业人员合计 Total Number of Employed Persons	城镇就业人员 Urban Employed Persons	#城镇非私营单位就业人员 Employed Persons in Urban Non-private Units	乡村就业人员 Rural Employed Persons
1952	2027.92	196.33	63.56	1831.59
1957	2258.38	227.15	208.22	2031.23
1962	2101.58	243.37	233.16	1858.21
1965	2267.18	296.58	290.53	1970.60
1970	2737.59	341.07	338.68	2396.52
1975	2998.60	395.78	394.26	2602.82
1978	3087.02	465.52	457.92	2621.50
1980	3259.78	511.18	498.31	2748.60
1985	3742.97	639.97	576.12	3103.00
1990	4265.20	800.10	644.21	3465.10
1995	4619.10	1045.80	696.03	3573.30
1996	4627.20	1075.10	692.78	3552.10
1997	4641.20	1103.20	681.56	3538.00
1998	4651.40	1077.90	662.94	3573.50
1999	4654.30	1087.30	547.15	3567.00
2000	4658.40	1093.90	515.45	3564.50
2001	4664.80	1108.60	486.70	3556.20
2002	4667.60	1125.60	481.19	3542.00
2003	4683.50	1166.90	505.68	3516.60
2004	4691.00	1209.20	500.14	3481.80
2005	4702.00	1228.90	512.65	3473.10
2006	4715.00	1262.70	520.56	3452.30
2007	4731.10	1298.40	539.39	3432.70
2008	4740.00	1310.00	550.95	3430.00
2009	4756.62	1345.86	564.38	3410.76
2010	4677.00	1589.97	570.58	3087.03
2011	4650.00	1670.86	614.02	2979.14
2012	4635.00	1746.44	640.89	2888.56
2013	4634.00	1828.37	846.24	2805.63
2014	4638.00	1910.49	808.75	2727.51
2015	4652.00	2009.35	795.47	2642.65
2016	4657.00	2108.54	787.53	2548.46
2017	4667.00	2207.38	792.21	2459.62
2018	4690.00	2303.75	780.64	2386.25
2019	4714.00	2406.78	788.94	2307.22
2020	4745.00	2489.00	861.76	2256.00
2021	4727.00	2522.00	871.47	2205.00
2022	4706.00	2508.00	881.43	2198.00

4-6 各市(州)按城乡分就业人员数
Number of Urban and Rural Employed Persons by Region

(年末数)单位: 万人 (year-end)(10 000 persons)

市(州)	Region	合计 Total		城镇就业人员 Urban Employed Persons		乡村就业人员 Rural Employed Persons	
		2021	2022	2021	2022	2021	2022
全　省	**Sichuan**	**4727.00**	**4706.00**	**2522.00**	**2508.00**	**2205.00**	**2198.00**
成都市	Chengdu	1156.12	1159.14	887.87	895.37	268.25	263.77
自贡市	Zigong	135.93	134.37	66.97	64.69	68.96	69.68
攀枝花市	Panzhihua	64.69	64.88	42.91	43.03	21.78	21.85
泸州市	Luzhou	234.13	233.78	107.00	107.30	127.13	126.48
德阳市	Deyang	211.37	210.16	107.16	106.58	104.21	103.58
绵阳市	Mianyang	284.03	284.36	138.20	139.32	145.83	145.04
广元市	Guangyuan	129.30	127.82	58.03	55.51	71.27	72.31
遂宁市	Suining	162.03	160.61	81.26	80.00	80.77	80.61
内江市	Neijiang	186.60	183.31	87.69	85.06	98.91	98.25
乐山市	Leshan	177.50	176.79	84.38	83.53	93.12	93.26
南充市	Nanchong	325.45	322.30	155.27	153.42	170.18	168.88
眉山市	Meishan	174.50	173.54	80.24	79.83	94.26	93.71
宜宾市	Yibin	258.41	258.75	117.99	118.80	140.42	139.95
广安市	Guangan	173.15	171.18	74.67	73.63	98.48	97.55
达州市	Dazhou	304.64	303.62	139.55	138.79	165.09	164.83
雅安市	Yaan	80.79	80.69	37.71	37.08	43.08	43.61
巴中市	Bazhong	155.79	152.92	64.65	60.85	91.14	92.07
资阳市	Ziyang	133.41	129.80	54.17	50.47	79.24	79.33
阿坝藏族羌族自治州	Aba	45.88	46.07	20.64	19.55	25.24	26.52
甘孜藏族自治州	Ganzi	61.61	59.86	19.18	17.94	42.43	41.92
凉山彝族自治州	Liangshan	271.67	272.05	96.46	97.25	175.21	174.80

4—7 按行业分城镇非私营单位就业人员数
Number of Employed Persons in Urban Non-private Units by Sector

(年末数)单位: 万人 (year-end)(10 000 persons)

年份 Year	合计 Total	农、林、牧、渔业 Agriculture, Forestry, Animal Husbandry and Fishery	采矿业 Mining	制造业 Manufacturing	电力、热力、燃气及水生产和供应业 Production and Supply of Electricity, Heat, Gas and Water	建筑业 Construction	批发和零售业 Wholesale and Retail Trades
2003	505.68	11.27	19.19	119.45	15.62	72.36	20.65
2004	500.14	10.23	18.64	115.98	15.17	72.40	19.74
2005	512.65	9.32	20.51	117.78	15.31	76.67	19.14
2006	520.56	9.05	22.01	118.69	15.05	80.45	17.93
2007	539.39	8.39	23.30	120.37	15.28	90.26	18.61
2008	550.95	7.12	23.19	123.86	15.38	93.79	18.21
2009	564.38	5.13	21.91	123.09	15.42	99.65	17.49
2010	570.58	5.03	20.41	124.20	15.26	99.91	17.13
2011	614.02	4.56	21.31	141.62	16.28	111.80	17.85
2012	640.89	4.03	24.48	144.49	17.63	116.09	18.49
2013	846.24	3.74	23.20	204.58	27.16	177.84	33.23
2014	808.75	3.23	23.51	175.43	26.70	155.56	32.32
2015	795.47	2.90	19.55	159.66	26.14	153.86	30.89
2016	787.53	2.83	18.59	148.33	23.17	151.48	30.51
2017	792.21	2.49	17.02	147.28	22.11	145.52	30.24
2018	780.64	2.14	13.50	127.29	22.39	160.37	27.52
2019	788.94	1.43	12.87	123.82	20.91	151.65	28.13
2020	861.76	2.50	13.63	139.42	23.17	151.42	31.92
2021	871.47	2.20	11.59	144.43	22.99	142.27	34.97
2022	881.43	2.28	11.23	148.72	22.71	132.28	36.76

4-7 续表 1 continued

(年末数)单位: 万人 (year-end)(10 000 persons)

年份 Year	交通运输、仓储和邮政业 Transport, Storage and Post	住宿和餐饮业 Hotels and Catering Services	信息传输、软件和信息技术服务业 Information Transmission, Software and Information Technology	金融业 Financial Intermediation	房地产业 Real Estate	租赁和商务服务业 Leasing and Business Services
2003	22.52	4.55	4.65	16.12	4.21	3.35
2004	21.94	4.75	5.12	16.22	4.22	3.38
2005	22.79	5.19	5.12	17.18	4.29	6.01
2006	23.03	4.94	5.07	16.37	4.80	5.85
2007	24.09	5.11	5.02	16.85	5.32	5.93
2008	23.22	4.99	5.18	17.94	5.09	6.27
2009	23.75	5.23	5.92	20.38	5.35	6.01
2010	23.06	5.47	6.32	21.31	5.40	5.91
2011	22.59	6.13	6.47	21.45	6.47	6.37
2012	23.56	7.64	5.99	22.97	6.57	5.22
2013	39.38	12.46	15.62	24.12	15.73	12.21
2014	41.33	11.51	16.29	24.22	17.69	12.71
2015	40.71	10.56	18.25	25.87	18.63	14.20
2016	40.43	9.69	18.41	30.39	19.84	15.57
2017	38.91	9.34	20.14	31.70	21.54	16.79
2018	37.39	9.56	19.33	32.40	21.90	18.50
2019	31.99	12.51	20.01	32.70	25.16	25.41
2020	34.57	16.32	23.66	37.86	29.72	28.53
2021	34.43	16.41	25.26	41.76	31.92	30.34
2022	34.65	15.48	26.37	35.53	30.90	36.09

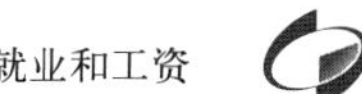

4-7 续表 2 continued

(年末数)单位: 万人 (year-end)(10 000 persons)

年份 Year	科学研究和技术服务业 Scientific Research, and Technical Services	水利、环境和公共设施管理业 Management of Water Conservancy, Environment and Public Facilities	居民服务、修理和其他服务业 Services to Households, Repair and Other Services	教育 Education	卫生和社会工作 Health and Social Service	文化、体育和娱乐业 Culture, Sports and Entertainment	公共管理、社会保障和社会组织 Public Management, Social Security and Social Organization
2003	11.04	7.14	2.45	77.84	26.14	5.11	62.02
2004	12.53	7.05	1.31	78.85	25.55	4.51	62.58
2005	11.16	7.17	1.95	79.34	26.36	4.94	62.41
2006	11.49	7.87	1.99	80.70	27.04	4.38	63.85
2007	11.64	8.06	2.05	81.34	27.94	4.30	65.52
2008	12.49	8.27	1.17	81.59	29.24	4.34	69.63
2009	13.13	9.16	1.01	82.12	31.29	4.40	73.95
2010	13.65	9.77	0.95	81.95	32.99	4.44	77.41
2011	14.62	10.10	1.01	85.09	36.59	4.41	79.30
2012	16.20	10.63	1.11	89.40	39.27	4.50	82.64
2013	19.86	12.12	1.70	90.85	42.66	5.92	83.86
2014	21.06	13.16	1.79	94.56	45.14	6.28	86.26
2015	21.01	12.85	1.94	94.80	46.76	6.10	90.79
2016	21.07	12.97	2.22	94.36	48.48	6.08	93.13
2017	21.85	12.69	2.66	96.05	51.44	6.26	98.18
2018	20.36	11.45	1.83	96.14	51.35	5.54	101.68
2019	15.29	9.77	2.75	104.45	57.06	5.47	107.57
2020	20.44	11.02	3.38	114.24	62.18	6.33	111.47
2021	22.51	10.81	3.89	112.92	65.60	6.77	110.41
2022	24.47	11.35	4.58	117.68	69.21	7.35	113.79

4-8 全部单位就业人员工资总额、平均工资及指数

Total Wage Bill and Average Wage of Employed Persons in all Units and Indices

年份 Year	工资总额(万元) Total Wage Bill (10 000 yuan)	平均工资(元) Average Wage (yuan)	指数(上年为100) Indices (preceding year=100)	
			工资总额 Total Wage Bill	平均工资 Average Wage
1978	263196	590	114.3	106.0
1980	364892	743	121.2	116.3
1985	598403	1062	120.6	116.4
1986	719269	1237	120.2	116.5
1987	802261	1340	111.5	108.3
1988	987813	1598	123.1	119.3
1989	1135724	1796	115.0	112.4
1990	1294823	2011	114.0	112.0
1991	1450034	2194	111.8	109.1
1992	1667894	2458	115.3	112.0
1993	2046047	2984	122.7	121.2
1994	2776839	4064	135.7	136.2
1995	3217827	4703	115.9	115.7
1996	3550444	5218	110.3	111.0
1997	3806429	5626	107.2	107.8
1998	3927403	5939	103.2	105.6
1999	3985709	7249	105.3	110.2
2000	4369495	8323	109.6	114.8
2001	4902582	9934	112.2	119.4
2002	5391189	11183	110.0	112.6
2003	6224989	12320	115.5	110.2
2004	6926273	13887	111.3	112.7
2005	7960325	15638	114.9	112.6
2006	9100898	17612	114.3	112.6
2007	11198309	21081	123.0	119.7
2008	13555288	24725	121.0	117.3
2009	21294971	23572		
2010	25409121	26127	119.3	110.8
2011	31597970	31300	124.4	119.8
2012	37723598	35873	119.4	113.9
2013	52871606	41795	140.2	116.5
2014	56316799	45697	106.5	109.3
2015	61686544	50466	109.5	110.4
2016	66123764	54425	107.2	107.8
2017	71865217	58671	108.7	107.8
2018	79794982	64717	111.0	110.3
2019	88066640	69267	110.4	107.0
2020	104531964	74520	118.7	107.6
2021	115416363	81420	110.4	109.3
2022	123303263	84912	106.8	104.3

注：2009年及以后全部单位包括私营单位（以下相关表同）。
a) Average wage of employment in all units includes wage in the private units from 2009(the same as the following related tables).

4-9 各市(州)全部单位就业人员平均工资
Average Wage of Employed Persons in all Units by Region

单位：元 (yuan)

市(州)	Region	2012	2013	2014	2015	2016	2017	2018	2019	2020	2021	2022
全　省	**Sichuan**	**35873**	**41795**	**45697**	**50466**	**54425**	**58671**	**64717**	**69267**	**74520**	**81420**	**84912**
成都市	Chengdu	38221	48358	51681	56872	61330	65098	71300	79664	83556	91857	96413
自贡市	Zigong	32681	37081	40162	43157	46595	52339	56040	56719	63896	68484	70532
攀枝花市	Panzhihua	40846	44220	50221	51999	55508	61005	65124	68016	74479	85960	90619
泸州市	Luzhou	31340	37648	41121	44749	47871	52455	58614	61868	68716	72018	74898
德阳市	Deyang	36684	41426	44169	48090	52249	56815	62612	63585	69903	76877	80485
绵阳市	Mianyang	35544	40989	44640	49817	53222	56966	63500	63700	69274	76488	77314
广元市	Guangyuan	34030	37300	41518	46888	51379	54086	58362	63544	64983	72212	74589
遂宁市	Suining	30641	34633	37894	42188	45840	49962	56261	59290	60820	64639	67700
内江市	Neijiang	31646	35479	37695	40617	45234	48790	56574	61517	67573	72690	74484
乐山市	Leshan	32362	37742	41181	45805	49839	53764	58881	62802	68960	76041	79027
南充市	Nanchong	32441	35981	39192	44033	47272	51521	58294	61482	66956	75155	76099
眉山市	Meishan	33034	36595	41161	45379	48293	52410	59325	62444	66866	75226	76313
宜宾市	Yibin	34670	38674	40978	46019	49966	54195	62126	66048	70856	75840	79588
广安市	Guangan	33190	36213	39213	44079	48054	52493	57111	62055	63491	66192	68251
达州市	Dazhou	32241	35292	38271	42446	46281	50756	57940	61582	64810	73377	75703
雅安市	Yaan	32837	35464	39548	42533	46458	48895	53231	62179	67596	71267	74344
巴中市	Bazhong	30909	36825	39205	43080	46849	49341	52317	55288	62210	67730	70610
资阳市	Ziyang	30434	33587	36694	44150	46827	51568	54899	62340	66884	70740	73758
阿坝藏族羌族自治州	Aba	42138	48011	51149	59526	68637	73432	85395	91376	91786	108180	110574
甘孜藏族自治州	Ganzi	43286	47771	53705	63729	69388	74415	79509	82901	88108	103134	107618
凉山彝族自治州	Liangshan	41463	44163	47295	54195	58980	60352	64346	70694	76675	84103	86638

4—10 按行业分全部单位就业人员工资总额
Total Wage Bill of Employed Persons in all Units by Sector

单位：万元 (10 000 yuan)

年份 Year	合计 Total	农、林、牧、渔业 Farming, Forestry, Animal Husbandry and Fishery	采矿业 Mining	制造业 Manufacturing	电力、热力、燃气及水生产和供应业 Production and Supply of Electricity, Heat, Gas and Water	建筑业 Construction	批发和零售业 Wholesale and Retail Trades
1978	263196	7016	22921	91621	5233	23383	26693
1980	364892	8186	28667	126922	8134	32823	37726
1985	598403	12035	46417	219817	8405	48027	28322
1986	719269	14787	57236	258144	10810	58789	65333
1987	802261	15341	59949	297304	12852	67477	71835
1988	987813	17477	70663	371196	16092	81136	90556
1989	1135724	19005	76612	439876	19804	88267	101140
1990	1294823	21185	104553	476728	29408	99025	112974
1991	1450034	23443	112731	547026	29410	115319	123849
1992	1667894	25979	118366	615493	35459	135228	137426
1993	2046047	29031	116455	775305	41259	221791	175633
1994	2776839	38639	171556	956517	55749	262082	220732
1995	3217827	44168	188235	1121615	79256	303939	255632
1996	3550444	50134	211692	1210693	95247	320058	273788
1997	3806429	54280	213126	1249005	119344	349282	279658
1998	3927403	57111	207010	1185340	129699	346700	260947
1999	3985709	63225	171492	1071310	140643	345079	229458
2000	4369495	72727	214016	1108247	155720	360460	217446
2001	4902582	90629	158455	1117906	181767	411914	195433
2002	5391189	95174	195370	1180244	205600	493233	179869
2003	6224989	103745	207903	1357229	240706	627520	212843
2004	6926273	97595	247519	1496103	261516	695040	236843
2005	7960325	95400	340874	1690892	300129	815528	270334
2006	9100898	103637	402290	1958532	328948	997151	284486
2007	11198309	114676	522447	2294500	393339	1257432	309381
2008	13555288	111457	653566	2784093	475273	1603208	384950
2009	21294971	98415	1255861	5130324	576252	3167298	965673
2010	25409121	111552	1506249	6132399	675721	3873904	1176499
2011	31597970	200867	1779562	8103028	844533	4672108	1480791
2012	37723598	243409	2254256	9447049	1003965	5603892	1170441
2013	52871606	239977	2103242	14209605	2106845	8721652	2517380
2014	56316799	225041	2293080	14101830	2159013	9535256	2508880
2015	61686544	235715	2083618	14532969	2267013	10056042	2732732
2016	66123764	259072	1985880	15174238	2171097	10735972	2752547
2017	71865217	263046	2119605	15912709	2159550	10925975	3004453
2018	79794982	258107	2141026	16770293	2392033	13380723	3277549
2019	88066640	140144	1634270	16015084	2415220	16262936	3669478
2020	104531964	375535	1558164	17165088	2799363	18066606	5044369
2021	115416363	301753	1551588	19696206	2985219	18345159	5659536
2022	123303263	365232	1665846	21435417	3066899	17891460	6631836

4-10 续表 1 continued

单位：万元 (10 000 yuan)

年份 Year	交通运输、仓储和邮政业 Transport, Storage and Post	住宿和餐饮业 Hotels and Catering Services	信息传输、软件和信息技术服务业 Information Transmission, Software and IT Services	金融业 Financial Intermediation	房地产业 Real Estate	租赁和商务服务业 Leasing and Business Services
1978	25436	3685		2096	197	
1980	30802	5176		3468	778	
1985	46800	6512	1268	6905	1155	1117
1986	54971	8262	2126	9307	1450	1847
1987	60359	9066	2501	10474	1510	2185
1988	74328	11539	3164	12924	1803	2760
1989	86963	12958	4399	14102	2053	3863
1990	96980	14458	5711	17470	2437	5066
1991	108156	16005	6291	19297	2795	5765
1992	124006	17127	7489	25366	4005	6998
1993	103846	21044	8356	40457	5216	7827
1994	138631	28381	18195	69270	8886	16756
1995	171773	34916	18645	80619	10459	17626
1996	193317	38553	19078	92634	12751	18124
1997	223444	39983	19589	110358	14601	19137
1998	228139	36486	20084	136365	20341	20515
1999	249831	33056	23999	158688	22735	24961
2000	274101	29718	26618	183778	27647	27311
2001	297310	32305	34640	214232	29128	30006
2002	330353	32116	45931	231703	41850	32574
2003	299198	41968	96957	276380	52517	40900
2004	329732	49262	127251	315060	56713	50438
2005	398077	58340	144989	379710	60560	110355
2006	479269	61669	160441	415539	76292	110317
2007	545062	74852	168658	503492	101872	145778
2008	630662	85024	193001	676824	109496	184636
2009	894140	287608	309578	791821	357901	374472
2010	1038718	356303	387007	1007152	430062	468560
2011	1199619	485624	431563	1315866	564549	567142
2012	1482261	1148340	586057	1605422	713886	630263
2013	2538797	1001861	1414378	1864417	1198189	1038280
2014	2735747	1078258	1533657	2065994	1380710	1162998
2015	3013325	1031735	1907386	2267734	1546288	1336259
2016	3130586	1044356	2033157	2654525	1750841	1502037
2017	3345831	1045377	2424533	2974108	1978298	1680327
2018	3702221	1053877	2577192	3182901	2274021	1843401
2019	3708858	1173174	3072712	3271196	2859527	3074756
2020	4298964	1228954	4593751	4182881	3662025	4351300
2021	4625857	1595334	5331464	5378625	4096494	4934683
2022	4790432	1624683	6143707	4725048	4072173	5773461

4-10 续表 2 continued

单位：万元 (10 000 yuan)

年份 Year	科学研究和技术服务业 Scientific Research, and Technical Services	水利、环境和公共设施管理业 Management of Water Conservancy, Environment and Public Facilities	居民服务、修理和其他服务业 Services to Households, Repair and Other Services	教育 Education	卫生和社会工作 Health and Social Service	文化、体育和娱乐业 Culture, Sports and Entertainment	公共管理、社会保障和社会组织 Public Management, Social Security and Social Organization
1978	11766	757	307	21420	6069	1042	13554
1980	15088	3021	417	30902	10746	2898	19138
1985	26872	4817	463	51174	17595	3782	36920
1986	29932	5937	589	61038	23114	6009	49588
1987	30870	6985	698	65819	25034	6917	55085
1988	35675	8643	761	84250	30796	8435	65615
1989	39444	11762	815	89940	34583	11037	79101
1990	46459	15061	978	99358	39529	13358	94085
1991	51742	16480	996	107925	43028	13774	106002
1992	64707	19620	783	134970	51266	12593	131013
1993	69586	21830	8053	157693	63269	12508	166888
1994	98468	46332	9316	244518	104740	29282	258789
1995	120187	47932	9687	242074	122049	29689	289326
1996	126915	48639	9804	332534	140925	30614	324991
1997	134609	49533	9840	368133	158473	31191	363001
1998	142113	50345	10137	436783	181650	31955	425980
1999	125873	58322	10817	518933	214225	36587	486655
2000	141697	63432	13251	601173	246975	40099	565261
2001	203335	71987	20125	771304	294859	49890	697637
2002	186623	76808	17648	896710	335438	53535	761243
2003	218656	67579	32828	996203	385244	71653	894960
2004	260908	72086	17409	1100797	425419	76188	1010394
2005	278465	81137	28546	1201121	487875	91225	1126767
2006	341389	100592	32356	1339277	566718	89067	1252926
2007	417854	124712	43016	1720414	710029	101941	1648852
2008	523409	135675	21894	1946943	856137	113486	2065555
2009	665465	180718	123001	2541547	1040967	144975	2388957
2010	783046	207955	171475	2927686	1277654	177429	2699750
2011	1014862	269933	230330	3366310	1713105	239082	3119096
2012	1159404	344307	295883	4013182	2133160	261911	3626511
2013	1614927	466474	357104	4524753	2562136	337687	4053903
2014	1821159	531393	330096	5022372	2940353	429376	4461588
2015	1975685	567042	355036	6075938	3507362	470626	5724040
2016	2104478	618346	417070	6667027	4044483	509211	6568841
2017	2407865	673142	461608	7400464	4676656	582792	7828877
2018	2781473	693098	423722	8111213	5208228	610853	9113053
2019	2316772	772148	559482	9634874	6537772	730778	10217460
2020	4031873	903652	664691	11620154	7480426	823129	11681038
2021	4654030	953836	774139	12591906	8474921	950916	12514698
2022	5202766	1022297	865113	13972366	9572553	1122849	13359124

4-11 按行业分全部单位就业人员平均工资
Average Wage of Employed Persons in all Units by Sector

单位：元 (yuan)

年份 Year	合计 Total	农、林、牧、渔业 Farming, Forestry, Animal Husbandry and Fishery	采矿业 Mining	制造业 Manufacturing	电力、热力、燃气及水生产和供应业 Production and Supply of Electricity, Heat, Gas and Water	建筑业 Construction	批发和零售业 Wholesale and Retail Trades
1978	590	575	719	577	552	658	509
1980	743	649	914	742	795	834	645
1985	1062	890	1264	1079	1113	1170	883
1986	1237	1119	1520	1211	1337	1364	998
1987	1340	1153	1589	1339	1461	1528	1093
1988	1598	1320	1887	1618	1705	1732	1341
1989	1796	1449	2247	1827	1988	1945	1477
1990	2011	1588	2515	2033	2145	2192	1635
1991	2194	1714	2677	2238	2574	2434	1774
1992	2458	1981	2816	2469	2747	2705	1869
1993	2984	2683	2955	3132	3661	3243	2335
1994	4064	3404	4158	3941	4776	4267	2828
1995	4703	3957	4819	4671	5961	5063	3326
1996	5218	4310	5348	5181	6773	5485	3686
1997	5626	4418	5631	5466	8138	5908	3850
1998	5939	4609	5561	5539	8732	6072	4789
1999	7249	5481	6337	6873	9760	7066	5060
2000	8323	6140	8083	7774	10764	7693	5755
2001	9934	7373	7753	8892	12039	8355	6895
2002	11183	8114	9866	9853	13506	8444	8043
2003	12320	8902	10591	11126	15099	9202	9971
2004	13887	9264	12937	12686	16918	10090	11793
2005	15638	10016	16907	14226	19253	11113	13999
2006	17612	11224	18682	16404	21469	12839	15682
2007	21081	13377	21752	18906	25518	14902	17321
2008	24725	15231	28632	22046	30484	17746	20949
2009	23572	17234	24348	19692	30360	18887	18253
2010	26127	19481	25470	22722	35774	20711	20192
2011	31300	23095	32927	27200	41321	25323	24082
2012	35873	26700	38437	30827	46059	29629	31074
2013	41795	29416	40426	37672	58181	35289	34976
2014	45697	34203	46595	40486	69409	38303	39361
2015	50466	38023	47865	43311	72902	41357	41181
2016	54425	40087	50006	46228	79969	44151	43622
2017	58671	42940	56446	49093	83009	45789	46287
2018	64717	46429	62625	54366	90664	50725	50813
2019	69267	51754	83365	58712	101615	53315	55223
2020	74520	44740	96491	67174	108744	57900	57911
2021	81420	51569	109757	75519	118284	60843	64598
2022	84912	53437	121836	79680	122299	61981	67761

4-11 续表 1 continued

单位：元 (yuan)

年份 Year	交通运输、仓储和邮政业 Transport, Storage and Post	住宿和餐饮业 Hotels and Catering Services	信息传输、软件和信息技术服务业 Information Transmission, Software and IT Services	金融业 Financial Intermediation	房地产业 Real Estate	租赁和商务服务业 Leasing and Business Services
1978	655	501		574	493	
1980	756	637		720	669	
1985	1080	870	1343	1076	974	1005
1986	1268	987	1424	1356	1247	1286
1987	1391	1081	1861	1419	1332	1359
1988	1671	1328	2105	1624	1542	1512
1989	1928	1449	2438	1730	1711	1983
1990	2122	1602	2771	1970	1874	2109
1991	2340	1748	2950	2086	2014	2507
1992	2624	1838	3857	2513	2553	3121
1993	3032	2307	5103	2589	3134	4003
1994	4221	2809	6946	5483	4976	4865
1995	4999	3314	7522	6058	5207	5405
1996	5712	3669	9019	6703	5814	6014
1997	6614	3823	10801	8021	6215	6682
1998	6873	4761	12347	9540	7347	7422
1999	8936	5043	14237	11249	8678	8242
2000	10352	5726	15819	13274	9104	9157
2001	12340	6858	18687	15567	10671	10174
2002	13952	8017	20763	17603	11877	11304
2003	12997	9202	22057	19452	12461	12412
2004	14903	10442	26305	21969	13379	14890
2005	17422	11133	30091	24764	14333	19186
2006	20776	12555	32229	28282	16765	19556
2007	23420	14493	34622	33843	19928	25101
2008	27344	16531	37462	42055	37022	26158
2009	27416	16308	29766	43127	20070	20672
2010	29518	18006	32863	52258	23440	24320
2011	36967	21401	36517	59391	27582	26754
2012	46169	24444	34204	68840	31744	29441
2013	52331	27633	52537	74682	40001	37830
2014	55458	31013	62052	80704	43439	41304
2015	59552	33349	67829	80165	47161	44881
2016	62903	34491	72527	82847	51720	47585
2017	69063	36363	76065	87323	53248	51083
2018	74481	39112	90210	92631	57310	51671
2019	84105	42939	99966	93555	62385	51582
2020	82301	42109	114664	96555	61772	55715
2021	88324	46370	130608	108840	65487	61967
2022	90694	47486	142105	114083	63524	63351

4-11 续表 2 continued

单位：元 (yuan)

年份 Year	科学研究和技术服务业 Scientific Research and Technical Services	水利、环境和公共设施管理业 Management of Water Conservancy, Environment and Public Facilities	居民服务、修理和其他服务业 Services to Households, Repair and Other Services	教育 Education	卫生和社会工作 Health and Social Service	文化、体育和娱乐业 Culture, Sports and Entertainment	公共管理、社会保障和社会组织 Public Management, Social Security and Social Organization
1978	679	590	570	520	541	513	617
1980	872	692	592	678	698	667	773
1985	1275	986	933	1040	998	901	1039
1986	1509	1178	1115	1220	1271	1213	1312
1987	1623	1201	1195	1246	1346	1287	1383
1988	1895	1289	1382	1525	1595	1501	1579
1989	2119	1451	1590	1662	1775	1697	1776
1990	2458	1698	1784	1882	1980	1884	1991
1991	2681	1813	1981	1962	2142	1989	2158
1992	3163	1994	2292	2356	2489	2276	2595
1993	3718	2367	2764	2716	2995	2798	3050
1994	6045	2944	3936	4221	4662	4573	4676
1995	6583	3403	4549	4580	5344	5281	5089
1996	7385	3863	5164	4981	6038	5834	5601
1997	8142	4140	5535	5363	6628	6579	6179
1998	8457	4564	6102	5941	7310	6918	7035
1999	9360	5529	7392	6860	8538	8077	8059
2000	11376	6111	8170	7923	9788	9193	9236
2001	15631	7073	9456	9998	11657	10866	11564
2002	17269	8693	11621	11766	13349	12376	13057
2003	19656	9495	13120	12647	14719	13673	14380
2004	21270	10567	13865	13787	16761	16758	15871
2005	24933	11498	15356	14952	18709	18591	17782
2006	29754	13014	17605	16374	21205	20204	19405
2007	36394	15629	22115	20937	25887	23597	24960
2008	42806	16901	18493	23491	30020	25859	29540
2009	43405	18903	14759	28819	32202	25599	32295
2010	48115	20304	16607	33666	38189	26998	35015
2011	57449	24613	21113	38621	44617	31002	39555
2012	60922	28635	23664	43923	51849	37105	44117
2013	70563	33285	28005	48695	57541	43257	48635
2014	73246	36497	31642	51753	61092	45614	52062
2015	78812	40117	33270	62412	70935	49988	63704
2016	82348	43431	36218	68597	78874	54297	71074
2017	90666	48106	37401	74604	86251	59877	79636
2018	108877	53604	39249	81371	94187	63057	90039
2019	111376	57410	44085	87471	102904	67677	95421
2020	98112	56767	42795	90344	104701	63535	106167
2021	107257	60207	46329	97249	113655	70802	114027
2022	111636	60321	46961	103679	120998	74180	118134

4-12 按登记注册类型和行业分就业人员工资总额(2022年)
Total Wage Bill of Employed Persons by Registered Types and Sector(2022)

单位：万元 (10 000yuan)

项目	Item	全部单位 All Units	城镇非私营单位 Urban Non-Private Units	#国有单位 State-owend Units	#集体单位 Collective-owned Units	#其他单位 Units of Other Types of Ownership	#企业 Enterprise	城镇私营单位 Urban Private Units
总计	**Total**	**123303263**	**89332337**	**38372751**	**866220**	**50093367**	**54988136**	**33970925**
农、林、牧、渔业	Agriculture,Forestry, Animal Husbandry and Fishery	365232	181163	131124	1151	48887	113288	184069
采矿业	Mining	1665846	1516327	256311	222	1259794	1516327	149519
制造业	Manufacturing	21435417	13813382	181625	20436	13611321	13812455	7622035
电力、热力、燃气及水生产和供应业	Production and Supply of Electricity, Heat, Gas and Water	3066899	2930177	326276	5517	2598384	2928595	136722
建筑业	Construction	17891460	8969375	382306	448259	8138811	8965762	8922085
批发和零售业	Wholesale and Retail Trades	6631836	3264696	312011	10608	2942077	3263811	3367139
交通运输、仓储和邮政业	Transport, Storage and Post	4790432	3697002	426446	15486	3255070	3547078	1093430
住宿和餐饮业	Hotels and Catering Services	1624683	807294	33177	2141	771976	806773	817389
信息传输、软件和信息技术服务业	Information Transmission, Software and Information Technology Services	6143707	4217884	204228	198	4013458	4179679	1925823
金融业	Financial Intermediation	4725048	4450456	466267	868	3983321	4392383	274592
房地产业	Real Estate	4072173	2454443	56587	5493	2392364	2436803	1617729
租赁和商务服务业	Leasing and Business Services	5773461	2575877	290319	21212	2264347	2454276	3197585
科学研究和技术服务业	Scientific Research and Technical Services	5202766	3475333	1073910	25144	2376279	2593203	1727434
水利、环境和公共设施管理业	Management of Water Conservancy, Environment and Public Facilities	1022297	764830	438212	23735	302883	366789	257467
居民服务、修理和其他服务业	Services to Households, Repair and Other Services	865113	246415	43923	3738	198755	200537	618699
教育	Education	13972366	13073923	11913482	156100	1004341	1444086	898443
卫生和社会工作	Health and Social Service	9572553	8807158	8045884	97314	663960	1618134	765395
文化、体育和娱乐业	Culture, Sports and Entertainment	1122849	727478	467809	4165	255504	328971	395370
公共管理、社会保障和社会组织	Public Management, Social Security and Social Organization	13359124	13359124	13322856	24434	11835		

4−13 按登记注册类型和行业分就业人员平均工资(2022年)
Average wage of Employed Persons by Registered Types and Sector(2022)

单位：元 (yuan)

项 目	Item	全部单位 All Units	城镇非私营单位 Urban Non-Private Units	#国有单位 State-owend Units	#集体单位 Collective-owned Units	#其他单位 Units of Other Types of Ownership	#企业 Enterprise	城镇私营单位 Urban Private Units
总 计	**Total**	**84912**	**101800**	**119197**	**63838**	**92417**	**94084**	**59121**
农、林、牧、渔业	Agriculture,Forestry, Animal Husbandry and Fishery	53437	79016	90090	62850	59696	70407	40525
采矿业	Mining	121836	133764	110284	47213	139868	133764	63977
制造业	Manufacturing	79680	92572	94892	55862	92633	92575	63623
电力、热力、燃气及水生产和供应业	Production and Supply of Electricity, Heat, Gas and Water	122299	127833	127686	48995	128290	127853	63440
建筑业	Construction	61981	69493	61626	54382	71005	69494	55907
批发和零售业	Wholesale and Retail Trades	67761	88473	151052	74572	84804	88503	55226
交通运输、仓储和邮政业	Transport, Storage and Post	90694	107349	101641	53981	108660	107623	59488
住宿和餐饮业	Hotels and Catering Services	47486	51797	52079	36977	51842	51790	43879
信息传输、软件和信息技术服务业	Information Transmission, Software and Information Technology Services	142105	162081	134725	49450	163792	162988	111900
金融业	Financial Intermediation	114083	119359	163961	192800	115666	118977	66468
房地产业	Real Estate	63524	76904	81463	44415	76931	77095	50258
租赁和商务服务业	Leasing and Business Services	63351	72891	95044	54730	70990	71814	57308
科学研究和技术服务业	Scientific Research and Technical Services	111636	143430	128621	117325	151679	150142	77206
水利、环境和公共设施管理业	Management of Water Conservancy, Environment and Public Facilities	60321	66882	73696	40350	61799	62305	46709
居民服务、修理和其他服务业	Services to Households, Repair and Other Services	46961	54139	84360	56858	50125	50489	44606
教育	Education	103679	112325	117577	95084	74801	109928	48904
卫生和社会工作	Health and Social Service	120998	129507	135504	95013	87318	130147	68904
文化、体育和娱乐业	Culture, Sports and Entertainment	74180	96973	110350	80700	79573	87933	51784
公共管理、社会保障和社会组织	Public Management, Social Security and Social Organization	118134	118134	118205	105232	82837		

4-14 各市(州)按登记注册类型分就业人员平均工资及指数(2022年)

Average Wage of Employment in all Units and Related Indices by Region and Registered Types (2022)

市(州)	Region	平均工资(元) Average Wage (yuan)			指数(上年=100) Indices (preceding year=100) 平均工资 Average Wage		
		全部单位 All Units	城镇非私营单位 Urban Non-Private Units	城镇私营单位 Urban Private Units	全部单位 All Units	城镇非私营单位 Urban Non-Private Units	城镇私营单位 Urban Private Units
全　省	**Sichuan**	**84912**	**101800**	**59121**	**104.3**	**105.2**	**103.0**
成都市	Chengdu	96413	117411	65130	105.0	105.6	103.7
自贡市	Zigong	70532	82147	54408	103.0	104.1	101.3
攀枝花市	Panzhihua	90619	105687	54917	105.4	107.9	104.7
泸州市	Luzhou	74898	88503	56977	104.0	104.3	102.1
德阳市	Deyang	80485	96056	61034	104.7	103.4	107.8
绵阳市	Mianyang	77314	92071	56982	101.1	101.0	103.1
广元市	Guangyuan	74589	90681	49566	103.3	104.2	102.3
遂宁市	Suining	67700	78650	51655	104.7	107.9	100.0
内江市	Neijiang	74484	84840	55189	102.5	104.0	100.6
乐山市	Leshan	79027	93470	56299	103.9	103.2	107.5
南充市	Nanchong	76099	94863	56655	101.3	103.5	100.3
眉山市	Meishan	76313	92208	57522	101.4	101.1	102.5
宜宾市	Yibin	79588	96163	57024	104.9	105.9	106.2
广安市	Guangan	68251	86647	48194	103.1	106.0	102.7
达州市	Dazhou	75703	89931	54066	103.2	106.2	100.3
雅安市	Yaan	74344	86643	46190	104.3	106.2	101.2
巴中市	Bazhong	70610	77614	49994	104.3	105.3	96.5
资阳市	Ziyang	73758	83227	51344	104.3	106.3	100.5
阿坝藏族羌族自治州	Aba	110574	121352	52253	102.2	102.8	101.8
甘孜藏族自治州	Ganzi	107618	112977	55300	104.3	104.1	105.1
凉山彝族自治州	Liangshan	86638	97118	50620	103.0	104.3	105.3

4-15 按行业分国有经济单位就业人员平均工资
Average Wage of Employed Persons in State-owned Units by Sector

单位：元 (yuan)

年份 Year	合计 Total	农、林、牧、渔业 Farming, Forestry, Animal Husbandry and Fishery	采矿业 Mining	制造业 Manufacturing	电力、热力、燃气及水生产和供应业 Production and Supply of Electricity, Heat, Gas and Water	建筑业 Construction	批发和零售业 Wholesale and Retail Trades
1978	622	519	722	620	603	703	539
1980	789	674	918	803	826	890	688
1985	1138	941	1268	1174	1334	1157	978
1986	1338	1169	1527	1319	1438	1568	1115
1987	1441	1202	1595	1459	1563	1733	1225
1988	1726	1389	1895	1773	1814	2012	1537
1989	1941	1527	2259	1998	2122	2268	1686
1990	2177	1700	2560	2232	2331	2527	1865
1991	2351	1812	2723	2432	2622	2765	2011
1992	2643	2120	2882	2678	2945	3056	2102
1993	3148	2916	2956	3302	3714	3660	2454
1994	4366	3652	4220	4135	4822	4881	3219
1995	5002	4167	4907	4838	6057	5926	3701
1996	5527	4479	5471	5362	6833	6356	4064
1997	5996	4585	5791	5702	8292	6903	4251
1998	6441	4821	5849	5832	8279	6983	4312
1999	7771	5727	6616	7314	10469	8480	5924
2000	8909	6353	8705	8323	11508	8907	6443
2001	10783	7735	8302	9566	12940	10064	7717
2002	12388	8384	10884	11137	14995	10636	8883
2003	13769	9095	11943	13136	16327	11775	11420
2004	15592	9433	14588	15320	19016	13269	14060
2005	17644	10206	20692	17783	22067	14466	17461
2006	19884	11430	22602	22373	24328	15964	20068
2007	24045	13707	25671	24778	28980	18715	22506
2008	28131	15453	35692	29039	34560	21377	28070
2009	32210	17920	39083	33169	37326	25284	33574
2010	36729	19934	46629	37871	44559	28886	41334
2011	42048	26451	52419	43179	49809	32067	48097
2012	47721	31514	57092	47075	54557	37259	54348
2013	53896	35211	48146	54977	71319	45202	66927
2014	57018	39817	52019	58440	79841	44511	76326
2015	66551	48555	54657	65789	85266	51156	84761
2016	72980	53470	69012	78192	90858	51452	85687
2017	80321	59437	83748	91783	97175	51898	94553
2018	90390	66202	99678	104645	106354	52959	109489
2019	97330	68375	117427	94452	120298	50387	126982
2020	105350	77634	128561	91996	109654	56487	133868
2021	113183	84893	142125	83308	119684	60320	152257
2022	119197	90090	110284	94892	127686	61626	151052

4-15 续表 1 continued

单位：元 (yuan)

年份 Year	交通运输、仓储和邮政业 Transport, Storage and Post	住宿和餐饮业 Hotels and Catering Services	信息传输、软件和信息技术服务业 Information Transmission, Software and IT Services	金融业 Financial Intermediation	房地产业 Real Estate	租赁和商务服务业 Leasing and Business Services
1978	682	518		623	493	
1980	836	663		751	679	
1985	1178	954	1512	1185	990	986
1986	1414	996	1866	1460	1268	1258
1987	1536	1209	1975	1496	1353	1342
1988	1853	1506	2413	1726	1546	1533
1989	2126	1642	2858	1805	1712	1664
1990	2336	1827	3177	2071	1885	1832
1991	2557	1983	3843	2179	2030	1973
1992	2878	2085	4620	2668	2585	2450
1993	3402	2396	5431	3943	3060	2900
1994	4815	3149	7872	5872	5023	4761
1995	5648	3544	8655	6505	5254	4980
1996	6376	3971	9310	7156	5896	5539
1997	7499	4148	10044	8670	6374	5988
1998	7974	4201	12786	10271	7620	7158
1999	9889	5719	13899	11788	9076	8526
2000	11410	6222	17001	14403	9344	8778
2001	13557	7487	19123	17012	11334	10643
2002	15109	8485	21247	18860	13793	12952
2003	14151	10123	22463	21309	14740	13934
2004	15914	11879	27235	24320	15980	17189
2005	18255	12883	31395	26744	17285	21531
2006	22484	13976	32947	30830	19248	22195
2007	25031	16883	34077	35986	23745	29596
2008	29519	19452	37033	44898	26987	28529
2009	34183	21450	40649	47335	30409	35599
2010	38996	26240	44039	59311	30448	41002
2011	46270	31380	44616	65572	32826	46130
2012	55021	34732	53353	74670	40669	62383
2013	60511	34048	65885	83191	43221	53195
2014	64722	37800	56396	91670	45943	50290
2015	70884	38894	66465	94957	60356	54238
2016	74242	41792	70389	94466	78518	66785
2017	81897	46576	74081	101667	72999	67908
2018	90779	55743	81873	108929	69739	80763
2019	94593	51404	100248	152377	88737	73839
2020	93561	45163	117077	148806	72841	81209
2021	98497	53358	123060	153332	86387	89757
2022	101641	52079	134725	163961	81463	95044

4-15 续表 2 continued

单位：元 (yuan)

年份 Year	科学研究和技术服务业 Scientific Research, and Technical Services	水利、环境和公共设施管理业 Management of Water Conservancy, Environment and Public Facilities	居民服务、修理和其他服务业 Services to Households, Repair and Other Services	教育 Education	卫生和社会工作 Health and Social Service	文化、体育和娱乐业 Culture, Sports and Entertainment	公共管理、社会保障和社会组织 Public Management, Social Security and Social Organization
1978	676	618	593	540	575	622	623
1980	725	633	624	683	754	703	775
1985	1223	1074	1058	1043	1103	1066	1037
1986	1482	1265	1247	1222	1358	1304	1313
1987	1509	1386	1328	1248	1437	1373	1382
1988	1783	1597	1524	1527	1699	1576	1578
1989	1987	1811	1724	1664	1923	1768	1773
1990	2146	2108	1940	1884	2152	1987	1989
1991	2201	2371	2121	1963	2295	2153	2156
1992	2889	2893	2427	2358	2679	2582	2594
1993	3876	3158	3027	2716	3234	3169	3052
1994	5751	4466	4106	4225	5144	5078	4684
1995	6389	4890	4749	4583	5808	5736	5091
1996	7098	5519	5430	4984	6549	6137	5604
1997	8474	5795	5712	5366	7187	6519	6182
1998	10193	6384	6302	5945	8012	7098	7039
1999	11658	7731	7583	6861	9334	8014	8062
2000	14064	8647	8415	7928	10721	9081	9246
2001	16737	9898	9751	9997	12909	11150	11568
2002	18009	10042	11731	11769	14656	12922	13059
2003	19769	9574	14516	12631	16277	13862	14382
2004	21357	10733	16218	13767	18335	17036	15873
2005	25100	11719	17133	14912	20051	18871	17783
2006	29911	13333	19946	16340	22688	17806	19407
2007	36600	16035	25766	20920	27528	23901	24963
2008	43119	17522	22436	23465	31920	26194	29542
2009	48319	19506	28979	29473	34379	28400	33204
2010	54707	20978	30725	34392	40552	32426	35018
2011	64236	25296	38606	39240	47425	37631	39555
2012	67431	29369	38824	44598	55064	44509	44126
2013	74713	32137	42343	49521	60988	48735	48638
2014	77454	35029	44440	52597	65341	52161	52063
2015	80846	41518	47211	63957	76705	60967	63718
2016	85280	44814	60854	70565	86057	67097	71091
2017	95199	49740	64773	77061	94029	76664	79651
2018	117814	55377	66629	84152	102805	84590	90068
2019	111570	67045	72034	92540	112981	95239	95490
2020	115877	65984	75438	102999	117592	93716	106224
2021	123223	70012	85042	110040	126683	103578	114163
2022	128621	73696	84360	117577	135504	110350	118205

4-16 城镇登记失业人数及失业率
Number of Registered Unemployed Persons and Unemployment Rate in Urban Areas

年 份 Year	城镇登记失业人数(万人) Unemployed Persons in Urban Areas (10 000 persons)	#女性 Female	女性占失业人数的百分比(%) Percentage of Unemployed Female to Unemployed Persons (%)	登记失业率(%) Unemployment Rate in Urban Areas (%)
1978	52.00	30.00	57.7	10.9
1980	28.00	15.60	55.7	5.0
1985	14.35	7.47	52.1	2.3
1986	14.44	7.51	52.0	2.3
1987	14.53	7.56	52.0	2.2
1988	16.75	8.65	51.6	2.4
1989	25.63	14.65	57.2	3.7
1990	26.61	14.86	55.8	3.7
1991	25.17	14.04	55.8	3.4
1992	27.16	15.24	56.1	3.6
1993	26.47	14.50	54.8	3.5
1994	27.65	15.79	57.1	3.6
1995	27.94	15.44	55.3	3.6
1996	27.16	14.55	53.6	3.5
1997	26.72	14.43	54.0	3.4
1998	30.18	16.04	53.1	3.7
1999	29.59	15.11	51.1	3.7
2000	30.79	15.11	49.1	4.0
2001	31.90	15.11	47.4	4.3
2002	33.82	16.02	47.4	4.5
2003	33.10	15.70	47.4	4.4
2004	33.30	15.30	46.0	4.4
2005	34.30	15.70	45.8	4.6
2006	36.10	16.50	45.6	4.5
2007	34.80	15.40	44.3	4.3
2008	37.86	16.04	42.4	4.6
2009	36.28	13.59	37.5	4.3
2010	34.56	14.07	40.7	4.1
2011	36.93	15.24	41.3	4.1
2012	41.67	16.81	40.3	4.1
2013	42.87	19.63	45.8	4.1
2014	54.36	26.73	49.2	4.2
2015	54.64	27.45	50.2	4.1
2016	56.26	28.05	49.9	4.2
2017	55.78	27.53	49.4	4.0
2018	53.31	26.58	49.9	3.5
2019	50.40	23.83	47.3	3.3
2020	54.44	26.01	47.8	3.6
2021	53.88	25.34	47.0	3.6
2022	51.59	25.35	49.1	3.6

4-17 各市(州)城镇登记失业人数及失业率

Number of Registered Unemployed Persons and Unemployment Rate in Urban Areas by Region

市(州)	Region	城镇登记失业人数(万人) Unemployed Persons (10 000 persons)						登记失业率(%) Unemployment Rate (%)					
		2005	2010	2015	2020	2021	2022	2005	2010	2015	2020	2021	2022
全 省	**Sichuan**	**34.30**	**34.56**	**54.64**	**54.44**	**53.88**	**51.59**	**4.6**	**4.1**	**4.1**	**3.6**	**3.6**	**3.6**
成都市	Chengdu	5.90	5.62	17.05	20.31	19.27	17.79	3.1	2.5	3.2	3.0	2.9	2.0
自贡市	Zigong	1.70	1.66	2.61	2.95	2.71	2.51	4.0	4.1	4.2	3.7	3.5	3.6
攀枝花市	Panzhihua	1.30	1.13	1.24	1.43	1.71	1.57	4.4	3.5	3.6	3.8	3.7	3.7
泸州市	Luzhou	1.80	1.66	1.48	1.30	1.19	1.14	4.4	3.5	3.5	2.7	2.6	2.5
德阳市	Deyang	1.30	1.50	2.06	1.80	1.75	1.68	3.3	3.7	3.9	3.4	3.4	3.2
绵阳市	Mianyang	3.30	3.04	3.51	2.61	2.63	2.52	3.9	3.7	3.9	2.7	2.7	2.7
广元市	Guangyuan	1.00	1.22	1.48	1.36	1.32	1.32	4.3	3.9	3.9	3.5	3.3	3.3
遂宁市	Suining	1.40	1.38	4.37	2.86	2.69	2.60	4.9	4.5	4.0	3.6	3.6	3.1
内江市	Neijiang	1.70	1.57	1.41	2.08	2.30	2.19	4.5	4.0	4.0	3.8	3.9	3.6
乐山市	Leshan	1.90	2.16	2.41	2.24	2.23	2.23	4.2	4.1	4.1	3.6	3.5	3.5
南充市	Nanchong	2.00	2.29	3.12	2.84	2.80	2.67	4.8	4.5	4.2	3.8	3.8	3.7
眉山市	Meishan	1.10	1.15	1.54	1.34	1.44	1.46	4.4	4.3	4.1	3.0	3.0	3.1
宜宾市	Yibin	2.10	1.81	3.07	2.71	2.74	2.70	4.7	3.5	3.9	3.3	3.3	3.1
广安市	Guangan	1.60	1.25	0.86	1.06	1.35	1.34	4.0	3.7	3.2	3.3	3.3	3.3
达州市	Dazhou	1.30	2.01	1.93	1.97	2.06	2.00	4.1	4.0	4.0	4.1	3.6	3.4
雅安市	Yaan	0.60	0.64	0.52	0.55	0.55	0.57	4.0	4.0	3.8	3.9	3.7	3.7
巴中市	Bazhong	1.00	1.16	1.50	1.55	1.63	1.71	4.2	4.3	4.3	3.6	3.5	3.5
资阳市	Ziyang	1.20	1.36	2.05	1.44	1.46	1.46	4.5	3.9	4.0	3.7	3.6	3.6
阿坝藏族羌族自治州	Aba	0.40	0.35	0.39	0.36	0.34	0.38	4.1	3.7	3.7	3.8	3.6	3.6
甘孜藏族自治州	Ganzi	0.30	0.37	0.54	0.51	0.53	0.50	5.0	4.1	4.1	3.3	3.5	3.3
凉山彝族自治州	Liangshan	1.30	1.22	1.54	1.18	1.17	1.25	4.1	4.1	4.0	3.2	3.1	3.3

主要统计指标解释

就业人员　指年满 16 周岁，为取得报酬或经营利润，在调查周内从事了 1 个小时（含 1 小时）以上劳动的人员；或由于在职学习、休假等原因在调查周内暂时未工作的人员；或由于停工、单位不景气等原因临时未工作的人员。

单位就业人员　指报告期末最后一日在本单位中工作，并取得工资或其他形式劳动报酬的人员数。该指标为时点指标，不包括最后一日当天及以前已经与单位解除劳动合同关系的人员，是在岗职工、劳务派遣人员及其他就业人员之和。

单位就业人员不包括：(1) 离开本单位仍保留劳动关系，并定期领取生活费的人员；(2) 在本单位实习的各类在校学生；(3) 本单位以劳务外包形式使用的人员，如：建筑业整建制使用的人员 。

城镇私营就业人员　城镇私营就业人员指在工商管理部门注册登记，其经营地址设在县城关镇（含县城关镇）以上的私营企业就业人员，包括私营企业投资者和雇工。

在岗职工　指在本单位工作且与本单位签订劳动合同，并由单位支付各项工资和社会保险、住房公积金的人员，以及上述人员中由于学习、病伤、产假等原因暂未工作仍由单位支付工资的人员。在岗职工还包括：

（1）应订立劳动合同而未订立劳动合同人员（如使用的农村户籍人员）；

（2）处于试用期人员；

（3）编制外招用的人员，如临时人员；

（4）派往外单位工作，但工资或其他形式劳动报酬仍由本单位发放的人员（如挂职锻炼、外派工作等情况）。

工资总额　指根据《关于工资总额组成的规定》（1990 年 1 月 1 日国家统计局发布的一号令）进行修订，本单位在报告期内（季度或年度）直接支付给本单位全部就业人员的劳动报酬总额。包括计时工资、计件工资、奖金、津贴和补贴、加班加点工资、特殊情况下支付的工资，是在岗职工工资总额、劳务派遣人员工资总额和其他就业人员工资总额之和。

工资总额是税前工资，包括单位从个人工资中直接为其代扣或代缴的房费、水费、电费、住房公积金和社会保险基金个人缴纳部分等。

工资总额不论是计入成本的还是不计入成本的，不论是以货币形式支付的还是以实物形式支付的，均应列入工资总额的计算范围。

平均工资　指单位就业人员在一定时期内平均每人所得的工资额。它表明一定时期工资收入的高低程度，是反映就业人员工资水平的主要指标。计算公式为：

$$平均工资=\frac{报告期就业人员工资总额}{报告期就业人员平均人数}$$

平均工资指数　指报告期就业人员平均工资与基期就业人员平均工资的比率，是反映不同时期就业人员工资水平变动情况的相对数。计算公式为：

$$平均工资指数=\frac{报告期就业人员平均工资}{基期就业人员平均工资}\times 100\%$$

城镇登记失业人员　劳动年龄（年满 16 周岁（含）至依法享受基本养老保险待遇）内，有劳动能力，有就业要求，处于无业状态，并在公共就业和人才服务机构进行失业登记的城镇常住人员。

城镇登记失业率　指报告期末，登记失业人员期末实有人数占期末从业人员总数与登记失业人员期末实有人数之和的比重。

Explanatory Notes on Main Statistical Indicators

Employed Persons refers to persons, aged 16 and over, who performed some work for compensation or business gains for one hour or more during the reference period; or persons who do not work for the reasons of part-time study or on holiday during the reference period; or persons temporary absence from a job for suspension, recession, etc.

Persons Employed in Various Units refers to the total number of employees who work at various units and obtain wages or other forms of payment at the end of the reference period. This indicator is a kind of time point index and it equals to the sum of the number of employed staff and workers, labor dispatch personnel and other employed persons.

Employed persons in Various Units do not include:

1) persons who have left their working units while keeping their labor contract (employment relation) unchanged and receiving regular alimony;

2) all kinds of enrolled students who do internship in various units;

3) persons employed due to labor outsourcing, for example, persons employed in the organizational system of construction industry.

Persons Employed in Private Enterprises Persons employed in private enterprises refers to the persons employed in the private enterprises which have been registered at the departments of industrial and commercial administration and are situated at a county town (i.e. a town where the county government is located) for business operation or at urban areas with the level higher than a county town.

Staff and Workers refers to persons who signed labor contracts with working units and working units would pay wages, social insurance and housing funds for them. Persons who have their work posts but are temporarily absent from work for reasons of study or on sick, injury or maternal leave and still receive wages from their working units are also included. Employed staff and workers also include:

1) Persons who should have signed the labor contracts but not (like people with rural household registration);

2) Employees on probation;

3) Employees beyond the staffing quota, for example, temporary employees;

4) Employees who are sent to other working units but still obtain wages or other forms of remuneration from their original units (situations like on-the-job placement, expatriated assignment, etc.).

Total Wages Bill It is revised according to the "Provision of Composition of Total Wages" (Order No.1 by National Bureau of Statistics on January, 1st, 1990), total wage bill refers to the total remuneration payment to all employed persons in various units during the reporting period (by quarter or by year), including hourly-paid wages, piece-rate wages, bonuses, allowance and subsidies, overtime wages and wages paid under special circumstances. It equals to the sum of total wages of employed staff and workers, dispatch labors and other employed persons.

Total wage bill is pre-tax wages, including the room charges, utility bills, housing funds and social insurance paid or withheld by employee's units.

Total wage bill, whether or not included in cost, whether or not paid in money or in kind, shall be included in the calculation of total wage.

Average Wage refers to the average per capita wage during a certain period of time for employed persons. It shows the general level of wage income during a certain period of time, one major indicator to reflect the wage level. It is calculated as follows:

$$\text{Average Wage} = \frac{\text{Total Wage Bill of Employed Persons at Reference Time}}{\text{Average Number of Persons Employed at Reference Time}}$$

Average Wage Indices refers to the ratio of average wage of staff and workers in the report period to that in the base period, which reflects the change of wage of staff and workers at the different period. It is calculated as follows:

$$\text{Average Money Wage Indices} = \frac{\text{Average Wage of Employed Persons at Reference Time}}{\text{Average Wage of Employeds Persons at Base Time}} \times 100\%$$

Registered Unemployed Persons in Urban Areas refer to the persons residing in urban areas at certain working ages (16 years old to the age of enjoying primary endowment insurance benefits according to the law), who are capable of working, unemployed and willing to work, and have been registered at the public employment and talent service agencies to apply for a job.

Registered Urban Unemployment Rate in Urban Areas refers to the ratio of the actual number of registered unemployed persons at the end of the period to the sum of the total number of employees at the end of the period and the actual number of registered unemployed persons at the end of the period.

05 固定资产投资

Chapter 5 Investment in Fixed Assets

5-1 全社会固定资产投资增长情况(2022年)
Growth Rate of Total Investment in Fixed Assets(2022)

单位：% (%)

指 标	Item	比上年增长 Growth Rate Over Preceding Year	市(州)	Region	比上年增长 Growth Rate Over Preceding Year
全社会固定资产投资	**Total Investment**	**8.4**	**全 省**	**Sichuan**	**8.4**
#国有及国有控股	State-owned and State Holding Units	14.6	成都市	Chengdu	5.0
按登记注册类型分	**Grouped by Registration**		自贡市	Zigong	8.8
内资	Domestic Funds	8.6	攀枝花市	Panzhihua	10.2
港澳台投资	Units With Funds From Hong Kong, Macao and Taiwan	-2.7	泸州市	Luzhou	10.6
外商投资	Foreign Funded Units	17.3	德阳市	Deyang	10.7
个体经营	Individuals Economy	0.1	绵阳市	Mianyang	11.3
按建设性质分	**Grouped by Character**		广元市	Guangyuan	7.1
新建	New Construction	15.6	遂宁市	Suining	10.2
扩建	Expansion	13.5	内江市	Neijiang	10.2
改建	Reconstruction	1.4	乐山市	Leshan	11.0
按构成分	**Grouped by Use of Funds**		南充市	Nanchong	10.7
建筑安装工程	Construction and Installation	9.6	眉山市	Meishan	11.4
设备工器具购置	Purchase of Equipment and Instruments	3.3	宜宾市	Yibin	10.2
其他费用	Others	3.4	广安市	Guangan	1.2
按三次产业分	**Grouped by Three Strata of Industry**		达州市	Dazhou	10.6
第一产业	Primary Industry	10.2	雅安市	Yaan	10.9
第二产业	Secondary Industry	10.1	巴中市	Bazhong	7.1
第三产业	Tertiary Industry	7.7	资阳市	Ziyang	10.2
			阿坝藏族羌族自治州	Aba	8.8
			甘孜藏族自治州	Ganzi	11.1
			凉山彝族自治州	Liangshan	11.5

注：2018年起，计划投资在500-5000万项目按财务支出法统计，增速按可比口径计算(以下有关表同)。
a) From 2018, planned investment in 5-50 million projects is counted according to the financial expenditure method, and the growth rate is calculated by comparable caliber(the same as the following related tables).

5-2 分行业全社会固定资产投资增长情况(2022年)
Growth Rate of Total Investment in Fixed Assets by Sector(2022)

单位：% (%)

指　　标	Item	比上年增长 Growth Rate Over Preceding Year
全社会固定资产投资	**Total Investment**	**8.4**
农、林、牧、渔业	Agriculture, Forestry, Animal Husbandry and Fishery	11.4
采矿业	Mining	36.5
制造业	Manufacturing	13.4
电力、热力、燃气及水生产和供应业	Production and Supply of Electricity, Heat, Gas and Water	-7.1
建筑业	Construction	8.5
批发和零售业	Wholesale and Retail Trades	2.1
交通运输、仓储和邮政业	Transport, Storage and Post	15.0
住宿和餐饮业	Hotels and Catering Services	29.5
信息传输、软件和信息技术服务业	Information Transmission, Software and Information Technology Services	-3.6
金融业	Financial Intermediation	12.9
房地产业	Real Estate	-1.6
租赁和商务服务业	Leasing and Business Services	27.2
科学研究和技术服务业	Scientific Research and Technical Services	22.1
水利、环境和公共设施管理业	Management of Water Conservancy, Environment and Public Facilities	9.2
居民服务、修理和其他服务业	Services to Households, Repair and Other Services	12.7
教育	Education	18.7
卫生和社会工作	Health and Social Service	29.2
文化、体育和娱乐业	Culture, Sports and Entertainment	-0.1
公共管理、社会保障和社会组织	Public Management, Social Security and Social Organization	-0.4
国际组织	International Organization	

5-3 分行业按构成分项目固定资产投资增长情况(2022年)
Growth Rate of Item Investment in Fixed Assets by Sector and Composition(2022)

单位：% (%)

指　　标	Item	合计 Total	建筑安装工程 Construction and Installation	设备工具器具购置 Purchase of Equipment and Instruments	其他费用 Others
投资总额	**Total Investment**	**12.5**	**14.3**	**3.8**	**3.1**
农、林、牧、渔业	Agriculture, Forestry, Animal Husbandry and Fishery	12.7	14.9	-31.8	-28.6
采矿业	Mining	36.5	38.9	3.0	89.2
制造业	Manufacturing	13.4	16.2	3.1	25.2
电力、热力、燃气及水生产和供应业	Production and Supply of Electricity, Heat, Gas and Water	-7.1	-4.0	10.9	-36.5
建筑业	Construction	12.8	21.2	26.0	-78.0
批发和零售业	Wholesale and Retail Trades	2.1	4.5	-23.4	-13.5
交通运输、仓储和邮政业	Transport, Storage and Post	15.1	16.6	16.4	2.9
住宿和餐饮业	Hotels and Catering Services	29.5	34.7	-30.1	-28.8
信息传输、软件和信息技术服务业	Information Transmission, Software and Information Technology Services	-3.6	4.3	-11.0	5.4
金融业	Financial Intermediation	12.9	23.9	10.3	-31.5
房地产业	Real Estate	10.4	6.7	-29.5	56.3
租赁和商务服务业	Leasing and Business Services	27.2	26.1	116.6	14.0
科学研究和技术服务业	Scientific Research and Technical Services	22.1	24.4	29.7	1.7
水利、环境和公共设施管理业	Management of Water Conservancy, Environment and Public Facilities	9.2	10.2	5.9	-3.4
居民服务、修理和其他服务业	Services to Households, Repair and Other Services	31.7	23.6	-12.0	348.3
教育	Education	18.7	18.7	1.9	27.3
卫生和社会工作	Health and Social Service	29.2	39.2	-0.2	-25.0
文化、体育和娱乐业	Culture, Sports and Entertainment	-0.1	-0.5	-11.2	7.8
公共管理、社会保障和社会组织	Public Management, Social Security and Social Organization	-0.4	-1.9	0.4	32.9
国际组织	International Organization				

5-4 各市(州)按构成全社会固定资产投资增长情况(2022年)
Growth Rate of Item Investment in Fixed Assets by Region and Composition(2022)

单位：% (%)

市(州)	Region	合计 Total	建筑安装工程 Construction and Installation	设备工具器具购置 Purchase of Equipment and Instruments	其他费用 Others
全　省	**Sichuan**	**8.4**	**9.6**	**3.3**	**3.4**
成都市	Chengdu	5.0	3.2	7.9	10.6
自贡市	Zigong	8.8	8.8	20.0	4.6
攀枝花市	Panzhihua	10.2	13.7	-11.5	3.3
泸州市	Luzhou	10.6	11.0	-16.3	16.2
德阳市	Deyang	10.7	13.9	-10.4	5.1
绵阳市	Mianyang	11.3	16.2	5.9	-13.6
广元市	Guangyuan	7.1	4.8	-1.5	53.3
遂宁市	Suining	10.2	12.2	-12.6	12.0
内江市	Neijiang	10.2	13.5	-11.6	-9.4
乐山市	Leshan	11.0	13.1	18.2	-26.4
南充市	Nanchong	10.7	16.6	-47.7	-35.5
眉山市	Meishan	11.4	8.6	27.4	23.1
宜宾市	Yibin	10.2	8.5	8.7	21.6
广安市	Guangan	1.2	4.0	-19.3	-25.8
达州市	Dazhou	10.6	9.4	-0.1	44.7
雅安市	Yaan	10.9	14.2	0.7	-10.5
巴中市	Bazhong	7.1	7.6	59.2	-25.4
资阳市	Ziyang	10.2	7.7	27.6	27.4
阿坝藏族羌族自治州	Aba	8.8	7.8	8.6	49.9
甘孜藏族自治州	Ganzi	11.1	14.8	83.2	-39.9
凉山彝族自治州	Liangshan	11.5	22.6	-2.5	-17.9

5-5 分行业施工和投产项目个数(2022年)
Number of Projects under Construction and Production by Sector(2022)

行　　业	Sector	施工项目 (个) Number of Projects Under Construction (unit)	新开工项目个数 (个) Number of Projects Started This Year (unit)	全部建成投产项目 (个) Number of Projects Completed and Put into Use (unit)	项目建成投产率 (%) Rate of Projects Completed (%)
总　计	**Total**	**49772**	**23532**	**24235**	**48.69**
农、林、牧、渔业	Agriculture, Forestry, Animal Husbandry and Fishery	7887	4012	3797	48.14
采矿业	Mining	1112	538	538	48.38
制造业	Manufacturing	9172	4184	4828	52.64
电力、热力、燃气及水生产和供应业	Production and Supply of Electricity, Heat, Gas and Water	2752	1417	1259	45.75
建筑业	Construction	52	34	74	142.31
批发和零售业	Wholesale and Retail Trades	585	284	271	46.32
交通运输、仓储和邮政业	Transport, Storage and Post	6738	3001	3139	46.59
住宿和餐饮业	Hotels and Catering Services	1003	550	439	43.77
信息传输、软件和信息技术服务业	Information Transmission, Software and Information Technology Services	466	220	450	96.57
金融业	Financial Intermediation	26	6	26	100.00
房地产业	Real Estate	1835	676	784	42.72
租赁和商务服务业	Leasing and Business Services	1017	481	507	49.85
科学研究和技术服务业	Scientific Research and Technical Services	263	119	134	50.95
水利、环境和公共设施管理业	Management of Water Conservancy, Environment and Public Facilities	10987	5420	4874	44.36
居民服务、修理和其他服务业	Services to Households, Repair and Other Services	280	146	137	48.93
教育	Education	1953	808	1004	51.41
卫生和社会工作	Health and Social Service	1491	645	960	64.39
文化、体育和娱乐业	Culture, Sports and Entertainment	1559	730	686	44.00
公共管理、社会保障和社会组织	Public Management, Social Security and Social Organization	594	261	328	55.22
国际组织	International Organization				

5-6 各市(州)施工和投产项目个数(2022年)
Number of Projects under Construction and Production by Region(2022)

市(州)	Region	施工项目 (个) Number of Projects under Construction (unit)	新开工项目个数 (个) Number of Projects Started This Year (unit)	全部建成投产项目 (个) Number of Projects Completed and Put into Use (unit)	项目建成投产率 (%) Rate of Projects Completed (%)
全　省	**Sichuan**	**49772**	**23532**	**24235**	**48.69**
成都市	Chengdu	5800	2696	3343	57.64
自贡市	Zigong	1747	1152	622	35.60
攀枝花市	Panzhihua	2892	1383	1408	48.69
泸州市	Luzhou	2474	1117	984	39.77
德阳市	Deyang	2528	1234	1541	60.96
绵阳市	Mianyang	2679	1374	1614	60.25
广元市	Guangyuan	2296	1204	1062	46.25
遂宁市	Suining	2285	926	1144	50.07
内江市	Neijiang	1716	607	800	46.62
乐山市	Leshan	1699	786	826	48.62
南充市	Nanchong	3746	1792	1762	47.04
眉山市	Meishan	1622	773	656	40.44
宜宾市	Yibin	2996	1470	1465	48.90
广安市	Guangan	3534	1877	2141	60.58
达州市	Dazhou	4589	1363	1941	42.30
雅安市	Yaan	1370	661	620	45.26
巴中市	Bazhong	1291	746	422	32.69
资阳市	Ziyang	658	294	281	42.71
阿坝藏族羌族自治州	Aba	798	399	228	28.57
甘孜藏族自治州	Ganzi	1249	705	582	46.60
凉山彝族自治州	Liangshan	1732	953	779	44.98
不分地区	Others				

注：本表各市(州)数不包括跨区项目。
a) The region data in this table exclude multiregional projects.

5-7 房地产开发主要指标
Major Indicators of Real Estate Development

指　　标		Item		2019	2020	2021	2022
企业个数	**（个）**	**Number of Enterprises**	**(unit)**	**4350**	**4593**	**4790**	**4755**
国有		State-owned		132	178	233	246
集体		Collective-owned		5	5	9	8
私营		Private-owned		1927	2359	2332	2192
其他		Others		2286	2051	2216	2309
从业人员数	**（人）**	**Employed Persons**	**(person)**	**162583**	**164291**	**161138**	**141122**
国有		State-owned		7113	8788	9824	8055
集体		Collective-owned		235	184	290	254
私营		Private-owned		67230	76595	71761	62901
其他		Others		88005	78724	79263	69912
本年土地购置面积	**（万平方米）**	**Area of Land Purchased This Year**	**(10 000 sq.m)**	**1056.69**	**988.00**	**543.63**	**288.32**
本年完成投资额	**（亿元）**	**Investment Completed This Year**	**(100 million yuan)**	**6573.24**	**7315.31**	**7831.88**	**7215.77**
#住宅		Residential Buildings		4665.31	5330.14	5767.25	5363.63
本年新增固定资产	**（亿元）**	**Newly Increased Fixed Assets This Year**	**(100 million yuan)**	**2054.18**	**2018.09**	**2083.68**	**2032.13**
资金来源	**（亿元）**	**Sources of Funds**	**(100 million yuan)**	**9349.72**	**10173.17**	**10142.92**	**8293.00**
国内贷款		Domestic Loans		1118.17	1144.33	960.77	761.65
利用外资		Foreign Investment		6.55	5.60		
自筹资金		Self-raising Funds		3039.82	3291.37	3174.23	3175.52
定金及预收款		Earnest and Money Collected in Advance		3482.52	3874.28	4197.69	2818.42
个人按揭贷款		Personal Mortgage Loan		1499.49	1761.00	1748.71	1491.91
其他到位资金		Others		203.16	96.58	61.52	45.50
房屋建筑面积	**（万平方米）**	**Floor Space of Buildings**	**(10 000 sq.m)**				
施工面积		Floor Space of Buildings under Construction		49113.75	50755.54	54248.70	51948.33
#住宅		Residential Buildings		32151.96	33706.21	36153.61	34591.64
竣工面积		Floor Space of Buildings Completed		4580.04	4545.86	4379.25	4073.40
#住宅		Residential Buildings		2940.11	3073.73	2965.13	2735.31
本年新开工面积		Floor Space Started This Year		15325.50	13939.74	11493.57	8329.75
#住宅		Residential Buildings		10294.70	9631.06	7959.91	5838.46
商品房屋销售面积	**（万平方米）**	**Floor Space of Commercial House sold**	**(10 000 sq.m)**	**12978.61**	**13257.75**	**13692.91**	**9321.37**
#住宅		Residential Buildings		10451.05	10902.37	10912.14	7315.51
商品房销售额	**（亿元）**	**Total Sales of Commercial Houses**	**(100 million yuan)**	**9666.73**	**10394.25**	**10796.73**	**7599.51**
#住宅		Residential Buildings		7869.04	8766.96	9061.34	6488.27

5-8 各市(州)按经济类型分房地产开发企业个数(2022年)
Number of Enterprises of Real Estate Development by Ownership and Region(2022)

单位：个 (unit)

市(州)	Region	合计 Total	国有经济 State-owned	集体经济 Collective-owned	私营经济 Private-owned	其他经济 Others
全　省	**Sichuan**	**4755**	**246**	**8**	**2192**	**2309**
成都市	Chengdu	1520	124	1	400	995
自贡市	Zigong	100	2		60	38
攀枝花市	Panzhihua	101	5		61	35
泸州市	Luzhou	162	11		66	85
德阳市	Deyang	213	5		120	88
绵阳市	Mianyang	387	20	1	224	142
广元市	Guangyuan	129	2		78	49
遂宁市	Suining	175	1	1	95	78
内江市	Neijiang	129	6		70	53
乐山市	Leshan	154	2		90	62
南充市	Nanchong	259	9	1	139	110
眉山市	Meishan	280	9		128	143
宜宾市	Yibin	205	14		123	68
广安市	Guangan	184	10		92	82
达州市	Dazhou	242	5		167	70
雅安市	Yaan	88	9	1	39	39
巴中市	Bazhong	138	2		91	45
资阳市	Ziyang	105	3	1	58	43
阿坝藏族羌族自治州	Aba	25		2	15	8
甘孜藏族自治州	Ganzi	18			12	6
凉山彝族自治州	Liangshan	141	7		64	70

5-9 各市(州)按资质等级分房地产开发企业个数(2022年)
Number of Enterprises of Real Estate Development by Region and Qualification Criteria(2022)

单位：个 (unit)

市(州)	Region	合 计 Total	一级 First Grade	二级 Second Grade	三级 Third Grade	四级 Fourth Grade	其他 Others
全 省	**Sichuan**	**4755**	**52**	**1348**	**2371**	**37**	**947**
成都市	Chengdu	1520	20	434	842	9	215
自贡市	Zigong	100	5	31	28	2	34
攀枝花市	Panzhihua	101	2	24	49	2	24
泸州市	Luzhou	162	3	45	74		40
德阳市	Deyang	213	1	53	107	3	49
绵阳市	Mianyang	387		117	232	1	37
广元市	Guangyuan	129		35	82	2	10
遂宁市	Suining	175		46	71		58
内江市	Neijiang	129	1	39	63	2	24
乐山市	Leshan	154	4	47	79	1	23
南充市	Nanchong	259	2	53	57		147
眉山市	Meishan	280	3	91	151	2	33
宜宾市	Yibin	205	3	52	90	1	59
广安市	Guangan	184		57	87	2	38
达州市	Dazhou	242	4	107	114	2	15
雅安市	Yaan	88	1	13	25	3	46
巴中市	Bazhong	138	3	30	58		47
资阳市	Ziyang	105		27	38		40
阿坝藏族羌族自治州	Aba	25		4	15		6
甘孜藏族自治州	Ganzi	18		3	10	4	1
凉山彝族自治州	Liangshan	141		40	99	1	1

5-10 各市(州)按经济类型分房地产开发企业从业人员数(2022年)
Number of Employees in Enterprises of Real Estate Development by Ownership and Region(2022)

单位：人 (person)

市(州)	Region	合 计 Total	国有经济 State-owned	集体经济 Collective-owned	私营经济 Private-owned	其他经济 Others
全 省	**Sichuan**	**141122**	**8055**	**254**	**62901**	**69912**
成都市	Chengdu	40842	3856	30	8935	28021
自贡市	Zigong	4150	55		2551	1544
攀枝花市	Panzhihua	4193	201		2558	1434
泸州市	Luzhou	7901	712		3076	4113
德阳市	Deyang	5038	48		2996	1994
绵阳市	Mianyang	11238	748	26	6613	3851
广元市	Guangyuan	4199	190		2233	1776
遂宁市	Suining	5542	2	29	2896	2615
内江市	Neijiang	4275	122		2525	1628
乐山市	Leshan	4843	30		2811	2002
南充市	Nanchong	6413	184	60	3559	2610
眉山市	Meishan	8359	190		4230	3939
宜宾市	Yibin	5924	459		3328	2137
广安市	Guangan	6694	336		2632	3726
达州市	Dazhou	9827	370		5880	3577
雅安市	Yaan	1940	233	18	1036	653
巴中市	Bazhong	3222	42		1937	1243
资阳市	Ziyang	2352	103	38	1326	885
阿坝藏族羌族自治州	Aba	338		53	204	81
甘孜藏族自治州	Ganzi	255			191	64
凉山彝族自治州	Liangshan	3577	174		1384	2019

5-11 各市(州)按资质等级分房地产开发企业从业人员数(2022年)
Number of Employees in Enterprises of Real Estate Development by Region and Qualification Criteria(2022)

单位：人 (person)

市(州)	Region	合计 Total	一级 First Grade	二级 Second Grade	三级 Third Grade	四级 Fourth Grade	其他 Others
全　省	**Sichuan**	**141122**	**4167**	**48857**	**63723**	**540**	**23835**
成都市	Chengdu	40842	1563	14466	20048	82	4683
自贡市	Zigong	4150	560	1364	849	87	1290
攀枝花市	Panzhihua	4193	271	1351	1661	16	894
泸州市	Luzhou	7901	126	2672	3259		1844
德阳市	Deyang	5038	62	1216	2447	61	1252
绵阳市	Mianyang	11238		4082	6489	3	664
广元市	Guangyuan	4199		1443	2406	42	308
遂宁市	Suining	5542		2199	1935		1408
内江市	Neijiang	4275	7	1399	2217	36	616
乐山市	Leshan	4843	229	1747	2320	35	512
南充市	Nanchong	6413	112	1647	1282		3372
眉山市	Meishan	8359	245	2824	4227	38	1025
宜宾市	Yibin	5924	477	1580	2281	17	1569
广安市	Guangan	6694		2592	2736	24	1342
达州市	Dazhou	9827	339	4836	4207	15	430
雅安市	Yaan	1940	17	339	641	26	917
巴中市	Bazhong	3222	159	800	1408		855
资阳市	Ziyang	2352		752	803		797
阿坝藏族羌族自治州	Aba	338		93	211		34
甘孜藏族自治州	Ganzi	255		63	145	43	4
凉山彝族自治州	Liangshan	3577		1392	2151	15	19

5-12 各市(州)房地产投资完成额
Investment Completed of Real Estate Development by Region

单位：亿元 (100 million yuan)

市(州)	Region	2012	2013	2014	2015	2016	2017	2018	2019	2020	2021	2022
全 省	**Sichuan**	**3266.40**	**3853.00**	**4380.09**	**4813.03**	**5282.64**	**5149.89**	**5701.09**	**6573.24**	**7315.31**	**7831.88**	**7215.77**
成都市	Chengdu	1890.03	2110.27	2220.80	2441.95	2638.89	2487.88	2272.98	2606.84	2845.46	3141.65	3267.92
自贡市	Zigong	62.77	77.78	101.23	125.81	123.87	122.59	209.31	213.10	218.13	207.47	119.47
攀枝花市	Panzhihua	54.69	51.16	75.20	58.94	55.03	59.96	98.50	102.84	104.00	119.44	110.58
泸州市	Luzhou	71.64	130.92	192.56	196.87	239.20	258.62	318.39	399.04	445.58	391.86	290.97
德阳市	Deyang	79.87	82.66	95.23	115.38	125.78	105.04	149.81	168.05	219.99	259.68	214.12
绵阳市	Mianyang	145.69	169.94	210.74	198.35	205.58	176.65	204.54	264.12	364.28	465.22	434.23
广元市	Guangyuan	32.89	58.67	83.32	86.80	94.63	83.58	84.89	88.04	99.86	125.97	126.71
遂宁市	Suining	76.79	85.99	86.36	111.91	144.56	173.48	172.23	176.05	222.05	229.37	199.22
内江市	Neijiang	58.03	78.64	115.43	123.88	122.81	115.05	155.56	159.70	191.72	204.40	184.70
乐山市	Leshan	75.46	110.19	126.07	152.86	212.02	194.15	194.91	222.20	213.34	201.31	143.61
南充市	Nanchong	187.07	207.91	229.14	213.22	216.64	212.39	310.03	383.26	420.58	473.59	349.30
眉山市	Meishan	78.18	130.31	151.12	195.15	194.29	193.58	257.12	398.75	476.53	523.54	485.20
宜宾市	Yibin	104.52	141.13	171.86	150.42	189.55	228.15	312.04	357.40	369.01	395.90	367.17
广安市	Guangan	51.04	65.25	122.11	184.26	258.22	244.19	238.10	291.17	300.02	277.49	193.43
达州市	Dazhou	85.10	100.53	94.98	82.58	93.28	113.64	156.70	202.29	218.57	270.41	268.82
雅安市	Yaan	30.01	27.02	25.46	27.45	53.94	58.38	85.28	88.15	94.43	91.06	72.68
巴中市	Bazhong	49.28	63.99	88.65	104.49	118.96	136.97	156.99	133.61	137.20	91.78	69.50
资阳市	Ziyang	109.60	136.98	164.77	195.14	150.18	127.89	132.41	144.42	153.29	139.31	114.14
阿坝藏族羌族自治州	Aba	0.60	4.04	4.25	7.80	12.26	4.87	3.10	2.12	4.63	10.05	10.30
甘孜藏族自治州	Ganzi	2.63	1.98	1.71	1.10	1.28	1.51	6.43	5.30	8.86	7.19	7.77
凉山彝族自治州	Liangshan	20.51	17.64	19.11	38.67	31.67	51.32	181.78	166.79	207.77	205.17	185.92

5—13 各市(州)按用途分房地产开发投资完成额(2022年)

Investment Completed of Real Estate Development by Region and Use(2022)

单位：亿元 (100 million yuan)

市(州)	Region	本年完成投资额 Investment Completed in Current Year	住宅 Residential Buildings	办公楼 Office Buildings	商业营业用房 Houses for Business Use	其他 Others
全 省	**Sichuan**	**7215.77**	**5363.63**	**238.58**	**706.28**	**907.28**
成都市	Chengdu	3267.92	2272.72	187.99	299.11	508.11
自贡市	Zigong	119.47	83.93	1.54	22.37	11.63
攀枝花市	Panzhihua	110.58	83.46	0.53	15.56	11.04
泸州市	Luzhou	290.97	217.68	3.10	37.31	32.88
德阳市	Deyang	214.12	181.75	3.23	11.90	17.24
绵阳市	Mianyang	434.23	340.86	5.83	30.48	57.05
广元市	Guangyuan	126.71	95.86	0.08	14.80	15.96
遂宁市	Suining	199.22	157.39	6.52	20.85	14.45
内江市	Neijiang	184.70	140.47	0.94	21.89	21.40
乐山市	Leshan	143.61	113.08	0.35	13.58	16.59
南充市	Nanchong	349.30	288.29	1.24	25.48	34.29
眉山市	Meishan	485.20	382.92	10.62	44.82	46.84
宜宾市	Yibin	367.17	263.86	8.40	47.73	47.18
广安市	Guangan	193.43	170.73	0.26	13.41	9.05
达州市	Dazhou	268.82	220.14	1.48	30.85	16.35
雅安市	Yaan	72.68	55.55	1.66	7.60	7.87
巴中市	Bazhong	69.50	62.86	0.04	3.96	2.64
资阳市	Ziyang	114.14	93.77	0.89	14.38	5.10
阿坝藏族羌族自治州	Aba	10.30	7.08	0.27	0.60	2.35
甘孜藏族自治州	Ganzi	7.77	5.40		1.31	1.06
凉山彝族自治州	Liangshan	185.92	125.83	3.63	28.28	28.18

5-14 各市(州)房地产开发建设房屋建筑面积和造价(2022年)
Floor Space of Buildings and the Cost in Real Estate Development by Region(2022)

市(州)	Region	施工房屋面积(万平方米) Floor Space of Buildings under Construction (10 000 sq.m)	竣工房屋面积(万平方米) Floor Space of Buildings Completed (10 000 sq.m)	房屋建筑面积竣工率(%) Rate of Floor Space of Buildings Completed (%)	竣工房屋价值(万元) Value of Buildings Completed (10 000 yuan)	竣工房屋造价(元/平方米) Cost of Buildings Completed (yuan / sq.m)
全　省	**Sichuan**	**51948.33**	**4073.40**	**7.8**	**15648611**	**3842**
成都市	Chengdu	19336.18	1235.10	6.4	5993496	4853
自贡市	Zigong	882.21	100.14	11.4	331494	3310
攀枝花市	Panzhihua	720.47	133.39	18.5	420603	3153
泸州市	Luzhou	2206.63	241.11	10.9	684832	2840
德阳市	Deyang	2643.05	320.76	12.1	1024002	3192
绵阳市	Mianyang	2967.57	225.30	7.6	746388	3313
广元市	Guangyuan	808.62	11.94	1.5	33500	2806
遂宁市	Suining	1800.60	119.39	6.6	405464	3396
内江市	Neijiang	1611.47	42.82	2.7	151516	3538
乐山市	Leshan	1458.86	113.85	7.8	442533	3887
南充市	Nanchong	3922.84	191.68	4.9	596248	3111
眉山市	Meishan	3924.82	134.54	3.4	529100	3933
宜宾市	Yibin	2768.82	622.05	22.5	2337135	3757
广安市	Guangan	1114.57	167.68	15.0	549033	3274
达州市	Dazhou	1942.42	211.54	10.9	711838	3365
雅安市	Yaan	805.79	6.66	0.8	27300	4099
巴中市	Bazhong	983.16	67.11	6.8	175886	2621
资阳市	Ziyang	843.87	27.95	3.3	143783	5144
阿坝藏族羌族自治州	Aba	72.05	7.11	9.9	19315	2717
甘孜藏族自治州	Ganzi	115.76	16.39	14.2	41429	2528
凉山彝族自治州	Liangshan	1018.57	76.90	7.5	283716	3689

5−15 各市(州)商品房销售情况(2022年)
Selling of Commercial Houses by Region(2022)

市(州)	Region	房屋销售面积(万平方米) Floor Space of Commercial Houses (10 000 sq.m)	#住宅 Residential Buildings	#办公楼 Office Buildings	#商业营业用房 Houses for Business Use	房屋销售额(亿元) Total Sale of Commercial Houses (100 million yuan)	#住宅 Residential Buildings	#办公楼 Office Buildings	#商业营业用房 Houses for Business Use
全 省	**Sichuan**	**9321.37**	**7315.51**	**212.61**	**610.98**	**7599.51**	**6488.27**	**203.27**	**608.12**
成都市	Chengdu	2548.48	1884.73	160.79	131.79	3630.23	3169.17	168.42	177.54
自贡市	Zigong	339.70	220.09	2.16	70.64	190.17	119.83	1.36	63.18
攀枝花市	Panzhihua	117.87	93.07	0.42	11.07	67.35	56.34	0.16	7.73
泸州市	Luzhou	740.41	543.42	10.07	60.64	408.01	321.25	4.23	49.74
德阳市	Deyang	436.48	337.13	2.21	24.31	253.12	207.36	2.22	22.84
绵阳市	Mianyang	601.51	474.54	6.91	34.34	393.74	337.66	5.11	30.12
广元市	Guangyuan	120.05	106.26	0.51	3.83	70.44	64.62	0.24	3.37
遂宁市	Suining	305.58	279.10	5.18	11.13	193.07	172.85	3.83	12.40
内江市	Neijiang	348.64	280.05	1.33	18.38	183.95	161.17	0.71	12.65
乐山市	Leshan	316.44	264.72		17.04	180.95	156.92		16.69
南充市	Nanchong	738.59	606.66	1.94	31.06	355.23	311.40	0.81	21.74
眉山市	Meishan	782.00	640.09	8.52	50.93	554.85	471.02	7.70	56.76
宜宾市	Yibin	624.66	473.01	6.66	54.25	391.81	320.09	4.41	47.33
广安市	Guangan	238.96	219.03	0.92	8.93	129.13	118.86	0.41	7.12
达州市	Dazhou	353.97	293.93		35.24	196.59	166.75		24.96
雅安市	Yaan	125.90	101.60	0.74	5.37	66.60	57.66	0.43	5.82
巴中市	Bazhong	203.33	187.27		4.99	89.56	82.61		5.12
资阳市	Ziyang	153.76	136.53	0.36	9.03	83.17	71.83	0.33	9.23
阿坝藏族羌族自治州	Aba	9.00	8.58		0.37	6.76	5.95		0.79
甘孜藏族自治州	Ganzi	9.12	9.03		0.08	6.69	6.60		0.09
凉山彝族自治州	Liangshan	206.93	156.66	3.89	27.56	148.09	108.32	2.91	32.91

5−16 各市(州)商品房期房销售情况(2022年)
Selling of Commercial Houses under Construction by Region(2022)

市(州)	Region	房屋销售面积(万平方米) Floor Space of Commercial Houses (10 000 sq.m)	#住宅 Residential Buildings	#办公楼 Office Buildings	#商业营业用房 Houses for Business Use	房屋销售额(亿元) Total Sale of Commercial Houses (100 million yuan)	#住宅 Residential Buildings	#办公楼 Office Buildings	#商业营业用房 Houses for Business Use
全　省	**Sichuan**	**8300.11**	**6850.09**	**169.13**	**446.70**	**6875.74**	**6047.94**	**158.52**	**456.76**
成都市	Chengdu	2160.38	1732.78	126.40	90.36	3237.23	2905.26	131.34	127.25
自贡市	Zigong	279.86	204.12	1.97	51.00	163.21	112.16	1.25	46.52
攀枝花市	Panzhihua	99.91	84.07	0.31	9.85	59.56	51.19	0.11	6.95
泸州市	Luzhou	674.27	517.55	10.07	48.69	380.04	306.63	4.23	40.24
德阳市	Deyang	372.56	319.33	1.05	11.68	218.42	197.04	1.03	12.23
绵阳市	Mianyang	542.20	448.33	5.46	21.88	362.41	321.75	4.27	19.86
广元市	Guangyuan	102.68	93.15	0.47	2.10	61.56	57.51	0.23	2.10
遂宁市	Suining	305.50	279.08	5.18	11.06	192.97	172.84	3.83	12.31
内江市	Neijiang	345.21	279.43	1.11	16.26	182.19	160.84	0.59	11.38
乐山市	Leshan	282.81	240.41		12.39	162.94	142.80		13.39
南充市	Nanchong	715.61	595.53	1.45	26.55	339.56	306.42	0.54	17.75
眉山市	Meishan	664.58	571.64	5.95	31.74	482.95	429.39	4.64	37.00
宜宾市	Yibin	574.06	454.55	6.63	36.95	371.56	310.65	4.40	38.88
广安市	Guangan	208.26	191.73	0.92	6.28	115.07	106.86	0.41	5.42
达州市	Dazhou	338.03	282.98		31.56	185.02	159.81		20.48
雅安市	Yaan	110.05	90.43	0.74	4.54	59.80	52.20	0.43	5.00
巴中市	Bazhong	183.23	174.52		2.50	80.66	76.80		2.33
资阳市	Ziyang	150.53	133.55	0.36	8.97	81.49	70.24	0.33	9.18
阿坝藏族羌族自治州	Aba	6.53	6.14		0.35	5.17	4.39		0.75
甘孜藏族自治州	Ganzi	8.46	8.38		0.08	6.35	6.26		0.09
凉山彝族自治州	Liangshan	175.40	142.39	1.08	21.92	127.58	96.89	0.88	27.63

5-17 各市(州)商品房现房销售情况(2022年)
Selling of Commercial Houses Completed by Region(2022)

市(州)	Region	房屋销售面积(万平方米) Floor Space of Commercial Houses (10 000 sq.m)	#住宅 Residential Buildings	#办公楼 Office Buildings	#商业营业用房 Houses for Business Use	房屋销售额(亿元) Total Sale of Commercial Houses (100 million yuan)	#住宅 Residential Buildings	#办公楼 Office Buildings	#商业营业用房 Houses for Business Use
全　省	**Sichuan**	**1021.26**	**465.42**	**43.48**	**164.28**	**723.76**	**440.33**	**44.75**	**151.36**
成都市	Chengdu	388.09	151.96	34.40	41.43	393.00	263.91	37.08	50.29
自贡市	Zigong	59.85	15.97	0.19	19.64	26.96	7.67	0.11	16.66
攀枝花市	Panzhihua	17.96	9.01	0.12	1.22	7.79	5.15	0.06	0.78
泸州市	Luzhou	66.14	25.87		11.96	27.98	14.62		9.50
德阳市	Deyang	63.92	17.80	1.16	12.63	34.70	10.32	1.19	10.61
绵阳市	Mianyang	59.31	26.21	1.45	12.46	31.33	15.91	0.83	10.25
广元市	Guangyuan	17.37	13.11	0.04	1.73	8.88	7.11	0.01	1.27
遂宁市	Suining	0.08	0.01		0.07	0.09	0.01		0.09
内江市	Neijiang	3.43	0.62	0.23	2.12	1.76	0.33	0.11	1.27
乐山市	Leshan	33.63	24.31		4.65	18.01	14.12		3.29
南充市	Nanchong	22.98	11.13	0.49	4.51	15.67	4.98	0.27	3.98
眉山市	Meishan	117.42	68.44	2.57	19.19	71.90	41.64	3.06	19.76
宜宾市	Yibin	50.60	18.46	0.03	17.30	20.25	9.44	0.01	8.45
广安市	Guangan	30.70	27.31		2.65	14.06	11.99		1.70
达州市	Dazhou	15.95	10.95		3.67	11.57	6.94		4.48
雅安市	Yaan	15.85	11.17		0.84	6.80	5.46		0.82
巴中市	Bazhong	20.09	12.75		2.49	8.90	5.81		2.79
资阳市	Ziyang	3.24	2.98		0.06	1.68	1.59		0.05
阿坝藏族羌族自治州	Aba	2.47	2.44		0.02	1.59	1.56		0.03
甘孜藏族自治州	Ganzi	0.66	0.66			0.34	0.34		
凉山彝族自治州	Liangshan	31.53	14.27	2.81	5.64	20.51	11.43	2.03	5.28

5–18 各市(州)商品房待售情况(2022年)
Commercial Houses on Sale by Region(2022)

单位：万平方米 (10 000 sq.m)

市(州)	Region	商品房待售面积 Space of Commercial Houses on Sale	#住宅 Residential Buildings	#办公楼 Office Buildings	#商业营业用房 Houses for Business Use	其中：待售1-3年的面积 Space of Commercial Houses on Sale During 3 Years	#住宅 Residential Buildings	#办公楼 Office Buildings	#商业营业用房 Houses for Business Use
全　省	**Sichuan**	**2339.22**	**729.33**	**77.79**	**445.09**	**1268.35**	**442.05**	**51.72**	**207.42**
成都市	Chengdu	1136.21	234.68	61.59	206.75	612.05	128.57	47.51	93.81
自贡市	Zigong	38.12	18.18		1.88	19.91	7.73		1.23
攀枝花市	Panzhihua	125.42	30.75	6.90	37.86	32.92	11.12	1.51	9.94
泸州市	Luzhou	33.73	19.74		1.13	7.54	1.92		1.08
德阳市	Deyang	108.84	15.04	0.21	33.05	52.99	10.98		8.01
绵阳市	Mianyang	109.99	11.64	3.99	40.24	61.62	9.34	1.83	18.44
广元市	Guangyuan	91.35	42.40	0.22	20.08	75.60	39.93	0.22	14.31
遂宁市	Suining	17.20	12.96		0.75	9.09	4.96		0.63
内江市	Neijiang	37.98	22.37	0.20	11.96	29.60	21.49		5.92
乐山市	Leshan	28.44	16.33	0.01	4.71	10.30	4.15		1.47
南充市	Nanchong	51.24	20.76		10.18	33.00	17.66		8.85
眉山市	Meishan	156.76	65.21	1.37	28.31	105.23	52.23		15.88
宜宾市	Yibin	81.50	21.00	1.41	14.56	22.39	2.69	0.04	5.43
广安市	Guangan	80.84	56.45		6.68	64.56	43.55		5.84
达州市	Dazhou	46.24	39.42		1.47	45.60	39.24		1.01
雅安市	Yaan	56.99	23.10	0.53	7.70	22.93	12.66	0.53	4.76
巴中市	Bazhong	74.83	59.72	0.03	5.43	34.73	23.55		3.37
资阳市	Ziyang	1.44	1.31		0.12	0.84	0.72		0.12
阿坝藏族羌族自治州	Aba	3.78	2.50		0.58	2.77	2.50		0.18
甘孜藏族自治州	Ganzi	7.85	4.50		1.89	4.37	1.02		1.89
凉山彝族自治州	Liangshan	50.47	11.29	1.34	9.74	20.29	6.05	0.09	5.23

主要统计指标解释

全社会固定资产投资 是以货币形式表现的在一定时期内全社会建造和购置固定资产的工作量以及与此有关的费用的总称。该指标是反映固定资产投资规模、结构和发展速度的综合性指标。全社会固定资产投资按登记注册类型可分为国有、集体、联营、股份制、私营和个体、港澳台商、外商、其他等。

固定资产投资（不含农户） 指城镇和农村各种登记注册类型的企业、事业、行政单位及城镇个体户进行的计划总投资500万元及以上的建设项目投资和房地产开发投资，包含原口径的城镇固定资产投资加上农村企事业组织项目投资，该口径自2011年起开始使用。

实际到位资金 指用于固定资产投资的各种货币资金。包括国家预算资金、国内贷款、利用外资、自筹资金和其他资金。

国家预算资金 国家预算包括一般预算、政府性基金预算、国有资本经营预算和社保基金预算。各类预算中用于固定资产投资的资金全部作为国家预算资金填报，其中一般预算中用于固定资产投资的部分包括基建投资、车购税、灾后恢复重建基金和其他财政投资。各级政府债券也应归入国家预算资金。

国内贷款 指报告期固定资产投资项目单位向银行及非银行金融机构借入用于固定资产投资的各种国内借款，包括银行利用自有资金及吸收存款发放的贷款、上级拨入的国内贷款、国家专项贷款（包括煤代油贷款、劳改煤矿专项贷款等），地方财政专项资金安排的贷款、国内储备贷款、周转贷款等。

利用外资 指报告期收到的境外(包括外国及港澳台地区）资金(包括设备、材料、技术在内)。包括对外借款(外国政府贷款、国际金融组织贷款、出口信贷、外国银行商业贷款、对外发行债券和股票)、外商直接投资、外商其他投资(包括补偿贸易、加工装配由外商提供的设备价款、国际租赁、外商投资收益的再投资资金)。不包括我国自有外汇资金(国家外汇、地方外汇、留成外汇、调剂外汇和国内银行自有资金发放的外汇贷款等)。各类外资按报告期的外汇牌价（中间价）折成人民币计算。

自筹资金 指在报告期内筹集的用于项目建设和购置的资金。包括自有资金、股东投入资金和借入资金，但不包括各类财政性资金、从各类金融机构借入资金和国外资金。

其他资金来源 指在报告期收到的除以上各种资金之外的用于固定资产投资的资金，包括社会集资、个人资金、无偿捐赠的资金及其他单位拨入的资金等。

固定资产投资按国民经济行业分 指根据其从事的社会经济活动性质对各类单位进行的分类。应根据建设项目建成投产后的主要产品种类或主要用途及社会经济活动种类来划分，不能根据项目单位本身的行业类别来划分。如果项目投产后有几种产品，应根据主要产品来确定行业类别。一般情况下，一个建设项目只能属于一种国民经济行业。

固定资产投资按隶属关系分 是按建设单位或企业、事业、行政单位的主管上级机关确定的。

(1)中央：指中共中央、人大常委会和国务院各部、委、局、总公司以及直属机构直接领导的建设项目和企业、事业、行政单位。这些单位的固定资产投资计划由国务院各部门直接编制和下达，统一组织或委托下级实施。包括有中央垂直管理的部门（如国家统计局各级调查队）和中央直属企业、事业单位（如工商银行、中国电信、中国石油）等。

(2)地方：指由省（自治区、直辖市)、地（区、市、州、盟)、县（区、市、旗）三级政府及业务主管部门直接领导和管理的建设项目、企业、事业、行政单位。地方项目还包括不隶属以上各级政府及主管部门的建设项目和企业、事业单位，如外商投资企业和无主管部门的企业等。

固定资产投资按建设性质分 按整个建设项目情况来确定。建设项目的性质一般分为新建、扩建、改建和技术改造、单纯建造生活设施、迁建、恢复、单纯购置。农户投资不划分建设性质。

(1)新建：指从无到有“平地起家”开始建设的项目。现有企业、事业、行政单位投资的项目一般不属于新建。但如有的单位原有基础很小，经过建设后新增的固定资产价值超过该企业、事业、行政单位原有固定资产价值（原值）三倍以上的，也应作为新建。

(2)扩建：指在厂内或其他地点，为扩大原有产品的生产能力(或效益)或增加新的产品生产能力，而增建的生产车间(或主要工程)、分厂、独立的生产线等项目。行政、事业单位在原单位增建业务性用房(如学校增建教学用房、医院增建门诊部、病房等)也作为扩建。

现有企、事业单位为扩大原有主要产品生产能力或增加新的产品生产能力，增建一个或几个主要生产车间(或主要工程)、分厂，同时进行一些更新改造工程的，也应作为扩建。

(3)改建和技术改造：指现有企业、事业单位对原有设施进行技术改造或更新(包括相应配套的辅助性生产、生活福利设施）的建设项目。改建项目包括现有企业、事业单位为适应市场变化的需要，而改变企业的主要产品种类(如军工企业转民用产品等）的建设项目;原有产品生产作业线由于各工序（车间）之间能力不平衡，为填平补齐充分发挥原有生产能力而增建但不增加主要产品生产能力的建设项目。技术改造是指企业、事业单位在现有基础上用先进的技术代替落后的技术，用先进的工艺和装备代替落后的工艺和装备，以改变企业落后的技术经济面貌，实现以内涵为主的扩大再生产，达到提高产品质量、促进产品更新换代、节约能源、降低消耗、扩大生产规模、全面提高社会经济效益的目的。技术改造具体包括以下内容：机器设备和工具的更新改造；生产工艺改革、节约能源和原材料的改造；厂房建筑和公共设施的改造；保护环境进行的“三废”治理改造；劳动条件和生产环境的改造等。

固定资产投资按构成分

(1)建筑工程：指各种房屋、建筑物的建造工程。这部分投资额必须兴工动料，通过施工活动才能实现，是固定资产投资额的重要组成部分。

(2)安装工程：指各种设备、装置的安装工程。

在安装工程中，不包括被安装设备本身价值。

(3)设备工具器具购置：指报告期内购置或自制的，达到固定资产标准的设备、工具、器具的价值。新建单位及扩建单位的新建车间，按照设计或计划要求购置或自制的全部设备、工具、器具，不论是否达到固定资产标准均计入“设备工具器具购置”中。

(4)其他费用：指在固定资产建造和购置过程中发生的，除建筑安装工程和设备、工器具购置投资完成额以外的应当分摊计入固定资产投资的费用，不指经营中财务上的其他费用。

房地产开发投资　指房地产开发企业本年完成的全部用于房屋建设工程、土地开发工程的投资额以及公益性建筑和土地购置费等的投资。

房屋施工面积　指房地产开发企业本年施工的全部房屋建筑面积。包括本年新开工的房屋建筑面积、上年跨入本年继续施工的房屋建筑面积、上年停缓建在本年恢复施工的房屋建筑面积、本年竣工的房屋建筑面积以及本年施工后又停缓建的房屋建筑面积。多层建筑应填各层建筑面积之和。

房屋竣工面积　指房地产开发企业本年按照设计要求已全部完工，达到住人和使用条件，经验收鉴定合格或达到竣工验收标准，可正式移交使用的各栋房屋建筑面积的总和。

商品房销售面积　指房地产开发企业本年出售商品房屋的合同总面积(即双方签署的正式买卖合同中所确定的建筑面积)。

商品房销售额　指房地产开发企业本年出售商品房屋的合同总价款(即双方签署的正式买卖合同中所确定的合同总价)。该指标与商品房销售面积同口径。

Explanatory Notes on Main Statistical Indicators

Total Investment in Fixed Assets in the Whole Country refers to the volume of activities in construction and purchases of fixed assets of the whole country and related fees, expressed in monetary terms during the reference period. It is a comprehensive indicator which shows the size, structure and growth of the investment in fixed assets. Total investment in fixed assets in the whole country includes, by type of ownership, the investment by State-owned units, collective-owned units, joint ownership units, share-holding units, private units, individuals as well as investments by entrepreneurs from HongKong, Macao and Taiwan, foreign investors and others.

Investment in Fixed Assets (Excluding Rural Households) refers to the investment in construction projects with a total planned investment of 5 million yuan and over by enterprises of various ownership, institutions, administrative units and urban self-employed individuals, and the investment in real estate development in both urban and rural areas. Since 2011, it covers the urban investment in fixed assets under the previous statistical coverage plus project investments by rural enterprises and institutions.

Actual Funds in Place for Investment refers to all kinds of monetary funds used for fixed assets investment.It includes state budget, domestic loans, foreign investment, self-raised funds, and other funds.

Fund from the State Budget State budget consists of general budget, government fund budget, operation budget of state-owned assets and social security fund budget. Funds for investment in fixed assets from various budgets are reported as fund from the state budget, of which, the general budget utilized on fixed assets investment includes investment on infrastructure construction, vehicle purchase tax, post-disaster restoration and reconstruction funds and other financial investment. Government bonds at all levels should also be included.

Domestic Loans refer to loans of various forms borrowed by investing units from banks and non-bank financial institutions during the reference period for the purpose of investment in fixed assets, including loans issued by banks from their self-owned funds and deposit, loans appropriated by higher responsible authorities, special loans by government (including loan for substituting petroleum with coal, special loans for reform-through-labour coal mines), loans arranged by local government from special funds, domestic reserve loan, and revolving loan, etc.

Foreign Investment refers to overseas (including foreign countries, Hongkong, Macao and Taiwan) funds received during the reference period (covering equipment, materials and technology), including foreign borrowings (loans from foreign governments and international financial institutions, export credit, commercial loans from foreign banks, issue of bonds and stocks overseas), foreign direct investment and other foreign investments (Including compensation trade, processing and assembly, equipment price provided by foreign investors, International Lease and Reinvestment funds of foreign investment income). Excluded from this category is capital in foreign exchanges owned by China (foreign exchanges owned by the central and local governments, foreign exchanges retained by enterprises, foreign exchanges by enterprises through the regulating mechanism, loans in foreign exchanges issued by the Bank of China with its own fund, etc.). In calculating the utilization of foreign capital, foreign currencies are converted into Chinese Renminbi applying the exchange rate (central parity rate) at the end of the reference period.

Self-raised Funds refer to funds raised during the reporting period for project construction and purchase, including self owned funds, shareholders' investment funds and borrowed funds, excluded financial funds, funds borrowed from financial institutions and overseas funds.

Other Funds refer to funds for investment in fixed assets received from sources other than those listed above, including funds raised from individuals and through donations, and funds transferred from other units.

Investment in Fixed Assets by Sector refers to the classification of investment by the nature of social economic activities the investing units are engaged in. The classification of construction projects by sector is determined by the major products or the purpose of the projects when they are put into production or use, and by the nature of their social economic activities, instead of being determined by industrial classification of the project enterprises. The project will be classified according to major product if there are several kinds of products yielded. In general, one project can only be classified into one sector.

Investment in Fixed Assets by Jurisdiction of Management refers to the classification of investment by the competent authorities under which investment is made by construction units, enterprises, institutions or administrative units.

1) Central investment refers to the investment in projects or by enterprises, institutions or administrative units which are under the direct leadership and management of the State Council and of the national commissions, ministries, agencies and State-owned large corporations. Various ministries and departments of the State Council prepare and implement plans through unified organization or lower-level commissions, which include departments direct under central government (i.e. survey offices at all level of the National Bureau of Statistics) and enterprises and institutions directly under central government (like the Industrial and Commercial Bank of China, China Telecom and China National Petroleum Corporation).

2) Local investment refers to the investment in projects or by enterprises, institutions or administrative units which are under the direct leadership and management of competent departments and governments at the level of province (autonomous

regions and municipalities directly under the Central Government), prefecture（prefectures, cities and leagues）and county (districts, cities and banners). Also included are projects by foreign-invested enterprises and enterprises without competent managing authorities.

Investment in Fixed Assets by Type of Construction Construction projects in general can be classified, by the type of construction, into new construction, expansion, reconstruction and technical transformation, purely construction of living facilities, moving, restoration and purely purchasing. However, investment by type of construction is not applied to investment by rural households.

1) New construction in general refers to construction projects, which start from scratch. The existing projects invested by enterprises, institutions and administrative agencies cannot be classified as new construction. In case the size of the existing unit is quite small, and the value of newly added fixed assets is more than three times of the original value, the expansion will be considered as new construction.

2) Expansion refers to projects of construction of new production workshop, branch factory or independent production line within a factory or in other locations, for the purpose of increasing the production capacity (or improving efficiency) or adding new production capacity. Newly constructed accommodation for the operation of institutions and administrative organizations (such as newly constructed buildings for teaching in schools, buildings for clinics or wards in hospitals, etc.) are also classified as expansion.

Also included in expansion are investments by existing enterprises or institutions in building major production lines or branch factories along with some work on innovation, for the purpose of expanding the production capacity of original products or producing new products.

3) Reconstruction and technical transformation refers to construction projects by existing enterprises or institutions in innovation or technical transformation of the old facilities (including auxiliary production equipment and welfare facilities). Also considered as reconstruction is the construction of new workshops by the existing enterprises or institutions to change the variety of products to meet the market demand (such as the production of civil products by defence industries), or to bring the designed production capacity into full play through a more balanced production process on production lines. Technical transformation refers to replacement of old technology or equipment by new technology or equipment, in order to expand the reproduction through improvement of technology contents in production, to improve product quality, to promote new products, to save energy, to reduce consumption, to expand the production scale and to improve overall social-economic efficiency. Contents of technical transformation include: updating of machinery, equipment and tools; reforming production process by using energy or materials saving technology; construction of factory workshops and transformation of public facilities; treatment transformation of "three wastes" (waste gas, waste water and industrial residue) aiming at environmental protection; improvement of working conditions and environment, etc.

Investment in Fixed Assets by Structure

1) Construction refers to the construction of houses and buildings. This part of investment can only be achieved through construction activities, it is the major component of the total investment in fixed assets.

2) Installation refers to the installation of various kinds of equipment and instruments.

The value of equipment installed itself is not included in the value of installation projects.

3) Purchase of equipment and instruments refers to the total value of equipment, tools, and instruments purchased or self-produced which come up to the cut-off point for fixed assets during the reference period. Equipment, tools and instruments purchased or self-produced for new workshops by newly established or expanded units are categorized as "purchase of equipment and instruments" no matter whether they come up to the cut-off point for fixed assets.

4) Other expenses refer to expenses arising during the construction or purchase of fixed assets other than those expenses on construction, installation and purchase of equipment and instruments. Other financial expenses arising in operation are not included.

Investment in Real Estate Development refers to the investment made by real estate development companies in the construction of housing, development of land, nonprofit buildings and value of land purchased.

Floor Space of Buildings under Construction refers to the total space area of the buildings under construction in the year by real estate development companies. It includes buildings started in the year, continued from the previous year, suspended in earlier years but restarted in the year, completed in the year, and started in the year but suspended in the year as well. The floor space of a multi-storied building should be the sum of floor space of all the stories.

Floor Space of Buildings Completed refers to the total floor space area of each building completed in the year by real estate development enterprises, which meet the requirements as designed, up to the standard for being resided in and put into use, has been checked and accepted by departments concerned as qualified or up to the standard of buildings completed and can be handed over for putting into use.

Floor Space of Commercial Buildings Sold refers to total contracted area of commercial buildings (i.e. area of floor space as designated in the formal contracts signed by both sides) sold by real estate development enterprises in the year.

Sales of Commercial Buildings refers to the total contracted value (i.e. the total contract price as designated in the formal contracts signed by both sides) received from the sales of the buildings by real estate development enterprises in the year. This indicator has the same statistical coverage as the area of commercial buildings sold.

06 能 源
Chapter 6 Energy

6-1 综合能源平衡表
Overall Energy Balance Sheet

单位：万吨标准煤 (10 000 tons SCE)

项 目	Item	2018	2019	2020	2021	2022
可供消费的能源总量	**Total Energy Available for Consumption**	**19916.2**	**20790.6**	**21185.9**	**22569.4**	**22545.0**
一次能源生产总量	Primary Energy Output	19172.0	20143.9	20433.1	21565.0	22836.6
外省(区、市)调入量	Imports from Other Provinces	8493.5	8753.1	8889.7	10588.2	10479.5
进口量	Imports					
境内飞机和轮船在境外加油量	The Refill of petroleum by Domestic Airplanes and Ships Abroad	19.3	26.1	11.9	8.3	12.0
本省(区、市)调出量(−)	Exports from Sichuan(-)	7557.7	8121.0	8263.4	9530.6	10665.0
出口量(−)	Exports(-)					
境外飞机和轮船在境内加油量(−)	The Refill of petroleum by Oversea Airplanes and Ships domestically(-)	15.9	15.0	4.6	3.2	2.6
年初年末库存差额	Stock Changes in the Year	-195.0	3.6	119.3	-58.2	-115.4
年初库存量	Stock (year-beginning)	587.7	779.0	761.2	619.9	728.0
年末库存量(−)	Stock (year-end)(-)	782.7	775.4	642.0	678.1	843.3
能源消费总量	**Total Energy Consumption**	**19916.2**	**20790.6**	**21185.9**	**22569.4**	**22545.0**
在总量中：	Consumption by Sector					
1.农、林、牧、渔业	1.Agriculture, Forestry, Animal Husbandry and Fishery	360.7	365.9	369.5	394.7	417.4
2.工业	2.Industry	12053.0	12614.4	12892.7	13740.4	13238.9
3.建筑业	3.Construction	631.0	653.3	643.9	696.6	689.0
4.交通运输、仓储和邮政业	4.Transport, Storage and Post	1813.4	1909.4	1814.7	1898.9	1875.8
5.批发和零售业、住宿和餐饮业	5.Wholesale and Retail Trades, Hotels and Catering Services	891.8	926.1	894.2	976.0	1033.0
6.其他	6.Other	1093.5	1126.9	1200.5	1384.7	1379.2
7.居民生活	7.Household Consumption	3072.7	3194.6	3370.4	3478.1	3911.7
在总量中：	Consumption by Usage					
1.终端消费	1.Final Consumption	19142.7	19995.2	20350.1	21607.8	21717.5
#工业	Industry	11333.4	11876.0	12063.3	12795.2	12429.6
2.加工转换损失量	2.Losses in Processing and Transformation	80.8	101.5	58.7	103.9	-34.5
火力发电	Thermal Power Generation					
供热	Heating	102.3	88.6	81.4	93.8	96.3
洗煤	Coal Washing and Dressing	258.6	288.5	193.3	175.7	122.9
炼焦	Coking	53.9	81.6	62.3	48.2	39.1
炼油	Petroleum Refining	270.9	341.6	367.9	416.0	362.8
制气	Gas Production		12.9	15.4	15.5	17.3
天然气液化	Natural Gas Liquefying	23.5	16.1	18.2	14.6	7.6
煤制品	Coal Products Processing	3.4	2.0	1.0	0.4	6.4
回收能(−)	Recovery of Energy(-)	-631.8	-729.8	-680.9	-660.3	-686.8
3.损失量	3.Other Losses	692.6	693.8	777.2	857.8	862.0
平衡差额	**Balance**					

注：本表按等价值计算。
a) Data in this table are calculated at equal value.

6-2 能源生产量和构成
Total Production of Energy and Composition

单位：万吨标准煤、% (10 000 tons SCE , %)

项　目	Item	2018	2019	2020	2021	2022
一次能源生产量	**Primary Energy Output**					
标准量(当量值)	Standard Volume(Heat Value Equivalent)	12344.3	13135.3	12928.3	13706.4	14666.5
构成(按当量值计算)	Composition(Calculated on the Basic of Heat Value Equivalent)	100.0	100.0	100.0	100.0	100.0
标准量(电力等价值)	Standard Volume(Equal Electricity Value)	19172.0	20143.9	20433.1	21565.0	22836.6
构成(按等价值计算)	Composition(Calculated on the Basic of Equal Electricity Value)	100.0	100.0	100.0	100.0	100.0
原煤	**Coal**					
实物量(万吨)	Physical Volume(10 000 tons)	3736.2	3396.6	2240.3	1952.6	2268.6
标准量(当量值)	Standard Volume(Heat Value Equivalent)	2944.7	2637.2	1744.5	1459.5	1803.2
构成(按当量值计算)	Composition(Calculated on the Basic of Heat Value Equivalent)	23.9	20.1	13.5	10.6	12.3
标准量(电力等价值)	Standard Volume(Equal Electricity Value)	2944.7	2637.2	1744.5	1459.5	1803.2
构成(按等价值计算)	Composition(Calculated on the Basic of Equal Electricity Value)	15.4	13.1	8.5	6.8	7.9
原油	**Crude Oil**					
实物量(万吨)	Physical Volume(10 000 tons)	8.1	8.4	7.9	9.2	11.9
标准量(当量值)	Standard Volume(Heat Value Equivalent)	11.6	12.0	11.2	13.2	17.1
构成(按当量值计算)	Composition(Calculated on the Basic of Heat Value Equivalent)	0.1	0.1	0.1	0.1	0.1
标准量(电力等价值)	Standard Volume(Equal Electricity Value)	11.6	12.0	11.2	13.2	17.1
构成(按等价值计算)	Composition(Calculated on the Basic of Equal Electricity Value)	0.1	0.1	0.1	0.1	0.1
天然气	**Natural Gas**					
实物量(亿立方米)	Physical Volume(100 million cu.m)	369.8	441.4	463.3	522.2	554.1
标准量(当量值)	Standard Volume(Heat Value Equivalent)	4918.7	5870.0	6162.4	6912.2	7306.4
构成(按当量值计算)	Composition(Calculated on the Basic of Heat Value Equivalent)	39.8	44.7	47.7	50.4	49.8
标准量(电力等价值)	Standard Volume(Equal Electricity Value)	4918.7	5870.0	6162.4	6912.2	7306.4
构成(按等价值计算)	Composition(Calculated on the Basic of Equal Electricity Value)	25.7	29.1	30.2	32.1	32.0
一次电力	**Primary Electricity**					
实物量(亿千瓦小时)	Physical Volume(100 million kwh)	3326.2	3415.4	3654.6	3863.5	4051.6
标准量(当量值)	Standard Volume(Heat Value Equivalent)	4087.9	4197.5	4491.5	4748.3	4979.4
构成(按当量值计算)	Composition(Calculated on the Basic of Heat Value Equivalent)	33.1	32.0	34.7	34.6	34.0
标准量(电力等价值)	Standard Volume(Equal Electricity Value)	10915.6	11206.1	11996.3	12606.8	13149.5
构成(按等价值计算)	Composition(Calculated on the Basic of Equal Electricity Value)	56.9	55.6	58.7	58.5	57.6
其他能源	**Other Energy**					
实物量(万吨标准煤)	Physical Volume(10 000 tons SCE)	381.4	418.7	518.6	573.3	560.4
标准量(当量值)	Standard Volume(Heat Value Equivalent)	381.4	418.7	518.6	573.3	560.4
构成(按当量值计算)	Composition(Calculated on the Basic of Heat Value Equivalent)	3.1	3.2	4.0	4.2	3.8
标准量(电力等价值)	Standard Volume(Equal Electricity Value)	381.4	418.7	518.6	573.3	560.4
构成(按等价值计算)	Composition(Calculated on the Basic of Equal Electricity Value)	2.0	2.1	2.5	2.7	2.5

6−3 能源消费量和构成
Total Consumption of Energy and Composition

单位：万吨标准煤、% (10 000 tons SCE , %)

项 目	Item	2018	2019	2020	2021	2022
能源消费总量	**Total Energy Consumption**					
标准量(当量值)	Standard Volume(Heat Value Equivalent)	15759.8	16382.2	16355.0	17241.3	17196.1
构成(按当量值计算)	Composition(Calculated on the Basic of Heat Value Equivalent)	100.0	100.0	100.0	100.0	100.0
标准量(电力等价值)	Standard Volume(Equal Electricity Value)	19916.2	20790.6	21185.9	22569.4	22545.0
构成(按等价值计算)	Composition(Calculated on the Basic of Equal Electricity Value)	100.0	100.0	100.0	100.0	100.0
煤品燃料	**Coal Products Fuel**					
标准量(当量值)	Standard Volume(Heat Value Equivalent)	5865.3	5886.1	5728.9	5846.0	5667.4
构成(按当量值计算)	Composition(Calculated on the Basic of Heat Value Equivalent)	37.2	35.9	35.0	33.9	33.0
标准量(电力等价值)	Standard Volume(Equal Electricity Value)	5865.3	5886.1	5728.9	5846.0	5667.4
构成(按等价值计算)	Composition(Calculated on the Basic of Equal Electricity Value)	29.5	28.3	27.0	25.9	25.1
油品燃料	**Oil Fuel**					
标准量(当量值)	Standard Volume(Heat Value Equivalent)	3680.7	3881.8	3729.6	3840.3	3914.0
构成(按当量值计算)	Composition(Calculated on the Basic of Heat Value Equivalent)	23.4	23.7	22.8	22.3	22.8
标准量(电力等价值)	Standard Volume(Equal Electricity Value)	3680.7	3881.8	3729.6	3840.3	3914.0
构成(按等价值计算)	Composition(Calculated on the Basic of Equal Electricity Value)	18.5	18.7	17.6	17.0	17.4
天然气	**Natural Gas**					
标准量(当量值)	Standard Volume(Heat Value Equivalent)	3152.2	3387.7	3486.6	3767.4	3783.8
构成(按当量值计算)	Composition(Calculated on the Basic of Heat Value Equivalent)	20.0	20.7	21.3	21.9	22.0
标准量(电力等价值)	Standard Volume(Equal Electricity Value)	3152.2	3387.7	3486.6	3767.4	3783.8
构成(按等价值计算)	Composition(Calculated on the Basic of Equal Electricity Value)	15.8	16.3	16.5	16.7	16.8
一次电力	**Primary Electricity**					
标准量(当量值)	Standard Volume(Heat Value Equivalent)	4087.9	4197.5	4491.5	4748.3	4979.4
构成(按当量值计算)	Composition(Calculated on the Basic of Heat Value Equivalent)	25.9	25.6	27.5	27.5	29.0
标准量(电力等价值)	Standard Volume(Equal Electricity Value)	10915.6	11206.1	11996.3	12606.8	13149.5
构成(按等价值计算)	Composition(Calculated on the Basic of Equal Electricity Value)	54.8	53.9	56.6	55.9	58.3
电力净调入(+)、调出(−)量	**Net Amount of Electricity Transferred in (+) and out(-)**					
标准量(当量值)	Standard Volume(Heat Value Equivalent)	-1599.4	-1557.3	-1600.3	-1528.9	-1719.4
构成(按当量值计算)	Composition(Calculated on the Basic of Heat Value Equivalent)	-10.1	-9.5	-9.8	-8.9	-10.0
标准量(电力等价值)	Standard Volume(Equal Electricity Value)	-4270.7	-4157.5	-4274.1	-4059.4	-4540.6
构成(按等价值计算)	Composition(Calculated on the Basic of Equal Electricity Value)	-21.4	-20.0	-20.2	-18.0	-20.1
其他能源	**Other Energy**					
标准量(当量值)	Standard Volume(Heat Value Equivalent)	573.1	586.3	518.6	568.2	571.0
构成(按当量值计算)	Composition(Calculated on the Basic of Heat Value Equivalent)	3.6	3.6	3.2	3.3	3.3
标准量(电力等价值)	Standard Volume(Equal Electricity Value)	573.1	586.3	518.6	568.2	571.0
构成(按等价值计算)	Composition(Calculated on the Basic of Equal Electricity Value)	2.9	2.8	2.4	2.5	2.5

6-4　主要能源库存量和周转天数
Stock and Revolving Days of Major Energy

单位：万吨、天　　(10 000 tons, day)

项　　目	Item	2018	2019	2020	2021	2022
煤炭	**Coal**					
年末库存量	Stock (year-end)	608.6	695.1	492.2	600.5	740.5
消费量	Consumption	7495.8	7713.5	7501.6	7796.1	7806.6
库存周转天数	Revolving Days of Stock	29.6	32.9	23.9	28.1	34.6
原煤	**Raw Coal**					
年末库存量	Stock (year-end)	426.1	495.3	367.4	485.2	606.8
消费量	Consumption	8167.4	8320.0	7754.0	7675.8	7622.4
库存周转天数	Revolving Days of Stock	19.0	21.7	17.3	23.1	29.1
洗精煤	**Coal Washed and Dressed**					
年末库存量	Stock (year-end)	140.0	160.8	97.5	76.3	77.3
消费量	Consumption	1580.5	1570.9	1504.7	1511.7	1449.4
库存周转天数	Revolving Days of Stock	32.3	37.4	23.6	18.4	19.5
其他洗煤	**Other Washed Coal**					
年末库存量	Stock (year-end)	37.7	38.5	25.5	37.4	55.4
消费量	Consumption	457.6	367.9	405.0	429.4	560.4
库存周转天数	Revolving Days of Stock	30.0	38.2	23.0	31.8	36.1
焦炭	**Coke**					
年末库存量	Stock (year-end)	32.4	33.1	44.3	43.7	67.1
消费量	Consumption	1165.9	1302.7	1215.7	1188.6	1117.5
库存周转天数	Revolving Days of Stock	10.1	9.3	13.3	13.4	21.9
石油	**Petroleum**					
年末库存量	Stock (year-end)	192.6	142.8	159.4	159.2	157.3
消费量	Consumption	2549.0	2689.1	2584.3	2660.1	2713.4
库存周转天数	Revolving Days of Stock	27.6	19.4	22.5	21.8	21.2
原油	**Crude Oil**					
年末库存量	Stock (year-end)	74.3	49.3	51.8	53.3	49.0
消费量	Consumption	719.8	1010.2	955.2	1024.8	1008.8
库存周转天数	Revolving Days of Stock	37.7	17.8	19.8	19.0	17.7
汽油	**Gasoline**					
年末库存量	Stock (year-end)	72.9	39.4	44.8	38.9	50.0
消费量	Consumption	874.1	917.0	897.2	934.8	985.8
库存周转天数	Revolving Days of Stock	30.4	15.7	18.2	15.2	18.5
煤油	**Kerosene**					
年末库存量	Stock (year-end)	1.4	9.2	9.7	12.6	8.2
消费量	Consumption	209.5	214.2	160.1	169.3	167.5
库存周转天数	Revolving Days of Stock	2.4	15.7	22.2	27.2	17.8
柴油	**Diesel Oil**					
年末库存量	Stock (year-end)	28.4	27.9	36.7	35.5	34.0
消费量	Consumption	902.1	912.9	898.7	925.7	955.2
库存周转天数	Revolving Days of Stock	11.5	11.2	14.9	14.0	13.0
燃料油	**Fuel Oil**					
年末库存量	Stock (year-end)	2.2	2.0	1.2	1.5	1.1
消费量	Consumption	33.3	50.1	40.6	52.4	25.8
库存周转天数	Revolving Days of Stock	24.1	14.3	10.5	10.3	14.8

6-5 能源加工转换情况
Statistics of Energy Conversion

单位：万吨标准煤、% (10 000 tons SCE , %)

项 目	Item	2018	2019	2020	2021	2022
合计	**Total**					
投入量	Input	6848.3	7409.9	7053.2	7416.6	7715.1
产出量	Output	5243.4	5578.1	5201.0	5311.6	5460.9
转换损失量	Losses in Conversion	1604.9	1831.7	1852.2	2105.0	2254.2
转换效率	Conversion Efficiency	76.6	75.3	73.7	71.6	70.8
火力发电	**Thermal Power Generation**					
投入量	Input	1426.5	1599.6	1732.0	2175.8	2578.9
产出量	Output	534.2	599.2	648.5	819.5	976.6
转换损失量	Losses in Conversion	892.3	1000.5	1083.5	1356.3	1602.4
转换效率	Conversion Efficiency	37.4	37.5	37.4	37.7	37.9
供热	**Heating**					
投入量	Input	266.6	284.5	342.4	351.1	336.2
产出量	Output	164.2	195.9	260.9	257.3	239.9
转换损失量	Losses in Conversion	102.3	88.6	81.4	93.8	96.3
转换效率	Conversion Efficiency	61.6	68.9	76.2	73.3	71.4
煤炭洗选	**Coal Washing and Dressing**					
投入量	Input	2400.2	2260.0	1767.9	1656.7	1541.7
产出量	Output	2141.7	1971.5	1574.6	1481.1	1418.8
转换损失量	Losses in Conversion	258.6	288.5	193.3	175.7	122.9
转换效率	Conversion Efficiency	89.2	87.2	89.1	89.4	92.0
炼焦	**Coking**					
投入量	Input	1459.1	1476.8	1408.6	1360.5	1300.4
产出量	Output	1405.2	1395.2	1346.3	1312.4	1261.2
转换损失量	Losses in Conversion	53.9	81.6	62.3	48.2	39.1
转换效率	Conversion Efficiency	96.3	94.5	95.6	96.5	97.0
炼油及煤制油	**Petroleum Refineries and Coal-to-liquids**					
投入量	Input	1092.2	1506.2	1485.7	1571.9	1490.5
产出量	Output	821.4	1164.6	1088.7	1171.3	1128.2
转换损失量	Losses in Conversion	270.9	341.6	397.0	400.6	362.3
转换效率	Conversion Efficiency	75.2	77.3	73.3	74.5	75.7

6-6 煤炭平衡表
Coal Balance Sheet

单位：万吨 (10 000 tons)

项　目	Item	2018	2019	2020	2021	2022
可供量	**Total Energy Available for Consumption**	**7495.8**	**7713.5**	**7501.6**	**7796.1**	**7806.6**
生产量	Output	3736.2	3396.6	2240.3	1952.6	2268.6
外省(区、市)调入量	Imports from Other Provinces	5504.2	5915.6	6422.6	7036.4	7179.1
进口量	Imports					
本省(区、市)调出量(—)	Exports from Sichuan(-)	1651.4	1512.3	1364.3	1084.5	1501.1
出口量(—)	Exports(-)					
年初年末库存差额	Stock Changes in the Year	-93.3	-86.5	202.9	-108.3	-140.0
年初库存量	Stock (year-beginning)	515.4	608.6	695.1	492.2	600.5
年末库存量(—)	Stock (year-end)(-)	608.6	695.1	492.2	600.5	740.5
消费量	**Total Energy Consumption**	**7495.8**	**7713.5**	**7501.6**	**7796.1**	**7806.6**
在总量中：	Consumption by Sector					
1.农、林、牧、渔业	1.Agriculture, Forestry, Animal Husbandry and Fishery	45.8	46.7	57.8	56.5	59.8
2.工业	2.Industry	7287.9	7555.2	7345.7	7646.3	7649.4
3.建筑业	3.Construction	10.4	10.7	11.5	9.1	9.4
4.交通运输、仓储和邮政业	4.Transport, Storage and Post	4.2	2.3	0.1	0.1	0.1
5.批发和零售业、住宿和餐饮业	5.Wholesale and Retail Trades, Hotels and Catering Services	26.3	15.7	10.2	10.2	9.4
6.其他	6.Other	19.4	10.7	8.6	8.6	8.4
7.居民生活	7.Household Consumption	101.7	72.1	67.8	65.4	70.0
在总量中：	Consumption by Usage					
1.终端消费	1.Final Consumption	3934.8	3573.9	3208.3	3061.0	2487.5
#工业	Industry	3727.0	3415.6	3052.4	2911.2	2330.4
2.中间消费(加工转换)	2. Intermediate Consumption (for processing conversion)	3560.9	4139.5	4293.3	4735.1	5319.0
#火力发电	Thermal Power Generation	1216.4	1691.0	1712.4	2237.8	2840.8
供热	Heating	231.3	292.7	383.6	336.6	358.8
洗选损耗	Losses in Coal Washing and Dressing	496.5	516.8	631.4	648.6	670.0
炼焦	Coking	1619.4	1637.7	1565.1	1511.7	1444.8
炼油及煤制油	Petroleum Refineries and Coal-to-liquids					
制气	Gas Production					
型煤加工损耗	Coal Products Processing Losses	-2.7	1.4	0.8	0.3	4.6
3.损失量	3.Other Losses					
平衡差额	**Balance**					

注：生产量为原煤产量。
a) Data on output refer to the output of raw coal.

6-7 石油平衡表
Petroleum Balance Sheet

单位：万吨 (10 000 tons)

项　目	Item	2018	2019	2020	2021	2022
可供量	**Total Energy Available for Consumption**	**2549.0**	**2689.1**	**2584.3**	**2660.1**	**2713.4**
生产量	Output	8.1	8.4	7.9	9.2	11.9
外省(区、市)调入量	Imports from Other Provinces	2620.1	2624.9	2588.1	3262.0	3275.6
进口量	Imports					
境内飞机和轮船在境外加油量	The Refill of petroleum by Domestic Airplanes and Ships Abroad	13.1	17.7	8.1	5.6	8.1
本省(区、市)调出量(−)	Exports from Sichuan(-)		1.5		614.9	582.4
出口量(−)	Exports(-)					
境外飞机和轮船在境内加油量(−)	The Refill of petroleum by Oversea Airplanes and Ships domestically(-)	10.8	10.2	3.2	2.2	1.8
年初年末库存差额	Stock Changes in the Year	-81.6	49.8	-16.7	0.2	1.9
年初库存量	Stock (year-beginning)	111.0	192.6	142.8	159.4	159.2
年末库存量(−)	Stock (year-end)(-)	192.6	142.8	159.4	159.2	157.3
消费量	**Total Energy Consumption**	**2549.0**	**2689.1**	**2584.3**	**2660.1**	**2713.4**
在总量中：	Consumption by Sector					
1.农、林、牧、渔业	1.Agriculture, Forestry, Animal Husbandry and Fishery	99.7	106.5	112.0	110.5	115.0
2.工业	2.Industry	441.2	511.7	500.7	536.3	538.9
3.建筑业	3.Construction	321.9	320.5	321.8	323.0	322.7
4.交通运输、仓储和邮政业	4.Transport, Storage and Post	905.8	946.0	887.9	924.8	922.9
5.批发和零售业、住宿和餐饮业	5.Wholesale and Retail Trades, Hotels and Catering Services	169.9	174.2	152.2	122.0	127.3
6.其他	6.Other	184.9	165.3	140.4	157.8	173.1
7.居民生活	7.Household Consumption	425.7	465.0	469.4	485.7	513.6
在总量中：	Consumption by Usage					
1.终端消费	1.Final Consumption	2321.9	2401.9	2305.1	2355.3	2443.2
#工业	Industry	214.1	224.5	221.5	231.5	268.7
2.中间消费(加工转换)	2. Intermediate Consumption (for processing conversion)	227.1	287.2	279.2	304.7	270.2
火力发电	Thermal Power Generation	3.3	4.0	3.1	2.1	2.0
供热	Heating	16.6	21.0	17.9	16.6	14.6
炼油损耗	Losses in Petroleum Refining	207.2	262.1	258.2	286.0	253.6
制气	Gas Production					
3.损失量	3.Other Losses					
平衡差额	**Balance**					

注：生产量为原油产量。
a) Data on output refer to the output of crude oil.

6-8 天然气平衡表
Natural Gas Balance Sheet

单位：亿立方米 (100 million cu.m)

项　目	Item	2018	2019	2020	2021	2022
可供量	**Total Energy Available for Consumption**	**237.0**	**254.4**	**261.8**	**285.4**	**288.9**
生产量	Output	369.8	441.4	463.3	522.2	554.1
外省(区、市)调入量	Imports from Other Provinces			0.4	0.2	0.3
进口量	Imports					
境内飞机和轮船在境外加油量	The Refill of petroleum by Domestic Airplanes and Ships Abroad					
本省(区、市)调出量(-)	Exports from Sichuan(-)	132.8	187.0	202.0	237.1	265.5
出口量(-)	Exports(-)					
境外飞机和轮船在境内加油量(-)	The Refill of petroleum by Oversea Airplanes and Ships domestically(-)					
年初年末库存差额	Stock Changes in the Year			0.1		0.1
年初库存量	Stock (year-beginning)	0.4	0.4	0.4	0.3	0.3
年末库存量(-)	Stock (year-end)(-)	0.4	0.4	0.3	0.3	0.2
消费量	**Total Energy Consumption**	**237.0**	**254.4**	**261.8**	**285.4**	**288.9**
在总量中：	Consumption by Sector					
1.农、林、牧、渔业	1.Agriculture, Forestry, Animal Husbandry and Fishery	1.0	0.7	0.9	1.4	1.4
2.工业	2.Industry	146.3	162.6	169.2	189.5	189.8
3.建筑业	3.Construction	1.0	0.2	0.2	0.3	0.3
4.交通运输、仓储和邮政业	4.Transport, Storage and Post	19.9	19.9	18.8	18.5	18.5
5.批发和零售业、住宿和餐饮业	5.Wholesale and Retail Trades, Hotels and Catering Services	12.6	12.6	11.6	12.1	12.2
6.其他	6.Other	7.5	7.4	6.9	7.4	7.4
7.居民生活	7.Household Consumption	48.8	51.1	54.3	56.2	59.3
在总量中：	Consumption by Usage					
1.终端消费	1.Final Consumption	224.5	239.3	242.1	261.2	261.7
#工业	Industry	137.8	151.8	150.0	166.2	163.6
2.中间消费(加工转换)	2. Intermediate Consumption (for processing conversion)	8.5	10.8	13.7	15.9	17.7
火力发电	Thermal Power Generation	4.0	5.2	4.8	6.6	7.1
供热	Heating	3.2	4.1	3.9	4.7	5.0
制气	Gas Production			3.3	2.9	3.5
天然气液化	Liquefied Natural Gas	1.2	1.6	1.6	1.7	2.0
3.损失量	3.Other Losses	4.0	4.3	6.0	8.4	9.5
平衡差额	**Balance**					

6-9 电力平衡表

Electricity Balance Sheet

单位：亿千瓦小时 (100 million kwh)

项 目	Item	2018	2019	2020	2021	2022
可供量	**Total Energy Available for Consumption**	**2459.5**	**2635.8**	**2880.2**	**3286.3**	**3447.1**
生产量	Output	3760.8	3902.9	4182.3	4530.3	4846.2
火电	Thermal Power	434.7	487.5	527.7	666.8	794.6
水电、核电、风电及其它	Hydropower, Nuclear Power and Other Power	3326.2	3415.4	3654.6	3863.5	4051.6
外省(区、市)调入量	Imports from Other Provinces	104.5	116.0	123.0	172.3	159.0
进口量	Imports					
本省(区、市)调出量(-)	Exports from Sichuan(-)	1405.8	1383.1	1425.1	1416.3	1558.1
出口量(-)	Exports(-)					
消费量	**Total Energy Consumption**	**2459.5**	**2635.8**	**2880.2**	**3286.3**	**3447.1**
在总量中：	Consumption by Sector					
1.农、林、牧、渔业	1.Agriculture, Forestry, Animal Husbandry and Fishery	16.5	18.6	22.1	29.8	35.1
2.工业	2.Industry	1527.4	1635.8	1776.9	2032.0	2064.6
3.建筑业	3.Construction	48.9	54.8	56.3	71.9	69.6
4.交通运输、仓储和邮政业	4.Transport, Storage and Post	58.3	64.7	69.3	84.7	81.3
5.批发和零售业、住宿和餐饮业	5.Wholesale and Retail Trades, Hotels and Catering Services	129.9	143.5	148.7	187.9	204.5
6.其他	6.Other	212.2	234.7	270.9	319.2	313.9
7.居民生活	7.Household Consumption	466.4	483.7	536.0	560.7	678.2
在总量中：	Consumption by Usage					
1.终端消费	1.Final Consumption	2264.8	2441.7	2668.0	3059.0	3221.8
#工业	Industry	1332.7	1441.7	1564.7	1804.7	1839.3
2. 输配电损失量	2.Losses in Transmission and Distribution	194.6	194.1	212.2	227.3	225.3
平衡差额	**Balance**					

6-10 各市(州)单位地区生产总值能耗上升或下降(等价值)
Increase or Decrease of Energy Consumption of Gross Regional Product per Unit Area by Region (Equivalent value)

单位：% (%)

市(州)	Region	2012	2013	2014	2015	2016	2017	2018	2019	2020	2021	2022
全　省	**Sichuan**	**-7.18**	**-4.92**	**-4.64**	**-7.25**	**-5.00**	**-5.13**	**-4.08**	**-2.76**	**-1.79**	**-1.57**	**-2.92**
成都市	Chengdu	-7.20	-4.72	2.10	-3.89	-2.66	-3.21	-5.79	-1.04	-2.37	-1.20	-3.21
自贡市	Zigong	-7.32	-5.42	-6.55	-10.34	-3.11	-4.50	-5.50	-5.49	-2.16	-3.14	-3.98
攀枝花市	Panzhihua	-5.00	-3.30	-8.43	-10.17	-9.76	-10.26	-7.44	-4.88	-2.15	-2.95	-3.00
泸州市	Luzhou	-6.24	-4.25	-4.00	-6.98	-3.94	-3.61	-3.63	-3.96	-3.21	-3.69	-2.11
德阳市	Deyang	-7.10	-5.05	-2.30	-7.78	-6.22	-8.07	-4.87	-3.08	-0.77	-1.47	-4.07
绵阳市	Mianyang	-7.12	-5.24	-5.75	-9.25	-8.42	-5.61	-3.72	-1.52	-0.53	-0.74	-2.29
广元市	Guangyuan	-5.10	-5.39	-6.69	-3.82	-5.09	-3.74	-4.51	-6.50	25.64	12.11	-7.58
遂宁市	Suining	-7.19	-4.24	-5.83	-9.56	-6.52	-8.00	-8.66	-0.82	-0.17	-0.74	1.06
内江市	Neijiang	-6.47	-3.06	-5.81	-7.95	-4.82	-3.85	-3.09	-5.49	-3.60	-3.69	-3.65
乐山市	Leshan	-7.30	-5.01	-6.59	-8.36	-4.66	-6.51	-4.38	-2.65	-2.52	1.48	5.59
南充市	Nanchong	-4.72	-4.58	-4.22	-5.54	-4.05	-4.73	-5.94	-5.37	-5.07	-3.43	-15.30
眉山市	Meishan	-6.58	-5.13	-6.97	-10.69	-8.91	-4.15	-5.28	-3.07	-0.59	-2.68	-1.64
宜宾市	Yibin	-2.54	-4.19	-5.65	-9.80	-4.21	-5.67	-3.10	-3.90	-2.33	-2.66	-1.24
广安市	Guangan	-7.19	-4.41	-3.87	-7.74	-5.43	-4.15	-3.48	-1.24	-3.72	-4.07	-2.39
达州市	Dazhou	-7.10	-4.68	-6.89	-6.03	-12.04	0.10	-4.31	-4.63	-4.23	-3.60	-3.96
雅安市	Yaan	-6.62	-3.42	-3.15	-6.18	-4.02	-10.10	-2.22	-1.44	-1.07	-1.94	-2.50
巴中市	Bazhong	-2.47	-2.86	-5.14	-1.90	0.36	-5.10	-2.54	-4.45	-1.20	-5.13	0.39
资阳市	Ziyang	-7.19	-4.82	-5.21	-7.92	-5.50	-7.68	-4.12	-5.40	-0.24	-2.04	-2.50
阿坝藏族羌族自治州	Aba	-3.98	-5.29	6.95	-4.80	0.10	-3.60	-6.16	-2.50	-5.32	-0.56	-10.56
甘孜藏族自治州	Ganzi	-2.42	-3.93	-2.55	0.51	0.65	-5.33	-3.69	-1.22	-2.23	-4.39	-9.47
凉山彝族自治州	Liangshan	-6.67	5.52	-6.73	-4.38	0.53	-5.27	0.18	-0.25	-4.31	-3.36	-2.26

注：地区生产总值按可比价格计算。
a) GDP is calculated at comparable prices.

6-11 各市(州)规模以上工业单位增加值能耗上升或下降(当量值)

Increase or Decrease of Energy Consumption of Industrial Value Added per Unit Area by Region(Heat Value Equivalent)

单位：% (%)

市(州)	Region	2012	2013	2014	2015	2016	2017	2018	2019	2020	2021	2022
全 省	**Sichuan**	**-12.28**	**-6.78**	**-8.03**	**-12.05**	**-8.44**	**-7.15**	**-7.27**	**-3.32**	**-4.02**	**-2.37**	**-3.37**
成都市	Chengdu	-14.82	-13.25	13.82	-7.79	-7.31	-6.97	-15.43	4.78	-3.40	-1.26	-6.25
自贡市	Zigong	-14.57	-10.81	-27.85	-21.07	-8.33	-8.53	-16.05	-18.63	-10.83	-4.98	-3.38
攀枝花市	Panzhihua	-9.21	-6.23	-12.93	-16.19	-11.68	-11.71	-7.91	-7.48	-3.67	-3.91	-5.95
泸州市	Luzhou	-8.93	-8.90	-6.00	-13.99	-8.59	-5.11	-4.99	-4.68	-2.17	-5.80	-1.98
德阳市	Deyang	-13.78	-10.79	-11.25	-13.78	-13.36	-10.98	-9.49	-5.73	-1.52	-1.63	-4.26
绵阳市	Mianyang	-13.81	-11.62	-7.20	-19.86	-16.56	-6.71	-4.04	0.27	2.67	4.40	9.52
广元市	Guangyuan	-6.12	-8.13	-11.92	-4.74	-9.91	-4.62	-6.99	-9.47	18.33	8.64	5.02
遂宁市	Suining	-11.75	-8.11	-10.93	-16.88	-12.69	-12.08	-18.46	0.06	2.88	-1.90	-8.25
内江市	Neijiang	-12.54	-5.12	-10.49	-14.53	-6.70	-5.33	-4.60	-7.09	-8.57	-6.92	1.50
乐山市	Leshan	-13.38	-8.70	-7.94	-9.22	-5.77	-8.68	-7.47	-4.03	-4.18	-3.17	-3.27
南充市	Nanchong	-9.27	-7.84	-10.81	-7.16	-6.52	-7.51	-7.74	-7.56	-6.86	-3.87	-25.75
眉山市	Meishan	-11.26	-10.45	-11.89	-21.11	-15.15	-6.83	-10.80	-8.43	-4.04	-6.35	-5.61
宜宾市	Yibin	-1.77	-8.52	-9.09	-20.18	-6.44	-11.25	-5.34	-9.76	-5.13	0.00	-2.51
广安市	Guangan	-15.62	-12.27	-6.72	-17.14	-14.27	-7.79	-1.49	1.98	-6.80	-0.36	15.13
达州市	Dazhou	-12.40	-7.81	-11.19	-6.71	-21.79	2.24	-7.44	-5.88	-6.72	-5.37	-3.22
雅安市	Yaan	-14.11	-7.16	-6.06	-9.05	-5.03	-17.64	-4.70	-4.25	-2.58	-4.28	-2.24
巴中市	Bazhong	-6.30	-7.69	-23.43	-1.78	4.12	-23.11	-5.28	-6.28	-10.10	-24.13	1.78
资阳市	Ziyang	-13.95	-9.15	-10.92	-8.42	-11.67	-16.99	-20.28	-17.49	-1.07	9.83	-6.63
阿坝藏族羌族自治州	Aba	-8.26	-14.09	8.76	-5.15	0.21	-3.41	-7.17	-1.17	-8.02	0.93	-8.86
甘孜藏族自治州	Ganzi	-19.00	-6.55	-8.09	2.06	10.37	-23.42	-5.70	-6.42	-9.29	-23.89	-29.52
凉山彝族自治州	Liangshan	-14.10	9.79	-12.81	-1.49	4.14	-5.89	7.22	6.29	-10.05	-6.75	-10.20

注：规模以上工业增加值按可比价格计算。
a) Industrial Value Added above designated size is calculated at comparable prices.

6－12 能源生产和能源消费弹性系数
Elasticity Coefficient of Energy Production and Consumption

项 目	Item	2018	2019	2020	2021	2022
能源生产	**Energy Production**					
能源生产比上年增长 (%)	Growth Rate of Primary Energy Production over Preceding Year (%)	-0.6	5.1	1.4	5.5	5.9
电力生产比上年增长 (%)	Growth Rate of Electricity Production over Preceding Year (%)	5.4	3.8	7.2	8.3	7.0
地区生产总值比上年增长 (%)	Growth Rate of Gross Regional Product over Preceding Year (%)	8.0	7.4	3.8	8.2	2.9
能源生产弹性系数	Elasticity Ratio of Energy Production		0.69	0.37	0.68	2.03
电力生产弹性系数	Elasticity Ratio of Electricity Production	0.67	0.51	1.89	1.01	2.41
能源消费	**Energy Consumption**					
能源消费比上年增长 (%)	Growth Rate of Energy Consumption over Preceding Year (%)	3.6	4.4	1.9	6.5	-0.1
电力消费比上年增长 (%)	Growth Rate of Electricity Consumption over Preceding Year (%)	11.5	7.2	9.3	14.1	4.9
地区生产总值比上年增长 (%)	Growth Rate of Gross Regional Product over Preceding Year (%)	8.0	7.4	3.8	8.2	2.9
能源消费弹性系数	Elasticity Ratio of Energy Consumption	0.45	0.59	0.50	0.79	-0.03
电力消费弹性系数	Elasticity Ratio of Electricity Consumption	1.45	0.97	2.45	1.72	1.69

注：地区生产总值增长速度按可比价格计算；能源生产和消费增长速度采用等价值总量计算。
a) Gross regional product growth rate is calculated at constant price; Energy production and consumption growth rate is calculated at total equal value.

主要统计指标解释

一次能源生产总量 指一定时期内，全省一次能源生产量的总和。该指标是观察全省能源生产水平、规模、构成和发展速度的总量指标。包括：原煤、原油、天然气、水电、核能及其他动力能（如风能、地热能等）发电量等，不包括低热值燃料生产量和由一次能源加工转换而成的二次能源产量。

能源消费总量 指一定地域内，国民经济各行业和居民家庭在一定时期内消费的各种能源的总和。包括：原煤、原油、天然气、水能、核能、风能、太阳能、地热能、生物质能等一次能源；一次能源通过加工转换产生的洗煤、焦炭、煤气、电力、热力、成品油等二次能源和同时产生的其他产品；其他化石能源、可再生能源和新能源。其中水能、风能、太阳能、地热能、生物质能等可再生能源，是指人们通过一定技术手段获得的，并作为商品能源使用的部分。在核算过程中，一次能源、二次能源消费不能重复计算。

能源消费总量分为终端能源消费量、能源加工转换损失量和能源损失量三部分。

(1)终端能源消费量：指一定时期内，用于消费（而非用于加工转换产出其他能源）的各种能源之和。

(2)能源加工转换损失量：指一定时期内，全省投入加工转换的各种能源数量之和与产出各种能源产品之和的差额。该指标是观察能源在加工转换过程中损失量变化的指标。

(3)能源损失量：指一定时期内，能源在输送、分配、储存过程中发生的损失和由客观原因造成的各种损失量，不包括各种气体能源放空、放散量。

单位地区生产总值能耗 指一定时期内，一个地区每生产一个单位的地区生产总值所消费的能源。计算公式为：

$$\text{单位地区生产总值能耗}=\frac{\text{能源消费总量}}{\text{地区生产总值}}$$

能源生产弹性系数 是研究能源生产增长速度与国民经济增长速度之间关系的指标。计算公式为：

$$\text{能源生产弹性系数}=\frac{\text{能源生产量年平均增长速度}}{\text{国民经济年平均增长速度}}$$

国民经济年平均增长速度，可根据不同的目的或需要，用国民生产总值、国内（地区）生产总值等指标来计算，本年鉴是采用地区生产总值指标计算。

电力生产弹性系数 是研究电力生产增长速度与国民经济增长速度之间关系的指标。计算公式为：

$$\text{电力生产弹性系数}=\frac{\text{电力生产量年平均增长速度}}{\text{国民经济年平均增长速度}}$$

能源消费弹性系数 反映能源消费增长速度与国民经济增长速度之间关系的指标。计算公式为：

$$\text{能源消费弹性系数}=\frac{\text{能源消费量年平均增长速度}}{\text{国民经济年平均增长速度}}$$

电力消费弹性系数 反映电力消费增长速度与国民经济增长速度之间关系的指标。计算公式为：

$$\text{电力消费弹性系数}=\frac{\text{电力消费量年平均增长速度}}{\text{国民经济年平均增长速度}}$$

Explanatory Notes on Main Statistical Indicators

Total Primary Energy Production refers to the total production of primary energy in a given period of time. It is a comprehensive indicator to show the level, scale, composition and growth of energy production of the country. It includes that of coal, crude oil, natural gas, hydropower and electricity generated by nuclear energy and other means such as wind power and geothermal power, etc. However, it does not include the production of fuels of low calorific value and secondary energy converted from primary energy.

Total Energy Consumption refers to the total consumption of energy of various kinds by the production sectors of the economy and the households in a given period of time. It includes primary energy such as coal, crude oil, natural gas, hydropower, nuclear power, wind power, solar power, geothermal power and bio-energy; the secondary energy and their products which are transformed from the primary energy such as washed coal, coke, coal gas, electricity, heating, and petroleum products; and other kinds of fossil energy, renewable energy and new energy. The renewable energy refers to the part of renewable energy that is attained with some given technical means and used for commercial purposes, including hydropower, wind power, solar power, geothermal power and bio-energy. In the process of accounting, there should be no double or multiple counting between and primary and the secondary accounting. Total energy consumption can be divided into three parts: final energy consumption; loss during the process of energy transformation; and other losses.

1) Final Energy Consumption: It refers to the consumption of various kinds of energy in a given period of time, not involving the energy consumed for transformation.

2) Losses During the Process of Energy Transformation: It refers to the total input of various kinds of energy for transformation, minus the total output of various kinds of energy products in a given period of time. It is an indicator to show the losses that occurs during the process of energy transformation.

3) Other Losses: It refers to the total of the losses of energy during the course of energy transport, distribution and storage and the losses caused by any objective reason in a given period of time. The losses of various kinds of gas due to gas discharges and stocktaking is not included.

Energy Consumption per Unit of GDP refers to the energy consumption per unit of Gross Regional Product in a region in the same reference period. The formula is:

$$\text{Energy Consumption per Unit of GDP} = \frac{\text{Total Energy Consumption}}{\text{Gross Regional Product}}$$

Elasticity Ratio of Energy Production is an indicator to show the relationship between the growth rate of energy production and the growth rate of the national economy. The formula is:

$$\text{Elasticity Ratio of Energy Production} = \frac{\text{Average Annual Growth Rate of Energy Production}}{\text{Average Annual Growth Rate of National Economy}}$$

The average annual growth rate of the national economy can be measured by indicators such as the gross national product or the gross domestic (regional) product, depending on the purposes or needs. The gross regional product has been used in the calculation of the ratio in the Yearbook.

Elasticity Ratio of Electricity Production is an indicator to show the relationship between the growth rate of electricity production and the growth rate of the national economy. The formula is:

$$\text{Elasticity Ratio of Electricity Production} = \frac{\text{Average Annual Growth Rate of Electricity Production}}{\text{Average Annual Growth Rate of National Economy}}$$

Elasticity Ratio of Energy Consumption is an indicator to show the relationship between the growth rate of energy consumption and the growth rate of the national economy. The formula is:

$$\text{Elasticity Ratio of Energy Consumption} = \frac{\text{Average Annual Growth Rate of Energy Consumption}}{\text{Average Annual Growth Rate of National Economy}}$$

Elasticity Ratio of Electricity Consumption is an indicator to show the relationship between the growth rate of electricity consumption and the growth rate of the national economy. The formula is:

$$\text{Elasticity Ratio of Electricity Consumption} = \frac{\text{Average Annual Growth Rate of Electricity Consumption}}{\text{Average Annual Growth Rate of National Economy}}$$

07 资源和环境
Chapter 7 Resources and Environment

7−1 主要城市平均气温(2022年)
Monthly Average Temperature of Major Cities(2022)

单位：摄氏度 (℃)

城市	City	1月 Jan.	2月 Feb.	3月 Mar.	4月 Apr.	5月 May	6月 June	7月 July	8月 Aug.	9月 Sept.	10月 Oct.	11月 Nov.	12月 Dec.	年平均 Annual Average
成都市	Chengdu	7.3	6.6	16.2	17.6	20.5	25.3	27.7	28.9	21.2	17.6	14.8	6.7	17.5
自贡市	Zigong	9.0	8.9	19.0	19.5	21.9	26.4	30.8	33.2	23.3	19.7	17.0	8.4	19.8
攀枝花市	Panzhihua	14.0	14.2	23.1	22.1	23.1	24.9	27.1	26.8	22.5	21.0	17.4	12.9	20.8
泸州市	Luzhou	8.7	8.7	18.4	19.0	20.9	25.4	30.0	33.0	23.1	19.2	16.8	8.0	19.3
德阳市	Deyang	6.9	6.5	16.3	17.6	20.5	26.0	28.3	29.8	21.2	17.5	14.4	6.4	17.6
绵阳市	Mianyang	7.4	7.1	17.2	18.2	21.3	26.7	29.2	30.8	21.7	18.1	14.9	7.1	18.3
广元市	Guangyuan	6.1	5.8	15.5	16.8	20.3	25.3	28.4	29.1	20.7	15.9	13.5	5.7	16.9
遂宁市	Suining	8.2	8.3	17.8	18.6	21.2	25.7	30.0	32.7	22.8	18.8	15.8	7.4	18.9
内江市	Neijiang	7.9	8.0	17.5	18.4	21.2	25.9	29.6	32.7	22.0	18.2	15.0	7.2	18.6
乐山市	Leshan	8.5	8.2	18.3	19.0	21.5	26.2	29.5	31.2	22.5	19.1	16.5	8.3	19.1
南充市	Nanchong	7.7	7.8	17.3	18.4	21.1	25.9	29.4	32.9	22.2	17.9	15.0	7.3	18.6
眉山市	Meishan	8.0	7.6	17.9	18.7	21.1	25.6	29.1	30.8	22.0	18.5	15.8	7.7	18.6
宜宾市	Yibin	8.3	7.7	18.3	18.6	20.5	25.0	29.2	31.3	22.2	18.6	16.2	7.5	18.6
广安市	Guangan	7.7	7.7	17.0	18.5	21.1	25.9	29.9	33.5	22.6	18.3	15.2	7.4	18.7
达州市	Dazhou	7.6	7.9	16.6	19.1	21.8	27.2	30.2	33.5	23.1	18.5	15.4	7.7	19.1
雅安市	Yaan	7.5	6.6	16.7	17.6	20.2	25.1	27.7	28.6	21.1	17.5	14.8	7.0	17.5
巴中市	Bazhong	6.0	6.2	16.0	17.4	20.3	25.4	28.2	30.7	20.8	16.5	13.7	5.8	17.3
资阳市	Ziyang	8.0	8.0	18.1	18.9	21.3	25.9	30.2	32.4	22.3	18.9	15.7	7.6	18.9
马尔康市	Maerkang	-0.4	1.3	8.3	8.9	12.7	16.0	18.1	20.2	13.6	10.0	5.2	-0.3	9.5
康定市	Kangding	-1.2	-2.7	8.2	7.8	10.7	14.0	17.9	19.4	12.0	8.9	6.1	-1.4	8.3
西昌市	Xichang	10.9	10.4	19.6	17.6	18.8	21.0	24.9	25.2	19.6	18.1	15.6	9.7	17.6

注：气象资料由四川省气象局提供。
a) The meteorological data are provided by the Sichuan Provincial Meteorological Bureau.

7-2 主要城市降水量(2022年)
Monthly Precipitation of Major Cities(2022)

单位：毫米 (millimeters)

城　市	City	1月 Jan.	2月 Feb.	3月 Mar.	4月 Apr.	5月 May	6月 June	7月 July	8月 Aug.	9月 Sept.	10月 Oct.	11月 Nov.	12月 Dec.	全年 Annual Total
成都市	Chengdu	6.9	32.2	22.5	120.9	134.4	89.4	150.0	265.1	98.2	45.5	16.1	3.3	984.5
自贡市	Zigong	21.4	14.8	21.2	118.9	206.4	97.7	80.6	47.2	94.8	32.6	4.4	14.9	754.9
攀枝花市	Panzhihua	1.8	10.2	2.0	11.2	83.5	209.7	121.8	97.3	93.1	17.8	0.1	3.6	652.1
泸州市	Luzhou	49.2	27.6	35.7	176.2	285.0	207.4	55.3	27.1	172.4	18.4	7.7	43.4	1105.4
德阳市	Deyang	9.2	32.3	22.2	132.9	109.1	47.5	92.4	126.7	119.9	38.2	2.5	2.9	735.8
绵阳市	Mianyang	6.2	28.7	16.9	94.2	117.4	18.7	68.4	88.1	89.1	31.7	4.1	2.2	565.7
广元市	Guangyuan	5.3	14.7	27.7	92.4	141.0	165.4	27.2	128.4	133.3	133.9	9.4	0.7	879.4
遂宁市	Suining	12.7	18.6	39.7	181.1	124.5	115.9	76.0	75.5	155.7	82.5	24.0	9.0	915.2
内江市	Neijiang	19.5	22.5	36.7	149.7	234.7	164.9	27.0	49.3	108.1	38.5	10.0	16.7	877.6
乐山市	Leshan	28.7	47.5	52.4	120.6	151.0	173.3	141.4	122.3	148.7	58.8	5.0	11.4	1061.1
南充市	Nanchong	16.3	24.3	46.4	176.7	86.3	86.7	180.2	111.5	157.1	75.0	25.8	13.0	999.3
眉山市	Meishan	9.9	24.8	18.3	104.5	120.6	176.7	49.8	61.2	98.0	43.5	1.6	4.0	712.9
宜宾市	Yibin	41.0	41.1	47.4	165.4	197.9	190.2	46.0	84.3	138.0	28.7	15.8	24.2	1020.0
广安市	Guangan	14.0	16.4	61.0	224.0	90.4	215.6	57.9	105.0	107.6	38.1	31.8	15.5	977.3
达州市	Dazhou	17.2	12.3	86.6	110.2	85.9	117.1	179.1	237.8	173.1	187.9	48.3	12.9	1268.4
雅安市	Yaan	23.3	47.8	58.8	153.6	260.7	153.5	343.4	231.8	145.8	75.8	46.3	16.3	1557.1
巴中市	Bazhong	17.9	6.7	54.4	106.5	88.1	134.8	286.4	161.8	168.1	96.3	37.9	6.7	1165.6
资阳市	Ziyang	11.4	19.2	15.7	118.3	108.0	40.1	12.8	28.9	87.2	38.6	4.4	6.3	490.9
马尔康市	Maerkang	4.3	16.2	51.8	83.2	105.0	102.9	54.1	142.4	138.5	117.0	1.7	0.6	817.7
康定市	Kangding	1.6	12.7	18.5	99.8	173.7	201.2	49.0	50.3	174.6	64.6	0.0	9.7	855.7
西昌市	Xichang	2.6	20.5	7.5	76.9	143.5	220.8	167.9	73.9	145.5	29.8	4.5	1.2	894.6

7–3 主要城市平均相对湿度(2022年)
Average Relative Humidity of Major Cities(2022)

单位：% (%)

城 市	City	1月 Jan.	2月 Feb.	3月 Mar.	4月 Apr.	5月 May	6月 June	7月 July	8月 Aug.	9月 Sept.	10月 Oct.	11月 Nov.	12月 Dec.	年平均 Annual Average
成都市	Chengdu	81	79	73	75	77	78	77	76	86	83	83	80	79
自贡市	Zigong	81	74	64	72	74	77	63	55	78	74	74	80	72
攀枝花市	Panzhihua	51	46	31	45	61	69	62	67	75	70	58	60	58
泸州市	Luzhou	88	78	71	77	81	83	68	53	81	78	79	89	77
德阳市	Deyang	81	79	69	75	76	74	71	70	87	83	83	76	77
绵阳市	Mianyang	77	74	63	69	69	68	64	61	79	72	74	66	70
广元市	Guangyuan	74	72	63	69	68	71	64	65	82	78	74	64	70
遂宁市	Suining	83	76	68	75	76	80	68	54	83	79	82	82	76
内江市	Neijiang	86	78	70	77	80	83	69	57	83	81	82	87	78
乐山市	Leshan	86	82	70	74	75	76	69	65	82	80	78	80	76
南充市	Nanchong	84	77	69	75	77	80	68	52	85	82	88	85	77
眉山市	Meishan	85	81	67	72	75	78	69	66	81	79	78	78	76
宜宾市	Yibin	89	85	68	77	81	84	70	61	84	83	83	91	80
广安市	Guangan	88	78	74	77	80	83	70	51	83	80	91	85	78
达州市	Dazhou	79	68	69	68	70	72	65	48	75	75	83	77	71
雅安市	Yaan	84	84	73	74	74	71	70	73	82	82	84	83	78
巴中市	Bazhong	78	72	65	70	72	78	70	57	85	81	85	76	74
资阳市	Ziyang	86	78	67	74	78	82	64	57	83	76	76	77	75
马尔康市	Maerkang	46	48	46	65	64	74	63	67	79	81	55	45	61
康定市	Kangding	67	73	57	73	77	84	72	71	84	83	66	75	74
西昌市	Xichang	50	49	35	57	68	77	62	64	76	68	53	58	60

7−4 林业发展情况
Conditions of Development of Forestry

指 标		Item		2022
森林资源覆盖率	**(%)**	**Forest Coverage Rate**	**(%)**	**40.26**
森林面积	(万公顷)	Forest Area	(10 000 hectares)	1956.80
森林蓄积量	(亿立方米)	Stock Volume of Forest	(100 million cu.m)	19.44
林业生产情况		**Basic Situation of Forestry Production**		
人工造林面积	(万公顷)	Manual Planting	(10 000 hectares)	2.18
本年新增封山育林面积	(万公顷)	Newly Sealed for Forest Breeding in the Year	(10 000 hectares)	6.92
育苗面积	(万公顷)	Area of Breeding	(10 000 hectares)	1.01
林产品产量		**Output of Forest Products**		
木材产量	(万立方米)	Timber	(10 000 cu.m)	288.71
大径竹产量	(万根)	Large diameter Bamboo	(10 000 sticks)	23375.80
锯材产量	(万立方米)	Sawed Lumber	(10 000 cu.m)	159.61
人造板产量	(万立方米)	Man-made Board	(10 000 cu.m)	447.27
油茶籽产量	(吨)	Tea-oil Seeds	(ton)	15594
竹笋干产量	(吨)	Dried Bamboo Shoot	(ton)	149593
核桃产量	(吨)	Walnuts	(ton)	680284
森林药材产量	(吨)	Forest Medicinal Materials	(ton)	226084
板栗产量	(吨)	Chestnuts	(ton)	68145
国有林区保护单位个数，国有苗圃、国有林场情况		**State-owned Forestry Protection Units, Nurseries and Centers**		
国有林区保护单位个数	(个)	Number of State-owned Forestry Protection Units	(unit)	90
国有苗圃个数	(个)	Number of State-owned Forestry Nurseries	(unit)	152
国有苗圃经营面积	(公顷)	Working Area of State-owned Forestry Nursery	(hectare)	493
国有林场个数	(个)	Number of State-owned Forestry Centers	(unit)	157
国有林场经营总面积	(万公顷)	Total Operating Area of State-owned Forestry Centers	(10 000 hectares)	269.0
林业草原系统从业人员和劳动报酬		**Employed Persons and Remuneration in Forestry System**		
单位数	(个)	Number of Units	(unit)	1554
#行政事业单位个数	(个)	Number of Administrative Institutions	(unit)	1455
年末人数	(万人)	Staff and Workers year-end	(10 000 persons)	2.86
#行政事业单位人数	(万人)	Number of Employees in Administrative Institutions	(10 000 persons)	1.94
在岗职工年工资总额	(万元)	Total Wages of Fully Employed Staff and Workers	(10 000 yuan)	299585
在岗职工年平均工资	(元)	Average Wage of Fully Employed Staff and Workers	(yuan)	104276

注：本表数据由四川省林业和草原局提供。
a) Data in this table are provided by the bureau of Forestry and Grassland of Sichuan Province.

7-5 森林火灾情况
Forest Fires

年份 Year	森林火灾次数 (次) Forest Fires (time)	一般火灾 Ordinary Fires	较大火灾 Major Fires	重大火灾 Severe Fires	特大火灾 Especially Severe Fires	火场总面积 (公顷) Total Area of Fires (hectare)	受害森林面积 (公顷) Destructed Forest Area (hectare)	火灾受害率 (‰) Rate of fire victimization (‰)
2000	125	11				850.0	67.0	0.01
2001	248	22				3209.0	385.0	0.03
2002	185	26				1567.0	340.0	0.03
2003	378	76				5919.2	826.8	0.07
2004	169	18				1330.2	176.5	0.02
2005	252	46		4		6818.1	2256.5	0.18
2006	511	48				3109.0	453.1	0.03
2007	458	44				2076.6	455.4	0.04
2008	233	31				4481.0	389.0	0.03
2009	310	247	56	7		5730.9	2577.2	0.02
2010	361	301	58	2		4594.7	1241.5	0.09
2011	309	245	64			3449.5	551.1	0.03
2012	486	394	92			3082.3	815.2	0.05
2013	447	370	77			2673.6	811.2	0.05
2014	442	365	77			4713.1	765.7	0.05
2015	220	183	37			1407.5	303.0	0.02
2016	263	230	33			1206.9	217.2	0.01
2017	171	152	18	1		1610.9	1014.9	0.07
2018	229	201	26	2		3589.5	1540.2	0.10
2019	138	105	31	1	1	2476.5	661.1	0.03
2020	111	88	20	3		5177.6	1452.7	0.08
2021	22	13	9			1736.4	239.2	0.01
2022	15	5	10			481.0	261.9	0.01

注：从2009年起，根据《森林火灾管理条例》规定，森林火灾分类为“一般森林火灾、较大森林火灾、重大森林火灾和特别重大森林火灾”，取消了原“森林火警”指标。根据《全国森林防火规划(2016-2025年)》，自2016年起“火灾损失率”变为“火灾受害率”，但其计算方法不变。

a) According to the "Forest Fire Regulations ",forest fires are classified as "ordinary forest fires, major forest fires, severe forest fires and especially severe fires," and the original "fire alarm" was abolished since 2009. According to the National Forest Fire Prevention Plan (2016-2025), the "rate of fire loss" has changed to the "rate of fire victimization" since 2016, but its calculation method remains unchanged.

7-6 林业有害生物防治情况
Prevention of Forest Biological Disasters

年份 Year	发生面积 (万公顷) Area of Occurrence (10 000 hectares)	防治面积 (万公顷) Area of Prevention (10 000 hectares)	成灾面积 (公顷) Area Covered by Natural Disaster (hectare)	测报准确率 (%) Forecasting Accurate Rate (%)	无公害防治率 (%) Pollution Prevention and Control Rate (%)	种苗产地检疫率 (%) Seeding Origin Quarantine Rate (%)
2000	61.48	57.19	183	94.7	93.0	98.2
2001	62.64	58.58	199	95.2	93.5	98.3
2002	73.93	62.52	390	95.5	84.6	99.7
2003	70.93	66.87	362	95.5	94.3	98.3
2004	71.01	68.02	754	96.5	95.8	96.0
2005	69.45	57.81	1220	90.5	83.3	99.8
2006	76.17	65.62	3065	93.3	81.7	99.8
2007	79.87	58.34	9000	90.8	73.0	99.8
2008	72.81	58.89	287	94.4	68.1	99.8
2009	77.59	61.57	227	93.4	79.4	100.0
2010	71.55	57.33	340	90.7	80.1	100.0
2011	69.87	55.42	513	94.7	93.3	100.0
2012	72.76	62.47	1415	98.4	98.3	99.5
2013	76.60	52.87	728	100.0	98.5	99.9
2014	73.21	52.09	1512	98.6	89.9	96.0
2015	71.60	50.67	3867	97.7	98.5	99.4
2016	69.90	49.90	4001	97.6	97.5	100.0
2017	68.14	45.34	6067	95.5	96.0	100.0
2018	69.13	56.20	4920	98.3	97.8	100.0
2019	68.29	46.99	940	97.6	95.4	100.0
2020	66.76	49.09	1220	98.1	93.6	100.0
2021	62.40	45.40	64473	93.2	96.6	100.0
2022	59.23	46.07	49840	93.0	97.5	100.0

注：根据国家林业和草原局规定，从2011年起，将"森林病虫害"改为"林业有害生物""监测率"改为"测报准确率""防治率"改为"无公害防治率""检疫率"改为"种苗产地检疫率"。

a) In accordance with the provisions of Nationa Forestry and Grassland Administration, since 2011, change indicator" forest insect and disease " to "forestry pest control", change indicator "monitoring rate" to "forecast accuracy", change the "prevention rate" to "pollution prevention and control rate", change the "quarantine rate" to "seeding origin quarantine rate".

7-7 主要矿产资源量
Major Mineral Resources

项目		Item		2022
煤炭	(亿吨)	Coal	(100 million tons)	134.72
铁矿	(矿石，亿吨)	Iron	(Ore, 100 million tons)	102.72
锰矿	(矿石，万吨)	Manganese	(Ore, 10 000 tons)	4622.52
钛矿	(钛铁矿TiO_2，万吨)	Titanium	(Ilmenite TiO_2, 10 000 tons)	71307.02
钒矿	(V_2O_5，万吨)	Vanadium	(V_2O_5, 10 000 tons)	1971.83
铜矿	(铜，万吨)	Copper	(Metal, 10 000 tons)	341.45
铅矿	(铅，万吨)	Lead	(Metal, 10 000 tons)	470.50
锌矿	(锌，万吨)	Zinc	(Metal, 10 000 tons)	664.61
镁矿	(矿石，万吨)	Magnesium	(Dolomite Ore, 10 000 tons)	2758.60
金矿	(金，吨)	Gold	(Metal, ton)	492.25
银矿	(银，吨)	Silver	(Metal, ton)	4944.70
锂矿	(Li_2O，万吨)	Lithium	(Li_2O, 10 000 tons)	350.19
石墨	(晶质石墨，万吨)	Graphite Mineral (Crystal)	(Crystalline graphite, 10 000 tons)	4821.59
硫铁矿	(矿石，万吨)	Pyrite Ore	(Ore, 10 000 tons)	174183.95
石棉	(石棉，万吨)	Asbestos	(Asbestos, 10 000 tons)	1500.76
石榴子石	(矿石，万吨)	Garnet	(Ore, 10 000 tons)	1411.99
芒硝（矿石）	(矿石，万吨)	Mirabilite	(Ore, 10 000 tons)	1597729.83
石膏	(矿石，万吨)	Gypsum	(Ore, 10 000 tons)	62416.47
菱镁矿	(矿石，万吨)	Magnesite Ore	(Ore, 10 000 tons)	844.43
熔剂用灰岩	(矿石，亿吨)	Grey Rock Used as Flux	(Ore, 100 million tons)	10.44
水泥用灰岩	(矿石，万吨)	Grey Rock Used as Cement	(Ore, 10 000 tons)	781013.33
冶金用白云岩	(矿石，亿吨)	Dolomite Ore for Metallurgy Use	(Ore, 100 million tons)	1.09
冶金用石英岩	(矿石，万吨)	Quartzite for Metallurgy Use	(Ore, 10 000 tons)	5059.61
玻璃用砂岩	(矿石，万吨)	Sandstone Used as Glass	(Ore, 10 000 tons)	6079.42
水泥配料用砂岩	(矿石，万吨)	Sandstone Used as Cement Burden	(Ore, 10 000 tons)	7909.59
砖瓦用砂岩	(矿石，万立方米)	Sandstone Used as Brick	(Ore, 10 000 cu.m)	1182.77
铸型用砂岩	(矿石，万吨)	Sandstone Used as Casting Mould	(Ore, 10 000 tons)	270.00
玻璃用脉石英	(矿石，万吨)	Quartzite Gangue Used as Glass	(Ore, 10 000 tons)	1915.69
硅藻土	(矿石，万吨)	Diatomaceous Earth	(Ore, 10 000 tons)	1554.79
高岭土	(矿石，万吨)	Kaolin Ore	(Ore, 10 000 tons)	725.72
耐火粘土	(矿石，万吨)	Refractory Clay	(Ore, 10 000 tons)	4523.59
水泥配料用粘土	(矿石，万吨)	Clay Used as Casting Mould	(Ore, 10 000 tons)	4199.14
水泥配料用泥岩	(矿石，万吨)	Mudstone Used as Casting Mould	(Ore, 10 000 tons)	3871.10
化肥用蛇纹岩	(矿石，万吨)	Serpentine Used as Chemistry Fertilizer	(Ore, 10 000 tons)	5963.10
饰面用花岗岩	(矿石，万立方米)	Granite Used for Decorations	(Ore, 10 000 cu.m)	17188.60
霞石正长岩	(矿石，万吨)	Nepheline Syenite	(Ore, 10 000 tons)	1029.38
饰面用大理岩	(矿石，万立方米)	Marble Used for Decorations	(Ore, 10 000 cu.m)	16135.64
盐矿（矿石）	(矿石，万吨)	Sodium Salt NaCl	(Ore, 10 000 tons)	1426907.31
磷矿	(矿石，万吨)	Phosphorus Ore	(Ore, 10 000 tons)	326449.28

注：主要矿产资源量由四川省自然资源厅提供。
a) Data of major mineral resources are provided by the Sichuan Provincial Department of Land and Resources.

7-8 “三废”排放及处理利用情况
Discharge, Treatment and Utilization of Waste Water, Waste Gas and Solid Wastes by Industry

单位：万吨 (10 000 tons)

指　　标	Item	2019	2020	2021
废水排放总量	Total Wastewater Discharged	263459.54	425941.23	416689.05
工业废水排放量	Industrial Wastewater Discharged	46619.26	43739.49	42490.98
城镇生活污水排放量	Urban Living Wastewater Discharged	216840.28	381725.63	373738.17
集中式治理设施污水排放量	Centralized Management Facilities of Sewage Discharged		476.11	459.90
化学需氧量(COD)排放量	Total Emission of Chemical Oxygen Demand(COD)	32.94	130.46	135.82
工业废水中COD排放量	COD Emissions from Industrial Wastewater	3.88	2.57	1.76
农业COD排放量	Agricultural COD Emissions	0.05	49.07	74.29
城镇生活污水中COD排放量	COD Emissions in Urban Sewage	28.96	78.79	59.73
集中式治理设施COD排放量	COD Emissions from Centralized Management Facilities	0.05	0.02	0.04
氨氮排放量	Ammonia Nitrogen Emissions	3.39	8.02	6.49
工业废水中氨氮排放量	Ammonia Nitrogen Emissions from Industrial Wastewater	0.17	0.13	0.12
农业氨氮排放量	Agricultural Ammonia Nitrogen Emissions	0.00	0.78	1.07
生活污水中氨氮排放量	Ammonia Nitrogen Emissions from Domestic Sewage	3.22	7.10	5.29
集中式治理设施氨氮排放量	Ammonia Nitrogen Emissions from Centralized Management Facilities	0.01	0.00	0.01
二氧化硫(SO_2)排放量	Sulphur Dioxide (SO_2) Emissions	18.82	16.31	13.58
工业SO_2排放量	Industrial SO_2 Emissions	17.61	12.50	10.55
城镇生活SO_2排放量	Urban Living SO_2 Emissions	1.20	3.81	3.02
集中式治理设施SO_2排放量	SO_2 Emissions from Centralized Management Facilities	0.01	0.00	0.01
氮氧化物排放量	Nitrogen Oxide Emissions	48.40	40.45	34.97
工业氮氧化物排放量	Industrial Nitrogen Oxide Emissions	21.66	16.30	14.60
城镇生活氮氧化物排放量	Nitrogen Oxide Emissions in Urban Life	1.44	2.00	2.14
机动车氮氧化物排放量	Motor Vehicle Emissions of Nitrogen Oxides	25.27	22.12	18.22
集中式治理设施氮氧化物排放量	Nitrogen Oxide Emissions from Centralized Management Facilities	0.03	0.02	0.02
颗粒物排放量	Smoke and Dust Emissions	34.57	22.40	19.21
工业颗粒物排放量	Industrial Smoke and Dust Emissions	32.25	16.12	14.22
城镇生活颗粒物排放量	Urban Living Smoke and Dust Emissions	2.02	5.98	4.80
机动车颗粒物排放量	Motor Vehicle Emissions of Smoke and Dust	0.28	0.30	0.20
集中式治理设施烟尘排放量	Smoke and Dust Emissions from Centralized Management Facilities	0.03	0.00	0.00
一般工业固体废物产生量	Common Industrial Solid Wastes Generation	18721.77	14902.59	14435.15
一般工业固体废物综合利用量	Common Industrial Solid Wastes Comprehensively Utilized	7631.63	5656.48	6151.29
#综合利用往年贮存量	Previous Storage	283.28	288.11	203.04
一般工业固体废物综合利用率 (%)	Ratio of Common Industrial Solid Wastes Comprehensively Utilized (%)	40.16	37.24	42.02
一般工业固体废物处置量	Common Industrial Solid Wastes Disposed	2231.34	2562.29	2350.88
#处置往年贮存量	Previous Storage	12.75	87.08	42.36
一般工业固体废物处置率 (%)	Ratio of Common Industrial Solid Wastes Disposed (%)	11.91	17.09	16.24
一般工业固体废物贮存量	Ratio of Common Industrial Solid Wastes Previous Storage	9154.00	7058.00	6178.34
一般工业固体废物倾倒丢弃量	Ratio of Common Industrial Solid Wastes Dumping Discard	0.84	1.00	0.04
危险废物产生量	Hazardous Wastes Generation	364.92	456.89	482.70
危险废物利用处置量	Hazardous Wastes Utilized and Disposed	349.19	458.56	497.61
#利用处置往年贮存量	Previous Storage	13.77	61.33	33.78
危险废物利用处置率 (%)	Ratio of Hazardous Wastes Utilized and Disposed (%)	92.21	90.23	96.35
危险废物贮存量	Hazardous Wastes Storage	29.51	49.66	44.31
危险废物倾倒丢弃量	Hazardous Wastes Dumping Discard	0.00	0.00	0.00

7-9 环境污染治理投资情况
Investment in Treatment of Environmental Pollution

单位：亿元 (100 million yuan)

指　　标	Item	2019	2020	2021
环境污染治理投资总额	Total Investment in the Treatment of Environmental Pollution	327.47	776.62	684.51
城市环境基础设施投资	Investment in Urban Environmental Infrastructure	140.38	376.06	344.83
#燃气	Gas Supply	6.63	7.79	19.20
集中供热	Centralized Heating		2.01	2.14
排水	Drainage Works	8.94	191.52	114.30
园林绿化	Gardening and Greening	98.83	151.47	159.10
市容环境卫生	Environmental Sanitation	25.98	23.27	50.09
工业污染源治理投资	Investment in the Treatment of Industrial Pollution	12.33	24.44	8.10
#治理废水	Waste Water Treatment	2.31	1.75	2.55
治理废气	Waste Gas Treatment	8.66	7.57	5.07
治理固体废物	Solid Wastes Treatment	0.31	1.41	0.00
治理噪声	Noise Treatment	0.01	0.06	0.07
治理其他	Others Treatment	1.04	13.65	0.41
完成环保验收项目环保投资	Environmental Investment Projects in the Completion of Environmental Acceptance	174.76	376.12	331.58
环境污染治理投资占GDP比重 (%)	Total Investment in the Treatment of Environmental Pollution as Percent of GDP (%)	0.71	1.60	1.27
工业废气治理设施运行费用	Operating Costs in the Treatment Facilities of Industrial Waste Gas	71.75	119.16	60.97
工业废水治理设施运行费用	Operating Costs in the Treatment Facilities of Industrial Waste Water	29.09	62.37	31.42

注：“三废”及环境污染治理资料由四川省生态环境厅提供。

a) The data of waste water, waste gas and solid wastes by industry are provided by the Sichuan Provincial Department of Environmental Protection.

主要统计指标解释

平均气温 气温指空气的温度，我国一般以摄氏度为单位表示。气象观测的温度表是放在离地面约 1.5 米处通风良好的百叶箱里测量的，因此，通常说的气温指的是离地面 1.5 米处百叶箱中的温度。计算方法：月平均气温是将全月各日的平均气温相加，除以该月的天数而得；年平均气温是将 12 个月的月平均气温累加后除以 12 而得。

平均相对湿度 指空气中实际水气压与当时气温下的饱和水气压之比。其统计方法与气温相同。

降水量 指从天空降落到地面的液态或固态(经融化后)水，未经蒸发、渗透、流失而在地面上积聚的深度。通常以毫米为单位计量。计算方法：月降水量是将全月各日的降水量累加而得。年降水量是将 12 个月的月降水量累加而得。

日照时数 指太阳实际照射地面的时数，通常以小时为单位表示。其统计方法与降水量相同。

森林面积 包括郁闭度 0.2 以上的乔木林地面积和竹林面积，国家特别规定的灌木林地面积，农田林网以及村旁、路旁、水旁、宅旁林木的覆盖面积。

森林覆盖率 以行政区域为单位的森林面积占区域土地总面积的百分比。计算公式：

$$森林覆盖率=\frac{森林面积}{土地总面积}\times 100\%$$

活立木总蓄积量 指一定范围土地上全部树木蓄积的总量，包括森林蓄积、疏林蓄积、散生木蓄积和四旁树蓄积。

森林蓄积量 指一定森林面积上存在着的林木树干部分的总材积。

人工造林 指在宜林荒山荒地、宜林沙荒地、无立木林地、疏林地和退耕地等其他宜林地上通过播种、植苗和分植来提高森林植被覆被率的技术措施。

森林火灾次数 指发生在城市市区外的一切森林、林木和林地的火灾次数。按照受害森林面积和伤亡人数，森林火灾分为一般森林火灾、较大森林火灾、重大森林火灾和特别重大森林火灾：(1)一般森林火灾：受害森林面积在 1 公顷以下或者其他林地起火的，或者死亡 1 人以上 3 人以下的，或者重伤 1 人以上 10 人以下的；(2)较大森林火灾：受害森林面积在 1 公顷以上 100 公顷以下的，或者死亡 3 人以上 10 人以下的，或者重伤 10 人以上 50 人以下的；(3)重大森林火灾：受害森林面积在 100 公顷以上 1000 公顷以下的，或者死亡 10 人以上 30 人以下的，或者重伤 50 人以上 100 人以下的；(4)特别重大森林火灾：受害森林面积在 1000 公顷以上的，或者死亡 30 人以上的，或者重伤 100 人以上的。本条所称“以上”包括本数，“以下”不包括本数。

林业有害生物 危害森林、林木、荒漠植被、湿地植被等的病虫鼠兔及有害植物。

矿产资源 指由地质作用形成的，具有利用价值的，呈固态、液态、气态的自然资源，是社会生产发展的重要物质基础。目前我国已发现矿种有 170 多种，按其特点和用途，可分为能源矿产（如煤炭、石油、天然气、地热），金属矿产（如铁矿、锰矿、铜矿、铅矿、铝土矿），非金属矿产（如金刚石、石灰岩、粘土）和水气矿产（如地下水、矿泉水、二氧化碳气）四大类。其中：金属矿产按其物质成份和性质又可分为：黑色金属矿产、有色金属矿产、贵金属矿产、稀有金属矿产、稀土金属矿产、分散元素金属矿产六类。

一般工业固体废物产生量 指当年全年调查对象实际产生的一般工业固体废物的量。一般工业固体废物指企业在工业生产过程中产生且不属于危险废物的工业固体废物。

一般工业固体废物综合利用量 指调查年度企业通过回收、加工、循环、交换等方式，从固体废物中提取或者使其转化为可以利用的资源、能源和其他原材料的固体废物量（包括当年利用的往年工业固体废物累计贮存量）。如用作农业肥料、生产建筑材料、筑路、用作充填回填材料等。综合利用量由原产生固体废物的单位统计。

一般工业固体废物处置量 指调查年度企业将工业固体废物焚烧和用其他改变工业固体废物的物理、化学、生物特性的方法，达到减少或者消除其危险成分的活动，或者将工业固体废物最终置于符合环境保护规定要求的填埋场的活动中，所消纳固体废物的量（包括当年处置的往年工业固体废物贮存量）。

一般工业固体废物贮存量 指调查年度企业以综合利用或处置为目的，将固体废物暂时贮存或堆存在专设的贮存设施或专设的集中堆存场所内的量。专设的固体废物贮存场所或贮存设施必须有防扩散、防流失、防渗漏、防止污染大气、水体的措施。

一般工业固体废物倾倒丢弃量 指调查年度企业将所产生的固体废物倾倒或者丢弃到固体废物污染防治设施、场所以外的量。

危险废物产生量 指调查年度调查对象实际产生的危险废物的量，包括利用处置危险废物过程中二次产生的危险废物的量。危险废物指列入国家危险废物名录或者根据国家规定的危险废物鉴别标准和鉴别方法认定的具有危险特性的废物。按《国家危险废物名录》（2016）填报。

危险废物利用处置量 指调查年度调查对象从危险废物中提取物质作为原材料或者燃料的活动中消纳危险废物的量，以及将危险废物焚烧和用其他改变危险废物物理、化学、生物特性的方法，达到减少或者消除其危险成分的活动，或者将危险废物最终置于符合环境保护规定要求的填埋场的活动中，所消纳危险废物的量。包括本单位自行处置利用的本单位产生和接收外单位危险废物量。

危险废物本年末贮存量 指截至调查年度年末，调查对象将危险废物以一定包装方式暂时存放在专设的贮存设施内的量。专设的贮存设施应符合《危险废物贮存污染控制标准》（GB18597-2001）等相关环保法律法规要求，具有防扩散、防流失、防渗漏、防止污染大气和水体措施的设施。包括本单位自行贮存的本单位产生的和接收外单位的危险废物量。

Explanatory Notes on Main Statistical Indicators

Average Temperature refers to the average air temperature on a regular basis, generally expressed in centigrade in China. Thermometers used for meteorological observation are placed in well-ventilated shelters about 1.5 meters above the ground. Therefore, the commonly used temperature refers to the temperature in the shelter 1.5 meters above the ground. The calculation method is as follows:

The summation of daily average temperature of one month divided by the actual days of that month represents the monthly average temperature. The summation of monthly average temperature of a year divided by 12 represents the annual average temperature.

Average Relative Humidity refers to the ratio of actual vapour pressure in the air to the saturation water vapour pressure at the current temperature. The calculation method is the same as that of average temperature.

Precipitation refers to the depth of water in liquid state or solid state (thawed), falling from atmosphere onto the ground without being evaporated, percolating or running off. It is usually expressed in millimeters. The calculation method is as follows: The monthly precipitation is obtained by the sum of daily precipitation of the month. and the annual precipitation is the sum of monthly precipitation of the 12 months of the year.

Sunshine Hours refer to the actual hours of sun irradiating the earth, usually expressed in hours. The calculation method is the same as that of the precipitation.

Forest Area refers to the area of trees and bamboo grow with a canopy density above 0.2 degree, the area of shrubby tree according to regulations of the government, area of land under agroforestry and the area of trees planted by the side of villages, farm houses and along roads and rivers.

Forest Coverage Rate refers to the ratio of forest area to the total land area within the administrative region. The formula is as follows:

$$\text{Forestry coverage rate}=\frac{\text{Area of Afforested Land}}{\text{Area of Total Land}}\times 100\%$$

Total Stock Volume of Living Trees refers to the total stock volume of trees accumulated on a certain area of land, including trees in forest, tress in sparse forest, scattered wood and trees planted by the side of villages, farm houses and along roads and rivers.

Stock Volume of Forest refers to total stock volume of timber of tree trunk in a given forest area.

Manual Planting refers to technical measures of sowing, planting seedlings and divided transplanting on land suitable for afforestation, including barren hills, idle land, sand dunes, non-timber forest land, woodland and "grain for green" land to increase vegetation coverage rate of forests.

Number of Forest Fires refers to the number of wild fires in forests, woods and woodland outside of cities. In light of the area plagued by fires and the number of casualties, forest fires can be categorized into general forest fires, relatively larger fires, serious forest fires and extraordinary serous forest fires: 1) General forest fires: the destructed forest area is less than 1 hectare, or the fire erupts in other woodland, or the number of deaths is no less than 1 but less than 3, or the number of seriously injured persons is no less than 1 but less than 10 persons. 2) Relatively larger forest fires: the destructed forest area is no less than 1 hectare but less than 100 hectares, or the number of deaths is no less than 3 but less than 10, or the number of seriously injured persons is no less than 10 but less than 50 persons. 3) Serious forest fires: the destructed forest area is no less than 100 hectares but less than 1000 hectares, or the number of deaths is no less than 10 but less than 30, or the number of seriously injured persons is no less than 50 but u less than 100 persons. 4) Extraordinary serious forest fires: the destructed forest area is no less than 1000 hectares, or the number of deaths is no less than 30, or the number of seriously injured persons is no less than 100 persons.

Forest Harmful Organisms refer to the diseases, pests, rats and harmful plants that plague forests, wood, desert and wetland vegetation.

Mineral Resources refer to useful minerals, with solid state, liquid state, gaseity, due to the geological process. Minerals are important natural resources, and important material base for economic and social development. At present, there are more than 170 types of minerals discovered in China. They can be categorized into four groups: energy minerals (including coal, petroleum, natural gas and terrestrial heat), metallic minerals (including iron, manganese, copper, lead and bauxite), nonmetallic minerals (including diamond, limestone and clay), and water/gas related minerals (including ground water, mineral water and carbon dioxide). Metallic minerals can be further classified as ferrous, non-ferrous, noble metal, rare metal, rare earth and dispersed metals.

Common Industrial Solid Wastes Generated refers to the amount of common industrial solid wastes the surveyed units actual generated over the year. The common industrial solid wastes refers to the industrial solid wastes that are generated during the industrial process and are not hazardous wastes.

Common Industrial Solid Wastes Integrated Use refers to amount of solid wastes from which useable materials can be extracted or converted into usable resources, energy or other materials through reclamation, processing, recycling and exchange (including utilizing in the year the stocks of industrial solid wastes of the previous year) generated by surveyed units over the year of the survey, e.g. being used as agricultural fertilizers, building materials, material for paving road or as backfill material. The information should be measured as the unit of generating wastes.

Common Industrial Solid Wastes Disposed refers to the amount of industrial solid wastes disposed, which covers the amount of previous years, through incineration or other methods to change its physical, chemical and biological properties to reduce or eliminate the hazards or land filled in the sites following the requirements for environmental protection by surveyed units over the year of the survey.

Stock of Common Industrial Solid Wastes refers to the amount of solid wastes placed in special facilities or special sites by enterprises for the purposes of integrated use or disposal over the year of the survey. The sites or facilities should take measures against dispersion, loss, seepage, and air and water contamination.

Common Industrial Solid Wastes Discharged refers to the amount of industrial solid wastes dumped or discharged by producing enterprises to disposal facilities or to other sites over the year of the survey.

Hazardous Wastes Generated refers to the amount of actual hazardous wastes generated by surveyed units over the year of the survey, which is covered secondary generation during the process of disposal and reuse of hazardous wastes. Hazardous waste refers to those listed in the National Hazardous Wastes catalogue or identified as any one of the hazardous properties in light of the national hazardous wastes identification standards and methods. It should be reported following the National Catalogue of Hazardous Wastes (2016 Version).

Hazardous Wastes Reused and Disposed refers to the amount of hazardous wastes that are used to extract materials for raw materials or fuel over the year of the survey, and the amount of hazardous wastes which are incineration or specially disposed using other methods to change its physical, chemical and biological properties and thus to reduce or eliminate the hazards, or placed ultimately in the sites following the requirements for environmental protection over the year of the survey. It includes the hazardous wastes generated by the enterprise itself and received from other enterprises.

Year-end Stock of Hazardous Wastes refers to the amount of hazardous wastes specially packaged and placed in special facilities or special sites by enterprises by the end of the year, which covered stock of surveyed units generated and received from other units. The special stock facilities should meet the requirements set in relevant environment protection laws and regulations such as "Pollution Control Standards for Hazardous Waste Stock" (GB18597-2001) and take measures against dispersion, loss, seepage, and air and water contamination.

08 财政和物价

Chapter 8 Local Government Finance and Price

8-1 地方一般公共预算收入
Local General Public Budget Revenue

单位：万元 (10 000 yuan)

项　目	Item	2017	2018	2019	2020	2021	2022
地方一般公共预算收入合计	**Local General Public Budget Revenue**	**35779887**	**39110092**	**40708260**	**42608928**	**47731545**	**48805453**
税收收入	**Taxes Revenue**	**24303247**	**28197650**	**28887420**	**29671996**	**33348635**	**31514290**
增值税	Value-added Tax	9988604	11209546	11263255	11039954	12007099	9204555
营业税	Business Tax	113279	55405				
企业所得税	Corporate Income Tax	3593787	4157932	4724352	5232526	5965298	6043806
个人所得税	Individual Income Tax	1527439	1785881	1262967	1358443	1628893	1733371
资源税	Resource Tax	304130	525197	633124	735863	830555	891527
城市维护建设税	Urban Maintenance and Construction Tax	1505920	1749815	1803428	1813863	2070301	2010116
房产税	Real Estate Tax	886559	1067767	1118559	1124752	1432857	1527766
印花税	Stamp Tax	382540	464113	480288	561244	703415	752267
城镇土地使用税	Urban Land Using Tax	720545	816622	791758	780766	928201	1074997
土地增值税	Value-added Tax on Land	1721949	2155195	2441022	2443754	2835949	3485503
车船税	Travel Tax	328750	382152	405684	434717	464688	467643
耕地占用税	Tax on the Occupancy of Cultivated Land	1051173	891121	906742	911933	715407	1077316
契税	Tax on Contracts	2099546	2809876	2892367	3087980	3584188	3063681
烟叶税	Tobacco Tax	79026	78483	81629	77102	98910	97398
环境保护税	Environmental Protection Tax		48545	60596	58561	68064	59303
其他收入	Other Incomes			21649	10538	14810	25041
非税收入	**Non-Tax Revenue**	**11476640**	**10912442**	**11820840**	**12936932**	**14382910**	**17291163**
专项收入	Special Revenue	2227509	2551749	2445761	2435527	2743118	2597015
行政事业性收费收入	Income from Administrative Fees	2113174	1716961	1612018	1932422	1869101	1908282
罚没收入	Penalty and Confiscatory Income	784092	843950	1034114	1298239	1869748	2260412
国有资本经营收入	State-owned Capital Operating Income	388471	279041	615789	654232	811446	957720
国有资源(资产)有偿使用收入	Income from State-owned Assets Compensation	4224477	3994898	4442287	4810848	5325535	7591571
捐赠收入	Donation Income	200552	133357	155756	177580	204231	213793
政府住房基金收入	Government Housing Fund Income	343376	303496	408560	428354	502026	637299
其他收入	Other Incomes	1194989	1088990	1106555	1199730	1057705	1125071

注：地方一般公共预算收入和支出情况由四川省财政厅提供。
a) Local general public budget revenue and expenditure are provided by Sichuan Provincial Department of Finance.

8-2 一般公共预算支出
Local General Public Budget Expenditure

单位：万元 (10 000 yuan)

项目	Item	2017	2018	2019	2020	2021	2022
一般公共预算支出合计	**General Public Budget Expenditure**	**86947591**	**97075048**	**103481712**	**111985355**	**112156881**	**119146585**
一般公共服务支出	Expenditure for General Public Services	7932969	8970009	9556194	9476220	9768087	10387834
外交支出	Expenditure for Diplomatic	184	599	500	255		
国防支出	Expenditure for National Defense	114257	135419	131574	139940	133551	158740
公共安全支出	Expenditure for Public Security	4714242	5283495	5256366	5271172	5318948	5620521
教育支出	Expenditure for Education	13892000	14617756	15788811	16861602	17330398	18650412
科学技术支出	Expenditure for Science and Technology	1065746	1479056	1849453	1817009	2731198	2291163
文化旅游体育与传媒支出	Expenditure for culture, tourism, sports and media	1424636	1549093	1964752	2292681	2104725	2021810
社会保障和就业支出	Expenditure for Social Safety and Employment	15013454	16441671	17623003	19986738	21658236	22376244
卫生健康支出	Expenditure for Health Care and Sanitation	8314550	8808866	9432664	10305174	10441444	11709185
节能环保支出	Expenditure for Energy Conservation and Environment Protection	1977468	2269045	2670062	2640163	2185494	2375849
城乡社区支出	Expenditure for Urban and Rural Community Affairs	7247945	6988681	8936367	7111654	6476202	7364226
农林水支出	Expenditure for Agriculture, Forestry and Water Conservancy	10231290	13108851	12884232	13393597	13300961	13593218
交通运输支出	Expenditure for Transport	5266808	6239747	6878330	7927272	7173464	7899840
资源勘探工业信息等支出	Expenditure for Exploration and Industrial Information, etc	3004329	2985761	2216830	2981218	2932452	3636783
商业服务业等支出	Expenditure for Commerce and Services	812055	775020	573211	658959	661203	743078
金融支出	Expenditure for Finance	141264	235768	113246	843898	593059	282284
援助其他地区支出	Expenditure for Other Regional Assistance	50558	61714	58672	47865	65205	79621
自然资源海洋气象等支出	Expenditure for Nature Resources, Maritime Meteorology, etc	803534	1083321	731546	871580	826750	1049455
住房保障支出	Expenditure for Housing Security	3251580	3507164	3489816	3814347	3715341	3866464
粮油物资储备支出	Expenditure for Management of Grain & Oil Reserves	324090	339603	358248	460236	421238	393717
灾害防治及应急管理支出	Expenditure for disaster prevention and emergency management			759504	1687684	1343546	1292016
债务付息支出	Expenditure for the Principal and Interest of Debts	968923	1491656	1939365	2214628	2276362	2477866
债务发行费用支出	Expenditure for Issuing Debts	13733	12259	15755	14237	11694	10221
其他支出	Other Expenditures	381976	690494	253211	1167226	687323	866038

注："卫生健康支出""自然资源海洋气象等支出"在2018年及以前分别是"医疗卫生与计划生育支出""国土海洋气象等支出"；"文化旅游体育与传媒支出""资源勘探工业信息等支出"在2020年及以前分别是"文化体育与传媒支出""资源勘探信息等支出"。

a) "The Expenditure for Health Care and Sanitation", "Expenditure for nature resources, Maritime Meteorology" are respectively "Expenditure for Health Care and Family Planning" and "Expenditure for Land, Maritime Meteorology" in 2018 and before; "The Expenditure for culture, tourism, sports and media", "Expenditure for Exploration and Industrial Information, etc" are respectively "Expenditure for Culture, Sports and Media" and "Expenditure for Exploration and Information" in 2020 and before.

8-3 各市(州)地方一般公共预算收入
Local General Public Budget Revenue by Region

单位：万元 (10 000 yuan)

市(州)	Region	2012	2013	2014	2015	2016	2017	2018	2019	2020	2021	2022
成都市	Chengdu	7808952	8985395	10251696	11576393	11754109	12755334	14241550	14829607	15203788	16976341	17224332
自贡市	Zigong	329898	383331	424059	448256	487574	532240	604091	612455	634540	683865	626797
攀枝花市	Panzhihua	571980	585450	629076	533412	567573	605930	615026	629645	682507	898528	839738
泸州市	Luzhou	827882	1096014	1159216	1282653	1386632	1460444	1500905	1596417	1700681	1901545	1926139
德阳市	Deyang	755322	804682	835153	886148	1000653	1061672	1175813	1249635	1320678	1486769	1565365
绵阳市	Mianyang	804009	904782	1017482	1041308	1076241	1105883	1245419	1311475	1409644	1591990	1596693
广元市	Guangyuan	268374	304621	347836	408176	405661	439915	476907	484859	526158	593054	613462
遂宁市	Suining	284546	335604	396957	493162	545580	601803	638447	692712	799245	916817	1033696
内江市	Neijiang	309262	377491	450832	502682	536799	560961	616958	636352	663379	724959	760101
乐山市	Leshan	704039	751097	787878	855322	931001	992170	1099199	1167253	1206182	1319210	1479901
南充市	Nanchong	528700	655666	765568	850746	943388	1032555	1138963	1232950	1339323	1448719	1048126
眉山市	Meishan	488088	636067	751991	831491	903008	931612	1031974	1107681	1216203	1378997	1561730
宜宾市	Yibin	829693	1016000	1056118	1149677	1256843	1388196	1608883	1754916	2000319	2511829	2758097
广安市	Guangan	328017	386177	459637	567494	642179	712493	800524	856711	860230	935747	953220
达州市	Dazhou	520360	603088	724120	791548	846636	907078	1010246	1076040	1123309	1333124	1500651
雅安市	Yaan	302166	229386	273788	303082	321792	348370	400289	430142	484874	593429	655719
巴中市	Bazhong	200592	273501	330371	390502	442945	455280	454580	476651	484045	508021	518366
资阳市	Ziyang	407333	484418	554619	617733	468360	497670	528490	530859	531275	579717	609897
阿坝藏族羌族自治州	Aba	258231	244616	285820	316730	325955	268146	246610	264035	287323	318469	347582
甘孜藏族自治州	Ganzi	215666	221242	275480	314299	322592	273660	300342	341162	401097	461368	478251
凉山彝族自治州	Liangshan	1000571	1100148	1123019	1070683	1210336	1345528	1462031	1535931	1603084	1727931	1841770

8-4 各市(州)一般公共预算支出
Local General Public Budget Expenditure by Region

单位：万元 (10 000 yuan)

市(州)	Region	2012	2013	2014	2015	2016	2017	2018	2019	2020	2021	2022
成都市	Chengdu	9838477	11617542	13400433	14684242	15958949	17566621	18374238	20069493	21594765	22376872	24350108
自贡市	Zigong	1288014	1399376	1473005	1733530	1795524	2229037	2422700	2325764	2387153	2403388	2568572
攀枝花市	Panzhihua	1081729	1150583	1211774	1126499	1220322	1370352	1379392	1373279	1598093	1716561	1471293
泸州市	Luzhou	2123111	2501142	2813002	3039880	3371677	3689580	4121544	4430935	4497260	4449876	4587129
德阳市	Deyang	1666553	1899686	1970901	2196393	2271346	2401735	2719508	2881965	3095336	3264015	3502599
绵阳市	Mianyang	2505571	2906401	2946402	3042238	3350412	3650634	4081641	4534296	4446984	4665237	5010834
广元市	Guangyuan	1576394	1772708	1923836	2096211	2305016	2507023	2770144	2590870	2895387	2732265	3027616
遂宁市	Suining	1333162	1441078	1560932	1828440	1999945	2305561	2522120	2680713	2687293	2803315	2857246
内江市	Neijiang	1420276	1589311	1766023	1924370	2002280	2175120	2433876	2720437	2765480	2545471	2585683
乐山市	Leshan	1687162	1936946	2154123	2321550	2570351	2820171	3028632	3171142	3182003	3185028	3151207
南充市	Nanchong	2787446	3097030	3446815	3696431	4271765	4603999	4952197	5551943	5739734	5153605	4931507
眉山市	Meishan	1432902	1726618	1819615	2072222	2166908	2256815	2351578	2593227	2754648	2768778	3107144
宜宾市	Yibin	2190349	2554295	2775160	3078287	3387430	3705395	4160183	4636228	5563088	5638992	6101344
广安市	Guangan	1486612	1625740	1872039	2226191	2443172	2660796	2890322	3043511	3062569	2950356	3240161
达州市	Dazhou	2403530	2559609	2878203	3243334	3590680	3891551	4186791	4199785	4382610	4361838	4826973
雅安市	Yaan	930050	2610709	3121494	2222395	1515500	1373913	1305375	1456480	1696085	1674875	1851974
巴中市	Bazhong	1675668	1912681	2050667	2460191	2678727	2813892	3138866	3131618	3104203	3146867	3257818
资阳市	Ziyang	1540424	1648956	1886782	2160816	1883649	1803147	1917986	1908888	2033303	2006636	2515201
阿坝藏族羌族自治州	Aba	1521951	1757926	1923022	2152522	2210559	2416638	2950767	3058792	3679485	3099812	3035414
甘孜藏族自治州	Ganzi	2202819	2753253	2888630	3162038	3004766	3433265	4205713	4021741	4538735	4096435	4137602
凉山彝族自治州	Liangshan	3004763	3330204	3658972	4176198	4591525	4798725	6817064	7367767	7077673	6241093	6455348

8-5 各市(州)地方一般公共预算主要收入项目(2022年)
Major Items of Local General Public Budget Revenue by Region(2022)

单位：万元 (10 000 yuan)

市(州)	Region	地方一般公共预算收入 Local General Public Budget Revenue	税收收入 Tax Revenue	增值税 Value-added Tax	企业所得税 Corporate Income Tax	个人所得税 Individual Income Tax	资源税 Resources Tax
成都市	Chengdu	17224332	12677709	2889601	1952537	759668	22997
自贡市	Zigong	626797	179722	-14719	32494	11277	4587
攀枝花市	Panzhihua	839738	509983	197402	71760	15132	41321
泸州市	Luzhou	1926139	1080165	326640	270807	41935	18812
德阳市	Deyang	1565365	974075	320795	157332	38325	18377
绵阳市	Mianyang	1596693	843608	82328	114004	44149	19673
广元市	Guangyuan	613462	296709	69388	39095	9575	27176
遂宁市	Suining	1033696	570030	165824	92816	14888	56264
内江市	Neijiang	760101	356184	89620	27042	10965	18120
乐山市	Leshan	1479901	797150	272054	192346	33811	27848
南充市	Nanchong	1048126	504868	95315	56686	16660	8396
眉山市	Meishan	1561730	766006	123847	76315	23226	5845
宜宾市	Yibin	2758097	1624716	491192	445856	37950	50478
广安市	Guangan	953220	412166	80223	55339	8286	9114
达州市	Dazhou	1500651	656711	199710	77344	15904	53738
雅安市	Yaan	655719	392767	173736	53127	12376	13060
巴中市	Bazhong	518366	201970	31215	16501	6647	3421
资阳市	Ziyang	609897	302066	19365	28173	7306	27711
阿坝藏族羌族自治州	Aba	347582	231869	113610	43431	9070	14970
甘孜藏族自治州	Ganzi	478251	259379	87768	29014	15465	22788
凉山彝族自治州	Liangshan	1841770	1044579	392594	177557	27160	96402

8-5 续表 continued

单位：万元 (10 000 yuan)

市(州)	Region	城市维护建设税 Urban Maintenance and Construction Tax	房产税 Housing Property Tax	土地增值税 Increment Tax on Land Value	耕地占用税 Tax on the Occupancy of Cultivated Land	契 税 Tax On Contracts	其他各项税收收入 Other Revenue	非税收入 Non-tax Revenue
成都市	Chengdu	1032426	632242	2615154	251210	1531294	990580	4546623
自贡市	Zigong	21786	13173	20292	8986	48054	33792	447075
攀枝花市	Panzhihua	33982	22080	9319	18122	29739	71126	329755
泸州市	Luzhou	105777	38997	47094	27429	100864	101810	845974
德阳市	Deyang	131119	29682	47364	42327	114737	74017	591290
绵阳市	Mianyang	63249	43419	159131	59215	159758	98682	753085
广元市	Guangyuan	21728	11323	19534	25135	42256	31499	316753
遂宁市	Suining	43105	16689	32426	26372	79973	41673	463666
内江市	Neijiang	23666	14583	39031	28908	67571	36678	403917
乐山市	Leshan	72993	20444	23729	12840	78857	62228	682751
南充市	Nanchong	34245	21865	78556	40096	96639	56410	543258
眉山市	Meishan	39062	19756	114032	85146	198949	79828	795724
宜宾市	Yibin	186371	42002	61714	75125	128751	105277	1133381
广安市	Guangan	23861	10987	40568	87532	63236	33020	541054
达州市	Dazhou	38820	16649	57063	25845	115919	55719	843940
雅安市	Yaan	29833	8666	16091	36236	26836	22806	262952
巴中市	Bazhong	12681	8586	15258	35162	51743	20756	316396
资阳市	Ziyang	17119	9104	51816	55490	60395	25587	307831
阿坝藏族羌族自治州	Aba	10013	6151	2738	15923	5015	10948	115713
甘孜藏族自治州	Ganzi	12068	5771	4726	66927	4941	9911	218872
凉山彝族自治州	Liangshan	55767	23770	29867	53290	58154	130018	797191

8-6 各市(州)一般公共预算主要支出项目(2022年)
Major Items of General Public Budget Expenditure by Region(2022)

单位：万元 (10 000 yuan)

市(州)	Region	一般公共预算支出 General Public Budget Expenditure	一般公共服务 General Public Services	国防 National Defense	公共安全 Public Safe	教育 Education	科学技术 Science Technology	文化旅游体育与传媒 Culture, Tourism, Sports and Media
成都市	Chengdu	24350108	2249034	53729	1391144	4003084	1518537	542019
自贡市	Zigong	2568572	279877	4019	132965	429342	29962	30057
攀枝花市	Panzhihua	1471293	177383	729	94459	258308	5878	20692
泸州市	Luzhou	4587129	428495	7483	212456	874155	29381	61187
德阳市	Deyang	3502599	413666	2415	179640	456557	37976	54376
绵阳市	Mianyang	5010834	537430	9358	244011	836674	120632	73773
广元市	Guangyuan	3027616	303343	3136	120674	463570	4707	45486
遂宁市	Suining	2857246	298243	3864	120375	465914	27999	42756
内江市	Neijiang	2585683	288178	3403	151339	463168	8000	39486
乐山市	Leshan	3151207	347202	3209	175059	485175	12213	75546
南充市	Nanchong	4931507	491635	4812	229177	955537	10130	61923
眉山市	Meishan	3107144	388304	2207	175926	452368	15566	38852
宜宾市	Yibin	6101344	528759	19707	238493	1023210	90832	82541
广安市	Guangan	3240161	321880	3246	161563	666993	7383	32193
达州市	Dazhou	4826973	422733	2929	169674	878472	18422	56023
雅安市	Yaan	1851974	231363	1763	107320	245322	24888	44268
巴中市	Bazhong	3257818	282997	1806	111026	580906	9986	46873
资阳市	Ziyang	2515201	214645	1735	103555	562276	25881	49882
阿坝藏族羌族自治州	Aba	3035414	366498	2579	160346	401153	9112	113639
甘孜藏族自治州	Ganzi	4137602	501301	2434	208644	508214	9852	90502
凉山彝族自治州	Liangshan	6455348	595797	3898	249605	1339982	13776	107472

8-6 续表 1 continued

单位：万元 (10 000 yuan)

市(州)	Region	社会保障和就业 Social Safety and Employment	卫生健康 Health Care and Sanitation	节能环保 Energy Conservation and Environment Protection	城乡社区 Urban and Rural Community Affairs	农林水 Agriculture, Forestry and Water Conservancy	交通运输 Transport	资源勘探工业信息等 Exploration and Industrial Information	商业服务业等 Commercial Services
成都市	Chengdu	2339166	2718727	546274	3388391	1246105	551587	1406372	377183
自贡市	Zigong	337078	318545	39043	307770	278331	67239	17441	7386
攀枝花市	Panzhihua	196601	156219	19872	127164	181420	64464	9584	2759
泸州市	Luzhou	572538	563997	176747	270681	634320	204285	91787	25579
德阳市	Deyang	438385	427103	111556	403989	352976	205144	40528	20202
绵阳市	Mianyang	607860	560845	63654	478078	583873	130048	124938	70288
广元市	Guangyuan	363822	356085	81754	129156	577700	151990	38850	12728
遂宁市	Suining	349506	326256	68333	214106	463771	74147	36817	18015
内江市	Neijiang	393636	383171	34986	119438	347104	55450	24967	8619
乐山市	Leshan	412943	349775	33353	243581	514623	103191	107942	6708
南充市	Nanchong	719444	639472	98823	126894	819587	173700	58484	19898
眉山市	Meishan	356552	389898	49332	239149	443823	138319	105629	9091
宜宾市	Yibin	601676	667807	190430	360144	840985	256869	779465	30876
广安市	Guangan	434732	448146	80145	123580	499818	99303	56700	15778
达州市	Dazhou	712442	636146	54735	139515	856301	217229	132149	18553
雅安市	Yaan	216498	216234	89352	101522	239944	101341	33048	6484
巴中市	Bazhong	405647	374052	31186	96703	635478	306968	32429	8007
资阳市	Ziyang	324251	310751	22658	128987	315232	32053	202565	6875
阿坝藏族羌族自治州	Aba	271390	285055	123962	81211	686401	161642	12553	6146
甘孜藏族自治州	Ganzi	346426	306128	117517	164166	887000	579628	16039	6557
凉山彝族自治州	Liangshan	717096	757146	133664	106447	1565648	285371	37650	19350

8-6 续表 2 continued

单位：万元 (10 000 yuan)

市(州)	Region	金融 Finance	援助其他地区 Other Regional Assistance	自然资源海洋气象等 Nature Resources, Maritime Meteorology	住房保障 Housing Security	粮油物资储备 Management of Grain & Oil Reserves	债务付息 Principal and Interest of Debts	债务发行费用支出 Issuing Debts Expenditure	其他 Other
成都市	Chengdu	163817	59484	190332	763977	28528	417191	2285	393142
自贡市	Zigong	4188	2452	23629	158874	8064	69004	213	23093
攀枝花市	Panzhihua	2154		8355	73250	753	53038	219	17992
泸州市	Luzhou	4412	187	31272	165412	13821	96687	410	121837
德阳市	Deyang	12430	2902	28905	180389	36022	49430	299	47709
绵阳市	Mianyang	7855	10780	62739	266912	19219	97937	483	103447
广元市	Guangyuan	5515		29751	125477	9517	84480	294	119581
遂宁市	Suining	1980		37736	171983	4355	71490	241	59359
内江市	Neijiang	1656	2200	26812	80756	6485	110421	355	36053
乐山市	Leshan	2116	400	35363	118341	4653	79000	263	40551
南充市	Nanchong	1180		49596	257467	12517	128579	482	72170
眉山市	Meishan	4290	800	71152	94246	4723	74906	292	51719
宜宾市	Yibin	14153		73584	208359	9991	104318	273	-21128
广安市	Guangan	2700	412	20760	130978	12087	76952	274	44538
达州市	Dazhou	1560		47998	245957	14228	134747	449	66711
雅安市	Yaan	2909		25194	70297	3230	33070	128	57799
巴中市	Bazhong	2776		18680	135395	13899	134998	354	27652
资阳市	Ziyang	938		32829	82904	2367	79332	343	15142
阿坝藏族羌族自治州	Aba	5529		70335	102984	5080	26664	72	143063
甘孜藏族自治州	Ganzi	2895		31770	112528	3534	34178	76	208213
凉山彝族自治州	Liangshan	3721		52945	171499	9866	117449	257	166709

8－7　居民消费价格指数(2022年)
General Consumer Price Index(2022)

(上年=100)　　(preceding year=100)

项　目	Item	居民消费价格指数 General Consumer Price Index		
		全　省 Province	城　市 Urban Areas	农　村 Rural Areas
居民消费价格指数	**General Consumer Price Index**	**102.0**	**102.1**	**101.8**
食品烟酒	Food, Tobacco and Liquor	101.9	102.1	101.5
粮食	Grain	103.8	104.0	103.6
鲜菜	Fresh Vegetables	101.8	101.0	103.9
畜肉	Livestock Meat	96.2	96.3	95.9
水产品	Aquatic Products	100.7	101.5	99.0
蛋	Eggs	105.8	105.3	107.1
鲜果	Fresh Fruits	110.6	111.7	108.3
衣着	Clothing	101.4	101.8	100.1
居住	Residence	101.0	101.1	100.8
生活用品及服务	Daily Necessities and Services	101.3	101.6	100.5
交通通信	Transport and Communications	105.4	105.3	105.6
教育文化娱乐	Education, Culture and Recreation	102.0	102.0	102.1
医疗保健	Health Care	100.6	100.3	101.1
其他用品及服务	Other Articles and Services	101.7	101.8	101.4

8－8　商品零售价格总指数(2022年)
General Retail Price Index(2022)

(上年=100)　　(preceding year=100)

项　目	Item	商品零售价格总指数 Retail Price Index of Commodities		
		全　省 Province	城　市 Urban Areas	农　村 Rural Areas
商品零售价格指数	**General Retail Price Index**	**102.9**	**102.9**	**102.9**
食品	Food	102.3	102.6	101.3
饮料、烟酒	Beverages, Tobacco and Liquor	101.7	101.9	101.0
服装、鞋帽	Garments, Shoes and Hats	101.3	101.6	100.3
纺织品	Textiles	100.1	100.0	100.3
家用电器及音像器材	Household Electrical Appliances and Audio-Visual Equipment	100.7	100.6	100.9
文化办公用品	Cultural and Office Goods	100.8	100.8	100.7
日用品	Articles for Daily Use	101.0	101.1	100.2
体育娱乐用品	Sports and Entertainment Goods	100.5	100.3	100.9
交通、通信用品	Transportation and Telecommunication Goods	98.4	98.2	99.2
家具	Furniture	103.6	104.0	101.6
化妆品	Cosmetics	102.0	102.2	100.6
金银饰品	Gold and Silver Ornaments	100.5	100.0	103.0
中西药品及医疗保健用品	Traditional Chinese and Western Medicines, Health Care Articles	99.9	99.4	101.1
书报杂志及电子出版物	Newspapers and Magazines, Electronic Journal	101.6	101.7	101.1
燃料	Fuels	115.5	114.9	118.1
建筑材料及五金电料	Building Materials, Hardware, Electric Materials and Appliances	102.7	102.8	102.3

8-9 各市(州)城市居民消费价格指数(2022年)
General Consumer Price Index by Region(2022)

(上年=100) (preceding year=100)

市(州)	Region	居民消费价格指数 Consumer Price Index	食品烟酒 Food, Tobacco and Liquor	#粮食 Grain	#鲜菜 Fresh Vegetables	#畜肉 Livestock Meat	#水产品 Aquatic Products	#蛋 Eggs	#鲜果 Fresh Fruits
成都市	Chengdu	102.4	102.4	105.9	99.8	96.5	103.5	104.5	113.1
自贡市	Zigong	101.7	102.3	104.4	106.3	95.6	98.6	106.1	113.3
攀枝花市	Panzhihua	101.7	102.0	102.4	104.4	94.1	99.4	105.5	111.9
泸州市	Luzhou	102.0	101.4	99.4	100.2	96.8	102.0	108.8	109.7
德阳市	Deyang	102.2	102.9	106.7	99.9	96.9	98.1	104.0	106.8
绵阳市	Mianyang	102.1	102.4	102.8	103.9	96.5	101.6	102.9	111.6
广元市	Guangyuan	100.8	100.4	103.0	95.8	95.7	105.6	98.2	105.8
遂宁市	Suining	101.6	101.3	102.5	98.3	94.5	99.4	107.6	113.0
内江市	Neijiang	101.9	102.5	99.6	100.8	97.7	99.5	113.3	114.3
乐山市	Leshan	101.6	101.9	100.4	102.1	94.0	98.5	101.7	113.1
南充市	Nanchong	102.1	101.3	100.6	100.5	99.3	101.0	109.6	104.4
眉山市	Meishan	102.1	101.7	103.0	101.0	96.0	101.1	103.9	109.1
宜宾市	Yibin	101.7	102.2	104.4	101.9	98.7	97.7	101.8	112.3
广安市	Guangan	101.4	100.6	102.4	103.2	94.3	95.2	102.9	109.2
达州市	Dazhou	101.7	101.8	103.6	100.6	93.8	99.6	105.7	112.4
雅安市	Yaan	101.2	102.1	103.9	102.3	94.2	98.7	104.3	125.1
巴中市	Bazhong	101.8	101.2	101.4	100.1	94.8	100.7	109.8	104.3
资阳市	Ziyang	101.1	101.4	100.6	106.5	92.4	99.0	103.3	107.7
阿坝藏族羌族自治州	Aba	101.6	100.8	102.7	101.2	93.5	101.3	104.5	102.2
甘孜藏族自治州	Ganzi	101.3	100.9	100.7	105.9	94.3	99.7	103.0	105.5
凉山彝族自治州	Liangshan	100.2	101.5	100.8	108.7	95.7	98.7	105.9	108.5

8−9 续表 continued

(上年=100) (preceding year=100)

市(州)	Region	衣着 Clothing	居住 Residence	生活用品及服务 Daily Necessities and Services	交通通信 Transport and Communication	教育文化娱乐 Education, Culture and Recreation	医疗保健 Health Care	其他用品及服务 Other Articles and Services
成都市	Chengdu	103.3	101.3	102.9	105.8	102.0	99.7	102.0
自贡市	Zigong	99.3	100.4	100.4	103.7	101.6	102.6	101.6
攀枝花市	Panzhihua	101.3	100.1	100.8	105.0	102.2	99.2	101.0
泸州市	Luzhou	103.5	102.1	100.5	105.7	100.9	99.7	101.7
德阳市	Deyang	99.8	100.5	102.5	105.4	101.7	99.1	102.3
绵阳市	Mianyang	100.5	101.0	99.7	105.2	103.2	99.8	102.1
广元市	Guangyuan	96.4	100.2	100.3	105.5	99.9	101.1	101.6
遂宁市	Suining	100.9	100.7	101.4	104.4	103.1	99.3	101.7
内江市	Neijiang	99.0	100.8	101.4	104.7	101.6	101.6	101.4
乐山市	Leshan	97.9	101.3	101.3	103.4	102.1	100.6	102.7
南充市	Nanchong	100.0	101.0	102.2	106.4	101.3	102.8	102.5
眉山市	Meishan	101.6	100.4	101.2	106.1	103.3	100.7	101.5
宜宾市	Yibin	101.7	100.9	99.2	103.8	100.2	102.2	102.5
广安市	Guangan	101.2	100.3	100.4	105.3	102.3	100.6	100.9
达州市	Dazhou	100.1	101.2	100.7	103.4	103.9	100.2	100.5
雅安市	Yaan	98.5	98.5	101.6	104.4	102.9	98.7	101.1
巴中市	Bazhong	100.4	101.2	101.0	106.2	101.4	100.7	101.9
资阳市	Ziyang	98.6	100.3	100.8	105.0	99.2	100.4	101.5
阿坝藏族羌族自治州	Aba	100.4	100.3	101.0	105.2	100.5	104.7	102.0
甘孜藏族自治州	Ganzi	101.4	100.8	100.3	106.1	100.2	99.5	101.6
凉山彝族自治州	Liangshan	97.2	96.5	101.0	102.4	101.5	99.1	101.1

8-10 各市(州)城市商品零售价格指数(2022年)
General Retail Price Index by Region(2022)

(上年=100) (preceding year=100)

市(州)	Region	商品零售价格指数 General Retail Price Index	食品 Food	饮料、烟酒 Beverages, Tobacco and Liquor	服装、鞋帽 Garments, Shoes and Hats	纺织品 Textiles	家用电器及音像器材 Household Electrical Appliances and Audio-Visual Equipment	文化办公用品 Cultural and Office Goods	日用品 Articles for Daily Use	体育娱乐用品 Sports and Entertainment Goods
成都市	Chengdu	102.8	102.2	102.7	103.1	99.7	101.4	101.5	101.6	99.9
自贡市	Zigong	102.8	102.5	101.3	99.3	99.9	98.3	98.9	100.0	98.5
攀枝花市	Panzhihua	103.0	101.9	102.2	101.2	103.7	99.5	100.4	99.8	101.5
泸州市	Luzhou	102.8	101.2	101.9	103.6	99.8	98.0	101.8	99.6	101.2
德阳市	Deyang	103.5	102.9	103.1	99.8	103.2	100.5	101.6	103.7	101.8
绵阳市	Mianyang	103.0	102.6	102.6	100.5	99.8	100.9	99.8	101.3	102.3
广元市	Guangyuan	101.9	100.1	101.3	97.7	101.9	101.0	100.1	99.2	101.0
遂宁市	Suining	102.4	101.4	102.6	101.1	102.1	101.1	102.1	99.3	102.2
内江市	Neijiang	103.7	102.5	102.6	99.0	103.0	100.7	99.7	104.2	100.7
乐山市	Leshan	102.1	102.0	100.4	97.9	102.0	102.8	101.2	101.0	101.8
南充市	Nanchong	103.7	101.4	101.3	99.3	102.9	98.8	102.0	100.5	100.5
眉山市	Meishan	103.0	101.9	100.1	101.8	100.0	101.3	102.0	101.4	100.1
宜宾市	Yibin	102.5	101.7	101.4	101.9	96.8	97.8	101.9	100.1	100.1
广安市	Guangan	102.8	100.1	102.4	101.2	100.2	101.7	99.2	100.6	101.3
达州市	Dazhou	102.6	101.0	100.9	100.0	101.7	99.0	100.9	100.8	105.8
雅安市	Yaan	102.7	101.9	104.4	98.5	99.0	102.2	104.0	101.7	100.4
巴中市	Bazhong	102.7	101.6	100.5	100.4	100.6	100.2	100.5	101.7	102.4
资阳市	Ziyang	102.6	101.4	100.6	98.4	100.0	102.2	101.3	100.2	102.8
阿坝藏族羌族自治州	Aba	102.1	100.9	100.5	100.4	100.0	101.3	98.8	100.2	101.5
甘孜藏族自治州	Ganzi	102.3	101.3	101.0	101.3	97.1	98.1	100.7	101.2	101.0
凉山彝族自治州	Liangshan	102.4	102.1	99.4	97.0	100.0	100.4	98.1	100.6	100.1

8-10 续表 continued

(上年=100) (preceding year=100)

市(州)	Region	交通、通信用品 Transport and Telecom-munication	家具 Furniture	化妆品 Cosmetics	金银饰品 Gold and Silver Ornaments	中西药品及医疗保健用品 Traditional Chinese and Western Medicines,Health Care Articles	书报杂志及电子出版物 Newspapers and Magazines, Electronic Journal	燃料 Fuels	建筑材料及五金电料 Building Materials, Hardware, Electric Materials and Appliances
成都市	Chengdu	97.2	105.1	102.5	98.5	99.0	100.7	117.2	103.0
自贡市	Zigong	99.7	98.1	103.7	99.4	102.3	102.8	116.1	102.4
攀枝花市	Panzhihua	99.8	99.7	101.4	103.5	100.4	102.5	114.4	102.3
泸州市	Luzhou	101.1	100.0	104.1	103.6	99.4	101.5	112.4	100.8
德阳市	Deyang	99.5	100.0	103.3	103.3	101.5	102.1	113.7	104.4
绵阳市	Mianyang	97.8	100.3	100.9	101.8	99.7	108.2	115.7	101.9
广元市	Guangyuan	99.7	100.0	102.0	105.4	99.6	100.3	113.9	104.9
遂宁市	Suining	99.2	105.0	102.3	99.7	97.2	101.3	114.3	108.5
内江市	Neijiang	98.4	100.9	101.8	103.1	105.2	103.1	117.7	103.0
乐山市	Leshan	98.9	99.6	100.2	102.3	100.9	102.5	109.7	101.0
南充市	Nanchong	100.7	106.4	102.2	104.4	99.0	101.8	116.0	107.6
眉山市	Meishan	101.0	101.0	101.5	104.0	100.3	101.5	111.6	103.4
宜宾市	Yibin	101.0	100.0	101.2	101.8	101.3	109.6	111.0	100.9
广安市	Guangan	100.2	98.1	99.0	100.2	101.8	104.4	114.0	99.5
达州市	Dazhou	99.6	103.3	100.7	102.5	100.4	100.8	114.0	108.4
雅安市	Yaan	98.9	102.4	102.4	100.5	101.5	105.1	112.1	106.2
巴中市	Bazhong	99.2	100.9	102.1	101.2	100.0	103.9	115.6	101.9
资阳市	Ziyang	99.2	100.3	101.9	103.9	101.0	101.3	115.7	102.3
阿坝藏族羌族自治州	Aba	99.5	103.1	102.0	101.6	100.3	100.0	116.8	100.1
甘孜藏族自治州	Ganzi	101.1	102.5	101.8	101.7	98.7	104.2	113.2	103.4
凉山彝族自治州	Liangshan	96.3	99.6	100.4	99.3	100.0	110.1	117.2	99.8

8-11 农村居民消费价格指数(2022年)
Consumer Price Index in Rural Areas(2022)

(上年=100) (preceding year=100)

项目	Item	温江区 Wenjiang	富顺县 Fushun	叙永县 Xuyong	梓潼县 Zitong	剑阁县 Jiange	威远县 Weiyuan
居民消费价格指数	**Consumer Price Index**	**102.2**	**101.6**	**102.4**	**101.9**	**102.1**	**101.6**
食品烟酒	Food, Tobacco and Liquor	101.9	101.9	100.6	101.9	102.8	101.0
粮食	Grain	103.8	103.1	100.7	100.8	104.7	99.9
鲜菜	Fresh Vegetables	102.7	103.4	101.5	101.5	101.5	104.3
畜肉	Livestock Meat	99.2	97.0	95.7	96.0	93.6	95.8
水产品	Aquatic Products	96.3	98.4	101.4	103.5	107.0	95.8
蛋	Eggs	104.3	107.5	108.2	105.8	104.3	111.7
鲜果	Fresh Fruits	107.4	106.7	108.8	118.9	109.6	108.2
衣着	Clothing	100.5	98.5	100.8	101.6	99.6	100.7
居住	Residence	101.6	99.5	101.3	100.7	102.7	101.2
生活用品及服务	Daily Necessities and Services	99.9	101.6	102.9	101.2	100.1	101.5
交通通信	Transport and Communications	105.4	103.4	108.3	105.9	104.9	104.1
教育文化娱乐	Education, Culture and Recreation	102.9	105.7	102.1	101.7	101.0	101.8
医疗保健	Health Care	101.9	100.6	103.5	100.1	99.6	101.8
其他用品及服务	Other Articles and Services	97.8	103.2	102.8	101.9	101.7	102.6

8-11 续表 continued

(上年=100) (preceding year=100)

项目	Item	峨眉山市 Emeishan	南部县 Nanbu	仁寿县 Renshou	渠县 Quxian	汉源县 Hanyuan	平昌县 Pingchang
居民消费价格指数	**Consumer Price Index**	**102.4**	**102.5**	**101.2**	**101.2**	**103.3**	**101.8**
食品烟酒	Food, Tobacco and Liquor	101.5	102.2	100.6	100.7	103.4	102.6
粮食	Grain	101.5	104.0	99.6	102.8	101.3	109.8
鲜菜	Fresh Vegetables	102.7	102.9	101.1	108.7	105.5	105.5
畜肉	Livestock Meat	95.6	95.4	97.9	92.5	101.3	94.7
水产品	Aquatic Products	101.6	100.3	99.8	94.2	106.3	102.5
蛋	Eggs	103.7	108.9	107.1	112.5	106.3	103.0
鲜果	Fresh Fruits	110.5	115.6	110.2	109.5	111.7	102.0
衣着	Clothing	99.2	98.9	99.0	100.2	102.8	101.4
居住	Residence	100.7	100.0	99.6	100.3	102.5	102.0
生活用品及服务	Daily Necessities and Services	100.8	99.5	99.7	100.7	102.9	99.2
交通通信	Transport and Communications	105.7	106.8	105.9	105.7	107.2	104.8
教育文化娱乐	Education, Culture and Recreation	110.1	103.2	101.5	101.5	102.9	99.2
医疗保健	Health Care	100.1	105.9	100.2	99.7	100.2	100.4
其他用品及服务	Other Articles and Services	102.2	101.3	102.5	102.0	102.0	102.9

8-12 工业生产者出厂价格指数
Producer Price Index for Industrial Products

(上年=100) (preceding year=100)

类　别	Item	2005	2010	2015	2017	2018	2019	2020	2021	2022
全部工业品	**Total Industrial Products**	**104.0**	**105.0**	**96.4**	**106.5**	**103.6**	**100.4**	**98.8**	**105.9**	**102.8**
按轻重工业分	**Grouped by Light & Heavy Industry**									
轻工业	Light Industry	101.3	103.3	98.7	102.3	101.6	99.8	100.4	103.6	101.4
重工业	Heavy Industry	106.2	106.3	95.5	108.3	104.5	100.6	98.0	107.0	103.4
按类别分	**Grouped by Sector**									
生产资料	Means of Production	105.5	105.7	95.3	108.7	104.6	100.2	97.9	107.3	103.6
采掘	Mining and Quarrying	114.5	112.6	90.3	116.5	102.3	103.9	101.8	111.6	109.0
原料	Raw Materials	105.9	109.0	96.4	110.2	105.3	98.0	94.6	112.2	110.0
加工	Manufacturing	104.0	103.0	95.7	107.4	104.6	100.5	98.4	105.5	101.2
生活资料	Consumer Goods	100.1	102.8	99.8	100.8	101.1	100.7	101.1	102.3	100.6
食品	Food	102.2	104.4	100.2	100.9	101.9	102.2	102.9	101.5	100.9
衣着	Clothing	101.5	101.2	103.5	101.0	103.0	100.9	98.4	97.8	100.3
一般日用品	Articles for Daily Use	102.0	102.9	98.0	101.5	101.7	100.2	99.0	101.9	102.4
耐用消费品	Durable Consumer Goods	90.1	94.2	98.1	99.6	97.3	95.6	96.7	106.2	97.6
按部门分	**Grouped by Industrial Division**									
冶金工业	Metallurgical Industry	105.7	110.6	89.3	123.0	106.7	101.2	99.6	118.3	98.9
电力工业	Power Industry	104.0	103.1	99.9	98.4	98.1	98.0	96.3	98.4	102.0
煤炭工业	Coal Industry	122.2	112.1	87.9	133.0	102.0	99.5	96.0	131.7	124.7
石油工业	Petroleum Industry	104.6	111.0	97.4	105.2	108.7	101.0	90.7	105.8	113.4
化学工业	Chemical Industry	107.5	105.5	97.5	105.8	105.5	99.1	97.5	110.9	108.9
机械工业	Machine Building Industry	99.9	100.0	99.1	102.6	101.2	99.4	98.6	102.7	99.9
建筑材料工业	Building Materials Industry	104.7	99.0	92.8	106.1	110.7	105.6	97.5	103.6	102.8
森林工业	Timber Industry	100.9	104.7	101.0	100.1	101.4	100.9	99.2	100.7	100.7
食品工业	Food Industry	102.4	104.4	99.8	100.6	101.9	101.9	102.8	102.4	101.3
纺织工业	Textile Industry	102.9	115.8	93.5	105.7	105.0	99.2	98.0	106.9	104.4
缝纫工业	Tailoring Industry	97.1	101.0	104.9	102.7	103.7	99.2	97.9	97.5	100.0
皮革工业	Leather Industry	105.6	100.7	102.8	100.4	104.9	103.0	99.9	99.2	100.4
造纸工业	Paper Industry	100.6	102.1	98.8	117.5	106.4	95.0	97.6	106.8	101.5
文教艺术用品工业	Culture, Education and Art Supply Industry	99.9	102.1	95.0	106.8	104.2	101.2	100.1	101.4	103.2

8-13 按行业分工业生产者出厂价格指数
Producer Price Index for Industrial Products by Industrial Branch

(上年=100) (preceding year=100)

类 别	Item	2022
煤炭开采和洗选业	Mining and Washing of Coal	125.9
石油和天然气开采业	Extraction of Petroleum and Natural Gas	102.4
黑色金属矿采选业	Mining and Processing of Ferrous Metals Ores	88.5
有色金属矿采选业	Mining and Processing of Non-ferrous Metals Ores	109.7
非金属矿采选业	Mining and Processing of Non-metal Ores	108.7
农副食品加工业	Processing of Food from Agricultural Products	103.6
食品制造业	Manufacturing of Foods	104.0
酒、饮料及精制茶制造业	Manufacturing of Alcohol, Beverages and Refined Tea	98.9
烟草制品业	Manufacturing of Tobacco	100.0
纺织业	Manufacturing of Textiles	104.4
纺织服装、服饰业	Manufacturing of Textile Wearing Apparel and Accessories	100.4
皮革、毛皮、羽毛及其制品和制鞋业	Manufacturing of Leather, Fur, Feather and Related Products; Manufacture of Footware	99.9
木材加工和木、竹、藤、棕、草制品业	Processing of Timber, Manufacture of Wood, Bamboo, Rattan, Palm and Straw Products	100.8
家具制造业	Manufacturing of Furniture	100.7
造纸和纸制品业	Manufacturing of Paper and Paper Products	101.5
印刷和记录媒介复制业	Printing and Reproduction of Recorded Media	103.2
文教、工美、体育和娱乐用品制造业	Manufacturing of Articles for Culture, Education, Arts and Crafts, Sport and Entertainment Activities	102.1
石油、煤炭及其他燃料加工业	Processing of Petroleum, Coking and Processing of Nuclear Fuel	125.1
化学原料和化学制品制造业	Manufacturing of Raw Chemical Materials and Chemical Products	114.6
医药制造业	Manufacturing of Medicines	101.7
化学纤维制造业	Manufacturing of Chemical Fibres	103.3
橡胶和塑料制品业	Manufacturing of Rubber and Plastic Products	101.2
非金属矿物制品业	Manufacturing of Non-metallic Mineral Products	102.6
黑色金属冶炼和压延加工业	Smelting and Pressing of Ferrous Metals	94.3
有色金属冶炼和压延加工业	Smelting and Pressing of Non-ferrous Metals	108.8
金属制品业	Manufacturing of Metal Products	101.8
通用设备制造业	Manufacturing of General Purpose Machinery	100.4
专用设备制造业	Manufacturing of Special Purpose Machinery	99.6
汽车制造业	Manufacturing of Automobiles	99.7
铁路、船舶、航空航天和其他运输设备制造业	Manufacturing of Railway, Ship, Aerospace and Other Transport Equipment	101.3
电气机械和器材制造业	Manufacturing of Electrical Machinery and Apparatus	105.2
计算机、通信和其他电子设备制造业	Manufacturing of Computers, Communication and Other Electronic Equipment	98.2
仪器仪表制造业	Manufacturing of Measuring Instruments and Machinery	100.0
其他制造业	Other Manufacturing	102.3
废弃资源综合利用业	Utilization of Waste Resources	97.9
金属制品、机械和设备修理业	Repair Service of Metal Products, Machinery and Equipment	106.6
电力、热力生产和供应业	Production and Supply of Electric Power and Heat Power	102.0
燃气生产和供应业	Production and Supply of Gas	117.2
水的生产和供应业	Production and Supply of Water	99.9

主要统计指标解释

一般公共预算收入 指国家财政参与社会产品分配所取得的收入，是实现国家职能的财力保证。主要包括：

(1)各项税收：包括国内增值税、国内消费税、进口货物增值税、进口消费品消费税、出口货物退增值税、出口消费品退消费税、企业所得税、个人所得税、资源税、城市维护建设税、房产税、印花税、城镇土地使用税、土地增值税、车船税、船舶吨税、车辆购置税、关税、耕地占用税、契税、烟叶税、环境保护税等。

(2)非税收入：包括专项收入、行政事业性收费收入、罚没收入、国有资本经营收入、国有资源（资产）有偿使用收入和其他收入。

财政收入按现行分税制财政体制划分为中央本级收入和地方本级收入。

一般公共预算支出 指国家财政将筹集起来的资金进行分配使用，以满足经济建设和各项事业的需要。主要包括：一般公共服务、外交、国防、公共安全、教育、科学技术、文化旅游体育与传媒、社会保障和就业、卫生健康、节能环保、城乡社区、农林水、交通运输、资源勘探工业信息等、商业服务业等、金融、援助其他地区、自然资源海洋气象等、住房保障、粮油物资储备、灾害防治及应急管理、债务付息、债务发行费用等方面的支出。

财政支出根据政府在经济和社会活动中的不同职权，划分为中央财政支出和地方财政支出。

中央一般公共预算收入和地方一般公共预算收入 属于中央一般公共预算的收入包括关税，进口货物增值税和消费税，出口货物退增值税和消费税，国内消费税，铁道部门、各银行总行、各保险公司总公司等集中缴纳的城市维护建设税，增值税50%部分，纳入共享范围的企业所得税60%部分，未纳入共享范围的中央企业所得税、中央企业上交的利润，个人所得税60%部分，车辆购置税，船舶吨税，证券交易印花税，海洋石油资源税，中央非税收入等。属于地方一般公共预算的收入包括城市维护建设税（不含铁道部门、各银行总行、各保险公司总公司集中缴纳的部分），房产税，城镇土地使用税，土地增值税，车船税，耕地占用税，契税，烟叶税，印花税（不含证券交易印花税），增值税50%部分，纳入共享范围的企业所得税40%部分，个人所得税40%部分，海洋石油资源税以外的其他资源税，地方非税收入等。

中央一般公共预算支出和地方一般公共预算支出 指根据政府在经济和社会活动中的不同职责，划分中央和地方政府的责权，按照政府的责权划分确定的支出。中央一般公共预算支出包括一般公共服务，外交支出，国防支出，公共安全支出，以及中央政府调整国民经济结构、协调地区发展、实施宏观调控的支出等。地方一般公共预算支出包括一般公共服务，公共安全支出，地方统筹的各项社会事业支出等。

商品零售价格指数 指反映一定时期内城乡商品零售价格变动趋势和程度的相对数。

居民消费价格指数 指反映一定时期内城乡居民所购买的生活消费品和服务项目价格变动趋势和程度的相对数。

工业生产者出厂价格指数 指反映一定时期内全部工业产品第一次出售时的出厂价格总水平的变动趋势和变动幅度的相对数。

Explanatory Notes on Main Statistical Indicators

General Public Budget Revenue refers to income for the government finance through participating in the distribution of social products. It is the financial guarantee to ensure government functioning. The government revenue includes the following main items:

1) Various tax revenues including domestic value added tax (VAT), domestic consumption tax, VAT from imports, consumption tax from imports, VAT rebate for exports, consumption tax rebate for exports, corporate income tax, individual income tax, resource tax, city maintenance and construction tax, house property tax, stamp tax, urban land use tax, land appreciation tax, tax on vehicles and boat operation, ship tonnage tax, vehicle purchase tax, tariffs, farm land occupation tax, deed tax, and tobacco tax, environment protection tax, etc.

2) Non-tax revenue, including special program receipts, charge income of administrative and institutional units, penalty receipts, operating income from government capital, income from use of state-owned resources (assets) and others non-tax receipts.

Government Revenue at the current decentralized taxation system is divided into the central level revenue and local level revenue.

General Public Budget Expenditure refers to the distribution and use of the funds which the government finance has raised, so as to meet the needs of economic construction and various undertakings. It includes the following main items: expenditure for general public services, expenditure for foreign affairs, expenditure for national defence expenditure for public security, expenditure for education, expenditure for science and technology, expenditure for culture, tourism, sport and media, expenditure for social safety net and employment effort, expenditure for health care, expenditure for energy conservation and environment protection, expenditure for urban and rural community affairs, expenditure for agriculture, forestry and water conservancy, expenditure for transportation, expenditure for resource exploration and industrial information, expenditure for affairs of commerce and services, expenditure for finance, aid to other regions, expenditure for nature resources, ocean and weather, expenditure for housing security, expenditure for grain & oil reserves, expenditure for prevention of disasters and emergency management, interest payment for public debts, expenditure for issuing debts.

General public budget expenditure is divided into general public budget expenditure of central government and general public budget expenditure of local government according to the different functions of the governments played in economic and social activities.

General Public Budget Revenue of the Central Government and the Local Governments The general public budget revenue of the Central Government includes tariff, VAT and consumption tax from imports, VAT and consumption tax rebate for exports, domestic consumption tax, city maintenance and construct tax from the Ministry of Railways, head offices of banks, head offices of insurance company, which are handed over to the government in a centralized way, 50% of the value added tax, 60% the share part of the corporate income tax, unshared part of corporate income tax of the central enterprises, profit handed in by the central enterprises, 60% of individual income tax, vehicle purchase tax, ship tonnage tax, stamp tax on securities transactions, resource tax on the offshore petroleum resources. The general public budget revenue of the local governments includes city maintenance and construct tax (excluding the part of the Ministry of Railways, head offices of banks, head offices of insurance company, which are handed over to the government in a centralized way), house property tax, urban land use tax, land appreciation tax, tax on vehicles and boat operation, farm land occupation tax, deed tax, and tobacco leaf tax, stamp tax (not including stamp tax on security exchange), 50% of the value added tax, 40% the share part of the corporate income tax, 40% of individual income tax, resource tax other than the tax on offshore petroleum resources, local non-tax revenue, etc.

General Public Budget Expenditure of the Central Government and Local Governments according to the different functions of the Central Government and local governments in economic and social activities, the rights of administration are demarcated between those of the Central Government and those of local governments; and the classification of the expenditure between the Central Government and local governments are made on the basis of the classification of the rights administration between them. The general public budget expenditure of the Central Government includes the expenditure for general public services, expenditure for foreign affairs, expenditure for public security, and the general public budget expenditure of the Central Government for adjusting the national economic structure; coordinating the development among different regions; and exercising macroeconomic regulation. The general public budget expenditure of the local governments includes mainly the expenditure for general public services, expenditure for public security, and expenditures for social development which are planed by local governments, etc.

Retail Price Indices are relative figures reflecting the trend and degree of changes in retail prices of commodities during a given period.

Consumer Price Indices are relative figures reflecting the trend and degree of changes in prices of consumer goods and services purchased by urban and rural households during a given period.

Producer Price Indices for Industrial Products are relative figures reflecting the trend and degree of changes in general ex-factory prices of all manufactured goods for first sale during a given period.

09 人民生活和社会保障

Chapter 9 People's Living Conditions and Social Security

9－1 全体居民人均收支情况
Per Capita Income and Consumption Expenditure of all Residents

单位：元 (yuan)

项 目	Item	2016	2017	2018	2019	2020	2021	2022
全体居民人均总收入	**Per Capita Income**	**23502**	**25785**	**28583**	**31022**	**32919**	**36776**	**38133**
可支配收入	Disposable Income	18808	20580	22461	24703	26522	29080	30679
工资性收入	Income of Wages and Salaries	9278	10014	11070	12049	13032	14392	15234
经营净收入	Net Business Income	3993	4264	4558	5058	5289	5758	6045
财产净收入	Net Income from Property	1199	1363	1443	1593	1720	1905	1974
转移净收入	Net Income from Transfer	4338	4940	5389	6003	6482	7024	7427
现金可支配收入	Cash Disposable Income	17510	19208	21028	23068	24715	27072	28677
工资性收入	Income of Wages and Salaries	9229	9954	11000	11958	12928	14257	15103
经营净收入	Net Business Income	3568	3874	4229	4736	4808	5272	5600
财产净收入	Net Income from Property	663	746	764	845	959	1088	1117
转移净收入	Net Income from Transfer	4050	4633	5034	5530	6020	6456	6858
全体居民人均总支出	**Per Capita Expenditure**	**24381**	**26197**	**29924**	**32331**	**31650**	**35721**	**35592**
消费支出	Consumption Expenditure	14839	16180	17664	19338	19783	21518	22302
食品烟酒	Food,Tobacco and Liquor	5321	5632	5938	6467	7026	7549	7738
衣着	Clothing	1141	1153	1174	1213	1190	1315	1317
居住	Residence	2735	2947	3368	3679	3856	4035	4362
生活用品及服务	Articles for Daily Use and Services	967	1063	1182	1201	1235	1388	1465
交通通信	Transport and Communications	1850	2200	2399	2576	2465	2807	2806
教育文化娱乐	Education, Cultural and Recreation	1285	1468	1600	1813	1651	1892	2006
医疗保健	Health Care and Medical Services	1173	1320	1569	1935	1908	2072	2105
其他用品及服务	Other Goods and Services	367	397	435	454	452	459	502
现金消费支出	Cash Consumption Expenditure	12136	13346	14574	15923	16223	17768	18490
食品烟酒	Food,Tobacco and Liquor	4572	4910	5296	5820	6299	6806	7025
衣着	Clothing	1140	1150	1173	1213	1190	1315	1316
居住	Residence	1046	1118	1252	1367	1469	1568	1797
生活用品及服务	Articles for Daily Use and Services	958	1051	1161	1183	1222	1377	1452
交通通信	Transport and Communications	1850	2199	2397	2574	2464	2803	2802
教育文化娱乐	Education, Cultural and Recreation	1284	1467	1597	1813	1650	1891	2006
医疗保健	Health Care and Medical Services	924	1066	1271	1508	1488	1558	1605
其他商品及服务	Other Goods and Services	361	385	427	445	442	448	488

9-2 居民人均主要食品消费量

Per Capita Consumption of Major Foods of all Residents

单位：公斤 (kg)

项　目	Item	全体居民 Whole Households		城镇居民 Urban Households		农村居民 Rural Households	
		2021	2022	2021	2022	2021	2022
粮食	Grain	147.36	134.28	118.34	106.20	174.38	161.13
谷物	Cereal	134.18	121.93	105.75	94.29	160.64	148.37
薯类	Tuber	3.99	3.57	3.51	3.33	4.44	3.81
豆类	Beans	9.19	8.77	9.08	8.58	9.30	8.96
油脂类	Oil and Fats	12.23	11.35	11.80	11.30	12.64	11.40
#植物油	Vegetable Oil	10.85	10.23	10.75	10.48	10.94	9.99
动物油	Animal Oil	1.38	1.12	1.05	0.82	1.69	1.41
蔬菜和菜制品	Vegetables and Related Products	123.25	121.64	125.42	125.22	121.23	118.22
#鲜菜	Fresh Vegetables	119.86	118.50	120.89	121.07	118.89	116.05
肉类	Meat	42.37	43.87	44.45	43.90	40.44	43.84
#猪肉	Pork	36.30	38.29	35.83	36.06	36.73	40.43
牛肉	Beef	1.90	1.89	2.69	2.74	1.17	1.07
羊肉	Mutton	0.49	0.50	0.62	0.61	0.37	0.40
禽类	Poultry	13.14	12.62	13.01	12.84	13.26	12.40
水产品	Aquatic Products	9.93	9.80	11.46	11.39	8.52	8.27
蛋类及蛋制品	Eggs and Related Products	10.00	9.81	9.92	9.99	10.08	9.64
奶及奶制品	Milk and Dairy Products	11.49	11.89	15.44	15.41	7.82	8.53
干鲜瓜果类	Dried and Fresh Melons and Fruits	49.41	43.70	57.74	52.08	41.66	35.69
食糖	Sugar	1.66	1.58	1.25	1.22	2.04	1.93

9-3 居民平均每百户年末耐用消费品拥有量
Number of Main Durable Consumer Goods Owned per 100 Households

单位：平均每百户 (per 100 Households)

项　目		Item		全体居民 Whole Households		城镇居民 Urban Households		农村居民 Rural Households	
				2021	2022	2021	2022	2021	2022
家用汽车	(辆)	Automobile	(unit)	29.38	32.08	41.48	42.65	18.08	21.85
摩托车	(辆)	Motorcycle	(unit)	33.79	33.67	18.26	17.55	48.31	49.27
助力车	(辆)	Electric Bicycle	(unit)	40.06	41.40	36.32	37.59	43.56	45.09
洗衣机	(台)	Washing Machine	(set)	99.53	100.48	101.74	101.55	97.45	99.45
电冰箱(柜)	(台)	Refrigerator	(set)	105.64	106.06	104.17	103.49	107.02	108.53
微波炉	(台)	Microwave Oven	(set)	31.29	32.36	50.14	51.18	13.67	14.16
彩色电视机	(台)	Color Television Set	(set)	119.30	120.45	121.63	122.43	117.12	118.54
空调	(台)	Air Conditioner	(set)	125.17	132.87	175.41	179.75	78.20	87.54
热水器	(台)	Water Heater	(set)	93.87	93.63	101.38	100.02	86.86	87.44
洗碗机	(台)	Dishwasher	(set)	1.21	1.50	1.94	2.31	0.53	0.71
排油烟机	(台)	Vacuum Cleaner	(set)	48.69	51.21	78.08	79.29	21.21	24.05
固定电话	(部)	Telephone	(unit)	6.40	4.96	9.26	7.57	3.72	2.44
移动电话	(部)	Mobile Telephone	(unit)	264.44	263.56	262.77	259.88	266.00	267.12
计算机	(台)	Private Computer	(set)	32.89	32.67	51.47	50.43	15.53	15.50
照相机	(台)	Camera	(set)	5.01	5.15	8.51	8.70	1.73	1.71
乐器	(架)	Musical Instrument	(unit)	3.09	3.38	5.31	5.80	1.01	1.05
健身器材	(台)	Health Equipment	(set)	3.27	3.33	5.87	5.94	0.84	0.81
空气净化器	(台)	Air Cleaner	(set)	3.18	3.26	5.49	5.73	1.02	0.86
地面清洁电器	(台)	Ground Cleaning Appliances	(set)	4.59	4.76	8.56	8.93	0.88	0.72

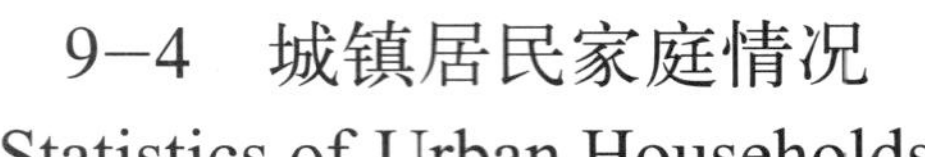

9-4 城镇居民家庭情况
Statistics of Urban Households

项　目	Item	2016	2017	2018	2019	2020	2021	2022
平均每户家庭常住人口　（人）	**Average Resident Population per Household (person)**	**2.99**	**3.11**	**2.99**	**2.99**	**2.97**	**3.04**	**3.01**
平均每户就业人口　（人）	**Average Number of Employed Persons per Household (person)**	**1.56**	**1.56**	**2.11**	**2.13**	**2.21**	**2.26**	**2.27**
人均总收入　（元）	**Per Capita Total Income (yuan)**	**33016**	**36136**	**39854**	**43051**	**45500**	**50228**	**51741**
人均可支配收入　（元）	**Per Capita Disposable Income (yuan)**	**28335**	**30727**	**33216**	**36154**	**38253**	**41444**	**43233**
工资性收入	Income of Wages and Salaries	16219	17299	19033	20479	21951	23934	25053
经营净收入	Net Business Income	3327	3586	3900	4393	4334	4799	4999
财产净收入	Net Income from Property	2363	2627	2696	2891	3059	3322	3381
转移净收入	Net Income from Transfer	6426	7215	7587	8391	8910	9389	9801
人均总支出　（元）	**Per Capita Total Expenditure (yuan)**	**31490**	**33571**	**38626**	**39569**	**39164**	**43887**	**43433**
人均消费支出　（元）	**Per Capita Expenditure for Consumption (yuan)**	**20660**	**21991**	**23484**	**25367**	**25133**	**26971**	**27637**
食品烟酒	Food, Tobacco and Liquor	7118	7329	7462	8279	8741	9246	9358
衣着	Clothing	1768	1723	1713	1730	1675	1831	1765
居住	Residence	3757	3906	4470	4742	4951	5158	5558
生活用品及服务	Articles for Daily Use and Services	1311	1404	1562	1525	1600	1724	1806
交通通信	Transport and Communications	2698	3198	3366	3453	3052	3530	3467
教育文化娱乐	Education, Cultural and Recreation	2008	2222	2384	2668	2253	2558	2638
医疗保健	Health Care and Medical Services	1423	1596	1861	2293	2193	2281	2343
其他用品及服务	Other Commodities and Services	577	612	666	677	668	643	702
城镇居民恩格尔系数　（%）	**Engle Coefficient of Urban Households (%)**	**34.46**	**33.33**	**31.78**	**32.64**	**34.78**	**34.28**	**33.86**

9-5 按收入五等份分组的城镇居民人均收入(2022年)
Per Capita Income of Urban Households by Income Quintile (2022)

单位：元 (yuan)

项 目	Item	总平均 Average	低收入户 Low Income Households	中低收入户 Lower Middle Income Households	中等收入户 Middle Income Households	中高收入户 Upper Middle Income Households	高收入户 High Income Households
人均总收入	**Per Capita Total Income**	**51176**	**26355**	**35055**	**46465**	**61496**	**104192**
人均可支配收入	**Per Capita Disposable Income**	**43233**	**15032**	**30793**	**41088**	**55422**	**90932**
工资性收入	Income of Wages and Salaries	25053	10130	17858	23670	31175	51846
工资	Wage and Salaries	23699	9915	17412	22805	29493	47298
实物福利	Physical Welfare	163	55	129	175	192	323
其他	Other Incomes	1190	161	316	690	1489	4225
经营净收入	Net Business Income	4999	-105	4322	4417	5839	13251
第一产业	Primary Industry	586	302	637	502	578	1049
第二产业	Secondary Industry	412	104	128	206	565	1351
第三产业	Tertiary Industry	4000	-511	3557	3710	4695	10851
财产净收入	Net Income from Property	3381	1389	2037	2889	4220	7860
利息净收入	Net Interest Income	24	-71	-109	-82	64	441
红利收入	Bonus Stock Income	604	68	221	321	753	2115
储蓄性保险净收益	Net Income of Savings Insurance	5	4	4	2	5	14
转让承包土地经营权租金净收入	Net Income of the Transfer of Contracted Land Management Rights	62	51	69	78	61	52
出租房屋财产性收入	Net Income of Rental Housing	888	397	488	894	1180	1827
转移净收入	Net Income from Transfer	9801	3618	6576	10111	14190	17975

9-6 按收入五等份分组的城镇居民人均消费支出(2022年)
Per Capita Expenditure of Urban Households by Income Quintile (2022)

单位: 元 (yuan)

项目	Item	总平均 Average	低收入户 Low Income Households	中低收入户 Lower Middle Income Households	中等收入户 Middle Income Households	中高收入户 Upper Middle Income Households	高收入户 High Income Households
人均总支出	**Per Capita Total Expenditure**	**43433**	**32701**	**33205**	**38004**	**48701**	**74387**
人均消费支出	**Per Capita Total Living Expenditure for Consumption**	**27637**	**17618**	**22349**	**26470**	**32647**	**45525**
食品烟酒	Food, Tobacco and Liquor	9358	6280	7938	9471	10986	13872
食品	Food	5584	4191	5020	5787	6424	7202
谷物	Cereal	464	405	428	472	503	547
薯类	Tuber	80	72	76	82	84	88
豆类	Beans	67	56	63	70	77	76
食用油	Edible Oil	222	181	213	237	253	241
蔬菜和食用菌	Vegetable and Mushroom	788	585	709	838	924	977
肉类	Meat and Related Products	1647	1302	1524	1734	1856	1976
禽类	Poultry	452	322	407	494	516	581
水产品	Aquatic Products	331	220	277	356	380	483
蛋类	Eggs	159	121	142	163	184	205
奶类	Milk	370	259	356	335	426	531
干鲜瓜果类	Dried and Fresh Melons and Fruits	577	366	464	576	701	904
糖果糕点类	Confectioneries	188	123	155	188	232	282
其他食品	Others	239	180	205	242	289	310
烟酒	Liquor	940	586	820	1000	1111	1357
饮料	Beverages	196	122	169	186	219	328
饮食服务	Catering Services	2639	1381	1928	2497	3233	4985
衣着	Clothing	1765	1028	1390	1702	2043	3135
衣类	Garments	1398	802	1091	1339	1620	2529
鞋类	Shoes	366	226	299	363	422	605
居住	Residence	5558	3368	4603	5014	6531	9687
生活用品及服务	Household Facilities, Articles and Services	1806	982	1418	1613	2198	3360
交通通信	Transportation and Communication	3467	2014	2604	3303	4359	5997
交通	Transportation	2484	1344	1745	2321	3234	4544
通信	Communication	983	671	859	982	1126	1454
教育文化娱乐	Recreation, Education and Cultural Services	2638	2150	2308	2603	2725	3772
教育	Education	1947	1779	1810	1988	1924	2363
文化娱乐	Recreation and Cultural Services	692	370	498	615	801	1409
医疗保健	Health Care and Medical Services	2343	1443	1623	2161	3058	4083
医疗器具及药品	Medical Equipment and Drugs	628	389	442	577	818	1085
医疗服务	Medical Services	1715	1054	1181	1584	2240	2998
其他商品和服务	Other Commodities and Services	702	352	466	605	747	1620

9-7 各市(州)城镇居民家庭人均收支及住房情况
Per Capita Income and Consumption Expenditure and Housing Conditions of Urban Households by Region

单位：元、平方米 (yuan, sq.m)

市(州)	Region	人均可支配收入 Per Capita Disposable Income		人均消费支出 Per Capita Expenditure for Consumption		#食品烟酒支出 Food, Tobacco and Liquor		人均现住房建筑面积 Per Capita Housing Area	
		2021	2022	2021	2022	2021	2022	2021	2022
全　省	**Sichuan**	**41444**	**43233**	**26971**	**27637**	**9246**	**9358**	**37.6**	**38.2**
成都市	Chengdu	52633	54897	31581	32171	10631	10849	34.7	36.1
自贡市	Zigong	41977	43740	23878	24650	8601	8816	35.8	40.0
攀枝花市	Panzhihua	47915	50009	27599	28223	8920	9096	34.7	34.8
泸州市	Luzhou	42996	45071	27963	29010	10102	10411	38.3	41.9
德阳市	Deyang	42764	44650	26353	27235	9300	9601	41.4	41.1
绵阳市	Mianyang	43150	45131	26692	27394	9285	9536	40.1	40.3
广元市	Guangyuan	39008	40687	24412	25396	8810	8908	43.9	44.2
遂宁市	Suining	40324	42217	25252	26019	8848	9061	38.1	44.7
内江市	Neijiang	41756	43639	24977	26351	8736	9265	36.9	37.2
乐山市	Leshan	42340	44376	27450	28460	9198	9732	39.8	40.0
南充市	Nanchong	39280	41126	23706	24603	7804	8066	37.2	42.7
眉山市	Meishan	42137	43949	26129	26887	9663	9751	37.6	38.6
宜宾市	Yibin	42779	44739	25560	26545	9143	9422	39.1	41.3
广安市	Guangan	41307	43078	25675	26708	8818	9229	36.9	37.9
达州市	Dazhou	39249	41210	24405	25157	9212	9300	41.1	41.0
雅安市	Yaan	40422	42404	23453	24559	8132	8548	41.5	43.6
巴中市	Bazhong	38989	40783	23477	24507	9293	9701	37.5	36.1
资阳市	Ziyang	40636	42419	23596	24240	8169	8493	35.0	35.9
阿坝藏族羌族自治州	Aba	40132	41779	22505	23223	7558	7739	39.6	39.3
甘孜藏族自治州	Ganzi	39497	41277	23962	24991	9059	9080	38.9	41.8
凉山彝族自治州	Liangshan	37452	39357	23459	24227	8186	8469	37.4	39.6

9-8 按收入五等份分组的城镇居民家庭住房情况(2022年)
Housing Conditions of Urban Households by Income Quintile (2022)

项　　目	Item	总平均 Average	低收入户 Low Income Households	中低收入户 Lower Middle Income Households	中等收入户 Middle Income Households	中高收入户 Upper Middle Income Households	高收入户 High Income Households
人均自有现住房面积　（平方米）	**Per Capita Floor Space of Buildings　(sq.m)**	**38.2**	**33.2**	**32.5**	**35.4**	**38.0**	**44.4**
按居住类型划分　(%)	**Grouped by Residential Types　(%)**						
普通住宅	Average House	99.7	99.8	99.9	99.4	99.8	99.6
集体宿舍和工棚	Collective Dormitory and Barrack	0.1			0.2	0.2	0.1
工作地住宿	Workplace Accommodation	0.1		0.1	0.1		0.2
按居住空间样式划分　(%)	**Grouped by House Patterns　(%)**						
单栋楼房	Independent building	21.4	33.6	25.6	19.2	16.4	12.1
单栋平房	Independent bungalow	5.5	12.2	6.4	4.2	2.9	1.7
四居室及以上单元房	Flats With 4 and more Bedrooms	4.2	3.0	2.2	4.0	4.4	7.2
三居室单元房	Flats With 3 Bedrooms	39.5	28.8	38.0	40.1	42.4	48.2
二居室单元房	Flats With 2 Bedrooms	24.8	17.2	23.1	27.5	29.4	26.9
一居室单元房	Flats With 1 Bedroom	3.5	3.2	3.3	4.7	2.9	3.6
筒子楼或连片平房	Tube-shaped Apartment or Continuous Bungalow	0.9	1.5	1.2	0.4	1.3	0.1
其他	Others	0.2	0.5	0.1		0.3	0.2
按主要建筑材料划分　(%)	**Grouped by Main Building Materials　(%)**						
钢筋混凝土	Reinforced Concrete	65.9	57.3	63.6	66.8	68.2	73.8
砖混材料	Brick Material	30.0	35.1	31.1	30.4	28.8	24.4
砖瓦砖木	Brick and Tile	4.1	7.4	5.3	2.8	3.0	1.8
竹草土坯	Bamboo Grass Adobe	0.0	0.2				
其他	Others	0.0					
按房屋来源划分　(%)	**Grouped by Source of Housing　(%)**						
租赁公房	Public Dwelling House Leased	1.9	1.3	2.3	3.2	1.6	1.1
租赁私房	Private Dwelling House Leased	5.0	5.5	5.4	4.7	4.5	5.1
自建住房	Spontaneous Housing	27.4	46.9	31.8	24.0	20.7	13.6
购买商品房	Commercial Housing Purchased	43.8	28.3	37.0	42.9	51.7	59.2
购买房改住房	Reformd Housing Purchased	4.7	1.8	2.5	6.2	7.1	5.8
购买保障性住房	Affordable Housing Purchased	2.0	0.8	1.5	2.7	2.0	3.1
拆迁安置房	Removal and Resettlement Housing	13.5	13.1	18.5	14.3	10.9	10.5
继承或获赠住房	Inherited or Given Housing	0.6	0.8	0.5	1.0	0.4	0.1
免费借用房	Free Housing	0.7	0.9	0.2	0.8	0.5	1.0
雇主提供免费住房	Free Housing Provided by Employers	0.1	0.1	0.2			
其他	Others	0.3	0.4	0.1	0.1	0.6	0.5

9-9 农村居民家庭情况
Statistics of Rural Households

项　目		Item		2016	2017	2018	2019	2020	2021	2022
平均每户常住人口	(人)	Average Resident Population per Household	(person)	3.05	3.07	3.04	3.02	3.01	3.06	3.05
平均每户整、半劳力	(人)	Average Number of Ablebodied and Semi-ablebodied Laborers per Household	(person)	2.14	2.12	2.09	2.08	2.12	2.16	2.15
平均每个劳动力负担人口(含本人)	(人)	Average Number of Persons Supported by a Laborer (including the laborer himself or herself)	(person)	1.45	1.45	1.43	1.45	1.42	1.42	1.43
人均总收入	**(元)**	**Per Capita Total Income**	**(yuan)**	**15907**	**17264**	**19016**	**20483**	**21559**	**24258**	**25117**
工资性收入		Wages Income		3738	4016	4311	4662	4978	5514	5844
经营性收入		Household Business Income		8655	9167	10153	10777	11036	12560	12539
财产性收入		Property Income		289	340	414	518	579	655	701
转移性收入		Transfer Income		3225	3741	4138	4526	4966	5529	6034
人均可支配收入	**(元)**	**Per Capita Disposable Income**	**(yuan)**	**11203**	**12227**	**13331**	**14670**	**15929**	**17575**	**18672**
工资性收入		Income of Wages and Salaries		3738	4016	4311	4662	4978	5514	5844
经营净收入		Net Business Income		4525	4821	5117	5641	6152	6651	7045
财产净收入		Net Income from Property		269	323	379	456	510	587	628
转移净收入		Net Income from Transfer		2672	3067	3524	3910	4289	4823	5156
人均总支出	**(元)**	**Per Capita Total Expenditure**	**(yuan)**	**18706**	**20128**	**22538**	**25989**	**24864**	**28122**	**28094**
家庭经营费用支出		Expenditure for Household Business		3819	4009	4614	4794	4552	5499	5179
生活消费支出		Expenditure for Consumption		10192	11397	12723	14056	14953	16444	17199
食品烟酒		Food, Tobacco and Liquor		3887	4235	4483	4879	5478	5969	6189
#食品		Food		2957	3139	3225	3481	4018	4238	4164
衣着		Clothing		641	683	716	760	753	835	888
居住		Residence		1919	2157	2500	2748	2866	2991	3218
生活用品及服务		Household Facilities, Articles and Services		693	782	860	917	905	1075	1139
交通通信		Transportation and Communication		1174	1378	1578	1808	1935	2135	2174
教育文化娱乐		Education, Recreation and Cultural Services		707	848	934	1065	1107	1273	1401
医疗保健		Medicine and Medical Services		973	1094	1414	1621	1650	1877	1878
其他商品和服务		Other Commodities and Services		199	220	238	258	258	289	312
恩格尔系数	(%)	Engel's Coefficient	(%)	38.14	37.16	35.24	34.71	36.64	36.30	35.98
人均经营耕地面积	(亩)	Per Capita Area of Cultivated Land under Management	(mu)	1.35	1.31	1.4991	1.54	1.58	1.58	1.59
人均经营水面面积	(亩)	Per Capita Water Area under Management	(mu)	0.04	0.03	0.02	0.05	0.05	0.06	0.04
人均自有现住房面积	(平方米)	Per Capita Existing Housing Area	(sq.m)	47.85	48.57	47.406	48.00	47.84	46.31	47.02

9-10 按收入五等份分组的农村居民人均收入和支出情况(2022年)
Per Capita Income and Expenditure of Rural Households by Income Quintile (2022)

单位：元 (yuan)

项　目	Item	总平均 Average	低收入户 Low Income Households	中低收入户 Lower Middle Income Households	中等收入户 Middle Income Households	中高收入户 Upper Middle Income Households	高收入户 High Income Households
人均总收入	**Per Capita Total Income**	**25117**	**11460**	**16111**	**21408**	**28570**	**56459**
人均可支配收入	**Per Capita Disposable Income**	**18672**	**5230**	**12010**	**16872**	**23165**	**43250**
工资性收入	Income of Wages and Salaries	5844	2471	3933	5710	8521	10211
经营净收入	Net Business Income	7045	234	3104	5188	7723	23139
财产净收入	Net Income from Property	628	211	238	382	554	2090
转移净收入	Net Income from Transfer	5156	2314	4735	5592	6367	7810
人均现金收入	**Per Capita Cash Income**	**22780**	**10118**	**13966**	**18965**	**25910**	**52967**
现金工资性收入	Cash Wages Income	5742	2419	3892	5621	8403	9964
现金经营性收入	Cash Household Business Income	10796	4543	4701	6959	10167	32711
现金财产性收入	Cash Property Income	701	288	292	477	618	2165
现金转移性收入	Cash Transfer Income	5541	2868	5081	5908	6722	8127
人均总支出	**Per Capita Total Expenditure**	**28094**	**23534**	**21255**	**25440**	**28761**	**45728**
#生产经营费用支出	Expenditure for Production	5179	5009	3130	3418	4114	11349
生活消费支出	Expenditure for Consumption	17199	14027	14082	16882	18664	24406
人均现金支出	**Per Capita Expenditure in Cash**	**24291**	**20697**	**17868**	**21541**	**24505**	**40657**
#生产经营现金费用支出	Expenditure in Cash for Production	4716	4649	2635	2922	3615	10865
现金消费支出	Cash Consumption Expenditure	13859	11550	11190	13479	14908	19819

9-11 各市(州)农村居民家庭人均收支及住房情况

Per Capita Income and Consumption Expenditure and Housing Conditions of Rural Households by Region

单位：元、平方米 (yuan, sq.m)

市(州)	Region	人均可支配收入 Per Capita Disposable Income		人均消费支出 Per Capita Expenditure for Consumption		#食品烟酒支出 Food, Tobacco and Liquor		人均现住房建筑面积 Per Capita Housing Area	
		2021	2022	2021	2022	2021	2022	2021	2022
全　省	**Sichuan**	**17575**	**18672**	**16444**	**17199**	**5969**	**6189**	**46.9**	**47.0**
成都市	Chengdu	29126	30931	20460	21196	7335	7616	48.3	49.7
自贡市	Zigong	20694	21976	16266	17082	6004	6274	49.2	54.8
攀枝花市	Panzhihua	21979	23364	15688	16357	5156	5363	40.1	43.3
泸州市	Luzhou	20008	21348	15225	15852	5970	6168	43.3	45.1
德阳市	Deyang	21858	23192	16391	17416	5766	6183	45.6	46.7
绵阳市	Mianyang	21340	22726	16624	17346	5925	6129	47.8	48.0
广元市	Guangyuan	15925	16881	13309	14059	4930	5061	52.7	58.2
遂宁市	Suining	19727	20986	16239	17101	6257	6639	56.6	61.4
内江市	Neijiang	19819	20996	15544	16237	6113	6408	47.7	48.3
乐山市	Leshan	20043	21339	16558	17344	5800	6004	48.1	48.6
南充市	Nanchong	18247	19469	14656	15502	5278	5524	50.4	50.1
眉山市	Meishan	21771	23099	16960	17731	6310	6631	44.2	43.7
宜宾市	Yibin	20591	21846	16302	17206	6111	6409	47.8	50.9
广安市	Guangan	19752	20964	15004	15899	5321	5634	47.3	52.8
达州市	Dazhou	18638	19906	13893	14646	5266	5519	47.5	48.1
雅安市	Yaan	17580	18794	14691	15798	5206	5617	49.0	50.5
巴中市	Bazhong	15962	16967	13346	14170	5308	5579	54.7	56.3
资阳市	Ziyang	21023	22326	15034	15702	5421	5685	52.1	52.4
阿坝藏族羌族自治州	Aba	17161	18261	13199	13886	4858	4985	42.3	48.3
甘孜藏族自治州	Ganzi	15379	16363	10784	11350	4883	4960	29.4	30.8
凉山彝族自治州	Liangshan	16808	17950	12444	13066	4962	5166	30.2	30.9

9−12 社会保险情况
Social Insurance Indicators

单位：万人、亿元　　(10 000 persons, 100 million yuan)

指　标	Item	2016	2017	2018	2019	2020	2021	2022
参加城镇职工基本养老保险人数	Participants of Basic Endowment Insurance for Urban Workers	2157.60	2335.07	2543.71	2700.32	2830.06	3178.54	3327.21
参加养老保险职工人数	Number of Workers	1379.77	1519.03	1662.09	1784.60	1882.57	2201.46	2320.65
#执行企业养老保险制度职工人数	Number of Employees Under the Enterprise Endowment Insurance System	1196.51	1328.06	1469.57	1587.98	1685.06	2000.80	2118.03
参加养老保险离退休人数	Number of Retirees	777.83	816.04	881.62	915.72	947.49	977.08	1006.56
#执行企业养老保险制度人数	Number of Persons Under the Enterprise Endowment Insurance System	684.54	720.07	779.68	809.53	839.30	866.85	893.73
纳入社区管理的人数	Community Management	659.97	694.20	753.65	782.38	777.64	792.95	849.46
企业退休人员社区管理服务率（%）	Rate of Enterprise Retirees in Socialized Management (%)	96.5	96.5	96.7	96.7	92.7	91.5	95.09
城镇职工基本养老保险费征缴收入总额	Total Income of Basic Endowment Insurance for Urban Workers	1902.06	2569.64	2081.00	1880.53	1612.68	2283.11	2526.47
参加失业保险人数	Participants of Unemployment Insurance	701.95	776.68	875.10	953.54	1047.03	1128.93	1179.02
城镇失业人员领取失业保险金人数	Number of Persons Drawing Unemployment Insurance	40.71	39.81	39.74	22.57	23.12	24.58	29.11
失业保险费征缴收入总额	Total Revenue of Unemployment Insurance	84.65	121.28	93.61	85.60	40.93	68.55	76.57
参加城镇职工基本医疗保险人数	Participants of Basic Medical Insurance for Urban Workers	1445.59	1531.30	1667.67	1778.05	1875.93	1945.80	1967.20
#退休人员	Retirees	439.37	458.34	481.41	498.70	511.68	510.38	532.78
参加补充医疗保险人数	Participants of Supplementary Medical Insurance	1294.93	1362.70	1510.65	1736.36	1800.05	1904.27	1903.70
列入公务员医疗补助范围人数	Persons in Civil Servant Medical Benefits Coverage	158.40	165.70	172.62	181.97	185.95	182.94	184.94
城镇职工基本医疗保险费征缴收入总额	Total Revenue of Basic Medical Insurance of Urban Worker	479.68	634.79	649.41	692.45	751.29	921.10	1047.22
参加城乡居民基本医疗保险人数	Participants of Basic Medical Insurance for Urban and Rural Residents	4217.17	6642.09	6969.48	6838.80	6715.75	6640.43	6426.69
参加工伤保险人数	Participants of Work-related Injury Insurance	799.11	876.04	1012.59	1177.14	1320.08	1472.06	1544.80
享受工伤保险待遇人数	Persons Enjoying Work-related Injury Insurance Treatment	7.67	7.69	8.18	8.61	7.86	8.92	8.83
工伤保险费征缴收入总额	Total Revenue of Work Injury Insurance	26.97	31.29	40.80	36.55	21.63	43.35	48.67
参加生育保险人数	Participants of Maternity Insurance	713.07	776.34	878.18	954.94	1129.05	1201.73	1216.76
享受生育保险待遇人(次)数	Persons(Times) Enjoying Maternity Insurance Treatment	31.78	34.34	34.12	36.79	35.45	33.17	43.70
生育保险费征缴收入总额	Total Revenue of Maternity Insurance	15.69	20.44	31.96	36.69			

注：①社会保险和离退休资料由四川省人力资源和社会保障厅及四川省医疗保障局提供；②失业保险从2020年开始不包含失地农民数据；因生育保险和职工基本医保合并实施，故生育保险从2020年开始不再单独统计(以下有关表同)。

a) Data of provincial social insurance and retirement are provided by Department of Human Resources and Social Security of Sichuan province and Sichuan provincial Medical Security Bureau; b)Unemployment insurance does not include the data of landless farmers from 2020; Since maternity insurance and basic medical insurance for employees are implemented together, maternity insurance will not be counted separately from 2020(the same as the following related tables).

9−13 各类社会保险参保人数
Number of Social Insurance Participants

(年末数)单位：万人 (year-end)(10 000 persons)

年份 Year	城镇职工基本养老保险（未包括离退休人员）Basic Endowment Insurance for Urban Worker (excluding Retired and Resigned Persons)	失业保险 Unemployment Insurance	基本医疗保险 Basic Medical Insurance	#城乡居民医疗保险 Medical Insurance for Urban and Rural Residents	工伤保险 Work-related Injury Insurance	生育保险 Maternity Insurance
1995	294.5	365.0			196.5	99.8
2000	508.5	470.2			201.1	188.2
2005	556.0	358.3	649.6		285.3	215.7
2010	861.9	469.8	2063.1	1011.2	583.8	484.2
2011	998.8	544.6	2254.8	1079.3	650.8	601.7
2012	1073.7	585.5	2389.1	1143.0	689.4	654.4
2013	1124.1	613.5	2491.0	1204.0	690.1	689.1
2014	1191.6	635.8	2581.5	1247.1	709.7	730.4
2015	1250.1	661.0	2655.7	1272.1	753.2	670.3
2016	1379.8	702.0	5662.8	4217.2	799.1	713.1
2017	1519.0	776.7	8173.4	6642.1	876.0	776.3
2018	1662.1	875.1	8637.2	6969.5	1012.6	878.2
2019	1784.6	953.5	8616.9	6838.8	1177.1	954.9
2020	1882.6	1047.0	8591.7	6715.7	1320.1	1129.1
2021	2201.5	1128.9	8586.2	6640.4	1472.1	1201.7
2022	2320.7	1179.0	8393.9	6426.7	1544.8	1216.8

注：2021年及以前年份，城镇职工基本养老保险参保人数实际口径为职工养老保险人数（未包括离退休人员）。
a)In 2021 and prior years, the number of Basic Endowment Insurance for Urban Worker is based on the number of Endowment Insurance for Urban Worker (excluding retirees).

9−14 各类社会保险基金征缴情况
Collection of Social Insurance Funds

单位：亿元、%　　(100 million yuan, %)

年份 Year	城镇职工基本养老保险 Basic Endowment Insurance for Urban Worker		失业保险 Unemployment Insurance	城镇职工基本医疗保险 Basic Medical Insurance of Urban Workers		工伤保险 Work-related Injury Insurance		生育保险 Maternity Insurance	
	保险费收入 Revenue of Insurance	征缴率 Rate of Collection	保险费收入 Revenue of Insurance	保险费收入 Revenue of Insurance	征缴率 Rate of Collection	保险费收入 Revenue of Insurance	征缴率 Rate of Collection	保险费收入 Revenue of Insurance	征缴率 Rate of Collection
1995	27.3	85.3	1.1				96.2		97.2
2000	61.5	92.8	5.5			1.8	56.7	1.0	66.7
2005	189.9	96.8	11.0	49.0	98.4	4.1	93.1	1.5	94.2
2010	670.9	97.9	40.0	182.5	97.4	12.1	96.2	4.9	97.8
2011	870.3	98.0	59.2	223.4	98.6	16.6	96.0	8.5	97.0
2012	901.4	98.0	68.2	258.8	98.8	21.2	95.8	11.1	97.0
2013	1101.4	98.2	77.7	305.7	99.2	25.4	97.2	13.4	98.8
2014	1217.7	97.6	100.7	363.8	98.7	28.1	96.5	15.8	98.4
2015	1251.9	97.1	94.9	414.1	98.5	29.3	93.6	17.1	97.4
2016	1902.1	93.9	84.7	479.7	98.1	27.0	93.7	15.7	97.6
2017	2569.6	98.1	121.3	634.8		31.3	95.7	20.4	98.8
2018	2081.0	98.5	93.6	649.4	99.3	40.8	96.0	32.0	99.0
2019	1880.5	98.4	85.6	692.5	99.5	36.5	96.5	36.7	99.0
2020	1612.7	73.6	40.9	751.3	99.2	21.6	46.4		
2021	2283.1	98.5	68.6	921.1	98.5	43.4	96.4		
2022	2526.5	96.9	76.6	1047.2	97.0	48.7	93.7		

注：养老保险参保人数，2003年及以前年份未包括机关事业单位数据；2020年各类社会保险因国家及我省减免政策，征缴率有一定幅度下降。工伤保险征缴率不包含项目参保收入。

a) The contributors of basic pension insurance exclude contributors of government agencies and institutions in 2003 and before; and in 2020, due to the national and provincial reduction and exemption policies, the collection rate of various social insurances will decrease to a certain extent. The collection rate of work-related injury insurance does not include project participation income.

9-15 各市(州)社会保险参保人数(2022年)
Number of Social Insurance Participants by Region(2022)

(年末数)单位：万人　　(year-end)(10 000 persons)

市(州)	Region	城镇职工基本养老保险 Basic Endowment Insurance for Urban Workers	失业保险 Unemployment Insurance	基本医疗保险 Basic Medical Insurance	工伤保险 Work-related Injury Insurance	生育保险 Maternity Insurance
全　省	**Sichuan**	**3327.21**	**1179.02**	**8393.89**	**1544.80**	**1216.76**
成都市	Chengdu	1386.16	677.89	1856.28	766.29	675.55
自贡市	Zigong	90.01	18.44	267.08	26.11	19.65
攀枝花市	Panzhihua	56.98	18.17	110.73	27.43	19.00
泸州市	Luzhou	123.73	35.91	458.23	53.41	37.79
德阳市	Deyang	144.65	44.90	340.85	64.81	46.96
绵阳市	Mianyang	173.81	51.37	472.44	61.29	53.35
广元市	Guangyuan	66.15	17.67	257.72	23.57	19.42
遂宁市	Suining	91.65	20.35	277.02	28.76	22.12
内江市	Neijiang	96.76	20.75	340.84	28.02	22.11
乐山市	Leshan	136.90	30.46	313.88	46.01	34.23
南充市	Nanchong	135.23	28.54	584.29	54.56	32.94
眉山市	Meishan	98.80	27.12	295.37	56.78	28.05
宜宾市	Yibin	122.41	37.60	483.55	73.24	44.19
广安市	Guangan	81.67	19.67	377.00	26.89	21.29
达州市	Dazhou	117.60	20.02	544.06	37.04	24.56
雅安市	Yaan	54.05	14.22	145.32	25.27	16.01
巴中市	Bazhong	57.32	14.16	306.61	17.52	14.06
资阳市	Ziyang	56.02	13.05	262.20	24.20	13.99
阿坝藏族羌族自治州	Aba	22.31	8.39	83.94	13.13	10.61
甘孜藏族自治州	Ganzi	19.08	8.45	104.30	15.87	11.01
凉山彝族自治州	Liangshan	65.03	26.34	476.02	42.62	29.33
省本级	Provincial level	130.91	25.56	36.15	31.98	20.53

9-16 各市(州)社会保险基金征缴情况(2022年)
Collection of Social Insurance Funds by Region(2022)

单位：亿元 (100 million yuan)

市(州)	Region	城镇职工养老保险 Basic Endowment Insurance for Urban Workers		失业保险 Unemployment Insurance	城镇职工基本医疗保险 Basic Medical Insurance of Urban Workers		工伤保险 Work-related Injury Insurance	
		保险费收入 Revenue of Insurance	征缴率(%) Rate of Collection(%)	保险费收入 Revenue of Insurance	保险费收入 Revenue of Insurance	征缴率(%) Rate of Collection(%)	保险费收入 Revenue of Insurance	征缴率(%) Rate of Collection(%)
全　省	**Sichuan**	**2526.47**	**96.89**	**76.57**	**1047.22**	**97.0**	**48.67**	**93.70**
成都市	Chengdu	1147.96	97.99	42.34	553.31	96.0	10.06	96.54
自贡市	Zigong	43.79	95.12	1.18	20.58	98.2	1.43	92.69
攀枝花市	Panzhihua	44.69	96.83	1.45	23.58	98.6	2.75	96.06
泸州市	Luzhou	77.68	97.20	2.27	34.33	100.0	1.37	96.21
德阳市	Deyang	94.64	97.97	2.74	35.87	98.1	2.22	96.91
绵阳市	Mianyang	106.63	94.95	3.16	47.56	99.8	1.18	91.28
广元市	Guangyuan	41.84	95.85	1.13	16.99	100.0	1.87	93.56
遂宁市	Suining	48.21	95.09	1.19	17.09	97.7	0.91	93.74
内江市	Neijiang	50.13	91.15	1.19	25.77	96.8	2.41	84.68
乐山市	Leshan	85.72	96.84	1.81	25.41	98.4	3.93	94.39
南充市	Nanchong	75.23	94.38	1.77	29.31	96.2	1.55	90.25
眉山市	Meishan	58.74	98.34	1.60	20.44	97.3	1.46	97.27
宜宾市	Yibin	94.31	97.35	2.50	35.25	98.0	4.61	96.44
广安市	Guangan	48.48	96.82	1.25	14.75	98.5	1.67	95.30
达州市	Dazhou	64.59	95.00	1.30	21.16	96.5	3.10	86.36
雅安市	Yaan	33.98	95.85	0.83	12.90	98.1	1.28	92.67
巴中市	Bazhong	37.97	93.57	0.89	11.56	99.7	0.94	84.20
资阳市	Ziyang	33.21	96.79	0.82	15.55	98.6	0.48	95.30
阿坝藏族羌族自治州	Aba	24.16	97.48	0.71	11.17	100.0	0.61	97.61
甘孜藏族自治州	Ganzi	22.31	96.42	0.71	8.90	99.0	0.96	95.94
凉山彝族自治州	Liangshan	58.51	99.02	1.88	28.89	99.8	1.77	98.62
省本级	Provincial level	233.69	93.16	3.85	36.83	94.4	2.11	89.78

9-17 城市居民最低生活保障情况
Basic Statistics on Residents under Basic Provision Protection in Urban Area

单位：户、人、万元 (household, person, 10 000 yuan)

年份 Year	最低生活保障家庭数 Number of Households Receiving Minimum Living Allowances	最低生活保障人数 Number of Persons Receiving Minimum Living Allowances	#在职人员 Employed	#老年人 Elderly	城市低保资金 Funds for Urban Residents under Basic Provision Protection
2005	806737	1586126	11426	14744	112183
2010	1014429	1869694	25472	255385	403601
2011	1033800	1893114	13334	285339	455812
2012	1032332	1863842	15552	301762	428390
2013	1027660	1835734	17825	314598	507682
2014	989346	1734415	19440	325042	468792
2015	925095	1563548	16519	311675	490012
2016	819361	1344965	14622	301757	484439
2017	702040	1184095	13415	240296	431683
2018	568251	937070	11449	181309	387269
2019	466511	768376	8014	145757	307327
2020	429112	677479	4956	116075	313477
2021	387684	588657	596	101183	245657
2022	353953	521488	398	97650	241961

9-18 农村居民最低生活保障和救济情况
Basic Statistics on Residents under Basic Provision Protection and Receiving Almsgiving in Rural Area

单位：户、人、万元 (household, person, 10 000 yuan)

年份 Year	最低生活保障家庭数 Number of Households Receiving Minimum Living Allowances	最低生活保障人数 Number of Persons Receiving Minimum Living Allowances	#老年人 Elderly	#未成年人 Minors	#残疾人 Disabled	农村特困人员救助供养人数 Number of Rural Poor Personnel Relief Support	农村低保资金 Funds for Rural Residents under Basic Provision Protection
2005	296176	647007					8035
2010	2005227	3944748	1609275	434813	339357	211323	310207
2011	2221734	4251001	1737689	464960	356790	234494	437368
2012	2360143	4344818	1825940	463760	361101	257064	411568
2013	2501780	4394553	1878508	479749	366885	510267	559692
2014	2513702	4253319	1861781	455977	361682	504771	531594
2015	2482609	4054741	1832063	410835	667113	494722	590045
2016	2243946	3566780	1646309	358976	592631	485843	705993
2017	2180895	3663099	1608418	407129	549868	459085	728896
2018	1968055	3399154	1467388	388574	489133	445371	748958
2019	1962933	3537479	1466388	481134	473344	437035	817362
2020	2089249	3732812	1527145	540560	502293	428030	1084342
2021	2073623	3595635	1485896	514842	564593	417791	977180
2022	2027404	3426310	1466825	475569	569548	404893	1049126

9－19 各市(州)城市居民最低生活保障和救济情况(2022年)
Basic Statistics on Residents under Basic Provision Protection and Receiving Almsgiving in Urban Area by Region(2022)

市(州)	Region	最低生活保障家庭数(户) Number of Households Receiving Minimum Living Allowances (household)	最低生活保障人数(人) Number of Persons Receiving Minimum Living Allowances (person)	#在职人员 Employed	#老年人 Elderly	#登记失业 Registered Unemployed	#无就业条件 Lack of Employment Conditions	城市低保资金(万元) Funds for Urban Residents under Basic Provision Protection (10 000 yuan)
全　省	**Sichuan**	**353953**	**521488**	**398**	**97650**	**44411**	**228435**	**241961**
成都市	Chengdu	17228	20473	131	2087	2290	11972	22105
自贡市	Zigong	29067	39993	10	5975	1015	18224	18347
攀枝花市	Panzhihua	4007	5308	12	715	1328	1928	4651
泸州市	Luzhou	11900	15507		3283	482	8597	8844
德阳市	Deyang	10332	13897	3	2415	1483	7930	7596
绵阳市	Mianyang	20749	31349	3	6429	1923	5523	15109
广元市	Guangyuan	31906	56985	4	8771	5827	25945	18303
遂宁市	Suining	10012	12997	20	3038	526	6682	6185
内江市	Neijiang	15682	21136	66	2707	6168	7299	11305
乐山市	Leshan	15220	19629	10	3744	1987	10099	11412
南充市	Nanchong	59450	91631	2	23663	6817	32068	30436
眉山市	Meishan	6806	8183		1619	154	1642	3629
宜宾市	Yibin	13654	18182	17	4764	1272	8500	12408
广安市	Guangan	29425	48329	1	7597	5564	22218	18053
达州市	Dazhou	30954	41599	1	9089	391	26195	19075
雅安市	Yaan	2734	3309	14	736	198	1164	1500
巴中市	Bazhong	13020	22814		4035	2497	10251	8847
资阳市	Ziyang	4669	6071	3	1329	125	3172	3065
阿坝藏族羌族自治州	Aba	7031	10718	18	1872	861	2966	4918
甘孜藏族自治州	Ganzi	5492	7781	81	924	986	3412	3936
凉山彝族自治州	Liangshan	14615	25597	2	2858	2517	12648	12236

注：城乡居民低保和救济资料由四川省民政厅提供；城市低保资金全省合计中含省本级数据。
a) Data of urban and rural residents under basic provision protection and relief materials are provided by Sichuan Provincial Civil Affairs Department; Data of funds for urban residents under basic provision protection include provincial data.

9-20 各市(州)农村居民最低生活保障和救济情况(2022年)
Basic Statistics on Residents under Basic Provision Protection and Receiving Almsgiving in Rural Area by Region(2022)

市(州)	Region	最低生活保障家庭数(户) Number of Households Receiving Minimum Living Allowances (household)	最低生活保障人数(人) Number of Persons Receiving Minimum Living Allowances (person)	#老年人 Elderly	#未成年人 Minors	#残疾人 Disabled	农村特困人员救助供养人数(人) Number of Rural Poor Personnel Relief Support (person)	农村低保资金(万元) Funds for Rural Residents under Basic Provision Protection (10 000 yuan)
全 省	**Sichuan**	**2027404**	**3426310**	**1466825**	**475569**	**569548**	**404893**	**1049126**
成都市	Chengdu	44371	68880	18783	8652	21706	29434	57266
自贡市	Zigong	77398	113230	54726	9947	18981	18121	28017
攀枝花市	Panzhihua	8215	16101	4934	3296	3621	2405	7711
泸州市	Luzhou	107967	179183	68215	32264	39865	24687	57479
德阳市	Deyang	39658	70481	32637	6962	17744	18236	19637
绵阳市	Mianyang	62521	94936	46609	7572	25931	21353	35233
广元市	Guangyuan	112226	175826	93102	11092	25417	10313	42478
遂宁市	Suining	79270	101458	54181	7826	28992	20035	31877
内江市	Neijiang	52733	77847	30933	10355	20234	31967	27704
乐山市	Leshan	54272	107425	36317	16891	25570	12701	38051
南充市	Nanchong	324401	504503	299615	32699	72605	50696	108231
眉山市	Meishan	70013	85302	41890	5503	17154	17744	24964
宜宾市	Yibin	64264	129943	43423	26963	31099	21864	54544
广安市	Guangan	107100	191613	84966	20645	30915	26148	44096
达州市	Dazhou	262092	348002	201193	24097	50610	35148	103868
雅安市	Yaan	24550	35185	12362	3540	9684	5000	12139
巴中市	Bazhong	143938	274615	142062	27416	47765	11536	59050
资阳市	Ziyang	85565	115250	59682	10838	29408	20637	40675
阿坝藏族羌族自治州	Aba	31934	65149	13807	10941	5917	5297	20249
甘孜藏族自治州	Ganzi	52033	146966	20114	41349	8079	7309	51051
凉山彝族自治州	Liangshan	222883	524415	107274	156721	38251	14262	184806

注：农村低保资金全省合计中含省本级数据。
a) Funds for rural residents under basic provision protection include provincial funds.

主要统计指标解释

城乡一体化住户调查 从2012年四季度起，国家统计局对分别进行的城乡住户调查实施了一体化改革，规范了城乡划分范围，统一了城乡居民收入指标名称、分类和统计标准，建立了城乡统一的一体化住户调查，并据此采集全国居民有关数据。

居民可支配收入 指居民可用于最终消费支出和储蓄的总和，即居民可用于自由支配的收入。既包括现金收入，也包括实物收入。按照收入的来源，可支配收入包含四项，分别为：工资性收入、经营净收入、财产净收入和转移净收入。

工资性收入 指就业人员通过各种途径得到的全部劳动报酬和各种福利，包括受雇于单位或个人、从事各种自由职业、兼职和零星劳动得到的全部劳动报酬和福利。

经营净收入 指住户或住户成员从事生产经营活动所获得的净收入，是全部经营收入中扣除经营费用、生产性固定资产折旧和生产税之后得到的净收入。计算公式为：

经营净收入=经营收入−经营费用−生产性固定资产折旧−生产税

财产净收入 指住户或住户成员将其所拥有的金融资产、住房等非金融资产和自然资源交由其他机构单位、住户或个人支配而获得的回报并扣除相关的费用之后得到的净收入。财产净收入包括利息净收入、红利收入、储蓄性保险净收益、转让承包土地经营权租金净收入、出租房屋净收入、出租其他资产净收入和自有住房折算净租金等。财产净收入不包括转让资产所有权的溢价所得。

转移净收入 计算公式为：转移净收入=转移性收入−转移性支出

转移性收入 指国家、单位、社会团体对住户的各种经常性转移支付和住户之间的经常性收入转移。包括养老金或退休金、社会救济和补助、政策性生产补贴、政策性生活补贴、经常性捐赠和赔偿、报销医疗费、住户之间的赡养收入，本住户非常住成员寄回带回的收入等。转移性收入不包括住户之间的实物馈赠。

转移性支出 指调查户对国家、单位、住户或个人的经常性或义务性转移支付。包括缴纳的税款、各项社会保障支出、赡养支出、经常性捐赠和赔偿支出以及其他经常转移支出等。

居民消费支出 指居民用于满足家庭日常生活消费需要的全部支出，既包括现金消费支出，也包括实物消费支出。消费支出可划分为食品烟酒、衣着、居住、生活用品及服务、交通通信、教育文化娱乐、医疗保健以及其他用品及服务八大类。

食品烟酒支出 指用于各种食品和烟草、酒类的支出。

衣着支出 指与居民穿着有关的支出，包括服装、服装材料、鞋类、其他衣类及配件、衣着相关加工服务的支出。

居住支出 指与居住有关的支出，包括房租、水、电、燃料、物业管理等方面的支出，也包括自有住房折算租金。

生活用品及服务支出 指家庭及个人的各类生活品及家庭服务。包括家具及室内装饰品、家用器具、家用纺织品、家庭日用杂品、个人用品和家庭服务。

交通通信支出 指用于交通和通信工具及相关的各种服务费、维修费和车辆保险等支出。

教育文化娱乐支出 指用于教育、文化和娱乐方面的支出。

医疗保健支出 指用于医疗和保健的药品、用品和服务的总费用。包括医疗器具及药品，以及医疗服务。

其他用品及服务支出 指无法直接归入上述各类支出的其他用品与服务支出。

恩格尔系数 指食物支出金额占总支出金额的比重。

$$\text{恩格尔系数}=\frac{\text{食物支出金额}}{\text{总支出金额}}\times 100\%$$

城镇职工基本养老保险

1．参保职工人数 指报告期末参加城镇职工基本养老保险并在社保经办机构已建立缴费记录档案的职工人数，包括中断缴费但未终止养老保险关系的职工人数，不包括只登记未建立缴费记录档案的人数。

2．离退休人员人数 指报告期末参加城镇职工基本养老保险并由养老保险基金支付养老金的离休、退休和退职人员的人数。

3．基金收入 指根据国家有关规定，由纳入职工基本养老保险范围的缴费单位和个人按国家规定的缴费基数和缴费比例缴纳的养老保险费，以及通过其他方式取得的形成基金来源的收入。包括单位和职工个人缴纳的基本养老保险费、基本养老保险基金利息收入、委托投资收益、上级补助收入、下级上解收入、转移收入、财政补贴和其他收入。

基本医疗保险

1．参保人数 指报告期末参加职工基本医疗保险和城乡居民基本医疗保险人员的合计。

2．基金收入（含生育保险） 基本医疗保险基金收入包括职工基本医疗保险基金收入（含生育保险）和城乡居民基本医疗保险基金收入。职工基本医疗保险基金收入（含生育保险）包括基本医疗保险待遇收入（含生育保险）、利息收入、财政补贴收入、其他收入、待转保险费收入、待转利息收入、转移收入。城乡居民基本医疗保险基金收入包括基本医疗保险费收入、利息收入、财政补贴收入、其他收入。

失业保险

1．参保人数 指报告期末城镇企业、事业单位职工参加失业保险的人数及按地方规定参加失业保险的其他人员人数之和，不包括领取失业保险金人数。

2．基金收入　指报告期内筹集的失业保险基金的总额，包括失业保险费收入、利息收入、财政补贴收入、其他收入、转移收入。

工伤保险

1．参保人数　指报告期末参加工伤保险的职工人数和有雇工的个体工商户的雇工数。

2．享受工伤保险待遇人数　指年报告期内由工伤基金支付，享受工伤医疗、伤残、工亡待遇的总人数。不进行重复计算。

3．基金收入　指根据国家有关规定，由参加工伤保险的单位按国家规定的缴费基数和缴费比例缴纳及难以直接按照工资总额计算缴纳工伤保险费的部分行业企业按规定方式缴纳的工伤保险费，以及依法通过其他形式取得的形成基金来源的款项。包括：工伤保险费收入、利息收入、上级补助收入、下级上解收入、其他收入。

Explanatory Notes on Main Statistical Indicators

Integrated Urban and Rural Household Survey Data from 1978 to 2012 are estimated based on the historical data of Urban Household Survey and Rural Household Survey according to the comparable definition and coverage of main income and consumption indicators of Household Survey on Income and Expenditure and Living Conditions.

Disposable Income of Residents refers to the income of residents for purpose of final expenditure and savings. It includes income both in cash and in kind. By sources of income, disposable income includes four categories: income from wages and salaries, net business income, net income from properties and net income from transfer.

Income from Wages and Salaries refers to remuneration and benefits of all kinds of employed persons, including those employed by other units or individuals, freelance workers, part-time jobs, and sporadic workers.

Net Business Income refers to net income earned by households and their members engaged in production and business activities. It refers to the net income of operating revenue minus operating costs, depreciation of productive fixed assets, and production tax. The formula is:

Net business income = operating revenue-operating costs -depreciation of productive fixed assets-production tax

Net Income from Properties refers to the net income received as returns by households or members through lending of their financial assets, non-financial assets such as housing, to other institutions, households or individuals, minus relevant costs. Net income from properties includes net income of interest, bonus income, net income of saving insurance, net income from transferring management right of contract land, income from lending of housing, income from lending other assets, net converted rents of self-owned housing. Net income from properties do not include premium of transferring ownership of assets.

Net Income from Transfer The formula is:

Net income from transfer = income from transfer - expenditure from transfer

Income from Transfer refers to the regular transfer received from governments, institutions, social organizations to households and between households. It includes old-age and retirement pension, regular donation and compensation, reimbursement of medical fees, supporting income between households, income from non-resident members of households, etc. Income from transfer do not include gifts in kinds between households.

Expenditure from Transfer refers to regular or obligatory transfer paid to government, institutions, households or individuals. It includes tax payment, expenditure on all kinds of social security, supporting expenditure, regular donation, compensation payment and other regular transfer expenditure.

Consumption Expenditure of Residents refers to all expenditure of residents for living expenditure to satisfy family daily living. It includes expenditure in cash and in kind. It includes eight categories: food, tobacco and liquor; clothing and footwear; housing; household equipment, furnishings and services; transport and communications; education, culture and recreation; health care and medical services, and miscellaneous goods and services.

Food, Tobacco and Liquor Expenditure refers to expenditure for food, tobacco and liquor of all kinds.

Clothing Expenditure refers to expenditure related to clothing, including clothes, clothing materials, footwear, other clothing and accessories, processing services related to clothing.

Residence Expenditure refers to expenditure related to housing, including rents, water, electricity, fuel, property management, as well as imputed rent on owner-occupied dwellings.

Household Facilities, Articles and Services Expenditure refers to expenditure of households and individuals on equipment, furnishings and articles for living purpose and on household services. It includes furniture and interior decoration, home appliances, home textiles, household miscellaneous daily articles, personal articles, and household services.

Transport and Communications Expenditure refers to expenditure on transport and communication and related services, maintenance and repairs, and vehicle insurance.

Education, Cultural and Recreational Activities Expenditure refers to expenditure on educational, cultural and recreational activities.

Health Care and Medical Services Expenditure refers to expenditure on drugs, supplies and services of medical and health care. It includes medical appliances and drugs, and medical services.

Miscellaneous Goods and Services Expenditure refers to expenditure on all other articles and services that can not classified into the above categories.

Engel Coefficient refers to the percentage of expenditure on food to the total consumption, using the following formula:

$$\text{Engel Coefficient} = \frac{\text{Expenditure on Food}}{\text{Total Consumption Expenditure}} \times 100\%$$

Basic Endowment Insurance for Urban Workers

1.Number of workers covered refers to staff and workers participating in the basic endowment insurance for urban workers at the end of the reference period, who have already had payment records in social security management agencies, including those who have interrupt payment without terminating the insurance programme. Those who have registered in the programme but with no payment records are not included.

2.Number of retirees covered refers to the number of retirees participating in the basic endowment insurance for

urban workers and the pension paid by the pension insurance fund by the end of the reference period.

3. Revenue refers to payments made by employers and employees participating in the basic endowment insurance for urban workers in accordance with the basis and proportion stipulated in state regulations, and income from other sources that become the source of endowment insurance fund, including the premium paid by employers and staff and workers, interest income, entrusted investment income, subsidies from higher level agencies, income as transfer from subordinate agencies, transferred income, government financial subsidies and other income.

Basic Medical Insurance

1.Participants refers to the total number of people who participate in the basic medical insurance for workers and basic medical insurance for urban and rural residents at the end of the reference period.

2.Revenue (birth insurance included) refers to basic medical insurance fund income for employees (including birth insurance) and basic medical insurance fund income for urban and rural residents. The basic medical insurance fund income of employees (including birth insurance) includes basic medical insurance premium income (including birth insurance), interest income, financial subsidy income, other income, insurance premium income to be transferred, interest income to be transferred and transfer income.

Unemployment Insurance

1.Participants refers to the number of staff and workers in urban enterprises or institutions who have participated in the unemployment insurance, and other people who have participated according to local regulations at the end of the reference period, excluding the number of people receiving unemployment insurance benefits.

2.Revenue refers to the total unemployment insurance funds raised in the reference period, including unemployment insurance premium, interest income, financial subsidies, other revenue, and transferred revenue.

Work-related Injury Insurance

1.Participants refers to staff and workers who have participated in the work-related injury insurance and employees who work as self-employed and have participated in the work-related injury insurance at the end of the reference period.

2.Number of beneficiaries refers to number of people who are paid by the work-related injury fund and enjoy the medical treatment, disability and death benefits during the annual report period. No double calculation is performed.

3.Revenue refers to payments made by employers participating in the work-related injury insurance programme in accordance with the basis and proportion stipulated in state regulations, and payment by enterprises of some industries where it is difficult to estimate the injury insurance premium directly according to the total wage bill in accordance with stipulated way, and revenue from other sources according to law that become source of work-related injury insurance fund, including revenue of injury insurance, interest income, subsidies from higher level agencies, revenue as transfer from subordinate agencies, and other revenues.

10 城市发展

Chapter 10 Urban Development

SICHUAN STATISTICAL YEARBOOK

10-1　城市建设情况(2022年)
Basic Statistics on City Construction(2022)

单位：平方公里　　(sq.km)

城　市	City	城区面积 Total Urban Area	#建成区面积 Area of Built Districts	城市建设用地面积 Urban Construction Land Area	#居住用地 Residential Land	本年征用土地面积 Requisitioned Land Area This Year
全　省	**Sichuan**	**8708.00**	**3411.76**	**3198.44**	**1022.96**	**149.40**
成都市	Chengdu	1444.29	1063.68	992.48	343.82	29.03
简阳市	Jianyang	69.04	42.00	40.89	9.83	0.82
都江堰市	Dujiangyan	102.13	39.53	39.53	20.31	
彭州市	Pengzhou	133.80	29.29	29.29	7.50	
邛崃市	Qionglai	207.02	23.55	23.54	10.08	
崇州市	Chongzhou	63.42	23.33	23.33	9.30	1.13
自贡市	Zigong	778.32	132.00	128.76	42.63	3.58
攀枝花市	Panzhihua	433.85	83.85	83.06	22.52	1.49
泸州市	Luzhou	411.38	174.13	174.13	40.41	2.79
德阳市	Deyang	155.22	96.03	94.75	28.74	14.82
广汉市	Guanghan	60.50	41.05	41.05	10.37	4.26
什邡市	Shifang	24.81	16.95	16.88	6.10	
绵竹市	Mianzhu	22.80	18.60	18.60	6.60	
绵阳市	Mianyang	295.31	189.21	189.21	57.77	12.55
江油市	Jiangyou	199.41	35.00	34.54	10.20	5.60
广元市	Guangyuan	216.70	70.67	70.19	17.10	2.00
遂宁市	Suining	293.32	90.62	76.10	18.83	3.34
射洪市	Shehong	115.00	30.86	30.86	6.00	
内江市	Neijiang	278.00	103.50	103.22	35.35	5.39
隆昌市	Longchang	57.00	26.20	26.20	7.48	
乐山市	Leshan	348.93	78.15	78.07	32.93	
峨眉山市	Emeishan	90.20	25.03	25.03	10.88	
南充市	Nanchong	420.00	172.02	172.02	62.90	2.83
阆中市	Langzhong	150.00	38.23	38.23	11.60	0.42
眉山市	Meishan	318.16	87.08	84.67	28.53	10.02
宜宾市	Yibin	207.06	189.40	172.27	35.56	10.90
广安市	Guangan	140.79	66.53	66.12	25.61	1.95
华蓥市	Huaying	92.50	16.30	16.15	4.60	0.20
达州市	Dazhou	226.69	150.03	92.34	29.44	26.41
万源市	Wanyuan	33.90	16.26	16.26	7.90	
雅安市	Yaan	197.54	45.99	43.84	10.24	1.84
巴中市	Bazhong	182.10	64.56	44.59	14.65	0.90
资阳市	Ziyang	249.23	54.00	39.12	10.20	5.85
马尔康市	Maerkang	369.16	5.26	4.43	1.73	0.19
康定市	Kangding	6.00	5.40	5.02	1.55	0.85
会理市	Huili	19.40	13.65	13.65	5.79	0.24
西昌市	Xichang	295.02	53.82	50.02	17.91	

注：本篇章资料由四川省住房和城乡建设厅提供；本篇章统计范围是四川省所辖地级市和县级市的城市统计。
a) Data of this table are provided by Sichuan Provincial Department of Housing and Urban and Rural Construction; The statistical scope of this chapter is the prefecture-level cities and county-level cities in Sichuan Province.

10－2 城市设施水平(2022年)
Level of Public Facilities in Cities(2022)

城 市	City	供水普及率(%) Water Coverage Rate (%)	燃气普及率(%) Gas Coverage Rate (%)	人均城市道路面积(平方米) Per Capita Area of Roads (sq.m)	污水处理率(%) Wastewater Treatment Rate (%)	人均公园绿地面积(平方米) Per Capita Public Recreational Green Space (sq.m)	建成区绿化覆盖率(%) Green Covered Area as Percentage of Built Districts (%)	生活垃圾处理率(%) Household Garbage Treatment Rate (%)
全 省	**Sichuan**	**97.18**	**96.55**	**18.28**	**96.23**	**13.99**	**43.54**	**99.98**
成都市	Chengdu	95.70	97.22	16.12	95.40	11.36	44.01	100.00
简阳市	Jianyang	100.00	100.00	21.63	94.51	16.00	44.25	100.00
都江堰市	Dujiangyan	98.90	97.52	24.14	93.05	17.46	46.34	100.00
彭州市	Pengzhou	100.00	99.63	15.99	95.81	15.42	44.53	100.00
邛崃市	Qionglai	98.94	98.37	20.20	97.00	22.58	46.38	100.00
崇州市	Chongzhou	100.00	100.00	21.27	93.21	11.18	45.56	100.00
自贡市	Zigong	96.00	98.10	18.79	96.61	15.00	44.40	100.00
攀枝花市	Panzhihua	100.00	84.23	19.82	98.28	14.88	42.94	100.00
泸州市	Luzhou	97.59	97.96	16.40	97.01	15.96	43.16	100.00
德阳市	Deyang	99.94	99.98	29.56	97.81	15.50	43.51	100.00
广汉市	Guanghan	100.00	100.00	21.62	98.01	14.62	49.95	100.00
什邡市	Shifang	99.37	100.00	20.84	97.00	16.33	44.15	100.00
绵竹市	Mianzhu	99.80	99.73	26.68	95.78	15.09	38.15	100.00
绵阳市	Mianyang	99.70	99.83	20.55	97.83	14.26	41.62	100.00
江油市	Jiangyou	100.00	99.26	18.69	96.46	14.22	45.01	100.00
广元市	Guangyuan	99.98	99.98	21.01	97.44	18.13	41.72	100.00
遂宁市	Suining	100.00	99.11	31.11	97.94	15.72	42.62	100.00
射洪市	Shehong	100.00	99.63	16.15	98.06	11.50	43.54	100.00
内江市	Neijiang	100.00	100.00	18.33	96.84	17.61	39.13	100.00
隆昌市	Longchang	100.00	98.00	21.10	98.81	16.02	43.70	100.00
乐山市	Leshan	99.12	97.43	17.86	96.14	18.51	44.11	100.00
峨眉山市	Emeishan	98.70	98.70	28.90	95.30	18.04	43.27	100.00
南充市	Nanchong	100.00	98.65	16.76	98.86	15.37	47.67	100.00
阆中市	Langzhong	100.00	100.00	18.01	95.10	17.62	45.64	100.00
眉山市	Meishan	99.83	97.99	20.19	97.94	15.83	43.01	100.00
宜宾市	Yibin	96.57	96.70	14.87	96.47	15.66	41.48	100.00
广安市	Guangan	97.31	94.73	28.04	95.74	17.46	44.47	99.89
华蓥市	Huaying	100.00	100.00	20.82	97.71	14.84	38.42	99.95
达州市	Dazhou	98.72	99.00	16.81	95.32	14.85	42.00	100.00
万源市	Wanyuan	99.88	99.88	9.79	99.00	23.56	43.81	100.00
雅安市	Yaan	96.29	99.51	45.71	96.69	17.35	40.15	98.41
巴中市	Bazhong	100.00	100.00	20.66	99.95	18.54	43.85	100.00
资阳市	Ziyang	100.00	100.00	26.75	97.86	15.55	41.37	100.00
马尔康市	Maerkang	99.70	69.70	11.87	96.70	13.03	37.45	98.79
康定市	Kangding	100.00	83.09	12.97	96.18	15.11	42.59	100.00
会理市	Huili	55.56	65.56	14.15	82.58	9.74	40.51	99.87
西昌市	Xichang	85.76	49.80	11.49	91.21	11.56	47.53	100.00

10-3 城市供水情况(2022年)
Basic Statistics on Water Supply in Cities(2022)

城 市	City	供水综合生产能力(万立方米/日) Production Capacity of Tap Water Supply (10 000 cu.m / day)	供水管道长度(公里) Length of Water Supply Pipelines (km)	供水总量(万立方米) Total Volume of Water Supply (10 000 cu.m)	#居民家庭用水 Water for Residential Use	用水人口(万人) Number of Residents with Access to Tap Water (10 000 persons)	人均日生活用水量(升) Per Capita Daily Consumption of Tap Water for Residential Use (liter)
全 省	**Sichuan**	**1367.98**	**58292.64**	**339871.37**	**169278.00**	**3105.96**	**195.31**
成都市	Chengdu	450.46	21912.03	144159.40	71253.25	1203.22	232.39
简阳市	Jianyang	17.00	368.06	2773.33	1367.28	33.55	132.84
都江堰市	Dujiangyan	24.45	514.29	4118.99	1497.41	24.30	195.07
彭州市	Pengzhou	52.00	1105.64	2580.00	1249.00	27.36	154.21
邛崃市	Qionglai	11.07	336.07	2204.95	887.60	28.00	99.52
崇州市	Chongzhou	8.00	350.00	2369.00	1038.00	21.57	179.09
自贡市	Zigong	34.20	4229.02	7618.04	4543.51	121.07	102.82
攀枝花市	Panzhihua	49.90	1464.89	10260.18	2945.52	68.10	187.01
泸州市	Luzhou	86.31	3594.17	14059.72	7346.26	147.22	161.21
德阳市	Deyang	30.41	735.74	7748.18	3943.05	65.64	174.60
广汉市	Guanghan	22.30	431.06	3512.60	1232.80	27.17	206.43
什邡市	Shifang	8.00	425.00	2758.02	987.60	15.70	297.07
绵竹市	Mianzhu	8.00	151.50	2494.91	690.00	14.98	171.00
绵阳市	Mianyang	67.15	5156.20	16962.70	8931.45	146.11	212.40
江油市	Jiangyou	16.00	949.86	3921.73	2389.00	35.00	188.39
广元市	Guangyuan	19.73	724.42	5552.38	2916.04	51.69	173.50
遂宁市	Suining	59.10	1569.36	9162.94	3834.43	61.48	219.66
射洪市	Shehong	10.57	232.50	3155.53	1780.48	32.62	168.52
内江市	Neijiang	26.63	942.23	6581.10	3986.79	69.60	193.86
隆昌市	Longchang	7.20	712.70	2196.00	1395.00	21.01	181.91
乐山市	Leshan	36.00	2531.87	9408.27	4430.18	74.17	172.66
峨眉山市	Emeishan	13.68	262.00	2818.95	1588.65	19.70	283.81
南充市	Nanchong	53.00	1165.00	14925.00	7130.00	148.00	186.13
阆中市	Langzhong	14.50	309.00	3525.27	1685.40	28.09	170.43
眉山市	Meishan	31.77	1193.00	8360.51	4434.54	71.18	210.19
宜宾市	Yibin	65.00	1311.00	12402.19	5932.20	174.73	121.86
广安市	Guangan	21.00	802.43	4303.50	2291.55	44.16	195.46
华蓥市	Huaying	2.90	297.00	999.51	625.14	11.46	158.38
达州市	Dazhou	25.00	1020.00	7600.00	5205.00	115.35	131.23
万源市	Wanyuan	9.00	138.21	840.00	469.08	8.00	170.05
雅安市	Yaan	20.50	664.64	2876.50	1291.00	23.38	219.48
巴中市	Bazhong	13.65	654.70	5550.40	4175.73	58.12	221.00
资阳市	Ziyang	19.00	672.80	3954.57	2069.06	38.85	186.91
马尔康市	Maerkang	3.40	56.00	730.00	541.00	3.29	575.43
康定市	Kangding	1.30	117.75	380.00	290.00	6.09	134.20
会理市	Huili	4.80	252.00	628.00	369.00	7.00	164.38
西昌市	Xichang	25.00	940.50	6379.00	2536.00	59.00	132.25

10–4 城市燃气情况(2022年)
Basic Statistics on Gas Supply in Cities(2022)

城　市	City	天然气销售量(万立方米) Total Volume of Gas Sales (10 000 cu.m)	#居民家庭 Volume of Residential Use	天然气用气人口(万人) Population with Access to Gas (10 000 persons)	液化石油气销售量(吨) Total Volume of LPG Sales (tons)	#居民家庭 Volume of Residential Use	液化石油气用气人口(万人) Population with Access to LPG (10 000 persons)
全　省	**Sichuan**	**1004121.38**	**458435.64**	**2949.75**	**208373.74**	**86794.18**	**98.88**
成都市	Chengdu	418233.09	206019.16	1185.78	139709.04	46652.97	36.52
简阳市	Jianyang	9654.00	4202.91	32.98	1126.00	820.00	0.57
都江堰市	Dujiangyan	9345.62	4678.36	23.57	287.40	135.32	0.39
彭州市	Pengzhou	9566.00	8447.00	24.00	970.00	900.00	3.26
邛崃市	Qionglai	8913.23	5033.00	27.26	802.00	398.00	0.58
崇州市	Chongzhou	19258.80	6582.05	20.17	4330.50	2107.60	1.40
自贡市	Zigong	27081.60	20581.50	123.72			
攀枝花市	Panzhihua	12559.57	490.25	16.28	2267.56	1674.14	3.76
泸州市	Luzhou	61548.52	18410.54	145.81	957.50	735.00	1.96
德阳市	Deyang	48068.40	9214.60	63.30	2917.96	1491.97	2.37
广汉市	Guanghan	15443.07	3563.50	24.50	6031.87	2880.00	2.67
什邡市	Shifang	10269.00	5545.00	14.46	780.40	625.30	1.34
绵竹市	Mianzhu	13364.00	4678.00	14.80	756.00	711.00	0.17
绵阳市	Mianyang	60164.21	24067.75	143.85	3176.76	2871.00	2.45
江油市	Jiangyou	9409.92	5167.48	34.74			
广元市	Guangyuan	17046.24	8422.33	50.78	911.00	903.00	0.91
遂宁市	Suining	40900.44	8085.52	60.33	119.00	100.00	0.60
射洪市	Shehong	5945.00	5340.00	32.50			
内江市	Neijiang	15772.59	7855.21	69.35	9856.71	5102.00	0.25
隆昌市	Longchang	3648.96	2110.64	20.59			
乐山市	Leshan	27083.28	12058.74	71.61	5203.89	2396.23	1.30
峨眉山市	Emeishan	6604.00	3982.00	19.70	1652.00		
南充市	Nanchong	29075.00	17325.71	144.00	4610.00	3700.00	2.00
阆中市	Langzhong	3455.00	2675.00	27.59	1161.00	680.00	0.50
眉山市	Meishan	20738.17	10340.53	68.99	496.50	253.00	0.88
宜宾市	Yibin	40547.27	18979.67	172.36	2595.15	2058.65	2.60
广安市	Guangan	9916.92	8221.56	42.99			
华蓥市	Huaying	2348.00	1850.00	11.00	183.00	116.50	0.46
达州市	Dazhou	14550.35	3952.83	115.67			
万源市	Wanyuan	1044.84	836.01	7.00	660.00	660.00	1.00
雅安市	Yaan	8290.09	4986.41	24.16	1600.00	550.00	
巴中市	Bazhong	13400.91	9510.54	55.87	1937.00	1937.00	2.25
资阳市	Ziyang	8805.76	4037.63	37.23	288.00	125.00	1.62
马尔康市	Maerkang	87.00	83.00	0.75	480.00	480.00	1.55
康定市	Kangding	289.24	230.24	0.56	1274.50	1274.50	4.50
会理市	Huili	113.38	59.59	6.25	715.00	590.00	2.01
西昌市	Xichang	1579.91	811.38	15.25	10518.00	3866.00	19.01

10-5 城市道路和桥梁情况(2022年)
Basic Statistics on City Roads and Bridges(2022)

城市	City	道路长度(公里) Length of Paved Roads (km)	#建成区 Built Districts	道路面积(万平方米) Area of Paved Roads (10 000 sq.m)	#人行道面积 Area of Sidewalk	桥梁数(座) Number of Bridges (unit)	道路照明灯盏数(盏) Number of lamps for Road Lighting (unit)
全 省	**Sichuan**	**29333.04**	**27540.65**	**58436.62**	**14911.32**	**4158**	**2133378**
成都市	Chengdu	9883.14	8945.68	20267.94	4266.52	2156	516292
简阳市	Jianyang	358.00	336.50	725.70	244.00	32	24026
都江堰市	Dujiangyan	320.20	320.20	593.00	208.00	104	28535
彭州市	Pengzhou	238.47	238.47	437.42	142.01	8	14354
邛崃市	Qionglai	215.80	215.80	571.77	217.62	4	22399
崇州市	Chongzhou	221.75	221.75	458.72	164.64	9	72164
自贡市	Zigong	1692.40	1523.16	2369.36	374.11	138	59004
攀枝花市	Panzhihua	1011.43	933.76	1349.82	357.71	106	38741
泸州市	Luzhou	1231.31	1231.31	2473.78	761.78	97	108682
德阳市	Deyang	780.86	766.72	1941.20	509.35	53	78314
广汉市	Guanghan	282.90	282.90	587.29	145.91	19	24620
什邡市	Shifang	129.36	129.36	329.28	83.45	36	14866
绵竹市	Mianzhu	180.39	117.00	400.50	168.50	22	25403
绵阳市	Mianyang	1474.30	1469.00	3012.21	809.44	172	138262
江油市	Jiangyou	253.00	253.00	654.26	287.24	28	33431
广元市	Guangyuan	594.94	594.94	1086.27	322.23	192	50714
遂宁市	Suining	768.07	744.56	1912.56	413.10	99	37770
射洪市	Shehong	267.70	201.00	526.96	92.96	19	14710
内江市	Neijiang	722.53	719.74	1275.61	372.26	41	75806
隆昌市	Longchang	222.70	222.70	443.31	124.74	18	8764
乐山市	Leshan	807.34	734.91	1336.76	259.14	79	71192
峨眉山市	Emeishan	182.68	182.68	576.75	161.78	21	37756
南充市	Nanchong	1075.00	1075.00	2480.00	748.00	64	66900
阆中市	Langzhong	217.80	197.80	506.03	156.56	25	14181
眉山市	Meishan	674.12	658.12	1439.82	325.69	69	112674
宜宾市	Yibin	1238.12	1212.65	2690.55	877.02	74	98432
广安市	Guangan	601.79	545.90	1272.59	388.90	19	34742
华蓥市	Huaying	140.62	138.11	238.58	48.47	22	10901
达州市	Dazhou	1214.24	1200.24	1963.58	561.32	23	49986
万源市	Wanyuan	73.17	73.17	78.40	33.10	8	3200
雅安市	Yaan	431.12	397.41	1109.75	434.78	253	41733
巴中市	Bazhong	697.23	672.23	1200.50	328.75	37	15685
资阳市	Ziyang	549.27	445.00	1039.11	274.32	46	40400
马尔康市	Maerkang	39.80	30.50	39.16	8.12	18	1010
康定市	Kangding	98.60	68.10	79.00	29.50	16	2180
会理市	Huili	97.85	96.24	178.23	50.00	31	15758
西昌市	Xichang	345.04	345.04	790.85	160.30		129791

10-6 城市绿地和园林情况(2022年)
Basic Statistics on Parks and Green Areas in Cities(2022)

城 市	City	绿化覆盖面积(公顷) Areas Covered by Green Land (hectare)	#建成区 Built Districts	绿地面积(公顷) Green Area (hectare)	#建成区 Built Districts	公园绿地面积(公顷) Public Green Area (hectare)	公园个数(个) Number of Parks (unit)	公园面积(公顷) Area of Parks (hectare)
全 省	**Sichuan**	**162542.07**	**148548.43**	**143458.75**	**131723.92**	**44714.79**	**946**	**28691.98**
成都市	Chengdu	46812.38	46812.38	40258.94	40258.94	14287.01	177	5741.42
简阳市	Jianyang	2732.79	1858.30	2268.67	1494.68	536.80	14	733.25
都江堰市	Dujiangyan	1831.83	1831.83	1639.66	1639.66	428.96	4	126.30
彭州市	Pengzhou	1304.40	1304.40	1097.40	1097.40	421.84	8	114.79
邛崃市	Qionglai	1284.50	1092.14	1178.50	1001.97	639.14	12	630.22
崇州市	Chongzhou	1062.91	1062.91	986.26	986.26	241.06	7	226.25
自贡市	Zigong	5988.80	5860.80	5242.80	5134.80	1891.80	24	657.54
攀枝花市	Panzhihua	3600.71	3600.71	3372.75	3372.75	1013.13	24	808.13
泸州市	Luzhou	8147.34	7515.34	7715.71	6850.61	2407.18	47	1735.70
德阳市	Deyang	4178.10	4178.10	3554.56	3554.56	1017.94	31	565.88
广汉市	Guanghan	2052.35	2050.45	1671.22	1666.22	397.15	9	116.00
什邡市	Shifang	748.34	748.34	679.64	679.64	258.01	5	66.26
绵竹市	Mianzhu	720.40	709.50	706.00	705.80	226.50	5	36.07
绵阳市	Mianyang	7874.92	7874.92	7229.71	7229.71	2089.80	23	1449.43
江油市	Jiangyou	1585.96	1575.36	1395.33	1343.20	497.80	6	191.00
广元市	Guangyuan	4239.10	2948.59	4062.98	2762.98	937.25	31	849.40
遂宁市	Suining	6604.52	3862.41	6161.45	3425.56	966.36	36	788.33
射洪市	Shehong	1343.56	1343.56	1205.18	1205.18	375.25	10	329.54
内江市	Neijiang	4118.51	4049.53	3729.31	3729.31	1225.88	32	755.29
隆昌市	Longchang	1161.50	1144.90	1090.91	1013.41	336.51	6	75.20
乐山市	Leshan	8238.60	3447.00	7541.19	3196.61	1385.14	42	1024.88
峨眉山市	Emeishan	1083.00	1083.00	1009.00	1009.00	360.00	14	210.00
南充市	Nanchong	9100.00	8200.00	7241.00	7100.00	2275.00	28	2145.00
阆中市	Langzhong	1965.00	1745.00	1760.00	1518.00	495.00	9	355.00
眉山市	Meishan	4503.21	3745.66	3977.25	3288.04	1128.88	26	606.82
宜宾市	Yibin	7971.50	7855.50	7122.91	7044.82	2833.14	77	1674.48
广安市	Guangan	3001.39	2958.44	2629.69	2629.69	792.50	42	1131.77
华蓥市	Huaying	641.30	626.23	603.53	591.48	170.05	7	206.74
达州市	Dazhou	6400.00	6301.26	6204.45	6126.22	1735.00	73	1686.35
万源市	Wanyuan	712.31	712.31	652.40	652.40	188.70	3	604.41
雅安市	Yaan	2741.78	1846.50	1774.32	1718.99	421.23	30	427.83
巴中市	Bazhong	2831.00	2831.00	2713.50	2713.50	1077.36	22	1077.06
资阳市	Ziyang	2234.00	2234.00	2016.79	2016.79	604.29	13	430.79
马尔康市	Maerkang	385.00	197.00	191.00	191.00	43.00	2	44.00
康定市	Kangding	230.00	230.00	190.57	190.57	92.00	4	18.00
会理市	Huili	553.00	553.00	464.03	464.03	122.76	3	47.00
西昌市	Xichang	2558.06	2558.06	2120.14	2120.14	795.37	40	1005.85

10—7 城市排水和污水处理情况(2022年)
Basic Statistics on City Drainage and Sewage Treatment(2022)

城 市	City	排水管道长度(公里) Length of Drain Pipes (km)	#污水管道 Wastewater Pipes	#雨水管道 Rainwater Pipes	污水排放量(万立方米) Volume of Sewage Discharged (10 000 cu.m)	污水处理厂(座) Wastewater Treatment Plants (unit)	污水处理厂处理量(万立方米) Volume of Wastewater Treatment Plants (10 000 cu.m)
全 省	**Sichuan**	**49483.92**	**23222.37**	**23245.31**	**310904.84**	**193**	**286405.88**
成都市	Chengdu	18805.71	8862.12	9821.12	141914.09	57	126509.52
简阳市	Jianyang	481.00	334.00	147.00	2753.25	2	2602.10
都江堰市	Dujiangyan	572.40	238.95	314.20	4379.15	2	4074.78
彭州市	Pengzhou	512.56	218.30	294.26	2554.00	2	2447.00
邛崃市	Qionglai	370.00	180.00	160.00	2157.46	4	2092.74
崇州市	Chongzhou	299.57	151.06	135.02	1658.30	1	1545.74
自贡市	Zigong	1978.40	515.99	1043.34	7366.60	6	6689.45
攀枝花市	Panzhihua	1174.98	843.77	283.53	7978.90	9	5055.44
泸州市	Luzhou	1983.82	1020.35	955.36	10399.18	7	10016.75
德阳市	Deyang	1608.51	635.06	957.00	9441.45	5	9186.40
广汉市	Guanghan	513.40	226.25	218.15	3133.60	2	3071.24
什邡市	Shifang	367.07	149.44	215.29	2257.14	1	2189.42
绵竹市	Mianzhu	455.00	200.00	210.00	1808.63	1	1732.31
绵阳市	Mianyang	2994.90	1456.86	1538.04	15897.47	10	15552.90
江油市	Jiangyou	491.32	245.66	245.66	3675.00	2	3545.00
广元市	Guangyuan	1065.78	598.45	428.49	5578.53	4	5435.57
遂宁市	Suining	1436.09	795.21	602.63	8506.13	6	7771.88
射洪市	Shehong	484.40	222.02	221.28	2848.90	2	2793.64
内江市	Neijiang	1369.39	587.15	535.09	6074.20	7	5882.44
隆昌市	Longchang	257.77	75.14	95.81	1775.05	1	1753.93
乐山市	Leshan	1102.18	417.94	543.80	6359.81	7	6114.60
峨眉山市	Emeishan	406.00	328.00	76.00	2678.91	1	2553.00
南充市	Nanchong	1910.00	874.00	765.00	12037.00	6	11900.00
阆中市	Langzhong	435.00	178.00	152.00	3144.00	2	2990.00
眉山市	Meishan	1170.07	448.40	612.67	7529.34	11	7374.30
宜宾市	Yibin	2030.69	859.86	769.33	8983.08	9	8665.73
广安市	Guangan	824.53	496.16	315.37	4137.69	5	3961.62
华蓥市	Huaying	321.80	169.00	136.30	1043.80	3	1019.85
达州市	Dazhou	1202.90	638.00	380.00	5325.00	1	5076.00
万源市	Wanyuan	182.11	41.55	57.00	839.01	1	830.62
雅安市	Yaan	618.12	280.66	243.46	2766.50	3	2675.00
巴中市	Bazhong	611.00	405.00	198.00	4441.00	4	4438.61
资阳市	Ziyang	734.50	280.00	415.00	3124.87	3	3058.00
马尔康市	Maerkang	25.63	25.63		728.00	2	704.00
康定市	Kangding	58.70	37.39	9.11	351.00	1	337.60
会理市	Huili	162.40	86.50	41.00	439.60	1	363.00
西昌市	Xichang	466.22	100.50	110.00	4819.20	2	4395.70

10－8　城市市容环境卫生情况(2022年)
Basic Statistics on City Sanitation (2022)

城　市	City	道路清扫保洁面积(万平方米) Clean Area of Road (10 000 sq.m)	生活垃圾清运量(万吨) Volume of Household Garbage Treatment (10 000 tons)	生活垃圾无害化处理厂(场)(座) Domestic Garbage Harmless Treatment Plants (unit)	生活垃圾无害化处理量(万吨) Volume of Domestic Garbage Harmless Treatment (10 000 tons)	公共厕所(座) Number of Public Lavatories (unit)	市容环卫专用车辆设备总数(辆) Number of Vehicles for Environmental Sanitation (unit)
全　省	**Sichuan**	**57971.67**	**1259.20**	**48**	**1258.94**	**9786**	**15227**
成都市	Chengdu	23627.73	541.50	12	541.50	2676	7934
简阳市	Jianyang	519.97	10.75	1	10.75	82	172
都江堰市	Dujiangyan	579.00	10.67	1	10.67	121	150
彭州市	Pengzhou	466.00	9.46		9.46	164	70
邛崃市	Qionglai	384.32	15.42		15.42	81	273
崇州市	Chongzhou	663.00	10.08	1	10.08	54	111
自贡市	Zigong	2369.00	30.65	1	30.65	555	600
攀枝花市	Panzhihua	1303.90	21.41	2	21.41	438	259
泸州市	Luzhou	2628.99	41.52	1	41.52	310	388
德阳市	Deyang	937.00	28.75	2	28.75	135	561
广汉市	Guanghan	820.00	19.21		19.21	67	77
什邡市	Shifang	304.75	9.81		9.81	54	220
绵竹市	Mianzhu	312.00	10.74		10.74	30	43
绵阳市	Mianyang	2837.20	57.40	2	57.40	438	313
江油市	Jiangyou	670.00	14.60		14.60	74	78
广元市	Guangyuan	1012.92	23.44	4	23.44	348	204
遂宁市	Suining	1468.63	25.06	2	25.06	240	234
射洪市	Shehong	350.00	10.69	1	10.69	45	67
内江市	Neijiang	1064.00	29.37	1	29.37	320	273
隆昌市	Longchang	413.70	11.38	1	11.38	40	82
乐山市	Leshan	1387.39	34.73	2	34.73	230	275
峨眉山市	Emeishan	296.00	12.31	1	12.31	53	39
南充市	Nanchong	2250.00	52.31	2	52.31	486	245
阆中市	Langzhong	650.00	10.50	1	10.50	200	41
眉山市	Meishan	1482.00	25.64	2	25.64	170	336
宜宾市	Yibin	2517.00	41.94		41.94	726	756
广安市	Guangan	1640.10	17.78		17.76	167	280
华蓥市	Huaying	317.50	5.60		5.60	41	60
达州市	Dazhou	776.00	34.28	2	34.28	525	274
万源市	Wanyuan	78.00	3.27		3.27	71	59
雅安市	Yaan	733.00	12.59	1	12.39	106	121
巴中市	Bazhong	1187.00	19.46		19.46	275	251
资阳市	Ziyang	960.00	15.15		15.15	157	124
马尔康市	Maerkang	110.00	2.47		2.44	16	30
康定市	Kangding	79.00	3.07	1	3.07	15	27
会理市	Huili	86.57	5.46	1	5.45	36	32
西昌市	Xichang	690.00	30.75	3	30.75	240	168

主要统计指标解释

供水综合生产能力 指按供水设施取水、净化、送水、出厂输水干管等环节设计能力计算的综合生产能力。计算时，以四个环节中最薄弱的环节为主确定能力。

供水管道长度 指从送水泵至各类用户引入管之间所有市政管道的长度。不包括新安装尚未使用、水厂内以及用户建筑物内的管道。

城市供水总量 指报告期供水企业(单位)供出的全部水量。包括有效供水量和漏损水量。

生活用水 包括公共服务用水和居民家庭用水。公共服务用水指为城区社会公共生活服务的用水。包括行政事业单位、部队营区和公共设施服务、批发零售业、住宿餐饮业以及社会服务业等单位的用水。居民家庭用水指城市范围内所有居民家庭的日常生活用水。包括城市居民、农民家庭、公共供水站用水。

供水普及率 指报告期末城区用水人口数与城市人口总数的比率。计算公式：

$$供水普及率=\frac{城区用水人口（含暂住人口）}{城区人口+城区暂住人口}\times 100\%$$

城市供气总量 指报告期燃气企业(单位)向用户供应的燃气数量。包括销售量和损失量。

燃气普及率 指报告期末城区使用燃气的城市人口数与城市人口总数的比率。其中燃气包括人工煤气、天然气、液化石油气三种。计算公式为：

$$燃气普及率=\frac{城区用气人口（含暂住人口）}{城区人口+城区暂住人口}\times 100\%$$

道路长度 指道路长度和与道路相通的桥梁、隧道的长度，按车行道中心线计算。

城市桥梁 指为跨越天然或人工障碍物而修建的构筑物。包括跨河桥、立交桥、人行天桥以及人行地下通道等。

城市排水管道长度 指所有市政排水总管、干管、支管、检查井及连接井进出口等长度之和。

城市绿地面积 指报告期末用作园林和绿化的各种绿地面积。包括公园绿地、防护绿地、广场用地、附属绿地和位于建成区范围内的区域绿地面积。

公园绿地 指向公众开放、以游憩为主要功能，兼具生态、景观、文教和应急避险等功能，有一定游憩和服务设施的绿地。

市容环卫专用车辆设备 指用于环境卫生作业、监察的专用车辆和设备，包括用于道路清扫、冲洗、洒水、除雪、垃圾粪便清运、市容监察以及与其配套使用的车辆和设备。

Explanatory Notes on Main Statistical Indicators

Production Capacity of Water Supply refers to the designed overall production capacity of water facilities, covering the four segments of water collection, purification, conveyance, and outflow through trunk pipelines. The capacity is determined mainly on the weakest of the above-mentioned four segments.

Length of Water Supply Pipelines refers to the total length of all municipal pipelines between the water pumps and the user service pipes, excluding pipelines newly installed but not in use yet, pipelines in the water factories, and pipelines in the users' buildings.

Total Volume of Urban Water Supply refers to the total volume of water supplied by water-works (units) during the reference period, including both the effective water supply and loss during the water supply.

Consumption of Water for Daily Use includes consumption of water for public service use and consumption of water for household use. Consumption of water for public service use refers to water consumption for public service in the urban areas, including water consumption of administrative institutions, military barracks, public facilities, wholesale and retail, accommodation and catering industries and social service industry, etc. Consumption of water for household use refers to consumption of water for daily life of all households in cities, including households of urban residents and farmers, and public water supply stations.

Coverage Rate of Urban Population with Access to Water Supply refers to the ratio of the urban population with access to tap water to the total urban population at the end of reference period. The formula is:

$$\text{Coverage rate of urban population with access to water supply} = \frac{\text{Urban population with access to tap water}}{\text{Urban population}} \times 100\%$$

Volume of Gas Supply refers to the total volume of gas provided to users by gas-producing enterprises (units) during the reporting period, including the volume sold and the volume lost.

Coverage Rate of Urban Population with Access to Gas refers to the ratio of the urban population with access to gas to the total urban population at the end of the reference period. Gas here includes gaswork gas, natural gas and liquefied petroleum gas. The formula is:

$$\text{Coverage rate of urban population with access to Gas} = \frac{\text{Urban population with access to gas}}{\text{Urban population}} \times 100\%$$

Length of Paved Roads refers to the length of roads with paved surface, including bridges and tunnels connected with roads. Length of the roads is measured by the central lines.

Urban Bridges refer to bridges built to cross over natural or man-made barriers, including bridges over rivers, overpasses for traffic and for pedestrians, underpasses for pedestrians, etc.

Length of Urban Sewage Pipes refers to the total length of municipal general drainage, trunks, branch and inspection wells, connection wells, inlets and outlets, etc.

Urban Green Area refers to the total area occupied for gardening and greening at the end of the reference period, including public recreational green space, protection green land, land for squares, green land attached to institutions, and area of regional green space within the built-up area.

Public Recreational Green Space refers to green areas open to the public for amusement and rest with the facilities of amusement, rest and services. Its function also includes improving ecology, beautifying landscape, education and preventing and reducing disaster.

Vehicles and Facilities Dedicated to Urban Cleanliness and Environmental Sanitation refer to vehicles and facilities dedicated for use in the operation, management and monitoring of environmental hygiene work. They include vehicles for road cleaning, washing, showering, ice removal, disposal of garbage and human wastes, cleanliness monitoring and related activities.

11 民族自治地方概况

Chapter 11 Survey of Ethnic Minority Autonomous Areas

11-1 民族自治地方年末户籍总人口和就业人员
Registered Population and Employment in Minority Nationality Autonomous Areas

单位:万人 (10 000 persons)

年份 Year	年末户籍总人口 Registered Population (year-end)	就业人员 Number of Employed Persons	第一产业 Primary Industry	第二产业 Secondary Industry	第三产业 Tertiary Industry
1978	471.36	216.92			
1980	484.10	229.08			
1985	514.65	261.61			
1990	549.03	296.09			
1995	573.91	346.98	258.93	33.48	54.57
1996	578.54	345.07	257.30	32.25	55.52
1997	584.60	342.22	270.79	20.91	50.52
1998	589.96	343.89	271.25	20.25	52.39
1999	594.89	345.32	273.52	19.75	52.05
2000	606.11	351.99	278.93	18.65	54.41
2001	610.93	354.43	279.69	16.49	58.25
2002	616.81	356.25	280.90	16.77	58.58
2003	639.71	373.91	284.69	22.62	66.60
2004	649.17	387.38	281.85	22.98	82.55
2005	653.76	378.56	280.80	24.96	72.80
2006	663.73	385.37	279.63	25.98	79.76
2007	681.72	397.43	283.94	30.96	82.53
2008	698.87	409.69	285.42	33.37	90.90
2009	723.42	448.49	287.57	49.53	111.39
2010	734.16	439.29	289.21	46.12	103.96
2011	746.67	444.08	280.01	47.47	116.60
2012	759.54	459.83	290.33	45.31	124.19
2013	769.56	460.11	289.26	44.81	126.04
2014	771.62	466.41	286.09	44.43	135.89
2015	764.80	442.19	276.12	45.64	120.43
2016	775.06	440.54	263.77	52.34	124.43
2017	783.22	441.08	258.69	54.62	127.77
2018	791.49	405.91	233.18	45.15	127.58
2019	790.90	408.45	229.38	45.35	133.72
2020	791.76	409.99	229.18	46.16	134.65
2021	797.75	406.17	224.07	47.52	134.58
2022	802.45	405.05	235.99	45.63	123.43

注：2018年以后就业人员数据依据第七次全国人口普查进行了修订。
a) The number of employed persons were revised according to the 7th National Population Censu from 2018.

11−2 民族自治地方主要统计指标(2022年)

指　　标		Item	
年末常住人口	(万人)	Resident Population (year-end)	(10 000 persons)
城镇人口	(万人)	Urban Population	(10 000 persons)
乡村人口	(万人)	Rural Population	(10 000 persons)
城镇化率	(%)	Urbanization Rate	(%)
就业人员	(万人)	Number of Employed Persons	(10 000 persons)
第一产业	(万人)	Primary Industry	(10 000 persons)
第二产业	(万人)	Secondary Industry	(10 000 persons)
第三产业	(万人)	Tertiary Industry	(10 000 persons)
地区生产总值(当年价)	(亿元)	Gross Regional Product (at current prices)	(100 million yuan)
第一产业增加值	(亿元)	Value-added of Primary Industry	(100 million yuan)
第二产业增加值	(亿元)	Value-added of Secondary Industry	(100 million yuan)
第三产业增加值	(亿元)	Value-added of Tertiary Industry	(100 million yuan)
人均地区生产总值(当年价)	(元)	Per Capita Gross Regional Product (at current prices)	(yuan)
耕地灌溉面积	(万公顷)	Irrigated Areas of Cultivated Land	(10 000 hectare)
农林牧渔业总产值(当年价)	(亿元)	Gross Output Value of Farming, Forestry, Animal Husbandry and Fishery (at current prices)	(100 million yuan)
规模以上工业企业营业收入	(亿元)	Revenue from Industrial Enterprises above Designated Size	(100 million yuan)
规模以上工业企业利润总额	(亿元)	Total Profits from Industrial Enterprises above Designated Size	(100 million yuan)
境内公路总里程	(公里)	Total Length of Highway	(km)
#等级公路	(公里)	Expressway and Class I to IV Highways	(km)
公路旅客周转量	(万人公里)	Passenger-Kilometers of Highways	(10 000 passenger-km)
公路货物周转量	(万吨公里)	Freight Ton-Kilometers of Highways	(10 000 ton-km)

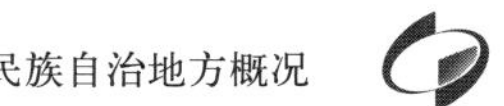

Main Statistical Indicators of Minority Nationality Autonomous Areas(2022)

合计 Total	阿坝州 Aba	甘孜州 Ganzi	凉山州 Liangshan	北川县 Beichuan	峨边县 Ebian	马边县 Mabian
730.69	82.3	110.3	489.1	17.9	12.1	19.0
282.32	35.0	35.2	193.0	6.8	4.8	7.5
448.37	47.3	75.1	296.1	11.1	7.3	11.5
38.64	42.55	31.92	39.46	37.95	39.67	39.47
405.05	46.07	59.86	272.05	9.72	6.65	10.70
235.99	25.21	43.79	154.87	3.58	2.91	5.63
45.63	2.51	2.87	35.07	2.28	1.38	1.52
123.43	18.35	13.20	82.11	3.86	2.36	3.55
3236.79	462.51	471.94	2081.40	94.47	65.26	61.21
687.60	92.09	84.24	473.81	15.09	9.26	13.11
1055.81	114.22	131.41	730.19	24.30	31.35	24.35
1493.33	256.20	256.29	877.36	55.08	24.65	23.75
44379	56473	42710	42625	52776	53932	32300
28.01	3.14	4.28	19.45	0.23	0.37	0.54
1137.94	159.24	127.46	812.32	15.62	9.76	13.54
1893.59	271.03	167.40	1264.09	55.83	90.60	44.64
230.86	18.43	8.41	185.14	4.19	4.75	9.94
84356.78	15594.40	32994.55	29436.95	2984.03	1546.71	1800.14
81856.14	15047.92	32487.44	28106.59	2880.99	1545.21	1787.99
248227.44	29940.66	46324.73	163040.98	7152.12	1335.40	433.54
1968578.32	458245.01	231815.06	1164363.19	76330.85	2382.97	35441.24

11-2 续表

指　标		Item	
全社会固定资产投资增长情况	(%)	The Growth of Total Investment in Fixed Assets	(%)
建筑业总产值	(亿元)	Gross Output Value of Construction	(100 million yuan)
社会消费品零售总额	(亿元)	Total Retail Sales of Consumer Goods	(100 million yuan)
出口总额	(亿元)	Total Exports	(100 million yuan)
城镇居民人均可支配收入	(元)	Per Capita Disposable Income of Urban Households	(yuan)
农村居民人均可支配收入	(元)	Per Capita Disposable Income of Rural Households	(yuan)
参加城镇职工基本养老保险人数	(万人)	Persons of Urban Workers in Basic Endowment Pension Insurance	(10 000 persons)
参加基本医疗保险人数	(万人)	Persons in Basic Medical Insurance	(10 000 persons)
地方一般公共预算收入	(亿元)	Local General Public Budget Revenue	(100 million yuan)
#税收收入	(亿元)	Taxes Revenue	(100 million yuan)
一般公共预算支出	(亿元)	General Public Budget Expenditure	(100 million yuan)
年末金融机构人民币各项存款余额	(亿元)	Deposits of Financial Institutions	(100 million yuan)
住户存款余额	(亿元)	Balance of Household Savings	(100 million yuan)
年末金融机构人民币各项贷款余额	(亿元)	Loans of Financial Institutions	(100 million yuan)
小学在校学生人数	(人)	Students in Primary Schools	(person)
普通中学在校学生人数	(人)	Students in Regular Secondary Schools	(person)
中等职业教育学校在校学生数	(人)	Students in Secondary Vocational Schools	(person)
卫生机构数	(个)	Number of Medical and Health Institutions	(unit)
卫生机构床位数	(张)	Beds in Medical and Health Institutions	(unit)
卫生技术人员数	(人)	Medical Technical Personnel in Medical and Health Institutions	(person)
#执业(助理)医师	(人)	Practicing Doctors (Assistants)	(person)

continued

合计 Total	阿坝州 Aba	甘孜州 Ganzi	凉山州 Liangshan	北川县 Beichuan	峨边县 Ebian	马边县 Mabian
10.9	8.8	11.1	11.5	6.0	11.8	11.0
425.22	52.88	41.64	303.35	19.32	4.47	3.56
1109.92	104.93	129.52	782.95	37.87	27.14	27.50
21.60	2.48	2.11	15.92	0.43		0.66
39929	41779	41277	39357	39185	39721	40543
17642	18261	16363	17950	18676	16064	16399
118.92	22.31	19.08	65.03	8.50	1.81	2.19
713.29	83.94	104.30	476.02	20.62	11.09	17.32
286.99	34.76	47.82	184.18	5.64	9.00	5.59
165.14	23.19	25.94	104.46	3.68	2.82	5.05
1429.55	303.54	413.76	645.53	22.53	22.00	22.20
5000.47	759.37	908.88	2983.25	164.50	96.80	87.66
2918.48	390.15	369.81	1897.85	122.35	69.85	68.47
2983.74	475.70	523.64	1676.67	152.45	99.79	55.48
841955	63818	119572	614618	9657	11879	22411
480450	40998	62482	350220	8913	5738	12099
54517	3485	6800	33824	8198	919	1291
8794	1546	2585	4139	245	122	157
47224	5472	8135	30607	1683	596	731
50939	7376	7578	32624	1555	683	1123
16295	2678	2420	10054	547	253	343

11－3 民族自治地方地区生产总值
Gross Regional Product in Minority Nationality Autonomous Areas

单位：亿元 (100 million yuan)

年份 Year	地区生产总值 Gross Regional Product	第一产业 Primary Industry	第二产业 Secondary Industry	第三产业 Tertiary Industry	人均地区生产总值(元) Per Capita GDP (yuan)
1978	14.08	6.46	4.73	2.89	292
1980	16.71	7.66	5.72	3.33	337
1985	28.56	13.46	8.61	6.48	541
1990	57.56	24.90	16.48	16.18	1026
1995	149.89	49.99	47.93	51.97	2558
2000	230.87	79.94	61.93	88.99	3733
2005	447.86	120.05	140.37	187.44	6690
2006	539.90	148.54	180.77	210.59	8057
2007	675.06	183.15	229.38	262.53	10039
2008	788.44	184.00	290.01	314.43	11713
2009	884.24	189.39	346.27	348.58	12990
2010	1084.83	222.59	440.36	421.88	15615
2011	1336.36	293.51	515.66	527.19	18961
2012	1489.70	329.13	566.28	594.30	21095
2013	1640.29	337.67	647.40	655.22	23188
2014	1798.59	376.57	667.39	754.63	25357
2015	1951.56	391.94	672.34	887.29	27360
2016	2047.97	427.44	686.86	933.68	28424
2017	2217.82	456.02	730.97	1030.84	30570
2018	2445.54	479.08	778.79	1187.66	33634
2019	2624.53	529.54	823.64	1271.34	36046
2020	2746.16	606.24	827.97	1311.95	37727
2021	3006.76	636.44	950.16	1420.16	41322
2022	3236.79	687.59	1055.82	1493.38	44379

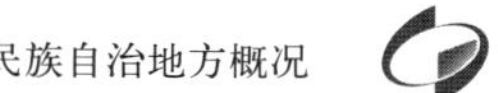

11-4 民族自治地方地区生产总值指数
Indices of Gross Regional Product in Minority Nationality Autonomous Areas

(1978年=100)　　(year of 1978=100)

年份 Year	地区生产总值 Gross Regional Product	第一产业 Primary Industry	第二产业 Secondary Industry	第三产业 Tertiary Industry	人均地区生产总值 Per Capita GDP
1978	100.0	100.0	100.0	100.0	100.0
1980	114.1	109.7	116.4	121.8	111.2
1985	162.9	156.8	148.0	206.8	149.0
1990	208.4	176.5	196.3	315.9	179.4
1995	331.1	243.4	341.1	547.5	272.9
2000	500.7	350.9	477.0	954.5	391.1
2005	855.8	449.4	1134.4	1554.5	617.6
2006	973.1	464.1	1355.2	1804.2	701.5
2007	1113.7	492.7	1647.2	2051.6	800.1
2008	1181.0	487.3	1723.6	2277.0	847.6
2009	1380.3	511.3	2070.5	2733.0	979.6
2010	1593.6	533.6	2617.8	3047.7	1108.1
2011	1831.5	557.7	3236.2	3393.3	1255.3
2012	2043.8	583.2	3763.3	3719.9	1398.1
2013	2254.1	608.3	4311.3	4012.8	1539.3
2014	2422.8	634.8	4709.6	4277.9	1650.1
2015	2519.5	659.6	4812.1	4554.3	1706.3
2016	2677.0	686.8	5116.1	4879.6	1794.9
2017	2830.3	713.0	5486.3	5143.8	1884.6
2018	2974.0	739.4	5663.2	5507.6	1975.9
2019	3150.6	762.7	5910.7	5961.0	2090.3
2020	3270.7	798.9	6212.0	6112.3	2170.7
2021	3509.5	852.5	6715.1	6540.2	2329.1
2022	3678.0	888.3	7191.9	6775.6	2501.3

11-5 民族自治地方耕地面积和农业生产条件
Cultivated Land Areas and Production Conditions of Agriculture in Minority Nationality Autonomous Areas

年份 Year	耕地面积 (万公顷) Cultivated Areas (10 000 hectares)	耕地灌溉面积 (万公顷) Irrigated Areas of Cultivated Land (10 000 hectares)	化肥施用量 (折纯、万吨) Consumption of Chemical Fertilizers (10 000 tons)	农业机械总动力 (万千瓦) Total Agricultural Machinery Power (10 000 kw)
1978	51.52	15.47	3.44	27.11
1980	51.84	16.17	3.12	37.21
1985	50.32	15.96	3.34	53.88
1990	50.00	15.32	4.75	78.58
1995	50.97	15.90	6.83	109.30
1996	51.45	16.06	7.53	112.00
1997	51.56	15.21	9.77	119.00
1998	51.12	15.73	10.64	134.00
1999	50.74	15.24	11.12	135.00
2000	48.39	16.13	11.82	137.00
2001	49.47	16.36	11.63	142.00
2002	46.14	16.28	10.41	154.00
2003	45.32	16.24	11.14	162.00
2004	47.91	16.19	11.70	173.00
2005	49.47	16.63	12.59	201.00
2006	49.97	16.62	13.43	173.00
2007	51.25	17.31	14.38	250.00
2008	52.06	17.59	15.25	287.00
2009	52.96	18.34	16.52	333.00
2010	53.37	18.60	16.72	370.00
2011	53.35	19.33	17.29	415.95
2012	53.53	19.89	17.83	439.04
2013	53.81	21.19	16.66	480.58
2014	53.93	20.60	17.14	502.76
2015	79.94	21.54	17.17	529.51
2016	82.77	22.44	17.32	541.75
2017	82.77	23.12	17.14	556.45
2018	82.73	25.79	16.89	552.54
2019	75.42	26.38	16.01	564.12
2020	75.12	28.74	15.11	569.72
2021	75.13	27.58	14.99	577.38
2022	75.16	28.01	14.85	585.52

11-6 民族自治地方邮电主营业务收入、社会消费品零售总额和医疗卫生情况

Revenue from Principal Business of Postal and Telecommunication, Total Retail Sales of Consumer Goods, Public Health in Minority Nationality Autonomous Areas

年份 Year	邮电主营业务收入（万元） Revenue from Principal Business of Post and Telecommunication (10 000 yuan)	社会消费品零售总额（亿元） Total Retail Sales of Consumer Goods (100 million yuan)	医疗卫生机构床位数（张） Beds in Medical and Health Institutions (unit)	医院、卫生院技术人员数（人） Medical Technical Personnel (person)	#执业(助理)医师 Practicing Doctors (Assistants)
1978	1248	4.76	14225	15058	7303
1980	1290	6.00	14471	17699	9102
1985	1719	10.70	14938	19438	10203
1990	3108	19.96	15588	18481	10155
1995	8807	39.13	15688	18957	10037
1996	12028	43.89	14923	18189	9768
1997	16285	48.52	15348	19066	10414
1998	23483	51.68	15113	18441	10080
1999	29025	55.46	15313	18554	10841
2000	41608	59.81	16475	14807	7889
2001	56484	67.92	14263	22337	8867
2002	67374	76.99	13901	16180	8159
2003	90594	90.85	15097	16345	8450
2004	111646	110.65	16538	15005	7860
2005	130946	142.96	14647	19535	8686
2006	154313	167.00	15635	14384	8124
2007	176723	197.36	15898	16127	10045
2008	202155	224.72	16737	15516	8518
2009	234607	273.67	18363	17615	8807
2010	265913	337.04	19791	24848	7485
2011	302272	396.36	21448	29648	9433
2012	345136	459.12	24607	24655	7571
2013	376606	521.83	25908	22862	10069
2014	411888	624.82	31360	30263	10934
2015	416006	691.78	33443	33505	11542
2016	454941	766.81	35376	35935	11744
2017	490039	849.26	38725	38417	11768
2018	488177	889.00	40314	40712	12282
2019	402995	1004.57	41504	43717	13406
2020	549863	966.91	43378	45681	14798
2021	563731	1089.28	43720	48797	15923
2022	637542	1109.92	47224	50889	16295

11−7 民族自治地方住户存款余额和各类学校在校学生人数
Balance of Household Savings and Number of Student Enrollment by Type of Schools in Minority Nationality Autonomous Areas

年份 Year	住户存款余额（亿元）Balance of Household Savings (100 million yuan)	普通高等院校在校学生人数（人）Number of Students in Regular Institutions of Higher Education (person)	中等职业学校在校学生人数（人）Number of Students in Specialized Secondary Schools (person)	普通中学在校学生人数（人）Number of Students in Regular Secondary Schools (person)	小学在校学生人数（人）Number of Students in Primary Schools (person)
1978	0.72	970	11756	184900	673479
1980	1.25	1231	10343	162751	605404
1985	4.39	2826	7570	126389	521659
1990	17.68	4225	10173	133208	493900
1995	51.71	6144	14497	121232	578205
1996	65.19	6467	15381	126736	605960
1997	73.15	7355	16954	129029	632731
1998	84.23	7805	18232	128916	656367
1999	95.75	9688	19573	133369	657565
2000	107.26	10725	14731	145534	640229
2001	126.98	15229	13825	164038	659357
2002	147.91	17350	11203	186065	692423
2003	175.68	20829	15942	221096	731794
2004	202.39	24488	11486	243812	756318
2005	232.37	27857	13963	283307	780372
2006	268.91	27025	19998	323742	829904
2007	299.03	25132	25977	337781	824988
2008	381.04	25092	33575	345560	811499
2009	481.67	26371	35221	360138	794927
2010	584.83	27494	39672	373524	781008
2011	712.78	28546	36839	380705	772207
2012	860.16	29673	39278	378296	766925
2013	1006.81	30728	46084	360158	740478
2014	1111.63	30953	42572	363107	744127
2015	1019.18	32013	41922	360638	759084
2016	1420.57	33530	41003	368252	783445
2017	1581.13	36580	43264	384941	803467
2018	1781.55	41394	44326	408067	823914
2019	2011.40	45697	44314	447308	840814
2020	2305.60	42876	47101	490464	852981
2021	2565.70	51260	54283	473254	853884
2022	2918.48	51245	54517	480450	841955

注：2014年及以前，“住户存款”为“城乡居民储蓄存款”。
a) Household saving was known as saving deposit of residents before 2014.

12 县（市、区）概况

Chapter 12 Survey of County(City, District)

12-1 各县(市、区)年末常住人口及城镇化率(2022年)
Resident Population and Proportion Registered by Counties (City, Districts)(2022)

单位：万人 (10 000 persons)

县(市、区)	Counties (City,Districts)	常住人口 Resident Population	城镇人口 Urban Population	乡村人口 Rural Population	城镇化率(%) Proportion (%)
成都市	**Chengdu**				
锦江区	Jinjiang	91.4	91.4		100.00
青羊区	Qingyang	96.7	96.7		100.00
金牛区	Jinniu	128.4	128.4		100.00
武侯区	Wuhou	189.2	189.2		100.00
成华区	Chenghua	140.3	140.3		100.00
龙泉驿区	Longquanyi	136.4	128.6	7.7	94.32
青白江区	Qingbaijiang	50.6	39.4	11.2	77.94
新都区	Xindu	157.7	123.8	33.9	78.50
温江区	Wenjiang	99.9	78.9	21.0	79.00
双流区	Shuangliu	275.4	221.3	54.1	80.35
郫都区	Pidu	169.0	134.2	34.8	79.41
新津区	Xinjin	37.4	26.5	10.9	70.88
金堂县	Jintang	80.3	42.8	37.5	53.34
大邑县	Dayi	51.0	26.0	25.0	51.00
蒲江县	Pujiang	25.7	12.5	13.3	48.48
都江堰市	Dujiangyan	71.5	45.0	26.4	63.03
彭州市	Pengzhou	78.0	43.3	34.7	55.53
邛崃市	Qionglai	60.1	33.1	27.0	55.06
崇州市	Chongzhou	74.2	40.3	33.9	54.33
简阳市	Jianyang	113.6	57.2	56.4	50.38
自贡市	**Zigong**				
自流井区	Ziliujing	47.9	44.9	3.0	93.81
贡井区	Gongjing	21.8	12.2	9.6	56.14
大安区	Daan	28.7	15.7	13.0	54.63
沿滩区	Yantan	29.3	14.5	14.8	49.45
荣县	Rongxian	46.0	20.6	25.4	44.68
富顺县	Fushun	71.5	31.1	40.4	43.44
攀枝花市	**Panzhihua**				
东区	Dongqu	41.3	40.9	0.4	99.02
西区	Xiqu	12.9	12.3	0.6	95.26
仁和区	Renhe	26.7	15.8	10.9	59.09
米易县	Miyi	22.8	10.4	12.4	45.83
盐边县	Yanbian	17.9	6.0	11.9	33.49
泸州市	**Luzhou**				
江阳区	Jiangyang	76.4	58.7	17.7	76.83
纳溪区	Naxi	35.8	17.8	18.0	49.72
龙马潭区	Longmatan	48.2	38.7	9.5	80.29
泸县	Luxian	76.5	32.9	43.6	43.01
合江县	Hejiang	69.0	30.0	39.0	43.48
叙永县	Xuyong	55.2	20.5	34.7	37.14
古蔺县	Gulin	65.2	22.7	42.5	34.82

12-1 续表 1 continued

单位：万人 (10 000 persons)

县(市、区)	Counties (City,Districts)	常住人口 Resident Population	城镇人口 Urban Population	乡村人口 Rural Population	城镇化率(%) Proportion (%)
德阳市	**Deyang**				
旌阳区	Jingyang	82.9	61.8	21.1	74.50
罗江区	Luojiang	20.9	11.2	9.7	53.64
中江县	Zhongjiang	94.9	41.4	53.5	43.59
广汉市	Guanghan	62.7	37.8	24.9	60.26
什邡市	Shifang	40.8	23.2	17.6	56.84
绵竹市	Mianzhu	43.9	24.1	19.8	54.85
绵阳市	**Mianyang**				
涪城区	Fucheng	132.3	109.5	22.8	82.79
游仙区	Youxian	56.8	34.9	21.9	61.45
安州区	Anzhou	38.4	17.5	20.9	45.50
三台县	Santai	94.5	29.3	65.2	31.04
盐亭县	Yanting	36.4	14.3	22.1	39.26
梓潼县	Zitong	27.7	9.5	18.2	34.31
北川县	Beichuan	17.9	6.8	11.1	37.95
平武县	Pingwu	12.7	3.7	9.0	29.20
江油市	Jiangyou	73.1	40.4	32.8	55.21
广元市	**Guangyuan**				
利州区	Lizhou	62.5	48.0	14.5	76.83
昭化区	Zhaohua	13.0	4.5	8.5	34.80
朝天区	Chaotian	12.3	4.1	8.3	32.89
旺苍县	Wangcang	32.0	14.4	17.6	45.07
青川县	Qingchuan	15.1	5.5	9.6	36.45
剑阁县	Jiange	41.7	16.3	25.3	39.20
苍溪县	Cangxi	50.5	17.4	33.1	34.41
遂宁市	**Suining**				
船山区	Chuanshan	84.1	69.9	14.2	83.16
安居区	Anju	42.0	14.1	27.9	33.62
蓬溪县	Pengxi	41.7	16.9	24.8	40.41
大英县	Daying	37.9	17.4	20.5	45.99
射洪市	Shehong	71.5	44.3	27.2	62.01
内江市	**Neijiang**				
内江市中区	Neijiang Downtown	41.8	26.9	14.9	64.26
东兴区	Dongxing	75.6	42.7	32.9	56.51
威远县	Weiyuan	52.8	27.6	25.2	52.29
资中县	Zizhong	83.6	34.5	49.1	41.32
隆昌市	Longchang	55.0	27.5	27.5	49.98
乐山市	**Leshan**				
乐山市中区	Leshan Downtown	83.2	62.7	20.5	75.36
沙湾区	Shawan	14.1	6.9	7.2	48.94
五通桥区	Wutongqiao	23.6	12.8	10.8	54.24

12-1 续表 2 continued

单位：万人 (10 000 persons)

县(市、区)	Counties (City,Districts)	常住人口 Resident Population	城镇人口 Urban Population	乡村人口 Rural Population	城镇化率(%) Proportion (%)
金口河区	Jinkouhe	3.8	1.6	2.2	42.16
犍为县	Qianwei	41.4	17.5	23.9	42.27
井研县	Jingyan	27.7	11.7	16.0	42.24
夹江县	Jiajiang	30.1	14.5	15.6	48.17
沐川县	Muchuan	18.7	6.7	12.0	35.83
峨边县	Ebian	12.1	4.8	7.3	39.67
马边县	Mabian	19.0	7.5	11.5	39.47
峨眉山市	Emeishan	41.6	25.4	16.2	61.06
南充市	**Nanchong**				
顺庆区	Shunqing	83.1	70.3	12.8	84.65
高坪区	Gaoping	56.4	29.9	26.5	52.96
嘉陵区	Jialing	52.5	26.4	26.1	50.25
南部县	Nanbu	80.8	37.2	43.6	46.10
营山县	Yingshan	61.5	27.8	33.7	45.15
蓬安县	Pengan	45.6	17.8	27.8	39.01
仪陇县	Yilong	72.0	29.2	42.8	40.61
西充县	Xichong	41.4	18.1	23.3	43.65
阆中市	Langzhong	61.6	30.4	31.2	49.43
眉山市	**Meishan**				
东坡区	Dongpo	90.8	56.1	34.7	61.76
彭山区	Pengshan	33.0	19.5	13.5	59.14
仁寿县	Renshou	111.0	48.8	62.2	43.94
洪雅县	Hongya	29.6	13.8	15.8	46.62
丹棱县	Danling	14.9	6.6	8.3	44.07
青神县	Qingshen	16.8	8.1	8.7	48.18
宜宾市	**Yibin**				
翠屏区	Cuiping	91.3	70.4	20.9	77.14
南溪区	Nanxi	33.2	19.4	13.8	58.34
叙州区	Xuzhou	95.1	48.0	47.1	50.44
江安县	Jiangan	42.9	21.0	21.9	48.86
长宁县	Changning	33.1	16.7	16.4	50.55
高县	Gaoxian	37.9	16.6	21.3	43.93
珙县	Gongxian	32.9	17.5	15.4	53.29
筠连县	Junlian	32.9	13.8	19.1	42.09
兴文县	Xingwen	38.0	15.8	22.2	41.62
屏山县	Pingshan	24.5	8.0	16.5	32.81
广安市	**Guangan**				
广安区	Guanganqu	74.3	40.2	34.1	54.13
前锋区	Qianfeng	23.0	9.3	13.7	40.61
岳池县	Yuechi	74.0	30.4	43.6	41.03
武胜县	Wusheng	55.3	21.4	33.9	38.72

12−1 续表 3 continued

单位：万人 (10 000 persons)

县(市、区)	Counties (City,Districts)	常住人口 Resident Population	城镇人口 Urban Population	乡村人口 Rural Population	城镇化率(%) Proportion (%)
邻水县	Linshui	70.4	30.8	39.6	43.69
华蓥市	Huaying	26.8	14.7	12.1	54.70
达州市	**Dazhou**				
通川区	Tongchuan	91.1	69.2	21.9	76.00
达川区	Dachuan	94.0	47.2	46.8	50.24
宣汉县	Xuanhan	95.0	43.5	51.5	45.84
开江县	Kaijiang	41.1	18.4	22.7	44.73
大竹县	Dazhu	83.6	39.3	44.2	47.06
渠县	Quxian	90.5	39.5	51.0	43.60
万源市	Wanyuan	40.3	17.6	22.7	43.59
雅安市	**Yaan**				
雨城区	Yucheng	36.9	23.9	13.0	64.72
名山区	Mingshan	25.4	11.2	14.2	44.29
荥经县	Yingjing	13.1	6.9	6.2	52.44
汉源县	Hanyuan	28.5	12.5	16.0	44.00
石棉县	Shimian	11.4	8.7	2.7	76.48
天全县	Tianquan	13.2	6.5	6.7	49.09
芦山县	Lushan	10.0	5.6	4.4	55.60
宝兴县	Baoxing	4.8	2.1	2.7	44.38
巴中市	**Bazhong**				
巴州区	Bazhou	71.4	48.0	23.4	67.22
恩阳区	Enyang	33.9	13.1	20.8	38.69
通江县	Tongjiang	50.8	20.5	30.3	40.27
南江县	Nanjiang	45.5	17.9	27.6	39.29
平昌县	Pingchang	64.2	26.4	37.8	41.10
资阳市	**Ziyang**				
雁江区	Yanjiang	85.6	46.9	38.7	54.74
安岳县	Anyue	93.4	29.9	63.5	32.06
乐至县	Lezhi	47.9	19.9	28.0	41.64
阿坝州	**Aba**				
马尔康市	Maerkang	6.0	3.3	2.7	54.53
汶川县	Wenchuan	8.3	4.4	3.9	53.30
理县	Lixian	3.6	1.4	2.2	39.86
茂县	Maoxian	9.5	4.9	4.6	51.44
松潘县	Songpan	6.7	2.5	4.2	36.84
九寨沟县	Jiuzhaigou	6.6	3.7	3.0	55.08
金川县	Jinchuan	5.7	2.0	3.7	35.06
小金县	Xiaojin	6.4	2.5	3.9	39.38
黑水县	Heishui	4.3	1.7	2.6	40.38
壤塘县	Rangtang	4.5	1.2	3.3	26.78

12-1 续表 4 continued

单位：万人 (10 000 persons)

县(市、区)	Counties (City,Districts)	常住人口 Resident Population	城镇人口 Urban Population	乡村人口 Rural Population	城镇化率(%) Proportion (%)
阿坝县	Abaxian	8.1	2.6	5.5	31.59
若尔盖县	Ruoergai	7.8	2.7	5.1	34.23
红原县	Hongyuan	4.8	2.1	2.7	43.65
甘孜州	**Ganzi**				
康定市	Kangding	12.8	7.1	5.7	55.46
泸定县	Luding	8.5	4.1	4.4	48.35
丹巴县	Danba	5.0	1.6	3.4	32.07
九龙县	Jiulong	5.4	1.5	3.9	27.93
雅江县	Yajiang	5.2	1.6	3.6	30.25
道孚县	Daofu	5.3	1.2	4.1	23.08
炉霍县	Luhuo	4.7	1.3	3.3	28.39
甘孜县	Ganzixian	7.3	2.2	5.0	30.54
新龙县	Xinlong	4.5	0.9	3.6	19.24
德格县	Dege	8.8	2.5	6.3	28.52
白玉县	Baiyu	5.8	1.4	4.5	23.80
石渠县	Shiqu	10.2	1.6	8.5	16.24
色达县	Seda	6.4	1.6	4.8	25.31
理塘县	Litang	6.7	2.7	4.0	40.56
巴塘县	Batang	4.9	1.4	3.5	28.66
乡城县	Xiangcheng	3.0	0.9	2.1	30.26
稻城县	Daocheng	3.3	0.8	2.5	24.32
得荣县	Derong	2.5	0.7	1.8	26.21
凉山州	**Liangshan**				
西昌市	Xichang	96.6	66.1	30.4	68.48
会理市	Huili	39.2	18.0	21.2	45.88
木里县	Muli	12.4	2.9	9.5	23.52
盐源县	Yanyuan	34.3	11.3	23.0	32.93
德昌县	Dechang	21.8	9.7	12.0	44.60
会东县	Huidong	34.5	14.7	19.8	42.49
宁南县	Ningnan	18.4	7.8	10.6	42.16
普格县	Puge	18.2	3.3	14.9	18.23
布拖县	Butuo	18.8	4.2	14.6	22.23
金阳县	Jinyang	17.1	4.8	12.3	28.08
昭觉县	Zhaojue	25.6	6.2	19.4	24.17
喜德县	Xide	16.1	4.5	11.6	28.01
冕宁县	Mianning	36.5	14.5	22.0	39.66
越西县	Yuexi	30.5	10.4	20.0	34.23
甘洛县	Ganluo	20.8	4.9	15.9	23.44
美姑县	Meigu	24.1	3.9	20.3	16.04
雷波县	Leibo	24.3	5.9	18.4	24.37

12-2 各县(市、区)地区生产总值(2022年)
Gross Regional Product by Counties (City, Districts)(2022)

县(市、区)	Counties (City,Districts)	地区生产总值(万元) Gross Regional Product (10 000 yuan)	第一产业 Primary Industry	第二产业 Secondary Industry	第三产业 Tertiary Industry	人均地区生产总值(元) Per Capita Gross Regional Product (yuan)
成都市	**Chengdu**					
锦江区	Jinjiang	13041885	3705	1338437	11699743	143050
青羊区	Qingyang	14963926	337	2121898	12841691	155195
金牛区	Jinniu	14991307	1215	2703318	12286774	116955
武侯区	Wuhou	36292805	281	5185824	31106700	192422
成华区	Chenghua	13605811	346	5227497	8377968	97184
龙泉驿区	Longquanyi	15457433	283962	9572981	5600490	113666
青白江区	Qingbaijiang	6506909	158785	1935674	4412450	129234
新都区	Xindu	10325907	231342	3281984	6812581	65574
温江区	Wenjiang	7171079	238869	2607841	4324369	72115
双流区	Shuangliu	19110968	330640	5202141	13578187	69791
郫都区	Pidu	13992049	274103	7738352	5979594	82965
新津区	Xinjin	4691486	196221	1983414	2511851	125642
金堂县	Jintang	6029301	716736	2449541	2863024	74889
大邑县	Dayi	3298800	333177	1332150	1633473	64480
蒲江县	Pujiang	2115396	274052	738105	1103239	81929
都江堰市	Dujiangyan	4836648	378393	1492234	2966021	67570
彭州市	Pengzhou	6389173	673595	3589346	2126232	81640
邛崃市	Qionglai	4006312	536830	1650585	1818897	66528
崇州市	Chongzhou	4617951	420146	2337544	1860261	62078
简阳市	Jianyang	6729895	831452	1552345	4346098	59211
自贡市	**Zigong**					
自流井区	Ziliujing	4160173	87395	1136448	2936330	86670
贡井区	Gongjing	1561053	275748	626041	659264	70957
大安区	Daan	1887211	254476	815267	817468	65415
沿滩区	Yantan	2569855	276496	1446140	847219	87559
荣县	Rongxian	2600269	860553	788326	951390	56344
富顺县	Fushun	3605649	778399	1400962	1426288	50358
攀枝花市	**Panzhihua**					
东区	Dongqu	5352336	24890	3043604	2283842	129754
西区	Xiqu	891705	28006	625710	237989	69124
仁和区	Renhe	2576973	353943	1449260	773770	96516
米易县	Miyi	1837336	401932	796784	638620	80762
盐边县	Yanbian	1546846	313394	862519	370933	86416
泸州市	**Luzhou**					
江阳区	Jiangyang	7678083	318099	4075458	3284526	100564
纳溪区	Naxi	2321653	328943	1166586	826124	64941
龙马潭区	Longmatan	4316641	148445	2456009	1712187	89650
泸县	Luxian	4751877	723436	2652448	1375993	62075
合江县	Hejiang	3023086	507374	1412321	1103391	43845
叙永县	Xuyong	1703281	379053	586805	737423	30857
古蔺县	Gulin	2220622	366350	957089	897183	34085

12-2 续表 1 continued

县(市、区)	Counties (City,Districts)	地区生产总值(万元) Gross Regional Product (10 000 yuan)	第一产业 Primary Industry	第二产业 Secondary Industry	第三产业 Tertiary Industry	人均地区生产总值(元) Per Capita Gross Regional Product (yuan)
德阳市	**Deyang**					
旌阳区	Jingyang	8604596	449878	3992541	4162177	103858
罗江区	Luojiang	1717079	267675	941488	507916	82157
中江县	Zhongjiang	4391940	1002298	1703745	1685897	46304
广汉市	Guanghan	5054544	451601	2570072	2032871	80679
什邡市	Shifang	4336698	410689	2189771	1736238	106292
绵竹市	Mianzhu	4063857	380088	2151556	1532213	92465
绵阳市	**Mianyang**					
涪城区	Fucheng	12907776	312138	6332096	6263542	98054
游仙区	Youxian	4800117	404778	1722897	2672442	84628
安州区	Anzhou	2332742	356071	1041250	935421	60844
三台县	Santai	4792100	1020613	1586748	2184739	50737
盐亭县	Yanting	2036542	455720	572892	1007930	55872
梓潼县	Zitong	1770541	374972	590166	805403	63780
北川县	Beichuan	944682	150927	243003	550752	52776
平武县	Pingwu	671842	118768	248681	304393	52943
江油市	Jiangyou	6013066	620701	2805520	2586845	82236
广元市	**Guangyuan**					
利州区	Lizhou	3847181	187061	1769893	1890227	61437
昭化区	Zhaohua	826541	223776	336986	265779	63336
朝天区	Chaotian	825056	165747	390627	268682	66698
旺苍县	Wangcang	1596461	323887	713756	558818	49718
青川县	Qingchuan	598664	145355	167612	285697	39542
剑阁县	Jiange	1663472	509740	489163	664569	39796
苍溪县	Cangxi	2040376	584666	586335	869375	40292
遂宁市	**Suining**					
船山区	Chuanshan	4469389	241864	1906646	2320879	53239
安居区	Anju	2365507	468351	1198983	698173	56188
蓬溪县	Pengxi	1988405	341161	861835	785409	47513
大英县	Daying	1920766	325725	786159	808882	50546
射洪市	Shehong	5400615	832753	2975127	1592735	75217
内江市	**Neijiang**					
内江市中区	Neijiang Downtown	3059664	353104	1025565	1680995	72849
东兴区	Dongxing	2868349	584870	569692	1713787	37866
威远县	Weiyuan	4163054	558040	1872365	1732649	78697
资中县	Zizhong	3129740	927423	873911	1328406	37325
隆昌市	Longchang	3348723	508336	1107297	1733090	60775
乐山市	**Leshan**					
乐山市中区	Leshan Downtown	4672662	404018	1301529	2967115	56229
沙湾区	Shawan	2121469	190882	1359090	571497	149927
五通桥区	Wutongqiao	3614958	283429	2503704	827825	154485

12-2 续表 2 continued

县(市、区)	Counties (City,Districts)	地区生产总值(万元) Gross Regional Product (10 000 yuan)	第一产业 Primary Industry	第二产业 Secondary Industry	第三产业 Tertiary Industry	人均地区生产总值(元) Per Capita Gross Regional Product (yuan)
金口河区	Jinkouhe	376824	50034	190007	136783	99164
犍为县	Qianwei	2664236	510229	1085933	1068074	64276
井研县	Jingyan	1427653	387620	423369	616664	51447
夹江县	Jiajiang	2324631	386910	1091317	846404	77102
沐川县	Muchuan	879703	221365	300669	357669	46917
峨边县	Ebian	652578	92563	313469	246546	53932
马边县	Mabian	612083	131124	243464	237495	32300
峨眉山市	Emeishan	3741297	351404	1109582	2280311	89935
南充市	**Nanchong**					
顺庆区	Shunqing	5125602	329962	1837032	2958608	61643
高坪区	Gaoping	2328529	446667	881785	1000077	41249
嘉陵区	Jialing	2359838	501485	1013053	845300	44864
南部县	Nanbu	4714223	899470	2233985	1580768	58308
营山县	Yingshan	2610509	532071	923373	1155065	42413
蓬安县	Pengan	2069374	495739	731678	841957	45282
仪陇县	Yilong	2639518	678959	904459	1056100	36635
西充县	Xichong	2119121	497575	676791	944755	51063
阆中市	Langzhong	2887789	638548	927609	1321632	46804
眉山市	**Meishan**					
东坡区	Dongpo	5722689	663401	2396458	2662830	63081
彭山区	Pengshan	2095431	194130	1032673	868628	63556
仁寿县	Renshou	5199908	1036643	1956689	2206576	46825
洪雅县	Hongya	1472757	237729	444362	790666	49789
丹棱县	Danling	834150	157624	310965	365561	55983
青神县	Qingshen	1030201	133539	434973	461689	61321
宜宾市	**Yibin**					
翠屏区	Cuiping	13179059	501155	8616756	4061148	145144
南溪区	Nanxi	2235540	383078	985707	866755	66832
叙州区	Xuzhou	5902234	620962	2803227	2478045	62227
江安县	Jiangan	2179090	412852	833570	932668	50795
长宁县	Changning	2077583	393171	811340	873072	62862
高县	Gaoxian	2023756	357041	783708	883007	53257
珙县	Gongxian	2061500	323357	866331	871812	62851
筠连县	Junlian	1734652	351534	597102	786016	52645
兴文县	Xingwen	1780222	340529	543667	896026	46910
屏山县	Pingshan	1104773	275927	390729	438117	45278
广安市	**Guangan**					
广安区	Guanganqu	2554832	417021	362084	1775727	34339
前锋区	Qianfeng	1569052	189103	820849	559100	67924
岳池县	Yuechi	2880272	615585	793075	1471612	38870
武胜县	Wusheng	2737845	526274	848691	1362880	49464

12-2 续表 3 continued

县(市、区)	Counties (City,Districts)	地区生产总值(万元) Gross Regional Product (10 000 yuan)	第一产业 Primary Industry	第二产业 Secondary Industry	第三产业 Tertiary Industry	人均地区生产总值(元) Per Capita Gross Regional Product (yuan)
邻水县	Linshui	2674317	558813	780825	1334679	37934
华蓥市	Huaying	1833872	164984	836427	832461	68301
达州市	**Dazhou**					
通川区	Tongchuan	3922480	289590	1304279	2328611	43081
达川区	Dachuan	3317051	518383	1040572	1758096	35250
宣汉县	Xuanhan	6218281	1042050	3064245	2111986	65387
开江县	Kaijiang	1660614	423718	463715	773181	40326
大竹县	Dazhu	4380187	730961	1724835	1924391	52344
渠县	Quxian	4012284	903656	1189906	1918722	44212
万源市	Wanyuan	1516281	421509	350266	744506	37532
雅安市	**Yaan**					
雨城区	Yucheng	2482668	352416	667143	1463109	67281
名山区	Mingshan	1208956	331873	396167	480916	47597
荥经县	Yingjing	879768	156798	273896	449074	67158
汉源县	Hanyuan	1342942	300885	398091	643966	47121
石棉县	Shimian	1229807	183918	443238	602651	107878
天全县	Tianquan	834054	151990	271013	411051	63426
芦山县	Lushan	603098	137906	195739	269453	60613
宝兴县	Baoxing	443831	78714	191360	173757	92465
巴中市	**Bazhong**					
巴州区	Bazhou	2308271	408802	557351	1342118	32329
恩阳区	Enyang	915440	279753	212425	423262	26980
通江县	Tongjiang	1327347	406997	327164	593186	26001
南江县	Nanjiang	1331186	369985	362671	598530	29084
平昌县	Pingchang	1767897	455289	508938	803670	27384
资阳市	**Ziyang**					
雁江区	Yanjiang	4115854	626778	1475138	2013938	47998
安岳县	Anyue	3126365	896141	712284	1517940	33366
乐至县	Lezhi	2239392	418764	716980	1103648	46460
阿坝州	**Aba**					
马尔康市	Maerkang	656573	47269	215753	393551	112235
汶川县	Wenchuan	854145	134604	371392	348149	103407
理县	Lixian	321469	42050	88936	190483	89297
茂县	Maoxian	497429	112185	182821	202423	52638
松潘县	Songpan	291916	64410	29886	197620	43505
九寨沟县	Jiuzhaigou	332955	30884	50414	251657	50295
金川县	Jinchuan	232717	48809	19883	164025	40756
小金县	Xiaojin	270930	50414	50290	170226	42333
黑水县	Heishui	295560	51390	86541	157629	68735
壤塘县	Rangtang	144822	42199	6378	96245	32111

12−2 续表 4 continued

县(市、区)	Counties (City,Districts)	地区生产总值(万元) Gross Regional Product (10 000 yuan)	第一产业 Primary Industry	第二产业 Secondary Industry	第三产业 Tertiary Industry	人均地区生产总值(元) Per Capita Gross Regional Product (yuan)
阿坝县	Abaxian	209615	69042	14480	126093	26039
若尔盖县	Ruoergai	319390	143860	14047	161483	41318
红原县	Hongyuan	197593	83787	11427	102379	41774
甘孜州	**Ganzi**					
康定市	Kangding	1195620	63411	492351	639858	93701
泸定县	Luding	330417	57277	86737	186403	39149
丹巴县	Danba	253327	45952	77854	129521	50564
九龙县	Jiulong	342086	42297	169712	130077	64061
雅江县	Yajiang	307628	33440	156542	117646	59734
道孚县	Daofu	150108	29138	16314	104656	28216
炉霍县	Luhuo	145569	33651	22678	89240	31104
甘孜县	Ganzixian	208472	59475	32159	116838	28794
新龙县	Xinlong	142301	32406	11829	98066	31693
德格县	Dege	184557	64081	10795	109681	20972
白玉县	Baiyu	198120	43017	50115	104988	33751
石渠县	Shiqu	219883	65159	24082	130642	21494
色达县	Seda	172065	58668	11413	101984	26801
理塘县	Litang	250728	89377	30289	131062	37311
巴塘县	Batang	191996	50646	25540	115810	38709
乡城县	Xiangcheng	169228	30536	55895	82797	55123
稻城县	Daocheng	142803	24859	11548	106396	43274
得荣县	Derong	114534	18982	28245	67307	45998
凉山州	**Liangshan**					
西昌市	Xichang	6721389	614583	2964981	3141825	69695
会理市	Huili	2268979	706511	725283	837185	57941
木里县	Muli	630720	119620	295649	215451	50824
盐源县	Yanyuan	1628838	616268	549036	463534	47543
德昌县	Dechang	900346	240255	257778	402313	41433
会东县	Huidong	1796370	610263	565582	620525	52144
宁南县	Ningnan	873068	304002	264687	304379	47424
普格县	Puge	373848	97496	75814	200538	20586
布拖县	Butuo	414768	142295	70920	201553	22121
金阳县	Jinyang	513059	121546	163849	227664	30127
昭觉县	Zhaojue	510228	158659	66605	284964	20017
喜德县	Xide	382176	104353	57235	220588	23916
冕宁县	Mianning	1401323	360099	545705	495519	38382
越西县	Yuexi	653910	178669	99760	375481	21482
甘洛县	Ganluo	522626	105788	183421	233417	25199
美姑县	Meigu	415898	107310	58358	250230	17243
雷波县	Leibo	806045	150402	357267	298376	33308

12−3 各县(市、区)地区生产总值指数(2022年)
Indices of Gross Regional Product by Counties (City, Districts)(2022)

上年=100 (preceding year=100)

县(市、区)	Counties (City,Districts)	地区生产总值 Gross Regional Product	第一产业 Primary Industry	第二产业 Secondary Industry	第三产业 Tertiary Industry	人均地区生产总值 Per Capita Gross Regional Product
成都市	**Chengdu**					
锦江区	Jinjiang	102.8	100.8	104.1	102.6	102.1
青羊区	Qingyang	102.8	100.8	108.1	102.0	102.2
金牛区	Jinniu	100.6	106.9	103.1	100.0	99.9
武侯区	Wuhou	102.3	104.4	102.8	102.2	101.3
成华区	Chenghua	105.0	111.6	109.7	103.1	104.2
龙泉驿区	Longquanyi	101.8	102.5	101.6	102.0	101.1
青白江区	Qingbaijiang	102.9	103.5	102.9	102.8	101.2
新都区	Xindu	102.1	103.7	106.3	100.2	101.5
温江区	Wenjiang	103.0	103.3	104.1	102.3	101.4
双流区	Shuangliu	102.4	102.0	104.6	101.6	100.6
郫都区	Pidu	102.4	103.0	102.3	102.5	101.9
新津区	Xinjin	104.4	104.5	106.0	103.3	103.1
金堂县	Jintang	106.5	105.2	113.9	101.0	106.3
大邑县	Dayi	103.4	104.8	103.8	102.7	104.0
蒲江县	Pujiang	101.7	104.2	105.3	98.9	101.4
都江堰市	Dujiangyan	101.0	103.7	102.8	99.7	100.7
彭州市	Pengzhou	105.0	104.6	106.9	102.3	105.0
邛崃市	Qionglai	103.8	104.3	105.2	102.4	104.0
崇州市	Chongzhou	103.4	104.0	105.3	100.9	103.0
简阳市	Jianyang	101.6	102.9	104.5	100.3	100.8
自贡市	**Zigong**					
自流井区	Ziliujing	101.8	104.4	99.2	102.6	102.1
贡井区	Gongjing	98.8	104.4	92.7	102.6	100.8
大安区	Daan	100.5	104.4	96.7	103.2	101.4
沿滩区	Yantan	100.3	104.4	98.5	102.0	101.0
荣县	Rongxian	100.6	104.4	94.1	102.6	101.6
富顺县	Fushun	100.2	104.4	96.3	101.7	100.7
攀枝花市	**Panzhihua**					
东区	Dongqu	103.4	104.6	105.2	101.1	103.1
西区	Xiqu	100.8	104.6	99.1	104.9	100.8
仁和区	Renhe	103.6	104.9	102.7	104.6	103.4
米易县	Miyi	103.8	105.0	104.9	101.7	103.5
盐边县	Yanbian	104.9	104.9	104.9	105.2	104.9
泸州市	**Luzhou**					
江阳区	Jiangyang	104.0	104.2	103.9	104.0	103.8
纳溪区	Naxi	103.6	104.5	102.9	104.0	103.1
龙马潭区	Longmatan	103.8	104.1	103.8	103.7	103.6
泸县	Luxian	104.7	104.2	105.1	104.3	104.6
合江县	Hejiang	104.1	104.2	104.0	104.1	104.0
叙永县	Xuyong	103.6	104.9	103.6	103.0	103.7
古蔺县	Gulin	105.3	104.6	106.1	104.8	105.3

12−3 续表 1 continued

上年=100 (preceding year=100)

县(市、区)	Counties (City,Districts)	地区生产总值 Gross Regional Product	第一产业 Primary Industry	第二产业 Secondary Industry	第三产业 Tertiary Industry	人均地区生产总值 Per Capita Gross Regional Product
德阳市	**Deyang**					
旌阳区	Jingyang	102.9	104.1	103.1	102.4	102.8
罗江区	Luojiang	104.0	103.9	104.1	104.1	104.0
中江县	Zhongjiang	103.3	104.4	103.3	102.7	103.2
广汉市	Guanghan	102.0	104.5	101.2	102.4	101.9
什邡市	Shifang	103.9	104.4	103.2	104.6	103.8
绵竹市	Mianzhu	104.1	104.1	104.1	104.0	104.2
绵阳市	**Mianyang**					
涪城区	Fucheng	105.6	103.8	107.5	104.0	104.7
游仙区	Youxian	104.5	104.5	102.3	106.1	103.8
安州区	Anzhou	105.1	104.6	104.5	106.1	103.7
三台县	Santai	105.3	104.3	107.1	104.6	105.9
盐亭县	Yanting	105.1	105.1	107.4	104.0	106.1
梓潼县	Zitong	105.2	104.8	105.5	105.2	105.2
北川县	Beichuan	104.6	104.6	103.9	104.8	103.1
平武县	Pingwu	103.8	104.1	104.4	103.2	103.4
江油市	Jiangyou	103.9	104.3	104.5	103.3	103.9
广元市	**Guangyuan**					
利州区	Lizhou	99.4	104.6	95.7	102.5	99.2
昭化区	Zhaohua	100.4	104.5	94.6	104.4	101.9
朝天区	Chaotian	102.3	104.8	99.5	105.0	103.8
旺苍县	Wangcang	101.1	104.6	97.0	104.5	102.7
青川县	Qingchuan	104.4	104.7	102.1	105.6	106.2
剑阁县	Jiange	97.3	104.2	84.1	103.5	98.1
苍溪县	Cangxi	102.0	104.3	95.4	105.2	102.9
遂宁市	**Suining**					
船山区	Chuanshan	104.3	104.2	105.2	103.6	103.8
安居区	Anju	104.7	104.4	106.4	102.4	106.2
蓬溪县	Pengxi	104.2	104.9	105.5	102.4	105.8
大英县	Daying	103.2	104.4	103.5	102.2	104.2
射洪市	Shehong	104.4	104.3	106.2	101.8	105.7
内江市	**Neijiang**					
内江市中区	Neijiang Downtown	101.4	104.3	100.2	101.4	102.2
东兴区	Dongxing	101.5	104.4	98.1	101.6	101.4
威远县	Weiyuan	101.8	104.1	101.0	101.8	103.6
资中县	Zizhong	101.9	104.6	99.6	101.4	102.5
隆昌市	Longchang	100.8	104.4	98.5	101.1	102.5
乐山市	**Leshan**					
乐山市中区	Leshan Downtown	98.1	105.0	90.2	100.7	97.1
沙湾区	Shawan	103.0	102.1	102.9	103.5	104.5
五通桥区	Wutongqiao	134.1	101.7	155.1	104.4	134.7

12-3 续表 2 continued

上年=100 (preceding year=100)

县(市、区)	Counties (City,Districts)	地区生产总值 Gross Regional Product	第一产业 Primary Industry	第二产业 Secondary Industry	第三产业 Tertiary Industry	人均地区生产总值 Per Capita Gross Regional Product
金口河区	Jinkouhe	102.8	104.6	102.5	102.5	104.2
犍为县	Qianwei	102.8	105.6	102.0	102.0	103.0
井研县	Jingyan	101.1	104.4	93.8	104.2	101.8
夹江县	Jiajiang	97.8	105.9	93.5	99.8	98.5
沐川县	Muchuan	102.5	105.1	98.7	104.0	103.9
峨边县	Ebian	103.4	103.0	103.5	103.5	103.9
马边县	Mabian	104.9	101.9	107.7	104.2	104.3
峨眉山市	Emeishan	96.1	106.1	81.7	102.8	96.4
南充市	**Nanchong**					
顺庆区	Shunqing	100.5	104.1	95.5	103.5	100.6
高坪区	Gaoping	101.4	104.0	98.1	103.3	102.0
嘉陵区	Jialing	101.4	104.0	98.9	102.7	102.0
南部县	Nanbu	101.6	104.5	99.0	103.6	102.1
营山县	Yingshan	102.5	104.2	99.7	103.7	103.0
蓬安县	Pengan	100.6	104.7	93.7	103.9	101.1
仪陇县	Yilong	101.4	104.3	97.1	102.7	102.0
西充县	Xichong	102.3	104.0	98.7	104.1	103.0
阆中市	Langzhong	101.5	104.2	96.8	103.3	102.0
眉山市	**Meishan**					
东坡区	Dongpo	105.2	104.8	107.3	103.5	104.9
彭山区	Pengshan	103.4	104.6	105.4	101.0	103.1
仁寿县	Renshou	103.0	104.5	101.7	103.3	103.0
洪雅县	Hongya	102.9	104.3	103.2	102.3	103.0
丹棱县	Danling	104.3	104.2	105.5	103.2	104.3
青神县	Qingshen	102.8	104.7	102.7	102.4	102.8
宜宾市	**Yibin**					
翠屏区	Cuiping	107.6	104.4	110.1	103.2	106.1
南溪区	Nanxi	102.4	104.4	99.8	104.5	102.6
叙州区	Xuzhou	101.8	104.2	99.2	104.2	101.1
江安县	Jiangan	104.2	104.3	106.3	102.2	103.7
长宁县	Changning	101.1	104.7	96.6	103.7	100.6
高县	Gaoxian	101.0	104.2	96.7	103.8	101.3
珙县	Gongxian	103.7	103.5	102.1	105.2	105.3
筠连县	Junlian	105.2	104.1	106.7	104.7	105.8
兴文县	Xingwen	103.6	104.5	101.2	104.6	103.6
屏山县	Pingshan	105.1	104.6	106.5	104.3	105.1
广安市	**Guangan**					
广安区	Guanganqu	101.4	103.8	95.4	102.2	101.5
前锋区	Qianfeng	98.4	103.5	95.2	101.5	98.9
岳池县	Yuechi	100.1	104.7	91.3	103.4	100.3
武胜县	Wusheng	102.0	104.4	99.8	102.2	102.2

12-3 续表 3 continued

上年=100 (preceding year=100)

县(市、区)	Counties (City,Districts)	地区生产总值 Gross Regional Product	第一产业 Primary Industry	第二产业 Secondary Industry	第三产业 Tertiary Industry	人均地区生产总值 Per Capita Gross Regional Product
邻水县	Linshui	100.6	104.7	96.6	101.2	100.9
华蓥市	Huaying	97.6	105.1	91.8	102.4	98.4
达州市	**Dazhou**					
通川区	Tongchuan	103.7	104.4	107.4	101.8	103.4
达川区	Dachuan	102.1	104.1	102.2	101.3	102.3
宣汉县	Xuanhan	105.0	104.3	107.7	101.7	105.2
开江县	Kaijiang	103.5	104.6	106.2	101.5	104.0
大竹县	Dazhu	102.5	104.5	102.5	101.8	102.9
渠县	Quxian	103.7	104.6	105.8	102.0	104.3
万源市	Wanyuan	102.6	104.2	102.4	101.8	103.1
雅安市	**Yaan**					
雨城区	Yucheng	104.3	104.5	107.6	102.7	104.3
名山区	Mingshan	104.5	104.6	102.6	105.8	104.7
荥经县	Yingjing	104.4	104.4	102.5	105.4	104.4
汉源县	Hanyuan	103.2	104.9	102.4	102.9	103.4
石棉县	Shimian	103.0	105.1	102.0	103.1	103.0
天全县	Tianquan	104.1	104.1	103.0	104.8	104.1
芦山县	Lushan	104.2	104.4	102.9	105.0	104.2
宝兴县	Baoxing	104.6	104.3	106.3	103.0	104.6
巴中市	**Bazhong**					
巴州区	Bazhou	101.5	104.1	97.9	102.3	101.8
恩阳区	Enyang	101.6	104.4	96.0	102.9	102.8
通江县	Tongjiang	101.3	104.3	95.8	102.4	102.6
南江县	Nanjiang	101.2	104.0	96.6	102.4	102.6
平昌县	Pingchang	101.1	104.2	95.4	103.2	102.3
资阳市	**Ziyang**					
雁江区	Yanjiang	103.9	104.3	105.4	102.8	104.6
安岳县	Anyue	104.2	104.4	105.4	103.6	105.1
乐至县	Lezhi	103.1	104.5	104.1	101.9	104.3
阿坝州	**Aba**					
马尔康市	Maerkang	103.0	104.1	105.8	101.6	101.2
汶川县	Wenchuan	101.6	104.9	101.5	100.4	101.5
理县	Lixian	100.1	103.7	98.5	100.1	101.5
茂县	Maoxian	100.2	104.3	96.1	101.9	100.2
松潘县	Songpan	101.3	104.4	98.6	100.7	101.1
九寨沟县	Jiuzhaigou	100.1	104.2	96.5	100.2	99.8
金川县	Jinchuan	102.9	104.4	117.9	100.9	103.6
小金县	Xiaojin	100.8	104.5	95.1	101.5	101.6
黑水县	Heishui	100.8	103.9	99.0	100.7	103.1
壤塘县	Rangtang	101.6	103.7	106.0	100.4	101.3

12-3 续表 4 continued

上年=100 (preceding year=100)

县(市、区)	Counties (City,Districts)	地区生产总值 Gross Regional Product	第一产业 Primary Industry	第二产业 Secondary Industry	第三产业 Tertiary Industry	人均地区生产总值 Per Capita Gross Regional Product
阿坝县	Abaxian	101.3	104.1	98.9	100.1	100.7
若尔盖县	Ruoergai	101.5	104.7	95.4	99.1	101.1
红原县	Hongyuan	100.7	104.2	96.2	98.2	100.1
甘孜州	**Ganzi**					
康定市	Kangding	100.1	104.8	96.7	102.2	99.6
泸定县	Luding	100.2	103.7	94.2	102.2	99.8
丹巴县	Danba	101.7	104.1	101.3	101.1	101.5
九龙县	Jiulong	108.1	104.2	113.1	103.5	108.3
雅江县	Yajiang	141.4	104.3	242.9	105.6	140.0
道孚县	Daofu	101.0	103.9	98.0	100.4	100.6
炉霍县	Luhuo	103.1	103.8	109.4	101.6	103.6
甘孜县	Ganzixian	106.5	103.9	140.4	101.4	105.9
新龙县	Xinlong	102.5	104.0	111.4	101.0	102.7
德格县	Dege	102.3	104.4	95.6	101.6	102.9
白玉县	Baiyu	100.1	104.4	81.3	108.3	101.4
石渠县	Shiqu	102.0	104.1	103.0	100.8	103.2
色达县	Seda	101.7	104.1	97.9	100.6	102.1
理塘县	Litang	102.6	104.9	98.0	102.2	102.3
巴塘县	Batang	101.3	103.7	92.8	102.2	102.2
乡城县	Xiangcheng	101.0	103.8	97.5	102.3	101.9
稻城县	Daocheng	100.3	103.8	107.5	98.8	100.3
得荣县	Derong	103.8	104.0	110.8	101.2	104.2
凉山州	**Liangshan**					
西昌市	Xichang	105.0	104.3	107.9	102.6	104.4
会理市	Huili	106.4	104.3	105.1	109.1	106.2
木里县	Muli	107.5	103.6	109.8	106.4	107.0
盐源县	Yanyuan	105.0	104.3	104.9	105.9	104.6
德昌县	Dechang	104.4	104.3	104.6	104.3	104.2
会东县	Huidong	109.0	104.2	118.5	106.3	109.2
宁南县	Ningnan	110.0	104.2	128.4	102.3	109.9
普格县	Puge	107.4	103.9	118.5	105.8	106.7
布拖县	Butuo	104.3	104.1	102.6	105.0	103.4
金阳县	Jinyang	107.4	104.2	110.5	106.7	107.2
昭觉县	Zhaojue	107.1	104.2	106.2	109.0	106.3
喜德县	Xide	105.5	104.2	112.7	104.6	104.6
冕宁县	Mianning	104.5	104.3	105.0	104.0	105.0
越西县	Yuexi	107.6	104.2	107.7	109.2	107.1
甘洛县	Ganluo	108.6	104.1	112.4	107.9	108.1
美姑县	Meigu	105.8	103.9	112.5	105.4	105.2
雷波县	Leibo	104.5	104.1	104.7	104.5	103.8

12－4 各县(市、区)民营经济增加值(2022年)
Added Value of Civilian-owned Economy by Counties (City, Districts)(2022)

县(市、区)	Counties (City,Districts)	民营经济增加值(万元) Added Value of Civilian-owned Economy (10 000 yuan)	第一产业 Primary Industry	第二产业 Secondary Industry	第三产业 Tertiary Industry	人均民营经济增加值(元) Per Capita Added Value of Civilian-owned Economy (yuan)
成都市	**Chengdu**					
锦江区	Jinjiang	6165396		197116	5968280	67625
青羊区	Qingyang	5781684		789525	4992159	59964
金牛区	Jinniu	6978015		1151503	5826512	54439
武侯区	Wuhou	18998856		3150496	15848360	100731
成华区	Chenghua	4441449		296227	4145222	31725
龙泉驿区	Longquanyi	5884672	44132	3235286	2605254	43273
青白江区	Qingbaijiang	3011966	25276	1142840	1843850	59821
新都区	Xindu	5868691	35219	2381553	3451919	37269
温江区	Wenjiang	4123003	34838	1747268	2340897	41462
双流区	Shuangliu	10643752	39629	3722736	6881387	38870
郫都区	Pidu	7711001	34819	4516090	3160092	45722
新津区	Xinjin	3048797	23281	1646173	1379343	81650
金堂县	Jintang	3955945	90711	2186530	1678704	49136
大邑县	Dayi	1707031	49043	1004910	653078	33367
蒲江县	Pujiang	1184350	33071	594496	556783	45869
都江堰市	Dujiangyan	2695744	54224	808768	1832752	37661
彭州市	Pengzhou	2196180	73709	1112770	1009701	28063
邛崃市	Qionglai	2257335	69647	1182201	1005487	37485
崇州市	Chongzhou	2483285	52816	1457286	973183	33382
简阳市	Jianyang	2430959	99032	1055125	1276802	21388
自贡市	**Zigong**					
自流井区	Ziliujing	1840911	12233	518656	1310022	38233
贡井区	Gongjing	936097	37787	433971	464339	41697
大安区	Daan	1121176	33545	541767	545864	38528
沿滩区	Yantan	1545026	59971	908005	577050	52285
荣县	Rongxian	1650787	256937	735134	658716	35387
富顺县	Fushun	1977220	118877	954940	903403	27480
攀枝花市	**Panzhihua**					
东区	Dongqu	2250441	10784	1091926	1147731	54556
西区	Xiqu	451285	8604	309518	133163	34983
仁和区	Renhe	1692488	73378	1125529	493581	63389
米易县	Miyi	1062061	56232	599324	406505	46684
盐边县	Yanbian	639811	68059	372587	199165	35744
泸州市	**Luzhou**					
江阳区	Jiangyang	3961227	48437	2240670	1672120	51951
纳溪区	Naxi	1321222	78141	762073	481008	37113
龙马潭区	Longmatan	2402794	35351	1291730	1075713	50006
泸县	Luxian	2930976	194055	1850793	886128	38288
合江县	Hejiang	1830025	145057	1009543	675425	26561
叙永县	Xuyong	950965	100436	429667	420862	17212
古蔺县	Gulin	1191690	109838	596062	485790	18291

12－4 续表 1 continued

县(市、区)	Counties (City,Districts)	民营经济增加值(万元) Added Value of Civilian-owned Economy (10 000 yuan)	第一产业 Primary Industry	第二产业 Secondary Industry	第三产业 Tertiary Industry	人均民营经济增加值(元) Per Capita Added Value of Civilian-owned Economy (yuan)
德阳市	**Deyang**					
旌阳区	Jingyang	3840163	102979	1646559	2090625	46379
罗江区	Luojiang	1129469	70398	752089	306982	54042
中江县	Zhongjiang	2906158	308252	1583690	1014216	30656
广汉市	Guanghan	3444138	179210	2020944	1243984	55018
什邡市	Shifang	2003577	50120	975990	977467	49107
绵竹市	Mianzhu	2658058	108380	1704100	845578	60410
绵阳市	**Mianyang**					
涪城区	Fucheng	7604537	34347	4222702	3347488	57768
游仙区	Youxian	2822867	43755	1060728	1718384	49768
安州区	Anzhou	1439705	48289	809790	581626	37551
三台县	Santai	2851966	114327	1397796	1339843	30196
盐亭县	Yanting	1201805	50166	483977	667662	32971
梓潼县	Zitong	1044841	41275	496718	506848	37638
北川县	Beichuan	573536	18540	221210	333786	32041
平武县	Pingwu	411897	15637	210777	185483	32458
江油市	Jiangyou	3608274	74409	1842933	1690932	49347
广元市	**Guangyuan**					
利州区	Lizhou	2128107	50009	1059970	1018128	33984
昭化区	Zhaohua	455782	87226	223071	145485	34926
朝天区	Chaotian	450162	48618	241293	160251	36391
旺苍县	Wangcang	898439	105670	481840	310929	27980
青川县	Qingchuan	326539	43313	118940	164286	21568
剑阁县	Jiange	926435	184331	398108	343996	22164
苍溪县	Cangxi	1124616	196898	396244	531474	22208
遂宁市	**Suining**					
船山区	Chuanshan	2830464	38436	1378451	1413577	33857
安居区	Anju	1246564	169028	627242	450294	29194
蓬溪县	Pengxi	1205132	98834	655085	451213	28356
大英县	Daying	1212003	87183	632089	492731	31563
射洪市	Shehong	3426744	173027	2367896	885821	47135
内江市	**Neijiang**					
内江市中区	Neijiang Downtown	1742752	27819	666946	1047987	41297
东兴区	Dongxing	1587238	84674	475823	1026741	20912
威远县	Weiyuan	2574165	41483	1651090	881592	48569
资中县	Zizhong	1954060	259918	844549	849593	23235
隆昌市	Longchang	2075853	48852	980019	1046982	37606
乐山市	**Leshan**					
乐山市中区	Leshan Downtown	2309374	141102	833924	1334348	27790
沙湾区	Shawan	811791	83053	391626	337112	57370
五通桥区	Wutongqiao	2759610	96079	2148510	515021	117932

12-4 续表 2 continued

县(市、区)	Counties (City,Districts)	民营经济增加值(万元) Added Value of Civilian-owned Economy (10 000 yuan)	第一产业 Primary Industry	第二产业 Secondary Industry	第三产业 Tertiary Industry	人均民营经济增加值(元) Per Capita Added Value of Civilian-owned Economy (yuan)
金口河区	Jinkouhe	225098	11544	138633	74921	59236
犍为县	Qianwei	1545641	188711	772101	584829	37289
井研县	Jingyan	833508	135880	360919	336709	30036
夹江县	Jiajiang	1428235	92101	882890	453244	47371
沐川县	Muchuan	421884	49166	204028	168690	22500
峨边县	Ebian	301817	19435	174031	108351	24944
马边县	Mabian	278548	32851	134782	110915	14699
峨眉山市	Emeishan	2076082	93632	691405	1291045	49906
南充市	**Nanchong**					
顺庆区	Shunqing	3071398	84963	1396986	1589449	36938
高坪区	Gaoping	1385862	117478	722156	546228	24550
嘉陵区	Jialing	1384800	138923	842823	403054	26327
南部县	Nanbu	2883063	244661	1716982	921420	35659
营山县	Yingshan	1556324	158261	729943	668120	25286
蓬安县	Pengan	1224161	134692	593143	496326	26787
仪陇县	Yilong	1586423	193082	737665	655676	22018
西充县	Xichong	1251308	132031	588180	531097	30152
阆中市	Langzhong	1778168	181679	733152	863337	28820
眉山市	**Meishan**					
东坡区	Dongpo	3172030	89486	1512243	1570301	35031
彭山区	Pengshan	1203752	27936	560278	615538	36599
仁寿县	Renshou	2997925	234935	1342109	1420881	26984
洪雅县	Hongya	878749	54798	277828	546123	29687
丹棱县	Danling	495027	37581	211812	245634	33157
青神县	Qingshen	604335	37634	233989	332712	35908
宜宾市	**Yibin**					
翠屏区	Cuiping	6786178	115913	4397537	2272728	76164
南溪区	Nanxi	1456732	100971	860372	495389	43615
叙州区	Xuzhou	3476260	149810	2087980	1238470	37021
江安县	Jiangan	1392067	104979	699245	587843	32601
长宁县	Changning	1366429	102369	734040	530020	41533
高县	Gaoxian	1240855	88375	651456	501024	32483
珙县	Gongxian	1195921	78165	579878	537878	35278
筠连县	Junlian	1065145	85968	511633	467544	31891
兴文县	Xingwen	1124031	82555	450008	591468	29502
屏山县	Pingshan	674031	61666	339145	273220	27400
广安市	**Guangan**					
广安区	Guanganqu	1461734	161041	276033	1024660	19647
前锋区	Qianfeng	884348	24162	541127	319059	38283
岳池县	Yuechi	1659245	148332	708543	802370	22392
武胜县	Wusheng	1578922	171682	655889	751351	28526

12-4 续表 3 continued

县(市、区)	Counties (City,Districts)	民营经济增加值(万元) Added Value of Civilian-owned Economy (10 000 yuan)	第一产业 Primary Industry	第二产业 Secondary Industry	第三产业 Tertiary Industry	人均民营经济增加值(元) Per Capita Added Value of Civilian-owned Economy (yuan)
邻水县	Linshui	1534931	110343	688317	736271	21772
华蓥市	Huaying	1043561	35063	638955	369543	38866
达州市	**Dazhou**					
通川区	Tongchuan	2495920	67766	905667	1522487	27413
达川区	Dachuan	2151285	133671	883363	1134251	22862
宣汉县	Xuanhan	3320684	211578	1958888	1150218	34918
开江县	Kaijiang	1030803	86053	404748	540002	25032
大竹县	Dazhu	2696859	166667	1396351	1133841	32228
渠县	Quxian	2674260	200104	1088095	1386061	29468
万源市	Wanyuan	916011	93425	311623	510963	22674
雅安市	**Yaan**					
雨城区	Yucheng	1268972	54085	431506	783381	34389
名山区	Mingshan	721783	37436	362936	321411	28417
荥经县	Yingjing	620548	34819	254218	331511	47370
汉源县	Hanyuan	740156	35909	297196	407051	25970
石棉县	Shimian	730754	43580	316229	370945	64101
天全县	Tianquan	573531	32341	247392	293798	43615
芦山县	Lushan	374624	30903	181492	162229	37651
宝兴县	Baoxing	276016	15669	156790	103557	57503
巴中市	**Bazhong**					
巴州区	Bazhou	1325976	136653	488580	700743	18571
恩阳区	Enyang	509864	95509	188216	226139	15027
通江县	Tongjiang	752082	138389	277402	336291	14732
南江县	Nanjiang	729227	123293	316010	289924	15932
平昌县	Pingchang	1016951	154896	453069	408986	15752
资阳市	**Ziyang**					
雁江区	Yanjiang	2318026	154291	1194415	969320	26860
安岳县	Anyue	1505286	168718	601615	734953	15912
乐至县	Lezhi	1375046	116025	602648	656373	28177
阿坝州	**Aba**					
马尔康市	Maerkang	282629	20721	150975	110933	48313
汶川县	Wenchuan	401285	61127	203124	137034	48582
理县	Lixian	128183	19481	54484	54218	35606
茂县	Maoxian	196645	42020	79302	75323	20809
松潘县	Songpan	110680	29322	20564	60794	16495
九寨沟县	Jiuzhaigou	156873	16244	35079	105550	23697
金川县	Jinchuan	103235	23590	16734	62911	18080
小金县	Xiaojin	123185	25010	37678	60497	19248
黑水县	Heishui	143899	26243	75577	42079	33465
壤塘县	Rangtang	54221	20534	5371	28316	12022

12-4 续表 4 continued

县(市、区)	Counties (City,Districts)	民营经济增加值 (万元) Added Value of Civilian-owned Economy (10 000 yuan)	第一产业 Primary Industry	第二产业 Secondary Industry	第三产业 Tertiary Industry	人均民营经济增加值 (元) Per Capita Added Value of Civilian-owned Economy (yuan)
阿坝县	Abaxian	93127	33882	12835	46410	11569
若尔盖县	Ruoergai	154050	81627	12896	59527	19929
红原县	Hongyuan	93064	46392	10487	36185	19675
甘孜州	**Ganzi**					
康定市	Kangding	391339	57939	73450	259950	30669
泸定县	Luding	156629	41997	26785	87847	18558
丹巴县	Danba	95058	36488	9902	48668	18974
九龙县	Jiulong	90058	35557	28804	25697	16865
雅江县	Yajiang	75738	28767	14504	32467	14706
道孚县	Daofu	58368	28127	9030	21211	10971
炉霍县	Luhuo	58603	30261	11639	16703	12522
甘孜县	Ganzixian	112268	52245	25373	34650	15507
新龙县	Xinlong	66562	32270	10741	23551	14824
德格县	Dege	79565	51417	8163	19985	9041
白玉县	Baiyu	78157	39297	22345	16515	13315
石渠县	Shiqu	105913	55225	21239	29449	10353
色达县	Seda	69785	45664	9977	14144	10870
理塘县	Litang	112579	57260	24122	31197	16753
巴塘县	Batang	86394	42390	18573	25431	17418
乡城县	Xiangcheng	56899	24948	8772	23179	18534
稻城县	Daocheng	64557	20885	11034	32638	19563
得荣县	Derong	44145	18601	12991	12553	17729
凉山州	**Liangshan**					
西昌市	Xichang	3707817	193961	2038978	1474878	38447
会理市	Huili	1061960	228198	376677	457085	27118
木里县	Muli	157948	36765	46757	74426	12727
盐源县	Yanyuan	518514	196065	108139	214310	15135
德昌县	Dechang	467417	76144	191102	200171	21510
会东县	Huidong	717787	196094	211221	310472	20836
宁南县	Ningnan	344246	98684	104215	141347	18699
普格县	Puge	116681	29664	27705	59312	6425
布拖县	Butuo	133979	45960	24570	63449	7146
金阳县	Jinyang	147928	39213	32860	75855	8686
昭觉县	Zhaojue	149944	52027	19143	78774	5882
喜德县	Xide	135475	34214	40948	60313	8478
冕宁县	Mianning	604232	114439	241870	247923	16550
越西县	Yuexi	296329	57148	67505	171676	9735
甘洛县	Ganluo	238063	34494	118465	85104	11478
美姑县	Meigu	130338	34339	25013	70986	5404
雷波县	Leibo	345821	48141	185174	112506	14290

12-5 各县(市、区)民营经济增加值指数(2022年)
Indices of Civilian-owned Economy Added Value by Counties (City, Districts)(2022)

上年=100 (preceding year=100)

县(市、区)	Counties (City,Districts)	民营经济增加值 Added Value of Civilian-owned Economy	第一产业 Primary Industry	第二产业 Secondary Industry	第三产业 Tertiary Industry	人均民营经济增加值 Per Capita Added Value of Civilian-owned Economy
成都市	**Chengdu**					
锦江区	Jinjiang	101.3		88.5	101.8	99.2
青羊区	Qingyang	98.3		101.3	97.8	96.7
金牛区	Jinniu	96.4		92.9	97.2	94.8
武侯区	Wuhou	100.3		92.3	102.1	97.6
成华区	Chenghua	99.6		75.2	102.0	96.6
龙泉驿区	Longquanyi	95.9	95.9	94.2	98.0	93.3
青白江区	Qingbaijiang	100.2	108.5	98.0	101.4	97.1
新都区	Xindu	98.0	114.0	101.4	95.6	94.7
温江区	Wenjiang	102.8	117.7	104.0	101.7	97.6
双流区	Shuangliu	99.4	96.6	107.9	95.4	94.6
郫都区	Pidu	96.4	106.4	93.7	100.4	93.6
新津区	Xinjin	104.4	99.5	107.7	100.8	101.2
金堂县	Jintang	117.9	108.3	131.4	104.6	116.3
大邑县	Dayi	102.9	97.4	105.7	99.4	103.6
蒲江县	Pujiang	99.4	99.2	105.5	93.8	98.6
都江堰市	Dujiangyan	100.8	118.3	105.7	98.2	99.7
彭州市	Pengzhou	97.8	101.9	99.9	95.3	97.4
邛崃市	Qionglai	104.1	109.4	107.7	99.9	104.4
崇州市	Chongzhou	100.3	99.2	104.0	95.5	98.6
简阳市	Jianyang	94.1	98.4	94.0	93.7	92.4
自贡市	**Zigong**					
自流井区	Ziliujing	100.8	104.0	102.5	100.1	101.5
贡井区	Gongjing	98.6	103.9	96.6	100.0	101.1
大安区	Daan	99.8	103.9	98.3	101.1	102.1
沿滩区	Yantan	99.6	103.9	98.9	100.2	101.5
荣县	Rongxian	100.1	103.9	98.3	100.6	101.7
富顺县	Fushun	99.5	103.9	97.7	100.8	100.1
攀枝花市	**Panzhihua**					
东区	Dongqu	97.4	103.4	101.8	93.8	96.8
西区	Xiqu	96.1	103.8	93.6	102.3	96.9
仁和区	Renhe	101.3	105.1	100.4	102.8	101.3
米易县	Miyi	101.4	104.5	104.6	97.0	101.2
盐边县	Yanbian	102.7	104.0	103.0	101.7	103.2
泸州市	**Luzhou**					
江阳区	Jiangyang	101.4	103.5	100.9	102.1	99.7
纳溪区	Naxi	101.7	103.8	101.1	102.3	103.1
龙马潭区	Longmatan	101.7	103.5	101.4	101.8	99.9
泸县	Luxian	102.6	103.6	102.8	102.0	103.1
合江县	Hejiang	103.1	103.6	103.6	102.2	103.2
叙永县	Xuyong	101.4	104.3	101.3	100.9	101.8
古蔺县	Gulin	104.3	104.0	105.8	102.7	104.7

12-5 续表 1 continued

上年=100 (preceding year=100)

县(市、区)	Counties (City,Districts)	民营经济增加值 Added Value of Civilian-owned Economy	第一产业 Primary Industry	第二产业 Secondary Industry	第三产业 Tertiary Industry	人均民营经济增加值 Per Capita Added Value of Civilian-owned Economy
德阳市	**Deyang**					
旌阳区	Jingyang	100.6	105.0	103.3	98.4	100.2
罗江区	Luojiang	104.6	105.0	103.7	106.6	105.1
中江县	Zhongjiang	101.5	100.9	99.1	105.4	102.1
广汉市	Guanghan	100.7	108.1	96.8	106.1	100.5
什邡市	Shifang	102.2	105.1	102.0	102.3	102.2
绵竹市	Mianzhu	104.3	103.9	105.7	101.7	104.5
绵阳市	**Mianyang**					
涪城区	Fucheng	103.5	102.7	101.9	105.3	100.3
游仙区	Youxian	102.5	103.4	100.5	103.8	100.8
安州区	Anzhou	103.1	103.5	98.4	110.5	100.3
三台县	Santai	103.4	103.2	103.0	103.8	105.2
盐亭县	Yanting	103.1	104.1	105.1	101.6	106.1
梓潼县	Zitong	103.2	103.8	100.6	105.7	103.7
北川县	Beichuan	103.1	103.5	102.0	103.8	101.9
平武县	Pingwu	101.7	103.0	99.3	104.4	103.4
江油市	Jiangyou	101.9	103.2	99.7	104.0	102.3
广元市	**Guangyuan**					
利州区	Lizhou	98.9	103.8	96.3	101.4	97.9
昭化区	Zhaohua	99.3	103.7	98.9	97.3	104.2
朝天区	Chaotian	101.9	104.0	100.5	103.4	107.1
旺苍县	Wangcang	100.9	103.8	98.9	103.2	105.3
青川县	Qingchuan	103.8	103.9	102.6	104.6	109.7
剑阁县	Jiange	96.8	103.5	90.8	100.5	99.1
苍溪县	Cangxi	101.5	103.6	97.9	103.5	103.6
遂宁市	**Suining**					
船山区	Chuanshan	103.0	105.5	101.9	104.0	101.8
安居区	Anju	104.0	103.6	104.4	103.8	107.7
蓬溪县	Pengxi	103.0	104.8	101.5	104.7	105.4
大英县	Daying	102.4	103.8	99.5	106.3	104.5
射洪市	Shehong	103.6	103.5	104.2	102.4	105.5
内江市	**Neijiang**					
内江市中区	Neijiang Downtown	99.6	103.6	100.2	99.0	101.5
东兴区	Dongxing	99.5	103.6	98.6	99.6	99.3
威远县	Weiyuan	99.9	103.6	100.7	98.4	103.6
资中县	Zizhong	100.0	103.6	98.2	100.5	102.4
隆昌市	Longchang	99.1	103.6	100.2	98.0	102.8
乐山市	**Leshan**					
乐山市中区	Leshan Downtown	94.4	104.8	88.6	97.0	91.8
沙湾区	Shawan	101.4	105.7	99.0	102.9	105.3
五通桥区	Wutongqiao	141.9	104.3	160.2	102.2	146.8

12－5 续表 2 continued

上年=100 (preceding year=100)

县(市、区)	Counties (City,Districts)	民营经济增加值 Added Value of Civilian-owned Economy	第一产业 Primary Industry	第二产业 Secondary Industry	第三产业 Tertiary Industry	人均民营经济增加值 Per Capita Added Value of Civilian-owned Economy
金口河区	Jinkouhe	101.3	106.7	101.3	100.3	106.6
犍为县	Qianwei	100.5	108.3	100.3	98.3	101.4
井研县	Jingyan	94.4	107.9	84.2	101.7	96.3
夹江县	Jiajiang	91.0	106.4	88.0	94.1	92.7
沐川县	Muchuan	99.2	106.2	93.3	104.8	102.1
峨边县	Ebian	103.2	69.9	105.4	110.6	104.9
马边县	Mabian	104.8	102.3	103.9	106.8	104.0
峨眉山市	Emeishan	94.4	95.6	82.5	102.0	95.6
南充市	**Nanchong**					
顺庆区	Shunqing	100.2	105.3	93.6	106.8	99.9
高坪区	Gaoping	100.7	108.5	97.9	102.9	102.3
嘉陵区	Jialing	100.6	100.8	99.7	102.6	102.7
南部县	Nanbu	101.0	107.9	99.2	102.8	103.0
营山县	Yingshan	101.7	104.6	99.4	103.7	103.8
蓬安县	Pengan	100.3	101.0	94.8	106.7	102.8
仪陇县	Yilong	100.8	101.3	98.9	102.9	103.6
西充县	Xichong	101.6	103.2	99.9	103.2	104.3
阆中市	Langzhong	100.9	102.8	99.3	102.0	102.9
眉山市	**Meishan**					
东坡区	Dongpo	105.0	104.6	105.5	104.5	104.5
彭山区	Pengshan	103.3	104.1	103.0	103.5	103.1
仁寿县	Renshou	103.1	104.1	102.0	104.0	103.5
洪雅县	Hongya	102.9	104.1	102.1	103.1	103.0
丹棱县	Danling	104.2	104.0	103.7	104.6	103.7
青神县	Qingshen	102.8	103.7	101.0	103.9	102.4
宜宾市	**Yibin**					
翠屏区	Cuiping	105.8	101.5	107.7	102.8	105.1
南溪区	Nanxi	102.7	106.3	99.3	107.3	102.0
叙州区	Xuzhou	101.7	101.9	99.2	106.2	101.2
江安县	Jiangan	101.4	109.4	98.5	103.5	101.0
长宁县	Changning	101.3	105.4	99.7	102.7	100.7
高县	Gaoxian	102.3	102.9	101.2	103.8	102.1
珙县	Gongxian	102.9	104.7	100.7	104.8	102.9
筠连县	Junlian	104.3	101.8	108.5	100.9	103.7
兴文县	Xingwen	103.0	104.0	102.1	103.4	102.4
屏山县	Pingshan	104.0	103.0	105.7	101.9	103.6
广安市	**Guangan**					
广安区	Guanganqu	101.0	103.4	95.0	102.4	99.8
前锋区	Qianfeng	95.9	102.9	91.3	103.9	96.8
岳池县	Yuechi	101.5	103.8	99.0	103.3	101.7
武胜县	Wusheng	102.4	104.0	101.5	102.8	103.1

12−5 续表 3 continued

上年=100 (preceding year=100)

县(市、区)	Counties (City,Districts)	民营经济增加值 Added Value of Civilian-owned Economy	第一产业 Primary Industry	第二产业 Secondary Industry	第三产业 Tertiary Industry	人均民营经济增加值 Per Capita Added Value of Civilian-owned Economy
邻水县	Linshui	102.0	103.9	101.7	102.0	102.3
华蓥市	Huaying	96.8	103.1	94.7	99.7	98.4
达州市	**Dazhou**					
通川区	Tongchuan	103.0	103.6	104.3	102.2	101.7
达川区	Dachuan	102.5	103.3	103.3	101.8	103.5
宣汉县	Xuanhan	103.5	103.2	103.2	104.0	104.2
开江县	Kaijiang	102.8	103.8	102.9	102.5	103.8
大竹县	Dazhu	102.1	103.2	101.3	102.7	103.0
渠县	Quxian	103.7	105.2	102.5	104.3	106.1
万源市	Wanyuan	103.0	103.4	102.6	103.1	103.9
雅安市	**Yaan**					
雨城区	Yucheng	104.4	104.4	105.4	103.9	104.7
名山区	Mingshan	104.6	104.6	101.4	108.2	105.4
荥经县	Yingjing	104.5	104.5	101.1	107.1	106.0
汉源县	Hanyuan	103.3	103.3	102.7	103.6	104.3
石棉县	Shimian	103.1	103.1	102.6	103.4	104.0
天全县	Tianquan	104.2	105.9	104.8	103.4	105.3
芦山县	Lushan	104.3	104.3	101.2	107.8	104.8
宝兴县	Baoxing	104.7	104.7	104.9	104.3	106.8
巴中市	**Bazhong**					
巴州区	Bazhou	100.4	104.0	99.5	100.2	101.1
恩阳区	Enyang	100.4	104.4	98.9	100.1	101.2
通江县	Tongjiang	100.1	104.2	98.6	99.8	104.9
南江县	Nanjiang	99.9	103.6	98.9	99.7	103.9
平昌县	Pingchang	99.8	104.0	97.8	100.6	104.0
资阳市	**Ziyang**					
雁江区	Yanjiang	100.7	104.2	100.3	100.3	101.5
安岳县	Anyue	100.3	104.4	97.5	97.5	101.6
乐至县	Lezhi	100.1	104.7	97.8	97.8	100.9
阿坝州	**Aba**					
马尔康市	Maerkang	102.5	102.7	104.3	100.2	101.6
汶川县	Wenchuan	100.8	103.6	97.3	104.7	103.7
理县	Lixian	99.1	102.4	96.7	100.4	110.1
茂县	Maoxian	99.2	102.9	95.1	101.3	98.7
松潘县	Songpan	100.2	103.1	95.2	100.5	97.1
九寨沟县	Jiuzhaigou	99.1	102.8	93.5	100.4	97.3
金川县	Jinchuan	102.7	103.1	106.2	101.6	109.7
小金县	Xiaojin	100.1	103.2	96.7	100.9	104.8
黑水县	Heishui	100.1	102.5	98.9	100.8	116.4
壤塘县	Rangtang	100.9	102.3	97.1	100.6	98.4

12−5 续表 4 continued

上年=100 (preceding year=100)

县(市、区)	Counties (City,Districts)	民营经济增加值 Added Value of Civilian-owned Economy	第一产业 Primary Industry	第二产业 Secondary Industry	第三产业 Tertiary Industry	人均民营经济增加值 Per Capita Added Value of Civilian-owned Economy
阿坝县	Abaxian	100.4	102.8	93.7	100.5	97.3
若尔盖县	Ruoergai	100.5	103.3	86.7	99.7	98.8
红原县	Hongyuan	99.9	102.9	89.0	99.5	101.4
甘孜州	**Ganzi**					
康定市	Kangding	99.9	104.4	109.1	96.6	99.9
泸定县	Luding	99.5	101.8	101.8	97.8	99.6
丹巴县	Danba	100.0	104.3	91.3	98.6	101.4
九龙县	Jiulong	109.0	104.4	131.8	97.0	111.1
雅江县	Yajiang	107.7	104.4	129.4	103.8	106.8
道孚县	Daofu	101.2	104.4	104.2	95.7	102.5
炉霍县	Luhuo	99.9	104.4	89.7	98.0	101.2
甘孜县	Ganzixian	103.4	104.4	111.8	97.4	103.4
新龙县	Xinlong	100.2	99.8	98.7	101.5	102.9
德格县	Dege	100.0	104.4	78.8	97.5	100.3
白玉县	Baiyu	103.5	104.4	102.5	102.2	104.5
石渠县	Shiqu	100.1	104.4	92.3	97.6	100.7
色达县	Seda	101.8	104.4	96.9	97.0	102.1
理塘县	Litang	103.7	104.4	119.7	96.4	104.4
巴塘县	Batang	101.3	104.4	97.5	98.5	101.1
乡城县	Xiangcheng	101.2	104.4	94.9	100.7	104.2
稻城县	Daocheng	100.4	104.4	107.4	96.0	100.4
得荣县	Derong	100.9	94.7	115.2	99.7	101.8
凉山州	**Liangshan**					
西昌市	Xichang	97.8	104.3	99.8	94.6	96.0
会理市	Huili	106.9	104.7	106.8	108.0	107.2
木里县	Muli	86.8	103.2	65.4	100.6	86.3
盐源县	Yanyuan	103.3	104.0	106.2	101.4	103.1
德昌县	Dechang	101.6	104.7	102.2	99.9	101.6
会东县	Huidong	103.1	103.9	113.7	96.5	104.1
宁南县	Ningnan	103.6	104.4	101.5	104.7	103.3
普格县	Puge	94.8	102.0	75.1	102.5	93.4
布拖县	Butuo	104.1	103.8	112.1	101.5	102.8
金阳县	Jinyang	102.4	104.4	104.5	100.7	102.6
昭觉县	Zhaojue	103.5	104.6	114.7	100.4	102.5
喜德县	Xide	103.6	104.3	111.3	99.0	103.8
冕宁县	Mianning	102.7	104.6	100.3	104.2	103.3
越西县	Yuexi	107.1	103.4	104.9	109.2	106.1
甘洛县	Ganluo	109.3	103.9	115.5	104.1	108.5
美姑县	Meigu	106.5	103.6	118.3	104.8	104.7
雷波县	Leibo	106.8	101.4	109.4	105.5	105.8

12－6 各县(市、区)固定资产投资和建筑业情况(2022年)
Investment in Fixed Assets and Construction by Counties (City, Districts)(2022)

县(市、区)	Counties (City,Districts)	全社会固定资产投资比上年增长 (%) Growth Rate of Total Investment Over Preceding Year(%)	房地产开发投资额 (万元) Real Estate Investment (10 000 yuan)	建筑企业单位数 (个) Number of Construction Enterprises (unit)	建筑业总产值 (亿元) Gross Output Value of Construction (100 million yuan)
成都市	**Chengdu**				
锦江区	Jinjiang	7.6	1365346	205	780.74
青羊区	Qingyang	3.5	1301290	232	1100.33
金牛区	Jinniu	7.6	2145129	362	1880.32
武侯区	Wuhou	-5.5	2043006	577	1679.52
成华区	Chenghua	0.9	2788260	162	378.66
龙泉驿区	Longquanyi	-8.5	2123698	90	98.33
青白江区	Qingbaijiang	6.2	1000707	25	99.77
新都区	Xindu	8.8	2223473	51	99.56
温江区	Wenjiang	5.2	2216991	57	112.25
双流区	Shuangliu	11.2	7086286	162	427.38
郫都区	Pidu	9.7	1866497	38	308.48
新津区	Xinjin	5.6	1534432	53	40.17
金堂县	Jintang	5.3	453731	56	37.98
大邑县	Dayi	1.3	612592	54	19.40
蒲江县	Pujiang	-5.6	243056	22	17.89
都江堰市	Dujiangyan	8.1	1602170	56	113.11
彭州市	Pengzhou	8.1	524010	35	35.73
邛崃市	Qionglai	7.1	582051	67	21.36
崇州市	Chongzhou	-5.8	900564	55	42.60
简阳市	Jianyang	9.7	994391	81	90.50
自贡市	**Zigong**				
自流井区	Ziliujing	10.2	394177	47	225.05
贡井区	Gongjing	12.6	65877	8	6.24
大安区	Daan	-5.5	220493	19	38.18
沿滩区	Yantan	11.1	197582	32	87.99
荣县	Rongxian	10.3	205682	22	63.23
富顺县	Fushun	12.7	273797	74	152.56
攀枝花市	**Panzhihua**				
东区	Dongqu	10.1	216359	63	261.92
西区	Xiqu	8.0	11299	10	9.35
仁和区	Renhe	11.2	593927	26	22.42
米易县	Miyi	10.7	250370	16	14.28
盐边县	Yanbian	10.6	52899	10	3.05
泸州市	**Luzhou**				
江阳区	Jiangyang	4.7	1091356	109	357.48
纳溪区	Naxi	12.0	190128	35	70.50
龙马潭区	Longmatan	7.2	769011	93	359.60
泸县	Luxian	18.3	259018	146	523.70
合江县	Hejiang	18.0	331968	90	232.20
叙永县	Xuyong	7.5	109994	37	57.10

12-6 续表 1 continued

县(市、区)	Counties (City,Districts)	全社会固定资产投资比上年增长(%) Growth Rate of Total Investment Over Preceding Year(%)	房地产开发投资额(万元) Real Estate Investment (10 000 yuan)	建筑企业单位数(个) Number of Construction Enterprises (unit)	建筑业总产值(亿元) Gross Output Value of Construction (100 million yuan)
古蔺县	Gulin	18.6	158190	36	21.60
德阳市	**Deyang**				
旌阳区	Jingyang	10.6	1034766	149	246.93
罗江区	Luojiang	10.7	90946	17	24.23
中江县	Zhongjiang	11.7	270057	59	43.23
广汉市	Guanghan	9.6	373809	75	127.03
什邡市	Shifang	11.6	182674	28	47.49
绵竹市	Mianzhu	10.5	188901	46	42.91
绵阳市	**Mianyang**				
涪城区	Fucheng	15.4	2178800	401	484.67
游仙区	Youxian	7.5	562303	140	192.90
安州区	Anzhou	11.2	436948	57	53.37
三台县	Santai	10.0	366455	41	69.69
盐亭县	Yanting	11.4	81545	45	48.83
梓潼县	Zitong	10.0	109069	31	39.71
北川县	Beichuan	9.7	46329	30	21.79
平武县	Pingwu	9.8	19386	17	11.98
江油市	Jiangyou	5.5	541497	63	85.11
广元市	**Guangyuan**				
利州区	Lizhou	-4.2	896281	198	121.99
昭化区	Zhaohua	7.0	44633	48	18.61
朝天区	Chaotian	7.7	85922	16	25.24
旺苍县	Wangcang	11.6	93622	23	31.35
青川县	Qingchuan	16.1	10051	11	3.64
剑阁县	Jiange	15.7	57783	39	21.15
苍溪县	Cangxi	8.1	78811	31	49.42
遂宁市	**Suining**				
船山区	Chuanshan	13.7	1323353	188	250.01
安居区	Anju	14.0	127646	13	33.97
蓬溪县	Pengxi	13.6	270019	27	101.13
大英县	Daying	-10.9	105226	27	102.93
射洪市	Shehong	13.3	165941	27	118.51
内江市	**Neijiang**				
内江市中区	Neijiang Downtown	9.1	325911	35	86.39
东兴区	Dongxing	10.8	639609	43	98.70
威远县	Weiyuan	9.2	273452	23	81.90
资中县	Zizhong	16.2	321144	31	42.33
隆昌市	Longchang	9.2	286866	30	113.34
乐山市	**Leshan**				
乐山市中区	Leshan Downtown	12.3	464204	149	181.69
沙湾区	Shawan	11.4	18	5	9.51

12-6 续表 2 continued

县(市、区)	Counties (City,Districts)	全社会固定资产投资比上年增长 (%) Growth Rate of Total Investment Over Preceding Year(%)	房地产开发投资额 (万元) Real Estate Investment (10 000 yuan)	建筑企业单位数 (个) Number of Construction Enterprises (unit)	建筑业总产值 (亿元) Gross Output Value of Construction (100 million yuan)
五通桥区	Wutongqiao	12.6	92995	7	19.75
金口河区	Jinkouhe	9.0			
犍为县	Qianwei	11.8	169954	18	32.03
井研县	Jingyan	12.0	43734	10	26.03
夹江县	Jiajiang	3.7	151895	24	21.09
沐川县	Muchuan	11.2	66877	12	6.78
峨边县	Ebian	11.8	2284	9	4.47
马边县	Mabian	11.0	17336	9	3.56
峨眉山市	Emeishan	11.6	449779	24	31.16
南充市	**Nanchong**				
顺庆区	Shunqing	9.5	370774	146	211.96
高坪区	Gaoping	11.3	548076	86	102.57
嘉陵区	Jialing	11.7	571464	75	100.16
南部县	Nanbu	10.2	350875	81	363.42
营山县	Yingshan	11.9	545466	43	120.56
蓬安县	Pengan	11.3	266167	41	65.34
仪陇县	Yilong	10.7	336266	85	277.41
西充县	Xichong	11.3	137465	25	81.01
阆中市	Langzhong	10.5	366441	55	197.89
眉山市	**Meishan**				
东坡区	Dongpo	7.1	1384173	136	232.30
彭山区	Pengshan	10.9	821241	39	57.46
仁寿县	Renshou	15.0	2254832	109	194.24
洪雅县	Hongya	12.2	241243	27	24.72
丹棱县	Danling	12.0	66822	16	15.70
青神县	Qingshen	13.7	83695	16	36.22
宜宾市	**Yibin**				
翠屏区	Cuiping	11.4	1474822	170	313.00
南溪区	Nanxi	13.0	114222	57	72.00
叙州区	Xuzhou	9.0	862302	199	174.00
江安县	Jiangan	9.3	356657	47	78.00
长宁县	Changning	10.0	173841	32	63.00
高县	Gaoxian	9.2	242131	49	48.00
珙县	Gongxian	7.5	168029	36	37.00
筠连县	Junlian	9.3	110453	41	32.00
兴文县	Xingwen	13.8	117386	65	26.00
屏山县	Pingshan	9.4	119165	66	21.00
广安市	**Guangan**				
广安区	Guanganqu	-12.5	656663	108	68.67
前锋区	Qianfeng	13.8	191959	24	27.10
岳池县	Yuechi	-14.9	370053	47	94.10

12-6 续表 3 continued

县(市、区)	Counties (City,Districts)	全社会固定资产投资比上年增长 (%) Growth Rate of Total Investment Over Preceding Year(%)	房地产开发投资额 (万元) Real Estate Investment (10 000 yuan)	建筑企业单位数 (个) Number of Construction Enterprises (unit)	建筑业总产值 (亿元) Gross Output Value of Construction (100 million yuan)
武胜县	Wusheng	6.9	332804	33	68.71
邻水县	Linshui	9.8	281027	41	92.54
华蓥市	Huaying	9.0	101836	52	91.40
达州市	**Dazhou**				
通川区	Tongchuan	9.6	939500	133	164.76
达川区	Dachuan	15.6	473084	64	118.41
宣汉县	Xuanhan	9.0	379555	43	109.77
开江县	Kaijiang	9.5	61832	22	67.19
大竹县	Dazhu	9.2	450012	48	84.16
渠县	Quxian	9.7	318016	54	131.07
万源市	Wanyuan	9.1	66182	20	14.95
雅安市	**Yaan**				
雨城区	Yucheng	-12.2	290574	33	25.07
名山区	Mingshan	17.5	132026	15	9.53
荥经县	Yingjing	17.6	61310	7	16.17
汉源县	Hanyuan	19.1	132762	12	8.70
石棉县	Shimian	19.4	79173	7	3.90
天全县	Tianquan	13.7	24777	6	5.84
芦山县	Lushan	19.8	6190	6	7.04
宝兴县	Baoxing	17.6		3	0.78
巴中市	**Bazhong**				
巴州区	Bazhou	7.1	269523	99	80.48
恩阳区	Enyang	7.5	93514	36	36.79
通江县	Tongjiang	7.2	23953	46	18.78
南江县	Nanjiang	7.2	73223	29	29.29
平昌县	Pingchang	6.8	131255	40	16.56
资阳市	**Ziyang**				
雁江区	Yanjiang	10.9	529170	54	82.14
安岳县	Anyue	9.6	385942	31	49.54
乐至县	Lezhi	9.6	226302	23	27.75
阿坝州	**Aba**				
马尔康市	Maerkang	21.3	30841	16	1.64
汶川县	Wenchuan	20.0	6415	47	17.07
理县	Lixian	6.9	3500	30	6.88
茂县	Maoxian	13.4	24755	18	8.53
松潘县	Songpan	14.8	6370	14	2.63
九寨沟县	Jiuzhaigou	-32.4	31077	18	3.50
金川县	Jinchuan	11.2		8	0.71
小金县	Xiaojin	16.0		15	4.46
黑水县	Heishui	16.0		11	2.51
壤塘县	Rangtang	5.5		9	2.03

12-6 续表 4 continued

县(市、区)	Counties (City,Districts)	全社会固定资产投资比上年增长(%) Growth Rate of Total Investment Over Preceding Year(%)	房地产开发投资额(万元) Real Estate Investment (10 000 yuan)	建筑企业单位数(个) Number of Construction Enterprises (unit)	建筑业总产值(亿元) Gross Output Value of Construction (100 million yuan)
阿坝县	Abaxian	12.0		5	1.40
若尔盖县	Ruoergai	16.4		5	1.52
红原县	Hongyuan	23.8			
甘孜州	**Ganzi**				
康定市	Kangding	-5.8	48200	39	17.69
泸定县	Luding	3.6	12350	12	1.93
丹巴县	Danba	6.2	13185	3	0.83
九龙县	Jiulong	64.2			
雅江县	Yajiang	-7.8	500		
道孚县	Daofu	34.5			
炉霍县	Luhuo	70.8			
甘孜县	Ganzixian	45.4		4	1.32
新龙县	Xinlong	29.9			
德格县	Dege	12.2			
白玉县	Baiyu	13.3		4	1.91
石渠县	Shiqu	31.0	3484	6	2.84
色达县	Seda	6.8		8	2.39
理塘县	Litang	0.7			
巴塘县	Batang	-39.2			
乡城县	Xiangcheng	207.5			
稻城县	Daocheng	0.8			
得荣县	Derong	11.8		5	2.67
凉山州	**Liangshan**				
西昌市	Xichang	4.0	718668	134	213.82
会理市	Huili	36.5	284393	19	14.37
木里县	Muli	-18.1		10	0.97
盐源县	Yanyuan	20.8	46064	17	5.08
德昌县	Dechang	0.8	222991	25	14.03
会东县	Huidong	5.8	154241	22	13.74
宁南县	Ningnan	-41.5	54509	17	4.45
普格县	Puge	36.4	15503	15	1.95
布拖县	Butuo	32.8	3107	11	1.87
金阳县	Jinyang	42.2		13	1.57
昭觉县	Zhaojue	88.4	22750	13	1.67
喜德县	Xide	50.9	18711	34	6.32
冕宁县	Mianning	33.1	133229	33	9.25
越西县	Yuexi	21.1	98657	15	5.58
甘洛县	Ganluo	37.1	66565	15	2.21
美姑县	Meigu	8.8	8974	9	1.63
雷波县	Leibo	53.7	10851	11	4.86

12－7 各县(市、区)农村经济情况(2022年)

Basic Statistics on Agriculture of Counties(City, Districts)(2022)

县(市、区)	Counties (City,Districts)	2021年末实有耕地面积(公顷) Cultivated Land Area (year-end 2021) (hectare)	耕地灌溉面积(公顷) Irrigated Area of Cultivated Land (hectare)	农林牧渔业增加值(万元) Gross Output Value of Farming, Forestry, Animal Husbandry and Fishery (10 000 yuan)	农用化肥施用量(折纯量)(吨) Consumption of Chemical Fertilizers (ton)
成都市	**Chengdu**				
锦江区	Jinjiang	439	423	3705	9
青羊区	Qingyang	477	499	337	5
金牛区	Jinniu	913	888	1215	19
武侯区	Wuhou	188	1078		2
成华区	Chenghua	1265	1279	346	8
龙泉驿区	Longquanyi	5522	4024	309425	3052
青白江区	Qingbaijiang	12756	8739	170284	3840
新都区	Xindu	18141	18035	245464	8413
温江区	Wenjiang	2081	2018	242775	2671
双流区	Shuangliu	9431	21981	341930	5533
郫都区	Pidu	9759	10202	287597	12461
新津区	Xinjin	9336	9772	202412	5630
金堂县	Jintang	45282	37250	764548	20626
大邑县	Dayi	21350	17290	342824	5704
蒲江县	Pujiang	1228	1124	279510	3937
都江堰市	Dujiangyan	10013	10830	408694	9902
彭州市	Pengzhou	35178	36012	683622	17374
邛崃市	Qionglai	22360	19954	553315	15024
崇州市	Chongzhou	20814	20130	436519	11475
简阳市	Jianyang	86791	55073	856471	26257
自贡市	**Zigong**				
自流井区	Ziliujing	4485	4100	90359	2586
贡井区	Gongjing	17519	12770	280787	10418
大安区	Daan	18809	16306	256968	8720
沿滩区	Yantan	21538	11490	279484	15840
荣县	Rongxian	58573	40340	867782	18100
富顺县	Fushun	58918	31850	793096	24429
攀枝花市	**Panzhihua**				
东区	Dongqu	130	330	25804	198
西区	Xiqu	525	600	28797	198
仁和区	Renhe	9854	9480	357287	8322
米易县	Miyi	20433	19090	404821	4252
盐边县	Yanbian	25070	14150	316726	7929
泸州市	**Luzhou**				
江阳区	Jiangyang	23097	11620	333841	11584
纳溪区	Naxi	30170	16080	334467	8432
龙马潭区	Longmatan	9683	8440	152028	4808
泸县	Luxian	72704	41700	733624	29353
合江县	Hejiang	55546	33640	519901	10384

注：①年末实有耕地面积指标，由四川省自然资源厅提供；成都高新区、天府新区数据未分拆至对应县区，分别为762.2公顷、1187.5公顷。②耕地灌溉面积由四川省水利厅提供，因两部门统计口径不同，部分县耕地灌溉面积大于年末实有耕地面积。

a) The year-end cultivated land area is provided by Bureau of Land and Resources of Sichuan Province; The data of Chengdu Hi tech Zone and Tianfu New Area are not divided into corresponding counties and districts, which are 762.2 hectares and 1187.5 hectares respectively. b) The irrigated land area is provided by Si-chuan Provincial Water Resources Department. Due to the two sector statistics caliber is different, the irrigated land area of some counties is greater than the year-end cultivated land area.

12-7 续表 1 continued

县(市、区)	Counties (City,Districts)	2021年末实有耕地面积(公顷) Cultivated Land Area (year-end 2021) (hectare)	耕地灌溉面积(公顷) Irrigated Area of Cultivated Land (hectare)	农林牧渔业增加值(万元) Gross Output Value of Farming, Forestry, Animal Husbandry and Fishery (10 000 yuan)	农用化肥施用量(折纯量)(吨) Consumption of Chemical Fertilizers (ton)
叙永县	Xuyong	60369	24790	385604	16204
古蔺县	Gulin	71656	26420	374286	12630
德阳市	**Deyang**				
旌阳区	Jingyang	27085	23380	477562	15309
罗江区	Luojiang	18958	13340	280679	14824
中江县	Zhongjiang	94718	55340	1026950	63979
广汉市	Guanghan	28418	25170	480082	24262
什邡市	Shifang	20641	19260	428481	21910
绵竹市	Mianzhu	30551	23430	414756	22523
绵阳市	**Mianyang**				
涪城区	Fucheng	11738	11030	326008	12457
游仙区	Youxian	33349	24630	422176	18264
安州区	Anzhou	30664	24490	371688	14877
三台县	Santai	102646	72930	1064932	43121
盐亭县	Yanting	53192	23700	476344	38350
梓潼县	Zitong	46030	22790	390354	16018
北川县	Beichuan	7364	2300	156227	6269
平武县	Pingwu	15049	2870	122803	6116
江油市	Jiangyou	54961	37300	641330	25435
广元市	**Guangyuan**				
利州区	Lizhou	16432	5723	205118	6000
昭化区	Zhaohua	30355	11850	230792	11802
朝天区	Chaotian	22806	4756	169111	6459
旺苍县	Wangcang	36261	9390	331258	9716
青川县	Qingchuan	19947	5800	148601	3483
剑阁县	Jiange	84900	35580	520060	27406
苍溪县	Cangxi	63484	25220	594436	22600
遂宁市	**Suining**				
船山区	Chuanshan	18672	12969	252717	9454
安居区	Anju	55316	40600	491033	28636
蓬溪县	Pengxi	43556	24740	355445	33184
大英县	Daying	29671	22220	337289	19658
射洪市	Shehong	53391	34130	854123	25905
内江市	**Neijiang**				
内江市市中区	Neijiang Downtown	15907	12000	369374	5681
东兴区	Dongxing	50841	21153	593710	25731
威远县	Weiyuan	43755	32600	566604	14810
资中县	Zizhong	74432	40580	940925	36388
隆昌市	Longchang	39026	29160	529456	9025
乐山市	**Leshan**				
乐山市市中区	Leshan Downtown	16804	15290	408457	7393
沙湾区	Shawan	8104	5200	194133	4163

12−7 续表 2 continued

县(市、区)	Counties (City,Districts)	2021年末实有耕地面积(公顷) Cultivated Land Area (year-end 2021) (hectare)	耕地灌溉面积(公顷) Irrigated Area of Cultivated Land (hectare)	农林牧渔业增加值(万元) Gross Output Value of Farming, Forestry, Animal Husbandry and Fishery (10 000 yuan)	农用化肥施用量(折纯量)(吨) Consumption of Chemical Fertilizers (ton)
五通桥区	Wutongqiao	11675	10490	290298	4502
金口河区	Jinkouhe	2508	930	50471	320
犍为县	Qianwei	35741	23080	514661	10724
井研县	Jingyan	23272	33190	390567	13045
夹江县	Jiajiang	14367	18800	392976	15148
沐川县	Muchuan	9514	9610	224921	6597
峨边县	Ebian	7197	3770	97566	1882
马边县	Mabian	15732	5430	135358	6923
峨眉山市	Emeishan	16092	18860	354732	6090
南充市	**Nanchong**				
顺庆区	Shunqing	18318	11356	333192	12527
高坪区	Gaoping	30449	15800	450907	13835
嘉陵区	Jialing	44797	28200	507938	24678
南部县	Nanbu	82392	47570	932013	16517
营山县	Yingshan	56541	19340	536481	29639
蓬安县	Pengan	49085	23170	507706	29180
仪陇县	Yilong	61757	50290	690152	24737
西充县	Xichong	37495	29340	503085	11562
阆中市	Langzhong	67281	25350	648297	27500
眉山市	**Meishan**				
东坡区	Dongpo	28334	47880	678343	30834
彭山区	Pengshan	8503	18940	200650	10256
仁寿县	Renshou	80458	73330	1068183	52508
洪雅县	Hongya	13301	15080	241324	6965
丹棱县	Danling	3905	9390	159997	3645
青神县	Qingshen	8217	7430	135785	3053
宜宾市	**Yibin**				
翠屏区	Cuiping	53027	24740	509886	11321
南溪区	Nanxi	25187	16090	392313	5735
叙州区	Xuzhou	76645	29740	639465	15653
江安县	Jiangan	34296	19460	418724	4666
长宁县	Changning	23785	20480	403835	4545
高县	Gaoxian	39418	26210	366843	7880
珙县	Gongxian	27374	14100	330690	6890
筠连县	Junlian	25928	19550	356882	4102
兴文县	Xingwen	32666	16850	345686	4925
屏山县	Pingshan	18849	16680	281125	5990
广安市	**Guangan**				
广安区	Guanganqu	43540	24190	427413	20789
前锋区	Qianfeng	15368	7533	194425	10221
岳池县	Yuechi	70080	28380	629582	17411
武胜县	Wusheng	41499	27547	539838	12814

12-7 续表 3 continued

县(市、区)	Counties (City,Districts)	2021年末实有耕地面积(公顷) Cultivated Land Area (year-end 2021) (hectare)	耕地灌溉面积(公顷) Irrigated Area of Cultivated Land (hectare)	农林牧渔业增加值(万元) Gross Output Value of Farming, Forestry, Animal Husbandry and Fishery (10 000 yuan)	农用化肥施用量(折纯量)(吨) Consumption of Chemical Fertilizers (ton)
邻水县	Linshui	61131	22370	572892	22311
华蓥市	Huaying	10612	6040	169201	8019
达州市	**Dazhou**				
通川区	Tongchuan	23256	12950	297563	5700
达川区	Dachuan	80866	26710	543195	22944
宣汉县	Xuanhan	87840	46964	1067484	37855
开江县	Kaijiang	33384	23080	438997	15991
大竹县	Dazhu	78175	31270	754583	40375
渠县	Quxian	83943	42890	923905	33122
万源市	Wanyuan	42045	20273	433767	22169
雅安市	**Yaan**				
雨城区	Yucheng	5926	6640	357843	3594
名山区	Mingshan	5206	12450	338198	9117
荥经县	Yingjing	2594	4500	159362	3740
汉源县	Hanyuan	10914	14100	305874	13017
石棉县	Shimian	1445	3950	186789	1955
天全县	Tianquan	7518	7520	154604	4950
芦山县	Lushan	3987	4220	139976	4474
宝兴县	Baoxing	2465	550	80066	2340
巴中市	**Bazhong**				
巴州区	Bazhou	44251	14410	416771	22598
恩阳区	Enyang	40694	15510	288470	11553
通江县	Tongjiang	67069	20330	416979	22045
南江县	Nanjiang	52716	15570	378685	22189
平昌县	Pingchang	55988	30310	466240	27120
资阳市	**Ziyang**				
雁江区	Yanjiang	74015	43473	664102	19481
安岳县	Anyue	94214	46020	957180	25404
乐至县	Lezhi	65418	26180	445275	14990
阿坝州	**Aba**				
马尔康市	Maerkang	6041	1510	49727	137
汶川县	Wenchuan	1431	1570	137608	1557
理县	Lixian	1836	2250	44357	555
茂县	Maoxian	3928	6630	115263	2214
松潘县	Songpan	10693	890	67622	972
九寨沟县	Jiuzhaigou	5373	1300	34149	970
金川县	Jinchuan	5431	4072	51585	1632
小金县	Xiaojin	8477	4540	52827	789
黑水县	Heishui	6257	2230	55421	463
壤塘县	Rangtang	3099	490	44589	129

12−7 续表 4 continued

县(市、区)	Counties (City,Districts)	2021年末实有耕地面积(公顷) Cultivated Land Area (year-end 2021) (hectare)	耕地灌溉面积(公顷) Irrigated Area of Cultivated Land (hectare)	农林牧渔业增加值(万元) Gross Output Value of Farming, Forestry, Animal Husbandry and Fishery (10 000 yuan)	农用化肥施用量(折纯量)(吨) Consumption of Chemical Fertilizers (ton)
阿坝县	Abaxian	9019	4530	70950	46
若尔盖县	Ruoergai	4006	1210	147626	30
红原县	Hongyuan	177	128	85881	62
甘孜州	**Ganzi**				
康定市	Kangding	7289	1440	65351	162
泸定县	Luding	4001	4470	57918	626
丹巴县	Danba	4385	3690	47232	278
九龙县	Jiulong	3678	2400	42604	393
雅江县	Yajiang	3074	1030	33924	35
道孚县	Daofu	7277	3810	29317	203
炉霍县	Luhuo	6161	1000	33926	27
甘孜县	Ganzixian	11822	3110	60410	141
新龙县	Xinlong	3766	2430	32745	40
德格县	Dege	4870	2760	64669	103
白玉县	Baiyu	5756	1280	43250	30
石渠县	Shiqu	4166	2820	65420	48
色达县	Seda	1129	900	59031	28
理塘县	Litang	4891	1120	90160	34
巴塘县	Batang	4553	4210	51088	193
乡城县	Xiangcheng	2870	2380	30800	189
稻城县	Daocheng	3974	2560	25166	28
得荣县	Derong	3266	1360	19418	233
凉山州	**Liangshan**				
西昌市	Xichang	46725	44610	634005	10446
会理市	Huili	65796	24320	719143	16163
木里县	Muli	17915	4150	125992	1101
盐源县	Yanyuan	52125	19600	630683	7949
德昌县	Dechang	17126	12760	247870	8200
会东县	Huidong	57870	18220	620729	20849
宁南县	Ningnan	23354	13850	308159	7019
普格县	Puge	31770	5210	102057	4029
布拖县	Butuo	28831	2120	144155	1823
金阳县	Jinyang	16518	2850	123603	2393
昭觉县	Zhaojue	44471	4110	159622	3929
喜德县	Xide	29642	3200	104779	2668
冕宁县	Mianning	34606	20950	370669	9370
越西县	Yuexi	27675	7330	181982	7641
甘洛县	Ganluo	19682	5090	106434	9966
美姑县	Meigu	34327	1950	109562	5057
雷波县	Leibo	20199	4130	150757	2550

12-7 续表 5 continued

县(市、区)	Counties (City,Districts)	粮食 播种面积(公顷) Total Sown Area (hectares)	粮食 产量(吨) Output of Grain (ton)	油料产量(吨) Yield of Oil Bearing Crops (ton)	#花生 Peanut	#油菜籽 Rapeseeds	蔬菜及食用菌产量(吨) Output of Vegetables and Edible Fungus (ton)
成都市	**Chengdu**						
锦江区	Jinjiang						100
青羊区	Qingyang			14		14	1000
金牛区	Jinniu			14		14	4100
武侯区	Wuhou						500
成华区	Chenghua						1300
龙泉驿区	Longquanyi	3048	14821	3069	248	2821	151400
青白江区	Qingbaijiang	11365	64445	12287	2214	10073	235500
新都区	Xindu	19860	139513	15515	479	15036	358300
温江区	Wenjiang	1384	10399	485		485	58800
双流区	Shuangliu	17768	112697	21780	3588	18192	467100
郫都区	Pidu	8046	51475	8396	47	8349	723200
新津区	Xinjin	9133	63516	9473	409	9064	226500
金堂县	Jintang	49685	256509	68203	20119	48083	989200
大邑县	Dayi	26558	165527	8823	41	8782	236500
蒲江县	Pujiang	9127	47902	9501	197	9304	214100
都江堰市	Dujiangyan	14982	108546	29298		29298	292900
彭州市	Pengzhou	37871	249099	14886	1420	13466	1247700
邛崃市	Qionglai	38446	242800	26307	250	26057	330800
崇州市	Chongzhou	32028	223806	27546		27546	358200
简阳市	Jianyang	109072	518817	84755	12002	72753	526300
自贡市	**Zigong**						
自流井区	Ziliujing	5983	30371	7692	638	7054	110195
贡井区	Gongjing	24097	117702	28457	6428	22029	379678
大安区	Daan	21773	110742	28713	8963	19690	308913
沿滩区	Yantan	27600	162166	25473	5840	19578	329113
荣县	Rongxian	71088	432693	40644	9992	30652	875080
富顺县	Fushun	89805	548836	58685	7031	51220	630798
攀枝花市	**Panzhihua**						
东区	Dongqu	154	895	43	43		8905
西区	Xiqu	404	2321	31	31		12085
仁和区	Renhe	8165	43657	1003	850	153	326573
米易县	Miyi	18176	115980	1047	153	894	528412
盐边县	Yanbian	19305	97390	1769	141	1628	164620
泸州市	**Luzhou**						
江阳区	Jiangyang	32720	202413	10306	1054	9232	541256
纳溪区	Naxi	46513	276783	10292	582	9640	272913
龙马潭区	Longmatan	11353	67728	2843	250	2585	141680
泸县	Luxian	86177	541251	56125	5122	50677	706006
合江县	Hejiang	82273	508595	10246	2143	8103	497489
叙永县	Xuyong	75666	357571	12184	2408	9744	391502
古蔺县	Gulin	74800	348003	27536	1360	26000	493291

12−7 续表 6 continued

县(市、区)	Counties (City,Districts)	粮食 播种面积(公顷) Total Sown Area (hectares)	粮食 产量(吨) Output of Grain (ton)	油料产量(吨) Yield of Oil Bearing Crops (ton)	#花生 Peanut	#油菜籽 Rapeseeds	蔬菜及食用菌产量(吨) Output of Vegetables and Edible Fungus (ton)
德阳市	**Deyang**						
旌阳区	Jingyang	35555	234245	36219	6029	30190	413647
罗江区	Luojiang	18707	134754	50724	2892	47832	172520
中江县	Zhongjiang	147363	803445	144545	33413	111132	498940
广汉市	Guanghan	44135	314267	32355	1963	30392	560262
什邡市	Shifang	26778	193018	11004	951	10053	610203
绵竹市	Mianzhu	45219	280790	19534	1149	18379	390610
绵阳市	**Mianyang**						
涪城区	Fucheng	14540	86348	23805	3610	20195	431505
游仙区	Youxian	40372	240138	53350	6670	46680	213513
安州区	Anzhou	39040	259657	56267	1876	54391	207765
三台县	Santai	122143	660955	175403	38059	137313	385881
盐亭县	Yanting	53705	293903	68103	17763	50299	160477
梓潼县	Zitong	51673	293230	74877	17582	57262	252395
北川县	Beichuan	19509	86395	9868	623	9245	84602
平武县	Pingwu	25751	101549	5535	427	5095	38904
江油市	Jiangyou	46468	286270	64311	5941	58370	435411
广元市	**Guangyuan**						
利州区	Lizhou	18987	79889	9923	3154	6769	434460
昭化区	Zhaohua	25692	125676	30102	1761	28341	425685
朝天区	Chaotian	29301	119069	11770	3457	8278	980152
旺苍县	Wangcang	45007	234237	22477	3750	18517	266092
青川县	Qingchuan	30905	126230	20113	2879	17234	147093
剑阁县	Jiange	91727	459417	116011	28198	87811	414653
苍溪县	Cangxi	81137	437327	78216	20420	57796	413683
遂宁市	**Suining**						
船山区	Chuanshan	24312	122907	33602	3476	30044	274551
安居区	Anju	78413	400922	49720	8805	40831	324574
蓬溪县	Pengxi	60739	325330	54453	12294	41955	320258
大英县	Daying	40589	207936	34548	2776	31719	135182
射洪市	Shehong	75913	389071	63491	15393	48098	241937
内江市	**Neijiang**						
内江市市中区	Neijiang Downtown	23319	115851	17388	4709	12679	265542
东兴区	Dongxing	69099	364569	45969	11773	34196	960153
威远县	Weiyuan	64150	334176	44254	6486	37768	1110441
资中县	Zizhong	109589	555533	54516	15836	38680	849957
隆昌市	Longchang	51768	324021	26597	3652	22945	519556
乐山市	**Leshan**						
乐山市市中区	Leshan Downtown	16523	106232	12065	2380	9685	334100
沙湾区	Shawan	10016	51067	2906	388	2518	90330
五通桥区	Wutongqiao	13116	79931	3924	675	3249	149810

12−7 续表 7 continued

县(市、区)	Counties (City,Districts)	粮食 播种面积(公顷) Total Sown Area (hectares)	粮食 产量(吨) Output of Grain (ton)	油料产量(吨) Yield of Oil Bearing Crops (ton)	#花生 Peanut	#油菜籽 Rapeseeds	蔬菜及食用菌产量(吨) Output of Vegetables and Edible Fungus (ton)
金口河区	Jinkouhe	5328	20350	256	139	117	12027
犍为县	Qianwei	44357	274086	19889	3987	15902	264164
井研县	Jingyan	44468	238499	25098	895	24203	122216
夹江县	Jiajiang	16899	111842	15634	733	14901	137698
沐川县	Muchuan	20794	100962	8502	940	7562	119593
峨边县	Ebian	12857	49926	3410	335	3075	34891
马边县	Mabian	23561	93679	3693	652	3041	24763
峨眉山市	Emeishan	18766	99434	13335	230	13105	213751
南充市	**Nanchong**						
顺庆区	Shunqing	26732	146366	20518	6963	13555	358508
高坪区	Gaoping	37423	208131	30314	6552	23762	527280
嘉陵区	Jialing	68120	353139	43871	13000	30871	242186
南部县	Nanbu	100014	522143	99558	33115	66443	799923
营山县	Yingshan	70073	395706	60903	17335	43355	424210
蓬安县	Pengan	55034	307395	58490	16236	42160	400918
仪陇县	Yilong	77222	430808	84455	17754	66375	460063
西充县	Xichong	56859	316001	49650	9192	40242	549866
阆中市	Langzhong	86228	444081	58879	12786	46003	536916
眉山市	**Meishan**						
东坡区	Dongpo	39027	298750	43978	2705	41228	733192
彭山区	Pengshan	12923	95540	11622	651	10971	48123
仁寿县	Renshou	118054	640470	55351	5863	49387	516858
洪雅县	Hongya	14755	102226	12139	94	12029	81134
丹棱县	Danling	8004	53530	8259	263	7983	30633
青神县	Qingshen	9529	63787	7894	996	6898	77333
宜宾市	**Yibin**						
翠屏区	Cuiping	54047	337767	26393	14205	12108	451448
南溪区	Nanxi	28932	188690	16242	4480	10892	727501
叙州区	Xuzhou	101807	555573	60994	26670	34324	246980
江安县	Jiangan	41513	268068	19748	1973	17239	336589
长宁县	Changning	33722	208008	22838	3285	19506	190251
高县	Gaoxian	46353	258828	17317	7486	9831	215231
珙县	Gongxian	36390	188098	15692	6570	9018	331324
筠连县	Junlian	35349	175627	6592	1589	4963	153659
兴文县	Xingwen	40911	241303	11775	3229	8432	483592
屏山县	Pingshan	17449	92272	11782	1091	10650	108597
广安市	**Guangan**						
广安区	Guanganqu	55565	327228	28870	5695	23170	476787
前锋区	Qianfeng	16774	107333	12298	2157	9851	278588
岳池县	Yuechi	74512	482749	32500	5220	27197	844567
武胜县	Wusheng	52070	323368	22918	4033	18562	402358

12−7 续表 8 continued

县(市、区)	Counties (City,Districts)	粮食 播种面积(公顷) Total Sown Area (hectares)	粮食 产量(吨) Output of Grain (ton)	油料产量(吨) Yield of Oil Bearing Crops (ton)	#花生 Peanut	#油菜籽 Rapeseeds	蔬菜及食用菌产量(吨) Output of Vegetables and Edible Fungus (ton)
邻水县	Linshui	78762	454098	34566	11040	23142	663113
华蓥市	Huaying	18260	102402	4111	613	3402	158726
达州市	**Dazhou**						
通川区	Tongchuan	32531	183028	22776	2927	19550	345150
达川区	Dachuan	90963	536828	75084	4701	70378	532461
宣汉县	Xuanhan	100579	591075	105950	9912	93752	547054
开江县	Kaijiang	53697	302386	51860	9808	42052	433799
大竹县	Dazhu	114632	608479	57242	8434	48808	585034
渠县	Quxian	121506	651754	86747	29969	56763	653973
万源市	Wanyuan	62231	322032	37784	7301	29850	176992
雅安市	**Yaan**						
雨城区	Yucheng	9966	49134	1889		1889	243556
名山区	Mingshan	11059	68164	3838		3838	58598
荥经县	Yingjing	6310	36594	2888	93	2794	45780
汉源县	Hanyuan	20152	93091	701	207	483	230094
石棉县	Shimian	4749	21564	1208	279	929	72750
天全县	Tianquan	8268	44739	2338		2338	68915
芦山县	Lushan	5038	26640	1902	152	1750	53784
宝兴县	Baoxing	5626	23674	268		268	21847
巴中市	**Bazhong**						
巴州区	Bazhou	61473	337136	30743	4412	26317	344138
恩阳区	Enyang	61680	339829	35544	6651	28813	454263
通江县	Tongjiang	82904	461977	47158	4256	42768	316194
南江县	Nanjiang	70807	390415	40979	2514	38154	357101
平昌县	Pingchang	69680	389624	71471	5737	65520	307728
资阳市	**Ziyang**						
雁江区	Yanjiang	108780	501355	91351	17951	73400	643602
安岳县	Anyue	144493	720798	121282	16624	104658	896080
乐至县	Lezhi	84533	397605	86541	12536	74005	261050
阿坝州	**Aba**						
马尔康市	Maerkang	3958	9648	6		6	33705
汶川县	Wenchuan	3143	11302	511		510	44796
理县	Lixian	1640	7416	7		7	101436
茂县	Maoxian	7030	27023	711		711	250100
松潘县	Songpan	4187	13493	448		448	90130
九寨沟县	Jiuzhaigou	2984	10934	242		241	17321
金川县	Jinchuan	5884	22610	412		412	44517
小金县	Xiaojin	6354	21405	983		983	77266
黑水县	Heishui	6133	17695				44913
壤塘县	Rangtang	1974	4207	370		370	3919

12－7 续表 9 continued

县(市、区)	Counties (City,Districts)	粮食		油料产量(吨) Yield of Oil Bearing Crops (ton)	#花生 Peanut	#油菜籽 Rapeseeds	蔬菜及食用菌产量(吨) Output of Vegetables and Edible Fungus (ton)
		播种面积(公顷) Total Sown Area (hectares)	产量(吨) Output of Grain (ton)				
阿坝县	Abaxian	4673	10843	1360		1360	9556
若尔盖县	Ruoergai	2176	6418	1025		1025	10400
红原县	Hongyuan						11148
甘孜州	**Ganzi**						
康定市	Kangding	5109	16708	73		68	35581
泸定县	Luding	3671	11341	1831	63	1757	106314
丹巴县	Danba	2960	10281	1104		1104	24880
九龙县	Jiulong	4414	20452	358		358	45799
雅江县	Yajiang	2635	9970	99		99	22150
道孚县	Daofu	5020	14254	2570		2570	16610
炉霍县	Luhuo	3680	10353	3605		3605	12120
甘孜县	Ganzixian	11200	35516	2501		2501	28002
新龙县	Xinlong	3323	10240	1000		1000	10860
德格县	Dege	3594	10439				14002
白玉县	Baiyu	3428	10653	702		702	7430
石渠县	Shiqu	2654	7171	527		527	4743
色达县	Seda	880	2367	50		50	2200
理塘县	Litang	3528	13245	1400		1400	67603
巴塘县	Batang	4097	15657	452		452	10377
乡城县	Xiangcheng	2600	9664	400		400	18643
稻城县	Daocheng	2789	9558	1117	17	1100	6335
得荣县	Derong	3414	13173	362	62	300	10543
凉山州	**Liangshan**						
西昌市	Xichang	42347	242713	2266	275	1981	628849
会理市	Huili	68718	346631	2858	695	2080	521969
木里县	Muli	17737	71254	180		180	49896
盐源县	Yanyuan	50946	234198	646	72	139	188811
德昌县	Dechang	18649	102745	808	85	723	298533
会东县	Huidong	56740	255834	13992	1700	11800	610400
宁南县	Ningnan	25111	105231	1095	1004	91	465792
普格县	Puge	18536	79829	259	18	241	45849
布拖县	Butuo	26571	106968	118	118		28248
金阳县	Jinyang	16424	71378	224	224		71066
昭觉县	Zhaojue	27386	112591	250		250	57789
喜德县	Xide	20367	81348	237		237	24265
冕宁县	Mianning	44633	222365	3494	149	3258	431986
越西县	Yuexi	32236	136408	5230		5163	121355
甘洛县	Ganluo	25484	112132	1367	43	1307	68309
美姑县	Meigu	25466	98375	30	9	21	25112
雷波县	Leibo	20201	91995	1544	333	1210	72932

12-7 续表 10 continued

县(市、区)	Counties (City,Districts)	茶叶产量 (吨) Yield of Tea (ton)	水果产量 (吨) Output of Fruits (ton)	肉猪出栏头数 (头) Slaughtered Fattened Hogs (head)	猪年末存栏头数 (头) Hogs at the Year-end (head)	肉牛出栏头数 (头) Slaughtered Fattened Cattle and Buffaloes (head)	羊出栏只数 (只) Slaughtered Fattened Sheep and Goats (head)	家禽出栏只数 (只) Slaughtered Poultry (head)
成都市	**Chengdu**							
锦江区	Jinjiang		28					
青羊区	Qingyang							
金牛区	Jinniu							
武侯区	Wuhou							
成华区	Chenghua							
龙泉驿区	Longquanyi		144142	10632	5477	7	1528	195554
青白江区	Qingbaijiang		43726	25038	21220	818	5432	633890
新都区	Xindu		34468	26480	10014	1105	2174	3799104
温江区	Wenjiang		523	4388	2091	31	389	96529
双流区	Shuangliu		213221	32474	28766	180	7986	1900922
郫都区	Pidu		4768	5261	1724			111277
新津区	Xinjin		43238	152490	73075	370	4275	7036356
金堂县	Jintang		280503	563499	367419	14987	215315	9161469
大邑县	Dayi	152	42656	481309	338488	2768	20826	8870631
蒲江县	Pujiang	9094	445574	390200	263415	380	4961	3777724
都江堰市	Dujiangyan	2300	52204	258586	115218	2891	2785	6702313
彭州市	Pengzhou	21	46561	396511	257885	4888	7928	6833183
邛崃市	Qionglai	11079	186941	740000	462288	3235	29804	7870000
崇州市	Chongzhou	393	28127	465000	315488	6180	10132	7224367
简阳市	Jianyang		203315	735542	477700	1542	417138	7385650
自贡市	**Zigong**							
自流井区	Ziliujing		12584	59093	33050	661	10267	1066337
贡井区	Gongjing		45217	184273	97900	894	67380	3305459
大安区	Daan		14854	163848	78022	8182	78076	11920796
沿滩区	Yantan		49869	166743	78083	869	50051	2921120
荣县	Rongxian	16411	234092	689506	426703	7181	339477	7044929
富顺县	Fushun	66	153169	631906	405800	10928	458671	8797304
攀枝花市	**Panzhihua**							
东区	Dongqu		22704	14246	5897	157	2799	889138
西区	Xiqu		8541	14150	7975	262	4679	610425
仁和区	Renhe	2	227743	175933	107053	9269	137112	1532079
米易县	Miyi		196098	166000	125670	16158	151784	633159
盐边县	Yanbian	101	179907	243958	173305	11127	222489	981928
泸州市	**Luzhou**							
江阳区	Jiangyang		28104	274180	171000	960	37448	2730320
纳溪区	Naxi	16228	35149	556634	353300	1391	29684	4483734
龙马潭区	Longmatan		11617	104100	64788	493	17342	4845886
泸县	Luxian	1364	96934	1021097	629000	2904	86030	16205440
合江县	Hejiang	778	85130	817235	527000	4126	190474	9398843
叙永县	Xuyong	1549	45063	715751	438000	30702	38728	1759460
古蔺县	Gulin	1533	22675	664600	408440	38869	150953	1251696

12－7 续表 11 continued

县(市、区)	Counties (City,Districts)	茶叶产量(吨) Yield of Tea (ton)	水果产量(吨) Output of Fruits (ton)	肉猪出栏头数(头) Slaughtered Fattened Hogs (head)	猪年末存栏头数(头) Hogs at the Year-end (head)	肉牛出栏头数(头) Slaughtered Fattened Cattle and Buffaloes (head)	羊出栏只数(只) Slaughtered Fattened Sheep and Goats (head)	家禽出栏只数(只) Slaughtered Poultry (head)
德阳市	**Deyang**							
旌阳区	Jingyang		31606	357456	216020	7750	11668	19890163
罗江区	Luojiang		68477	398456	243136	3379	8068	5588545
中江县	Zhongjiang		64269	1160142	632449	37871	180014	22132901
广汉市	Guanghan		44397	228652	129630	12839	7642	11490864
什邡市	Shifang	68	20553	223555	123349	3212	20095	5129200
绵竹市	Mianzhu	310	46762	445449	256567	4967	7076	5899600
绵阳市	**Mianyang**							
涪城区	Fucheng		23938	100866	61369	2717	3310	7826008
游仙区	Youxian		28504	199422	130041	7687	29888	7593616
安州区	Anzhou	500	31999	180052	133001	6970	15131	10389575
三台县	Santai		92933	1166500	721697	36393	132079	16018868
盐亭县	Yanting		52559	570048	403200	23690	284495	9529983
梓潼县	Zitong		101920	592414	398961	16452	248691	8388257
北川县	Beichuan	882	5754	218563	151425	7555	134151	1609134
平武县	Pingwu	2320	3152	120038	83108	8663	46926	842387
江油市	Jiangyou	46	113964	630673	414712	15033	69004	12708848
广元市	**Guangyuan**							
利州区	Lizhou	5	28482	205062	151347	10413	42596	2853108
昭化区	Zhaohua		22216	629614	415100	9999	74229	4350768
朝天区	Chaotian		7487	190034	128300	10230	88735	3591996
旺苍县	Wangcang	7710	33240	571654	385489	16567	126931	3921837
青川县	Qingchuan	9100	18478	190003	122700	14252	93698	3621183
剑阁县	Jiange	8	81398	993080	616729	19158	190036	11242311
苍溪县	Cangxi		272966	1059845	695000	25924	108919	8381715
遂宁市	**Suining**							
船山区	Chuanshan	6	27432	575446	379355	4119	49547	2617203
安居区	Anju		33216	927133	489242	3725	47516	5004818
蓬溪县	Pengxi	37	44854	711482	458309	9139	147043	4248546
大英县	Daying		19092	575795	344485	3916	43352	4298831
射洪市	Shehong		20048	943735	523131	16982	116227	10098297
内江市	**Neijiang**							
内江市市中区	Neijiang Downtown		15616	263932	136191	1661	19961	2229403
东兴区	Dongxing		58647	630518	328841	6505	129691	7552625
威远县	Weiyuan	2665	97353	523002	294039	3010	238532	5267224
资中县	Zizhong	150	338221	759346	454973	10192	195845	8759308
隆昌市	Longchang	410	59278	428373	272763	1489	33661	10224950
乐山市	**Leshan**							
乐山市市中区	Leshan Downtown	656	29010	329302	190853	1630	9354	8100173
沙湾区	Shawan	278	7109	114247	80312	1312	8173	2754177
五通桥区	Wutongqiao	1860	37165	143793	103399	1162	6902	4453879

12−7 续表 12 continued

县(市、区)	Counties (City,Districts)	茶叶产量 (吨) Yield of Tea (ton)	水果产量 (吨) Output of Fruits (ton)	肉猪出栏头数 (头) Slaughtered Fattened Hogs (head)	猪年末存栏头数 (头) Hogs at the Year-end (head)	肉牛出栏头数 (头) Slaughtered Fattened Cattle and Buffaloes (head)	羊出栏只数 (只) Slaughtered Fattened Sheep and Goats (head)	家禽出栏只数 (只) Slaughtered Poultry (head)
金口河区	Jinkouhe	135	1226	40916	30427	1489	5798	191119
犍为县	Qianwei	7805	71428	560502	334591	8067	60002	10553254
井研县	Jingyan	236	35392	672261	412475	891	64793	5650507
夹江县	Jiajiang	10941	13169	208620	152720	1912	3001	5797987
沐川县	Muchuan	8025	18205	202402	151227	1108	39113	1486839
峨边县	Ebian	325	855	163368	116261	8055	25415	1083986
马边县	Mabian	10945	5628	142108	113978	6563	119325	663452
峨眉山市	Emeishan	11060	34888	180556	120575	2772	12731	3877639
南充市	**Nanchong**							
顺庆区	Shunqing		23244	273708	113900	6814	162206	6165453
高坪区	Gaoping		171776	574975	391262	4238	127965	7077125
嘉陵区	Jialing	165	57284	654105	433216	7516	313049	7684947
南部县	Nanbu		151363	873368	561325	15866	296135	11248044
营山县	Yingshan	15	51049	792693	542616	23931	396262	9476612
蓬安县	Pengan		133038	602003	425900	13694	183673	6773990
仪陇县	Yilong		37602	845528	613692	37982	228221	10533931
西充县	Xichong		84286	678495	442824	6752	103705	6644101
阆中市	Langzhong	10	117257	781448	514302	24464	192001	8468723
眉山市	**Meishan**							
东坡区	Dongpo	659	230364	521130	366665	2656	43816	12641184
彭山区	Pengshan	21	86096	130935	94201	1021	21784	3600219
仁寿县	Renshou	18	774429	1057477	672225	6540	307180	13855314
洪雅县	Hongya	20271	9430	186043	118495	12201	39020	3309345
丹棱县	Danling	3585	228655	162043	109012	646	18555	2253381
青神县	Qingshen	742	88715	168702	104691	4389	11980	3758267
宜宾市	**Yibin**							
翠屏区	Cuiping	7900	111627	509516	329621	6388	26665	4349423
南溪区	Nanxi	295	115679	400000	240200	3375	54795	7608640
叙州区	Xuzhou	8700	97146	833675	530083	7592	74141	8599013
江安县	Jiangan	1654	246380	560815	341571	3780	64253	5567959
长宁县	Changning	2220	95164	502813	339551	7084	12195	6798677
高县	Gaoxian	21780	17467	480000	298253	12982	31325	4845696
珙县	Gongxian	10724	8372	525981	337413	16217	12531	2369111
筠连县	Junlian	20219	28669	498570	346467	62152	9661	2736149
兴文县	Xingwen	1410	11774	550000	365980	27246	17997	5099953
屏山县	Pingshan	22300	172820	290807	147789	5024	171688	1554248
广安市	**Guangan**							
广安区	Guanganqu		17393	774491	522626	4398	37056	6308696
前锋区	Qianfeng	55	9372	171180	106018	1792	49953	1949196
岳池县	Yuechi		83391	854101	543831	5584	29692	8659652
武胜县	Wusheng	17	39368	910551	548785	5032	51334	7801714

12−7 续表 13 continued

县(市、区)	Counties (City,Districts)	茶叶产量 (吨) Yield of Tea (ton)	水果产量 (吨) Output of Fruits (ton)	肉猪出栏头数 (头) Slaughtered Fattened Hogs (head)	猪年末存栏头数 (头) Hogs at the Year-end (head)	肉牛出栏头数 (头) Slaughtered Fattened Cattle and Buffaloes (head)	羊出栏只数 (只) Slaughtered Fattened Sheep and Goats (head)	家禽出栏只数 (只) Slaughtered Poultry (head)
邻水县	Linshui	390	149485	840215	545646	8633	61378	7766209
华蓥市	Huaying	118	20455	231103	156157	2067	26868	2218096
达州市	**Dazhou**							
通川区	Tongchuan	82	74423	355286	248572	19226	57851	3842361
达川区	Dachuan	245	73790	834510	496510	67663	180369	12506936
宣汉县	Xuanhan	5022	108673	808887	495214	107301	276759	9539352
开江县	Kaijiang	433	28887	390326	256395	14663	130440	12324651
大竹县	Dazhu	586	57008	789996	489115	46782	267028	17181606
渠县	Quxian	290	238216	950696	501627	59169	201618	16575430
万源市	Wanyuan	6958	13365	387420	259198	45640	161669	4796371
雅安市	**Yaan**							
雨城区	Yucheng	36737	14565	199880	114277	4951	39485	1903047
名山区	Mingshan	56814	7637	582911	424000	734	29099	1788948
荥经县	Yingjing	4201	4981	69930	53925	5699	15521	333134
汉源县	Hanyuan	25	487974	199050	130663	15388	60480	505760
石棉县	Shimian	57	118217	71680	49764	8741	42132	484532
天全县	Tianquan	4129	3674	100010	74990	3559	11576	1347156
芦山县	Lushan	1230	2008	85030	61226	2769	6956	1020319
宝兴县	Baoxing	815	1469	53500	36528	15538	23571	67731
巴中市	**Bazhong**							
巴州区	Bazhou	93	27357	561200	365212	23630	61270	2011209
恩阳区	Enyang	68	45479	525000	337008	21941	51065	2023259
通江县	Tongjiang	1791	24663	822000	489588	53012	168018	2502802
南江县	Nanjiang	3050	34133	714811	449839	40484	467574	2802366
平昌县	Pingchang	8575	17412	840000	489916	56237	51271	2889218
资阳市	**Ziyang**							
雁江区	Yanjiang		323150	919829	629300	2939	341648	8270916
安岳县	Anyue		563168	1144000	702657	14701	339635	10720848
乐至县	Lezhi	2	49331	800895	497587	2036	633040	5438492
阿坝州	**Aba**							
马尔康市	Maerkang		790	18040	29370	36683	3233	66003
汶川县	Wenchuan	37	97797	100103	71902	4030	7327	124628
理县	Lixian		12413	23000	22828	9483	6094	66577
茂县	Maoxian		119573	67022	33576	5658	13473	66628
松潘县	Songpan		2286	18214	31428	44632	36843	41405
九寨沟县	Jiuzhaigou		6403	27091	29293	17096	7078	70935
金川县	Jinchuan		20406	44472	49270	13318	9246	128612
小金县	Xiaojin		50253	26096	23938	18428	20766	21573
黑水县	Heishui		5007	64749	65258	11885	5737	149639
壤塘县	Rangtang					38260	21465	

12－7 续表 14 continued

县(市、区)	Counties (City,Districts)	茶叶产量 (吨) Yield of Tea (ton)	水果产量 (吨) Output of Fruits (ton)	肉猪出栏头数 (头) Slaughtered Fattened Hogs (head)	猪年末存栏头数 (头) Hogs at the Year-end (head)	肉牛出栏头数 (头) Slaughtered Fattened Cattle and Buffaloes (head)	羊出栏只数 (只) Slaughtered Fattened Sheep and Goats (head)	家禽出栏只数 (只) Slaughtered Poultry (head)
阿坝县	Abaxian			213	786	95976	20387	
若尔盖县	Ruoergai			18000	12351	156306	246553	
红原县	Hongyuan		1			114245	7798	
甘孜州	**Ganzi**							
康定市	Kangding		5408	22744	13131	30024	2113	27212
泸定县	Luding	2	4121	53483	41792	3462	10565	60381
丹巴县	Danba		1240	36144	27320	10630	16395	15360
九龙县	Jiulong	74	1933	38416	33363	14447	29504	58239
雅江县	Yajiang		433	7568	8760	14091	16163	1560
道孚县	Daofu		620	4019	2468	25054	6027	
炉霍县	Luhuo		70	1156	194	34813	16319	
甘孜县	Ganzixian			1038	92	38331	12038	
新龙县	Xinlong		230			27940	17975	
德格县	Dege			289	192	66529	32384	
白玉县	Baiyu		38	1102	587	29200	49303	
石渠县	Shiqu		16	1366	25	54310	21374	
色达县	Seda			197	199	69689	49922	
理塘县	Litang		150	1248	1126	53082	13304	2750
巴塘县	Batang		1616	10321	6388	26055	19335	9865
乡城县	Xiangcheng		4562	19560	13018	12281	1111	12175
稻城县	Daocheng		370	14973	21931	15953	1510	12817
得荣县	Derong		2500	15288	24065	8522	3607	31104
凉山州	**Liangshan**							
西昌市	Xichang		160194	341150	218600	21131	172631	4843042
会理市	Huili		857225	881999	581700	33947	497908	3061096
木里县	Muli		11925	121010	104128	46212	219583	404095
盐源县	Yanyuan		607168	393000	322335	36213	408911	3542220
德昌县	Dechang		185095	276082	155924	13373	140828	1167020
会东县	Huidong	10	243889	553441	419900	47591	701127	1436079
宁南县	Ningnan	38	24946	290935	163919	21908	166219	693305
普格县	Puge		4484	111057	68768	9856	139457	364411
布拖县	Butuo		373	167432	88770	19934	231407	366666
金阳县	Jinyang		5367	132261	78409	10799	157452	535585
昭觉县	Zhaojue		9770	202043	118260	28579	393899	459040
喜德县	Xide		13677	272433	179317	9544	138903	797630
冕宁县	Mianning		85394	400011	269000	27461	204165	1007835
越西县	Yuexi		31040	244615	103451	15791	177932	560967
甘洛县	Ganluo	7	7339	174814	94614	22114	163274	662029
美姑县	Meigu		7125	208026	138011	25093	253388	1068278
雷波县	Leibo	640	20712	155626	85902	7769	135969	442206

12-8 各县(市、区)规模以上工业经济情况(2022年)
Basic Statistics on Industrial Enterprises above Designated Size by Counties (City, Districts)(2022)

县(市、区)	Counties (City,Districts)	工业企业单位数 (个) Number of Industrial Enterprises (unit)	工业增加值增速 (%) Growth Rate of Industrial Value Added (%)	营业收入 (万元) Business Revenue (10 000 yuan)	利润总额 (万元) Total Profits (10 000 yuan)
成都市	**Chengdu**				
锦江区	Jinjiang	10	0.1	321794	46777
青羊区	Qingyang	30	7.7	7850437	428573
金牛区	Jinniu	58	3.7	1703547	184396
武侯区	Wuhou	239	9.8	24535168	2822409
成华区	Chenghua	45	13.2	10460887	1367378
龙泉驿区	Longquanyi	410	1.7	26231378	1911369
青白江区	Qingbaijiang	255	1.0	4905419	234748
新都区	Xindu	332	6.6	7110692	523487
温江区	Wenjiang	295	3.9	4710390	407008
双流区	Shuangliu	490	-1.5	17770082	55088
郫都区	Pidu	537	-0.5	44220749	2293158
新津区	Xinjin	208	5.8	5167755	206315
金堂县	Jintang	212	48.2	7239048	273092
大邑县	Dayi	194	5.1	3348293	110723
蒲江县	Pujiang	114	6.4	884651	26259
都江堰市	Dujiangyan	141	0.3	2166449	144943
彭州市	Pengzhou	237	8.7	10251728	446977
邛崃市	Qionglai	179	6.4	3469401	205444
崇州市	Chongzhou	267	5.5	6265536	285489
简阳市	Jianyang	138	0.0	1810402	76498
自贡市	**Zigong**				
自流井区	Ziliujing	40	3.3	1719393	68725
贡井区	Gongjing	97	-21.6	257089	9901
大安区	Daan	73	-10.4	744558	14243
沿滩区	Yantan	187	-8.4	1364362	107287
荣县	Rongxian	104	-15.2	500541	52102
富顺县	Fushun	110	-16.5	641285	74477
攀枝花市	**Panzhihua**				
东区	Dongqu	86	7.8	11727334	607085
西区	Xiqu	80	0.1	987964	93767
仁和区	Renhe	158	4.7	3274872	349321
米易县	Miyi	77	7.2	2117819	371136
盐边县	Yanbian	66	7.8	2082018	550822
泸州市	**Luzhou**				
江阳区	Jiangyang	196	5.6	5962860	1720941
纳溪区	Naxi	123	3.5	2916562	397835
龙马潭区	Longmatan	160	5.5	6375778	665818
泸县	Luxian	164	7.2	2269544	271447
合江县	Hejiang	103	7.8	2439105	304964
叙永县	Xuyong	60	6.1	638954	63236

12-8 续表 1 continued

县(市、区)	Counties (City,Districts)	工业企业单位数 (个) Number of Industrial Enterprises (unit)	工业增加值增速 (%) Growth Rate of Industrial Value Added (%)	营业收入 (万元) Business Revenue (10 000 yuan)	利润总额 (万元) Total Profits (10 000 yuan)
古蔺县	Gulin	73	9.0	1919128	507496
德阳市	**Deyang**				
旌阳区	Jingyang	344	2.0	10507003	587365
罗江区	Luojiang	155	6.1	4170228	88559
中江县	Zhongjiang	143	3.0	3284355	392729
广汉市	Guanghan	395	1.4	9042815	720482
什邡市	Shifang	257	3.3	5087218	534197
绵竹市	Mianzhu	171	6.3	6380861	1065198
绵阳市	**Mianyang**				
涪城区	Fucheng	371	14.3	20390470	523818
游仙区	Youxian	180	4.5	3859886	266630
安州区	Anzhou	146	6.8	4100792	253579
三台县	Santai	135	10.3	2089167	189705
盐亭县	Yanting	39	10.3	337122	27138
梓潼县	Zitong	55	9.2	858309	46971
北川县	Beichuan	75	6.0	558265	41887
平武县	Pingwu	46	6.5	394405	26499
江油市	Jiangyou	248	18.1	6468423	308947
广元市	**Guangyuan**				
利州区	Lizhou	227	-6.3	4479318	309098
昭化区	Zhaohua	58	-13.6	383702	3960
朝天区	Chaotian	51	-3.1	499445	64800
旺苍县	Wangcang	78	-9.0	594462	12394
青川县	Qingchuan	49	1.7	310832	19224
剑阁县	Jiange	64	-46.3	282401	22896
苍溪县	Cangxi	64	-15.1	431722	90827
遂宁市	**Suining**				
船山区	Chuanshan	247	8.2	6407424	426450
安居区	Anju	71	14.3	3109884	392817
蓬溪县	Pengxi	87	8.0	1592069	154690
大英县	Daying	93	7.6	614359	23706
射洪市	Shehong	135	13.7	4968666	1291630
内江市	**Neijiang**				
内江市中区	Neijiang Downtown	134	-1.4	1842555	96162
东兴区	Dongxing	70	-1.4	571866	62914
威远县	Weiyuan	111	0.1	5882922	192418
资中县	Zizhong	89	0.4	1036821	115258
隆昌市	Longchang	137	-7.8	1858170	249802
乐山市	**Leshan**				
乐山市中区	Leshan Downtown	109	-46.1	1618904	77554
沙湾区	Shawan	55	3.0	2298850	142235

12−8 续表 2 continued

县(市、区)	Counties (City,Districts)	工业企业单位数 (个) Number of Industrial Enterprises (unit)	工业增加值增速 (%) Growth Rate of Industrial Value Added (%)	营业收入 (万元) Business Revenue (10 000 yuan)	利润总额 (万元) Total Profits (10 000 yuan)
五通桥区	Wutongqiao	73	85.9	10038254	4351000
金口河区	Jinkouhe	11	1.8	350899	28847
犍为县	Qianwei	74	-2.3	979881	58591
井研县	Jingyan	59	-35.7	437657	17462
夹江县	Jiajiang	135	-20.7	2248972	-18114
沐川县	Muchuan	25	-5.4	420844	29318
峨边县	Ebian	36	2.5	905994	47544
马边县	Mabian	26	5.0	446402	99448
峨眉山市	Emeishan	93	-30.5	3040156	375737
南充市	**Nanchong**				
顺庆区	Shunqing	98	-22.5	1951567	134374
高坪区	Gaoping	95	-3.8	1946194	177544
嘉陵区	Jialing	111	-8.0	1980609	33518
南部县	Nanbu	147	-8.0	2290480	211856
营山县	Yingshan	106	-2.6	1316008	59277
蓬安县	Pengan	71	-23.7	353838	22262
仪陇县	Yilong	73	-2.9	301628	23723
西充县	Xichong	101	-4.8	1199954	86681
阆中市	Langzhong	97	-4.0	1093094	118368
眉山市	**Meishan**				
东坡区	Dongpo	283	11.8	8843644	698415
彭山区	Pengshan	175	7.0	4086468	184107
仁寿县	Renshou	208	-0.7	3122243	165797
洪雅县	Hongya	57	5.0	545633	38798
丹棱县	Danling	61	8.0	680362	65865
青神县	Qingshen	57	3.2	738481	30090
宜宾市	**Yibin**				
翠屏区	Cuiping	214	20.2	29685221	4494642
南溪区	Nanxi	95	-6.7	972585	75017
叙州区	Xuzhou	104	-7.5	7327380	443996
江安县	Jiangan	78	9.8	2555719	1094273
长宁县	Changning	89	-15.3	435483	28236
高县	Gaoxian	71	-14.7	1083101	-6091
珙县	Gongxian	59	4.1	1606959	175284
筠连县	Junlian	68	26.5	640540	95522
兴文县	Xingwen	74	1.0	361924	38236
屏山县	Pingshan	69	19.1	884931	28482
广安市	**Guangan**				
广安区	Guanganqu	29	-12.2	183461	10886
前锋区	Qianfeng	154	0.6	3309754	335598
岳池县	Yuechi	88	-16.5	363443	35049

12-8 续表 3 continued

县(市、区)	Counties (City,Districts)	工业企业单位数 (个) Number of Industrial Enterprises (unit)	工业增加值增速 (%) Growth Rate of Industrial Value Added (%)	营业收入 (万元) Business Revenue (10 000 yuan)	利润总额 (万元) Total Profits (10 000 yuan)
武胜县	Wusheng	98	4.2	1175993	83315
邻水县	Linshui	134	-16.7	1669494	140003
华蓥市	Huaying	98	-16.7	1098077	106218
达州市	**Dazhou**				
通川区	Tongchuan	131	8.6	3564307	16713
达川区	Dachuan	221	9.7	2794101	162944
宣汉县	Xuanhan	141	12.4	3280525	723693
开江县	Kaijiang	105	7.2	1049588	117585
大竹县	Dazhu	199	3.0	2978796	181549
渠县	Quxian	208	7.2	3440587	248506
万源市	Wanyuan	75	6.8	330386	41137
雅安市	**Yaan**				
雨城区	Yucheng	46	22.2	1635759	348170
名山区	Mingshan	89	3.2	1667429	82739
荥经县	Yingjing	45	3.3	384922	12282
汉源县	Hanyuan	38	3.2	1302589	135614
石棉县	Shimian	54	3.7	1338641	205644
天全县	Tianquan	38	11.5	788740	56384
芦山县	Lushan	53	4.0	628182	70764
宝兴县	Baoxing	26	9.2	951876	84526
巴中市	**Bazhong**				
巴州区	Bazhou	101	-2.5	422553	18797
恩阳区	Enyang	41	-3.7	130162	5708
通江县	Tongjiang	48	-4.9	96558	5566
南江县	Nanjiang	64	-3.2	225906	29975
平昌县	Pingchang	80	-6.3	325357	59792
资阳市	**Ziyang**				
雁江区	Yanjiang	144	6.9	1779835	-76119
安岳县	Anyue	83	4.6	401134	43174
乐至县	Lezhi	79	4.5	242999	6315
阿坝州	**Aba**				
马尔康市	Maerkang	5	15.9	63099	14847
汶川县	Wenchuan	43	-3.1	1171653	128426
理县	Lixian	13	-4.6	163470	5137
茂县	Maoxian	24	-12.6	785836	50968
松潘县	Songpan	8	-4.5	39138	586
九寨沟县	Jiuzhaigou	5	1.4	55180	3865
金川县	Jinchuan	5	223.1	156316	83981
小金县	Xiaojin	10	-25.4	70205	1077
黑水县	Heishui	10	-3.0	94650	-113686
壤塘县	Rangtang				

12－8 续表 4 continued

县(市、区)	Counties (City,Districts)	工业企业单位数 (个) Number of Industrial Enterprises (unit)	工业增加值增速 (%) Growth Rate of Industrial Value Added (%)	营业收入 (万元) Business Revenue (10 000 yuan)	利润总额 (万元) Total Profits (10 000 yuan)
阿坝县	Abaxian	6	-23.0	29461	3944
若尔盖县	Ruoergai	5	-24.8	29314	4143
红原县	Hongyuan	12	-7.3	49197	1834
甘孜州	**Ganzi**				
康定市	Kangding	21	2.9	793394	205110
泸定县	Luding	9	1.0	108886	6329
丹巴县	Danba	8	4.2	95621	-79455
九龙县	Jiulong	13	19.4	203691	52215
雅江县	Yajiang				
道孚县	Daofu				
炉霍县	Luhuo				
甘孜县	Ganzixian	4	4.3	19487	3088
新龙县	Xinlong				
德格县	Dege				
白玉县	Baiyu				
石渠县	Shiqu				
色达县	Seda				
理塘县	Litang	4	-26.6	28707	-1606
巴塘县	Batang				
乡城县	Xiangcheng	8	1.3	78818	-15724
稻城县	Daocheng				
得荣县	Derong				
凉山州	**Liangshan**				
西昌市	Xichang	97	10.5	6687877	918648
会理市	Huili	47	9.0	1333835	77706
木里县	Muli	7	15.8	284262	44882
盐源县	Yanyuan	28	9.9	289712	35434
德昌县	Dechang	31	8.1	589719	52502
会东县	Huidong	26	30.9	325402	116019
宁南县	Ningnan	15	82.9	1074041	187844
普格县	Puge	6	36.3	144740	34331
布拖县	Butuo	6	5.7	41097	12409
金阳县	Jinyang	4	15.7	31466	3822
昭觉县	Zhaojue	6	9.2	110187	21832
喜德县	Xide	11	21.1	97051	10434
冕宁县	Mianning	28	7.8	718824	170610
越西县	Yuexi	9	15.5	102907	17143
甘洛县	Ganluo	17	31.8	251404	27227
美姑县	Meigu	7	25.8	126944	31716
雷波县	Leibo	13	10.7	431467	88814

12-9 各县(市、区)财政和贸易情况(2022年)
Basic Statistics on Finance and Trade by Counties (City, Districts)(2022)

县(市、区)	Counties (City,Districts)	地方一般公共预算收入（万元）Local General Public Budget Revenue (10 000 yuan)	一般公共预算支出（万元）General Public Budget Expenditure (10 000 yuan)	社会消费品零售总额（万元）Total Retail Sales of Consumer Goods (10 000 yuan)	出口总额（万美元）Total Exports (USD 10 000)
成都市	**Chengdu**				
锦江区	Jinjiang	942882	710964	13140779	140200
青羊区	Qingyang	1011438	727583	10261787	76099
金牛区	Jinniu	933113	844005	9715759	277068
武侯区	Wuhou	3704193	3807912	18866053	1368411
成华区	Chenghua	919655	873155	6045234	193318
龙泉驿区	Longquanyi	754225	1162827	2668765	263644
青白江区	Qingbaijiang	431023	802390	1578133	384822
新都区	Xindu	642586	932451	3474899	82601
温江区	Wenjiang	524433	781824	1739310	68009
双流区	Shuangliu	2059791	2752035	6878500	888937
郫都区	Pidu	541316	790552	3098954	3029668
新津区	Xinjin	343253	583883	1059973	47835
金堂县	Jintang	406489	690968	1388595	103081
大邑县	Dayi	181467	424268	932920	14124
蒲江县	Pujiang	138125	288472	460111	13124
都江堰市	Dujiangyan	314930	522997	1711034	19805
彭州市	Pengzhou	413179	661139	1275169	24666
邛崃市	Qionglai	310940	666326	1209971	24805
崇州市	Chongzhou	290574	523653	1363603	20011
简阳市	Jianyang	343337	1257401	4095245	30081
自贡市	**Zigong**				
自流井区	Ziliujing	93120	153228	1983614	12738
贡井区	Gongjing	33941	190250	948954	3678
大安区	Daan	44959	190425	763027	24509
沿滩区	Yantan	63232	198176	672640	9527
荣县	Rongxian	78019	349894	1148989	340
富顺县	Fushun	141565	526809	1604133	4332
攀枝花市	**Panzhihua**				
东区	Dongqu	87501	171400	1310438	22454
西区	Xiqu	27065	90201	240875	2
仁和区	Renhe	85203	196629	619584	11226
米易县	Miyi	134614	210536	525941	13311
盐边县	Yanbian	105131	205000	160478	6619
泸州市	**Luzhou**				
江阳区	Jiangyang	264875	521247	4846468	40354
纳溪区	Naxi	135646	327418	1124806	12376
龙马潭区	Longmatan	162419	353201	2196106	102585
泸县	Luxian	137450	574252	1637186	4986
合江县	Hejiang	118030	488818	1209380	2390
叙永县	Xuyong	110397	405001	637330	2719

12-9 续表 1 continued

县(市、区)	Counties (City,Districts)	地方一般公共预算收入（万元） Local General Public Budget Revenue (10 000 yuan)	一般公共预算支出（万元） General Public Budget Expenditure (10 000 yuan)	社会消费品零售总额（万元） Total Retail Sales of Consumer Goods (10 000 yuan)	出口总额（万美元） Total Exports (USD 10 000)
古蔺县	Gulin	243116	610382	792839	1399
德阳市	**Deyang**				
旌阳区	Jingyang	184226	393804	2843553	25114
罗江区	Luojiang	79509	182204	423498	8520
中江县	Zhongjiang	115896	634314	2254902	12257
广汉市	Guanghan	283878	438369	2244419	31900
什邡市	Shifang	249359	407715	1225766	34468
绵竹市	Mianzhu	290919	411279	1156254	75913
绵阳市	**Mianyang**				
涪城区	Fucheng	447422	973256	6692532	230748
游仙区	Youxian	132626	508229	1650948	4035
安州区	Anzhou	111811	316128	1044557	8769
三台县	Santai	140406	658902	2407266	4772
盐亭县	Yanting	50160	385708	1058086	2809
梓潼县	Zitong	44560	255441	650170	745
北川县	Beichuan	56360	225281	378739	656
平武县	Pingwu	33212	189838	251694	51
江油市	Jiangyou	300478	535327	2216031	6436
广元市	**Guangyuan**				
利州区	Lizhou	85238	316875	1855217	15921
昭化区	Zhaohua	34687	232960	321731	
朝天区	Chaotian	33499	226746	249837	179
旺苍县	Wangcang	55559	343147	578424	142
青川县	Qingchuan	47555	233346	269923	331
剑阁县	Jiange	53012	404793	652350	297
苍溪县	Cangxi	90152	523782	818425	1072
遂宁市	**Suining**				
船山区	Chuanshan	249122	662822	2049095	63356
安居区	Anju	115123	437234	563745	4109
蓬溪县	Pengxi	71828	421199	557216	3031
大英县	Daying	92236	304815	588580	3061
射洪市	Shehong	300038	621053	1862920	14667
内江市	**Neijiang**				
内江市中区	Neijiang Downtown	58724	248527	1618112	29622
东兴区	Dongxing	101776	350126	1228746	8748
威远县	Weiyuan	134629	367089	1162564	6975
资中县	Zizhong	110091	512476	1041099	353
隆昌市	Longchang	109676	375198	1367564	6440
乐山市	**Leshan**				
乐山市中区	Leshan Downtown	102032	246266	2701638	8512
沙湾区	Shawan	86238	138853	439695	205

12-9 续表 2 continued

县(市、区)	Counties (City,Districts)	地方一般公共预算收入（万元） Local General Public Budget Revenue (10 000 yuan)	一般公共预算支出（万元） General Public Budget Expenditure (10 000 yuan)	社会消费品零售总额（万元） Total Retail Sales of Consumer Goods (10 000 yuan)	出口总额（万美元） Total Exports (USD 10 000)
五通桥区	Wutongqiao	247753	263494	889946	119856
金口河区	Jinkouhe	48495	83259	80607	
犍为县	Qianwei	120781	303600	904715	996
井研县	Jingyan	31663	257650	614815	3986
夹江县	Jiajiang	81386	206001	913649	284
沐川县	Muchuan	35021	173838	346242	2094
峨边县	Ebian	89963	219991	271424	
马边县	Mabian	55893	221964	275042	983
峨眉山市	Emeishan	220528	321838	1605160	7896
南充市	**Nanchong**				
顺庆区	Shunqing	157204	503105	4099779	22043
高坪区	Gaoping	76321	347213	1688646	30276
嘉陵区	Jialing	82291	384796	1060432	21796
南部县	Nanbu	120127	548959	2152067	985
营山县	Yingshan	91018	556751	1297974	2170
蓬安县	Pengan	67939	408337	1107534	1647
仪陇县	Yilong	90055	512793	1231767	2588
西充县	Xichong	78491	396228	922321	1691
阆中市	Langzhong	105026	483460	1283075	620
眉山市	**Meishan**				
东坡区	Dongpo	330708	505883	2262517	24512
彭山区	Pengshan	216896	417847	863460	4623
仁寿县	Renshou	502683	974589	2202460	29013
洪雅县	Hongya	126867	264761	513151	6514
丹棱县	Danling	53720	147831	257205	3232
青神县	Qingshen	68148	178226	298660	2031
宜宾市	**Yibin**				
翠屏区	Cuiping	334756	719899	3164888	239073
南溪区	Nanxi	154965	421755	921711	3993
叙州区	Xuzhou	202215	598458	2423006	23061
江安县	Jiangan	176879	379648	1061187	24654
长宁县	Changning	70077	265768	1110952	1768
高县	Gaoxian	93649	315521	801138	171
珙县	Gongxian	154519	323002	856811	76
筠连县	Junlian	105032	346980	627996	28
兴文县	Xingwen	141231	377043	778814	138
屏山县	Pingshan	127442	272285	353298	3300
广安市	**Guangan**				
广安区	Guanganqu	107232	531478	1599081	7541
前锋区	Qianfeng	68288	205879	701297	211856
岳池县	Yuechi	161656	608760	1176350	23235

12−9 续表 3 continued

县(市、区)	Counties (City,Districts)	地方一般公共预算收入（万元）Local General Public Budget Revenue (10 000 yuan)	一般公共预算支出（万元）General Public Budget Expenditure (10 000 yuan)	社会消费品零售总额（万元）Total Retail Sales of Consumer Goods (10 000 yuan)	出口总额（万美元）Total Exports (USD 10 000)
武胜县	Wusheng	112457	413495	923604	24739
邻水县	Linshui	154190	557699	1268938	46999
华蓥市	Huaying	112407	287447	504829	49803
达州市	**Dazhou**				
通川区	Tongchuan	158689	394082	2580163	6731
达川区	Dachuan	156115	547908	2220511	62328
宣汉县	Xuanhan	350336	815760	2056726	9158
开江县	Kaijiang	60155	361742	977983	3937
大竹县	Dazhu	198666	600222	2049998	4814
渠县	Quxian	188410	677391	2363896	10065
万源市	Wanyuan	67901	415014	932478	3084
雅安市	**Yaan**				
雨城区	Yucheng	70567	232543	928943	930
名山区	Mingshan	42418	167672	424232	17725
荥经县	Yingjing	61494	165917	307143	74
汉源县	Hanyuan	90571	207455	460583	457
石棉县	Shimian	80658	187189	297840	71
天全县	Tianquan	41014	167759	280793	808
芦山县	Lushan	30145	139681	253334	1207
宝兴县	Baoxing	75911	154000	108870	657
巴中市	**Bazhong**				
巴州区	Bazhou	84036	495177	1598323	4836
恩阳区	Enyang	61494	396752	523990	2910
通江县	Tongjiang	50326	589454	869778	1143
南江县	Nanjiang	84239	473222	857966	1103
平昌县	Pingchang	85988	588499	1083809	978
资阳市	**Ziyang**				
雁江区	Yanjiang	178601	512183	1648469	31955
安岳县	Anyue	130325	629248	1810176	6624
乐至县	Lezhi	75248	393343	1007195	4246
阿坝州	**Aba**				
马尔康市	Maerkang	28022	188668	102478	
汶川县	Wenchuan	51028	232400	144631	4069
理县	Lixian	9688	126864	69483	
茂县	Maoxian	22812	177759	121218	359
松潘县	Songpan	11327	176846	69967	
九寨沟县	Jiuzhaigou	17908	160063	112239	
金川县	Jinchuan	14764	176988	71478	
小金县	Xiaojin	11186	162696	73864	10
黑水县	Heishui	8125	136040	49803	
壤塘县	Rangtang	2900	160428	35302	

12−9 续表 4 continued

县(市、区)	Counties (City,Districts)	地方一般公共预算收入（万元） Local General Public Budget Revenue (10 000 yuan)	一般公共预算支出（万元） General Public Budget Expenditure (10 000 yuan)	社会消费品零售总额（万元） Total Retail Sales of Consumer Goods (10 000 yuan)	出口总额（万美元） Total Exports (USD 10 000)
阿坝县	Abaxian	15313	247714	67860	
若尔盖县	Ruoergai	7916	250368	80959	
红原县	Hongyuan	12588	231290	50041	
甘孜州	**Ganzi**				
康定市	Kangding	74196	273540	272833	158
泸定县	Luding	34331	177141	198693	219
丹巴县	Danba	23689	167566	77555	
九龙县	Jiulong	32393	166753	44894	362
雅江县	Yajiang	13502	161116	54308	224
道孚县	Daofu	17579	152974	35013	16
炉霍县	Luhuo	6006	171931	49930	75
甘孜县	Ganzixian	7047	208537	97888	115
新龙县	Xinlong	5609	151983	23640	
德格县	Dege	8354	189684	37377	
白玉县	Baiyu	14592	162986	44607	
石渠县	Shiqu	6544	265239	54596	
色达县	Seda	6099	195410	35260	
理塘县	Litang	16905	220073	93008	1596
巴塘县	Batang	22173	146640	70859	
乡城县	Xiangcheng	15152	116621	40611	293
稻城县	Daocheng	8855	132490	44729	
得荣县	Derong	5364	114539	19408	
凉山州	**Liangshan**				
西昌市	Xichang	573792	771326	3420415	
会理市	Huili	130361	311321	887663	308
木里县	Muli	71661	274862	98560	52
盐源县	Yanyuan	103265	356822	330511	
德昌县	Dechang	71682	196220	375503	836
会东县	Huidong	112829	298667	678188	109
宁南县	Ningnan	13235	195583	309885	522
普格县	Puge	16128	231420	120492	4735
布拖县	Butuo	17995	295558	68179	
金阳县	Jinyang	36517	295889	96493	
昭觉县	Zhaojue	18885	384994	102725	
喜德县	Xide	14435	251232	109570	
冕宁县	Mianning	114272	304511	625023	840
越西县	Yuexi	28055	323115	204386	
甘洛县	Ganluo	30337	238960	145399	
美姑县	Meigu	13914	321043	83331	75
雷波县	Leibo	101659	375840	173187	

12-10 各县(市、区)教育情况(2022年)
Basic Statistics on Education of Counties (City, Districts)(2022)

县(市、区)	Counties (City,Districts)	小学学校数(个) Number of Primary Schools (unit)	小学在校学生(人) Students Enrollment of Primary Schools (person)	小学专任教师(人) Full-time Teachers in Primary Schools (person)	普通中学学校数(个) Number of Regular Secondary Schools (unit)	普通中学在校学生(人) Students Enrollment of Regular Secondary Schools (person)	普通中学专任教师(人) Full-time Teachers in Regular Secondary Schools (person)
成都市	**Chengdu**						
锦江区	Jinjiang	37	61584	4132	17	30064	2759
青羊区	Qingyang	31	73175	4059	16	26825	2145
金牛区	Jinniu	49	76649	4199	29	38281	3138
武侯区	Wuhou	83	144601	9127	62	70129	6358
成华区	Chenghua	28	69110	4119	25	31417	2656
龙泉驿区	Longquanyi	39	71800	4301	33	39108	3418
青白江区	Qingbaijiang	14	26156	1416	14	18522	1465
新都区	Xindu	36	92308	4935	46	47816	3735
温江区	Wenjiang	17	60846	3469	24	30999	2599
双流区	Shuangliu	61	130802	8075	65	71195	6610
郫都区	Pidu	21	69516	3820	42	35067	2999
新津区	Xinjin	17	20129	1227	17	14836	1367
金堂县	Jintang	32	42784	2536	26	37586	2657
大邑县	Dayi	16	26145	1488	20	20064	1571
蒲江县	Pujiang	11	12634	844	11	9328	850
都江堰市	Dujiangyan	25	37344	2595	24	27036	2396
彭州市	Pengzhou	24	40388	2373	30	26580	2518
邛崃市	Qionglai	33	30744	1690	26	24119	1884
崇州市	Chongzhou	31	34608	1805	18	24244	1946
简阳市	Jianyang	31	59317	3821	91	64038	5213
自贡市	**Zigong**						
自流井区	Ziliujing	17	32153	1850	15	25480	1768
贡井区	Gongjing	14	10948	782	12	9030	643
大安区	Daan	11	14217	1013	14	12088	870
沿滩区	Yantan	12	16296	1077	15	10837	755
荣县	Rongxian	26	23055	1680	28	24229	1729
富顺县	Fushun	24	50676	3242	54	48200	3773
攀枝花市	**Panzhihua**						
东区	Dongqu	10	21297	1211	20	22022	1779
西区	Xiqu	4	5464	516	7	6547	621
仁和区	Renhe	15	12367	892	14	12277	1124
米易县	Miyi	13	15140	991	9	11155	1020
盐边县	Yanbian	13	11636	922	5	7344	685
泸州市	**Luzhou**						
江阳区	Jiangyang	21	50476	2544	28	50185	3455
纳溪区	Naxi	15	19672	1356	14	22398	1615
龙马潭区	Longmatan	13	29799	1676	21	25372	1818
泸县	Luxian	27	41754	3185	54	60337	4386
合江县	Hejiang	57	43069	2855	23	52844	3595
叙永县	Xuyong	29	43993	2599	37	38881	2615

12−10 续表 1 continued

县(市、区)	Counties (City,Districts)	小学学校数(个) Number of Primary Schools (unit)	小学在校学生(人) Students Enrollment of Primary Schools (person)	小学专任教师(人) Full-time Teachers in Primary Schools (person)	普通中学学校数(个) Number of Regular Secondary Schools (unit)	普通中学在校学生(人) Students Enrollment of Regular Secondary Schools (person)	普通中学专任教师(人) Full-time Teachers in Regular Secondary Schools (person)
古蔺县	Gulin	32	67122	3596	37	49528	3384
德阳市	**Deyang**						
旌阳区	Jingyang	37	48994	2946	21	38192	2964
罗江区	Luojiang	17	9886	654	8	9066	718
中江县	Zhongjiang	87	52572	3668	54	50161	3969
广汉市	Guanghan	20	29101	1841	23	18651	1881
什邡市	Shifang	18	18297	1339	16	14023	1335
绵竹市	Mianzhu	26	18926	1300	11	13297	1087
绵阳市	**Mianyang**						
涪城区	Fucheng	44	87021	4247	44	94732	6476
游仙区	Youxian	30	35440	1945	20	36724	2376
安州区	Anzhou	22	21798	1341	11	16372	1294
三台县	Santai	81	55427	3624	34	45637	4060
盐亭县	Yanting	38	16372	1388	17	14829	1399
梓潼县	Zitong	23	14945	1023	9	11479	878
北川县	Beichuan	13	9657	766	5	8913	685
平武县	Pingwu	38	5207	547	7	4673	450
江油市	Jiangyou	42	36447	2222	18	30093	2123
广元市	**Guangyuan**						
利州区	Lizhou	37	47766	2772	28	39173	3021
昭化区	Zhaohua	27	4895	764	11	4223	495
朝天区	Chaotian	20	5255	706	9	4893	513
旺苍县	Wangcang	36	17613	1643	20	16320	1461
青川县	Qingchuan	26	6775	1040	8	6747	732
剑阁县	Jiange	58	25406	2301	20	23521	1960
苍溪县	Cangxi	50	28346	2479	42	31157	2459
遂宁市	**Suining**						
船山区	Chuanshan	37	63064	3713	32	46935	3425
安居区	Anju	37	24745	1929	25	23221	1960
蓬溪县	Pengxi	19	23101	1791	30	19082	1722
大英县	Daying	30	26017	1565	22	20136	1421
射洪市	Shehong	53	39693	2819	29	33105	2804
内江市	**Neijiang**						
内江市中区	Neijiang Downtown	28	27482	1654	22	24001	2059
东兴区	Dongxing	43	43570	2342	32	38791	3302
威远县	Weiyuan	35	28532	2077	31	28531	2750
资中县	Zizhong	67	45976	2035	50	45960	4351
隆昌市	Longchang	50	34178	2264	28	35678	2363
乐山市	**Leshan**						
乐山市中区	Leshan Downtown	29	47193	2314	34	32206	2920
沙湾区	Shawan	11	6314	525	11	5193	498

12-10 续表 2 continued

县(市、区)	Counties (City,Districts)	小学学校数(个) Number of Primary Schools (unit)	小学在校学生(人) Students Enrollment of Primary Schools (person)	小学专任教师(人) Full-time Teachers in Primary Schools (person)	普通中学学校数(个) Number of Regular Secondary Schools (unit)	普通中学在校学生(人) Students Enrollment of Regular Secondary Schools (person)	普通中学专任教师(人) Full-time Teachers in Regular Secondary Schools (person)
五通桥区	Wutongqiao	17	10057	620	13	8373	837
金口河区	Jinkouhe	9	2576	221	1	1429	111
犍为县	Qianwei	27	22776	1377	22	20413	1629
井研县	Jingyan	23	12456	1029	23	12187	1149
夹江县	Jiajiang	17	14886	950	16	9466	813
沐川县	Muchuan	10	13090	667	13	9551	748
峨边县	Ebian	17	11879	679	12	5738	478
马边县	Mabian	29	22411	1397	10	12099	803
峨眉山市	Emeishan	18	21426	1429	10	16034	1373
南充市	**Nanchong**						
顺庆区	Shunqing	41	49323	3052	24	46576	3447
高坪区	Gaoping	33	36020	2223	34	33246	2394
嘉陵区	Jialing	29	31939	2413	40	23947	2175
南部县	Nanbu	27	48019	3660	78	46093	3890
营山县	Yingshan	28	41164	2710	64	36654	2769
蓬安县	Pengan	26	25149	2019	33	23981	1950
仪陇县	Yilong	39	47111	3456	62	40503	3652
西充县	Xichong	22	20822	2061	10	17465	1523
阆中市	Langzhong	21	32301	2507	61	28128	2649
眉山市	**Meishan**						
东坡区	Dongpo	52	55201	3459	39	38987	3256
彭山区	Pengshan	15	15932	891	11	10015	718
仁寿县	Renshou	58	67542	5068	92	59599	5641
洪雅县	Hongya	20	17474	1026	12	10475	801
丹棱县	Danling	12	8215	533	4	4662	390
青神县	Qingshen	14	7426	512	3	5024	449
宜宾市	**Yibin**						
翠屏区	Cuiping	28	58331	3598	53	57717	4467
南溪区	Nanxi	18	24038	1673	17	23223	1671
叙州区	Xuzhou	61	64311	3859	48	50933	4010
江安县	Jiangan	38	31413	1937	27	24179	1748
长宁县	Changning	16	25480	1359	20	19878	1285
高县	Gaoxian	57	29404	1754	20	23651	1705
珙县	Gongxian	24	28314	1593	12	19076	1332
筠连县	Junlian	12	31983	1862	31	23807	1724
兴文县	Xingwen	26	31081	2153	24	26414	2060
屏山县	Pingshan	14	20661	1362	19	15081	1179
广安市	**Guangan**						
广安区	Guanganqu	24	49060	3090	56	49892	4340
前锋区	Qianfeng	12	14915	1147	19	12114	1150
岳池县	Yuechi	35	49441	3667	69	39246	3762

12−10 续表 3 continued

县(市、区)	Counties (City,Districts)	小学学校数（个）Number of Primary Schools (unit)	小学在校学生（人）Students Enrollment of Primary Schools (person)	小学专任教师（人）Full-time Teachers in Primary Schools (person)	普通中学学校数（个）Number of Regular Secondary Schools (unit)	普通中学在校学生（人）Students Enrollment of Regular Secondary Schools (person)	普通中学专任教师（人）Full-time Teachers in Regular Secondary Schools (person)
武胜县	Wusheng	40	34898	2722	43	28838	2779
邻水县	Linshui	32	52695	3306	58	43967	3941
华蓥市	Huaying	14	20004	1277	22	15566	1304
达州市	**Dazhou**						
通川区	Tongchuan	26	48496	2735	31	40549	1744
达川区	Dachuan	43	51503	4056	76	62112	4802
宣汉县	Xuanhan	51	80379	5364	68	70925	4958
开江县	Kaijiang	27	28906	2022	25	27114	1915
大竹县	Dazhu	37	53317	3765	46	54694	3958
渠县	Quxian	39	47704	4702	68	47093	4304
万源市	Wanyuan	34	31387	2243	33	28011	2195
雅安市	**Yaan**						
雨城区	Yucheng	22	21455	1478	18	17183	1554
名山区	Mingshan	18	14536	901	16	11616	943
荥经县	Yingjing	14	7158	524	5	4620	442
汉源县	Hanyuan	25	17183	1238	8	13332	1034
石棉县	Shimian	16	8863	634	4	6251	458
天全县	Tianquan	14	7610	670	8	6942	637
芦山县	Lushan	15	5744	544	4	4027	420
宝兴县	Baoxing	4	2467	296	4	1550	207
巴中市	**Bazhong**						
巴州区	Bazhou	23	57964	3998	52	44755	4300
恩阳区	Enyang	21	17975	1524	37	16027	1644
通江县	Tongjiang	65	35066	3293	29	29054	2970
南江县	Nanjiang	47	30424	2572	37	26414	2408
平昌县	Pingchang	26	45377	4192	62	38550	4010
资阳市	**Ziyang**						
雁江区	Yanjiang	65	54862	3146	64	52751	3845
安岳县	Anyue	43	62104	3811	92	68663	4795
乐至县	Lezhi	41	24693	1957	40	26972	2164
阿坝州	**Aba**						
马尔康市	Maerkang	12	3911	422	4	3562	384
汶川县	Wenchuan	11	4920	650	6	6237	640
理县	Lixian	11	1903	310	2	1192	209
茂县	Maoxian	18	6602	624	4	4547	516
松潘县	Songpan	17	4428	509	8	2214	267
九寨沟县	Jiuzhaigou	14	4419	422	2	2853	321
金川县	Jinchuan	19	3317	412	4	2090	336
小金县	Xiaojin	19	3678	484	4	2806	362
黑水县	Heishui	11	1816	321	2	1209	162
壤塘县	Rangtang	10	6427	356	4	2077	150

12−10 续表 4 continued

县(市、区)	Counties (City,Districts)	小学学校数(个) Number of Primary Schools (unit)	小学在校学生(人) Students Enrollment of Primary Schools (person)	小学专任教师(人) Full-time Teachers in Primary Schools (person)	普通中学学校数(个) Number of Regular Secondary Schools (unit)	普通中学在校学生(人) Students Enrollment of Regular Secondary Schools (person)	普通中学专任教师(人) Full-time Teachers in Regular Secondary Schools (person)
阿坝县	Abaxian	26	9045	665	2	3373	261
若尔盖县	Ruoergai	23	7395	549	7	5581	413
红原县	Hongyuan	12	5957	398	2	3257	193
甘孜州	**Ganzi**						
康定市	Kangding	20	8918	601	7	8471	643
泸定县	Luding	13	5747	522	7	7881	636
丹巴县	Danba	14	2817	390	4	2633	291
九龙县	Jiulong	8	5235	366	4	4683	317
雅江县	Yajiang	15	3923	329	2	2733	181
道孚县	Daofu	18	5144	299	2	2377	178
炉霍县	Luhuo	12	6446	419	3	3350	224
甘孜县	Ganzixian	26	8268	506	3	4830	409
新龙县	Xinlong	19	6253	396	1	1665	113
德格县	Dege	23	12642	509	2	4420	145
白玉县	Baiyu	18	7025	365	1	2092	121
石渠县	Shiqu	25	15694	680	3	4173	233
色达县	Seda	18	9186	481	2	2621	198
理塘县	Litang	27	9941	638	3	3242	242
巴塘县	Batang	20	5544	443	2	4373	289
乡城县	Xiangcheng	9	2214	249	1	1066	108
稻城县	Daocheng	8	2594	252	2	1197	123
得荣县	Derong	11	1981	261	1	675	93
凉山州	**Liangshan**						
西昌市	Xichang	113	95670	2995	34	59581	5148
木里县	Muli	39	27459	1578	13	19496	1481
盐源县	Yanyuan	33	11712	835	3	7651	500
德昌县	Dechang	49	34640	1730	13	24526	1590
会理县	Huili	20	22577	944	5	16204	1190
会东县	Huidong	31	28144	1679	10	25512	1799
宁南县	Ningnan	33	18318	954	4	12033	822
普格县	Puge	36	35137	1712	5	16332	1046
布拖县	Butuo	36	35606	1623	2	15324	652
金阳县	Jinyang	37	31264	1448	10	13285	851
昭觉县	Zhaojue	37	54573	2072	8	22580	1183
喜德县	Xide	35	26065	1367	8	16381	982
冕宁县	Mianning	45	43523	1903	13	25399	1457
越西县	Yuexi	53	48432	2070	9	24456	1203
甘洛县	Ganluo	32	26091	1112	10	14931	902
美姑县	Meigu	40	41289	2019	6	16519	1056
雷波县	Leibo	48	34118	1559	12	20010	1348

13 农 业
Chapter 13 Agriculture

13-1 农林牧渔业总产值
Gross Output Value of Farming, Forestry, Animal Husbandry and Fishery

单位：亿元 (100 million yuan)

年份 Year	农林牧渔业 总产值 Total	#第一产业 Primary Industry	农 业 Farming	林 业 Forestry	牧 业 Animal Husbandry	渔 业 Fishery
1980	136.92	136.92	98.07	4.21	34.07	0.57
1985	234.82	234.82	161.14	13.09	58.74	1.85
1990	484.31	484.31	301.46	18.51	157.04	7.30
1991	513.43	513.43	317.43	19.43	168.41	8.16
1992	565.62	565.62	344.52	22.23	189.41	9.46
1993	660.69	660.69	389.21	24.90	234.30	12.28
1994	930.80	930.80	521.00	28.48	365.33	15.99
1995	1113.96	1113.96	645.17	34.32	413.84	20.63
1996	1274.32	1274.32	750.07	38.58	461.32	24.35
1997	1395.43	1395.43	798.22	41.31	527.60	28.30
1998	1455.19	1455.19	823.72	45.87	554.15	31.45
1999	1444.86	1444.86	792.80	45.34	572.63	34.09
2000	1483.52	1483.52	785.37	49.13	611.76	37.26
2001	1534.89	1534.90	769.95	50.85	673.10	41.00
2002	1651.53	1651.53	807.43	54.60	743.91	45.59
2003	1784.49	1749.64	804.70	59.26	832.34	53.34
2004	2252.30	2213.72	987.70	62.70	1097.60	65.80
2005	2457.46	2415.81	1037.20	69.94	1230.18	78.49
2006	2602.10	2556.40	1075.08	76.75	1317.41	87.16
2007	3377.00	3317.00	1317.00	106.42	1807.58	86.00
2008	3903.00	3846.00	1608.00	153.21	1980.79	104.00
2009	3689.81	3634.35	1815.98	102.60	1596.72	119.05
2010	4081.81	4007.21	2059.33	160.06	1658.00	129.83
2011	4932.73	4850.72	2454.26	203.29	2046.00	147.16
2012	5433.12	5340.03	2764.90	234.34	2177.02	163.77
2013	5620.27	5510.97	2886.48	249.02	2197.97	177.49
2014	5888.09	5765.79	3068.61	268.54	2236.29	192.35
2015	6377.84	6237.43	3315.51	297.26	2414.15	210.52
2016	6816.92	6656.50	3701.64	329.31	2405.54	220.01
2017	6955.55	6785.64	4004.20	346.80	2199.72	234.92
2018	7195.65	7006.47	4153.71	358.74	2246.08	247.94
2019	7889.35	7678.61	4395.04	372.21	2647.88	263.47
2020	9216.40	8983.05	4701.88	379.82	3613.81	287.54
2021	9383.32	9131.01	5089.48	408.44	3305.28	327.82
2022	9859.75	9591.75	5528.76	438.22	3281.67	343.11

注：①本表按当年价格计算；②从2013年起，农业核算执行国家统计局新的《国民经济行业分类》和《三次产业划分规定》。
a) Data of this year are calculated at current prices; b) Since 2013, agricultural accounting has been based on the "Industrial Classification for National Economic Activities" and "Rules of Clarification of Three Industries" which were newly promulgated by National Statistical Bureau.

13−2 农林牧渔业总产值指数

Indices of Gross Output Value of Farming, Forestry, Animal Husbandry and Fishery

(1952年=100) (1952=100)

年份 Year	农林牧渔业总产值 Total	#农业 Farming	#林业 Forestry	#牧业 Animal Husbandry	#渔业 Fishery
1980	242.2	201.9	373.4	482.6	400.0
1985	332.7	251.1	933.0	756.5	1272.4
1990	409.4	290.8	742.2	1104.3	2386.2
1991	427.6	300.5	742.9	1179.3	2589.7
1992	445.7	308.2	800.4	1255.7	2831.0
1993	450.2	299.4	812.4	1341.1	3210.3
1994	465.3	297.1	859.6	1461.1	3586.2
1995	504.9	321.2	932.6	1584.8	4369.0
1996	533.3	338.0	1004.6	1674.3	4893.1
1997	559.4	351.8	1031.2	1772.2	5481.2
1998	584.5	361.4	1061.6	1889.9	6126.0
1999	605.8	368.7	1048.3	1997.8	6855.0
2000	636.0	379.2	1080.7	2144.1	7717.7
2001	651.3	369.0	1083.2	2318.2	8521.1
2002	695.3	387.3	1145.4	2512.5	9551.7
2003	738.5	394.6	1257.0	2744.7	11309.2
2004	790.9	410.8	1303.5	3019.2	12756.8
2005	842.4	421.6	1422.0	3304.8	14382.0
2006	873.7	416.7	1525.5	3540.1	15689.3
2007	904.1	436.3	1604.8	3610.9	16944.4
2008	933.9	447.6	1652.9	3744.5	17961.1
2009	973.5	468.3	1743.8	3886.8	18889.8
2010	1017.3	492.2	1841.5	4022.8	19807.8
2011	1064.1	520.7	2020.1	4127.4	21134.9
2012	1112.0	545.2	2187.8	4284.2	22572.1
2013	1149.8	564.8	2378.1	4395.6	23926.4
2014	1195.8	586.8	2501.8	4567.0	25218.4
2015	1250.8	618.5	2772.2	4684.6	27502.1
2016	1300.4	648.6	2911.6	4782.4	28857.6
2017	1349.9	682.3	3067.9	4839.6	30371.1
2018	1402.5	713.7	3120.1	4955.7	31859.3
2019	1439.0	752.9	3185.6	4787.2	33165.5
2020	1517.7	787.2	3278.4	5133.7	34815.1
2021	1633.7	826.9	3458.6	5740.3	36758.4
2022	1706.1	863.0	3686.8	5978.1	38426.7

注：本表按可比价格计算；2003年起按新口径计算；2004年起指数按可比价格缩减法计算。

a) Data in this table are calculated at comparable prices; Since 2003, calculation has been based on the new range; Data have been calculated at comparable prices by deflation approach since 2004.

13-3 各市(州)按产业分农林牧渔业总产值(2022年)
Gross Output Value of Farming, Forestry, Animal Husbandry and Fishery by Industry and Region(2022)

单位：亿元 (100 million yuan)

市(州)	Region	农林牧渔业总产值 Total	#第一产业 Primary Industry	农 业 Farming	林 业 Forestry	牧 业 Animal Husbandry	渔 业 Fishery
全 省	**Sichuan**	**9859.75**	**9591.75**	**5528.76**	**438.22**	**3281.67**	**343.11**
成都市	Chengdu	950.42	912.32	634.81	19.20	228.01	30.29
自贡市	Zigong	408.86	403.04	225.33	27.30	133.33	17.07
攀枝花市	Panzhihua	172.32	170.50	129.78	2.68	35.28	2.76
泸州市	Luzhou	464.15	454.24	248.05	21.84	164.35	20.00
德阳市	Deyang	498.12	475.46	286.32	12.55	160.92	15.67
绵阳市	Mianyang	648.31	622.43	310.70	42.39	241.07	28.28
广元市	Guangyuan	385.38	376.58	186.58	17.61	161.23	11.16
遂宁市	Suining	367.16	354.68	182.02	13.81	147.75	11.10
内江市	Neijiang	457.77	446.64	264.49	19.73	135.38	27.03
乐山市	Leshan	449.81	442.74	223.82	31.34	160.85	26.73
南充市	Nanchong	830.81	817.18	472.82	25.65	294.11	24.60
眉山市	Meishan	411.78	401.48	255.07	11.34	109.71	25.36
宜宾市	Yibin	646.22	632.12	347.65	45.55	213.60	25.32
广安市	Guangan	401.87	392.04	219.81	15.32	142.79	14.11
达州市	Dazhou	698.09	678.28	397.38	30.35	227.04	23.51
雅安市	Yaan	264.62	259.90	176.54	19.28	59.65	4.44
巴中市	Bazhong	345.55	337.81	187.15	9.74	125.03	15.90
资阳市	Ziyang	359.48	337.06	186.89	15.38	119.62	15.18
阿坝藏族羌族自治州	Aba	159.24	153.44	59.84	9.51	84.05	0.04
甘孜藏族自治州	Ganzi	127.46	125.84	52.32	2.98	70.53	
凉山彝族自治州	Liangshan	812.32	797.98	481.40	44.67	267.35	4.56

注：本表按当年价格计算。
a) Data in this table are calculated at current prices.

13-4 各市(州)按产业分农林牧渔业总产值指数(2022年)

Indices of Gross Output Value of Farming, Forestry, Animal Husbandry and Fishery by Industry and Region(2022)

(上年=100) (preceding year=100)

市(州)	Region	农林牧渔业总产值 Total	#第一产业 Primary Industry	农业 Farming	林业 Forestry	牧业 Animal Husbandry	渔业 Fishery
全 省	**Sichuan**	**104.4**	**104.4**	**104.4**	**106.6**	**104.1**	**104.5**
成都市	Chengdu	103.6	103.6	103.7	93.8	103.1	103.9
自贡市	Zigong	104.5	104.5	104.5	104.6	104.6	103.9
攀枝花市	Panzhihua	105.1	105.1	105.4	106.1	104.3	102.8
泸州市	Luzhou	104.6	104.5	104.2	108.3	104.2	105.9
德阳市	Deyang	104.3	104.3	104.3	107.3	104.2	103.7
绵阳市	Mianyang	104.6	104.7	104.5	109.7	104.1	103.9
广元市	Guangyuan	104.6	104.6	104.1	108.6	104.8	105.6
遂宁市	Suining	104.6	104.6	104.8	103.6	104.4	103.5
内江市	Neijiang	104.3	104.3	104.2	106.4	104.2	104.2
乐山市	Leshan	104.7	104.7	104.6	105.8	104.9	103.8
南充市	Nanchong	104.4	104.3	104.3	106.9	104.3	104.6
眉山市	Meishan	104.8	104.7	104.4	107.3	105.2	104.6
宜宾市	Yibin	104.5	104.4	104.1	109.6	103.0	107.4
广安市	Guangan	104.5	104.5	104.7	110.4	104.2	103.9
达州市	Dazhou	104.6	104.5	104.3	107.8	104.2	104.5
雅安市	Yaan	104.8	104.8	105.1	107.0	103.3	103.3
巴中市	Bazhong	104.4	104.4	104.0	105.6	104.9	103.6
资阳市	Ziyang	104.5	104.6	104.3	106.4	104.4	107.7
阿坝藏族羌族自治州	Aba	104.5	104.5	103.9	111.8	104.4	100.8
甘孜藏族自治州	Ganzi	104.3	104.2	105.1	128.3	104.2	
凉山彝族自治州	Liangshan	104.4	104.4	104.6	105.7	103.8	107.3

13-5 各市(州)农林牧渔业总产值
Gross Output Value of Farming, Forestry, Animal Husbandry and Fishery by Region

单位：亿元 (100 million yuan)

市(州)	Region	2012	2013	2014	2015	2016	2017	2018	2019	2020	2021	2022
全 省	**Sichuan**	**5433.12**	**5620.27**	**5888.09**	**6377.84**	**6816.92**	**6955.55**	**7195.65**	**7889.35**	**9216.40**	**9383.32**	**9859.75**
成都市	Chengdu	690.51	716.33	751.65	815.34	880.76	916.15	951.44	1003.34	1071.95	942.61	950.42
自贡市	Zigong	221.66	229.41	240.62	260.64	279.23	286.01	294.54	324.23	374.81	392.93	408.86
攀枝花市	Panzhihua	98.11	101.72	105.37	114.46	123.79	124.78	126.71	140.12	148.85	159.55	172.32
泸州市	Luzhou	243.01	251.22	263.07	284.90	304.10	309.86	319.49	357.18	430.29	444.85	464.15
德阳市	Deyang	281.56	291.34	305.08	330.57	352.98	359.25	372.01	406.33	460.31	475.22	498.12
绵阳市	Mianyang	338.72	350.58	367.95	397.50	424.55	432.71	448.99	504.47	631.15	641.28	648.31
广元市	Guangyuan	191.89	198.05	206.88	224.06	237.75	240.10	247.95	272.04	336.57	358.79	385.38
遂宁市	Suining	205.40	212.40	222.42	240.91	257.27	262.12	271.14	309.98	363.11	367.17	367.16
内江市	Neijiang	261.97	271.41	284.81	308.53	330.34	338.59	350.00	377.32	422.97	434.91	457.77
乐山市	Leshan	278.23	287.23	300.15	325.18	344.35	347.42	358.00	385.96	436.64	437.85	449.81
南充市	Nanchong	472.85	486.95	509.08	550.15	585.90	591.37	611.18	656.03	763.92	787.46	830.81
眉山市	Meishan	227.32	235.84	247.89	268.48	288.70	297.85	308.39	333.19	380.42	391.90	411.78
宜宾市	Yibin	310.72	321.47	336.84	365.01	389.72	397.20	410.69	450.84	563.75	583.42	646.22
广安市	Guangan	234.54	242.29	253.45	274.44	292.43	297.10	307.20	331.68	384.44	397.07	401.87
达州市	Dazhou	378.15	390.73	410.50	444.04	475.32	485.84	503.67	551.43	636.04	665.26	698.09
雅安市	Yaan	122.88	127.42	134.05	145.20	157.17	162.91	169.11	193.40	237.62	247.28	264.62
巴中市	Bazhong	143.00	147.73	154.42	167.27	177.40	179.29	185.32	214.36	291.16	314.88	345.55
资阳市	Ziyang	172.54	179.48	188.58	204.91	219.51	224.09	233.87	261.79	318.20	324.60	359.48
阿坝藏族羌族自治州	Aba	79.96	82.32	85.58	93.07	97.00	97.51	100.51	115.06	142.21	153.20	159.24
甘孜藏族自治州	Ganzi	74.43	76.19	78.88	85.33	86.87	87.11	89.65	100.36	123.29	120.52	127.46
凉山彝族自治州	Liangshan	405.67	420.15	440.81	477.86	511.77	518.27	535.81	600.23	698.72	742.56	812.32

注：本表按当年价格计算。
a) Data in this table are calculated at current prices.

13-6 各市(州)农林牧渔业总产值指数
Indices of Gross Output Value of Farming, Forestry, Animal Husbandry and Fishery by Region

(上年=100) (preceding year=100)

市(州)	Region	2012	2013	2014	2015	2016	2017	2018	2019	2020	2021	2022
全　省	**Sichuan**	**104.5**	**103.4**	**104.0**	**104.6**	**104.0**	**103.8**	**103.9**	**102.6**	**105.5**	**107.6**	**104.4**
成都市	Chengdu	103.5	103.5	103.7	104.3	103.9	103.8	103.4	102.1	103.3	105.0	103.6
自贡市	Zigong	104.8	103.9	104.2	104.4	104.0	104.2	103.7	102.6	105.9	107.9	104.5
攀枝花市	Panzhihua	104.7	104.6	104.7	104.4	104.7	104.4	104.2	103.1	105.6	108.6	105.1
泸州市	Luzhou	105.0	104.4	104.2	104.4	103.8	103.8	103.6	102.7	105.9	107.5	104.6
德阳市	Deyang	104.7	103.7	104.2	104.4	103.9	103.6	103.7	102.1	103.7	108.1	104.3
绵阳市	Mianyang	104.0	103.6	105.5	104.5	104.0	104.0	103.8	102.7	106.0	108.2	104.6
广元市	Guangyuan	107.1	103.8	104.5	104.5	103.0	104.2	103.7	102.8	106.2	108.2	104.6
遂宁市	Suining	104.6	103.1	104.1	104.2	103.8	103.5	103.6	103.4	105.6	108.5	104.6
内江市	Neijiang	104.5	104.1	103.9	104.4	103.8	102.9	103.6	103.1	106.2	107.6	104.3
乐山市	Leshan	104.2	103.6	104.1	104.4	104.0	103.7	103.9	103.0	105.6	107.6	104.7
南充市	Nanchong	103.8	103.7	104.4	104.4	104.1	103.8	103.8	103.4	106.8	108.4	104.4
眉山市	Meishan	105.4	103.7	104.0	104.5	103.9	103.9	103.7	102.6	106.1	107.6	104.8
宜宾市	Yibin	104.8	103.7	103.8	104.4	103.5	103.3	103.6	102.8	106.0	108.7	104.5
广安市	Guangan	105.5	103.5	104.2	104.1	102.5	103.4	103.6	102.9	105.9	108.1	104.5
达州市	Dazhou	104.6	103.8	103.9	104.4	103.9	103.9	103.7	103.3	105.7	108.5	104.6
雅安市	Yaan	104.0	102.1	104.6	104.4	103.7	104.0	103.8	103.3	106.2	109.3	104.8
巴中市	Bazhong	103.7	103.4	103.8	104.2	103.7	103.7	103.8	102.5	105.8	108.2	104.4
资阳市	Ziyang	104.6	103.6	104.0	104.5	104.2	103.8	103.8	103.1	106.3	107.9	104.5
阿坝藏族羌族自治州	Aba	106.1	105.0	104.9	105.3	103.9	103.3	103.9	103.7	104.8	107.5	104.5
甘孜藏族自治州	Ganzi	104.6	104.1	104.8	104.6	105.1	104.6	103.6	104.1	104.5	105.0	104.3
凉山彝族自治州	Liangshan	104.6	104.9	104.7	104.6	103.7	103.9	103.7	104.4	105.5	107.8	104.4

13−7 各市(州)农林牧渔业增加值及指数(2022年)

Added Value and Indices of Farming, Forestry, Animal Husbandry and Fishery by Region(2022)

市(州)	Region	农林牧渔业增加值(亿元) Added Value of Farming, Forestry, Animal Husbandry and Fishery (100 million yuan)	#第一产业 Primary Industry	农林牧渔业增加值指数(上年=100) Indices of Added Value of Farming, Forestry, Animal Husbandry and Fishery (preceding year=100)	#第一产业 Primary Industry
全　省	**Sichuan**	**6133.07**	**5964.29**	**104.3**	**104.3**
成都市	Chengdu	613.13	588.42	103.8	103.8
自贡市	Zigong	256.85	253.31	104.4	104.4
攀枝花市	Panzhihua	113.34	112.22	104.9	104.9
泸州市	Luzhou	283.38	277.17	104.5	104.4
德阳市	Deyang	310.85	296.22	104.3	104.3
绵阳市	Mianyang	397.19	381.47	104.5	104.4
广元市	Guangyuan	219.94	214.02	104.5	104.4
遂宁市	Suining	229.06	220.99	104.5	104.4
内江市	Neijiang	300.01	293.18	104.4	104.4
乐山市	Leshan	305.41	300.96	104.6	104.5
南充市	Nanchong	510.98	502.05	104.3	104.3
眉山市	Meishan	248.43	242.31	104.6	104.6
宜宾市	Yibin	404.54	395.96	104.4	104.3
广安市	Guangan	253.34	247.18	104.4	104.4
达州市	Dazhou	445.95	432.99	104.5	104.4
雅安市	Yaan	172.27	169.45	104.6	104.6
巴中市	Bazhong	196.71	192.08	104.3	104.2
资阳市	Ziyang	206.66	194.17	104.4	104.4
阿坝藏族羌族自治州	Aba	95.76	92.09	104.4	104.4
甘孜藏族自治州	Ganzi	85.24	84.24	104.2	104.2
凉山彝族自治州	Liangshan	484.02	473.81	104.3	104.2

注：本表绝对值按当年价格计算，指数按可比价格计算。

a) The absolute value in this table are calculated at current prices, and the indices are calculated at the comparable prices.

13−8 主要农业机械拥有量
Number of Major Agricultural Machinery

(年底数) (year-end)

年份 Year	农业机械总动力(万千瓦) Total Power of Agricultural Machinery (10 000 kw)	农用大中型拖拉机 Large and Medium Agricultural Tractors		农用小型拖拉机 Small Agricultural Tractors		脱粒机(万台) Thresher (10 000 units)	谷物联合收割机(台) grain combine harvester (unit)
		数量(台) Number (unit)	动力(万千瓦) Capacity (10 000 kw)	数量(万台) Number (10 000 units)	动力(万千瓦) Capacity (10 000 kw)		
1978	350.21	14571	42.52	5.22	45.91		
1980	500.34	19233	52.59	8.37	74.19	9.04	51
1985	700.42	18496	51.67	11.53	109.74	4.47	32
1986	772.77	18469	51.55	13.10	127.54	4.04	36
1987	828.98	17939	50.57	14.56	145.39	3.80	31
1988	887.72	16900	48.36	15.69	160.88	3.78	38
1989	918.92	15064	43.51	15.90	163.74	4.09	52
1990	956.00	12788	37.64	15.51	161.06	5.05	127
1991	1007.23	10553	31.62	15.17	159.81	5.86	147
1992	1035.60	8662	25.81	14.75	156.59	6.72	210
1993	1066.35	7545	23.28	14.47	154.38	7.76	321
1994	1165.11	6625	21.17	14.16	152.45	11.80	368
1995	1209.73	5632	18.05	13.78	149.09	12.81	428
1996	1263.26	4997	16.13	13.81	149.98	13.67	738
1997	1348.21	6644	18.16	13.84	151.56	19.19	1450
1998	1468.33	10144	23.48	13.98	155.43	27.62	2150
1999	1606.90	14833	37.58	14.26	159.14	33.31	2681
2000	1680.11	29645	74.59	13.29	149.22	38.25	3258
2001	1735.10	33606	86.87	13.06	148.74	40.44	3587
2002	1803.68	42156	108.21	13.09	150.99	45.82	4100
2003	1891.06	46882	128.02	12.25	141.09	45.60	4719
2004	2006.78	51585	143.82	12.59	151.29	55.70	5400
2005	2181.70	12728	35.18	12.48	155.94	69.87	5830
2006	2344.87	15936	40.74	12.83	161.15	72.61	6831
2007	2523.05	20151	49.81	13.35	171.61	80.00	7621
2008	2687.55	55488	122.75	11.43	143.11	96.14	8501
2009	2952.66	77809	179.10	11.84	147.96	103.28	9958
2010	3155.14	91112	206.02	12.03	147.37	107.62	12005
2011	3426.10	107484	246.51	12.47	147.99	115.90	14086
2012	3694.03	115036	267.45	12.55	141.66	126.60	18499
2013	3953.09	121753	291.65	11.91	134.40	135.20	22498
2014	4160.12	126104	307.48	11.36	127.07	160.60	26115
2015	4404.55	132242	331.40	10.45	115.52	172.80	29433
2016	4267.32	134754	339.74	10.06	109.29	173.12	34731
2017	4420.30	134088	348.24	9.69	104.40	169.65	36021
2018	4603.88	74614	247.22	15.34	220.01	168.82	37278
2019	4682.30	74408	257.32	15.00	216.91	170.15	37430
2020	4754.00	76077	271.42	14.82	215.29	171.20	38211
2021	4833.88	76673	279.94	14.42	209.37	172.88	39256
2022	4923.33	78159	296.84	13.58	199.39	170.83	40687

注：①农业机械数据由四川省农业农村厅提供；②自2016年起农业机械总动力不包括农用运输车数据；③自2018年大中小型拖拉机统计口径调整；④2017年及以前谷物联合收割机为联合收割机数据；⑤2022年原“机动脱粒机”变更为“脱粒机”。

a) Data of agricultural machinery are provided by Bureau of Agricultural and Rural of Sichuan Province; b)Since 2016, total power of agricultural machinery does not include power of agricultural transporters; c)The statistical caliber of large, medium and small tractors has been adjusted since 2018; d)Data of grain combine harvesters ware data of combine harvesters in 2017 and before; e)The indicator "Power-driven Thresher" was changed to "Thresher" since 2022.

13-9 各市(州)主要农业机械拥有量(2022年)
Number of Major Agricultural Machinery by Region(2022)

(年底数) (year-end)

市(州)	Region	农业机械总动力(万千瓦) Total Power of Agricultural Machinery (10 000 kw)	农用大中型拖拉机 Large and Medium Agricultural Tractors 数量(台) Number (unit)	动力(万千瓦) Capacity (10 000 kw)	农用小型拖拉机 Small Agricultural Tractors 数量(台) Number (unit)	动力(万千瓦) Capacity (10 000 kw)	脱粒机(万台) Thresher (10 000 units)	谷物联合收割机(台) grain combine harvester (unit)
全 省	**Sichuan**	**4923.33**	**78159**	**296.84**	**135751**	**199.39**	**170.83**	**40687**
成都市	Chengdu	423.52	9472	48.01	16187	21.58	8.81	2537
自贡市	Zigong	126.06	75	0.35	95	0.19	10.87	356
攀枝花市	Panzhihua	72.62	1895	6.15	3187	4.03	0.95	112
泸州市	Luzhou	241.51	96	0.41	2	0.00	7.13	754
德阳市	Deyang	200.38	8805	39.01	10786	19.68	2.98	4908
绵阳市	Mianyang	366.64	12654	48.01	11769	14.53	8.56	7508
广元市	Guangyuan	307.47	4934	16.03	3608	3.83	13.66	9153
遂宁市	Suining	141.47	2165	11.68	594	1.23	7.54	1088
内江市	Neijiang	255.24	155	0.73	250	0.32	3.53	973
乐山市	Leshan	284.29	1044	5.06	1683	1.98	5.82	828
南充市	Nanchong	327.84	2180	8.84	1072	1.50	13.22	3154
眉山市	Meishan	225.48	2867	12.82	3282	4.54	12.37	1020
宜宾市	Yibin	274.07	219	0.56	522	0.55	15.66	900
广安市	Guangan	265.30	547	2.88	347	0.41	12.84	629
达州市	Dazhou	299.28	512	2.03	755	0.90	14.94	1436
雅安市	Yaan	167.45	292	0.86	1868	2.68	1.60	59
巴中市	Bazhong	198.76	1623	8.04	685	1.30	7.71	1339
资阳市	Ziyang	188.91	347	1.30	1145	1.32	16.33	1634
阿坝藏族羌族自治州	Aba	75.47	4944	14.68	19924	27.20	0.69	32
甘孜藏族自治州	Ganzi	105.09	7330	19.51	27400	45.50	1.22	614
凉山彝族自治州	Liangshan	376.49	16003	49.88	30590	46.11	4.40	1653

13-10 农用化肥施用量
Consumption of Chemical Fertilizers in Rural Area

年份 Year	农用化肥施用量(折纯)(万吨) Consumption of Chemical Fertilizers (10 000 tons)	氮 肥 Nitrogenous Fertilizer	磷 肥 Phosphate Fertilizer	钾 肥 Potash Fertilizer	复合肥 Compound Fertilizer
1952	0.4	0.4			
1957	1.0	0.7	0.3		
1962	4.0	3.0	1.0		
1965	11.3	8.4	2.8	0.1	
1970	11.5	8.5	2.8	0.2	
1975	23.0	17.1	5.6	0.3	
1978	62.5	46.4	15.7	0.4	
1980	80.4	52.6	24.0	1.0	1.1
1985	103.1	82.6	16.4	1.7	2.1
1990	143.9	101.4	28.2	2.6	11.7
1995	182.9	111.0	37.4	7.0	27.3
1996	192.8	117.8	38.4	7.4	29.2
1997	201.3	121.3	40.0	8.4	31.6
1998	205.3	123.7	40.3	8.8	32.5
1999	210.3	124.2	40.4	9.3	36.4
2000	212.6	123.0	42.0	10.0	37.5
2001	212.0	121.8	41.9	10.4	37.9
2002	209.6	118.5	42.3	11.0	37.8
2003	208.4	117.5	41.9	11.6	37.4
2004	214.7	120.2	42.9	12.2	39.3
2005	220.9	121.8	45.1	12.9	40.6
2006	228.2	124.7	46.6	13.7	43.0
2007	238.2	127.9	48.0	14.8	46.6
2008	242.8	128.6	48.9	15.8	48.0
2009	248.0	130.7	49.7	16.4	50.3
2010	248.0	129.6	49.2	16.4	51.1
2011	251.2	128.8	50.6	17.3	53.2
2012	252.8	127.9	50.7	17.5	55.0
2013	251.1	126.1	50.3	17.7	55.0
2014	252.1	125.7	49.9	17.7	56.9
2015	252.1	124.7	49.6	17.8	57.7
2016	249.0	121.9	48.9	17.9	60.2
2017	242.0	117.0	47.1	17.6	60.2
2018	235.2	112.1	45.4	17.4	60.3
2019	222.8	103.5	41.4	15.8	62.1
2020	210.8	90.7	38.0	15.1	67.0
2021	207.2	81.8	34.8	14.9	75.6
2022	204.4	76.4	32.1	14.3	81.5

13−11 各市(州)农用化肥施用量(2022年)
Consumption of Chemical Fertilizers in Rural Area by Region(2022)

市(州)	Region	农用化肥施用量(折纯)(万吨) Consumption of Chemical Fertilizers (100 million tons)	氮肥 Nitrogenous Fertilizer	磷肥 Phosphate Fertilizer	钾肥 Potash Fertilizer	复合肥 Compound Fertilizer
全 省	**Sichuan**	**204.37**	**76.44**	**32.10**	**14.31**	**81.52**
成都市	Chengdu	15.19	4.80	2.66	1.54	6.19
自贡市	Zigong	8.01	3.30	1.93	0.99	1.80
攀枝花市	Panzhihua	2.09	0.76	0.24	0.22	0.87
泸州市	Luzhou	9.34	3.94	1.63	0.64	3.13
德阳市	Deyang	16.28	3.80	1.33	0.67	10.48
绵阳市	Mianyang	18.09	6.01	3.88	1.07	7.14
广元市	Guangyuan	8.75	2.58	1.14	0.52	4.52
遂宁市	Suining	11.68	4.93	2.00	0.74	4.01
内江市	Neijiang	9.16	3.80	1.42	0.40	3.54
乐山市	Leshan	7.68	3.45	0.95	0.34	2.94
南充市	Nanchong	19.02	5.00	2.72	0.87	10.42
眉山市	Meishan	10.73	3.26	1.32	1.28	4.86
宜宾市	Yibin	7.17	2.59	1.22	0.64	2.72
广安市	Guangan	9.16	5.41	1.88	0.63	1.23
达州市	Dazhou	17.82	10.08	2.90	1.14	3.70
雅安市	Yaan	4.32	1.95	0.51	0.51	1.35
巴中市	Bazhong	10.55	4.21	1.78	1.04	3.52
资阳市	Ziyang	5.99	1.29	0.37	0.23	4.09
阿坝藏族羌族自治州	Aba	0.96	0.37	0.21	0.06	0.31
甘孜藏族自治州	Ganzi	0.28	0.14	0.03	0.01	0.11
凉山彝族自治州	Liangshan	12.12	4.78	1.99	0.76	4.58

13-12 耕地面积、机耕面积、耕地灌溉面积和农作物总播种面积 Cultivated Area, Area Ploughed by Tractors, Irrigated Area of Cultivated Land and Total Sown Area of Farm Crops

单位：万公顷 (10 000 hectares)

年份 Year	年末实有耕地面积 Cultivated Area (year-end)	机耕面积 Area Ploughed by Tractors	耕地灌溉面积 Irrigated Area of Cultivated Land	农作物总播种面积 Total Sown Area	#粮食 Grain Crops
1952	547.85		53.70	827.66	686.30
1957	569.13	0.40	86.40	968.20	784.90
1962	510.07	2.60	106.90	805.65	676.70
1965	518.96	2.60	120.90	789.59	622.50
1970	510.66	4.60	139.30	819.65	674.80
1975	497.21	45.30	175.00	903.94	728.90
1978	490.91	86.50	198.90	885.91	744.10
1980	487.16	67.90	211.40	861.90	746.10
1985	474.12	51.70	215.40	855.80	663.60
1990	464.71	59.20	222.60	905.00	698.50
1995	456.04	71.60	230.10	930.24	705.50
1996	454.31	70.10	232.50	940.08	713.80
1997	451.99	84.40	235.62	949.75	721.10
1998	449.49	85.60	239.06	971.44	733.80
1999	445.47	98.30	242.79	971.77	729.70
2000	434.61	93.70	246.90	960.91	685.40
2001	428.44	95.05	248.70	949.17	662.69
2002	405.99	95.40	250.10	934.41	642.50
2003	390.37	98.10	250.30	908.50	608.80
2004	390.44	98.80	250.30	924.44	633.33
2005	390.60	107.50	249.50	941.69	650.16
2006	391.66	115.04	248.70	953.08	644.90
2007	394.59	121.10	250.00	925.24	643.46
2008	395.95	182.20	250.70	929.47	640.88
2009	397.61	196.53	252.40	915.78	621.30
2010	401.07	219.02	255.30	915.87	619.51
2011	398.34	275.50	260.10	921.54	619.67
2012	399.15	330.28	256.60	931.96	625.56
2013	399.38	409.47	261.65	937.17	626.99
2014	673.42	459.79	266.63	937.77	624.96
2015	673.61	485.51	273.51	945.11	628.61
2016	673.54	508.10	281.50	949.38	629.13
2017	672.59	531.93	287.31	957.51	629.20
2018	672.28	514.23	293.25	961.54	626.56
2019	522.72	563.67	295.41	969.30	627.93
2020	518.17	587.77	299.22	984.99	631.26
2021	519.55	669.99	296.29	999.99	635.77
2022		749.37	297.57	1022.74	646.35

注：①自2014年起耕地面积数据由四川省自然资源厅提供；2019年、2020年为第三次全国国土调查后定案数；②机耕面积由四川省农业农村厅提供；③耕地灌溉面积由四川省水利厅提供；④根据第三次全国农业普查结果对2007年至2017年农作物播种面积(种植)和产量数据进行了修订(以下有关各表同)。

a) Since 2014, data of cultivated area have been provided by Bureau of Natural Resources of Sichuan Province; and the data of 2019 and 2020 are calculated on the third national land survey; b) Data of area ploughed by tractors are provided by Bureau of Sichuan Agricultural and Rural of Sichuan Province; c)Data of Irrigated area of cultivated land are provided by Bureau of Water Conservancy of Sichuan Province; d) Data of total sown area and yield since 2007 to 2017 were revised according to the results of the Third National Agricultural Census(the same as the following related tables).

13-13 各市(州)耕地面积、耕地灌溉面积和农作物总播种面积(2022年)
Cultivated Area, Irrigated Area of Cultivated Land and Total Sown Area of Farm Crops by Region(2022)

单位：千公顷 (1 000 hectares)

市(州)	Region	2021年末实有耕地面积 Actual Cultivated Area (year-end 2021)	耕地灌溉面积 Irrigated Area of Cultivated Land	农作物总播种面积 Total Sown Area	#粮食 Grain Crops
全 省	**Sichuan**	**5195.53**	**2975.74**	**10227.37**	**6463.45**
成都市	Chengdu	325.83	276.60	736.09	388.37
自贡市	Zigong	179.84	116.86	398.03	240.35
攀枝花市	Panzhihua	56.01	43.65	75.38	46.20
泸州市	Luzhou	323.23	162.69	568.45	409.50
德阳市	Deyang	220.37	159.92	504.45	317.76
绵阳市	Mianyang	354.99	222.04	696.18	413.20
广元市	Guangyuan	274.18	98.32	535.96	322.75
遂宁市	Suining	200.61	134.66	412.08	279.97
内江市	Neijiang	223.96	135.49	503.80	317.92
乐山市	Leshan	161.01	144.65	371.42	226.69
南充市	Nanchong	448.12	250.42	965.51	577.70
眉山市	Meishan	142.72	172.05	330.06	202.29
宜宾市	Yibin	357.18	203.90	642.14	436.47
广安市	Guangan	242.23	116.06	438.23	295.94
达州市	Dazhou	429.51	204.14	879.14	576.14
雅安市	Yaan	40.06	53.93	121.37	71.17
巴中市	Bazhong	260.72	96.13	552.04	346.54
资阳市	Ziyang	233.65	115.67	531.62	337.81
阿坝藏族羌族自治州	Aba	65.77	31.35	80.05	50.14
甘孜藏族自治州	Ganzi	86.93	42.77	102.20	69.00
凉山彝族自治州	Liangshan	568.63	194.45	783.19	537.55

13－14 各市(州)农作物总播种面积
Sown Areas of Farm Crops by Region

单位：千公顷 (1 000 hectares)

市(州)	Region	2012	2013	2014	2015	2016	2017	2018	2019	2020	2021	2022
全　省	**Sichuan**	**9319.58**	**9371.69**	**9377.69**	**9451.06**	**9493.82**	**9575.05**	**9615.39**	**9692.99**	**9849.91**	**9999.92**	**10227.37**
成都市	Chengdu	792.89	778.72	753.26	740.23	728.48	730.99	739.32	733.32	728.87	730.58	736.09
自贡市	Zigong	316.81	323.93	332.52	342.53	352.49	362.65	366.41	372.03	377.94	386.32	398.03
攀枝花市	Panzhihua	66.34	67.51	67.97	69.17	70.81	70.21	71.41	72.26	72.88	73.99	75.38
泸州市	Luzhou	524.37	525.98	524.46	527.03	528.62	541.29	540.67	541.96	550.21	556.15	568.45
德阳市	Deyang	478.75	480.07	479.35	478.52	476.48	477.25	476.72	477.92	483.58	491.83	504.45
绵阳市	Mianyang	660.81	662.10	660.19	662.20	659.14	660.18	661.96	666.89	674.53	677.43	696.18
广元市	Guangyuan	457.28	469.32	477.02	486.49	493.08	495.44	498.60	502.89	513.49	522.55	535.96
遂宁市	Suining	402.26	398.75	396.66	395.03	387.62	387.71	387.00	388.50	395.42	402.58	412.08
内江市	Neijiang	429.47	438.82	444.06	455.93	464.66	476.73	478.15	481.38	486.83	493.12	503.80
乐山市	Leshan	325.11	327.13	328.80	331.75	335.87	338.55	340.79	344.11	356.04	363.58	371.42
南充市	Nanchong	886.86	886.29	883.35	883.86	882.12	885.32	888.87	897.66	924.70	945.69	965.51
眉山市	Meishan	325.25	320.88	316.82	314.31	310.51	313.40	314.55	318.08	319.91	323.49	330.06
宜宾市	Yibin	513.47	529.10	545.34	566.72	585.37	589.39	591.97	598.45	613.69	628.90	642.14
广安市	Guangan	399.36	400.44	400.29	402.54	405.29	406.71	406.27	410.20	416.77	427.20	438.23
达州市	Dazhou	787.57	794.62	795.59	802.54	807.23	809.52	810.29	815.92	836.67	856.76	879.14
雅安市	Yaan	118.40	118.32	117.46	115.90	115.74	115.61	115.97	116.78	117.51	119.15	121.37
巴中市	Bazhong	472.62	477.44	480.73	485.96	489.17	500.52	508.33	514.72	531.67	540.89	552.04
资阳市	Ziyang	523.91	522.21	518.18	516.99	513.65	516.39	517.27	521.96	521.18	522.61	531.62
阿坝藏族羌族自治州	Aba	67.13	68.28	66.89	68.35	69.76	69.77	74.09	75.41	76.96	77.84	80.05
甘孜藏族自治州	Ganzi	79.20	80.26	79.22	80.61	81.95	85.69	88.90	91.49	93.34	94.37	102.20
凉山彝族自治州	Liangshan	691.69	701.50	709.52	724.41	735.81	741.76	737.86	751.06	757.71	764.88	783.19

13-15 农作物播种面积和产量
Sown Areas of Farm Crops and Output of Major Farm Products

单位：万公顷、万吨 (10 000 hectares, 10 000 tons)

年份 Year	粮食 Grain Crops		#谷物 Cereal		#稻谷 Rice		#小麦 Wheat		#玉米 Corn	
	播种面积 Sown Area	产量 Yield	播种面积 Sown Area	产量 Yield	播种面积 Sown Area	产量 Yield	播种面积 Sown Area	产量 Yield	播种面积 Sown Area	产量 Yield
1952	686.3	1170.1			253.1	769.2	79.4	65.3	93.4	91.8
1957	784.9	1531.0			280.6	939.6	104.6	123.5	103.9	157.5
1962	676.7	1054.7			203.1	572.8	114.5	94.7	81.3	95.1
1965	622.5	1489.4			241.0	869.2	93.5	113.1	84.4	150.7
1970	674.8	1756.1			233.7	937.7	107.3	187.6	95.4	196.4
1975	728.9	1976.8			264.8	1035.4	139.8	248.8	104.2	248.6
1978	744.1	2381.8			226.9	1086.4	165.4	368.6	117.1	360.6
1980	746.1	2599.7			225.5	1207.4	182.6	410.2	124.5	457.3
1985	663.6	2875.1			230.8	1463.3	151.6	506.7	107.2	418.7
1990	698.5	3269.2			230.0	1700.8	168.0	570.9	119.9	486.1
1995	705.5	3395.3	544.1	2887.8	220.3	1657.8	178.0	682.4	120.2	471.6
1996	713.8	3483.1	552.4	2986.2	221.8	1705.7	181.0	656.9	124.7	548.6
1997	721.1	3554.4	557.9	3076.1	219.6	1700.2	182.4	687.3	129.0	605.7
1998	733.8	3626.3	566.4	3096.7	216.8	1685.3	186.5	673.2	136.5	659.4
1999	729.7	3668.4	561.3	3115.7	217.6	1724.4	181.8	620.9	135.9	693.7
2000	685.4	3568.5	520.2	2996.7	212.4	1692.5	160.5	614.3	123.5	616.6
2001	662.7	3056.5	496.4	2530.0	203.7	1452.4	150.3	517.8	120.1	493.1
2002	642.5	3275.2	481.0	2714.3	202.0	1540.0	142.5	526.5	114.5	578.2
2003	608.8	3183.3	452.3	2625.3	193.0	1498.2	128.6	488.3	110.1	572.7
2004	633.3	3326.5	461.0	2709.8	197.1	1525.4	128.3	501.5	115.6	620.4
2005	650.2	3409.2	473.0	2769.5	199.5	1526.9	136.0	543.1	118.5	641.8
2006	644.9	2859.8	475.8	2371.1	204.9	1337.2	123.5	426.7	129.0	551.7
2007	643.5	3032.7	481.3	2541.4	202.4	1411.6	125.7	432.5	136.9	651.2
2008	640.9	3111.0	474.0	2597.7	201.2	1480.1	117.2	398.7	140.2	674.8
2009	621.3	3120.4	470.6	2604.3	199.1	1493.3	111.1	366.2	145.5	701.0
2010	619.5	3182.8	468.1	2633.0	196.7	1484.1	105.1	355.9	152.1	750.7
2011	619.7	3249.5	465.3	2675.6	194.3	1478.1	99.8	346.4	157.4	810.3
2012	625.6	3271.3	462.5	2689.4	193.0	1484.0	93.4	331.5	163.0	833.6
2013	627.0	3336.1	459.6	2754.3	190.5	1483.4	87.9	311.0	168.6	920.1
2014	625.0	3324.6	456.8	2734.7	189.2	1450.5	81.4	298.0	173.9	946.7
2015	628.6	3394.6	456.0	2779.6	187.9	1465.2	74.7	284.5	181.7	992.3
2016	629.1	3469.9	453.8	2822.1	187.4	1467.3	68.4	259.6	186.6	1058.0
2017	629.2	3488.9	450.8	2831.8	187.5	1473.7	65.3	251.6	186.4	1068.0
2018	626.6	3493.7	448.0	2830.9	187.4	1478.6	63.5	247.3	185.6	1066.3
2019	627.9	3498.5	445.9	2825.4	187.0	1469.8	61.1	246.2	184.4	1062.2
2020	631.3	3527.4	444.4	2836.9	186.6	1475.3	59.7	246.7	183.9	1065.0
2021	635.8	3582.1	446.3	2879.4	187.5	1493.4	58.3	245.4	184.9	1084.7
2022	646.3	3510.5	447.8	2814.7	187.4	1462.3	58.9	249.7	185.5	1046.2

注：2007年至2017年所有农作物的播种面积和产量均依据第三次全国农业普查结果进行了修订(以下有关各表同)。

a) Data of sown area and yield of all crops in 2007 to 2017 were approved according to the results of the third national agricultural census(the same as the following related tables).

13-15 续表 1 continued

单位：万公顷、万吨 (10 000 hectares, 10 000 tons)

年份 Year	#豆类 Soybeans		#薯类 Tubers		油料 Oil-bearing Crops		#花生 Peanut		#油菜籽 Rapeseeds	
	播种面积 Sown Area	产量 Yield	播种面积 Sown Area	产量 Yield	播种面积 Sown Area	产量 Yield	播种面积 Sown Area	产量 Yield	播种面积 Sown Area	产量 Yield
1952	105.9	76.1	108.9	138.8	34.3	25.2	7.6	8.4	25.8	16.5
1957	114.9	96.5	125.3	220.5	40.3	35.1	9.8	11.4	29.5	23.4
1962	90.7	64.1	121.9	217.4	27.5	14.8	7.3	6.2	19.0	8.3
1965	92.7	93.3	102.5	214.1	38.8	35.4	10.2	10.7	27.1	24.3
1970	83.9	107.6	103.9	260.2	32.0	34.5	6.9	9.1	23.9	24.5
1975	70.8	86.9	105.3	289.8	36.2	39.9	7.3	10.8	28.2	28.7
1978	60.0	79.9	134.3	412.1	41.3	52.8	7.4	12.4	30.3	38.1
1980	55.0	77.3	117.1	349.4	47.0	68.4	8.4	11.8	39.5	56.4
1985	39.9	71.0	99.4	325.2	84.2	133.1	13.5	23.6	70.1	109.0
1990	34.3	63.4	113.6	279.6	79.7	133.5	12.6	23.7	66.9	109.5
1995	38.4	74.0	122.9	433.4	84.6	145.1	15.3	25.9	68.8	118.7
1996	37.9	74.8	123.5	422.1	82.2	133.2	15.2	28.1	66.4	104.6
1997	38.6	77.8	124.6	400.6	79.9	134.2	15.4	28.8	64.0	104.8
1998	38.9	76.9	128.5	452.7	83.6	146.4	16.6	33.3	66.4	112.6
1999	40.2	78.9	128.2	473.8	89.1	151.6	19.3	41.2	69.0	109.5
2000	44.5	98.0	120.7	473.8	102.6	193.0	24.0	54.3	77.7	137.5
2001	47.9	97.1	118.3	429.5	104.9	181.0	25.8	45.8	78.0	133.7
2002	48.1	107.1	113.4	453.8	104.9	201.5	26.4	55.4	77.3	144.8
2003	49.0	111.9	107.5	446.2	108.7	217.1	27.0	59.9	80.6	155.9
2004	50.7	119.2	121.7	497.5	108.9	226.3	26.3	59.8	81.4	165.0
2005	52.0	122.9	125.2	516.8	109.4	232.3	26.4	62.0	81.7	168.7
2006	45.2	91.6	123.9	397.1	107.0	217.3	26.1	47.1	79.7	169.0
2007	45.8	103.4	116.4	388.0	118.2	253.6	26.1	54.5	89.9	195.1
2008	45.4	101.8	121.5	411.5	126.7	276.2	25.9	58.0	98.9	213.9
2009	43.0	99.0	107.7	417.1	132.0	288.5	25.9	58.8	104.4	225.5
2010	43.0	98.0	108.4	451.9	133.7	296.1	26.1	59.9	106.0	232.0
2011	43.8	101.7	110.6	472.3	135.2	306.7	25.8	60.6	107.8	242.0
2012	44.4	103.9	118.6	478.0	136.9	315.9	25.6	60.7	109.8	251.1
2013	45.4	103.5	122.1	478.2	139.0	320.2	25.6	62.2	112.0	253.7
2014	45.8	106.1	122.3	483.8	141.4	332.0	25.7	63.1	114.4	264.8
2015	46.6	107.0	126.0	507.9	143.0	339.6	25.8	64.1	116.0	271.7
2016	49.6	113.0	125.7	534.8	144.0	346.2	26.0	64.8	116.7	277.0
2017	51.8	119.2	126.6	537.9	147.9	357.9	26.1	66.0	120.6	288.0
2018	52.5	121.5	126.1	541.4	149.1	362.5	26.3	67.7	121.8	292.2
2019	56.0	129.9	126.0	543.2	149.5	367.4	26.5	68.4	122.3	296.4
2020	59.9	138.8	126.9	551.7	158.4	392.9	28.3	73.8	129.2	317.2
2021	61.5	143.5	127.9	559.2	165.2	416.6	29.0	76.2	135.4	338.7
2022	69.6	145.4	128.9	550.5	168.9	433.8	29.5	78.5	138.7	354.1

13-15 续表 2 continued

单位：万公顷、万吨 (10 000 hectares, 10 000 tons)

年份 Year	棉 花 Cotton		甘 蔗 Sugarcane		生 麻 Bast Fiber		烟叶(未加工) Tobacco			
									#烤烟 Fluecured Tobacco	
	播种面积 Sown Area	产 量 Yield	播种面积 Sown Area	产 量 Yield	播种面积 Sown Area	产 量 Yield	播种面积 Sown Area	产 量 Yield	播种面积 Sown Area	产 量 Yield
1952	22.50	4.00	3.00	115.30	0.10		4.17	4.25	2.08	2.04
1957	30.70	6.60	3.84	164.40		0.10	4.00	4.38	1.97	2.12
1962	21.00	2.60	1.41	28.30			1.63	1.14	0.38	0.41
1965	26.50	10.60	3.61	133.25	0.20	0.10	3.25	3.45	0.75	1.29
1970	25.70	12.70	3.35	107.61	0.60	0.20	2.13	2.32	0.47	0.48
1975	25.70	12.30	4.50	139.63	0.80	0.80	3.65	3.98	1.07	1.49
1978	25.60	14.40	4.65	154.11	1.90	5.90	5.20	6.94	1.83	2.58
1980	24.60	9.40	3.70	141.77	2.40	10.30	4.19	5.73	1.35	1.81
1985	12.60	11.30	4.62	233.98	6.80	12.40	6.83	10.68	2.90	3.87
1990	12.30	11.50	4.24	218.15	4.20	8.20	8.35	13.26	4.91	4.32
1995	13.97	11.18	3.25	170.73	4.53	6.57	5.87	7.77	3.11	3.50
1996	15.31	12.29	3.11	164.16	4.38	6.49	6.97	12.93	3.90	7.48
1997	13.92	10.73	3.09	155.66	3.97	5.39	10.02	18.56	6.88	12.33
1998	13.96	10.16	2.96	161.48	3.11	4.28	7.24	10.67	4.62	5.89
1999	9.41	7.59	2.92	161.04	2.71	3.94	7.38	11.86	4.89	6.94
2000	7.01	5.89	3.06	166.68	2.56	4.02	8.22	15.61	5.46	9.37
2001	6.64	2.98	3.06	155.67	2.48	3.94	7.03	12.17	4.23	6.55
2002	3.30	2.36	3.19	171.21	2.99	4.47	7.01	14.09	4.68	8.85
2003	3.12	2.54	3.19	170.53	3.18	5.02	6.66	13.42	4.43	8.23
2004	3.58	3.31	2.88	146.10	3.50	6.09	6.64	14.41	4.59	9.38
2005	2.78	2.47	2.67	132.89	3.70	6.85	7.95	18.17	5.88	13.23
2006	2.45	1.57	2.64	124.61	4.00	6.58	8.88	20.01	6.86	15.39
2007	1.08	0.85	2.08	109.29	2.34	4.06	7.86	16.35	6.95	14.44
2008	0.94	0.80	1.87	98.53	2.28	3.97	9.34	18.84	8.50	17.07
2009	0.83	0.75	1.58	78.60	2.21	3.85	10.43	21.63	9.58	19.52
2010	0.82	0.72	1.56	78.13	2.08	3.75	9.12	20.24	8.17	18.01
2011	0.78	0.71	1.30	62.72	1.98	3.57	10.00	20.90	9.08	18.79
2012	0.71	0.64	1.13	48.77	1.85	3.35	10.48	23.11	9.62	21.28
2013	0.66	0.62	1.06	44.69	1.82	3.29	10.33	22.15	9.63	20.02
2014	0.64	0.60	1.02	43.29	1.76	3.20	8.94	19.97	8.31	17.94
2015	0.49	0.48	0.99	41.79	1.72	3.13	8.78	19.79	8.05	18.03
2016	0.45	0.50	0.91	35.56	1.69	3.05	8.87	19.52	8.34	18.02
2017	0.44	0.40	0.91	34.74	1.68	3.03	8.63	18.05	8.13	16.56
2018	0.40	0.40	0.93	36.18	1.70	3.10	7.65	16.25	6.77	13.97
2019	0.29	0.28	0.96	37.18	1.72	3.17	7.46	16.04	6.52	13.70
2020	0.23	0.22	0.97	37.84	1.81	3.06	7.36	16.15	6.85	14.62
2021	0.21	0.20	0.96	38.61	1.83	3.26	7.26	16.13	6.75	14.68
2022	0.03	0.03	0.96	38.44	1.89	3.36	7.58	16.09	7.08	14.64

注：1994年及以前年份“生麻”统计口径为“黄红麻”。

a) Bast fiber includes only jute and ambary hemp before 1995.

13−15 续表 3 continued

单位：万公顷、万吨 (10 000 hectares, 10 000 tons)

年份 Year	蔬菜及食用菌 Vegetables and Edible Fungus 播种面积 Sown Area	蔬菜及食用菌 产量 Yield	蚕茧产量 Yield of Silkworm Cocoons	茶叶产量 Yield of Tea	水果产量 Total Fruits Yield	#园林水果 Garden Fruits	#苹果 Apples	#柑橘 Citrus	#梨 Pears	水产品产量 Yield of Aquatic Products
1952			0.98	0.79	10.30	10.30		0.40		0.81
1957			0.94	1.21	10.80	10.80		3.60		1.11
1962			0.77	0.70	8.60	8.60		1.80		1.10
1965			0.97	0.90	11.70	11.70		3.40		1.56
1970			1.84	1.01	7.90	7.90		2.40		1.66
1975			2.55	1.31	15.20	15.20		4.50		3.01
1978			3.66	1.90	17.80	17.80		5.90		3.06
1980			6.60	1.98	27.50	27.50	4.00	9.90	5.10	3.69
1985			7.39	3.71	57.00	57.00	4.60	37.70	6.30	9.27
1990			10.00	4.00	92.00	92.00	6.10	62.40	9.10	16.83
1995			15.16	4.35	155.76	155.76	12.26	93.33	17.26	29.86
1996			9.46	4.39	168.48	168.48	13.47	101.01	18.17	33.26
1997			8.53	4.52	185.13	185.13	16.12	106.89	20.04	37.20
1998	68.34	1888.41	9.28	5.09	273.95	212.92	17.74	117.84	24.97	42.29
1999	71.74	1942.15	8.10	5.29	297.25	234.53	18.68	116.22	27.27	46.57
2000	85.86	2312.56	8.73	5.45	321.63	252.57	20.23	132.75	34.45	51.31
2001	96.90	2440.79	9.22	5.84	361.93	272.90	19.40	149.77	39.48	57.13
2002	103.52	2684.94	9.30	6.28	425.93	306.69	20.69	166.18	46.97	64.84
2003	100.62	2639.60	9.29	7.21	464.93	348.21	22.54	186.16	54.77	76.40
2004	97.06	2623.87	9.74	8.65	494.83	385.45	24.05	198.78	62.03	86.15
2005	99.15	2714.29	9.80	9.79	527.16	415.76	24.29	213.74	68.46	98.25
2006	118.19	2971.23	9.83	11.29	535.32	423.81	24.80	205.78	74.60	81.30
2007	105.16	2863.99	10.68	13.73	580.05	469.18	29.54	229.79	76.89	91.05
2008	105.68	2927.13	10.19	14.22	625.17	513.59	38.62	255.43	78.00	95.20
2009	107.96	3087.00	10.15	15.74	679.12	564.81	40.61	275.23	80.11	100.13
2010	110.52	3206.45	10.33	17.20	707.74	594.08	42.61	289.97	82.44	105.06
2011	114.81	3403.84	10.27	18.97	752.94	637.13	44.45	315.36	85.36	112.15
2012	118.23	3569.18	10.26	21.03	791.42	676.84	47.50	334.53	88.42	116.83
2013	121.09	3705.10	9.99	21.97	822.03	709.84	51.11	340.85	90.36	123.64
2014	124.20	3838.35	9.82	23.47	862.87	747.06	57.53	357.60	90.26	130.00
2015	127.05	3988.38	9.55	24.61	912.14	793.65	60.68	375.82	90.97	135.97
2016	129.57	4118.12	8.95	26.51	960.05	838.67	61.85	397.91	92.84	142.16
2017	132.43	4252.27	9.08	27.78	1007.88	883.23	65.22	415.68	91.72	150.74
2018	136.92	4438.02	9.22	30.07	1080.67	948.39	72.55	432.98	94.75	153.48
2019	141.30	4639.13	9.65	32.54	1136.70	1000.76	76.51	457.73	94.28	157.69
2020	144.40	4813.39	10.00	34.42	1221.30	1083.62	80.75	488.96	95.56	160.41
2021	148.04	5039.09	9.73	37.48	1290.90	1153.37	87.24	522.28	95.96	166.49
2022	154.23	5198.70	10.14	39.28	1380.50	1238.38	90.75	563.21	98.89	172.15

注：①1997年及以前年份的水果产量为园林水果产量；②水产品产量数据由四川省水产局提供。
a) Total fruits yield in 1997 and before was known as garden fruits yield; b) Data of aquatic products output were provided by Sichuan Fisheries Bureau.

13-16 各市(州)粮食作物播种面积和产量(2022年)

Sown Areas of Farm Crops and Output of Major Farm Products by Region(2022)

单位：千公顷、万吨 (1 000 hectares, 10 000 tons)

市(州)	Region	粮食 Grain Crops		谷物 Cereal		#稻谷 Rice		豆类 Soybeans		薯类 Tubers	
		播种面积 Sown Area	产量 Yield	播种面积 Sown Area	产量 Yield	播种面积 Sown Area	产量 Yield	播种面积 Sown Area	产量 Yield	播种面积 Sown Area	产量 Yield
全 省	**Sichuan**	**6463.5**	**3510.5**	**4478.2**	**2814.7**	**1874.0**	**1462.3**	**696.2**	**145.4**	**1289.1**	**550.5**
成都市	Chengdu	388.4	227.0	284.1	191.0	148.0	118.0	45.1	10.2	59.1	25.7
自贡市	Zigong	240.3	140.3	138.0	105.9	82.0	74.5	55.9	13.4	46.4	20.9
攀枝花市	Panzhihua	46.2	26.0	37.6	23.6	8.5	7.1	5.2	1.0	3.5	1.4
泸州市	Luzhou	409.5	230.2	274.4	182.5	135.0	108.4	31.7	6.8	103.5	41.0
德阳市	Deyang	317.8	196.1	261.8	176.9	120.1	98.8	26.0	6.0	30.0	13.1
绵阳市	Mianyang	413.2	230.8	350.7	209.3	118.7	90.9	26.5	6.0	36.0	15.5
广元市	Guangyuan	322.8	158.2	244.7	135.0	65.2	49.8	42.2	7.9	35.8	15.3
遂宁市	Suining	280.0	144.6	205.1	118.9	56.7	44.2	29.9	6.0	45.0	19.7
内江市	Neijiang	317.9	169.4	183.0	125.2	81.9	66.1	56.5	10.4	78.4	33.9
乐山市	Leshan	226.7	122.6	157.3	100.6	84.4	64.5	28.1	5.3	41.3	16.7
南充市	Nanchong	577.7	312.4	424.8	256.1	153.4	119.1	47.9	10.9	105.1	45.4
眉山市	Meishan	202.3	125.4	156.9	111.6	98.4	78.4	22.4	4.3	22.9	9.5
宜宾市	Yibin	436.5	251.4	300.9	202.1	155.5	122.8	41.5	10.1	94.1	39.2
广安市	Guangan	295.9	179.7	209.4	150.7	132.3	104.5	29.4	5.2	57.2	23.9
达州市	Dazhou	576.1	319.6	343.3	236.7	191.0	139.4	67.0	13.0	165.9	69.9
雅安市	Yaan	71.2	36.4	51.8	30.6	16.1	11.8	6.2	1.0	13.2	4.8
巴中市	Bazhong	346.5	191.9	239.7	150.6	96.7	69.4	26.3	5.7	80.5	35.7
资阳市	Ziyang	337.8	162.0	188.4	113.8	71.1	51.1	70.8	14.6	78.6	33.6
阿坝藏族羌族自治州	Aba	50.1	16.3	28.0	9.0			5.6	1.1	16.5	6.2
甘孜藏族自治州	Ganzi	69.0	23.1	53.0	17.4	0.2	0.1	5.1	1.2	10.9	4.5
凉山彝族自治州	Liangshan	537.6	247.2	345.4	167.4	58.8	43.3	27.0	5.2	165.2	74.6

13-17 各市(州)粮食总产量
Total Grain Output by Region

单位：万吨 (10 000 tons)

市(州)	Region	2012	2013	2014	2015	2016	2017	2018	2019	2020	2021	2022
全 省	**Sichuan**	**3271.3**	**3336.1**	**3324.6**	**3394.6**	**3469.9**	**3488.9**	**3493.7**	**3498.5**	**3527.4**	**3582.1**	**3510.5**
成都市	Chengdu	251.7	247.8	237.1	232.9	230.7	231.9	230.3	225.9	227.9	230.6	227.0
自贡市	Zigong	123.4	126.9	127.6	132.0	136.4	137.8	138.3	138.7	140.8	143.0	140.3
攀枝花市	Panzhihua	21.1	22.3	22.6	23.8	25.4	25.4	25.4	25.7	25.9	26.3	26.0
泸州市	Luzhou	216.9	221.9	222.2	224.6	229.4	229.2	229.7	229.1	231.6	235.6	230.2
德阳市	Deyang	185.7	188.2	187.4	189.6	193.9	195.2	194.9	195.3	196.4	199.4	196.1
绵阳市	Mianyang	217.0	221.1	221.7	225.7	229.0	230.6	229.7	230.5	231.1	235.2	230.8
广元市	Guangyuan	139.9	146.1	148.6	153.7	156.9	157.1	156.4	157.7	159.4	161.3	158.2
遂宁市	Suining	141.8	142.4	140.4	140.9	141.0	142.0	142.3	142.4	144.3	146.8	144.6
内江市	Neijiang	150.7	155.4	155.8	162.2	168.7	170.4	170.8	170.7	172.2	174.6	169.4
乐山市	Leshan	112.2	114.8	114.3	116.9	120.4	121.6	122.1	122.2	123.5	125.7	122.6
南充市	Nanchong	297.7	300.9	298.6	302.3	304.6	306.4	307.1	307.8	311.6	317.1	312.4
眉山市	Meishan	127.3	126.9	122.9	122.8	122.3	123.4	123.8	125.0	125.9	127.5	125.4
宜宾市	Yibin	211.2	220.9	227.5	239.7	252.2	252.8	253.3	253.0	255.3	259.8	251.4
广安市	Guangan	166.0	170.0	169.2	173.4	178.2	179.3	179.9	180.0	181.1	183.7	179.7
达州市	Dazhou	295.9	304.4	302.5	310.7	316.1	316.6	317.1	317.8	319.4	324.2	319.6
雅安市	Yaan	35.4	35.4	34.6	34.5	35.5	35.8	35.8	35.9	36.2	36.7	36.4
巴中市	Bazhong	176.5	180.5	179.8	184.2	188.1	189.4	190.5	191.0	192.8	195.8	191.9
资阳市	Ziyang	159.8	161.9	160.3	163.2	164.7	165.4	166.1	166.1	166.1	168.1	162.0
阿坝藏族羌族自治州	Aba	14.1	14.3	14.4	14.6	15.3	15.5	15.5	15.8	16.0	16.4	16.3
甘孜藏族自治州	Ganzi	21.6	21.8	21.6	22.1	22.4	22.5	22.6	22.7	23.1	23.3	23.1
凉山彝族自治州	Liangshan	205.4	212.1	215.7	224.7	238.5	240.6	242.0	245.2	247.0	250.8	247.2

13-18 各市(州)经济作物播种面积和产量(2022年)
Sown Areas and Output of Economic Crops by Region(2022)

单位：公顷、吨 (hectare, ton)

市(州)	Region	棉花 Cotton		油料 Oil bearing Crops		#花生 Peanut		#油菜籽 Rapeseeds		生麻 Bast Fiber	
		播种面积 Sown Area	产量 Yield	播种面积 Sown Area	产量 Yield	播种面积 Sown Area	产量 Yield	播种面积 Sown Area	产量 Yield	播种面积 Sown Area	产量 Yield
全 省	**Sichuan**	**325**	**293**	**1688609**	**4338088**	**295355**	**785336**	**1386574**	**3541436**	**18900**	**33622**
成都市	Chengdu			131857	340352	14195	41014	117662	299337		
自贡市	Zigong			79769	189664	14746	38892	64774	150223		
攀枝花市	Panzhihua			2512	3893	754	1218	1758	2675		
泸州市	Luzhou			57160	129532	6176	12919	49790	115981		
德阳市	Deyang	23	17	97745	294381	14621	46397	83118	247978		
绵阳市	Mianyang	10	12	180743	531519	25340	92551	155311	438850		
广元市	Guangyuan			111302	288612	16260	63619	94941	224746	1	1
遂宁市	Suining	291	264	83703	235814	16524	42744	66912	192647		
内江市	Neijiang			82620	188724	20167	42456	62453	146268	46	52
乐山市	Leshan			58887	108712	5317	11354	53571	97358		
南充市	Nanchong			181970	506638	55411	132933	125870	372766	26	93
眉山市	Meishan			59618	139243	3577	10572	55975	128496	1	3
宜宾市	Yibin			94270	209373	26869	70578	66513	136963	49	86
广安市	Guangan			58542	135263	11590	28758	46668	105324	36	82
达州市	Dazhou			165469	437443	32779	73052	131249	361153	18711	33282
雅安市	Yaan			7807	15032	245	731	7556	14289		
巴中市	Bazhong			102196	225895	10048	23570	91593	201572	6	5
资阳市	Ziyang			104423	299174	18523	47111	85900	252063		
阿坝藏族羌族自治州	Aba			4091	6075			4090	6073		
甘孜藏族自治州	Ganzi			7722	18151	77	142	7637	17993		
凉山彝族自治州	Liangshan			16203	34598	2136	4725	13236	28681	24	18

13－18 续表 1 continued

单位：公顷、吨 (hectare, ton)

市(州)	Region	糖料 Sugar Crops		#甘蔗 Sugarcane		烟叶(未加工烟草) Tobacco (unmanufactured)		中草药材 Medicinal Herbs	蔬菜及食用菌 Vegetables and Edible Fungus	
		播种面积 Sown Area	产量 Yield	播种面积 Sown Area	产量 Yield	播种面积 Sown Area	产量 Yield	播种面积 Sown Area	播种面积 Sown Area	产量 Yield
全 省	**Sichuan**	**9639**	**384775**	**9629**	**384355**	**75797**	**160930**	**158789**	**1542341**	**51987010**
成都市	Chengdu	201	8720	201	8720	77	278	14343	182912	6423597
自贡市	Zigong	1038	33527	1038	33527			1133	70352	2633777
攀枝花市	Panzhihua	212	25942	212	25942	4946	10743	576	18416	1040595
泸州市	Luzhou	1293	72980	1293	72980	4703	7027	5430	81466	3044137
德阳市	Deyang	135	6280	135	6280	978	4222	10057	71484	2646182
绵阳市	Mianyang	114	4080	114	4080			13292	76476	2210453
广元市	Guangyuan	65	760	63	647	2510	4106	13189	79538	3081818
遂宁市	Suining	151	5959	143	5652			2334	38444	1296502
内江市	Neijiang	586	21552	586	21552	1	3	2088	88766	3705649
乐山市	Leshan	489	17010	489	17010	700	1197	14426	58669	1503343
南充市	Nanchong	932	25121	932	25121	63	283	11629	172217	4299870
眉山市	Meishan	317	12638	317	12638	66	139	2364	50747	1487273
宜宾市	Yibin	956	28708	956	28708	5267	11968	5271	90635	3245172
广安市	Guangan	242	6693	242	6693	15	39	2105	73209	2824139
达州市	Dazhou	918	23357	918	23357	1168	3112	10509	96888	3274463
雅安市	Yaan	1	13	1	13			8209	32633	795324
巴中市	Bazhong	834	20430	834	20430	160	442	22615	71728	1779424
资阳市	Ziyang	505	17035	505	17035	35	60	1641	64762	1800732
阿坝藏族羌族自治州	Aba							4976	19446	739207
甘孜藏族自治州	Ganzi							3698	15032	444192
凉山彝族自治州	Liangshan	651	53970	651	53970	55109	117311	8904	88522	3711161

13-18 续表 2 continued

单位：吨 (ton)

市(州)	Region	蚕茧产量 Yield of Silkworm Cocoons	茶叶产量 Yield of Tea	水果产量 Yield of Fruits	#园林水果 Yield of Garden Fruits	苹果 Apples	柑橘 Citrus	梨 Pears	其他 Other Fruits	水产品产量 Yield of Aquatic Products
全 省	**Sichuan**	**101386**	**392833**	**13805020**	**12383806**	**907478**	**5632088**	**988886**	**4855354**	**1721461**
成都市	Chengdu	54	23039	1769995	1582470	2810	793476	73843	712341	149336
自贡市	Zigong	2552	16477	509785	450777		394611	16983	39183	91905
攀枝花市	Panzhihua	3404	103	634993	597932	25	4201	28885	564821	13257
泸州市	Luzhou	1053	21452	324672	301591	719	127732	10236	162904	106609
德阳市	Deyang	2707	378	276064	178653	1897	67787	42783	66186	70886
绵阳市	Mianyang	9407	3748	454723	307071	1464	106540	34533	164534	129663
广元市	Guangyuan	726	16823	464267	448050	13882	44821	175985	213362	60307
遂宁市	Suining	472	43	144642	106412	593	59311	15870	30638	56599
内江市	Neijiang	2360	3225	569115	527479	61	431228	26853	69337	136448
乐山市	Leshan	402	52266	254075	235187	10	143938	7653	83586	133852
南充市	Nanchong	13943	190	826899	690217	617	570523	46248	72829	128546
眉山市	Meishan	172	25296	1417689	1381448	26	1005833	73262	302327	144313
宜宾市	Yibin	30105	97202	905098	816967	5	436320	94187	286455	122072
广安市	Guangan	1955	580	319464	214599	65	174238	15846	24450	73464
达州市	Dazhou	29	13616	594362	459325	3549	306291	27661	121824	114879
雅安市	Yaan	5	104008	640525	631698	151446	108827	138467	232958	11761
巴中市	Bazhong	292	13577	149044	114097	2875	46538	16029	48655	74912
资阳市	Ziyang	4422	2	935649	793288		754881	9739	28668	79398
阿坝藏族羌族自治州	Aba		37	314929	314506	71079		16057	227370	42
甘孜藏族自治州	Ganzi		76	23307	22222	11122	941	1940	8219	
凉山彝族自治州	Liangshan	27328	695	2275723	2209817	645233	54051	115826	1394707	23212

13-19 各市(州)油料产量
Output of Oil-bearing Crops by Region

单位：万吨 (10 000 tons)

市(州)	Region	2012	2013	2014	2015	2016	2017	2018	2019	2020	2021	2022
全　省	**Sichuan**	**315.9**	**320.2**	**332.0**	**339.6**	**346.2**	**357.9**	**362.5**	**367.4**	**392.9**	**416.6**	**433.8**
成都市	Chengdu	34.3	34.2	35.3	35.1	35.5	36.9	37.3	35.4	34.6	34.7	34.0
自贡市	Zigong	10.7	10.9	11.9	12.6	13.4	15.0	15.4	15.9	16.8	17.9	19.0
攀枝花市	Panzhihua	0.4	0.4	0.4	0.4	0.4	0.4	0.4	0.4	0.4	0.4	0.4
泸州市	Luzhou	6.6	6.7	7.1	7.4	7.7	10.2	10.1	10.1	11.6	12.1	13.0
德阳市	Deyang	23.4	24.2	24.5	24.7	24.7	24.7	24.8	24.6	26.1	28.1	29.4
绵阳市	Mianyang	39.3	39.6	40.9	42.2	42.5	43.0	43.6	44.5	46.8	49.6	53.2
广元市	Guangyuan	22.2	22.6	23.3	24.1	24.5	25.0	25.4	26.0	27.2	28.4	28.9
遂宁市	Suining	18.0	18.0	18.8	19.2	19.4	19.5	19.6	20.1	21.3	22.7	23.6
内江市	Neijiang	13.5	13.8	14.5	14.9	15.5	16.9	17.0	17.3	17.8	18.5	18.9
乐山市	Leshan	7.3	7.1	7.8	8.0	8.2	8.2	8.2	8.2	9.5	10.4	10.9
南充市	Nanchong	35.8	36.4	37.5	38.0	38.6	39.3	40.0	41.0	46.4	49.9	50.7
眉山市	Meishan	10.6	10.7	11.1	11.6	12.0	12.1	12.4	12.7	12.5	13.0	13.9
宜宾市	Yibin	12.0	12.5	13.3	14.0	14.8	15.4	15.6	15.6	17.7	19.5	20.9
广安市	Guangan	9.6	9.7	9.9	10.1	10.3	10.4	10.6	10.9	11.7	12.6	13.5
达州市	Dazhou	31.0	31.5	32.3	32.9	33.8	34.5	35.1	35.7	38.9	41.9	43.7
雅安市	Yaan	1.6	1.5	1.6	1.5	1.5	1.5	1.5	1.5	1.5	1.5	1.5
巴中市	Bazhong	14.5	14.7	14.9	15.4	15.8	16.1	16.4	16.8	20.0	21.7	22.6
资阳市	Ziyang	20.4	21.0	22.3	22.9	23.6	24.5	24.2	25.1	26.5	28.0	29.9
阿坝藏族羌族自治州	Aba	0.3	0.3	0.3	0.3	0.4	0.4	0.5	0.5	0.5	0.6	0.6
甘孜藏族自治州	Ganzi	0.6	0.7	0.7	0.7	0.8	0.9	1.3	1.7	1.8	1.8	1.8
凉山彝族自治州	Liangshan	3.7	3.8	3.6	3.7	2.9	3.1	3.2	3.3	3.3	3.3	3.5

13-20 牲畜饲养情况
Number of Livestock

单位：万头、万只 (10 000 heads)

年份 Year	肉猪出栏头数 Slaughtered Fattened Hogs	猪年末头数 Hogs (year-end)	肉牛出栏头数 Slaughtered Beef Cattle	大牲畜年末头数 Large Livestock (year-end)	#牛 Cattle and Buffaloes	#马 Horses	肉羊出栏只数 Slaughtered Sheep	羊年末只数 Sheep and Goats (year-end)	家禽出栏只数 Slaughtered Poultry	家禽年末只数 Poultry (year-end)
1952	393.00	943.00		500.00	474.00	23.00		262.00		
1957	733.00	1754.00		556.00	527.00	25.00		438.00		
1962	276.00	982.00		508.00	488.00	17.00		482.00		
1965	1130.00	1804.00		615.00	591.00	20.00		578.00		
1970	1195.00	2244.00		726.00	698.00	23.00		682.00		
1975	1314.00	2988.00		769.00	737.00	27.00		800.00		
1978	1614.00	3243.00		781.00	745.00	30.00		861.00		
1980	2264.00	3823.00	48.70	809.00	773.00	32.00	372.00	923.00		
1985	3223.00	4370.00	45.10	855.00	808.00	41.00	283.90	786.00		
1990	4507.00	4842.00	70.20	936.00	876.00	51.00	247.80	833.00		
1995	5844.00	5284.00	143.15	1035.00	963.00	60.00	424.74	1000.00	46318.62	
1996	6068.00	5277.00	159.05	1049.00	976.00	61.00	552.39	1095.00	43202.82	
1997	6234.00	5280.00	179.34	1073.00	996.00	64.00	687.07	1178.00	49744.21	
1998	6402.00	5271.00	194.88	1092.00	1012.00	67.00	843.72	1282.00	55430.69	
1999	6439.00	5204.00	194.86	1113.00	1030.00	69.00	1012.42	1383.00	63782.96	28891.80
2000	6594.37	5229.23	220.92	1132.90	1046.66	71.29	1249.43	1516.93	72291.88	32724.80
2001	6778.21	5222.78	244.99	1151.99	1062.27	74.59	1459.61	1633.31	79915.99	34113.57
2002	7090.89	5339.69	276.01	1176.87	1082.81	78.09	1704.59	1745.54	89018.51	37987.85
2003	7490.28	5484.17	310.05	1208.73	1110.88	81.47	1984.24	1898.97	97886.23	41537.17
2004	8103.34	5717.31	337.87	1234.09	1131.51	84.79	2314.33	2040.89	107208.79	44949.57
2005	8817.32	5970.69	366.80	1253.75	1146.92	88.45	2546.22	2140.25	119283.77	47810.85
2006	6905.58	5100.24	248.91	1096.15	985.67	91.10	1477.57	1629.32	47508.00	41309.25
2007	6014.61	5127.39	246.98	1098.40	981.31	95.18	1543.02	1659.05	51370.10	43215.29
2008	6429.19	5143.91	249.42	1044.86	930.06	94.07	1558.69	1617.71	53933.92	39804.47
2009	6914.93	4906.95	240.98	1050.93	933.46	96.45	1576.80	1572.10	54565.33	39897.82
2010	7174.95	4917.49	242.47	1054.06	934.70	97.54	1609.48	1467.39	56423.74	39745.36
2011	7000.41	4705.02	235.32	1051.34	935.37	94.58	1550.84	1424.63	57942.73	37714.54
2012	7170.70	4718.45	238.25	965.31	857.24	87.19	1562.70	1390.85	61999.60	36245.82
2013	7314.10	4507.69	242.04	958.80	858.67	80.38	1583.60	1362.79	63774.70	36052.58
2014	7445.00	4510.22	251.61	966.88	869.88	77.29	1632.70	1369.74	64667.60	37353.45
2015	7236.54	4288.39	263.34	953.72	857.80	76.22	1698.00	1352.31	66154.91	39869.79
2016	6907.82	4078.80	268.58	922.38	831.18	74.75	1739.19	1296.03	68489.75	38754.07
2017	6579.10	4376.64	267.26	947.18	853.19	75.46	1780.38	1599.26	65259.81	36619.20
2018	6638.34	4258.47	276.19	925.15	824.30	74.31	1740.89	1462.90	66070.96	38440.70
2019	4852.61	2870.70	291.66	944.52	851.65	75.59	1780.20	1504.08	78756.59	43949.43
2020	5614.36	3875.44	296.44	969.50	880.27	73.39	1792.10	1524.78	77444.49	43406.23
2021	6314.88	4255.14	293.14	917.56	830.51	70.60	1766.16	1511.69	77467.32	45682.62
2022	6548.45	4158.55	306.04	943.91	868.72	60.04	1792.65	1529.85	78087.06	45473.74

注：2007年至2017年牲畜饲养及畜禽产品产量数据根据第三次全国农业普查结果进行了修订(以下有关各表同)。

a) Data of livestock raising and livestock production in 2007 to 2017 were revised according to the results of the Third National Agricultural Census (the same as the following related tables).

13−21 各市(州)牲畜饲养情况(2022年)
Number of Livestock by Region(2022)

单位：万头、万只 (10 000 heads)

市(州)	Region	肉猪出栏头数 Slaughtered Fattened Hogs	猪年末头数 Hogs (year-end)	肉牛出栏头数 Slaughtered Beef Cattle	大牲畜年末头数 Large Animals (year-end)	#牛 Cattle and Buffaloes	#马 Horses	肉羊出栏只数 Slaughtered Sheep	羊年末只数 Sheep and Goats (year-end)	家禽出栏只数 Slaughtered Poultry	家禽年末只数 Poultry (year-end)
全　省	**Sichuan**	**6548.45**	**4158.55**	**306.04**	**943.91**	**868.72**	**60.04**	**1792.65**	**1529.85**	**78087.06**	**45473.74**
成都市	Chengdu	428.74	274.03	3.94	6.98	6.97	0.01	73.07	35.64	7159.90	3118.35
自贡市	Zigong	189.54	111.96	2.87	5.09	5.09	0.00	100.39	50.16	3505.59	1891.00
攀枝花市	Panzhihua	61.43	41.99	3.70	9.38	8.81	0.24	51.89	45.72	464.67	362.53
泸州市	Luzhou	415.36	259.15	7.94	19.56	19.16	0.24	55.07	39.10	4067.54	2952.38
德阳市	Deyang	281.37	160.12	7.00	12.90	12.90		23.46	19.95	7013.13	3154.56
绵阳市	Mianyang	377.86	249.75	12.52	27.50	27.08	0.41	96.37	68.95	7490.67	3780.58
广元市	Guangyuan	383.93	251.47	10.65	26.72	26.70	0.02	72.51	52.72	3796.29	2830.61
遂宁市	Suining	373.36	219.45	3.79	8.24	8.24		40.37	27.46	2626.77	1807.65
内江市	Neijiang	260.52	148.68	2.29	4.60	4.57	0.03	61.77	44.73	3403.35	2003.87
乐山市	Leshan	275.81	180.68	3.50	6.49	6.33	0.15	35.46	25.13	4461.30	2543.11
南充市	Nanchong	607.63	403.90	14.13	31.77	31.43	0.32	200.32	158.75	7407.29	4890.46
眉山市	Meishan	222.63	146.53	2.75	5.92	5.92		44.23	34.41	3941.77	1880.79
宜宾市	Yibin	515.22	327.69	15.18	32.96	32.52	0.44	47.53	37.02	4952.89	3019.07
广安市	Guangan	378.16	242.31	2.75	8.39	8.37	0.02	25.63	17.64	3470.36	2333.28
达州市	Dazhou	451.72	274.66	36.04	64.31	63.82	0.36	127.57	92.06	7676.67	3918.57
雅安市	Yaan	136.20	94.54	5.74	11.65	10.81	0.78	22.88	16.16	745.06	663.67
巴中市	Bazhong	346.30	213.16	19.53	43.03	43.03	0.00	79.92	79.82	1222.89	892.29
资阳市	Ziyang	286.47	182.95	1.97	4.17	4.03	0.14	131.43	70.51	2443.03	1738.53
阿坝藏族羌族自治州	Aba	40.72	36.97	56.59	227.46	218.33	8.95	40.59	75.95	73.60	50.39
甘孜藏族自治州	Ganzi	22.89	19.47	53.44	235.30	210.92	22.19	31.89	33.00	23.15	50.39
凉山彝族自治州	Liangshan	492.59	319.10	39.73	151.47	113.70	25.73	430.31	504.96	2141.15	1615.24

13-22 各市(州)猪年末头数
Number of Hogs by Region at Year-end

单位：万头 (10 000 heads)

市(州)	Region	2012	2013	2014	2015	2016	2017	2018	2019	2020	2021	2022
全 省	**Sichuan**	**4718.45**	**4507.69**	**4510.22**	**4288.39**	**4078.80**	**4376.64**	**4258.47**	**2870.70**	**3875.44**	**4255.14**	**4158.55**
成都市	Chengdu	536.39	488.81	482.23	442.37	377.67	402.32	367.62	158.25	260.00	278.80	274.03
自贡市	Zigong	142.74	139.17	136.01	121.95	101.67	108.11	105.66	74.24	109.54	116.29	111.96
攀枝花市	Panzhihua	44.36	41.30	41.97	41.31	40.64	41.48	41.12	29.99	38.59	42.06	41.99
泸州市	Luzhou	249.34	243.31	250.21	240.98	234.21	261.39	248.98	203.02	245.59	266.75	259.15
德阳市	Deyang	205.30	214.90	214.52	192.97	177.05	194.11	187.80	97.35	153.20	163.36	160.12
绵阳市	Mianyang	238.21	243.00	240.43	222.51	218.63	232.68	231.71	175.57	227.09	253.36	249.75
广元市	Guangyuan	223.49	230.64	229.09	222.01	219.56	241.62	238.54	189.27	235.09	255.73	251.47
遂宁市	Suining	222.79	230.85	237.21	224.88	209.19	239.39	228.68	145.48	209.34	225.29	219.45
内江市	Neijiang	213.60	187.11	188.21	171.45	149.88	160.94	157.63	88.74	143.19	153.24	148.68
乐山市	Leshan	204.75	220.63	204.79	202.73	184.84	197.91	192.92	92.49	152.89	174.81	180.68
南充市	Nanchong	399.88	369.35	375.20	355.00	365.17	386.66	380.14	285.34	380.33	414.72	403.90
眉山市	Meishan	196.18	176.09	179.74	173.22	154.94	165.23	161.32	94.92	139.12	149.97	146.53
宜宾市	Yibin	307.27	291.12	311.47	302.16	280.42	315.92	321.78	265.36	318.39	337.80	327.69
广安市	Guangan	295.81	269.12	266.61	254.98	221.40	242.20	235.50	171.77	208.57	245.07	242.31
达州市	Dazhou	339.76	292.29	287.13	278.66	276.75	286.05	281.29	196.16	255.02	283.22	274.66
雅安市	Yaan	82.63	80.36	87.23	86.03	83.92	87.15	83.91	60.61	78.19	96.98	94.54
巴中市	Bazhong	222.43	218.38	210.53	202.81	217.68	227.12	218.86	148.37	205.79	217.28	213.16
资阳市	Ziyang	205.89	201.97	196.90	192.17	180.74	200.30	193.89	106.05	160.00	185.51	182.95
阿坝藏族羌族自治州	Aba	25.45	26.06	27.50	27.42	27.04	26.88	27.48	26.54	35.59	39.11	36.97
甘孜藏族自治州	Ganzi	16.52	16.70	16.91	16.86	17.46	17.45	17.87	17.08	18.79	20.00	19.47
凉山彝族自治州	Liangshan	345.65	326.52	326.32	315.90	339.95	341.71	336.53	244.19	301.09	335.79	319.10

13-23 各市(州)大牲畜年末头数
Number of Large Livestock by Region at Year-end

单位：万头 (10 000 heads)

市(州)	Region	2012	2013	2014	2015	2016	2017	2018	2019	2020	2021	2022
全　省	**Sichuan**	**965.31**	**958.80**	**966.88**	**953.72**	**922.38**	**947.18**	**925.15**	**944.52**	**969.50**	**917.56**	**943.91**
成都市	Chengdu	10.87	11.23	11.65	11.68	7.98	7.87	7.33	7.18	7.53	6.61	6.98
自贡市	Zigong	5.43	5.95	6.40	5.80	3.85	4.75	4.66	4.83	5.74	5.75	5.09
攀枝花市	Panzhihua	10.00	9.64	9.60	9.67	9.41	10.23	9.22	9.48	9.53	9.26	9.38
泸州市	Luzhou	25.88	24.71	22.79	19.36	17.16	18.59	18.82	19.10	19.92	18.58	19.56
德阳市	Deyang	13.36	14.15	13.92	13.72	10.72	11.31	11.09	11.40	12.21	12.62	12.90
绵阳市	Mianyang	30.73	28.11	29.04	22.99	21.22	23.48	23.10	23.70	24.61	26.56	27.50
广元市	Guangyuan	20.67	20.36	20.04	20.06	20.07	20.44	20.51	21.97	25.13	24.84	26.72
遂宁市	Suining	8.47	8.41	7.92	7.07	6.30	6.43	6.47	6.90	7.18	8.03	8.24
内江市	Neijiang	5.53	5.02	5.10	3.65	2.94	3.20	3.26	3.44	4.70	4.67	4.60
乐山市	Leshan	8.84	8.79	7.98	6.55	5.63	6.05	6.19	6.01	6.61	6.32	6.49
南充市	Nanchong	29.80	28.29	29.18	26.12	25.10	25.42	25.71	26.49	30.46	30.67	31.77
眉山市	Meishan	9.23	8.06	7.50	5.63	4.50	4.77	4.80	4.89	5.45	5.62	5.92
宜宾市	Yibin	23.01	23.87	23.95	22.81	22.02	24.72	24.89	27.70	32.86	31.50	32.96
广安市	Guangan	9.52	8.23	8.01	5.61	4.75	4.92	4.85	5.05	7.03	7.96	8.39
达州市	Dazhou	62.01	61.68	62.26	58.25	53.73	55.73	56.34	58.29	59.66	60.77	64.31
雅安市	Yaan	13.67	14.07	14.05	13.98	13.03	13.66	13.55	13.73	13.15	11.91	11.65
巴中市	Bazhong	37.48	37.85	40.43	37.73	36.87	35.98	36.96	38.35	38.02	40.08	43.03
资阳市	Ziyang	4.71	4.19	3.81	3.45	3.16	3.34	3.45	3.54	3.73	3.94	4.17
阿坝藏族羌族自治州	Aba	216.19	226.73	234.42	236.15	244.24	248.22	226.36	239.03	242.14	219.13	227.46
甘孜藏族自治州	Ganzi	263.31	252.96	254.31	258.23	259.61	263.35	253.92	256.26	258.26	235.33	235.30
凉山彝族自治州	Liangshan	156.60	156.48	154.51	155.22	150.10	154.72	154.80	157.31	155.59	147.41	151.47

13－24 畜产品产量

Output of Livestock Products

年份 Year	肉类总产量（万吨） Output of Meat (10 000 tons)	#猪肉 Pork	#牛肉 Beef	#羊肉 Mutton	#禽肉 Poultry	#兔肉 Rabbit	禽蛋产量（万吨） Output of Poultry Eggs (10 000 tons)	奶类产量（万吨） Output of Milk (10 000 tons)	蜂蜜产量（吨） Output of Honey (ton)	绵羊毛产量（吨） Output of Sheep Wool (ton)
1952	17.10	15.60								
1957	35.20	33.40								
1962	8.00	6.90								
1965	52.20	49.80								
1970	52.80	51.50								
1975	59.60	57.30								
1978	78.00	76.00						5.77		
1980	125.40	119.80	3.56	3.69				11.00		2602
1985	208.40	202.50	4.09	3.15				19.00	11584	2392
1990	301.00	292.30	6.86	3.74			35.00	22.00	14763	2729
1995	472.96	391.87	15.51	6.29	67.90		60.00	24.00	17922	3265
1996	501.64	408.71	17.07	8.09	63.35		67.00	24.00	18541	3269
1997	531.57	424.39	19.30	10.04	72.75		74.00	26.00	19403	3434
1998	568.11	447.10	21.33	12.74	81.35		80.00	27.00	21414	3760
1999	605.40	464.03	22.87	15.74	95.92		89.00	27.00	22829	3963
2000	641.25	478.59	25.27	19.19	109.68		99.70	28.92	22681	4108
2001	680.41	495.42	28.37	22.85	121.95	10.09	108.76	33.34	26567	4288
2002	735.84	522.19	33.01	27.88	139.02	11.98	121.11	39.32	29396	4800
2003	795.26	554.39	37.32	32.59	154.57	14.30	133.61	45.84	32944	5059
2004	870.62	601.37	41.55	38.53	170.44	16.77	145.21	53.00	32613	5375
2005	955.87	657.07	45.19	42.74	189.77	19.13	157.17	59.03	34704	5801
2006	622.67	481.42	28.34	21.36	68.07	21.39	140.69	62.71	38863	6047
2007	565.47	407.70	27.58	23.88	78.82	25.26	145.20	65.60	42753	6513
2008	587.53	434.46	27.69	24.06	80.76	18.92	142.96	68.93	43354	6548
2009	627.36	472.38	27.82	24.31	81.49	19.81	143.97	68.88	47370	6824
2010	651.53	492.25	27.94	24.80	84.11	20.74	144.81	71.25	46037	6892
2011	644.99	484.73	27.11	23.90	86.73	20.83	145.02	72.36	49890	6940
2012	663.16	496.40	27.24	24.00	93.00	20.81	146.40	72.12	52683	7098
2013	682.31	510.80	28.44	24.50	95.60	21.22	145.20	71.09	51107	5854
2014	704.10	527.20	30.15	25.30	97.40	22.30	145.30	71.30	53933	5939
2015	694.33	512.42	31.53	26.32	99.69	22.61	146.65	67.49	55862	6038
2016	680.36	492.32	32.44	26.78	103.10	23.98	149.68	62.77	55815	6046
2017	653.82	472.23	33.31	27.24	99.05	20.23	144.50	63.79	57668	5840
2018	664.74	481.20	34.47	26.31	100.59	20.43	148.80	64.27	54287	5475
2019	559.53	353.45	36.43	27.08	119.70	21.15	161.70	66.77	55253	5519
2020	597.94	394.79	37.02	27.27	115.92	21.22	167.93	68.09	62658	4644
2021	664.01	460.49	36.86	27.08	115.98	21.99	169.24	68.31	62663	4505
2022	685.72	478.00	38.58	27.43	117.15	22.86	175.50	70.83	64900	4301

13−25 各市(州)畜产品产量(2022年)
Output of Livestock Products by Region(2022)

市(州)	Region	肉类总产量(万吨) Output of Meat (10 000 tons)	#猪肉 Pork	#牛肉 Beef	#羊肉 Mutton	#禽肉 Poultry	#兔肉 Rabbit
全　省	**Sichuan**	**685.72**	**478.00**	**38.58**	**27.43**	**117.15**	**22.86**
成都市	Chengdu	45.45	30.61	0.51	1.05	11.32	1.86
自贡市	Zigong	25.83	13.56	0.38	1.49	5.24	4.99
攀枝花市	Panzhihua	6.50	4.46	0.47	0.81	0.74	0.02
泸州市	Luzhou	39.57	30.37	0.99	0.87	5.99	1.32
德阳市	Deyang	35.63	20.69	0.90	0.37	11.35	2.28
绵阳市	Mianyang	43.37	27.72	1.60	1.42	11.35	1.20
广元市	Guangyuan	36.73	28.10	1.35	1.09	5.46	0.72
遂宁市	Suining	33.35	27.16	0.48	0.58	4.32	0.76
内江市	Neijiang	26.53	18.77	0.30	0.89	4.92	1.65
乐山市	Leshan	28.94	20.07	0.47	0.56	6.70	1.15
南充市	Nanchong	62.31	44.61	1.74	3.15	10.22	2.13
眉山市	Meishan	24.10	16.51	0.34	0.65	5.80	0.62
宜宾市	Yibin	49.51	37.97	2.02	0.67	7.21	1.63
广安市	Guangan	33.90	27.71	0.36	0.34	4.68	0.73
达州市	Dazhou	51.91	33.12	4.62	2.01	11.60	0.48
雅安市	Yaan	12.58	10.05	0.70	0.31	1.36	0.16
巴中市	Bazhong	31.21	25.39	2.39	1.11	1.80	0.51
资阳市	Ziyang	27.51	20.94	0.27	1.96	3.73	0.51
阿坝藏族羌族自治州	Aba	10.90	2.94	7.11	0.71	0.11	0.01
甘孜藏族自治州	Ganzi	8.91	1.65	6.70	0.52	0.03	0.00
凉山彝族自治州	Liangshan	50.98	35.57	4.88	6.88	3.20	0.14

13-25 续表 continued

市(州)	Region	奶 类 (万吨) Milk (10 000 tons)	出栏家禽 (万只) Slaughtered Poultry (10 000 heads)	出栏肉兔 (万只) Slaughtered Rabbit (10 000 heads)	禽 蛋 (吨) Poultry Eggs (ton)	蜂 蜜 (吨) Honey (ton)	蚕 茧 (吨) Silkworm Cocoons (ton)
全 省	**Sichuan**	**70.83**	**78087.06**	**17546.16**	**1754992**	**64900**	**101386**
成都市	Chengdu	8.43	7159.90	1201.60	184206	8314	54
自贡市	Zigong	1.80	3505.59	4421.48	67306	1177	2552
攀枝花市	Panzhihua	0.03	464.67	11.70	11628	115	3404
泸州市	Luzhou	0.13	4067.54	1036.45	51677	3197	1053
德阳市	Deyang	1.17	7013.13	1708.35	129855	5787	2707
绵阳市	Mianyang	1.54	7490.67	850.14	164064	6763	9407
广元市	Guangyuan		3796.29	509.30	55573	1722	726
遂宁市	Suining	0.05	2626.77	630.57	96352	2277	472
内江市	Neijiang	0.90	3403.35	1367.15	52083	958	2360
乐山市	Leshan	0.06	4461.30	801.72	158167	648	402
南充市	Nanchong	2.70	7407.29	1584.46	247858	1696	13943
眉山市	Meishan	15.36	3941.77	382.09	61942	13653	172
宜宾市	Yibin	0.30	4952.89	1152.17	53798	2064	30105
广安市	Guangan	0.27	3470.36	508.38	82917	645	1955
达州市	Dazhou	2.24	7676.67	357.14	117282	8805	29
雅安市	Yaan	2.94	745.06	139.08	25839	723	5
巴中市	Bazhong		1222.89	391.48	72014	981	292
资阳市	Ziyang	1.58	2443.03	394.48	90130	1054	4422
阿坝藏族羌族自治州	Aba	15.53	73.60	3.71	1913	1001	
甘孜藏族自治州	Ganzi	11.05	23.15	0.48	706	145	
凉山彝族自治州	Liangshan	4.72	2141.15	94.24	29681	3175	27328

13−26 各市(州)肉类总产量
Output of Meat by Region

单位：万吨 (10 000 tons)

市(州)	Region	2012	2013	2014	2015	2016	2017	2018	2019	2020	2021	2022
全 省	**Sichuan**	**663.16**	**682.31**	**704.10**	**694.33**	**680.36**	**653.82**	**664.74**	**559.53**	**597.94**	**664.01**	**685.72**
成都市	Chengdu	80.83	78.23	78.68	75.00	68.15	62.03	59.36	43.72	44.14	45.19	45.45
自贡市	Zigong	23.86	24.37	24.99	24.30	23.37	21.61	22.30	20.30	22.18	24.70	25.83
攀枝花市	Panzhihua	5.10	5.27	5.55	5.80	5.61	5.68	5.86	5.19	5.65	6.22	6.50
泸州市	Luzhou	31.89	34.79	36.62	36.55	37.06	36.40	37.21	32.70	34.54	38.68	39.57
德阳市	Deyang	35.69	37.18	36.95	36.45	35.59	34.14	34.56	29.12	31.11	34.43	35.63
绵阳市	Mianyang	39.04	41.40	41.55	40.68	38.95	37.79	38.97	35.63	38.35	41.40	43.37
广元市	Guangyuan	28.83	30.90	32.13	32.22	32.50	31.54	32.56	28.79	31.20	35.43	36.73
遂宁市	Suining	31.07	32.36	33.54	33.00	33.38	31.68	32.34	26.77	28.79	32.19	33.35
内江市	Neijiang	27.03	27.62	28.37	27.28	26.26	24.22	24.84	19.98	22.35	25.50	26.53
乐山市	Leshan	29.18	30.62	30.55	30.83	30.24	28.39	28.85	22.52	25.45	27.87	28.94
南充市	Nanchong	56.57	58.34	60.91	59.96	60.34	57.25	58.38	48.44	54.46	60.95	62.31
眉山市	Meishan	25.61	26.01	27.31	27.05	25.43	24.18	24.70	19.66	20.44	22.85	24.10
宜宾市	Yibin	39.51	42.11	45.25	44.37	44.17	44.95	46.05	41.29	42.56	48.29	49.51
广安市	Guangan	33.46	36.09	37.41	36.88	35.02	32.51	33.09	24.94	28.76	33.04	33.90
达州市	Dazhou	47.43	47.25	47.74	46.86	46.41	44.73	46.01	42.03	44.16	50.03	51.91
雅安市	Yaan	11.87	11.66	13.16	13.08	11.61	11.45	11.69	10.30	10.94	12.16	12.58
巴中市	Bazhong	30.36	30.12	30.85	30.52	30.24	30.13	30.89	24.38	26.26	29.85	31.21
资阳市	Ziyang	29.62	29.27	29.77	29.00	28.63	27.29	27.10	19.96	23.12	26.47	27.51
阿坝藏族羌族自治州	Aba	7.22	8.04	9.18	9.96	10.35	10.32	10.80	10.81	10.74	10.68	10.90
甘孜藏族自治州	Ganzi	6.26	6.64	7.40	7.99	8.98	9.00	9.21	9.11	9.22	8.69	8.91
凉山彝族自治州	Liangshan	42.73	44.02	46.18	46.53	48.18	48.53	49.37	43.94	43.96	49.42	50.98

13-27 林产品产量及造林面积
Output of Major Forest Products and Areas under Afforestation

年份 Year	林产品产量 (吨) Output of Major Forest Products (ton)			造林面积 (万公顷) Area under Afforestation (10 000 hectares)
	油茶籽 Tea-oil Seeds	核桃(干重) Walnut (dry weight)	竹笋干 Bamboo Shoots	
1952	5643	2933	279	2.13
1957	15276	8703	604	10.18
1962	2793	3075	2046	12.72
1965	2223	1750	604	11.57
1970	1141	4162	976	15.41
1975	3288	5474	1022	21.59
1978	8439	9060	906	20.05
1980	5282	9468	1119	20.29
1985	2242	7222	1437	47.44
1990	1878	15655	2946	26.50
1995	4047	22928	5378	25.00
1996	2922	24819	6146	25.60
1997	3903	22059	5593	28.15
1998	6479	28711	6100	38.51
1999	4273	23842	7886	40.46
2000	4372	32095	8914	48.91
2001	4278	32744	9925	51.66
2002	10228	70534	23722	69.46
2003	11854	77004	28250	72.32
2004	4037	56731	40696	37.01
2005	2464	59272	62190	24.19
2006	3578	61112	48895	10.49
2007	10272	76721	40434	33.23
2008	3358	91170	62826	57.46
2009	3426	123683	51349	48.78
2010	4360	126109	78952	38.22
2011	4649	176710	128841	25.19
2012	4180	211944	42292	11.22
2013	5361	245876	87855	12.62
2014	13718	293750	109554	9.82
2015	20708	458435	138195	31.82
2016	17254	451486	135266	56.85
2017	20852	537474	122376	65.84
2018	23119	573685	72900	43.68
2019	19792	563233	104802	40.04
2020	25059	605797	107357	34.39
2021	28402	888524	103501	24.37
2022	15594	680284	149593	18.60

注：本表数据由四川省林业和草原局提供。
a) Data in this table are provided by the bureau of Forestry and Grassland of Sichuan Province.

13-28 受灾面积和绝收面积
Areas Covered by Natural Disaster and Total Crop Failure

单位:万公顷 (10 000 hectares)

年份 Year	受灾面积 Area Covered by Natural Disaster	绝收面积 Area of Total Crop Failure	水灾 Flood		旱灾 Drought	
			受灾面积 Area Covered	绝收面积 Total Crop Failure	受灾面积 Area Covered	绝收面积 Total Crop Failure
1952	53.8	30.1	7.6	4.2	46.2	25.9
1957	28.8	16.3	2.6	1.5	25.0	14.2
1962	193.6	109.9	22.0	10.2	157.1	94.2
1965	80.6	45.5	11.1	6.3	55.9	37.9
1975	110.0	62.1	13.8	7.5	92.7	51.4
1978	302.7	273.5	7.0	4.0	273.4	185.8
1980	201.5	112.9	51.8	26.9	83.0	42.3
1985	299.3	168.2	30.5	18.4	137.5	83.3
1990	322.8	169.4	63.7	33.0	181.5	93.2
1995	288.1	185.7	89.3	51.7	163.0	92.8
1996	393.2	221.9	56.3	31.8	174.3	103.5
1997	311.5	174.9	47.2	22.3	194.9	117.5
1998	316.3	172.7	141.6	81.9	141.6	71.2
1999	297.3	163.3	81.6	45.3	117.2	63.7
2000	432.0	251.3	82.3	42.2	309.3	186.0
2001	444.9	299.9	93.5	59.0	325.4	224.5
2002	241.9	135.3	92.8	59.8	90.3	44.7
2003	259.2	203.2	94.2	78.6	124.1	95.8
2004	149.0	22.9	70.1	70.0	30.4	4.0
2005	294.3	119.8	87.6	46.4	31.7	15.7
2006	156.6	21.6	79.2	10.1	40.2	2.6
2007	260.1	22.0	89.8	11.0	138.1	8.2
2008	141.2	6.7	20.6	1.6	10.7	0.3
2009	245.9	46.9	110.5	20.3	128.8	26.4
2010	232.4	85.1	150.8	42.3	62.8	38.4
2011	206.3	112.1	72.4	37.8	98.7	56.3
2012	201.2	119.3	113.4	58.9	97.5	63.2
2013	244.2	125.8	88.2	51.2	135.4	63.1
2014	92.8	48.4	29.2	17.1	58.3	28.2
2015	40.9	22.2	25.6	12.7	9.6	5.4
2016	41.0	25.2	17.8	10.9	8.7	5.9
2017	18.6	11.9	13.7	8.7	3.2	2.2
2018	49.3	6.5	35.7	5.6	9.9	0.8
2019	32.4	3.3	23.8	3.1	7.9	0.1
2020	63.3	7.6	36.0	5.7	24.9	1.6
2021	26.6	4.2	24.4	3.9	0.1	
2022	61.1	8.9	5.5	0.9	52.3	5.4

注：本表由四川省民政厅提供。2004年及以前绝收面积为成灾面积。

a) Data in this table are provided by Civil Affairs Department of Sichuan Province. Data of total crop failure were area affected in 2004 and before.

主要统计指标解释

农林牧渔业总产值 指以货币表现的农、林、牧、渔业全部产品和对农林牧渔业生产活动进行的各种支持性服务活动的价值总量，它反映一定时期内农林牧渔业生产总规模和总成果。农林牧渔业总产值采用“产品法”进行计算，通常是按农、林、牧、渔业产品及其副产品的产量分别乘以各自单位产品价格求得；少数生产周期较长，当年没有产品或产品产量不易统计的，则采用间接方法匡算其产值；然后将四业产品产值及农林牧渔专业及辅助性活动产值相加即为农林牧渔业总产值。

粮食产量 指日历年度内生产的全部粮食数量。按收获季节包括夏收粮食、早稻和秋收粮食，按作物品种包括谷物、豆类和薯类。其产量计算方法：谷物按脱粒后的原粮计算，豆类按去豆荚后的干豆计算；薯类(包括甘薯和马铃薯，不包括芋头和木薯)1964 年以前按每 4 公斤鲜薯折 1 公斤粮食计算，从 1964 年开始改为按每 5 公斤鲜薯折 1 公斤粮食计算；城市郊区作为蔬菜的薯类(如马铃薯等)按鲜品计算，并且不作粮食统计。

棉花产量 指全社会棉花的产量。包括春播棉和夏播棉。产量按皮棉计算。不包括木棉。

油料产量 指全部油料作物的生产量。包括花生、油菜籽、芝麻、向日葵籽、胡麻籽(亚麻籽)和其他油料。不包括大豆、木本油料和野生油料。花生以带壳干花生计算。

水产品产量 指渔业（捕捞和养殖）生产活动的最终有效成果，包括全部海水和淡水鱼类、甲壳类（虾、蟹）、贝类、头足类、藻类和其他类渔业产品的最终产量。

猪、牛、羊、禽肉产量 指当年出栏并已屠宰、除去头蹄下水后带骨肉(即胴体重)的重量。

期初(末)畜禽存栏头(只)数 指报告期初(末)饲养的大牲畜、猪、羊、家禽等畜禽的数量。数据上报方式及数据调整情况同猪、牛、羊、禽肉产量。

耕地 指利用地表耕作层种植农作物为主，每年种植一季及以上（含以一年一季以上的耕种方式种植多年生作物）的土地，包括熟地，新开发、复垦、整理地，休闲地（含轮歇地、休耕地）；以及间有零星果树、桑树或其他树木的耕地；包括南方宽度＜1.0 米，北方宽度＜2.0 米固定的沟、渠、路和地坎(埂)；包括直接利用地表耕作层种植的温室、大棚、地膜等保温、保湿设施用地。

农作物播种面积 指日历年度内收获农作物在全部土地（耕地或非耕地）上的播种或移植面积。凡是本年内收获的农作物，无论是本年还是上年播种，都算为播种面积，但不包括本年播种，下年收获的农作物面积。

耕地灌溉面积 指具有一定的水源，地块比较平整，灌溉工程或设备已经配套，在一般年景下能够进行正常灌溉的耕地面积。在一般情况下，耕地灌溉面积应等于灌溉工程或设备已经配套，能够进行正常灌溉的水田和水浇地面积之和。它是反映我国农田水利建设的重要指标。

农用化肥施用量 指本年内实际用于农业生产的化肥数量，包括氮肥、磷肥、钾肥和复合肥。化肥施用量要求按折纯量计算数量。折纯量是指把氮肥、磷肥、钾肥分别按含氮、含五氧化二磷、含氧化钾的百分之百成份进行折算后的数量。复合肥按其所含主要成分折算。公式为：

折纯量=实物量×某种化肥有效成份含量的百分比

农业机械总动力 指全部农业机械动力的额定功率之和。农业机械是指用于种植业、畜牧业、渔业、农产品初加工、农用运输和农田基本建设等活动的机械及设备。农机总动力按使用能源不同分为以下四部分：

(1)柴油发动机动力：指全部柴油发动机额定功率之和；

(2)汽油发动机动力：指全部汽油发动机额定功率之和；

(3)电动机动力：指全部电动机（含潜水电泵的电动机）额定功率之和；

(4)其他机械动力：指采用柴油、汽油、电力之外的其他能源，如水力、风力、煤炭、太阳能等动力机械功率之和。

Explanatory Notes on Main Statistical Indicators

Gross Output Value of Agriculture, Forestry, Animal Husbandry and Fishery refers to the total value of products (expressed in monetary terms) of agriculture, forestry, animal husbandry and fishery, and total value of services in support of agriculture, forestry, animal husbandry and fishery activities. It reflects the total scale and results of agricultural production during a given period. Gross output value of agriculture is calculated by product method, and is obtained by multiplying the output of each product or by-product by its price, resulting in the output value of each single item. For a small number of products, annual output of which is not available or difficult to get due to the long production process involved, the output value is estimated through an indirect approach. The sum of output values of all products of agriculture, forestry, animal husbandry and fishery and professional and auxiliary activities of agriculture, forestry, animal husbandry and fishery is then equal to the gross output value of agriculture.

Grain Output refers to the total output of grains produced within a calendar year. It includes summer crops, early rice and autumn crops by harvest seasons; and covers cereals, beans and tubers by type of crops. Output of cereals cover husked grain only. Output of beans refers to dry beans without pods. The output of tubers (sweet potatoes and potatoes, not including taros and cassava) are converted with the ratio of 4:1, i.e. 4 kilograms of fresh tubers were equivalent to 1 kilogram of grain before 1964. Since 1964 the ratio has been changed to 5:1. Tubers consumed as vegetables (such as potatoes) in cities and suburbs are calculated as fresh vegetables and their output is not included in the output of grain.

Cotton Output refers to cotton production in the whole country including cotton planted in spring and in summer. Output is measured as the weight of ginned cotton. Ceiba is not included.

Output of Oil-bearing Crops refers to the total production of oil-bearing crops of various kinds, including peanuts, rapeseeds, sesame, sunflower seeds, flax seeds, and other oil-bearing crops. Soybeans, oil-bearing woody plants, and wild oil-bearing crops are not included.

Output of Aquatic Products refers to final output actually yielded from fishing production (fishery and breeding), including all output of marine and freshwater fish, crustaceans (shrimps, crabs), shellfish, cephalopod, seaweed and other fishery products. Data on output of aquatic products are reported by fishery agencies level by level.

Output of Pork, Beef, Mutton and Poultry refers to the meat of slaughtered hogs, cattle, sheep and goats with head, feet, and offal taken away.

Number of Livestock or Poultry in Stock at Beginning/End of Period refers to the total number of large animals, pigs, sheep, fowls, etc. raised at the beginning/end of the reference period. Data reporting system and data adjustment are the same as that in the output of pork, beef, mutton and poultry.

Arable Land refers to the area of land mainly for the regular cultivation of farm crops (including vegetables), with some fruit trees, mulberry trees and others, covers cultivated land, newly-developed land, reclaimed land, consolidated land, fallow, beach land that can guarantee one harvest per year on average. It also covers fixed ditch, canal, road and sill (ridge) with width less than 1 meter in the South and 2 meters in the North, lands planted temporarily with herbs, grass, flowers and nursery stocks, and other cultivated land with temporary change of use.

Sown Area of Crops refers to area of all land (cultivated or non-cultivated area) sown or transplanted with crops that are harvested within the calendar year. All crops harvested within the year are counted as sown area, regardless of being sown in this year or the previous year. Crops sown this year but will be harvested in the coming year are excluded.

Irrigated Area of Cultivated Land refers to area of land that are effectively irrigated, i.e. relatively level land, where there are water sources or complete sets of irrigation facilities to lift and move adequate water for irrigation purpose under normal conditions. Under normal situations, irrigated area of cultivated land is the sum of watered fields and irrigated fields where irrigation systems or equipment have been installed for regular irrigation purpose. It is an important indicator to reflect the farmland water conservancy construction in China.

Consumption of Chemical Fertilizers in Agriculture refers to the quantity of chemical fertilizers applied in agriculture in the year, including nitrogenous fertilizer, phosphate fertilizer, potash fertilizer, and compound fertilizer. The consumption of chemical fertilizers is calculated in terms of volume of effective components by means of converting the gross weight of the respective fertilizers into weight containing effective component (e.g. nitrogen content in nitrogenous fertilizer, phosphorous pentoxide contents in phosphate fertilizer, and potassium oxide contents in potash fertilizer). Compound fertilizer is converted in regard to its major components. The formula is:

Volume of effective component = physical quantity × effective component of certain chemical fertilizer (%)

Total Power of Farm Machinery refers to the total rated capacity of all agricultural machinery. Agricultural machinery refers to the machines and equipment which are used for activities of farming, animal husbandry, fishery, primary processing of agricultural products, agricultural transport and infrastructure construction of farmland. Total power of agricultural machinery is classified into 4 groups according to the energy used:

1) Diesel engine power refers to the total rated capacity of all diesel engines.

2) Gasoline engine power refers to the total rated capacity of all gasoline engines.

3) Electric motor power refers to the total rated capacity of all electric motors (include submersible pump motors).

4) Other mechanical powers refer to the total mechanical capacity of the sources of energy besides diesel, gasoline and motor power, such as hydro power, wind power, coal and sola energy.

14 工 业

Chapter 14 Industry

14-1 规模以上工业企业情况(2022年)
Information of Industrial Enterprises above Designated Size(2022)

分 类	Item	企业单位数(个) Number of Enterprises (unit)	资产总计(亿元) Total Assets (100 million yuan)	营业收入(亿元) Business Revenue (100 million yuan)	利润总额(亿元) Total Profits (100 million yuan)	平均用工人数(万人) Annual Average Employees (10 000 persons)
总 计	**Total**	**17523**	**68314.26**	**50413.61**	**4602.33**	**301.90**
按轻重工业分	**Grouped by Light &Heavy Industries**					
轻工业	Light Industry	6160	15266.79	12964.52	1501.18	99.46
重工业	Heavy Industry	11363	53047.46	37449.09	3101.15	202.44
按企业规模分	**Grouped by Size of Enterprises**					
大型企业	Large-sized Enterprises	283	27331.05	21985.64	2151.52	101.20
中型企业	Medium-sized Enterprises	1455	13121.20	10712.16	1112.83	69.43
小型企业	Small-sized Enterprises	15785	27862.01	17715.82	1337.98	131.27
按登记注册类型分	**Grouped by Status of Registration**					
内资企业	Domestic Funded Enterprises	16916	61672.38	43270.95	4271.06	268.93
国有企业	State-owned Enterprises	152	2973.31	892.84	108.78	5.74
集体企业	Collective-owned Enterprises	31	14.17	18.21	1.25	0.20
股份合作企业	Cooperative Share-holding Enterprises	41	74.50	50.04	2.23	0.54
联营企业	Joint-owned Enterprises	4	5.11	2.64	0.02	0.03
有限责任公司	Limited Liability Corporations	3749	36905.33	22685.24	2103.52	107.82
国有独资企业	State Sole-proprietorship Enterprises	403	9478.31	4569.53	219.24	22.00
其他有限责任公司	Others	3346	27427.01	18115.71	1884.28	85.81
股份有限公司	Share-holding Corporations Limited	324	6896.08	3417.63	761.90	19.52
私营企业	Private Enterprises	12607	14802.54	16202.14	1293.20	135.06
私营独资企业	Private Sole-proprietorship Enterprises	627	286.61	439.21	36.62	4.27
私营合伙企业	Private Partnership Enterprises	105	60.41	90.71	5.36	0.75
私营有限责任公司	Private Limited Liability Corporations	11570	12541.90	14740.88	1131.68	121.66
私营股份有限公司	Private Share-holding Corporations Ltd.	305	1913.62	931.34	119.54	8.37
其他企业	Others	8	1.36	2.21	0.18	0.03
港、澳、台商投资企业	Enterprises with Investment from Hong Kong, Macao and Taiwan	219	3549.93	3810.00	117.32	17.29
合资经营企业(港或澳、台资)	Joint-venture Enterprises	97	2554.47	2407.48	67.73	11.97
合作经营企业(港或澳、台资)	Cooperative Enterprises	5	17.39	29.09	0.72	0.05
港、澳、台商独资企业	Sole-proprietorship Enterprises	106	779.47	1278.91	39.22	4.59
港、澳、台商股份有限公司	Share-holding Corporations Ltd.	10	198.43	94.28	9.63	0.66
外商投资企业	Foreign Invested Enterprises	388	3091.94	3332.66	213.95	15.69
中外合资经营企业	Joint-venture Enterprises	165	1315.87	1209.78	70.07	4.70
中外合作经营企业	Cooperative Enterprises	8	24.91	7.15	1.37	0.08
外资企业	Sole-proprietorship Enterprises	199	1668.49	2073.78	138.89	10.56
外商投资股份有限公司	Share-holding Corporations Ltd.	10	41.28	22.15	1.96	0.28

14−2 规模以上工业企业主要指标
Main Indicators of Industrial Enterprises above Designated Size

单位：亿元 (100 million yuan)

年份 Year	企业单位数（个） Number of Enterprises (unit)	资产总计 Total Assets	流动资产合计 Total Current Assets	固定资产原价 Original Value of Fixed Assets	负债合计 Total Liabilities	流动负债合计 Total Current Liabilities	所有者权益合计 Owners' Equities
1998	4980	3901.41	1697.45	2333.82	2533.99	1674.19	1367.42
1999	4538	4468.41	1753.12	2915.58	2845.91	1701.77	1622.50
2000	4394	4586.11	1845.51	2917.04	2955.77	1773.71	1630.26
2001	4572	4862.54	1980.49	3115.87	3054.15	1919.52	1808.39
2002	4908	5245.63	2130.16	3204.04	3239.96	2054.99	2005.67
2003	5448	6024.49	2476.34	3658.81	3696.53	2418.37	2326.96
2004	7413	6817.78	2874.36	4346.45	4306.81	2970.85	2510.36
2005	7959	7908.62	3309.89	4845.07	4934.81	3354.28	2966.06
2006	8995	9182.08	3890.88	5289.43	5588.76	3766.54	3589.27
2007	10709	11690.21	4971.06	6769.68	6956.94	4792.47	4733.27
2008	13725	15589.47	6458.42	8042.60	9241.79	6228.80	6347.68
2009	13267	17986.99	7447.84	10073.14	10832.20	7126.69	7077.73
2010	13706	22564.76	9321.70	13695.10	13889.83	9502.58	8571.93
2011	12085	26113.61	11248.78	15442.86	15991.15	11119.10	10049.11
2012	12719	30362.89	13344.68	17035.75	18721.46	12768.70	11471.16
2013	12998	36239.56	14841.33	20574.50	22204.87	13935.65	13491.64
2014	13267	38359.92	15900.10	23620.98	23413.64	15559.93	14703.51
2015	13525	40401.38	16015.98	24412.86	24238.90	15127.72	16075.60
2016	13819	41514.58	17075.54	28317.19	24234.79	15879.88	17167.51
2017	13904	43253.61	18472.38	27148.14	25120.16	16893.84	18033.84
2018	13915	46015.75	19818.22	28047.89	26150.93	18315.72	19864.82
2019	14599	49024.52	21243.58	30205.16	27487.81	18530.34	21422.76
2020	15280	53091.09	23297.90	33055.92	29718.74	21045.67	23266.90
2021	16453	61644.05	28393.70	36807.92	34786.30	24224.68	26805.66
2022	17523	68314.26	32134.38	39772.38	38943.57	26926.02	29370.65

14-2 续表 continued

单位：亿元 (100 million yuan)

年份 Year	营业收入 Business Revenue	营业成本 Business Cost	销售费用 Selling Expenses	管理费用 Management Expenses	财务费用 Financial Expenses	利润总额 Total Profits	平均用工人数 (万人) Annual Average Employees (10 000 persons)
1998						39.70	252.79
1999						26.42	230.03
2000			108.44	176.02	83.66	71.32	208.00
2001			122.97	186.07	85.31	84.77	195.97
2002			142.26	201.11	87.73	122.60	191.62
2003			171.10	248.74	89.92	153.08	201.62
2004	4633.36	3766.65	193.15	331.01	94.23	188.51	209.77
2005	6008.12	4900.53	232.70	339.09	99.44	326.65	219.00
2006	7711.35	6296.60	273.72	403.63	125.36	448.07	233.53
2007	10611.52	8572.00	351.30	539.95	162.84	700.05	257.46
2008	14286.43	11748.93	454.09	720.06	237.69	844.56	297.54
2009	17486.41	14400.22	535.53	845.01	216.60	1123.48	311.38
2010	23062.82	19003.96	699.15	1215.96	292.99	1661.85	351.67
2011	29887.91	24721.71	823.18	1334.58	403.76	2197.84	380.48
2012	31427.16	25755.76	906.74	1385.65	506.12	2333.76	391.44
2013	35686.14	29660.84	1006.62	1498.64	569.61	2328.99	385.05
2014	38063.87	31963.29	1102.91	1494.21	696.40	2237.00	374.10
2015	38645.91	32514.83	1157.77	1592.69	690.41	2171.26	354.47
2016	41529.25	34935.31	1296.99	1674.17	616.15	2339.82	335.48
2017	41631.26	34660.03	1313.40	1718.32	565.54	2824.26	318.97
2018	41833.78	34465.16	1368.80	1736.90	558.25	3055.93	299.18
2019	44125.23	36335.94	1496.08	1551.78	540.01	3036.89	298.86
2020	46565.30	38367.50	1460.51	1540.55	516.41	3386.38	302.16
2021	54215.01	44305.55	1576.03	1764.43	519.18	4546.72	310.15
2022	50413.61	40961.84	1309.87	1647.40	455.03	4602.33	301.90

注：2017年及以前营业收入、营业成本分别为主营业务收入、主营业务成本；2018年及以前平均用工人数为全部从业人员年平均人数(以下有关各表同)。

a) Business revenue and business cost before 2017 are revenue of principal business and cost of principal business respectively; Annual average employees before 2018 is annual average employed persons. (The same as the following related tables)

14-3 按行业分规模以上工业企业主要指标(2022年)

单位：亿元

行 业	Sector	企业单位数(个) Number of Enterprises (unit)
总 计	**Total**	**17523**
煤炭开采和洗选业	Mining and Washing of Coal	219
石油和天然气开采业	Extraction of Petroleum and Natural Gas	19
黑色金属矿采选业	Mining and Processing of Ferrous Metal Ores	113
有色金属矿采选业	Mining and Processing of Non-Ferrous Metal Ores	97
非金属矿采选业	Mining and Processing of Non-metal Ores	415
开采专业及辅助性活动	Professional and Support Activities for Mining	6
其他采矿业	Mining of Other Ores	
农副食品加工业	Processing of Food from Agricultural Products	1326
食品制造业	Manufacture of Foods	571
酒、饮料和精制茶制造业	Manufacture of Liquor, Beverages and Refined Tea	668
烟草制品业	Manufacture of Tobacco	
纺织业	Manufacture of Textile	312
纺织服装、服饰业	Manufacture of Textile, Wearing Apparel and Accessories	179
皮革、毛皮、羽毛及其制品和制鞋业	Manufacture of Leather, Fur, Feather and Related Products and Footwear	148
木材加工和木、竹、藤、棕、草制品业	Processing of Timber, Manufacture of Wood, Bamboo, Rattan, Palm and Straw Products	274
家具制造业	Manufacture of Furniture	307
造纸和纸制品业	Manufacture of Paper and Paper Products	311
印刷和记录媒介复制业	Printing and Reproduction of Recording Media	315
文教、工美、体育和娱乐用品制造业	Manufacture of Articles for Culture, Education, Arts and Crafts, Sport and Entertainment Activities	82
石油、煤炭及其他燃料加工业	Processing of Petroleum, Coal and Other Fuel	76
化学原料和化学制品制造业	Manufacture of Raw Chemical Materials and Chemical Products	963
医药制造业	Manufacture of Medicines	545
化学纤维制造业	Manufacture of Chemical Fibers	31
橡胶和塑料制品业	Manufacture of Rubber and Plastics Products	689
非金属矿物制品业	Manufacture of Non-metallic Mineral Products	2756
黑色金属冶炼和压延加工业	Smelting and Pressing of Ferrous Metals	195
有色金属冶炼和压延加工业	Smelting and Pressing of Non-ferrous Metals	306
金属制品业	Manufacture of Metal Products	1022
通用设备制造业	Manufacture of General Purpose Machinery	917
专用设备制造业	Manufacture of Special Purpose Machinery	688
汽车制造业	Manufacture of Automobiles	635
铁路、船舶、航空航天和其他运输设备制造业	Manufacture of Railway, Ship, Aerospace and Other Transport Equipment	251
电气机械和器材制造业	Manufacture of Electrical Machinery and Apparatus	796
计算机、通信和其他电子设备制造业	Manufacture of Computers, Communication and Other Electronic Equipment	893
仪器仪表制造业	Manufacture of Measuring Instruments and Machinery	155
其他制造业	Other Manufactures	30
废弃资源综合利用业	Utilization of Waste Resources	118
金属制品、机械和设备修理业	Repair Service of Metal Products, Machinery and Equipment	20
电力、热力生产和供应业	Production and Supply of Electric Power and Heat Power	470
燃气生产和供应业	Production and Supply of Gas	325
水的生产和供应业	Production and Supply of Water	277

注：根据《中华人民共和国统计法》规定，可推断单户企业的相关统计数据不予公布(以下有关各表同)。

Main Indicators of Industrial Enterprises above Designated Size by Industrial Sector(2022)

(100 million yuan)

资产总计 Total Assets	流动资产合计 Total Current Assets	固定资产原价 Original Value of Fixed Assets	负债合计 Total Liabilities	流动负债合计 Total Current Liabilities	所有者权益 Owners' Equities
68314.26	**32134.38**	**39772.38**	**38943.57**	**26926.02**	**29370.65**
585.19	256.17	362.70	412.45	334.07	172.74
2329.36	346.00	3579.43	731.48	336.17	1597.88
418.40	145.52	247.75	221.81	190.64	196.59
506.49	213.03	195.20	264.79	197.82	241.70
1032.07	470.68	208.85	555.81	346.50	476.26
391.28	158.43	229.00	132.35	122.94	258.93
2115.25	1319.19	593.25	1136.40	540.14	978.79
866.40	439.83	442.57	375.17	305.00	491.23
5400.79	3143.42	1283.32	2463.48	2168.93	2937.31
473.27	192.69	239.47	265.79	190.52	207.48
123.70	70.90	63.74	52.57	43.32	71.13
133.26	61.90	36.97	72.55	49.62	60.71
164.61	81.73	100.48	86.08	66.30	78.53
297.36	145.67	172.91	159.43	142.54	137.94
462.82	212.05	295.19	276.02	199.96	186.79
313.85	173.60	183.86	130.79	109.67	183.06
70.96	55.70	23.75	46.31	42.10	24.66
637.65	287.08	502.43	458.85	275.21	178.81
3736.65	1888.29	1806.59	1659.41	1279.95	2077.24
2108.31	1228.57	667.94	830.73	628.24	1277.57
351.94	157.61	182.46	297.01	206.13	54.93
629.76	348.48	308.50	283.65	239.65	346.11
5423.98	2983.98	2463.49	2789.34	2106.98	2634.67
2331.56	866.02	2038.19	1496.69	1221.05	834.87
864.14	477.08	374.86	462.74	397.30	401.40
1298.78	772.33	623.29	810.77	665.30	488.01
1874.56	1298.27	614.85	1104.51	973.56	770.05
1652.73	1073.41	544.30	858.37	733.46	794.35
2623.09	1635.47	1125.00	1874.97	1554.86	748.12
2482.12	1935.51	524.28	1795.16	1620.26	686.96
2856.62	1734.64	1092.43	1850.41	1359.73	1006.21
8008.48	5054.17	3363.34	4907.23	4117.08	3101.25
319.76	234.30	74.02	152.23	137.63	167.54
286.22	123.64	207.28	198.62	78.50	87.59
169.66	101.80	59.40	104.71	85.67	64.95
119.96	64.80	20.75	49.66	32.32	70.30
11436.08	1123.47	13686.27	7698.30	2814.64	3737.77
836.04	307.93	416.83	421.35	320.94	414.70
2299.71	727.31	721.96	1339.70	576.64	960.02

a) According to the provisions of the statistics law, the relevant statistical data which can infer a single enterprise will not be published (The same as the following related tables).

14-3 续表

单位：亿元

行　　业	Sector	营业收入 Business Revenue
总　计	**Total**	**50413.61**
煤炭开采和洗选业	Mining and Washing of Coal	274.24
石油和天然气开采业	Extraction of Petroleum and Natural Gas	980.35
黑色金属矿采选业	Mining and Processing of Ferrous Metal Ores	251.52
有色金属矿采选业	Mining and Processing of Non-Ferrous Metal Ores	318.16
非金属矿采选业	Mining and Processing of Non-metal Ores	344.61
开采专业及辅助性活动	Professional and Support Activities for Mining	365.93
其他采矿业	Mining of Other Ores	
农副食品加工业	Processing of Food from Agricultural Products	2041.36
食品制造业	Manufacture of Foods	968.99
酒、饮料和精制茶制造业	Manufacture of Liquor, Beverages and Refined Tea	3357.39
烟草制品业	Manufacture of Tobacco	
纺织业	Manufacture of Textile	417.86
纺织服装、服饰业	Manufacture of Textile, Wearing Apparel and Accessories	159.56
皮革、毛皮、羽毛及其制品和制鞋业	Manufacture of Leather, Fur, Feather and Related Products and Footwear	121.86
木材加工和木、竹、藤、棕、草制品业	Processing of Timber, Manufacture of Wood, Bamboo, Rattan, Palm and Straw Products	186.08
家具制造业	Manufacture of Furniture	330.71
造纸和纸制品业	Manufacture of Paper and Paper Products	520.45
印刷和记录媒介复制业	Printing and Reproduction of Recording Media	331.59
文教、工美、体育和娱乐用品制造业	Manufacture of Articles for Culture, Education, Arts and Crafts, Sport and Entertainment Activities	106.78
石油、煤炭及其他燃料加工业	Processing of Petroleum, Coal and Other Fuel	1080.39
化学原料和化学制品制造业	Manufacture of Raw Chemical Materials and Chemical Products	3668.69
医药制造业	Manufacture of Medicines	1210.95
化学纤维制造业	Manufacture of Chemical Fibers	423.36
橡胶和塑料制品业	Manufacture of Rubber and Plastics Products	733.38
非金属矿物制品业	Manufacture of Non-metallic Mineral Products	4111.22
黑色金属冶炼和压延加工业	Smelting and Pressing of Ferrous Metals	2569.52
有色金属冶炼和压延加工业	Smelting and Pressing of Non-ferrous Metals	1313.10
金属制品业	Manufacture of Metal Products	1540.65
通用设备制造业	Manufacture of General Purpose Machinery	1324.07
专用设备制造业	Manufacture of Special Purpose Machinery	1058.37
汽车制造业	Manufacture of Automobiles	2415.38
铁路、船舶、航空航天和其他运输设备制造业	Manufacture of Railway, Ship, Aerospace and Other Transport Equipment	1277.40
电气机械和器材制造业	Manufacture of Electrical Machinery and Apparatus	3110.41
计算机、通信和其他电子设备制造业	Manufacture of Computers, Communication and Other Electronic Equipment	8278.70
仪器仪表制造业	Manufacture of Measuring Instruments and Machinery	284.31
其他制造业	Other Manufactures	98.09
废弃资源综合利用业	Utilization of Waste Resources	252.36
金属制品、机械和设备修理业	Repair Service of Metal Products, Machinery and Equipment	57.39
电力、热力生产和供应业	Production and Supply of Electric Power and Heat Power	3126.34
燃气生产和供应业	Production and Supply of Gas	653.27
水的生产和供应业	Production and Supply of Water	307.98

continued

(100 million yuan)

营业成本 Business Cost	销售费用 Selling Expenses	管理费用 Management Expenses	财务费用 Financial Expenses	利润总额 Total Profits	平均用工人数（万人） Annual Average Employees (10 000 persons)
40961.84	**1309.87**	**1647.40**	**455.03**	**4602.33**	**301.90**
203.41	7.21	26.01	3.20	27.67	6.20
611.47	1.38	95.83	11.64	229.92	3.34
196.70	6.78	11.76	2.94	24.63	1.51
193.51	1.35	18.92	3.54	98.53	1.54
258.65	14.52	22.46	9.57	31.23	2.60
344.33	0.09	4.65	-3.20	4.32	2.11
1806.45	51.42	47.48	15.15	209.25	12.54
769.68	65.27	37.83	4.83	79.50	9.72
1917.86	251.82	142.81	-9.30	753.69	16.88
369.70	6.39	11.96	4.72	22.29	5.10
129.66	6.07	9.50	0.79	11.86	2.62
103.13	2.79	6.92	1.28	6.83	3.27
160.48	5.55	7.86	1.60	9.25	2.25
266.06	17.70	22.05	2.13	16.51	6.84
446.90	14.20	15.57	4.83	28.49	4.37
275.27	7.88	17.52	1.84	25.45	4.10
87.88	7.81	3.50	0.50	5.75	1.00
940.24	5.50	14.75	-0.04	29.63	1.46
2737.67	60.93	122.77	14.96	756.22	15.47
677.35	234.01	66.96	5.98	172.57	12.02
401.97	4.11	4.45	9.26	0.90	1.49
615.79	24.22	28.76	5.36	43.90	7.20
3217.03	110.21	161.83	27.83	518.10	27.62
2345.85	13.71	34.53	15.40	76.61	8.58
1186.57	7.35	23.06	5.28	73.41	5.08
1346.32	31.06	56.14	13.34	54.45	12.13
1068.88	35.29	66.29	4.53	109.12	11.43
846.82	39.49	55.95	2.72	70.41	9.88
2069.67	31.40	69.60	13.20	145.71	12.74
1109.02	11.77	48.86	1.54	70.92	7.58
2722.04	74.39	70.22	3.98	155.38	14.59
7553.98	105.66	144.59	29.27	285.05	42.94
211.78	11.74	13.06	1.68	34.95	2.09
86.73	0.55	7.50	0.30	8.07	0.96
216.82	2.55	6.27	1.54	22.51	1.06
49.63	0.39	2.24	1.20	2.34	0.31
2545.51	3.52	56.43	222.95	238.73	14.62
524.80	21.10	29.61	2.88	76.36	2.81
210.04	6.95	24.60	18.79	48.52	3.33

14-4 各市(州)规模以上工业企业资产总计
Total Assets of Industrial Enterprises above Designated Size by Region

单位：亿元 (100 million yuan)

市(州)	Region	2012	2013	2014	2015	2016	2017	2018	2019	2020	2021	2022
全　省	**Sichuan**	**30362.89**	**36239.56**	**38359.92**	**40401.38**	**41514.58**	**43253.61**	**46015.75**	**49024.52**	**53091.09**	**61644.05**	**68314.26**
成都市	Chengdu	10255.39	12606.49	10627.48	10952.40	11382.46	12110.16	13667.82	18289.55	19749.56	22318.68	24602.24
自贡市	Zigong	910.50	1067.68	1099.62	1040.01	1051.47	975.54	925.92	979.10	1033.96	1106.18	1040.03
攀枝花市	Panzhihua	2594.04	2099.09	2129.96	2273.42	2200.59	2331.22	2254.88	2621.66	2752.13	2428.81	2701.91
泸州市	Luzhou	917.75	1117.77	1056.03	1059.23	1130.09	1222.20	1371.83	1705.95	2035.81	2490.27	2896.69
德阳市	Deyang	2220.11	2356.22	2424.44	2330.88	2534.85	2527.93	2743.65	2671.15	2855.69	3193.20	3790.25
绵阳市	Mianyang	1863.31	2163.59	2313.05	2364.58	2540.05	2738.11	2981.22	3557.30	3906.80	4408.59	4848.70
广元市	Guangyuan	366.28	496.47	604.53	692.97	696.75	752.25	834.79	873.59	942.79	965.33	968.43
遂宁市	Suining	509.24	585.87	697.87	724.94	821.21	936.07	983.49	874.01	1101.34	1249.39	1513.29
内江市	Neijiang	830.92	974.72	933.72	911.94	889.86	754.99	809.90	857.28	902.20	1066.93	1143.34
乐山市	Leshan	1592.99	1706.68	1785.78	1871.47	1999.56	2003.05	2043.26	2000.77	2392.37	2732.68	3321.63
南充市	Nanchong	1028.00	1159.52	1225.44	1337.25	1502.81	1392.33	1470.59	1624.74	1716.92	1928.63	1843.85
眉山市	Meishan	685.34	818.45	828.49	869.67	908.61	896.13	884.35	1077.32	1279.84	1590.18	2085.14
宜宾市	Yibin	1828.50	2759.05	2149.60	2678.36	2531.87	2797.60	3154.26	3655.61	3839.31	5308.07	6027.82
广安市	Guangan	451.61	512.28	614.99	644.00	669.21	678.88	750.47	807.90	884.51	968.85	917.35
达州市	Dazhou	853.28	960.79	925.43	1445.50	1031.77	1038.74	1253.36	1275.37	1343.49	1499.49	1616.31
雅安市	Yaan	881.52	948.93	952.92	1179.27	1207.52	1264.89	1246.73	1271.80	1311.92	1402.67	1605.38
巴中市	Bazhong	94.95	120.81	173.64	201.35	219.96	239.51	280.13	265.12	283.32	272.35	224.24
资阳市	Ziyang	704.17	817.91	887.33	598.63	501.57	511.65	439.97	363.01	388.16	411.39	432.99
阿坝藏族羌族自治州	Aba	517.15	503.39	534.05	568.78	592.66	606.66	583.51	608.67	629.03	650.58	681.00
甘孜藏族自治州	Ganzi	303.68	354.88	372.28	764.21	826.89	1081.35	1113.35	1121.51	1155.01	1627.46	1809.90
凉山彝族自治州	Liangshan	954.15	2108.97	2376.50	2924.62	2464.44	2517.03	2506.49	2523.10	2586.93	4024.34	4243.75

14-5 各市(州)规模以上工业企业营业收入

Business Revenue of Industrial Enterprises above Designated Size by Region

单位：亿元 (100 million yuan)

市(州)	Region	2012	2013	2014	2015	2016	2017	2018	2019	2020	2021	2022
全　省	**Sichuan**	**31427.16**	**35686.14**	**38063.87**	**38645.91**	**41529.25**	**41631.26**	**41833.78**	**44125.23**	**46565.30**	**54215.01**	**50413.61**
成都市	Chengdu	9341.43	10783.98	10234.61	10726.37	11864.26	12488.88	11468.00	13995.13	14966.49	17419.24	19042.38
自贡市	Zigong	1323.18	1513.11	1605.30	1664.04	1735.65	1521.51	1326.01	1138.21	1216.14	1191.52	522.72
攀枝花市	Panzhihua	1356.70	1627.64	1581.22	1495.90	1554.08	1737.10	1758.57	1871.12	1953.47	2293.25	2019.00
泸州市	Luzhou	1140.27	1404.23	1365.02	1447.72	1604.04	1610.82	1788.32	2056.13	2207.15	2618.43	2252.19
德阳市	Deyang	2128.80	2406.47	2658.70	2826.05	3267.50	3321.28	3543.72	3392.71	3336.03	4066.59	3847.25
绵阳市	Mianyang	1811.13	1979.56	2115.45	2307.29	2450.81	2737.43	2731.11	3015.57	3230.57	3757.31	3905.68
广元市	Guangyuan	566.69	618.27	688.20	732.28	815.11	885.28	1003.78	1144.09	1250.14	1546.39	698.19
遂宁市	Suining	1040.53	1176.50	1297.66	1179.87	1305.63	1487.89	1361.68	1254.17	1297.20	1483.21	1669.24
内江市	Neijiang	1434.36	1652.69	1632.91	1618.27	1733.46	1050.46	1014.60	1145.31	1250.62	1503.02	1119.23
乐山市	Leshan	1346.71	1512.64	1576.94	1525.24	1702.21	1355.22	1492.49	1551.13	1566.37	2043.82	2278.68
南充市	Nanchong	1551.26	1834.82	1940.42	2181.35	2460.74	2320.04	2659.38	2942.87	2892.87	3272.56	1243.34
眉山市	Meishan	833.87	1010.21	1183.61	1318.39	1480.72	1210.35	1389.71	1537.57	1682.79	2025.26	1801.68
宜宾市	Yibin	1846.21	1860.20	1927.34	2078.77	2253.25	2562.54	2692.85	3108.90	3555.43	4267.35	4555.38
广安市	Guangan	972.47	1136.35	1244.59	1383.33	1561.45	1566.76	1605.99	1758.57	1821.34	1727.84	780.02
达州市	Dazhou	1005.78	1077.39	1129.35	1365.55	945.07	1079.05	1271.29	1442.79	1545.81	1965.82	1743.83
雅安市	Yaan	375.27	378.16	409.16	417.10	462.93	481.82	536.12	597.99	596.63	769.19	869.81
巴中市	Bazhong	306.31	363.08	452.11	512.12	568.32	587.79	585.09	591.98	604.45	356.87	120.05
资阳市	Ziyang	1740.55	1911.51	1980.42	1169.82	997.99	840.78	562.96	371.28	362.83	404.46	242.40
阿坝藏族羌族自治州	Aba	135.44	138.87	169.20	186.26	201.42	172.96	177.08	182.96	181.75	231.64	271.03
甘孜藏族自治州	Ganzi	59.53	68.80	55.79	54.63	59.88	87.26	104.25	118.30	127.64	135.29	167.40
凉山彝族自治州	Liangshan	1110.66	1231.64	1222.13	1074.56	1062.30	866.93	891.52	908.46	919.60	1135.97	1264.09

14－6 各市(州)规模以上工业企业利润总额
Total Profits of Industrial Enterprises above Designated Size by Region

单位：亿元 (100 million yuan)

市(州)	Region	2012	2013	2014	2015	2016	2017	2018	2019	2020	2021	2022
全　省	**Sichuan**	**2333.76**	**2328.99**	**2237.00**	**2171.26**	**2339.82**	**2824.26**	**3055.93**	**3036.89**	**3386.38**	**4546.72**	**4602.33**
成都市	Chengdu	643.67	672.15	718.76	510.98	845.01	994.19	675.83	761.62	950.74	1087.50	1205.01
自贡市	Zigong	81.37	77.93	75.61	76.08	71.50	76.21	65.50	61.00	72.06	74.78	32.67
攀枝花市	Panzhihua	38.59	60.29	45.57	19.44	-111.60	89.04	151.03	131.45	145.61	225.75	197.21
泸州市	Luzhou	140.15	122.36	87.65	103.42	119.93	118.17	171.72	222.88	245.26	377.17	393.17
德阳市	Deyang	154.85	152.77	84.67	180.57	235.64	250.10	304.40	204.88	196.01	271.55	338.85
绵阳市	Mianyang	106.51	99.15	102.60	101.00	125.16	141.94	120.67	139.66	151.81	178.58	168.52
广元市	Guangyuan	33.92	31.71	31.81	35.67	43.00	59.23	82.13	87.94	95.14	133.57	52.32
遂宁市	Suining	81.81	86.60	76.99	69.01	78.72	115.81	138.31	99.64	108.83	136.77	228.93
内江市	Neijiang	78.29	95.61	75.22	71.98	67.01	33.64	63.75	49.64	47.14	112.50	71.66
乐山市	Leshan	88.17	78.79	44.70	63.59	81.11	84.09	174.36	136.00	115.32	319.88	520.96
南充市	Nanchong	132.37	123.22	133.49	156.58	176.71	165.75	195.70	221.28	209.68	249.53	86.76
眉山市	Meishan	67.49	67.99	70.81	80.76	92.73	73.46	73.53	78.09	90.32	120.54	118.31
宜宾市	Yibin	240.62	221.60	177.25	207.92	198.08	247.48	372.78	434.47	497.01	580.36	646.73
广安市	Guangan	52.39	60.83	54.64	52.24	65.56	67.11	70.91	93.87	93.51	141.50	71.11
达州市	Dazhou	77.29	89.47	95.78	120.99	13.99	51.10	105.70	99.74	132.13	204.92	149.21
雅安市	Yaan	36.36	31.03	30.67	32.24	30.36	29.63	32.84	41.84	47.17	64.18	99.61
巴中市	Bazhong	7.32	9.58	13.84	16.95	20.19	22.53	31.54	25.82	29.11	18.16	11.98
资阳市	Ziyang	159.02	161.28	141.95	83.47	56.85	45.70	29.94	17.87	13.62	10.04	-2.66
阿坝藏族羌族自治州	Aba	12.25	-0.28	7.55	7.88	9.66	6.54	10.10	10.67	14.47	31.36	18.43
甘孜藏族自治州	Ganzi	12.53	12.95	6.74	6.60	2.16	7.47	4.22	13.45	18.51	10.87	8.41
凉山彝族自治州	Liangshan	88.81	73.95	96.86	97.39	77.46	94.64	113.85	105.09	112.94	197.22	185.14

14-7 各市(州)规模以上工业企业主要指标(2022年)
Main Indicators of Industrial Enterprises above Designated Size by Region(2022)

单位：亿元 (100 million yuan)

市(州)	Region	企业单位数(个) Number of Enterprises (unit)	资产总计 Total Assets	流动资产合计 Total Current Assets	应收账款 Accounts Receivables	存货 Inventory	固定资产原价 Original Value of Fixed Assets
全 省	**Sichuan**	**17523**	**68314.26**	**32134.38**	**8029.83**	**6492.55**	**39772.38**
成都市	Chengdu	4391	24602.24	13546.81	4063.77	2589.04	13650.83
自贡市	Zigong	611	1040.03	633.13	165.52	117.96	293.15
攀枝花市	Panzhihua	467	2701.91	938.18	166.74	131.21	1677.42
泸州市	Luzhou	879	2896.69	1408.23	186.26	472.15	1326.18
德阳市	Deyang	1465	3790.25	2493.18	523.27	582.78	1352.49
绵阳市	Mianyang	1295	4848.70	2377.71	631.05	578.48	2411.26
广元市	Guangyuan	591	968.43	330.72	98.01	46.23	772.98
遂宁市	Suining	633	1513.29	772.12	176.95	208.50	618.52
内江市	Neijiang	541	1143.34	571.30	147.64	99.86	1318.56
乐山市	Leshan	696	3321.63	1406.94	206.89	220.80	1917.17
南充市	Nanchong	899	1843.85	730.89	175.92	122.76	1008.39
眉山市	Meishan	841	2085.14	936.79	252.09	274.59	1169.04
宜宾市	Yibin	921	6027.82	3220.49	385.86	588.37	2062.83
广安市	Guangan	601	917.35	391.43	110.24	65.00	586.30
达州市	Dazhou	1080	1616.31	682.96	310.58	81.33	1403.17
雅安市	Yaan	389	1605.38	496.65	90.15	120.60	1353.01
巴中市	Bazhong	334	224.24	88.38	31.40	16.46	122.90
资阳市	Ziyang	306	432.99	225.38	59.38	59.85	199.01
阿坝藏族羌族自治州	Aba	147	681.00	160.54	48.52	23.57	630.22
甘孜藏族自治州	Ganzi	78	1809.90	104.11	23.50	4.74	1914.71
凉山彝族自治州	Liangshan	358	4243.75	618.44	176.07	88.29	3984.23

14-7 续表1 continued

单位：亿元 (100 million yuan)

市(州)	Region	负债合计 Total Liabilities	流动负债合计 Total Current Liabilities	所有者权益合计 Owners' Equities	营业收入 Business Revenue	营业成本 Business Cost
全 省	**Sichuan**	**38943.57**	**26926.02**	**29370.65**	**50413.61**	**40961.84**
成都市	Chengdu	13897.75	10959.72	10704.48	19042.38	16056.90
自贡市	Zigong	616.04	506.70	423.99	522.72	426.89
攀枝花市	Panzhihua	1658.96	1319.42	1042.94	2019.00	1632.59
泸州市	Luzhou	1500.46	1006.75	1396.24	2252.19	1494.87
德阳市	Deyang	2177.61	1818.16	1612.65	3847.25	3068.44
绵阳市	Mianyang	2870.77	2029.97	1977.93	3905.68	3376.33
广元市	Guangyuan	495.38	256.92	473.06	698.19	573.43
遂宁市	Suining	676.03	516.11	837.26	1669.24	1333.78
内江市	Neijiang	720.87	531.11	422.47	1119.23	974.54
乐山市	Leshan	1615.74	1030.33	1705.89	2278.68	1657.13
南充市	Nanchong	908.98	591.53	934.87	1243.34	1004.75
眉山市	Meishan	1147.83	806.89	937.31	1801.68	1545.37
宜宾市	Yibin	3407.36	2697.61	2620.41	4555.38	3498.56
广安市	Guangan	446.75	317.42	470.60	780.02	641.24
达州市	Dazhou	678.63	409.32	937.71	1743.83	1434.30
雅安市	Yaan	1018.63	486.01	586.75	869.81	709.09
巴中市	Bazhong	108.05	65.36	116.19	120.05	92.82
资阳市	Ziyang	294.59	225.86	138.41	242.40	209.99
阿坝藏族羌族自治州	Aba	453.79	213.71	227.21	271.03	208.39
甘孜藏族自治州	Ganzi	1388.27	288.47	421.63	167.40	97.03
凉山彝族自治州	Liangshan	2861.11	848.66	1382.65	1264.09	925.40

14-7 续表2 continued

单位：亿元 (100 million yuan)

市(州)	Region	销售费用 Selling Expenses	管理费用 Management Expenses	财务费用 Financial Expenses	利润总额 Total Profits	平均用工人数(万人) Annual Average Employees (10 000 persons)
全 省	**Sichuan**	**1309.87**	**1647.40**	**455.03**	**4602.33**	**301.90**
成都市	Chengdu	495.94	607.24	79.50	1205.01	110.30
自贡市	Zigong	17.62	29.07	6.70	32.67	5.30
攀枝花市	Panzhihua	19.33	56.28	21.27	197.21	10.27
泸州市	Luzhou	104.74	99.19	14.35	393.17	14.33
德阳市	Deyang	137.83	141.42	9.90	338.85	23.44
绵阳市	Mianyang	111.91	114.64	42.77	168.52	25.55
广元市	Guangyuan	14.08	24.42	-4.09	52.32	4.14
遂宁市	Suining	30.21	39.88	8.93	228.93	9.81
内江市	Neijiang	26.28	30.45	5.73	71.66	7.97
乐山市	Leshan	29.34	87.41	28.55	520.96	11.60
南充市	Nanchong	46.27	63.33	21.56	86.76	12.15
眉山市	Meishan	48.51	56.61	12.14	118.31	12.99
宜宾市	Yibin	126.08	109.13	20.66	646.73	18.85
广安市	Guangan	17.37	30.78	6.85	71.11	7.08
达州市	Dazhou	40.03	62.63	10.10	149.21	11.80
雅安市	Yaan	12.44	21.64	24.69	99.61	4.53
巴中市	Bazhong	4.43	6.86	1.81	11.98	1.79
资阳市	Ziyang	7.11	12.99	7.22	-2.66	3.19
阿坝藏族羌族自治州	Aba	3.64	10.22	13.71	18.43	1.43
甘孜藏族自治州	Ganzi	0.78	5.30	42.99	8.41	0.84
凉山彝族自治州	Liangshan	15.95	37.91	79.66	185.14	4.55

注：2017年及以前营业收入、营业成本分别为主营业务收入、主营业务成本(以下有关各表同)。
a) Business revenue and business cost before 2017 are revenue of principal business and cost of principal business respectively(The same as the following related tables).

14−8 国有控股工业企业主要指标
Main Indicators of State-holding Industrial Enterprises

单位：亿元 (100 million yuan)

年份 Year	企业单位数(个) Number of Enterprises (unit)	资产总计 Total Assets	流动资产合计 Total Current Assets	固定资产原价 Original Value of Fixed Assets	负债合计 Total Liabilities	流动负债合计 Total Current Liabilities	所有者权益合计 Owners' Equities
1998	2372	3080.34	1314.34	1923.21	1994.47	1252.47	1085.87
1999	2065	3548.38	1328.96	2442.68	2258.93	1244.29	1289.45
2000	1699	3522.23	1347.30	2383.24	2299.29	1260.77	1222.86
2001	1485	3616.84	1392.49	2506.88	2315.25	1348.07	1301.58
2002	1324	3709.04	1409.16	2442.48	2347.13	1358.96	1361.91
2003	1065	3846.39	1455.26	2627.61	2450.16	1470.03	1396.23
2004	1057	3801.84	1405.99	2896.33	2529.36	1566.75	1271.88
2005	928	4473.03	1683.30	3260.59	2877.77	1795.29	1587.51
2006	933	5109.55	1943.60	3428.41	3232.76	1952.59	1872.75
2007	878	6325.71	2448.14	4366.82	4019.44	2453.22	2306.27
2008	1006	8515.93	3098.43	4606.00	5401.06	3214.03	3114.87
2009	971	9499.46	3572.94	5401.57	6137.14	3674.12	3347.13
2010	921	11429.22	4134.86	6655.41	7641.93	4772.31	3777.87
2011	851	13189.13	4918.31	7338.88	8752.85	5711.90	4414.98
2012	888	14797.73	5412.38	8398.72	9864.31	5976.14	4906.05
2013	914	17343.43	5635.05	9389.16	11568.57	6094.28	5486.79
2014	929	19021.19	6100.45	12137.96	12496.96	7169.81	6520.19
2015	978	20092.37	5901.10	13221.06	13318.05	6951.52	6762.66
2016	977	20086.48	6469.21	15716.10	13128.84	7461.16	6958.39
2017	970	20947.40	6869.82	15983.97	13195.98	7615.47	7738.08
2018	1004	22278.06	7504.19	15718.23	13336.17	7724.40	8941.89
2019	1109	24172.99	8050.19	17953.23	13875.07	7825.25	10296.89
2020	1239	25529.03	8592.40	19066.54	14477.10	8729.91	11027.28
2021	1422	31402.73	11558.18	22403.74	18411.72	11082.30	12939.23
2022	1555	34958.92	13279.20	24839.34	20732.31	12670.51	14226.61

14-8 续表 continued

单位：亿元 (100 million yuan)

年份 Year	营业收入 Business Revenue	营业成本 Business Cost	销售费用 Selling Expenses	管理费用 Management Expenses	财务费用 Financial Expenses	利润总额 Total Profits	平均用工人数（万人） Annual Average Employees (10 000 persons)
1998						23.27	179.70
1999						6.76	159.84
2000			59.06	127.13	59.91	37.79	132.09
2001			63.59	127.69	62.90	45.04	117.57
2002			66.96	130.07	62.50	63.32	101.76
2003			70.76	149.22	58.32	67.58	93.67
2004	1925.02	1507.99	56.97	158.71	49.84	97.70	79.11
2005	2506.44	1969.58	87.39	176.68	47.14	166.71	80.00
2006	3135.60	2471.32	100.48	201.13	66.56	216.68	82.44
2007	3926.09	3096.90	115.92	252.67	83.51	305.85	83.86
2008	4765.38	3874.58	130.93	317.73	117.20	198.13	87.08
2009	5296.72	4221.47	160.93	332.65	94.77	295.09	88.01
2010	6424.93	5132.85	180.37	385.65	116.79	478.18	90.16
2011	7895.50	6308.18	210.08	436.12	162.69	538.74	93.40
2012	8689.36	6962.15	227.66	470.30	210.67	589.29	97.05
2013	9545.34	7714.20	250.77	535.89	245.77	506.85	98.20
2014	9989.33	8099.70	257.91	495.14	339.84	484.94	97.64
2015	9746.25	7882.09	234.73	475.71	342.38	565.95	89.41
2016	9757.21	7872.16	276.22	494.39	294.98	460.69	81.97
2017	10299.10	8263.04	282.30	515.03	267.65	713.81	76.11
2018	11264.73	8933.78	297.10	559.24	264.73	880.23	73.01
2019	12039.49	9461.49	344.08	458.08	253.27	960.43	71.42
2020	12728.92	9991.57	311.25	456.92	238.89	1143.21	70.92
2021	15502.59	12077.79	351.00	534.54	258.58	1498.59	74.06
2022	17702.19	14004.84	332.56	595.03	272.64	1561.79	75.51

14-9 按行业分国有控股工业企业主要指标(2022年)

单位：亿元

行 业	Sector	企业单位数(个) Number of Enterprises (unit)
总 计	**Total**	**1555**
煤炭开采和洗选业	Mining and Washing of Coal	15
石油和天然气开采业	Extraction of Petroleum and Natural Gas	16
黑色金属矿采选业	Mining and Processing of Ferrous Metal Ores	12
有色金属矿采选业	Mining and Processing of Non-Ferrous Metal Ores	14
非金属矿采选业	Mining and Processing of Non-metal Ores	74
开采专业及辅助性活动	Professional and Support Activities for Mining	
其他采矿业	Mining of Other Ores	
农副食品加工业	Processing of Food from Agricultural Products	32
食品制造业	Manufacture of Foods	13
酒、饮料和精制茶制造业	Manufacture of Liquor, Beverages and Refined Tea	30
烟草制品业	Manufacture of Tobacco	
纺织业	Manufacture of Textile	17
纺织服装、服饰业	Manufacture of Textile, Wearing Apparel and Accessories	11
皮革、毛皮、羽毛及其制品和制鞋业	Manufacture of Leather, Fur, Feather and Related Products and Footwear	
木材加工和木、竹、藤、棕、草制品业	Processing of Timber, Manufacture of Wood, Bamboo, Rattan, Palm and Straw Products	4
家具制造业	Manufacture of Furniture	
造纸和纸制品业	Manufacture of Paper and Paper Products	6
印刷和记录媒介复制业	Printing and Reproduction of Recording Media	10
文教、工美、体育和娱乐用品制造业	Manufacture of Articles for Culture, Education, Arts and Crafts, Sport and Entertainment Activities	
石油、煤炭及其他燃料加工业	Processing of Petroleum, Coal and Other Fuel	6
化学原料和化学制品制造业	Manufacture of Raw Chemical Materials and Chemical Products	73
医药制造业	Manufacture of Medicines	35
化学纤维制造业	Manufacture of Chemical Fibers	8
橡胶和塑料制品业	Manufacture of Rubber and Plastics Products	9
非金属矿物制品业	Manufacture of Non-metallic Mineral Products	198
黑色金属冶炼和压延加工业	Smelting and Pressing of Ferrous Metals	11
有色金属冶炼和压延加工业	Smelting and Pressing of Non-ferrous Metals	24
金属制品业	Manufacture of Metal Products	32
通用设备制造业	Manufacture of General Purpose Machinery	42
专用设备制造业	Manufacture of Special Purpose Machinery	37
汽车制造业	Manufacture of Automobiles	43
铁路、船舶、航空航天和其他运输设备制造业	Manufacture of Railway, Ship, Aerospace and Other Transport Equipment	44
电气机械和器材制造业	Manufacture of Electrical Machinery and Apparatus	38
计算机、通信和其他电子设备制造业	Manufacture of Computers, Communication and Other Electronic Equipment	96
仪器仪表制造业	Manufacture of Measuring Instruments and Machinery	11
其他制造业	Other Manufactures	6
废弃资源综合利用业	Utilization of Waste Resources	8
金属制品、机械和设备修理业	Repair Service of Metal Products, Machinery and Equipment	4
电力、热力生产和供应业	Production and Supply of Electric Power and Heat Power	288
燃气生产和供应业	Production and Supply of Gas	110
水的生产和供应业	Production and Supply of Water	172

Main Indicators of State-holding Industrial Enterprises by Industrial Sector(2022)

(100 million yuan)

资产总计 Total Assets	流动资产合计 Total Current Assets	固定资产原价 Original Value of Fixed Assets	负债合计 Total Liabilities	流动负债合计 Total Current Liabilities	所有者权益 Owners' Equities
34958.92	**13279.20**	**24839.34**	**20732.31**	**12670.51**	**14226.61**
341.87	152.85	205.70	268.58	229.87	73.29
2327.74	345.31	3579.03	730.80	335.80	1596.94
186.26	29.83	124.46	84.95	77.53	101.31
157.82	50.01	72.32	56.68	37.86	101.14
723.93	338.68	38.54	363.46	206.04	360.47
44.45	28.49	14.65	24.71	20.92	19.74
52.06	20.36	25.88	41.66	24.80	10.40
3499.11	2063.55	523.52	1565.59	1424.30	1933.52
98.93	27.11	38.57	35.17	29.46	63.76
27.58	19.75	12.43	15.39	13.50	12.19
13.52	3.94	7.88	8.27	4.33	5.25
40.52	17.23	31.18	30.58	12.69	9.94
64.98	43.58	46.80	16.66	12.33	48.32
446.65	182.94	390.32	307.49	148.19	139.16
1002.78	512.86	580.87	457.67	348.54	545.11
230.56	93.93	86.54	60.17	43.00	170.39
305.28	143.27	140.28	273.50	187.28	31.78
28.01	16.22	21.28	13.20	13.05	14.81
1496.05	792.75	473.93	899.22	573.26	596.83
1434.16	372.44	942.71	848.33	701.21	585.83
186.36	83.00	119.87	75.90	61.05	110.46
227.57	124.36	122.16	144.98	106.68	82.58
705.27	564.69	134.00	469.37	424.91	235.90
526.72	370.99	154.61	305.28	247.79	221.44
1093.69	776.01	450.23	904.17	695.80	189.52
1893.22	1558.06	334.09	1527.92	1428.58	365.29
609.88	463.58	112.38	439.21	366.90	170.68
3486.01	1752.73	1821.60	1980.09	1395.35	1505.92
76.04	62.43	9.85	42.75	41.45	33.29
275.84	117.14	201.26	192.89	73.26	82.95
29.41	20.38	11.31	13.62	13.24	15.79
48.39	42.06	10.61	28.27	23.66	20.12
10499.80	929.58	12826.58	7079.88	2538.99	3419.92
407.97	176.22	232.35	192.64	135.44	215.34
1676.89	579.75	614.80	968.12	418.87	708.77

14-9 续表

单位：亿元

行　业	Sector	营业收入 Business Revenue
总　计	**Total**	**17702.19**
煤炭开采和洗选业	Mining and Washing of Coal	100.44
石油和天然气开采业	Extraction of Petroleum and Natural Gas	978.81
黑色金属矿采选业	Mining and Processing of Ferrous Metal Ores	50.13
有色金属矿采选业	Mining and Processing of Non-Ferrous Metal Ores	97.69
非金属矿采选业	Mining and Processing of Non-metal Ores	98.75
开采专业及辅助性活动	Professional and Support Activities for Mining	
其他采矿业	Mining of Other Ores	
农副食品加工业	Processing of Food from Agricultural Products	85.34
食品制造业	Manufacture of Foods	21.61
酒、饮料和精制茶制造业	Manufacture of Liquor, Beverages and Refined Tea	1944.43
烟草制品业	Manufacture of Tobacco	
纺织业	Manufacture of Textile	31.31
纺织服装、服饰业	Manufacture of Textile, Wearing Apparel and Accessories	26.77
皮革、毛皮、羽毛及其制品和制鞋业	Manufacture of Leather, Fur, Feather and Related Products and Footwear	
木材加工和木、竹、藤、棕、草制品业	Processing of Timber, Manufacture of Wood, Bamboo, Rattan, Palm and Straw Products	4.25
家具制造业	Manufacture of Furniture	
造纸和纸制品业	Manufacture of Paper and Paper Products	36.70
印刷和记录媒介复制业	Printing and Reproduction of Recording Media	42.80
文教、工美、体育和娱乐用品制造业	Manufacture of Articles for Culture, Education, Arts and Crafts, Sport and Entertainment Activities	
石油、煤炭及其他燃料加工业	Processing of Petroleum, Coal and Other Fuel	888.99
化学原料和化学制品制造业	Manufacture of Raw Chemical Materials and Chemical Products	895.78
医药制造业	Manufacture of Medicines	95.89
化学纤维制造业	Manufacture of Chemical Fibers	383.56
橡胶和塑料制品业	Manufacture of Rubber and Plastics Products	35.15
非金属矿物制品业	Manufacture of Non-metallic Mineral Products	524.42
黑色金属冶炼和压延加工业	Smelting and Pressing of Ferrous Metals	1070.66
有色金属冶炼和压延加工业	Smelting and Pressing of Non-ferrous Metals	273.39
金属制品业	Manufacture of Metal Products	195.82
通用设备制造业	Manufacture of General Purpose Machinery	339.35
专用设备制造业	Manufacture of Special Purpose Machinery	217.57
汽车制造业	Manufacture of Automobiles	1188.46
铁路、船舶、航空航天和其他运输设备制造业	Manufacture of Railway, Ship, Aerospace and Other Transport Equipment	961.55
电气机械和器材制造业	Manufacture of Electrical Machinery and Apparatus	407.41
计算机、通信和其他电子设备制造业	Manufacture of Computers, Communication and Other Electronic Equipment	2075.94
仪器仪表制造业	Manufacture of Measuring Instruments and Machinery	64.74
其他制造业	Other Manufactures	82.05
废弃资源综合利用业	Utilization of Waste Resources	31.60
金属制品、机械和设备修理业	Repair Service of Metal Products, Machinery and Equipment	45.70
电力、热力生产和供应业	Production and Supply of Electric Power and Heat Power	2967.08
燃气生产和供应业	Production and Supply of Gas	393.29
水的生产和供应业	Production and Supply of Water	201.81

continued

(100 million yuan)

营业成本 Business Cost	销售费用 Selling Expenses	管理费用 Management Expenses	财务费用 Financial Expenses	利润总额 Total Profits	平均用工人数 (万人) Annual Average Employees (10 000 persons)
14004.84	**332.56**	**595.03**	**272.64**	**1561.79**	**75.51**
66.25	2.04	10.63	2.17	15.46	3.00
610.40	1.38	95.82	11.61	229.50	3.31
34.39	1.03	4.01	0.43	8.74	0.48
55.43	0.31	7.41	1.13	30.14	0.44
72.80	2.15	8.39	6.58	6.85	0.48
74.43	0.86	1.27	0.29	5.01	0.27
19.20	1.63	1.45	0.63	-1.73	0.40
1089.67	122.27	53.50	-14.22	529.70	6.12
27.65	0.59	1.18	0.22	1.55	0.45
21.61	0.44	3.57	0.11	0.97	0.29
3.47	0.03	0.23	0.05	0.42	0.05
32.78	0.70	1.16	0.71	0.92	0.23
31.90	0.20	4.72	-0.04	5.36	0.35
767.14	3.77	10.23	-0.81	22.52	0.82
701.93	15.40	38.45	3.59	111.15	3.76
57.89	14.36	4.66	-0.16	16.44	1.02
365.88	2.88	2.98	8.60	0.91	1.14
29.57	1.18	1.75	0.07	1.83	0.28
447.11	10.70	19.78	7.64	28.57	2.69
936.47	3.69	16.65	10.99	34.26	4.16
242.09	0.72	5.49	0.75	18.54	0.93
179.85	1.86	5.66	1.18	3.60	1.03
281.09	4.85	19.20	-4.00	21.70	1.80
181.50	4.94	11.15	-1.35	11.10	1.62
1002.09	10.34	24.56		95.24	3.01
869.91	4.56	31.73	-0.53	33.45	4.17
350.19	13.58	15.21	-1.14	14.09	1.74
1845.50	70.82	60.74	24.44	-14.54	9.72
52.52	2.57	2.69	-0.02	4.38	0.37
73.10	0.26	6.88	0.25	7.07	0.75
27.09	0.35	1.58	0.05	1.69	0.30
41.56	0.03	0.83	0.63	2.11	0.13
2441.32	2.52	49.15	203.30	212.62	13.65
325.96	12.66	14.43	1.48	41.49	1.46
135.81	5.88	16.57	14.14	31.33	2.52

14-10 各市(州)国有控股工业企业主要指标(2022年)
Main Indicators of State-holding Industrial Enterprises by Region(2022)

单位：亿元 (100 million yuan)

市(州)	Region	企业单位数(个) Number of Enterprises (unit)	资产总计 Total Assets	流动资产合计 Total Current Assets	固定资产原价 Original Value of Fixed Assets	负债合计 Total Liabilities	流动负债合计 Total Current Liabilities	所有者权益合计 Owners' Equities
全 省	**Sichuan**	**1555**	**34958.92**	**13279.20**	**24839.34**	**20732.31**	**12670.51**	**14226.61**
成都市	Chengdu	393	11696.06	4896.40	9840.91	6711.70	4997.45	4984.36
自贡市	Zigong	36	478.72	286.04	126.50	257.13	195.83	221.59
攀枝花市	Panzhihua	48	1839.02	521.48	1233.36	1133.13	875.48	705.89
泸州市	Luzhou	84	1311.41	619.28	594.38	663.08	362.44	648.33
德阳市	Deyang	69	1415.92	992.35	408.77	948.56	782.22	467.36
绵阳市	Mianyang	114	2834.32	1442.06	1458.78	1717.45	1238.17	1116.87
广元市	Guangyuan	62	520.13	136.50	484.68	296.42	110.66	223.71
遂宁市	Suining	30	470.29	216.75	133.14	198.36	138.24	271.93
内江市	Neijiang	31	223.49	89.72	133.65	143.28	102.56	80.21
乐山市	Leshan	64	973.80	251.64	695.50	589.36	223.29	384.44
南充市	Nanchong	69	443.26	170.52	212.11	265.52	136.87	177.75
眉山市	Meishan	54	534.88	221.31	291.64	309.08	181.32	225.80
宜宾市	Yibin	101	4306.02	2251.34	1339.99	2230.93	1851.58	2075.09
广安市	Guangan	42	303.19	106.57	248.91	145.02	77.30	158.17
达州市	Dazhou	50	645.17	304.53	650.82	266.49	141.01	378.68
雅安市	Yaan	60	949.99	192.98	1010.96	607.96	184.63	342.02
巴中市	Bazhong	42	74.09	18.84	46.73	39.49	18.94	34.60
资阳市	Ziyang	17	144.61	69.06	48.00	95.46	59.66	49.14
阿坝藏族羌族自治州	Aba	41	382.13	47.88	393.45	265.36	101.00	116.77
甘孜藏族自治州	Ganzi	35	1657.43	48.39	1808.87	1289.88	254.63	367.55
凉山彝族自治州	Liangshan	113	3754.97	395.54	3678.18	2558.64	637.23	1196.33

14-10 续表 continued

单位：亿元 (100 million yuan)

市(州)	Region	营业收入 Business Revenue	营业成本 Business Cost	销售费用 Selling Expenses	管理费用 Management Expenses	财务费用 Financial Expenses	利润总额 Total Profits	平均用工人数(万人) Annual Average Employees (10 000 persons)
全 省	**Sichuan**	**17702.19**	**14004.84**	**332.56**	**595.03**	**272.64**	**1561.79**	**75.51**
成都市	Chengdu	7495.90	6171.01	92.28	265.37	40.92	434.06	29.95
自贡市	Zigong	234.98	193.57	6.37	11.23	0.17	14.48	1.34
攀枝花市	Panzhihua	1076.32	868.44	3.19	26.74	15.48	89.83	5.30
泸州市	Luzhou	564.46	275.64	39.05	32.39	2.20	170.43	2.40
德阳市	Deyang	726.64	602.30	19.25	34.95	-4.89	45.06	3.41
绵阳市	Mianyang	1953.44	1715.07	58.92	49.98	28.28	37.20	9.30
广元市	Guangyuan	212.11	161.67	4.29	9.30	5.15	21.89	1.07
遂宁市	Suining	226.05	169.69	1.75	5.68	3.13	49.11	1.08
内江市	Neijiang	82.90	73.16	1.49	3.18	1.97	3.51	0.58
乐山市	Leshan	269.03	214.29	3.30	14.25	14.82	15.45	1.54
南充市	Nanchong	156.81	130.56	4.38	8.19	5.43	6.46	1.18
眉山市	Meishan	191.83	160.93	2.60	7.82	4.24	13.04	1.33
宜宾市	Yibin	2582.84	1863.61	79.28	69.63	7.30	430.74	8.77
广安市	Guangan	125.32	107.59	1.71	5.14	2.26	8.62	0.97
达州市	Dazhou	282.70	195.71	2.60	13.15	3.94	41.02	1.73
雅安市	Yaan	229.29	175.28	4.80	6.71	18.15	20.70	1.16
巴中市	Bazhong	40.89	29.80	1.44	2.34	0.74	5.95	0.40
资阳市	Ziyang	59.40	50.84	1.70	2.38	1.07	1.61	0.49
阿坝藏族羌族自治州	Aba	88.25	65.01	0.53	2.43	7.65	0.41	0.45
甘孜藏族自治州	Ganzi	128.75	81.34	0.13	2.02	39.83	-6.34	0.60
凉山彝族自治州	Liangshan	974.29	699.34	3.49	22.17	74.81	158.54	2.46

14-11 大中型工业企业主要指标
Main Indicators of Large and Medium-Sized Industrial Enterprises

单位：亿元 (100 million yuan)

年份 Year	企业单位数 (个) Number of Enterprises (unit)	资产总计 Total Assets	流动资产合计 Total Current Assets	固定资产原价 Original Value of Fixed Assets	负债合计 Total Liabilities	流动负债合计 Total Current Liabilities	所有者权益合计 Owners' Equities
1998	870	2938.50	1300.17	1778.60	1854.56	1179.64	1083.94
1999	836	3574.60	1379.53	2398.73	2225.70	1241.21	1348.91
2000	783	3607.02	1421.73	2374.75	2305.85	1285.79	1301.09
2001	884	3918.90	1572.97	2574.24	2438.89	1466.63	1480.01
2002	972	4231.06	1690.32	2641.97	2593.73	1585.30	1637.34
2003	843	4707.48	1943.03	2910.60	2886.08	1874.30	1821.40
2004	909	4879.50	2088.53	3314.60	3112.58	958.57	1766.31
2005	984	5689.02	2452.25	3700.42	3565.22	2464.06	2116.05
2006	1050	6557.26	2823.62	3821.43	3986.70	2762.09	2566.51
2007	1228	8427.97	3666.10	4949.00	5031.63	3496.33	3396.35
2008	1423	10881.79	4556.76	5376.74	6566.77	4462.80	4315.03
2009	1603	12490.71	5346.84	6630.78	7638.68	5156.30	4812.08
2010	1989	15940.79	6874.81	9124.91	9956.92	6872.76	5935.53
2011	2790	19695.11	8621.32	11471.96	12187.05	8752.14	7446.71
2012	2769	21074.33	9714.15	11876.04	13376.19	9429.04	7651.59
2013	2635	26044.06	10838.81	14662.95	15808.26	10227.38	9811.84
2014	2521	26729.05	11240.43	16652.47	16336.70	11425.02	10347.35
2015	2386	26696.01	10992.73	15942.04	16178.16	10825.60	10516.84
2016	2260	27213.60	11722.69	19123.53	15622.92	10906.63	11590.68
2017	2100	28652.69	12821.14	18183.64	16348.27	11891.39	12304.42
2018	1897	30521.68	13762.87	17968.88	17055.01	12771.35	13466.67
2019	1820	31697.52	14309.59	19705.79	17403.74	12453.36	14293.66
2020	1784	33614.38	15065.67	21546.67	18479.68	13912.16	15134.32
2021	1833	38484.15	18856.17	23276.19	21051.75	16637.42	17432.40
2022	1738	40452.25	19335.65	24661.86	22170.32	16692.30	18281.93

14-11 续表 continued

单位：亿元 (100 million yuan)

年份 Year	营业收入 Business Revenue	营业成本 Business Cost	销售费用 Selling Expenses	管理费用 Management Expenses	财务费用 Financial Expenses	利润总额 Total Profits	平均用工人数(万人) Annual Average Employees (10 000 persons)
1998						46.47	160.77
1999						26.68	149.23
2000			74.82	127.11	62.28	57.64	126.57
2001			88.78	139.58	67.83	71.57	119.39
2002			107.39	150.95	70.37	99.72	115.18
2003			126.20	189.75	69.50	122.44	125.64
2004	3068.51	2437.99	131.77	242.95	65.04	154.96	119.10
2005	3934.89	3138.94	161.13	243.65	67.43	245.57	128.00
2006	4941.02	3962.09	184.95	276.91	84.80	332.77	134.79
2007	6511.90	5171.48	231.11	366.06	106.81	496.14	146.44
2008	8262.77	6761.45	279.92	466.74	145.15	483.25	159.86
2009	9964.93	8093.80	333.12	533.54	126.03	668.87	175.95
2010	13854.97	11240.86	452.96	792.20	181.28	1069.06	211.98
2011	19862.11	16271.38	573.44	950.07	266.26	1510.47	271.53
2012	19928.38	16161.68	609.47	934.30	313.17	1585.57	276.54
2013	23506.70	19418.54	680.47	1040.34	359.40	1567.71	267.16
2014	24438.81	20434.41	723.44	989.94	423.11	1447.05	255.76
2015	22900.94	19188.78	718.71	1019.95	398.78	1208.28	237.07
2016	24920.35	20798.76	821.51	1059.12	334.84	1406.09	218.68
2017	24613.39	20169.60	803.30	1059.00	304.29	1888.99	203.70
2018	24430.19	19898.82	824.37	1054.46	283.28	1893.77	185.49
2019	25764.43	20929.21	910.38	860.04	272.01	1943.20	177.95
2020	27069.62	22064.24	886.97	833.19	240.58	2120.99	176.79
2021	32859.02	26567.47	969.82	975.30	213.80	3053.47	179.01
2022	32697.80	26338.60	841.50	930.83	175.27	3264.36	170.63

14-12 按行业分大中型工业企业主要指标(2022年)

单位：亿元

行　业	Sector	企业单位数（个） Number of Enterprises (unit)
总　计	**Total**	**1738**
煤炭开采和洗选业	Mining and Washing of Coal	50
石油和天然气开采业	Extraction of Petroleum and Natural Gas	5
黑色金属矿采选业	Mining and Processing of Ferrous Metal Ores	10
有色金属矿采选业	Mining and Processing of Non-Ferrous Metal Ores	11
非金属矿采选业	Mining and Processing of Non-metal Ores	10
开采专业及辅助性活动	Professional and Support Activities for Mining	
其他采矿业	Mining of Other Ores	
农副食品加工业	Processing of Food from Agricultural Products	66
食品制造业	Manufacture of Foods	82
酒、饮料和精制茶制造业	Manufacture of Liquor, Beverages and Refined Tea	75
烟草制品业	Manufacture of Tobacco	
纺织业	Manufacture of Textile	58
纺织服装、服饰业	Manufacture of Textile, Wearing Apparel and Accessories	21
皮革、毛皮、羽毛及其制品和制鞋业	Manufacture of Leather, Fur, Feather and Related Products and Footwear	30
木材加工和木、竹、藤、棕、草制品业	Processing of Timber, Manufacture of Wood, Bamboo, Rattan, Palm and Straw Products	10
家具制造业	Manufacture of Furniture	29
造纸和纸制品业	Manufacture of Paper and Paper Products	43
印刷和记录媒介复制业	Printing and Reproduction of Recording Media	23
文教、工美、体育和娱乐用品制造业	Manufacture of Articles for Culture, Education, Arts and Crafts, Sport and Entertainment Activities	8
石油、煤炭及其他燃料加工业	Processing of Petroleum, Coal and Other Fuel	12
化学原料和化学制品制造业	Manufacture of Raw Chemical Materials and Chemical Products	112
医药制造业	Manufacture of Medicines	97
化学纤维制造业	Manufacture of Chemical Fibers	8
橡胶和塑料制品业	Manufacture of Rubber and Plastics Products	42
非金属矿物制品业	Manufacture of Non-metallic Mineral Products	164
黑色金属冶炼和压延加工业	Smelting and Pressing of Ferrous Metals	33
有色金属冶炼和压延加工业	Smelting and Pressing of Non-ferrous Metals	33
金属制品业	Manufacture of Metal Products	67
通用设备制造业	Manufacture of General Purpose Machinery	71
专用设备制造业	Manufacture of Special Purpose Machinery	63
汽车制造业	Manufacture of Automobiles	92
铁路、船舶、航空航天和其他运输设备制造业	Manufacture of Railway, Ship, Aerospace and Other Transport Equipment	42
电气机械和器材制造业	Manufacture of Electrical Machinery and Apparatus	80
计算机、通信和其他电子设备制造业	Manufacture of Computers, Communication and Other Electronic Equipment	178
仪器仪表制造业	Manufacture of Measuring Instruments and Machinery	17
其他制造业	Other Manufactures	3
废弃资源综合利用业	Utilization of Waste Resources	3
金属制品、机械和设备修理业	Repair Service of Metal Products, Machinery and Equipment	4
电力、热力生产和供应业	Production and Supply of Electric Power and Heat Power	48
燃气生产和供应业	Production and Supply of Gas	16
水的生产和供应业	Production and Supply of Water	19

Main Indicators of Large and Medium-sized Industrial Enterprises by Industrial Sector(2022)

(100 million yuan)

资产总计 Total Assets	流动资产合计 Total Current Assets	固定资产原价 Original Value of Fixed Assets	负债合计 Total Liabilities	流动负债合计 Total Current Liabilities	所有者权益 Owners' Equities
40452.25	**19335.65**	**24661.86**	**22170.32**	**16692.30**	**18281.93**
444.25	187.37	279.95	326.66	274.82	117.59
1739.10	286.31	2947.81	436.91	213.34	1302.19
219.30	47.89	162.98	96.46	87.93	122.84
292.33	107.24	101.29	123.58	106.05	168.75
69.05	29.57	39.34	47.42	36.68	21.63
331.11	202.19	150.74	155.26	125.45	175.85
517.75	281.16	242.89	199.65	173.36	318.10
4848.46	2911.74	977.29	2192.52	1951.34	2655.94
301.18	113.21	154.82	167.74	112.62	133.45
70.73	44.08	29.90	33.64	29.07	37.09
93.75	39.30	19.18	47.66	31.33	46.09
46.31	17.92	31.73	22.34	12.80	23.97
149.13	67.33	95.51	84.66	79.21	64.47
285.00	123.11	194.96	166.99	119.76	118.01
109.11	68.91	78.23	29.67	27.79	79.44
38.52	32.58	11.17	28.16	27.04	10.37
428.67	136.48	429.53	322.55	155.73	106.11
2577.34	1295.15	1223.80	1030.53	830.79	1546.81
1505.85	899.49	394.64	532.11	389.72	973.74
323.09	148.53	156.28	284.71	198.78	38.38
260.75	128.70	121.32	101.25	82.07	159.50
2103.36	1075.07	1101.49	888.76	709.57	1214.60
2138.88	744.18	1944.11	1357.22	1096.44	781.67
473.87	230.44	234.79	232.13	194.91	241.74
548.31	337.50	294.03	371.34	295.95	176.98
1096.90	782.46	293.30	685.00	608.75	411.90
926.79	609.60	281.62	491.43	408.88	435.35
1894.24	1236.29	825.25	1418.29	1183.61	475.95
710.36	443.43	230.49	414.31	308.57	296.05
2177.02	1294.78	835.96	1510.63	1070.52	666.39
6693.31	4181.84	2999.77	4222.35	3551.44	2470.96
163.25	124.27	38.67	78.43	69.97	84.82
79.77	47.85	34.75	56.60	29.24	23.17
40.08	24.75	9.99	27.09	16.15	12.99
54.09	45.03	13.10	29.80	25.25	24.29
4996.50	362.70	6954.32	3125.24	1548.27	1871.26
168.53	71.33	101.97	78.94	68.72	89.60
893.71	198.61	307.47	513.47	212.09	380.24

14-12 续表

单位：亿元

行 业	Sector	营业收入 Business Revenue
总 计	**Total**	**32697.80**
煤炭开采和洗选业	Mining and Washing of Coal	204.76
石油和天然气开采业	Extraction of Petroleum and Natural Gas	834.44
黑色金属矿采选业	Mining and Processing of Ferrous Metal Ores	81.70
有色金属矿采选业	Mining and Processing of Non-Ferrous Metal Ores	173.62
非金属矿采选业	Mining and Processing of Non-metal Ores	41.64
开采专业及辅助性活动	Professional and Support Activities for Mining	
其他采矿业	Mining of Other Ores	
农副食品加工业	Processing of Food from Agricultural Products	480.88
食品制造业	Manufacture of Foods	574.63
酒、饮料和精制茶制造业	Manufacture of Liquor, Beverages and Refined Tea	2898.60
烟草制品业	Manufacture of Tobacco	
纺织业	Manufacture of Textile	239.57
纺织服装、服饰业	Manufacture of Textile, Wearing Apparel and Accessories	65.00
皮革、毛皮、羽毛及其制品和制鞋业	Manufacture of Leather, Fur, Feather and Related Products and Footwear	65.28
木材加工和木、竹、藤、棕、草制品业	Processing of Timber, Manufacture of Wood, Bamboo, Rattan, Palm and Straw Products	32.06
家具制造业	Manufacture of Furniture	184.09
造纸和纸制品业	Manufacture of Paper and Paper Products	288.20
印刷和记录媒介复制业	Printing and Reproduction of Recording Media	97.11
文教、工美、体育和娱乐用品制造业	Manufacture of Articles for Culture, Education, Arts and Crafts, Sport and Entertainment Activities	60.06
石油、煤炭及其他燃料加工业	Processing of Petroleum, Coal and Other Fuel	921.99
化学原料和化学制品制造业	Manufacture of Raw Chemical Materials and Chemical Products	2469.39
医药制造业	Manufacture of Medicines	748.25
化学纤维制造业	Manufacture of Chemical Fibers	399.46
橡胶和塑料制品业	Manufacture of Rubber and Plastics Products	242.43
非金属矿物制品业	Manufacture of Non-metallic Mineral Products	1630.95
黑色金属冶炼和压延加工业	Smelting and Pressing of Ferrous Metals	2291.63
有色金属冶炼和压延加工业	Smelting and Pressing of Non-ferrous Metals	592.85
金属制品业	Manufacture of Metal Products	653.01
通用设备制造业	Manufacture of General Purpose Machinery	606.72
专用设备制造业	Manufacture of Special Purpose Machinery	477.26
汽车制造业	Manufacture of Automobiles	1816.27
铁路、船舶、航空航天和其他运输设备制造业	Manufacture of Railway, Ship, Aerospace and Other Transport Equipment	311.80
电气机械和器材制造业	Manufacture of Electrical Machinery and Apparatus	2289.49
计算机、通信和其他电子设备制造业	Manufacture of Computers, Communication and Other Electronic Equipment	7283.94
仪器仪表制造业	Manufacture of Measuring Instruments and Machinery	168.42
其他制造业	Other Manufactures	30.63
废弃资源综合利用业	Utilization of Waste Resources	47.37
金属制品、机械和设备修理业	Repair Service of Metal Products, Machinery and Equipment	47.80
电力、热力生产和供应业	Production and Supply of Electric Power and Heat Power	2313.99
燃气生产和供应业	Production and Supply of Gas	107.88
水的生产和供应业	Production and Supply of Water	135.25

continued

(100 million yuan)

营业成本 Business Cost	销售费用 Selling Expenses	管理费用 Management Expenses	财务费用 Financial Expenses	利润总额 Total Profits	平均用工人数 (万人) Annual Average Employees (10 000 persons)
26338.60	**841.50**	**930.83**	**175.27**	**3264.36**	**170.63**
145.29	5.26	20.69	2.60	25.25	4.85
512.95	1.36	87.84	7.35	197.52	3.18
54.81	1.48	5.17	0.85	15.53	0.65
103.39	0.35	7.25	1.39	63.84	0.67
27.73	3.68	3.49	0.81	4.79	0.46
417.66	14.73	8.68	1.83	32.89	3.78
451.33	44.59	18.45	1.63	53.79	5.31
1582.61	229.29	121.59	-8.44	702.91	13.08
213.01	3.14	6.11	2.58	12.03	2.82
52.72	3.06	3.10	0.46	4.72	1.12
55.86	1.07	3.74	0.95	3.49	2.01
27.68	1.02	1.11	0.18	1.78	0.39
148.93	9.02	12.31	0.83	9.47	4.16
242.93	8.76	7.14	3.10	19.25	2.15
74.85	2.00	7.28	0.23	10.83	1.37
48.03	6.14	1.39	0.28	3.77	0.41
819.44	4.30	10.20	0.48	3.25	0.80
1745.58	29.53	76.00	7.69	657.75	8.61
344.79	190.59	41.12	6.23	131.13	7.45
380.55	3.77	3.56	9.00	0.38	1.24
197.55	10.90	9.41	2.39	15.21	2.45
1142.74	25.79	61.72	6.62	357.67	8.91
2084.40	10.13	28.13	13.93	75.73	7.11
522.89	3.06	10.89	4.24	36.76	2.56
575.56	11.09	21.71	5.79	18.21	4.70
497.84	15.74	29.18	-0.03	51.93	4.20
389.32	15.96	21.99	-0.80	27.80	4.03
1548.44	19.86	42.73	6.23	124.42	7.19
242.62	6.05	20.09	3.80	27.87	3.42
2008.88	53.58	40.72	-1.75	126.11	9.03
6742.64	80.89	94.11	24.23	219.57	34.68
125.46	6.71	4.78	0.34	26.89	0.87
29.00	0.15	1.65	-0.10	1.19	0.34
43.93	0.12	1.57	0.38	0.86	0.32
42.61	0.12	0.99	0.68	2.59	0.17
2048.66	2.08	37.41	70.25	139.11	11.68
84.13	7.87	6.57	0.10	11.17	0.75
91.62	2.61	11.19	4.95	24.30	1.22

14-13 各市(州)大中型工业企业主要指标(2022年)

Main Indicators of Large and Medium-Sized Industrial Enterprises by Region(2022)

单位：亿元 (100 million yuan)

市(州)	Region	企业单位数(个) Number of Enterprises (unit)	资产总计 Total Assets	流动资产合计 Total Current Assets	固定资产原价 Original Value of Fixed Assets	负债合计 Total Liabilities	流动负债合计 Total Current Liabilities	所有者权益合计 Owners' Equities
全 省	**Sichuan**	**1738**	**40452.25**	**19335.65**	**24661.86**	**22170.32**	**16692.30**	**18281.93**
成都市	Chengdu	520	15339.26	7340.14	11557.53	8331.34	6679.05	7007.92
自贡市	Zigong	33	602.95	374.98	156.56	370.00	298.83	232.95
攀枝花市	Panzhihua	45	2052.08	685.45	1286.01	1263.70	1077.40	788.38
泸州市	Luzhou	103	1901.72	1022.47	832.42	928.11	694.46	973.61
德阳市	Deyang	131	2616.58	1800.42	797.09	1516.25	1290.95	1100.34
绵阳市	Mianyang	113	3519.57	1730.85	1524.54	2131.70	1486.62	1387.88
广元市	Guangyuan	28	243.28	100.89	173.36	105.13	82.76	138.15
遂宁市	Suining	60	772.38	431.43	338.19	354.59	282.05	417.78
内江市	Neijiang	39	600.73	325.76	903.04	410.71	297.25	190.02
乐山市	Leshan	82	2118.74	1000.96	1035.87	846.33	631.62	1272.42
南充市	Nanchong	183	832.53	320.03	523.03	384.39	301.11	448.14
眉山市	Meishan	83	986.05	399.51	581.86	558.65	415.94	427.41
宜宾市	Yibin	114	4795.02	2671.54	1222.08	2682.20	2184.66	2112.82
广安市	Guangan	44	426.60	181.28	304.60	194.18	136.40	232.43
达州市	Dazhou	61	830.58	428.10	819.43	328.99	215.16	501.59
雅安市	Yaan	28	344.21	180.16	167.96	174.92	125.42	169.29
巴中市	Bazhong	9	27.44	8.95	25.27	11.28	6.91	16.15
资阳市	Ziyang	25	162.88	87.59	96.47	121.07	102.54	41.81
阿坝藏族羌族自治州	Aba	7	82.15	45.70	62.67	26.14	25.35	56.01
甘孜藏族自治州	Ganzi	4	683.03	12.18	660.09	547.84	118.74	135.19
凉山彝族自治州	Liangshan	26	1514.48	187.26	1593.78	882.82	239.08	631.66

14-13 续表 continued

单位：亿元 (100 million yuan)

市(州)	Region	营业收入 Business Revenue	营业成本 Business Cost	销售费用 Selling Expenses	管理费用 Management Expenses	财务费用 Financial Expenses	利润总额 Total Profits	平均用工人数(万人) Annual Average Employees (10 000 persons)
全 省	**Sichuan**	**32697.80**	**26338.60**	**841.50**	**930.83**	**175.27**	**3264.36**	**170.63**
成都市	Chengdu	13931.32	11763.72	339.28	367.29	44.07	838.11	70.77
自贡市	Zigong	264.22	217.33	4.92	14.50	2.88	20.87	1.98
攀枝花市	Panzhihua	1535.73	1231.49	11.18	42.05	13.42	155.35	7.83
泸州市	Luzhou	1328.92	776.16	80.62	63.49	3.51	292.95	8.36
德阳市	Deyang	1954.48	1498.08	96.45	81.48	-0.90	200.30	11.96
绵阳市	Mianyang	2467.59	2142.23	73.67	67.53	25.53	83.91	14.21
广元市	Guangyuan	283.77	230.37	5.09	11.61	-2.02	22.84	1.25
遂宁市	Suining	1027.34	786.93	16.58	20.46	2.72	180.62	4.88
内江市	Neijiang	708.33	637.29	12.57	12.75	0.98	38.69	3.91
乐山市	Leshan	1569.51	1063.57	15.69	59.08	10.12	479.22	6.39
南充市	Nanchong	634.64	510.68	26.18	31.53	11.39	43.55	6.34
眉山市	Meishan	828.24	702.95	19.56	21.10	3.94	67.88	5.55
宜宾市	Yibin	3748.81	2833.85	109.26	75.57	11.12	569.87	13.20
广安市	Guangan	258.46	208.13	3.13	8.07	2.93	32.60	2.66
达州市	Dazhou	794.69	644.00	10.37	22.47	2.58	86.78	4.65
雅安市	Yaan	352.19	288.32	5.15	7.65	1.89	47.57	1.90
巴中市	Bazhong	16.39	11.85	0.57	1.36	0.05	2.19	0.30
资阳市	Ziyang	94.76	85.62	2.51	5.29	4.73	-8.82	1.54
阿坝藏族羌族自治州	Aba	90.32	81.69	0.68	2.03	0.58	4.20	0.48
甘孜藏族自治州	Ganzi	36.13	35.75	0.06	0.77	10.75	-11.56	0.33
凉山彝族自治州	Liangshan	771.95	588.59	7.97	14.76	25.01	117.22	2.14

14-14 按行业分规模以上工业企业主要经济效益指标(2022年)
Main Indicators on Economic Benefits of Industrial Enterprises above Designated Size by Industrial Sector(2022)

单位：% (%)

行　　业	Sector	资产负债率 Ratio of Debts to Assets	总资产贡献率 Ratio of Profits, Taxes and Interests to Average Assets	工业成本费用利润率 Ratio of Profits to Industrial Costs
总　计	**Total**	**57.01**	**10.51**	**10.19**
煤炭开采和洗选业	Mining and Washing of Coal	70.48	8.47	11.39
石油和天然气开采业	Extraction of Petroleum and Natural Gas	31.40	13.02	31.17
黑色金属矿采选业	Mining and Processing of Ferrous Metal Ores	53.01	9.51	11.22
有色金属矿采选业	Mining and Processing of Non-Ferrous Metal Ores	52.28	24.62	44.43
非金属矿采选业	Mining and Processing of Non-metal Ores	53.85	5.64	10.19
开采专业及辅助性活动	Professional and Support Activities for Mining	33.83	1.11	1.20
其他采矿业	Mining of Other Ores	51.12	8.33	
农副食品加工业	Processing of Food from Agricultural Products	53.72	11.67	10.82
食品制造业	Manufacture of Foods	43.30	13.00	8.95
酒、饮料和精制茶制造业	Manufacture of Liquor, Beverages and Refined Tea	45.61	22.23	32.46
烟草制品业	Manufacture of Tobacco	41.18	104.36	13.12
纺织业	Manufacture of Textile	56.16	7.30	5.61
纺织服装、服饰业	Manufacture of Textile, Wearing Apparel and Accessories	42.50	13.58	8.05
皮革、毛皮、羽毛及其制品和制鞋业	Manufacture of Leather, Fur, Feather and Related Products and Footwear	54.44	8.17	5.94
木材加工和木、竹、藤、棕、草制品业	Processing of Timber, Manufacture of Wood, Bamboo, Rattan, Palm and Straw Products	52.29	8.95	5.23
家具制造业	Manufacture of Furniture	53.61	9.67	5.28
造纸和纸制品业	Manufacture of Paper and Paper Products	59.64	10.35	5.83
印刷和记录媒介复制业	Printing and Reproduction of Recording Media	41.67	11.70	8.30
文教、工美、体育和娱乐用品制造业	Manufacture of Articles for Culture, Education, Arts and Crafts, Sport and Entertainment Activities	65.25	12.53	5.74
石油、煤炭及其他燃料加工业	Processing of Petroleum, Coal and Other Fuel	71.96	16.73	3.08
化学原料和化学制品制造业	Manufacture of Raw Chemical Materials and Chemical Products	44.41	24.11	25.25
医药制造业	Manufacture of Medicines	39.40	11.86	16.61
化学纤维制造业	Manufacture of Chemical Fibers	84.39	4.00	0.21
橡胶和塑料制品业	Manufacture of Rubber and Plastics Products	45.04	10.41	6.40
非金属矿物制品业	Manufacture of Non-metallic Mineral Products	51.43	12.68	14.55
黑色金属冶炼和压延加工业	Smelting and Pressing of Ferrous Metals	64.19	6.29	3.11
有色金属冶炼和压延加工业	Smelting and Pressing of Non-ferrous Metals	53.55	12.69	5.94
金属制品业	Manufacture of Metal Products	62.43	7.59	3.71
通用设备制造业	Manufacture of General Purpose Machinery	58.92	8.19	9.00
专用设备制造业	Manufacture of Special Purpose Machinery	51.94	6.40	7.20
汽车制造业	Manufacture of Automobiles	71.48	10.58	6.61
铁路、船舶、航空航天和其他运输设备制造业	Manufacture of Railway, Ship, Aerospace and Other Transport Equipment	72.32	3.99	5.90
电气机械和器材制造业	Manufacture of Electrical Machinery and Apparatus	64.78	7.63	5.30
计算机、通信和其他电子设备制造业	Manufacture of Computers, Communication and Other Electronic Equipment	61.28	4.96	3.56
仪器仪表制造业	Manufacture of Measuring Instruments and Machinery	47.61	13.94	14.06
其他制造业	Other Manufactures	69.40	3.51	8.20
废弃资源综合利用业	Utilization of Waste Resources	61.72	22.46	9.82
金属制品、机械和设备修理业	Repair Service of Metal Products, Machinery and Equipment	41.40	3.23	4.29
电力、热力生产和供应业	Production and Supply of Electric Power and Heat Power	67.32	5.67	8.43
燃气生产和供应业	Production and Supply of Gas	50.40	11.10	13.16
水的生产和供应业	Production and Supply of Water	58.25	3.42	18.59

14-15 按行业分国有控股工业企业主要经济效益指标(2022年)

Main Indicators on Economic Benefits of State-holding Industrial Enterprises by Industrial Sector(2022)

单位：% (%)

行 业	Sector	资产负债率 Ratio of Debts to Assets	总资产贡献率 Ratio of Profits, Taxes and Interests to Average Assets	工业成本费用利润率 Ratio of Profits to Industrial Costs
总 计	**Total**	**59.30**	**8.67**	**10.08**
煤炭开采和洗选业	Mining and Washing of Coal	78.56	8.45	18.51
石油和天然气开采业	Extraction of Petroleum and Natural Gas	31.40	13.01	31.16
黑色金属矿采选业	Mining and Processing of Ferrous Metal Ores	45.61	7.38	21.59
有色金属矿采选业	Mining and Processing of Non-Ferrous Metal Ores	35.91	24.32	45.62
非金属矿采选业	Mining and Processing of Non-metal Ores	50.21	2.51	7.61
开采专业及辅助性活动	Professional and Support Activities for Mining	33.12	1.07	1.17
其他采矿业	Mining of Other Ores			
农副食品加工业	Processing of Food from Agricultural Products	55.59	14.26	6.50
食品制造业	Manufacture of Foods	80.02	-0.32	-7.47
酒、饮料和精制茶制造业	Manufacture of Liquor, Beverages and Refined Tea	44.74	22.48	42.06
烟草制品业	Manufacture of Tobacco	41.18	104.36	13.12
纺织业	Manufacture of Textile	35.55	2.80	5.18
纺织服装、服饰业	Manufacture of Textile, Wearing Apparel and Accessories	55.81	8.72	3.74
皮革、毛皮、羽毛及其制品和制鞋业	Manufacture of Leather, Fur, Feather and Related Products and Footwear			
木材加工和木、竹、藤、棕、草制品业	Processing of Timber, Manufacture of Wood, Bamboo, Rattan, Palm and Straw Products	61.17	2.92	10.91
家具制造业	Manufacture of Furniture	83.33	-5.37	-15.78
造纸和纸制品业	Manufacture of Paper and Paper Products	75.47	6.63	2.57
印刷和记录媒介复制业	Printing and Reproduction of Recording Media	25.63	11.67	14.23
文教、工美、体育和娱乐用品制造业	Manufacture of Articles for Culture, Education, Arts and Crafts, Sport and Entertainment Activities	78.15	12.03	5.26
石油、煤炭及其他燃料加工业	Processing of Petroleum, Coal and Other Fuel	68.84	26.96	2.88
化学原料和化学制品制造业	Manufacture of Raw Chemical Materials and Chemical Products	45.64	14.05	14.26
医药制造业	Manufacture of Medicines	26.10	9.25	20.66
化学纤维制造业	Manufacture of Chemical Fibers	89.59	4.06	0.24
橡胶和塑料制品业	Manufacture of Rubber and Plastics Products	47.12	8.69	5.47
非金属矿物制品业	Manufacture of Non-metallic Mineral Products	60.11	3.58	5.79
黑色金属冶炼和压延加工业	Smelting and Pressing of Ferrous Metals	59.15	4.65	3.40
有色金属冶炼和压延加工业	Smelting and Pressing of Non-ferrous Metals	40.73	13.30	7.31
金属制品业	Manufacture of Metal Products	63.71	3.90	1.87
通用设备制造业	Manufacture of General Purpose Machinery	66.55	4.12	6.87
专用设备制造业	Manufacture of Special Purpose Machinery	57.96	3.51	5.43
汽车制造业	Manufacture of Automobiles	82.67	16.65	9.14
铁路、船舶、航空航天和其他运输设备制造业	Manufacture of Railway, Ship, Aerospace and Other Transport Equipment	80.71	2.55	3.61
电气机械和器材制造业	Manufacture of Electrical Machinery and Apparatus	72.01	4.26	3.60
计算机、通信和其他电子设备制造业	Manufacture of Computers, Communication and Other Electronic Equipment	56.80	1.30	-0.70
仪器仪表制造业	Manufacture of Measuring Instruments and Machinery	56.22	7.28	7.21
其他制造业	Other Manufactures	69.93	3.08	8.46
废弃资源综合利用业	Utilization of Waste Resources	46.30	12.69	5.68
金属制品、机械和设备修理业	Repair Service of Metal Products, Machinery and Equipment	58.42	5.08	4.88
电力、热力生产和供应业	Production and Supply of Electric Power and Heat Power	67.43	5.65	7.87
燃气生产和供应业	Production and Supply of Gas	47.22	12.51	11.67
水的生产和供应业	Production and Supply of Water	57.73	3.13	18.13

14-16 按行业分大中型工业企业主要经济效益指标(2022年)

Main Indicators on Economic Benefits of Large and Medium-sized Industrial Enterprises by Industrial Sector(2022)

单位：%　　(%)

行　业	Sector	资产负债率 Ratio of Debts to Assets	总资产贡献率 Ratio of Profits, Taxes and Interests to Average Assets	工业成本费用利润率 Ratio of Profits to Industrial Costs
总　计	**Total**	**54.81**	**12.42**	**11.33**
煤炭开采和洗选业	Mining and Washing of Coal	73.53	9.89	14.29
石油和天然气开采业	Extraction of Petroleum and Natural Gas	25.12	14.93	31.54
黑色金属矿采选业	Mining and Processing of Ferrous Metal Ores	43.98	11.06	24.49
有色金属矿采选业	Mining and Processing of Non-Ferrous Metal Ores	42.27	25.99	54.70
非金属矿采选业	Mining and Processing of Non-metal Ores	68.68	11.58	13.34
开采专业及辅助性活动	Professional and Support Activities for Mining	33.15	1.08	1.18
其他采矿业	Mining of Other Ores			
农副食品加工业	Processing of Food from Agricultural Products	46.89	13.54	7.37
食品制造业	Manufacture of Foods	38.56	14.29	10.29
酒、饮料和精制茶制造业	Manufacture of Liquor, Beverages and Refined Tea	45.22	23.01	36.23
烟草制品业	Manufacture of Tobacco	43.17	111.71	11.00
纺织业	Manufacture of Textile	55.69	6.41	5.27
纺织服装、服饰业	Manufacture of Textile, Wearing Apparel and Accessories	47.56	9.57	7.85
皮革、毛皮、羽毛及其制品和制鞋业	Manufacture of Leather, Fur, Feather and Related Products and Footwear	50.84	6.58	5.63
木材加工和木、竹、藤、棕、草制品业	Processing of Timber, Manufacture of Wood, Bamboo, Rattan, Palm and Straw Products	48.25	6.58	5.91
家具制造业	Manufacture of Furniture	56.77	11.09	5.45
造纸和纸制品业	Manufacture of Paper and Paper Products	58.59	11.14	7.21
印刷和记录媒介复制业	Printing and Reproduction of Recording Media	27.20	13.50	12.59
文教、工美、体育和娱乐用品制造业	Manufacture of Articles for Culture, Education, Arts and Crafts, Sport and Entertainment Activities	73.08	14.98	6.73
石油、煤炭及其他燃料加工业	Processing of Petroleum, Coal and Other Fuel	75.25	16.92	0.39
化学原料和化学制品制造业	Manufacture of Raw Chemical Materials and Chemical Products	39.98	29.62	34.62
医药制造业	Manufacture of Medicines	35.34	12.53	21.01
化学纤维制造业	Manufacture of Chemical Fibers	88.12	3.90	0.10
橡胶和塑料制品业	Manufacture of Rubber and Plastics Products	38.83	8.77	6.74
非金属矿物制品业	Manufacture of Non-metallic Mineral Products	42.25	20.47	28.31
黑色金属冶炼和压延加工业	Smelting and Pressing of Ferrous Metals	63.45	6.50	3.46
有色金属冶炼和压延加工业	Smelting and Pressing of Non-ferrous Metals	48.99	10.69	6.68
金属制品业	Manufacture of Metal Products	67.72	6.86	2.91
通用设备制造业	Manufacture of General Purpose Machinery	62.45	6.39	9.22
专用设备制造业	Manufacture of Special Purpose Machinery	53.03	4.61	6.28
汽车制造业	Manufacture of Automobiles	74.87	12.63	7.63
铁路、船舶、航空航天和其他运输设备制造业	Manufacture of Railway, Ship, Aerospace and Other Transport Equipment	58.32	6.09	9.84
电气机械和器材制造业	Manufacture of Electrical Machinery and Apparatus	69.39	7.74	5.88
计算机、通信和其他电子设备制造业	Manufacture of Computers, Communication and Other Electronic Equipment	63.08	4.59	3.10
仪器仪表制造业	Manufacture of Measuring Instruments and Machinery	48.04	19.19	18.92
其他制造业	Other Manufactures	70.96	1.70	3.74
废弃资源综合利用业	Utilization of Waste Resources	67.59	5.78	1.85
金属制品、机械和设备修理业	Repair Service of Metal Products, Machinery and Equipment	55.09	5.70	5.77
电力、热力生产和供应业	Production and Supply of Electric Power and Heat Power	62.55	6.13	6.44
燃气生产和供应业	Production and Supply of Gas	46.84	7.99	11.26
水的生产和供应业	Production and Supply of Water	57.45	3.98	21.98

14-17 各市(州)规模以上工业企业主要经济效益指标(2022年)
Main Indicators on Economic Benefits of Industrial Enterprises above Designated Size by Region(2022)

单位：% (%)

市(州)	Region	资产负债率 Ratio of Debts to Assets	总资产贡献率 Ratio of Profits, Taxes and Interests to Average Assets	工业成本费用利润率 Ratio of Profits to Industrial Costs
全　省	**Sichuan**	**57.01**	**10.51**	**10.19**
成都市	Chengdu	56.49	8.70	6.86
自贡市	Zigong	59.23	5.06	6.62
攀枝花市	Panzhihua	61.40	10.59	11.13
泸州市	Luzhou	51.80	20.36	22.56
德阳市	Deyang	57.45	13.23	9.92
绵阳市	Mianyang	59.21	6.49	4.51
广元市	Guangyuan	51.15	8.42	8.53
遂宁市	Suining	44.67	19.31	15.99
内江市	Neijiang	63.05	7.05	6.83
乐山市	Leshan	48.64	19.08	28.41
南充市	Nanchong	49.30	6.64	7.54
眉山市	Meishan	55.05	8.21	7.02
宜宾市	Yibin	56.53	15.65	17.03
广安市	Guangan	48.70	10.43	10.11
达州市	Dazhou	41.99	13.15	9.51
雅安市	Yaan	63.45	10.28	12.87
巴中市	Bazhong	48.19	7.64	11.13
资阳市	Ziyang	68.03	2.41	-1.11
阿坝藏族羌族自治州	Aba	66.64	6.88	7.75
甘孜藏族自治州	Ganzi	76.70	4.02	5.74
凉山彝族自治州	Liangshan	67.42	8.26	17.25

14－18 各市(州)国有控股工业企业主要经济效益指标(2022年)
Main Indicators on Economic Benefits of State-holding Industrial Enterprises by Region(2022)

单位：%　　　　(%)

市(州)	Region	资产负债率 Ratio of Debts to Assets	总资产贡献率 Ratio of Profits, Taxes and Interests to Average Assets	工业成本费用利润率 Ratio of Profits to Industrial Costs
全 省	**Sichuan**	**59.30**	**8.67**	**10.08**
成都市	Chengdu	57.38	9.28	6.49
自贡市	Zigong	53.71	4.05	6.64
攀枝花市	Panzhihua	61.62	7.75	9.50
泸州市	Luzhou	50.56	18.81	47.85
德阳市	Deyang	66.99	4.55	6.66
绵阳市	Mianyang	60.59	3.73	1.94
广元市	Guangyuan	56.99	7.73	12.04
遂宁市	Suining	42.18	12.94	27.03
内江市	Neijiang	64.11	3.50	4.35
乐山市	Leshan	60.52	4.36	6.19
南充市	Nanchong	59.90	3.78	4.31
眉山市	Meishan	57.78	4.54	7.22
宜宾市	Yibin	51.81	15.16	21.16
广安市	Guangan	47.83	5.71	7.33
达州市	Dazhou	41.31	9.81	18.79
雅安市	Yaan	64.00	5.70	10.00
巴中市	Bazhong	53.31	11.18	17.15
资阳市	Ziyang	66.02	3.40	2.83
阿坝藏族羌族自治州	Aba	69.44	4.00	0.54
甘孜藏族自治州	Ganzi	77.82	3.07	-5.13
凉山彝族自治州	Liangshan	68.14	8.16	19.53

14－19 各市(州)大中型工业企业主要经济效益指标(2022年)
Main Indicators on Economic Benefits of Large and Medium-sized Industrial Enterprises by Region(2022)

单位：% (%)

市(州)	Region	资产负债率 Ratio of Debts to Assets	总资产贡献率 Ratio of Profits, Taxes and Interests to Average Assets	工业成本费用利润率 Ratio of Profits to Industrial Costs
全　省	**Sichuan**	**54.81**	**12.42**	**11.33**
成都市	Chengdu	54.31	10.53	6.59
自贡市	Zigong	61.37	4.95	8.44
攀枝花市	Panzhihua	61.58	10.85	11.61
泸州市	Luzhou	48.80	23.33	31.09
德阳市	Deyang	57.95	11.37	11.66
绵阳市	Mianyang	60.57	4.98	3.52
广元市	Guangyuan	43.21	12.97	9.18
遂宁市	Suining	45.91	29.09	21.53
内江市	Neijiang	68.37	5.22	5.76
乐山市	Leshan	39.94	26.11	40.84
南充市	Nanchong	46.17	7.40	7.42
眉山市	Meishan	56.65	9.21	8.93
宜宾市	Yibin	55.94	17.40	18.61
广安市	Guangan	45.52	10.21	14.47
达州市	Dazhou	39.61	14.16	12.58
雅安市	Yaan	50.82	17.10	15.52
巴中市	Bazhong	41.13	11.74	15.50
资阳市	Ziyang	74.33	-0.49	-8.88
阿坝藏族羌族自治州	Aba	31.82	9.42	4.89
甘孜藏族自治州	Ganzi	80.21	0.27	-24.41
凉山彝族自治州	Liangshan	58.29	11.98	18.05

14−20 规模以上工业企业主要产品产量
Output of Major Products of Industrial Enterprises above Designated Size

产品名称		Item		2005	2010	2015	2019	2020	2021	2022
化学纤维	(万吨)	Chemical Fiber	(10 000 tons)	26.56	51.22	118.10	81.40	79.00	77.40	69.70
纱	(万吨)	Yarn	(10 000 tons)	25.48	70.81	118.00	67.30	60.80	73.50	70.80
布	(亿米)	Cloth	(100 million m)	7.07	14.90	18.50	17.30	14.60	13.70	12.16
蚕丝及交织机织物	(万米)	Silk and Woven Fabric	(10 000 m)	11330	23042	17247	19067	17906	15680	10802
服装	(万件)	Garments	(10 000 pcs)	2764	9933	18780	19982	19298	24700	19969
机制纸及纸板	(万吨)	Machine-made Paper and Paperboard	(10 000 tons)	110.59	342.86	189.80	332.40	365.80	389.00	347.66
合成洗涤剂	(万吨)	Synthetic Detergents	(10 000 tons)	52.51	76.66	151.40	99.30	104.20	108.10	109.10
原电池及原电池组(非扣式)	(亿只)	Primary Battery and Primary Battery Pack (non-button type)	(100 million pieces)	0.58	3.80	7.50	16.30	21.20	25.20	23.00
原盐	(万吨)	Salt	(10 000 tons)	412.11	763.18	325.00	537.50	512.70	532.90	475.27
卷烟	(亿支)	Cigarettes	(100 million pieces)	685.05	914.24	945.80	870.30	895.20	910.80	911.58
乳制品	(万吨)	Dairy Products	(10 000 tons)	15.04	58.00	104.90	112.50	116.00	113.70	105.20
白酒(商品量)	(万千升)	Liquor	(10 000 kiloliter)	57.83	229.80	370.90	366.80	367.60	364.10	348.10
啤酒	(万千升)	Beer	(10 000 kiloliter)	126.22	158.30	221.00	229.00	218.00	249.90	260.30
软饮料	(万千升)	Soft Drink	(10 000 kiloliter)	120.41	495.91	1311.90	1952.60	2002.20	1832.20	1582.10
食用植物油	(万吨)	Vegetable Oil	(10 000 tons)	40.83	117.73	205.10	230.10	244.70	215.20	221.10
配、混合饲料	(万吨)	Mingled Feedstuff	(10 000 tons)	449.94	701.16	1201.40	1426.30	1577.80	1221.60	2157.70
中成药	(万吨)	Traditional Chinese Medicir	(10 000 tons)	9.83	29.81	53.60	26.90	27.50	33.60	33.90
化学原料药	(万吨)	Chemical Medicine	(10 000 tons)	5.40	2.67	22.50	9.00	6.80	30.80	9.90
塑料制品	(万吨)	Plastics Goods	(10 000 tons)	47.17	254.29	415.50	448.80	446.80	415.40	361.10
家用电冰箱	(万台)	Household Refrigerators	(10 000 units)	23.00	81.22	73.60	99.50	111.10	124.20	115.21
房间空气调节器	(万台)	Air Conditioner	(10 000 units)	145.23	119.49	142.80	251.70	210.80	229.00	386.42
彩色电视机	(万台)	Color Television Sets	(10 000 units)	781.61	1208.90	1055.70	964.80	970.10	1286.60	1543.68
原油	(万吨)	Crude Oil	(10 000 tons)	13.92	15.12	15.43	8.41	7.86	9.22	11.94
柴油	(万吨)	Diesel Oil	(10 000 tons)	49.23	83.30	340.91	243.48	216.84	206.16	234.53

14-20 续表 continued

产品名称		Item		2005	2010	2015	2019	2020	2021	2022
汽油	(万吨)	Gasoline	(10 000 tons)	28.16	57.76	217.44	262.39	232.30	260.67	213.88
天然气	(亿立方米)	Natural Gas	(100 million cu.m)	135.24	234.16	266.21	441.35	452.41	522.21	554.10
发电量	(亿千瓦小时)	Electricity	(100 million kwh)	958.03	1683.82	2969.54	3670.95	3980.83	4329.50	4633.68
#水电	(亿千瓦小时)	Hydropower	(100 million kwh)	616.99	1103.37	2508.44	3075.50	3349.15	3531.40	3681.28
焦炭	(万吨)	Coke	(10 000 tons)	827.94	1157.09	1304.37	1066.21	1074.23	1058.58	1038.83
生铁	(万吨)	Pig Iron	(10 000 tons)	1060.50	1593.81	1747.40	2131.30	2136.80	2092.00	2036.41
粗钢	(万吨)	Crude Steel	(10 000 tons)	1094.45	1580.99	2110.40	2733.30	2792.60	2782.90	2787.34
成品钢材	(万吨)	Rolled Steel Products	(10 000 tons)	1172.72	1976.55	2702.50	3308.20	3437.20	3496.20	3583.01
铁合金	(万吨)	Ferroalloy	(10 000 tons)	106.62	238.89	211.60	134.80	86.10	109.60	103.20
水泥	(万吨)	Cement	(10 000 tons)	4194.74	13227.55	14040.60	14172.10	14495.80	14147.10	13070.02
平板玻璃	(万重量箱)	Plate Glass	(10 000 wt. Cases)	1304.94	4275.94	4073.60	5794.40	5885.70	6040.60	6145.77
硫酸	(万吨)	Sulfuric Acid	(10 000 tons)	324.85	388.22	642.50	651.00	513.00	505.50	541.95
浓硝酸	(万吨)	Concentrated Nitric Acid	(10 000 tons)	5.43	8.43	5.40	6.80	6.70	8.20	7.50
碳酸钠(纯碱)	(万吨)	Soda Ash	(10 000 tons)	106.51	169.78	106.90	144.90	128.90	119.50	123.14
氢氧化钠(烧碱)	(万吨)	Caustic Soda	(10 000 tons)	75.49	106.93	97.30	121.30	120.40	130.90	135.94
合成氨	(万吨)	Synthetic Ammonia	(10 000 tons)	374.47	403.34	388.40	267.70	321.60	330.40	351.60
农用氮、磷、钾化学肥料总计	(折纯)(万吨)	Chemical Fertilizers	(10 000 tons)	428.82	510.12	497.10	441.70	349.60	335.70	381.85
#氮肥	(万吨)	Nitrogen Fertilizers	(10 000 tons)	337.60	414.76	307.90	247.20	228.90	234.10	274.90
化学农药	(万吨)	Chemical Pesticide	(10 000 tons)	3.88	12.81	17.80	39.20	27.60	30.80	28.69
电石(折合量)	(万吨)	Calcium carbide	(10 000 tons)	65.76	75.98	68.30	108.20	49.40	50.80	46.80
初级形态塑料	(万吨)	Primary Form of Plastics	(10 000 tons)	61.52	104.37	208.40	280.50	284.00	267.90	241.86
轮胎外胎	(万条)	Tyres	(10 000 pcs)	615.33	1558.12	3449.80	4314.00	4777.70	6162.20	6424.80
发电设备(500千瓦及以上)	(万千瓦)	Power Generating Equipment (each above 500kw)	(10000 kw)	2327.64	3781.54	2905.90	2008.00	2654.10	3718.90	3701.95
变压器	(万千伏安)	Transformer	(10 000 kva)	846.77	1151.61	1896.80	1907.30	2001.80	2056.60	1520.10
金属切削机床	(万台)	Metal-cutting Machine Tools	(10 000 units)	0.79	0.73	0.60	0.80	0.80	1.00	0.96
汽车	(万辆)	Motor Vehicles	(10 000 units)	5.66	10.29	105.10	111.70	71.30	72.70	72.48

主要统计指标解释

工业 指从事自然资源的开采，对采掘品和农产品进行加工和再加工的物质生产部门。具体包括：(1)对自然资源的开采，如采矿、晒盐等(但不包括禽兽捕猎和水产捕捞)；(2)对农副产品的加工、再加工，如粮油加工、食品加工、缫丝、纺织、制革等；(3)对采掘品的加工、再加工，如炼铁、炼钢、化工生产、石油加工、机器制造、木材加工等，以及电力、燃气及水的生产和供应等；(4)对工业品的修理、翻新，如机器设备的修理等。

工业统计调查单位为工业法人单位。

工业法人单位 指从事工业生产经营活动的法人单位。工业法人单位应同时具备以下条件：①依法成立，有自己的名称、组织机构和场所，能够独立承担民事责任；②独立拥有（或授权）使用资产，承担负债，有权与其他单位签订合同；③具有包括资产负债表在内的帐户，或者能够根据需要编制帐户。

本篇资料中规模以上工业企业的统计范围：1998至2006年为全部国有和年主营业务收入500万元及以上的非国有工业法人单位；2007至2010年为年主营业务收入500万元及以上工业法人单位；从2011年开始，为年主营业务收入2000万元及以上的工业法人单位。

国有控股企业 即原来的国有及国有控股企业，根据企业实收资本中国有经济成分的出资人的实际投资情况，或国有经济成分的出资人对企业资产的实际控制、支配程度进行分类。以下情况为国有控股：(1) 在企业的全部实收资本中，国有经济成分的出资人拥有的实收资本（股本）所占企业全部实收资本（股本）的比例大于50%的国有绝对控股。(2) 在企业的全部实收资本中，国有经济成分的出资人拥有的实收资本（股本）所占比例虽未大于50%，但相对大于其他任何一方经济成分的出资人所占比例的国有相对控股；或者虽不大于其他经济成分，但根据协议规定拥有企业实际控制权的国有协议控股。(3) 投资双方各占50%，且未明确由谁绝对控股的企业，若其中一方为国有经济成分的，一律按国有控股处理。

本篇涉及的其他企业登记注册类型的解释详见综合篇。

轻工业 指主要提供生活消费品和制作手工工具的工业。按其所使用的原料不同，可分为两大类：(1)以农产品为原料的轻工业，是指直接或间接以农产品为基本原料的轻工业。主要包括食品制造、饮料制造、烟草加工、纺织、缝纫、皮革和毛皮制作、造纸以及印刷等工业；(2)以非农产品为原料的轻工业，是指以工业品为原料的轻工业。主要包括文教体育用品、化学药品制造、合成纤维制造、日用化学制品、日用玻璃制品、日用金属制品、手工工具制造、医疗器械制造、文化和办公用机械制造等工业。

重工业 指为国民经济各部门提供物质技术基础的主要生产资料的工业。按其生产性质和产品用途，可以分为下列三类：(1)采掘(伐)工业，是指对自然资源的开采，包括石油开采、煤炭开采、金属矿开采、非金属矿开采等工业；(2)原材料工业，指向国民经济各部门提供基本材料、动力和燃料的工业。包括金属冶炼及加工、炼焦及焦炭、化学、化工原料、水泥、人造板以及电力、石油和煤炭加工等工业；(3)加工工业，是指对工业原材料进行再加工制造的工业。包括装备国民经济各部门的机械设备制造工业、金属结构、水泥制品等工业，以及为农业提供的生产资料如化肥、农药等工业。

根据上述划分原则，修理业中以重工业产品为修理作业对象的划为重工业，反之划为轻工业。

资产总计 指企业过去的交易或者事项形成的、由企业拥有或者控制的、预期会给企业带来经济利益的资源。包括企业拥有的土地、办公楼、厂房、机器、运输工具、存货等实物资产和现金、存款、应收账款和预付账款等金融资产。资产一般按流动性分为流动资产和非流动资产。其中流动资产可分为货币资金、交易性金融资产、应收票据、应收账款、预付款项、其他应收款、存货等；非流动资产可分为长期股权投资、固定资产、无形资产及其他非流动资产等。来源于会计“资产负债表”中“资产总计”项目的期末余额数。

流动资产合计 资产满足以下条件之一应归为流动资产：(1) 预计在一个正常营业周期中变现、出售或耗用，主要包括存货、应收账款等；(2) 主要为交易目的而持有；(3) 预计在资产负债表日起一年内（含一年）变现；(4) 自资产负债日起一年内，交换其他资产或清偿负债的能力不受限制的现金或现金等价物。包括货币资金、应收票据、应收账款、存货等项目。来源于会计“资产负债表”中“流动资产合计”项目的期末余额数。

固定资产原价 指固定资产的成本，包括企业在购置、自行建造、安装、改建、扩建、技术改造某项固定资产时所发生的全部支出总额。根据会计“固定资产”科目的期末借方余额填报。

负债合计 指企业过去的交易或者事项形成的，预期会导致经济利益流出企业的现时义务。包括银行贷款、借款、应付账款、应付职工工资、应付职工福利费、应交税金等企业负有偿还责任的债务。负债一般按偿还期长短分为流动负债和非流动负债。来源于会计“资产负债表”中“负债合计”项目的期末余额数。

所有者权益 指企业资产扣除负债后由所有者享有的剩余权益。公司的所有者权益又称股东权益。包括实收资本、资本公积、盈余公积、未分配利润等。根据会计“资产负债表”中“所有者权益合计”项目的期末余额数填报。

营业收入 指企业从事销售商品、提供劳务和让渡资产使用权等生产经营活动形成的经济利益流入。营业收入包括“主营业务收入”和“其他业务收入”。来源于会计“利润表”中“营业收入”项目的本年累计数。

营业成本 指企业从事销售商品、提供劳务和让渡资产使用权等生产经营活动发生的实际成本。包括企业（单位）在报告期内从事销售商品、提供劳务等日常活动发生的各种耗费。包括“主营业务成本”和“其他业务成本”。来源于会计“利润表”中“营业成本”项目的本年累计数。

销售费用 指企业在销售商品和材料、提供劳务的过程中发生的各种费用，包括保险费、包装费、展览费和广告费、商品维修费、预计产品质量保证损失、运输费、装卸费等以及为销售本企业商品而专设的销售机构（含销售网点、售后服务网点等）的职工薪酬、业务费、折旧费等经营费用。

管理费用 指企业为组织和管理企业生产经营所发生的费用，包括企业在筹建期间内发生的开办费、董事会和行政管理部门在企业经营管理中发生的，或者应当由企业统一负担的公司经费等。来源于会计“利润表”中“管理费用”项目的本年累计数。

财务费用 指企业为筹集生产经营所需资金等而发生的筹资费用，包括企业生产经营期间发生的利息支出（减利息收入）、汇兑损失（减汇兑收益）以及相关的手续费等。来源于会计“利润表”中“财务费用”项目的本年累计数。

利润总额 指企业在一定会计期间的经营成果，是生产经营过程中各种收入扣除各种耗费后的盈余，反映企业在报告期内实现的盈亏总额。来源于会计“利润表”中“利润总额”项目的本年累计数。

平均用工人数 指报告期企业平均实际拥有的、参与本企业生产经营活动的人员数。

总资产贡献率 反映企业全部资产的获利能力，是企业经营业绩和管理水平的集中体现，是评价和考核企业盈利能力的核心指标。计算公式为：

$$\text{总资产贡献率}=\frac{\text{利润总额+税金总额+利息净支出}}{\text{平均资产总额}}\times100\%$$

公式中：税金总额为主营业务税金及附加与应交增值税之和；平均资产总额为期初期末资产之和的算术平均值。

资产负债率 该指标既反映企业经营风险的大小，也反映企业利用债权人提供的资金从事经营活动的能力。计算公式为：

$$\text{资产负债率}=\frac{\text{负债总额}}{\text{资产总额}}\times100\%$$

成本费用利润率 反映企业投入的生产成本及费用的经济效益，同时也反映企业降低成本所取得的经济效益。计算公式为：

$$\text{成本费用利润率}=\frac{\text{利润总额}}{\text{成本费用总额}}\times100\%$$

公式中：成本费用总额为主营业务成本、销售费用、管理费用、财务费用之和。

Explanatory Notes on Main Statistical Indicators

Industry refers to the material production sector which is engaged in the extraction of natural resources and processing and reprocessing of minerals and agricultural products, including (1) extraction of natural resources, such as mining, salt production (but not including hunting and fishing); (2) processing and reprocessing of farm and sideline produces, such as grain and oil processing, food processing, silk reeling, spinning and weaving and leather making; (3) processing and reprocessing of mineral products, such as steel making, iron smelting, chemicals manufacturing, petroleum processing, machine building, timber processing, and production and supply of electricity, gas and water; (4) repairing and renovating of industrial products such as the machinery.

In industrial surveys, the units of enquiry are industrial corporate units.

Industrial corporate units refer to corporate units engaging in industrial production and operation activities, which meet the following requirements: (1) They are established legally, having their own names, organizations, location, and are able to take civil liability independently; (2) They possess (or are authorized to use) assets independently, assume liabilities and are entitled to sign contracts with other units; (3) They have accounts including the balance sheets or can compile the accounts according to the need.

The scopes of industrial enterprises above designated size were: all State-owned industrial enterprises and the non-State-owned industrial enterprises with revenue from principal business over 5 million yuan from 1998 to 2006; all industrial enterprises with revenue from principal business over 5 million yuan from 2007 to 2010; and all industrial enterprises with revenue from principal business above 20 million yuan since 2011.

State-holding Enterprises cover the original state-owned enterprises and state-holding enterprises. They are classified according to the actual investment made by the contributor of state-owned part in the paid-in capital of the enterprises, or the degree of control or dominance of the contributor on the assets of the enterprises. The following cases are regarded as state-holding: (1) Absolute state-holding in which the contributor of state-owned parts possess more than 50% of all the paid-in capital (stocks) of the enterprises; (2) Relative state-holding in which the contributor of state-owned parts possess no more than 50% of the paid-in capital (stocks) of the enterprises, but more than that of any other contributors; or Agreed state-holding in which the contributor of state-owned parts possess no more than other contributors but have actual control over the enterprises according to agreements; (3) In the case both contributors possess 50% and it is not clear which one is in absolute holding position, the enterprise is regarded as state-holding enterprise if one of the contributor has state-owned elements.

For explanation of types of registration covered in this chapter, please refer to General Survey.

Light Industry refers to the industry that produces consumer goods and hand tools. It consists of two categories, depending on the materials used: (1) Industries using farm products as raw materials. These are branches of light industry which directly or indirectly use farm products as basic raw materials, including the manufacture of food and beverages, tobacco processing, textile, clothing, fur and leather manufacturing, paper making, printing, etc; (2) Industries using non farm products as raw materials. These are branches of light industry which use manufactured goods as raw materials, including the manufacture of cultural, educational articles and sports goods, chemicals, synthetic fiber, chemical products for daily use, glass products for daily use, metal products for daily use, hand tools, medical apparatus and instruments, and the manufacture of cultural and clerical machinery.

Heavy Industry refers to the industry, which produces capital goods, and provides various sectors of the national economy with necessary material and technical basis. It consists of the following three branches according to the purpose of production or the use of products: (1)Mining, quarrying and logging industry refers to the industry that extracts natural resources, including extraction of petroleum, coal, metal and non-metal ores and logging; (2) Raw materials industry refers to the industry that provides various sectors of the national economy with raw materials, fuels and power. It includes smelting and processing of metals, coking and coke chemistry, chemical materials and building materials such as cement, plywood, and power, petroleum refining and coal dressing; (3) Manufacturing industry refers to the industry that processes raw materials. It includes machine-building industry, which equips sectors of the national economy, industries of metal structure and cement products, industries producing means of agricultural production, such as chemical fertilizers and pesticides.

According to the above principle of classification, the repairing trades which are engaged primarily in repairing products of heavy industry are classified into heavy industry while these engaged in repairing products of light industry are classified into light industry.

Total Assets refer to all resources that are owned or controlled by enterprises through previous trades or transactions, with expectation of making economic profits to enterprises. Included are all assets owned by enterprises such as land, office buildings, factories, machines, vehicles, inventories and other physical assets as well as cash, deposits, accounts receivable, prepayments and other financial assets. Classified by the degree of liquidity, total assets include current assets and non-current assets. Current assets can be classified into monetary capital, trading financial assets, notes receivable, accounts receivable, advanced payments, other receivables and inventories. Non-current assets can be divided into long-term equity investment, fixed assets, intangible assets and other non-current assets. Data on this indicator can be obtained from the year-end figures of total assets in the

Balance Sheet of accounting records.

Current Assets refer to the assets that meet one of the following requirements: (1) expected to be cashed, sold or used in a normal operation cycle, mainly including inventory and accounts receivable; (2) owned for transaction purpose mainly; (3) expected to be cashed within one year (including one year) from the day of the Balance Sheet; (4) unlimited cash or cash equivalents that can be exchanged with other assets or capable of settling debts during one year since the day of the Balance Sheet. Included are monetary capital, notes receivable, accounts receivable and inventories. Data on this indicator can be obtained from the year-end figures of total current assets in the Balance Sheet of accounting records.

Original Value of Fixed Assets refer to the cost of fixed assets, or the total expenditure of an enterprise spent on certain fixed assets, through purchase, construction, installation, transformation, expansion or technical upgrading. It is reported according to the year-end debit balance of fixed assets of accounting records.

Total Liabilities refer to payable liabilities of enterprises that are accumulated from earlier transactions with expectation of leaking out of economic profits. Included are debts that enterprises are responsible for repaying such as bank loans, borrowings, accounts payable, wages payable, employee benefits payable, taxes payable, etc. In terms of payment, it can be divided into liquid liabilities and long-term liabilities. Data on this indicator can be obtained from the year-end figures of total liabilities in the Balance Sheet of accounting records.

Total Owner's Equity refers to the residual ownership of enterprise investors by deducting total liabilities from the total assets, including the paid-in capital, accumulation of capital, operating surplus and non-distributed profits. Data can be obtained from the year-end figures of total equity in the Balance Sheet of accounting records.

Business Revenue refers to the inflow of economic benefits through production and operation activities of enterprises, such as selling commodities, providing labor services and transferring the right to use of assets. Business revenue includes "revenue from principal business" and " revenue from other business". It comes from current year's cumulative report of "business revenue" items from the "income statement".

Business Cost refers to the actual costs incurred by the enterprises in such production and operation activities as selling commodities, providing labor services and transferring the right to use of assets. It includes various expenditures incurred by enterprises (units) in their daily activities of selling goods and providing labour services during the reporting period. It includes "cost of principal business" and "cost of other business". It comes from current year's cumulative report of "operating cost" items from the "income statement".

Selling Expense refer to the cost during the sale of goods and materials, providing labour services, including insurance, packing, exhibition fees and advertising fees, merchandise maintenance costs, expected product quality guarantee loss, transportation fees, handling fees, and operating expenses for the sales of the company's products, such as employee compensation, business expenses, depreciation costs for dedicated sales offices (including sales outlets, after-sales service outlets, etc.).

Management Expenses refer to the expenses for the organization and management of enterprise operation, including the start-up costs during the construction of enterprises, funds occurred during enterprises operation by board of directors and executive management in the enterprise management, and other costs to be paid by enterprises. It comes from current year's cumulative amount of management cost in income statement.

Financial Expenses refer to cost of fund-raising for enterprises to raise funds for production and operation, including interest payments (a reduction in interest income), exchange loss (less exchange gains) and related fees during the period of production. It comes from current year's cumulative amount of financial expenses in income statement.

Total Profits refer to the operational results in a certain accounting period, and it is the balance of various incomes minus various spending in the course of operation, reflecting the total profits and losses of enterprises in reference period. Data are obtained from current year's cumulative amount of total profits in the profit statement of the accounting record of enterprise.

Annual Average Employees refer to the number of persons engaged in the production and operation activities of enterprises in the reporting period, which are actually employed by the enterprises.

Ratio of Profits, Taxes and Interests to Average Assets reflects the profit-making capability of all assets of the enterprise and is a key indicator manifesting the performance and management and evaluating the profit-making potential of the enterprise. It is calculated as follows:

$$\text{Ratio of profits, taxes and interests to average as sets} = \frac{\text{total profits+total taxes+net interest payment}}{\text{average assets}} \times 100\%$$

In the above formula, total taxes is the sum of tax and extra charges from principal business and value-added tax payable; and average assets is the arithmetic mean of the sum of beginning assets and ending assets.

Ratio of Debts to Assets reflects both the operation risk and the capability of the enterprise in making use of the capital from the creditors. It is calculated as follows:

$$\text{Ratio of debts to assets} = \frac{\text{total debts}}{\text{total assets}} \times 100\%$$

Ratio of Profits to Total Industrial Costs refers to the ratio of profits realized in a given period to the total costs in the same period, which reflects the economic efficiency of input cost and is calculated as follows:

$$\text{Ratio of profits to total industrial cost} = \frac{\text{total profits}}{\text{total costs}} \times 100\%$$

Total costs in the above formula are the sum of cost of principal business, marketing cost, management cost and financial cost.

15 建筑业

Chapter 15 Construction

15-1 建筑业企业个数、产值、人数及竣工面积

Number of Enterprises, Gross Output Value, Number of Employed Persons and Floor Space of Buildings Completed of Construction

年份 Year	企业个数 (个) Number of Enterprises (unit)	总产值 (亿元) Gross Output Value (100 million yuan)	就业人员数 (万人) Number of Employed Persons (10 000 persons)	竣工房屋建筑面积 (万平方米) Floor Space of Buildings Completed (10 000 sq.m)
1952	41	0.63	3.54	20.21
1957	87	2.82	14.61	136.38
1962	133	1.58	12.14	48.01
1965	187	7.82	28.93	218.01
1970	222	9.16	43.12	238.60
1975	252	10.36	43.05	272.03
1978	276	13.17	42.38	556.56
1980	325	13.36	39.03	501.02
1985	555	31.85	49.45	835.24
1990	756	67.11	60.21	1060.60
1995	1144	279.10	89.70	2081.00
1996	2725	468.66	160.50	4537.00
1997	2779	520.64	154.24	5638.48
1998	3028	597.76	159.20	5017.25
1999	3050	649.52	160.13	5429.28
2000	3305	713.81	158.10	5839.32
2001	3125	822.87	171.85	7029.93
2002	3475	1078.25	200.42	8491.14
2003	3498	1235.04	212.68	8784.56
2004	4183	1321.22	173.84	8837.99
2005	4073	1480.88	181.80	8692.18
2006	3924	1768.87	188.50	9177.55
2007	3887	2130.17	204.71	9630.60
2008	4559	2624.96	235.78	9797.98
2009	4386	3374.06	265.24	11393.53
2010	4334	4200.86	335.53	12086.29
2011	4318	5305.89	249.46	13663.11
2012	4283	6292.67	230.23	15768.08
2013	4271	7277.41	262.65	18211.86
2014	3965	8148.52	241.79	19544.25
2015	3952	8847.59	244.23	20666.78
2016	4333	10044.16	291.82	20977.99
2017	5191	11996.22	377.99	22598.10
2018	5860	13752.27	382.56	24876.82
2019	6043	14668.15	351.62	20355.93
2020	7405	15612.70	395.12	22572.79
2021	8453	17351.19	364.57	23250.76
2022	9214	17845.61	341.05	22389.91

注：2003年建筑业统计数据仅包括当年有工作量的建筑业企业，2004年建筑业统计数据是普查数据。
a) The data of construction enterprises of 2003 only include the enterprises which had taken in 2003.The data of 2004 was obtained from surveys.

15-2 按登记注册类型分建筑业企业主要指标

指　　标		Item		合　计 Total Enterprises	
				2021	2022
建筑业企业个数	（个）	Number of Construction Enterprises	（unit）	8453	9214
从业人员平均人数	（万人）	Average Number of Persons Employed	(10 000 persons)	412.95	403.03
自有固定资产原价	（万元）	Fixed Assets Owned (original value)	(10 000 yuan)	11154415	11683953
自有固定资产净价	（万元）	Fixed Assets Owned (net value)	(10 000 yuan)	6203473	6359647
自有机械设备净值	（万元）	Machinery and Equipment Owned (net value)	(10 000 yuan)	1799417	1692584
自有机械设备台数	（台）	Number of Machinery and Equipment Owned	(set)	263014	217005
自有机械设备总功率	（万千瓦）	Total Power of Machinery and Equipment Owned	(10 000 kw)	835.77	751.95
建筑业总产值	（万元）	Gross Output Value of Construction	(10 000 yuan)	173511928	178456122
竣工产值	（万元）	Output Value of Completed Projects	(10 000 yuan)	75737268	75627997
房屋建筑施工面积	（万平方米）	Floor Space of Buildings under Construction	(10 000 sq.m)	72352	76213
房屋建筑竣工面积	（万平方米）	Floor Space of Buildings Completed	(10 000 sq.m)	23251	22390
利润总额	（万元）	Total Profits	(10 000 yuan)	5435830	6050737
税金总额	（万元）	Total Tax	(10 000 yuan)	4020914	4040841
利税总额	（万元）	Total Pre-Tax Profits	(10 000 yuan)	9456744	10091578
按总产值计算的劳动生产率	（元/人）	Overall Labor Productivity	(yuan/person)	420179	442783
技术装备率	（元/人）	Value of Machinery per Laborer	(yuan/person)	4357	4200
动力装备率	（千瓦/人）	Power of Machinery per Laborer	(kw/person)	2.02	1.87
房屋建筑面积竣工率	(%)	Rate of Floor Space of Buildings Completed	(%)	32.14	29.38
产值利润率	(%)	Ratio of Profit to Gross Output Value	(%)	3.13	3.39
产值利税率	(%)	Ratio of Pre-tax Profit to Gross Output Value	(%)	5.45	5.65

Main Indicators of Construction Enterprises by Registered Types

#国有企业 State-owned		#集体企业 Collective-owned		#股份有限公司 Share-holding Corporations		#其他有限责任公司 Other Ltd. Company	
2021	2022	2021	2022	2021	2022	2021	2022
382	418	101	99	60	53	1037	1137
66.78	65.88	11.18	8.97	6.96	2.81	83.79	88.81
2341479	2185769	144809	139969	156880	128452	4401516	4719555
1483162	1351143	69567	69063	91773	76366	2384535	2450213
283187	239044	27605	18588	10611	10692	514217	713308
36471	30013	7927	7765	1339	1152	88478	70033
141.27	124.04	11.57	11.45	5.59	3.92	330.95	367.66
33892928	37506182	2738690	2056191	5052476	3070295	47147152	53739734
10798502	10049584	1417021	1044210	1084676	1358279	22790257	23496288
14479	22481	636	557	3284	3407	21882	23286
2472	2372	448	378	747	820	5087	4875
1637477	2257868	99373	75990	201550	82786	1388860	1699681
575516	716236	115107	96982	65440	27750	966412	1050191
2212993	2974104	214480	172972	266990	110536	2355272	2749872
507542	569301	244900	229317	726296	1091505	562659	605076
4241	3628	2469	2073	1525	3801	6137	8031
2.12	1.88	1.03	1.28	0.80	1.40	3.95	4.14
17.07	10.55	70.44	67.86	22.75	24.07	23.25	20.94
4.83	6.02	3.63	3.70	3.99	2.70	2.95	3.16
6.53	7.93	7.83	8.41	5.28	3.60	5.00	5.12

15-3 各市(州)建筑业企业个数
Number of Construction Enterprises by Region

单位：个 (unit)

市(州)	Region	2012	2013	2014	2015	2016	2017	2018	2019	2020	2021	2022
全　省	**Sichuan**	**4283**	**4271**	**3965**	**3952**	**4333**	**5191**	**5860**	**6043**	**7405**	**8453**	**9214**
成都市	Chengdu	1551	1478	1200	1206	1408	1733	1801	1772	2108	2348	2441
自贡市	Zigong	146	133	129	121	116	136	135	115	157	175	202
攀枝花市	Panzhihua	84	91	78	80	80	90	93	89	100	115	125
泸州市	Luzhou	186	164	159	175	199	257	310	361	418	489	546
德阳市	Deyang	244	255	242	240	235	256	271	251	326	352	374
绵阳市	Mianyang	268	386	411	402	404	426	448	446	577	770	825
广元市	Guangyuan	184	172	165	168	179	190	216	247	300	341	364
遂宁市	Suining	156	148	143	139	169	176	177	166	240	261	282
内江市	Neijiang	126	119	111	103	107	113	115	106	135	147	163
乐山市	Leshan	156	147	152	160	169	191	201	199	222	229	269
南充市	Nanchong	250	249	243	241	249	280	330	317	449	563	637
眉山市	Meishan	126	134	135	126	119	126	117	160	221	287	343
宜宾市	Yibin	218	213	197	188	211	300	464	576	664	715	762
广安市	Guangan	113	99	110	109	123	140	187	202	219	243	305
达州市	Dazhou	124	124	118	119	125	140	161	158	276	334	386
雅安市	Yaan	49	52	44	44	51	53	58	70	101	116	123
巴中市	Bazhong	98	97	133	139	139	181	243	215	251	261	250
资阳市	Ziyang	118	122	110	98	60	61	69	54	64	70	108
阿坝藏族羌族自治州	Aba	28	27	28	29	31	82	127	145	148	174	197
甘孜藏族自治州	Ganzi	22	26	22	24	26	32	55	81	89	97	99
凉山彝族自治州	Liangshan	36	35	35	41	133	228	282	313	340	366	413

15-4 各市(州)按登记注册类型分建筑业企业个数(2022年)
Number of Construction Enterprises by Region and Registered Types(2022)

单位：个 (unit)

市(州)及分组	Region and Group	企业个数 Number of Enterprises	国有企业 State-owned	中央企业 Central	地方企业 Local	集体企业 Collective-owned	其他企业 Others	#股份有限公司 Share-holding Corporations	#其他有限责任公司 Other Ltd. Company
全　省	**Sichuan**	**9214**	**418**	**20**	**398**	**99**	**8697**	**53**	**1137**
按市(州)分	**Grouped by Region**								
成都市	Chengdu	2441	92	11	81	21	2328	13	363
自贡市	Zigong	202	5		5	2	195	2	20
攀枝花市	Panzhihua	125	6		6		119		14
泸州市	Luzhou	546	29		29	11	506		50
德阳市	Deyang	374	13	3	10	5	356	1	25
绵阳市	Mianyang	825	47	2	45	1	777	4	58
广元市	Guangyuan	364	9		9	4	351		35
遂宁市	Suining	282	8		8	3	271	2	62
内江市	Neijiang	163	10		10	2	151	1	22
乐山市	Leshan	269	19	1	18		250	1	31
南充市	Nanchong	637	31		31	7	599	3	78
眉山市	Meishan	343	11		11	4	328	2	46
宜宾市	Yibin	762	31	2	29	5	726	5	66
广安市	Guangan	305	15		15	7	283	1	27
达州市	Dazhou	386	14		14	8	364	5	60
雅安市	Yaan	123	18		18	2	103	1	28
巴中市	Bazhong	250	30	1	29	8	212	1	24
资阳市	Ziyang	108	12		12	2	94		11
阿坝藏族羌族自治州	Aba	197	1		1	2	194	4	54
甘孜藏族自治州	Ganzi	99	1		1	3	95	1	10
凉山彝族自治州	Liangshan	413	16		16	2	395	6	53
按资质等级分	**Grouped by Qualification Grade**								
总承包企业	The General Contractor	7647	375	16	359	79	7193	47	980
特级企业	The Special Grade	35	5	1	4		30	1	17
一级企业	The First Grade	691	60	10	50	3	628	10	172
二级企业	The Second Grade	2320	102	2	100	38	2180	15	318
三级企业	The Third Grade	4601	208	3	205	38	4355	21	473
专业承包企业	The Specialized Contractor	1567	43	4	39	20	1504	6	157
一级企业	The First Grade	261	8	1	7	2	251	1	41
二级企业	The Second Grade	827	22	3	19	11	794	5	68
三级企业及其他	The Third Grade & Others	479	13		13	7	459		48

15-5 各市(州)建筑业企业就业人员

Number of Employed Persons in Construction Enterprises by Region

单位：万人 (10 000 persons)

市(州)	Region	2012	2013	2014	2015	2016	2017	2018	2019	2020	2021	2022
全　省	**Sichuan**	**230.23**	**262.65**	**241.79**	**244.23**	**291.82**	**377.99**	**382.56**	**351.62**	**395.12**	**364.57**	**341.05**
成都市	Chengdu	84.45	90.10	72.91	69.93	94.29	112.91	118.22	102.81	113.06	97.34	93.55
自贡市	Zigong	8.49	9.44	8.98	9.59	8.56	10.44	12.91	10.41	11.52	11.48	11.96
攀枝花市	Panzhihua	3.41	7.65	4.26	4.22	3.97	7.30	5.19	4.16	4.11	3.76	3.52
泸州市	Luzhou	16.31	21.99	23.05	24.33	31.53	41.03	40.76	43.90	42.15	45.56	35.62
德阳市	Deyang	10.47	12.87	10.00	8.35	8.65	9.40	11.25	10.39	10.51	9.03	9.07
绵阳市	Mianyang	11.82	15.00	15.83	18.28	20.02	23.77	22.79	20.71	23.27	24.01	23.24
广元市	Guangyuan	4.53	5.09	4.83	5.24	6.08	7.82	9.63	8.83	8.85	8.48	8.70
遂宁市	Suining	7.47	8.90	8.74	8.51	10.45	11.29	10.26	11.00	15.36	15.69	15.10
内江市	Neijiang	8.03	8.48	8.47	9.40	9.24	10.90	10.26	7.67	9.84	9.31	8.29
乐山市	Leshan	5.36	5.42	5.79	6.05	6.39	8.10	9.78	6.94	8.92	7.94	7.82
南充市	Nanchong	15.03	15.44	15.02	14.28	18.73	23.14	28.30	20.72	35.30	34.45	32.22
眉山市	Meishan	7.28	8.31	8.39	8.59	10.55	11.93	11.50	14.39	17.24	17.88	15.33
宜宾市	Yibin	8.73	10.57	10.42	10.61	11.62	15.56	19.82	22.55	24.00	21.52	20.44
广安市	Guangan	10.97	11.54	12.20	11.79	12.81	13.79	15.08	13.13	11.72	11.77	13.12
达州市	Dazhou	9.73	10.94	10.72	10.32	10.56	12.20	13.58	14.89	18.17	19.49	19.52
雅安市	Yaan	1.19	1.22	1.54	1.68	1.82	2.98	3.06	2.45	2.65	2.37	2.47
巴中市	Bazhong	7.24	9.08	10.20	12.82	16.04	21.91	22.82	20.55	22.87	10.87	7.44
资阳市	Ziyang	7.19	7.68	7.74	7.45	6.21	6.84	7.79	6.39	6.34	6.47	7.09
阿坝藏族羌族自治州	Aba	0.78	0.67			0.67	0.79	1.32	1.64	1.60	1.21	1.13
甘孜藏族自治州	Ganzi			0.50	0.57	0.53	0.60	1.02	1.19	1.05	0.97	0.93
凉山彝族自治州	Liangshan	1.47	1.84	1.71	1.78	3.11	25.28	7.22	6.90	6.58	4.96	4.47

15-6 各市(州)按登记注册类型分建筑业企业就业人员(2022年)

Number of Employed Persons in Construction Enterprises by Region and Registered Types(2022)

单位：万人 (10 000 persons)

市(州)及分组	Region and Group	合计 Total	国有企业 State -owned	中央企业 Central	地方企业 Local	集体企业 Collective-owned	其他企业 Others	#股份有限公司 Share-holding Corporations	#其他股份有限公司 Other Ltd. Company
全　省	**Sichuan**	**341.05**	**47.14**	**7.98**	**39.16**	**8.28**	**285.63**	**2.47**	**66.33**
按市(州)分	**Grouped by Region**								
成都市	Chengdu	93.55	26.14	4.84	21.30	0.24	67.17	0.82	31.15
自贡市	Zigong	11.96	0.19		0.19	0.10	11.66	0.24	0.79
攀枝花市	Panzhihua	3.52	0.12		0.12		3.40		1.61
泸州市	Luzhou	35.62	3.67		3.67	2.27	29.67		6.19
德阳市	Deyang	9.07	0.97	0.39	0.58	0.15	7.95	0.03	0.95
绵阳市	Mianyang	23.24	2.67	1.21	1.46		20.57	0.21	1.77
广元市	Guangyuan	8.70	0.40		0.40	0.27	8.03		1.82
遂宁市	Suining	15.10	0.14		0.14	0.58	14.38	0.43	3.63
内江市	Neijiang	8.29	0.25		0.25	0.12	7.92	0.01	0.88
乐山市	Leshan	7.82	1.23	0.03	1.20		6.59	0.01	0.78
南充市	Nanchong	32.22	2.92		2.92	0.50	28.80	0.27	3.48
眉山市	Meishan	15.33	0.40		0.40	0.54	14.39	0.01	1.75
宜宾市	Yibin	20.44	3.71	1.52	2.19	0.40	16.33	0.04	3.10
广安市	Guangan	13.12	0.55		0.55	1.52	11.06	0.04	0.94
达州市	Dazhou	19.52	1.19		1.19	0.90	17.44	0.19	3.94
雅安市	Yaan	2.47	0.37		0.37	0.09	2.02		0.35
巴中市	Bazhong	7.44	1.24		1.23	0.20	6.01	0.11	1.23
资阳市	Ziyang	7.09	0.77		0.77	0.30	6.02		0.94
阿坝藏族羌族自治州	Aba	1.13	0.03		0.03	0.01	1.09	0.01	0.37
甘孜藏族自治州	Ganzi	0.93	0.01		0.01	0.08	0.85		0.07
凉山彝族自治州	Liangshan	4.47	0.19		0.19		4.29	0.02	0.62
按资质等级分	**Grouped by Qualification Grade**								
总承包企业	The General Contractor	312.78	43.34	7.81	35.53	6.97	262.47	2.37	62.95
特级企业	The Special Grade	21.32	3.07	1.20	1.86		18.25	0.62	15.33
一级企业	The First Grade	110.93	23.79	5.10	18.69	0.54	86.61	0.72	25.04
二级企业	The Second Grade	99.94	9.37	1.48	7.89	3.82	86.74	0.71	13.56
三级企业	The Third Grade	80.59	7.11	0.03	7.08	2.61	70.86	0.32	9.02
专业承包企业	The Specialized Contractor	28.27	3.80	0.17	3.63	1.31	23.16	0.10	3.38
一级企业	The First Grade	8.15	2.43	0.01	2.42	0.07	5.65	0.01	1.42
二级企业	The Second Grade	11.44	0.56	0.16	0.39	1.04	9.85	0.09	0.99
三级企业及其他	The Third Grade & Others	8.67	0.81		0.81	0.19	7.66		0.97

15-7 各市(州)建筑业企业施工、竣工房屋面积(2022年)

Floor Space of Buildings under Construction and Completed of Construction Enterprises by Region(2022)

市(州)及分组	Region and Group	房屋建筑施工面积(万平方米) Floor Space of Buildings under Construction (10 000 sq.m)	#本年新开工 Newly-started Buildings	房屋建筑竣工面积(万平方米) Floor Space of Buildings Completed (10 000 sq.m)	#住宅 Residential Housing	房屋面积竣工率(%) Rate of Floor Space Completed (%)
全 省	**Sichuan**	**76212.61**	**22334.39**	**22389.91**	**15430.28**	**29.38**
按市(州)分	**Grouped by Region**					
成都市	Chengdu	32177.87	7905.11	6380.41	4365.45	19.83
自贡市	Zigong	2541.74	736.21	1493.57	1110.98	58.76
攀枝花市	Panzhihua	655.08	255.52	249.31	137.67	38.06
泸州市	Luzhou	9781.20	1758.60	1968.09	1218.89	20.12
德阳市	Deyang	3212.23	1040.64	820.18	581.99	25.53
绵阳市	Mianyang	3402.97	1058.18	1472.04	924.48	43.26
广元市	Guangyuan	554.75	194.63	208.18	141.80	37.53
遂宁市	Suining	5648.68	1366.38	1211.49	732.14	21.45
内江市	Neijiang	1122.37	497.08	691.62	510.59	61.62
乐山市	Leshan	1342.41	624.66	600.08	440.00	44.70
南充市	Nanchong	4369.63	2294.89	2273.17	1997.88	52.02
眉山市	Meishan	1618.40	642.37	655.55	436.33	40.51
宜宾市	Yibin	3258.79	1206.55	1416.20	701.06	43.46
广安市	Guangan	987.87	408.42	560.81	436.33	56.77
达州市	Dazhou	3083.37	1227.75	1223.13	921.86	39.67
雅安市	Yaan	512.69	164.98	137.96	76.79	26.91
巴中市	Bazhong	532.26	201.09	404.63	308.97	76.02
资阳市	Ziyang	511.03	309.23	230.13	193.97	45.03
阿坝藏族羌族自治州	Aba	75.51	22.14	39.82	17.78	52.73
甘孜藏族自治州	Ganzi	43.82	21.08	21.25	7.99	48.49
凉山彝族自治州	Liangshan	779.97	398.89	332.30	167.32	42.60
按资质等级分	**Grouped by Qualification Grade**					
总承包企业	The General Contractcr	74632.63	21502.39	21466.82	14829.24	28.76
特级企业	The Special Grade	16836.06	3983.66	3197.10	2120.22	18.99
一级企业	The First Grade	38236.54	8495.81	7912.73	5992.53	20.69
二级企业	The Second Grade	13282.38	5824.68	6171.07	4428.95	46.46
三级企业	The Third Grade	6277.65	3198.25	4185.91	2287.54	66.68
专业承包企业	The Specialized Contractor	1579.98	832.00	923.09	601.04	58.42
一级企业	The First Grade	317.84	127.40	247.13	177.21	77.75
二级企业	The Second Grade	708.05	420.69	484.13	284.90	68.38
三级企业及其他	The Third Grade & Others	554.08	283.91	191.82	138.92	34.62

15-8 各市(州)建筑业企业房屋施工面积
Floor Space under Construction of Construction Enterprises by Region

单位：万平方米 (10 000 sq.m)

市(州)	Region	2012	2013	2014	2015	2016	2017	2018	2019	2020	2021	2022
全　省	**Sichuan**	**38550.93**	**47377.67**	**53362.63**	**52795.35**	**54048.32**	**60593.38**	**63481.47**	**61742.99**	**67655.15**	**72351.79**	**76212.61**
成都市	Chengdu	17266.36	22115.29	22463.04	23852.51	23327.39	25294.66	26083.82	28378.91	29193.84	30146.12	32177.87
自贡市	Zigong	1033.49	1337.10	1689.31	1807.44	2030.35	2462.64	2562.71	2613.71	2948.89	2207.04	2541.74
攀枝花市	Panzhihua	466.34	543.93	546.12	443.54	504.24	543.15	599.40	575.66	211.34	578.55	655.08
泸州市	Luzhou	2544.39	3652.50	4250.37	4063.63	4493.66	4923.93	5062.74	4742.86	4531.16	5383.94	9781.20
德阳市	Deyang	1885.98	2124.82	2440.91	1979.12	1969.73	1970.44	2179.28	2317.19	2714.32	2426.65	3212.23
绵阳市	Mianyang	1947.93	2149.56	2675.96	2788.66	2696.52	3123.88	3728.64	3207.36	4019.49	3645.15	3402.97
广元市	Guangyuan	513.82	591.40	740.49	860.18	1085.02	1106.73	1180.89	1004.49	842.38	661.29	554.75
遂宁市	Suining	1025.61	1115.87	1293.20	1470.14	1608.21	2022.84	1795.05	1753.44	2322.71	5549.76	5648.68
内江市	Neijiang	933.27	1041.99	1336.58	1372.57	1507.44	1446.66	1352.94	943.09	1390.95	2094.02	1122.37
乐山市	Leshan	751.20	897.37	829.18	1000.99	1128.86	1513.57	1664.44	1227.64	1622.44	2570.06	1342.41
南充市	Nanchong	2538.98	2936.77	3123.15	3026.20	3110.31	3730.38	4430.21	4516.28	4887.93	5828.20	4369.63
眉山市	Meishan	945.04	1154.33	1334.19	1447.88	1639.34	1891.08	1597.53	1440.50	1507.49	1667.61	1618.40
宜宾市	Yibin	1075.23	1281.63	3255.42	1420.49	1524.87	1849.88	2343.11	1857.05	3840.86	2973.87	3258.79
广安市	Guangan	1054.28	1373.97	1640.87	1467.11	1505.44	1615.21	1511.37	1087.66	918.59	975.66	987.87
达州市	Dazhou	1855.04	1925.55	2183.50	2158.90	2258.85	2337.79	2485.36	2219.69	2744.77	3150.16	3083.37
雅安市	Yaan	138.80	133.09	179.48	211.84	269.22	478.77	424.96	360.05	438.75	456.69	512.69
巴中市	Bazhong	1318.72	1693.16	1851.24	1798.07	2038.10	2602.17	2827.20	2111.35	2173.29	814.21	532.26
资阳市	Ziyang	955.58	983.24	1100.23	1235.57	694.24	860.17	772.02	608.78	596.06	482.47	511.03
阿坝藏族羌族自治州	Aba	52.17	47.42	56.58	46.64	50.43	95.24	83.24	67.95	74.14	60.69	75.51
甘孜藏族自治州	Ganzi	28.64	37.99	34.95	28.50	36.73	37.82	90.54	51.76	36.29	94.11	43.82
凉山彝族自治州	Liangshan	220.09	240.71	337.88	135.36	569.37	686.35	706.03	657.57	639.45	585.53	779.97

15-9 各市(州)建筑业企业房屋竣工面积
Floor Space Completed of Construction Enterprises by Region

单位：万平方米 (10 000 sq.m)

市(州)	Region	2012	2013	2014	2015	2016	2017	2018	2019	2020	2021	2022
全　省	**Sichuan**	**15768.08**	**18211.86**	**19544.25**	**20666.78**	**20977.99**	**22598.10**	**24876.82**	**20355.93**	**22572.79**	**23250.76**	**22389.91**
成都市	Chengdu	5192.89	5787.99	5870.98	5985.54	6242.71	5837.70	6813.06	5437.82	6126.16	6504.34	6380.41
自贡市	Zigong	466.31	460.45	563.04	608.37	609.66	870.07	747.26	682.82	913.79	1207.37	1493.57
攀枝花市	Panzhihua	95.85	277.10	175.66	94.59	185.45	161.63	146.61	113.75	122.45	137.97	249.31
泸州市	Luzhou	1337.94	1704.97	1964.55	2177.22	2262.69	2372.83	2646.46	2680.60	2619.62	2275.46	1968.09
德阳市	Deyang	644.28	843.84	765.54	864.30	706.88	737.00	513.15	512.35	867.94	873.17	820.18
绵阳市	Mianyang	691.93	703.27	825.47	943.77	1018.21	1300.32	1770.05	1304.46	1148.58	1450.64	1472.04
广元市	Guangyuan	224.05	203.92	247.81	225.87	283.04	292.84	340.35	268.54	234.07	261.66	208.18
遂宁市	Suining	592.61	707.89	793.49	889.56	906.57	1201.15	1339.96	1094.60	1231.92	1397.53	1211.49
内江市	Neijiang	416.12	500.13	658.18	792.71	837.86	865.03	802.04	671.46	841.99	1015.06	691.62
乐山市	Leshan	393.39	387.70	342.87	568.18	482.82	595.52	520.96	375.60	493.24	490.24	600.08
南充市	Nanchong	1651.03	1897.44	1925.93	2035.27	2030.84	2278.22	2710.07	1760.87	2675.17	2878.67	2273.17
眉山市	Meishan	529.49	670.15	641.74	729.00	808.22	866.09	1025.82	925.65	885.55	751.55	655.55
宜宾市	Yibin	619.89	675.72	776.92	805.03	818.39	949.52	905.97	800.56	786.92	807.92	1416.20
广安市	Guangan	553.21	737.57	848.59	845.74	842.39	872.56	884.42	679.35	486.63	590.61	560.81
达州市	Dazhou	831.41	807.62	1106.82	1022.08	1039.44	1131.75	1248.45	988.47	1104.18	1325.78	1223.13
雅安市	Yaan	81.61	75.33	104.85	118.05	169.13	181.95	197.51	197.00	164.12	162.92	137.96
巴中市	Bazhong	745.97	1034.10	1233.37	1147.90	1153.05	1504.32	1629.38	1265.92	1278.03	519.57	404.63
资阳市	Ziyang	522.69	545.93	528.08	581.06	279.48	215.99	274.15	282.33	215.71	236.93	230.13
阿坝藏族羌族自治州	Aba	31.50	31.21	41.76	38.24	34.71	58.30	51.77	41.16	41.02	34.35	39.82
甘孜藏族自治州	Ganzi	9.49	15.63	14.22	15.54	19.99	22.37	36.49	36.73	35.44	33.59	21.25
凉山彝族自治州	Liangshan	136.42	143.90	114.40	178.75	246.45	282.94	272.87	235.89	300.25	295.42	332.30

15－10 各市(州)建筑业企业动力装备情况(2022年)

Power of Machinery and Equipment Owned of Construction Enterprises by Region(2022)

市(州)及分组	Region and Group	自有机械设备总台数(台) Number of Machinery and Equipment Owned (unit)	自有机械设备总功率(万千瓦) Total Power of Machinery and Equipment Owned (10 000 kw)	自有机械设备净值(万元) Net Value of Machinery and Equipment Owned (10 000 yuan)	技术装备率(元/人) Value of Machinery per Laborer (yuan/person)	动力装备率(千瓦/人) Power of Machinery per Laborer (kw/person)
全　省	**Sichuan**	**217005**	**751.95**	**1692584**	**4200**	**1.87**
按市(州)分	**Grouped by Region**					
成都市	Chengdu	74693	435.23	848260	6807	3.49
自贡市	Zigong	7040	14.02	27521	2155	1.10
攀枝花市	Panzhihua	6923	25.49	51930	13784	6.77
泸州市	Luzhou	7556	22.74	59438	1523	0.58
德阳市	Deyang	7741	23.19	50844	3619	1.65
绵阳市	Mianyang	19651	28.60	68400	2886	1.21
广元市	Guangyuan	10323	19.59	39254	4059	2.03
遂宁市	Suining	6967	12.15	56281	3574	0.77
内江市	Neijiang	6202	8.24	17392	1796	0.85
乐山市	Leshan	8585	12.07	38946	4664	1.45
南充市	Nanchong	12277	36.24	128912	3101	0.87
眉山市	Meishan	7102	28.16	29150	1944	1.88
宜宾市	Yibin	5614	12.03	39017	1742	0.54
广安市	Guangan	6469	14.47	32854	2178	0.96
达州市	Dazhou	7760	25.01	67009	3405	1.27
雅安市	Yaan	2342	4.11	13334	4612	1.42
巴中市	Bazhong	11667	14.08	76525	8716	1.60
资阳市	Ziyang	2217	4.47	20623	2587	0.56
阿坝藏族羌族自治州	Aba	409	4.96	2737	1952	3.54
甘孜藏族自治州	Ganzi	469	0.59	2259	2137	0.56
凉山彝族自治州	Liangshan	4998	6.52	21899	3767	1.12
按资质等级分	**Grouped by Qualification Grade**					
总承包企业	The General Contractor	197155	710.80	1576892	4240	1.91
特级企业	The Special Grade	54777	311.06	557803	14752	8.23
一级企业	The First Grade	48089	194.36	404715	3090	1.48
二级企业	The Second Grade	58008	124.87	328585	3046	1.16
三级企业及其他	The Third Grade & Other	36281	80.51	285789	3001	0.85
专业承包企业	The Specialized Contractor	19850	41.15	115692	3713	1.32
一级企业	The First Grade	6066	9.55	24998	2955	1.13
二级企业	The Second Grade	10204	24.47	47242	3620	1.87
三级企业及其他	The Third Grade & Other	3580	7.14	43452	4504	0.74

15−11 各市(州)按登记注册类型和构成分建筑业企业总产值(2022年)

单位：万元

市(州)及分组	Region and Group	建筑业总产值 Total Output Value	国有企业 State-owned	中央企业 Central	地方企业 Local	集体企业 Collective-owned
全　省	**Sichuan**	**178456122**	**37506182**	**3863033**	**33643149**	**2056191**
按市(州)分	**Grouped by Region**					
成都市	Chengdu	73861180	23436560	1736852	21699708	68915
自贡市	Zigong	4931596	85106		85106	23580
攀枝花市	Panzhihua	3138553	46000		46000	
泸州市	Luzhou	16222150	2354132		2354132	398338
德阳市	Deyang	5318164	1429229	170028	1259200	39639
绵阳市	Mianyang	10080451	2444855	1111867	1332987	578
广元市	Guangyuan	2649845	166228		166228	65057
遂宁市	Suining	6065522	114659		114659	207865
内江市	Neijiang	3687784	251403		251403	19927
乐山市	Leshan	3325394	483315	13000	470315	
南充市	Nanchong	15203248	2075694		2075694	206210
眉山市	Meishan	5606434	176218		176218	128327
宜宾市	Yibin	8646974	1682755	830322	852433	94724
广安市	Guangan	4425187	240826		240826	447596
达州市	Dazhou	6903012	610521		610521	215720
雅安市	Yaan	997222	279357		279357	15376
巴中市	Bazhong	1820627	284185	964	283221	31071
资阳市	Ziyang	1594240	374135		374135	49179
阿坝藏族羌族自治州	Aba	528787	5602		5602	5903
甘孜藏族自治州	Ganzi	416206	231		231	28505
凉山彝族自治州	Liangshan	3033547	965174		965174	9680
按新资质等级分	**Grouped by Qualification Grade**					
总承包企业	The General Contractor	166300772	36135959	3798660	32337300	1710423
特级企业	The Special Grade	36333244	10433846	1100541	9333305	
一级企业	The First Grade	58601472	16429773	1842467	14587306	194196
二级企业	The Second Grade	39012272	5148796	841687	4307109	989022
三级企业	The Third Grade	32353784	4123545	13964	4109580	527206
专业承包企业	The Specialized Contractor	12155350	1370223	64373	1305849	345768
一级企业	The First Grade	4885033	890327	30700	859626	25936
二级企业	The Second Grade	4608118	222606	33673	188933	269499
三级企业及其他	The Third Grade & Others	2662199	257290		257290	50334

Gross Output Value of Construction Enterprises by Region, Registered Types and Composition(2022)

(10 000 yuan)

其他企业 Others	#股份有限公司 Share-holding Corporations	#其他有限责任公司 Other Ltd. Company	建筑工程产值 Output Value of Construction	安装工程产值 Output Value of Installation	其他产值 Other Output Value	房屋工程和土木工程 Output Value of Building & Civil Engineering
138893749	**3070295**	**53739734**	**157260841**	**14336784**	**6858497**	**168526802**
50355704	2475620	34943742	65290367	5670627	2900186	69534913
4822909	172264	317926	4592432	284124	55039	4784901
3092553		2489270	2844647	251026	42880	3024646
13469680		3236402	13567356	1707525	947269	15726117
3849296	32185	1220027	4575603	484197	258364	4796908
7635019	30296	1361877	9284209	641683	154560	9389517
2418560		609537	2464893	111933	72784	2608348
5742998	141653	1419161	4988122	602209	475191	5819765
3416455	5446	443626	3252867	310454	124463	3608768
2842080	2985	607617	2886091	321886	117418	3095145
12921343	56581	1516061	13424703	1263070	515474	13883654
5301890	613	665175	4987765	464391	154278	5398908
6869496	18539	1478207	8114776	337595	194603	8046108
3736765	18703	500714	3423917	843332	157938	4253329
6076771	75605	1504392	5992253	450366	460393	6701145
702489	900	257446	884048	82216	30958	967914
1505371	10842	273519	1546831	222439	51357	1742525
1170926		189390	1390561	158041	45638	1397879
517282	4240	180036	488399	20663	19725	462250
387470	2585	50042	375190	12925	28326	374650
2058693	21240	475569	2885811	96082	51654	2909413
128454389	2944779	50975428	148733281	11295890	6271601	162300216
25899398	2416011	22665106	33551061	1394910	1387273	36333244
41977503	220846	18233158	52352756	4186882	2061834	56995159
32874455	221047	6054016	34675114	3060928	1276231	37668780
27703033	86875	4023148	28154350	2653170	1546263	31303034
10439360	125516	2764306	8527560	3040894	586897	6226586
3968771	10657	1985757	3271873	1390245	222915	2253616
4116014	114859	538743	3213493	1136220	258405	2547563
2354576		239806	2042193	514430	105576	1425407

15-11 续表 continued

单位：万元 (10 000 yuan)

市(州)及分组	Region and Group	#房屋工程建筑业 Building	#土木工程建筑业 Civil Engineering	建筑安装业产值 Output Value of Installation	建筑装饰、装修和其他建筑业产值 Output Value of Ornament, Decoration and Other Construction	竣工产值 Output Value of Completed Construction
全 省	**Sichuan**	**114188014**	**54338788**	**5782718**	**4103906**	**75627997**
按市(州)分	**Grouped by Region**					
成都市	Chengdu	34147567	35387346	2653334	1672933	27528244
自贡市	Zigong	4466832	318070	139365	7329	3001108
攀枝花市	Panzhihua	737676	2286970	77291	36615	1485769
泸州市	Luzhou	14119278	1606839	313122	182911	5513347
德阳市	Deyang	3530804	1266104	279151	242104	2356770
绵阳市	Mianyang	7379819	2009698	284204	406730	4104889
广元市	Guangyuan	1993761	614587	12376	29120	1116718
遂宁市	Suining	5106310	713455	74767	170990	7756364
内江市	Neijiang	3105098	503670	61383	17634	1962712
乐山市	Leshan	2618486	476659	177758	52492	1416131
南充市	Nanchong	10414892	3468761	863618	455976	5173306
眉山市	Meishan	4794531	604377	178122	29405	2475028
宜宾市	Yibin	6387641	1658467	208138	392728	3594260
广安市	Guangan	2909007	1344322	164215	7643	1826470
达州市	Dazhou	6101013	600131	80229	121639	3275870
雅安市	Yaan	685679	282236	18175	11133	356561
巴中市	Bazhong	1385638	356887	18695	59408	857276
资阳市	Ziyang	1173739	224140	61368	134994	499966
阿坝藏族羌族自治州	Aba	330277	131973	39591	25806	219706
甘孜藏族自治州	Ganzi	266447	108203			204735
凉山彝族自治州	Liangshan	2533521	375892	77815	46319	902768
按新资质等级分	**Grouped by Qualification Grade**					
总承包企业	The General Contractor	111339012	50961204	2920138	1037722	72111816
特级企业	The Special Grade	16588473	19744771			11466263
一级企业	The First Grade	40501534	16493625	1293039	313274	27287492
二级企业	The Second Grade	31394073	6274707	926496	416997	17580386
三级企业	The Third Grade	22854932	8448102	700603	307451	15777675
专业承包企业	The Specialized Contractor	2849003	3377583	2862580	3066185	3516181
一级企业	The First Grade	450948	1802668	1123615	1507802	986300
二级企业	The Second Grade	1696740	850823	1064021	996534	1601316
三级企业及其他	The Third Grade & Others	701315	724093	674944	561848	928565

15−12 各市(州)建筑业企业总产值
Gross Output Value of Construction Enterprises by Region

单位：万元 (10 000 yuan)

市(州)	Region	2013	2014	2015	2016	2017	2018	2019	2020	2021	2022
全　省	**Sichuan**	**72774103**	**81485208**	**88475906**	**100441634**	**119962154**	**137522652**	**146681509**	**156126956**	**173511928**	**178456122**
成都市	Chengdu	36570771	38792821	40953808	44314587	49595545	56958394	58743793	62270111	68246762	73861180
自贡市	Zigong	1604078	1782088	2033489	2432486	3112290	4088151	3902789	4647211	5406506	4931596
攀枝花市	Panzhihua	1821553	1632167	1752843	2001219	2193364	2450241	2603344	1218687	2874504	3138553
泸州市	Luzhou	4108709	5220235	5786230	7615767	10261744	10447970	15901090	14258058	17331105	16222150
德阳市	Deyang	2363317	2566878	2644426	3034254	3617901	4350052	4457886	4272336	4811922	5318164
绵阳市	Mianyang	2807690	3521134	3975714	4407795	5686736	7212475	7087793	8183961	9522685	10080451
广元市	Guangyuan	911569	1074803	1255189	1458403	1783979	2242770	2298774	2373689	2720904	2649845
遂宁市	Suining	1556025	1825481	2105375	2481006	3308825	3025877	4055024	5139208	6013871	6065522
内江市	Neijiang	1440762	1878608	2074803	2559424	2641133	2962726	2769287	3355281	3966443	3687784
乐山市	Leshan	1152511	1259091	1510509	1795349	2360367	2811028	2317748	2863582	3119416	3325394
南充市	Nanchong	4339852	4965352	5312236	6028991	7663298	10596612	9002105	13874144	16877901	15203248
眉山市	Meishan	1552882	1996535	2407274	3037935	3436698	3434996	4335658	4501611	5186390	5606434
宜宾市	Yibin	1829460	1948325	2231710	2673171	3605742	4882438	6135580	6958595	7604993	8646974
广安市	Guangan	2687220	3322882	3705093	4439155	5251317	5487875	5584670	3054711	3643081	4425187
达州市	Dazhou	2457807	2760362	2895431	3466774	4027765	4616833	5082648	5831298	7203926	6903012
雅安市	Yaan	168340	244349	281120	337592	454729	543237	691939	770912	1012423	997222
巴中市	Bazhong	2921030	3791359	4194525	4815169	6441841	6401113	6599724	7149588	2207169	1820627
资阳市	Ziyang	1580879	1891727	2173625	1875901	2219734	1906140	1677739	1697997	1985223	1594240
阿坝藏族羌族自治州	Aba	86027	93986	111016	122475	193296	378084	599587	694069	594744	528787
甘孜藏族自治州	Ganzi	74473	96289	89581	94817	141019	236058	331629	369879	393574	416206
凉山彝族自治州	Liangshan	739148	820736	981910	1449368	1964831	2489581	2502703	2642030	2788389	3033547

15-13 各市(州)建筑业企业主要财务指标(2022年)
Major Financial Indicators of Construction Enterprises by Region(2022)

单位：万元 (10 000 yuan)

市(州)及分组	Region and Group	资产合计 Total Assets	负债合计 Total Liabilities	所有者权益合计 Total Owners' Equities	利润总额 Total Profits	税金总额 Total Tax	利税总额 Total Pre-tax Profits
全 省	**Sichuan**	**222738529**	**167372006**	**55367165**	**6050737**	**4040841**	**10091578**
按市(州)分	**Grouped by Region**						
成都市	Chengdu	134936235	105693240	29243044	3321860	1640517	4962378
自贡市	Zigong	2641500	1800366	841133	32641	98137	130777
攀枝花市	Panzhihua	4103673	3290268	813405	101996	48917	150913
泸州市	Luzhou	8336418	5530249	2806169	339819	284972	624791
德阳市	Deyang	5243622	4049786	1193836	129215	86811	216026
绵阳市	Mianyang	13204688	9612080	3592608	189274	184450	373723
广元市	Guangyuan	2685810	1875821	809989	65936	90534	156470
遂宁市	Suining	3441926	2316870	1125056	134410	146071	280481
内江市	Neijiang	3275980	2175971	1100010	61732	64339	126071
乐山市	Leshan	3795293	2362942	1432351	83980	100592	184572
南充市	Nanchong	6087911	4250257	1837655	533996	359091	893087
眉山市	Meishan	6273756	4600925	1672831	146660	114965	261625
宜宾市	Yibin	10592750	8201345	2391765	275945	198880	474825
广安市	Guangan	4298042	2905938	1392104	137602	135021	272623
达州市	Dazhou	3460301	1937408	1522892	303899	220242	524141
雅安市	Yaan	2990470	1759862	1230608	35021	30635	65656
巴中市	Bazhong	1858730	1132240	726491	34762	52369	87131
资阳市	Ziyang	1816211	1284435	531776	40117	42234	82351
阿坝藏族羌族自治州	Aba	581517	358834	222683	1678	17342	19019
甘孜藏族自治州	Ganzi	389207	212988	176219	10632	14223	24855
凉山彝族自治州	Liangshan	2724491	2020185	704539	69562	110502	180064
按资质等级分	**Grouped by Qualification Grade**						
总承包企业	The General Contractor	208009385	156561745	51448233	5616812	3701000	9317812
特级企业	The Special Grade	64611097	53341531	11269566	1612232	567502	2179734
一级企业	The First Grade	71546606	54449495	17097111	1990139	1175663	3165802
二级企业	The Second Grade	38620072	25870988	12749085	1033038	1181005	2214043
三级企业	The Third Grade	33231610	22899731	10332472	981403	776830	1758233
专业承包企业	The Specialized Contractor	14729144	10810262	3918931	433925	339841	773765
一级企业	The First Grade	7203612	5549285	1654326	199113	118271	317384
二级企业	The Second Grade	5335364	3725022	1610392	133173	136149	269322
三级企业及其他	The Third Grade & Others	2190168	1535955	654213	101638	85421	187059

15-14 各市(州)总承包和专业承包建筑业企业资产和负债(2022年)
Assets and Liabilities of General and Professional Contractor Construction Enterprises by Region(2022)

单位：万元 (10 000 yuan)

市(州)及分组	Region and Group	年末资产 合计 Total Assets (year-end)	#流动资产 Current Assets	年末负债 合计 Total Liabilities (year-end)	#流动负债 Current Liabilities
全　省	**Sichuan**	**222738529**	**170276796**	**167372006**	**144755964**
按市(州)分	**Grouped by Region**				
成都市	Chengdu	134936235	104072526	105693240	96543525
自贡市	Zigong	2641500	2280819	1800366	1527635
攀枝花市	Panzhihua	4103673	2967097	3290268	3024216
泸州市	Luzhou	8336418	6103153	5530249	4038347
德阳市	Deyang	5243622	4601292	4049786	3811910
绵阳市	Mianyang	13204688	9095642	9612080	7081249
广元市	Guangyuan	2685810	2009546	1875821	1322385
遂宁市	Suining	3441926	2762110	2316870	1792444
内江市	Neijiang	3275980	2258635	2175971	1402235
乐山市	Leshan	3795293	2480350	2362942	1694112
南充市	Nanchong	6087911	4564967	4250257	3322095
眉山市	Meishan	6273756	5386505	4600925	3760451
宜宾市	Yibin	10592750	8896065	8201345	6553033
广安市	Guangan	4298042	3242397	2905938	2279438
达州市	Dazhou	3460301	2380440	1937408	1400660
雅安市	Yaan	2990470	1474824	1759862	1089154
巴中市	Bazhong	1858730	1071851	1132240	620067
资阳市	Ziyang	1816211	1473275	1284435	1077670
阿坝藏族羌族自治州	Aba	581517	480714	358834	334859
甘孜藏族自治州	Ganzi	389207	353454	212988	193221
凉山彝族自治州	Liangshan	2724491	2321136	2020185	1887259
按资质等级分	**Grouped by Qualification Grade**				
总承包企业	The General Contractor	208009385	157890784	156561745	135009581
特级企业	The Special Grade	64611097	46664053	53341531	48055791
一级企业	The First Grade	71546606	57953961	54449495	49543289
二级企业	The Second Grade	38620072	29803996	25870988	20743252
三级企业	The Third Grade	33231610	23468774	22899731	16667248
专业承包企业	The Specialized Contractor	14729144	12386011	10810262	9746383
一级企业	The First Grade	7203612	6561606	5549285	5330120
二级企业	The Second Grade	5335364	4050585	3725022	3057905
三级企业及其他	The Third Grade & Others	2190168	1773821	1535955	1358358

15-15 各市(州)总承包和专业承包建筑业企业所有者权益和利税(2022年)

Owners' Equities and Pre-tax Profits of General and Professional Contractor Construction Enterprises by Region(2022)

单位：万元 (10 000 yuan)

市(州)及分组	Region and Group	所有者权益 Owners' Equities	利税总额 Total Pre-tax Profits	利润总额 Total Profits	税金总额 Total Taxes	#主营业务税金及附加 Taxes and Extra Charges on Project Settlement Accounts
全　省	**Sichuan**	**55367165**	**10091578**	**6050737**	**4040841**	**782984**
按市(州)分	**Grouped by Region**					
成都市	Chengdu	29243044	4962378	3321860	1640517	250679
自贡市	Zigong	841133	130777	32641	98137	12944
攀枝花市	Panzhihua	813405	150913	101996	48917	11663
泸州市	Luzhou	2806169	624791	339819	284972	71676
德阳市	Deyang	1193836	216026	129215	86811	10971
绵阳市	Mianyang	3592608	373723	189274	184450	35250
广元市	Guangyuan	809989	156470	65936	90534	24600
遂宁市	Suining	1125056	280481	134410	146071	45159
内江市	Neijiang	1100010	126071	61732	64339	20772
乐山市	Leshan	1432351	184572	83980	100592	12948
南充市	Nanchong	1837655	893087	533996	359091	114742
眉山市	Meishan	1672831	261625	146660	114965	21771
宜宾市	Yibin	2391765	474825	275945	198880	37395
广安市	Guangan	1392104	272623	137602	135021	28263
达州市	Dazhou	1522892	524141	303899	220242	47600
雅安市	Yaan	1230608	65656	35021	30635	4103
巴中市	Bazhong	726491	87131	34762	52369	11637
资阳市	Ziyang	531776	82351	40117	42234	10480
阿坝藏族羌族自治州	Aba	222683	19019	1678	17342	1936
甘孜藏族自治州	Ganzi	176219	24855	10632	14223	1980
凉山彝族自治州	Liangshan	704539	180064	69562	110502	6417
按资质等级分	**Grouped by Qualification Grade**					
总承包企业	The General Contractor	51448233	9317812	5616812	3701000	721716
特级企业	The Special Grade	11269566	2179734	1612232	567502	108619
一级企业	The First Grade	17097111	3165802	1990139	1175663	175512
二级企业	The Second Grade	12749085	2214043	1033038	1181005	251706
三级企业	The Third Grade	10332472	1758233	981403	776830	185879
专业承包企业	The Specialized Contractor	3918931	773765	433925	339841	61268
一级企业	The First Grade	1654326	317384	199113	118271	13676
二级企业	The Second Grade	1610392	269322	133173	136149	26514
三级企业及其他	The Third Grade & Others	654213	187059	101638	85421	21078

15-16 各市(州)按登记注册类型分建筑业企业劳动生产率(2022年)
Labor Productivity of Construction Enterprises by Region and Registered Types(2022)

单位：元/人 (yuan/person)

市(州)及分组	Region and Group	按总产值计算的劳动生产率 Overall Labor Productivity in Terms of Total Output Value	国有企业 State-owned	中央企业 Central	地方企业 Local	集体企业 Collective owned	其他企业 Others	#股份有限公司 Share-holding Corporations	#其他有限责任公司 Other Ltd. Company
全　省	**Sichuan**	**442783**	**569301**	**448356**	**587498**	**229317**	**423218**	**1091505**	**605076**
按市(州)分	**Grouped by Region**								
成都市	Chengdu	592725	587543	347523	621923	168538	597234	2450624	781540
自贡市	Zigong	386126	456088		456088	244355	386176	575170	291274
攀枝花市	Panzhihua	833104	388510		388510		847530		1340046
泸州市	Luzhou	415658	530748		530748	147724	422305		478383
德阳市	Deyang	378517	1265700	362379	1907879	254424	301551	788843	239667
绵阳市	Mianyang	425352	845853	920039	792548	128489	366994	140913	698076
广元市	Guangyuan	273954	313638		313638	238828	272661		310814
遂宁市	Suining	385227	722032		722032	367318	382341	331663	349952
内江市	Neijiang	380730	742696		742696	162401	370351	756347	428665
乐山市	Leshan	398237	380503	498084	378036		401418	236905	707766
南充市	Nanchong	365671	487435		487435	327630	352191	171146	344168
眉山市	Meishan	373822	422079		422079	260880	376335	65871	330489
宜宾市	Yibin	386026	440812	434178	447472	251991	377306	353120	436126
广安市	Guangan	293379	300432		300432	290741	293254	411960	343944
达州市	Dazhou	350768	500140		500140	244303	345743	394596	372494
雅安市	Yaan	344952	554940		554940	162198	306402	173077	529288
巴中市	Bazhong	207358	193310	482050	192916	138773	212440	92271	195301
资阳市	Ziyang	200018	375261		375261	167334	175299		198606
阿坝藏族羌族自治州	Aba	377193	167218		167218	324330	383115	247942	437299
甘孜藏族自治州	Ganzi	394284	21551		21551	371648	400197	923214	356676
凉山彝族自治州	Liangshan	521811	687397		687397	597519	468609	745274	639463
按资质等级分	**Grouped by Qualification Grade**								
总承包企业	The General Contractor	447193	576134	449940	595763	222367	426103	1092156	603740
特级企业	The Special Grade	960920	648911	937828	626165		1191769	3042068	1148572
一级企业	The First Grade	447464	613647	348516	678877	289154	405510	263666	479305
二级企业	The Second Grade	361669	468596	430663	476803	256835	353379	307138	379722
三级企业	The Third Grade	339726	464327	496943	464223	166337	333030	251958	375458
专业承包企业	The Specialized Contractor	390144	433656	371241	437280	271254	390670	1076469	630818
一级企业	The First Grade	577502	587946	5792528	569666	275033	579357	486621	973076
二级企业	The Second Grade	353099	329640	200314	372502	273103	361422	1212875	440437
三级企业及其他	The Third Grade & Others	275970	265220		265220	259987	277564		214457

主要统计指标解释

建筑业统计单位 指从事房屋、构筑物建造和设备安装活动的法人企业。建筑业法人企业应具有建筑业资质并能够独立核算，同时还应具备以下条件：①依法成立，有自己的名称、组织机构和场所，能够承担民事责任；②独立拥有和使用资产，承担负债，有权与其他单位签订合同；③独立核算盈亏，能够编制资产负债表。

建筑业总产值 是以货币形式表现的建筑业企业在一定时期内生产的建筑业产品和提供服务的总和。建筑业总产值包括：

(1)建筑工程产值：指列入建筑工程预算内的各种工程价值。

(2)安装工程产值：指设备安装工程价值以及将预制部品部件安装成建筑工程产品的价值，不包括被安装设备本身的价值。

(3)其他产值：指建筑业总产值中除建筑工程、安装工程以外的产值。包括房屋构筑物修理产值、非标准设备制造产值、总包企业向分包企业收取的管理费以及不能明确划分的施工活动所完成的产值。

建筑业增加值 指建筑业企业在报告期内以货币形式表现的从事建筑业生产经营活动的最终成果。

房屋施工面积 指在报告期内施工的全部房屋建筑面积，包括本期新开工的房屋建筑面积、上期跨入本期继续施工的房屋建筑面积、上期停缓建在本期恢复施工的房屋建筑面积、本期竣工的房屋建筑面积及本期施工后又停缓建的房屋建筑面积。

房屋竣工面积 指报告期内房屋建筑按照设计要求已全部完工，达到住人和使用条件，经验收鉴定合格或达到竣工验收标准，可正式移交使用的各栋房屋建筑面积的总和。

Explanatory Notes on Main Statistical Indicators

Statistical Units in the Construction Industry refer to corporate enterprises engaged in the construction of buildings and structures and in the installation of equipment. A corporate construction enterprise should have qualification certificates with independent accounting system, and should meet the following 3 requirements: a) being set up in line with relevant legal basis, having its full name, organization and location, and capable of taking civil liabilities; b) independently possessing and using its assets and assuming its liabilities, and entitled to sign contracts with other institutions; c) making independent accounts of its profits and losses, and capable of compiling its own balance sheet.

Gross Output Value of Construction refers to total of construction products and services, expressed in monetary terms, produced or rendered by construction and installation enterprises during a given period of time. It includes:

1) Output value of construction projects: the value of projects covered by the project budgets;

2) Output value of installation projects: the value of the installation of equipment, and the value of installing prefabricated components into construction engineering products (excluding the value of the equipment to be installed);

3) Other output values: the output value of construction industry apart from that of construction projects and installation projects. It includes: output value of repair of buildings and structures; output value of manufacturing of non-standard equipment; overhead expenses received by contracted enterprises from the sub-contracted enterprises, and the completed output value of construction activities for which there is no clear definition.

Value-added of Construction refers to the final result of the activities of production and management of construction industry in monetary terms in the reference period.

Floor Space of Buildings under Construction refers to the total floor space area of buildings under construction in the reference period. It includes buildings new started; buildings started earlier and continued during the reference period; buildings suspended earlier but restarted during the reference period; buildings completed during the reference period; and buildings under construction but suspended during the reference period.

Floor Space of Buildings Completed refers to the total floor space area of buildings that have been completed in the reference period in accordance with the requirements of the design, up to the standard for accommodation or putting into use, and have been checked and accepted by departments concerned as qualified or up to the standard of buildings completed and can be handed over for putting into use.

16 交通运输和邮电业

Chapter 16 Transportation and Post

16−1 交通运输业情况
Conditions of Transport

指　标	Item	2010	2015	2019	2020	2021	2022
运输线路长度	**Length of Transport Routes**						
铁路营业里程 (公里)	Railways in Operation (km)	3549	4442	5090	5312	5687	5937
公路里程 (万公里)	Highways (10 000 km)	26.6	31.6	33.7	39.4	39.9	40.5
内河航道里程 (万公里)	Navigable Inland Waterways (10 000 km)	1.1	1.1	1.1	1.1	1.1	1.1
航空里程 (万公里)	Civil Aviation (10 000 km)	56.1	97.2	133.4	145.6	131.5	123.3
客运量总计 (万人)	**Total Passenger Traffic (10 000 persons)**	**242732**	**140044**	**97914**	**61738**	**64837**	**42949**
铁路	Railways	6829	9078	17211	11210	13890	9453
公路	Highways	230988	124014	72387	45258	45349	29816
水路	Waterways	2733	2748	1930	954	864	726
民用航空	Civil Aviation	2182	4204	6386	4316	4734	2954
旅客周转量总计 (亿人公里)	**Total Passenger-Kilometers (100 million passenger-km)**	**1391.7**	**1663.0**	**1949.1**	**1202.7**	**1303.3**	**846.3**
铁路	Railways	221.5	271.8	402.8	254.3	310.7	214.5
公路	Highways	802.2	671.6	437.7	289.8	270.3	168.6
水路	Waterways	2.3	2.6	1.8	1.0	1.0	0.9
民用航空	Civil Aviation	365.7	717.0	1106.8	657.8	721.3	462.3
货运量总计 (万吨)	**Total Freight Traffic (10 000 tons)**	**133364**	**153270**	**175308**	**170038**	**182699**	**184766**
铁路	Railways	7093	5893	5685	5860	5865	6343
公路	Highways	121017	138622	162668	157598	171377	172329
水路	Waterways	5218	8688	6896	6527	5400	6049
民用航空	Civil Aviation	36	67	59	53	57	45
货物周转量总计 (亿吨公里)	**Total Freight Ton-kilometers (100 million ton-km)**	**1710.8**	**2289.5**	**2573.3**	**2733.3**	**2940.8**	**3052.1**
铁路	Railways	642.8	613.8	727.4	811.1	871.8	905.5
公路	Highways	985.1	1480.6	1527.5	1617.7	1789.8	1858.0
水路	Waterways	75.1	183.5	305.6	291.8	264.7	275.6
民用航空	Civil Aviation	7.8	11.7	12.8	12.8	14.5	13.0
民用汽车拥有量 (万辆)	**Possession of Civil Motor Vehicles (10 000 units)**	**355.0**	**768.5**	**1187.2**	**1292.2**	**1382.0**	**1458.4**
#私人汽车	Private Vehicles	281.0	677.3	1049.6	1141.2	1218.4	1288.6
载客汽车拥有量 (万辆)	**Possession of Buses and Cars (10 000 units)**	**281.6**	**674.0**	**1067.1**	**1158.6**	**1239.2**	**1313.6**
载货汽车拥有量 (万辆)	**Possession of Trucks (10 000 units)**	**70.4**	**89.6**	**115.3**	**124.6**	**136.8**	**140.5**
其他机动车拥有量 (万辆)	**Possession of Other Motor Vehicles (10 000 units)**	**5.9**	**5.0**	**4.7**	**5.8**	**6.0**	**6.2**
公路部门营运车辆 (万辆)	**Number of Motor Vehicles Owned by Highway Departments (10 000 units)**	**62.0**	**57.1**	**82.2**	**54.4**	**57.8**	**58.7**
民用运输船舶拥有量 (艘)	**Possession of Civil Transport Vessels (unit)**	**8414**	**7489**	**5160**	**4718**	**4495**	**4262**
机动船	Motor Vessels	7350	6435	4307	4024	3806	3486
驳船	Barges	1064	1054	853	694	689	776

注：①从2014年开始，公路货运量和货物周转量由抽样调查改为根据高速公路计重收费数据推算，公路客运量和旅客周转量中的出租车和公交车统计范围作了较大调整，故2014年相关数据与往年不可比；②2015年起，航空货运量及货物周转量由双流机场提供改为由航空公司提供，故数据与往年不可比；③公路数据由四川省交通运输厅道路运输管理局提供，铁路数据由成都铁路局提供，水运数据由四川省交通运输厅航务管理局提供，航空数据由四川航空公司、国航西南分公司、东航四川分公司、成都航空公司提供。

a) Since 2014, freight traffic and ton-kilometers of highways are changed from the sample survey to highway toll collection data, statistics range of taxi and bus in highway passenger traffic and passenger-kilometers made a big adjustment, so data of 2014 are not comparable with previous years; b) Since 2015, freight traffic and ton-kilometers of aviation are changed from provided by Shuangliu Airport to provided by airline companies, so the data cannot be compared with previous years; c) Highway data are provided by Road Transport Administration of Sichuan Provincial Transportation Bureau, railway data are provided by Chengdu Railway Bureau, waterway data are provided by the Shipping Administration of Sichuan Provincial Communications Department, air data are provided by Sichuan Airlines, Air China Southwest branch, Sichuan branch of China Eastern Airlines and Chengdu airlines.

16-2 各市(州)公路运输情况(2022年)
Main Indicators of Highway Transportation by Region(2022)

市(州)	Region	公路总里程(公里) Total Length of Highways (km)	#等级公路里程 Expressway and Class I to IV Highways	#高速公路 Expressway	民用汽车拥有量(万辆) Possession of Civil Motor Vehicles (10 000 units)	#私人汽车 Private Vehicles	公路旅客周转量(万人公里) Passenger-kilometers of Highways (10 000 passenger-km)	公路货物周转量(万吨公里) Freight Ton-kilometers of Highways (10 000 ton-kilometers)
全 省	**Sichuan**	**405390**	**393166**	**9180**	**1458.41**	**1288.63**	**1685878**	**18579935**
成都市	Chengdu	29349	29330	1248	605.55	502.24	310960	3932548
自贡市	Zigong	9997	9775	278	34.09	31.67	40070	625888
攀枝花市	Panzhihua	5348	4717	231	24.20	21.76	29075	614954
泸州市	Luzhou	20188	19239	575	56.66	51.91	141945	1277496
德阳市	Deyang	10452	10289	359	63.64	58.70	60021	788089
绵阳市	Mianyang	24509	22665	546	91.34	85.58	121044	784675
广元市	Guangyuan	24084	21405	464	35.20	33.23	30687	615167
遂宁市	Suining	13956	13706	386	36.88	34.78	50935	490776
内江市	Neijiang	14071	13877	358	35.92	32.92	62593	505237
乐山市	Leshan	16638	16533	448	54.73	49.68	64461	1232490
南充市	Nanchong	31131	31008	570	71.38	65.06	117940	1332240
眉山市	Meishan	9266	8520	460	48.86	45.32	30508	777471
宜宾市	Yibin	26094	25236	517	58.25	53.85	73774	706484
广安市	Guangan	16476	16424	436	35.12	32.87	34635	288837
达州市	Dazhou	28835	28460	534	49.64	45.44	118973	1246767
雅安市	Yaan	8447	8058	377	24.79	21.93	32233	698937
巴中市	Bazhong	25857	25738	419	33.04	31.07	88710	473744
资阳市	Ziyang	12667	12542	378	24.88	22.96	38008	333711
阿坝藏族羌族自治州	Aba	15594	15048	221	13.14	11.69	29941	458245
甘孜藏族自治州	Ganzi	32995	32487	45	11.30	9.95	46325	231815
凉山彝族自治州	Liangshan	29437	28107	330	49.81	46.05	163041	1164363

注："民用汽车拥有量"全省合计包括省本级数，故各市州之和不等于全省。
a) Data of Possession of Civil Motor Vehicles include provincial data, therefore, the sum of cities and states is not equal to the whole province.

16−3 邮电业务情况

Conditions of Postal and Telecommunication Services

指　标		Item		2017	2018	2019	2020	2021	2022
邮政业务		**Postal Services**							
邮政业务总量	(亿元)	Business Volume of Postal Services	(100 million yuan)	269.2	348.4	447.8	537.7	374.2	403.0
营业网点	(处)	Number of Offices	(unit)	6109	6114	6132	28160	29649	29998
邮路长度	(万公里,单程)	Length of Postal Routes	(10 000 km, one way)	13.55	15.88	17.61	43.90	28.44	37.30
邮运汽车	(辆)	Postal Cars	(unit)	899	886	964	1075	1051	884
函件	(万件)	Number of Letters	(10 000 pcs)	3265	2776	2638	2254	1994	2167
包裹	(万件)	Number of Parcels	(10 000 pcs)	95	89	79	70	69	62
报刊期发数	(万份)	Issue of Newspapers and Magazines	(10 000 copies)	675	688	735	669	661	665
快递业务量	(万件)	Pieces of Express Mail Services	(10 000 pcs)	110796	145992	179105	215159	278270	286918
电信业务		**Telecommunication Services**							
电信业务总量	(亿元)	Business Volume of Telecommunication Services	(100 million yuan)	1240.7	3295.4	5155.0	7525.9	935.1	950.2
年末固定电话用户	(万户)	Number of Fixed Telephone Subscribers at Year-end	(10 000 subscribers)	1636	1721	1872	1885	1919	1954
城市固定电话	(万户)	Urban Fixed Telephone Subscribers	(10 000 subscribers)	1028	1041	1219	1220	1130	1069
农村固定电话	(万户)	Rural Fixed Telephone Subscribers	(10 000 subscribers)	608	680	653	665	789	885
年末移动电话用户	(万户)	Number of Mobile Telephone Subscribers at Year-end	(10 000 subscribers)	7694	9069	9444	9125	9339	9623
互联网宽带接入用户数	(万户)	Number of Broad Band Subscribers of Internet	(10 000 subscribers)	2168	2625	2812	2976	3221	3566

注：①邮政业务总量2016-2020年按2010年不变单价计算，2021年按2020年不变单价计算，同比增长按可比口径计算；电信业务总量2016-2020年按2015年不变单价计算，2021年按2020年不变单价计算，同比增长按可比口径计算。②2010年起邮路长度不含邮政速递公司自营邮路；特快专递包括邮政公司和其他快递公司数据。③邮政业务数据由四川省邮政管理局、中国邮政集团四川省分公司提供；电信业务数据由四川省通信管理局提供。

a) The data of Business Volume of Postal Services from 2016 to 2020 are calculated by the constant unit price in 2010, the data in 2020 are calculated by the constant unit price in 2020, the year-on-year growth is calculated by the comparable standard; The data of Business Volume of Telecommunication Services from 2016 to 2020 are calculated by the constant unit price in 2015, the data in 2020 are calculated by the constant unit price in 2020, the year-on-year growth is calculated by the comparable standard; b) Postal routes exclude express delivery company's own length postman since 2010. The data of pieces of express mail services comes from the post offices and other express delivery companies; c) Data of the postal service are provided by the Sichuan Provincial Post Office and China Post Group's Sichuan branch. Data from the telecommunication services are provided by the Sichuan Provincial Communications Administration Bureau.

主要统计指标解释

铁路营业里程 又称营业长度，指投入客货运输营业或临时营业的线路长度。

公路里程 指报告期末公路的实际长度。统计范围：包括城间、城乡间、乡（村）间能行驶汽车的公共道路，公路通过城镇街道的里程，公路桥梁长度、隧道长度、渡口宽度。不包括城市街道里程，断头路里程，农（林）业生产用道路里程，工（矿）企业等内部道路里程。统计原则：按已竣工验收或交付使用的实际里程计算；两条或多条公路共同经由同一路段的重复里程，只计算一次。

内河航道里程 指在一定时期内，能通航运输船舶及排筏的天然河流、湖泊水库、运河及通航渠道的长度。包括全年季节性通航累计三个月以上的航道，不包括仅供零散流放竹、木排的河道。两省以河为界的航道里程，双方均按一半计算，以免重复。

定期航班航线里程 指定期航班营运里程的总长度，以万公里为计算单位。航线里程的统计分为按重复距离计算和按不重复距离计算两种形式。“按重复距离计算”是指不同航线的相同航段距离可以重复累加；“按不重复距离计算”则不同航线相同航段只统计一次。

货(客)运量 指在一定时期内，各种运输工具实际运送的货物重量(旅客数量)。货运按吨计算，客运按人计算。货物不论运输距离长短、货物类别，均按实际重量统计。旅客不论行程远近或票价多少，均按一人一次客运量统计；半价票、小孩票也按一人统计。

货物(旅客)周转量 指在一定时期内，由各种运输工具运送的货物(旅客)数量与其相应运输距离的乘积之总和。该指标可以反映运输业生产的总成果，也是编制和检查运输生产计划，计算运输效率、劳动生产率以及核算运输单位成本的主要基础资料。计算货物周转量通常按发出站与到达站之间的最短距离，也就是计费距离计算。计算公式为：

货物(旅客)周转量=Σ〔货物(旅客)运输量×运输距离〕

民用汽车拥有量 指报告期末，在公安交通管理部门按照《机动车注册登记工作规范》，已注册登记领有民用车辆牌照的全部汽车数量。汽车拥有量统计的主要分类：根据汽车结构分为载客汽车、载货汽车及其他汽车；根据汽车所有者不同分为个人(私人)汽车、单位汽车；根据汽车的使用性质分为营运汽车、非营运汽车；根据汽车大小规格不同，载客汽车分为大型、中型、小型和微型，载货汽车分为重型、中型、轻型和微型。

邮政、电信业务总量 指以货币形式表示的邮政、电信通信企业为社会提供各类邮政、电信通信服务的总数量。计算方法为各类业务的实物量分别乘以相应的不变单价，求出各类业务的货币量加总求得。没有不变单价的业务按其业务收入直接相加。

移动电话用户 指在电信运营企业营业网点办理开户登记手续，通过移动电话交换机进入移动电话网，占用移动电话号码的各类电话用户。包括各类签约用户、智能网预付费用户、无线上网卡用户。

固定电话用户 指在电信企业营业网点办理开户登记手续并已接入固定电话网上的全部电话用户。

住宅电话用户 指私人付费或安装在居民住宅并按照私人或住宅电话用户登记注册和收费的各类电话用户。

Explanatory Notes on Main Statistical Indicators

Length of Railways in Operation refers to the total length of the trunk line for passenger and freight transportation in full operation or temporary operation.

Length of Highways refers to the actual length of highways at the end of reference period. It covers public roads running vehicles between cities, between urban and rural areas, and between townships (villages), as well as highways passing through streets at small cities and towns, length of bridges and tunnels, width of ferry piers. It does not include the length of streets in cities, dead end highways, the length of streets built for agricultural (forest) production and inside factories (mines). Mileage can only be included when the road is completed, checked and accepted or put into operation. If two or more highways use the same section, the length of the section is counted only once.

Length of Navigable Inland Waterways refers to the length of natural rivers, lakes, reservoirs and canals that are open to navigation for ships and rafts during a given period. It includes the channels with annual seasonal navigation for more than three months, excluding waterways for scattered bamboo and wooden rafts. If two provinces share one river as the border, the length of waterways will be equally divided for each province to avoid duplication.

Length of Regular Civil Aviation Routes refers to the total length of all routes for scheduled flights, which is calculated using 10,000 kilometres as the measuring unit. There are usually two ways to calculate the route length: duplicated calculation and non-duplicated calculation. Duplicated calculation means that the same segment of different routes can be added with duplication, while the non-duplicated calculation allows the same segment of different routes to be counted only once.

Freight (Passenger) Traffic refers to the weight of freight (number of passengers) transported with various means within a specific period of time. Freight transport is calculated in tons and passenger traffic is calculated in terms of number of persons. Freight transport is calculated in terms of the actual weight of the goods, irrespective of the type of freight and distance of transport. Passenger traffic is calculated by the principle that one person can be counted only once in one trip, irrespective of travelling distance and ticket price. The passengers who travel with a discounted ticket or a children ticket is also calculated as one person.

Freight Ton-kilometers (Passenger-kilometers) refers to the sum of the product of the volume of transported cargo (passengers) multiplied by the transport distance. As an indicator to reflect the achievement of the transportation industry, this is an important indicator to show the total results of the transport industry; to prepare and examine the transport plan; and to serve as the main basic data for calculating the efficiency, labour productivity and unit cost of transport. Normally, the shortest distance between the departure station and the destination station (i.e., the payable distance) is the basis in calculating the freight ton-kilometres. The formula is as follows:

$$\text{Freight ton-kilometres (passenger-kilometres)} = \sum\left[\text{freight (passenger) traffic} \times \text{distance of transportation}\right]$$

Possession of Civil Motor Vehicles refer to the total numbers of vehicles at the end of the reference period that are registered and received vehicles license according to the Working Regulations for Motor Vehicle Registration formulated by the transport management offices. Motor vehicles are classified into different categories. By the structure of motor vehicles, they are divided into passenger vehicles, trucks and others; by ownership, into private vehicles and vehicles for the unit's use; by usage, into business vehicles and non-business vehicles; and by size of vehicles, into large passenger vehicles, medium-sized passenger vehicles, small passenger vehicles and mini passenger vehicles, heavy trucks, light-heavy trucks, light trucks and mini-trucks.

Business Volume of Post and Telecommunications refers to the total amount of postal and telecommunication services, expressed in value terms, provided by the post and telecommunications departments for the society. Business volume of post and telecommunications is the sum of each service in kind multiplying with its correspondent unit price (constant price). For business activities without constant price, the business revenue is added up directly.

Mobile Phone Subscribers refer to persons who have gone through registration procedures in the operation outlets of enterprises engaged in telecommunications and are hence connected with the mobile phone communication network through the mobile phone switchboards and occupy mobile phone numbers. Included are various types of contracted subscribers, prepaid users for intelligent network and wireless network card users.

Fixed Telephone Subscribers refer to all subscribers who have gone through registration procedures in the operation outlets of enterprises engaged in telecommunications and are hence connected to the local telecommunications service provider through fixed line network.

Household Telephone Subscribers refer to all kinds of subscribers with telephone sets paid privately or installed in the dwelling units of residents, and registered with payment as private subscribers or residence subscribers.

17 国内贸易

Chapter 17 Domestic Trade

17-1 社会消费品零售总额
Total Retail Sales of Consumer Goods

单位：亿元 (100 million yuan)

年份 Year	社会消费品零售总额 Total Retail Sales of Consumer Goods	年份 Year	社会消费品零售总额 Total Retail Sales of Consumer Goods
1990	348.60	2007	4114.77
1991	399.85	2008	4956.13
1992	470.63	2009	5789.67
1993	572.09	2010	6888.84
1994	741.93	2011	8282.82
1995	958.52	2012	9606.44
1996	1136.62	2013	10976.63
1997	1291.47	2014	12353.94
1998	1408.05	2015	13834.40
1999	1514.96	2016	15519.69
2000	1669.30	2017	17404.45
2001	1877.55	2018	19340.75
2002	2066.85	2019	21342.98
2003	2289.71	2020	20824.87
2004	2621.15	2021	24133.21
2005	3010.66	2022	24104.64
2006	3480.55		

17-2 按各项分组的社会消费品零售总额
Total Retail Sales of Consumer Goods by the Grouping

单位：亿元 (100 million yuan)

指　标	Item	2015	2016	2017	2018	2019	2020	2021	2022
全　省	**Sichuan**	**13834.40**	**15519.69**	**17404.45**	**19340.75**	**21342.98**	**20824.87**	**24133.21**	**24104.64**
按销售单位所在地分	Grouped by Location of Retailers								
城镇	Town	11246.38	12595.56	14124.67	15652.47	17225.38	17138.83	19936.22	20122.50
乡村	Rural	2588.02	2924.13	3279.78	3688.28	4117.60	3686.04	4197.00	3982.14
按消费形态分	Grouped by Consumption Patterns								
餐饮收入	Catering Revenue	1667.66	1900.13	2137.98	2418.61	2727.82	2482.46	3349.61	3011.54
商品零售	Retail Sale	12166.74	13619.56	15266.47	16922.14	18615.16	18342.41	20783.61	21093.10
按行业分	Grouped by Industry of Retailers								
批发业	Wholesale Trade	2821.82	3170.11	3541.58	3931.16	4323.88	4128.19	4742.46	4888.56
零售业	Retail Trade	9354.68	10459.34	11741.77	13018.14	14231.37	14186.29	16010.09	16174.01
住宿业	Lodge Trade	126.80	143.48	156.88	174.25	199.27	165.68	200.85	179.74
餐饮业	Catering Trade	1531.10	1746.76	1964.22	2217.20	2588.46	2344.71	3179.81	2862.33

17−3 各市(州)社会消费品零售总额
Total Retail Sales of Consumer Goods by Region

单位：亿元　　　　(100 million yuan)

市(州)	Region	2012	2013	2014	2015	2016	2017	2018	2019	2020	2021	2022
全　省	**Sichuan**	**9606.44**	**10976.63**	**12353.94**	**13834.40**	**15519.69**	**17404.45**	**19340.75**	**21342.98**	**20824.87**	**24133.21**	**24104.64**
成都市	Chengdu	3813.34	4348.80	4944.42	5507.76	6124.00	6853.05	7561.92	8313.40	8118.53	9251.81	9096.48
自贡市	Zigong	287.85	326.14	359.74	400.12	441.06	490.86	540.35	598.88	583.37	691.04	712.14
攀枝花市	Panzhihua	128.00	143.23	155.32	170.10	185.00	201.33	218.22	240.55	235.14	278.29	285.73
泸州市	Luzhou	416.79	482.59	546.08	626.51	720.14	820.96	926.24	1032.13	1013.81	1204.28	1244.41
德阳市	Deyang	390.34	446.81	498.37	562.57	638.71	720.67	808.07	893.99	851.19	1010.06	1014.81
绵阳市	Mianyang	618.19	704.11	788.64	893.63	1010.20	1138.88	1277.27	1419.47	1394.26	1652.16	1635.00
广元市	Guangyuan	194.35	221.54	246.33	276.35	308.94	346.22	385.44	425.27	419.24	495.42	474.59
遂宁市	Suining	221.70	251.71	279.39	313.37	352.44	390.43	432.63	479.06	467.37	548.70	562.16
内江市	Neijiang	264.42	302.84	336.73	377.97	426.60	473.03	523.15	577.33	558.93	660.51	641.81
乐山市	Leshan	341.61	390.18	432.18	488.04	551.56	620.42	692.21	766.51	748.31	891.12	904.29
南充市	Nanchong	521.58	602.96	679.92	766.08	868.75	987.19	1114.75	1241.09	1217.57	1448.73	1484.36
眉山市	Meishan	251.97	287.35	320.17	359.93	406.13	450.38	503.06	556.05	543.26	629.72	639.75
宜宾市	Yibin	454.34	520.59	585.86	660.40	748.12	844.75	946.33	1045.06	1026.99	1209.95	1209.98
广安市	Guangan	253.04	289.10	321.98	361.49	409.32	456.16	509.16	564.31	549.40	651.38	617.41
达州市	Dazhou	462.80	533.13	600.10	683.08	777.90	880.14	989.70	1098.89	1085.01	1281.49	1318.18
雅安市	Yaan	130.49	144.66	161.56	181.57	202.56	224.42	245.97	271.14	263.80	301.01	306.17
巴中市	Bazhong	211.61	245.34	276.70	318.00	364.39	415.47	469.74	507.47	482.00	485.10	493.39
资阳市	Ziyang	197.91	226.09	251.96	258.01	284.66	317.71	352.40	387.05	377.34	445.23	446.58
阿坝藏族羌族自治州	Aba	56.24	64.85	73.06	82.06	91.28	93.78	95.28	101.03	96.81	107.89	104.93
甘孜藏族自治州	Ganzi	57.73	65.83	73.48	78.93	87.43	97.73	108.84	119.43	114.31	127.66	129.52
凉山彝族自治州	Liangshan	332.14	378.77	421.95	468.43	520.52	580.86	640.02	704.87	678.23	761.66	782.95

17-4 限额以上批发和零售业法人企业情况
Conditions of Enterprises above Designated Size in Wholesale and Retail Trades

指　标	Item	2015	2016	2017	2018	2019	2020	2021	2022
批发和零售业	**Wholesale and Retail Trades**								
法人企业数 （个）	Number of Corporation Units (unit)	6537	6819	6637	6930	8004	9333	10734	12829
年末从业人数 （人）	Persons Engaged (person)	477833	479270	452861	463018	475239	506951	542399	561420
商品购进额 （亿元）	Total Purchases (100 million yuan)	10895.7	11883.4	12218.5	14258.8	16884.6	19112.8	24355.9	28119.9
商品销售额 （亿元）	Total Sales (100 million yuan)	12185.8	13313.8	13702.9	15626.9	18970.0	20928.3	26416.5	30204.8
期末商品库存额 （亿元）	Total Stock at Year-end (100 million yuan)	893.8	851.8	885.7	943.7	1132.6	1344.2	1439.3	1686.8
批发业	**Wholesale Trade**								
法人企业数 （个）	Number of Corporation Units (unit)	2292	2330	2305	2545	3364	4281	5269	6643
年末从业人数 （人）	Persons Engaged (person)	154078	151524	150874	153857	168574	189730	205652	228264
商品购进额 （亿元）	Total Purchases (100 million yuan)	6057.4	6694.2	7345.0	8960.0	11131.3	13003.3	17368.3	20807.3
商品销售额 （亿元）	Total Sales (100 million yuan)	6789.8	7437.9	8211.4	9522.5	12405	14146.7	18672.3	22346.4
期末商品库存额 （亿元）	Total Stock at Year-end (100 million yuan)	459.1	458.4	473.3	516.6	688.1	871.1	967.8	1187.6
零售业	**Retail Trade**								
法人企业数 （个）	Number of Corporation Units (unit)	4245	4489	4332	4385	4640	5052	5465	6186
年末从业人数 （人）	Persons Engaged (person)	323755	327746	301987	309161	306665	317221	336747	333156
商品购进额 （亿元）	Total Purchases (100 million yuan)	4838.3	5189.3	4873.5	5298.7	5753.2	6109.5	6987.6	7312.5
商品销售额 （亿元）	Total Sales (100 million yuan)	5396.0	5875.9	5491.5	6104.3	6564.5	6781.5	7744.2	7858.4
期末商品库存额 （亿元）	Total Stock at Year-end (100 million yuan)	434.7	393.3	412.4	427.1	444.5	473.0	471.5	499.3

17−5 限额以上批发零售贸易、住宿餐饮业情况(2022年)

Conditions of Enterprises above Designated Size in Wholesale and Retail Trades, Lodging and Catering Services (2022)

单位：个、人 (unit, person)

指　标	Item	法人企业数 Number of Corporation	产业活动单位和个体数 Number of Individual and Active	从业人数 Persons Engaged
总　计	**Total**	**17490**	**6281**	**964086**
一、批发业合计	**Wholesale Trades**	**6643**	**143**	**230918**
内资企业	Domestic-Funded Enterprises	6583	11	224498
国有企业	State-owned Enterprises	110	1	18081
集体企业	Collective-owned Enterprises	11		227
股份合作企业	Cooperative Enterprises	6		400
联营企业	Joint Ownership Enterprises	8		283
有限责任公司	Limited Liability Corporations	1545	2	77649
股份有限公司	Share-holding Corporations Ltd.	51	2	8489
私营企业	Private Enterprises	4841	6	118625
其他企业	Other Enterprises	11		744
港、澳、台商投资企业	Enterprises with Investment from Hong Kong, Macao and Taiwan	23		1610
外商投资企业	Foreign Invested Enterprises	37	2	3511
二、零售业合计	**Retail Trades**	**6186**	**2042**	**367000**
内资企业	Domestic-Funded Enterprises	6066	26	289420
国有企业	State-owned Enterprises	29	5	618
集体企业	Collective-owned Enterprises	17		300
股份合作企业	Cooperative Enterprises	11		253
联营企业	Joint Ownership Enterprises	3		52
有限责任公司	Limited Liability Corporations	1104	12	77580
股份有限公司	Share-holding Corporations Ltd.	41	1	21035
私营企业	Private Enterprises	4849	7	189323
其他企业	Other Enterprises	12	1	259
港、澳、台商投资企业	Enterprises with Investment from Hong Kong, Macao and Taiwan	50		16539
外商投资企业	Foreign Invested Enterprises	70	3	28760
三、住宿餐饮业合计	**Lodging and Catering Trades**	**4661**	**4096**	**366168**
内资企业	Domestic-Funded Enterprises	4608	192	257333
国有企业	State-owned Enterprises	42	16	6720
集体企业	Collective-owned Enterprises	5	1	165
股份合作企业	Cooperative Enterprises	8	1	1358
有限责任公司	Limited Liability Corporations	728	94	62043
股份有限公司	Share-holding Corporations Ltd.	21	4	1123
私营企业	Private Enterprises	3799	69	185294
其他企业	Other Enterprises	5	7	630
港、澳、台商投资企业	Enterprises with Investment from Hong Kong, Macao and Taiwan	26	5	27004
外商投资企业	Foreign Invested Enterprises	27	7	5228

注：产业活动单位指非批发零售业法人企业附营的批发零售业产业活动单位。
a) Active units refer to the wholesale and retail trades active units of the legal entity of the non wholesale and retail units.

17–6 各市(州)限额以上批发零售贸易、住宿餐饮业法人企业情况(2022年)
Conditions of Incorporated Enterprises above Designated Size in Wholesale and Retail Trades, Lodging and Catering Services by Region(2022)

单位：个、人 (unit, person)

市(州)	Region	合计 Total		批发业 Wholesale Trade		零售业 Retail Trade		住宿业 Lodging Trade		餐饮业 Catering Trade	
		企业数 Number of Corporations	从业人数 Persons Engaged	企业数 Number of Corporations	从业人数 Persons Engaged	企业数 Number of Corporations	从业人数 Persons Engaged	企业数 Number of Corporations	从业人数 Persons Engaged	企业数 Number of Corporations	从业人数 Persons Engaged
全　省	**Sichuan**	**17490**	**825646**	6643	**228264**	**6186**	**333156**	**1941**	**90072**	**2720**	**174154**
成都市	Chengdu	4956	426523	2336	106394	1228	170268	587	34744	805	115117
自贡市	Zigong	720	17878	211	5197	331	6273	56	3373	122	3035
攀枝花市	Panzhihua	417	13877	241	5188	111	5298	33	1750	32	1641
泸州市	Luzhou	1424	45031	721	22779	421	13688	101	3682	181	4882
德阳市	Deyang	595	21842	341	9863	151	6138	36	1630	67	4211
绵阳市	Mianyang	1088	40183	383	12596	388	14182	121	6120	196	7285
广元市	Guangyuan	383	11717	94	3064	172	4600	63	2677	54	1376
遂宁市	Suining	521	20104	149	6135	219	8236	54	2075	99	3658
内江市	Neijiang	493	14558	185	4616	178	6022	42	1302	88	2618
乐山市	Leshan	653	21642	283	5318	255	11537	74	3012	41	1775
南充市	Nanchong	860	27813	198	5463	415	13268	78	3304	169	5778
眉山市	Meishan	434	16459	153	3395	191	8100	44	2776	46	2188
宜宾市	Yibin	1185	32116	395	9128	494	14413	111	3704	185	4871
广安市	Guangan	615	16288	114	2870	312	8580	47	1690	142	3148
达州市	Dazhou	1031	34406	245	7044	454	17077	134	5052	198	5233
雅安市	Yaan	364	8569	127	2405	121	3346	60	1882	56	936
巴中市	Bazhong	481	15314	91	2742	248	7461	43	2162	99	2949
资阳市	Ziyang	225	9258	83	3428	103	4035	24	721	15	1074
阿坝藏族羌族自治州	Aba	150	4259	5	262	56	1177	76	2580	13	240
甘孜藏族自治州	Ganzi	142	3566	9	744	68	970	52	1628	13	224
凉山彝族自治州	Liangshan	753	24243	279	9633	270	8487	105	4208	99	1915

17-7 分行业限额以上批发零售贸易法人企业商品购、销、存总额(2022年)
Total Purchases, Sales and Inventory of Enterprises above Designated Size in Wholesale and Retail Trades by Sector(2022)

单位：万元 (10 000 yuan)

指 标	Item	购进总额 Total Purchases	销售总额 Total Sales	年末库存总额 Inventory (year-end)
总 计	**Total**	**281198652**	**302048172**	**16868090**
一、批发企业合计	**Wholesale Trades**	**208073416**	**223464426**	**11875626**
食品、饮料、烟草批发业	Food, Beverages and Tobaccos	31519938	38340591	4157206
#米、面制品及食用油批发	Rice, Flour and Edible Oil	3547256	3535005	432373
烟草制品批发	Tobaccos	7382100	10985234	762496
纺织、服装及家庭用品批发	Textiles, Garments and Household Articles	6529930	6917741	372402
#服装批发	Garments	1007271	1075774	73186
文化、体育用品及器材批发业	Cultural, Sports Appliances and Equipments	1876766	1925293	158494
医药及医疗器材批发业	Medicines and Medical Appliances	18248730	20321014	1581112
矿产品、建材及化工产品批发	Mineral Products, Building Marerials and Chemical Products	118468555	123769612	3640529
#煤炭及制品批发业	Coal and Related Products	9406835	9591929	285328
石油及制品批发业	Petroleum and Related Products	19290415	20949092	525358
金属及金属矿批发业	Metal Materials and Mineral	48449406	50108031	1750446
建材批发业	Building Materials	13430240	13945859	378571
化肥批发业	Chemical Fertilizers	6253809	6471927	249617
机械设备、五金产品及电子产品批发	Machinery, Hardware and Electronic Equipment	15113569	15416032	1179304
#汽车、摩托车及零配件批发	Motor Vehicles, Motorcycles and Their Parts	4264861	4370113	341307
电气设备批发	Electrical Equipment	423270	469519	30280
计算机、软件及辅助设备	Computers, Software and Assistant Equipment	4419192	4278323	381314
贸易经纪与代理	Trade Broker and Agency	13544	13902	626
其他批发业	Others not Classified	7628122	8009343	199041
二、零售企业合计	**Retail Trades**	**73125236**	**78583746**	**4992464**
综合零售业	General Retail	10570643	11990683	810753
#百货零售业	General Merchandise	3972960	4758435	245160
超级市场零售业	Supermarkets	6107389	6632631	516798
食品、饮料及烟草制品专门零售	Special Retail of Food, Beverages and Tobaccos	1740084	2005553	123571
纺织、服装及日用品专门零售业	Special Retail of Textiles, Garments and Daily	1302936	1619207	241225
#服装零售业	Garments	611083	716098	153541
文化、体育用品及器材专门零售	Special Retail of Cultural, Sports Appliances and Equipments	1126994	1535514	184255
医药及医疗器材专门零售业	Special Retail of Medicines and Medical Appliances	2653589	3050102	306534
汽车、摩托车燃料及零配件	Motor Vehicles, Motorcycles, Fuel and Parts	39368452	40861560	2711191
#汽车新车零售业	Retail of New Motor Vehicles	23537409	23916137	2331551
机动车燃油零售业	Retail of Motor Vehicle Fuel	15325559	16400989	334666
家用电器及电子产品专门零售	Special Retail of Household Appliance and Electronic Product	3327809	3692132	201905
五金、家具室内装饰材料专门零售	Special Retail of Hardware, Furniture and Domestic Decoration Material	567023	675050	43755
货摊、无店铺及其他零售业	Stalls, Non-Shop and Other Retail Trades	12467707	13153946	369275

17−8 各市(州)限额以上批发零售贸易法人企业商品购、销、存总额(2022年)
Total Purchases, Sales and Inventory of Enterprises above Designated Size in Wholesale and Retail Trades by Region(2022)

单位：万元 (10 000 yuan)

市(州)	Region	购进总额 Total Purchases	销售总额 Total Sales	批 发 Wholesale Trade	零 售 Retail Trade	年末库存总额 Inventory (year-end)
全 省	**Sichuan**	**281198652**	**302048172**	**222240903**	**79807269**	**16868090**
成都市	Chengdu	159424279	169171017	126007566	43163451	9928717
自贡市	Zigong	3884774	4099165	3154231	944934	171446
攀枝花市	Panzhihua	7071915	8141976	7219516	922460	281340
泸州市	Luzhou	23519654	25137847	18802579	6335268	1673082
德阳市	Deyang	11369646	12772263	10267150	2505113	411316
绵阳市	Mianyang	16393550	16887928	13095812	3792116	914410
广元市	Guangyuan	1993268	2190155	1426844	763311	118631
遂宁市	Suining	3843093	4465882	3016912	1448970	219413
内江市	Neijiang	6205928	6763238	5388604	1374634	172917
乐山市	Leshan	6642323	7141409	4578668	2562741	258721
南充市	Nanchong	4132504	4546226	1944948	2601278	237614
眉山市	Meishan	4090164	4308614	2960781	1347833	273321
宜宾市	Yibin	11837913	13267967	10787648	2480319	982836
广安市	Guangan	2744304	3011410	1824417	1186993	153612
达州市	Dazhou	6505028	6908494	2658947	4249546	248085
雅安市	Yaan	2541955	2772549	2145130	627419	67573
巴中市	Bazhong	1696785	1940022	903466	1036555	129447
资阳市	Ziyang	1722554	1937616	1440580	497036	181456
阿坝藏族羌族自治州	Aba	300673	366248	199488	166760	15253
甘孜藏族自治州	Ganzi	379562	526919	316539	210380	26961
凉山彝族自治州	Liangshan	4898782	5691231	4101080	1590151	401940

17-9 限额以上批发零售贸易法人企业主要商品分类销售额(2022年)
Total Sales of Enterprises above Designated Size in Wholesale and Retail Trades by Category of Main Commodities(2022)

单位：万元 (10 000 yuan)

项　目	Item	合计 Total	批发 Wholesale	零售 Retail Trade
粮油、食品类	Food	21388641	12395975	8992666
#肉禽蛋类	Meat, Poultry and Eggs	3014733	1456605	1558128
饮料类	Beverages	3137717	1335090	1802627
烟酒类	Tobacco and Liquor	26241063	21887174	4353888
服装、鞋帽类	Garments, Footwear and Hats	6389316	599748	5789567
针、纺织品类	Knitwear and Textiles	1075688	537544	538145
化妆品类	Cosmetics	1435382	277127	1158255
金银珠宝类	Gold, Silver and Jewelry	2015123	1391279	623844
日用品类	Articles for Daily Use	4668702	954720	3713982
#可穿戴智能设备	Wearable Smart Device	81904	46843	35061
五金、电料类	Hardware and Electrical Materials	1126503	857716	268788
体育、娱乐用品类	Sports and Recreation Articles	595943	41564	554379
书报杂志类	Newspapers and Magazines	1445476	159706	1285771
电子出版物及音像制品类	E-journal and Video Products	16293	97	16196
家用电器和音像器材类	Household Appliances and Video Appliances	9640207	2901658	6738549
中西药品类	Traditional Chinese and Western Medicines	19753287	16088299	3664988
文化办公用品类	Cultural and Official Goods	7340998	5581457	1759541
家具类	Furniture	1972631	718512	1254120
通信器材类	Communication Appliances	5162087	2765673	2396415
煤炭及制品类	Coal and Related Product	8639140	8577193	61948
木材及制品类	Wood and Wooden Product	1181030	1181030	
石油及制品类	Petroleum and Related Product	36196447	21764050	14432398
化工材料及制品类	Raw Chemical Materials	26463793	26463793	
金属材料类	Metals	44077603	44077603	
建筑及装潢材料类	Building and Decoration Materials	13504556	12484838	1019717
机电产品设备类	Mechanical and Electrical Products	2935894	2620221	315673
#农机类	Agricultural Machinery	122693	122693	
汽车类	Automobile	26330189	2398594	23931595
种子饲料类	Seed and Feedstuff	3856488	3856488	
棉麻类	Cotton and Hemp	494265	492451	1814
其他类	Others	11114146	9893360	1220787

17-10 限额以上批发零售贸易法人企业主要财务指标(2022年)
Main Financial Indicators of Incorporated Enterprises above Designated Size in Wholesale and Retail Trades(2022)

单位：万元 (10 000 yuan)

指　　标	Item	资产合计 Total Assets	#流动资产 Current Assets	#固定资产净额 Net Value of Fixed Assets	负债合计 Total Liabilities	所有者权益 Total Owners' Equities	主营业务收入 Revenue from Principal Business
总　　计	**Total**	**153967786**	**115653304**	**6570954**	**105204780**	**48637009**	**265860181**
一、批发企业合计	**Wholesale Trades**	**121358254**	**94999318**	**3327782**	**82495959**	**38749851**	**195994209**
#国有控股	State-holding Majority Shares	58892463	45544354	2001546	38853171	20037385	93111832
按登记注册类型分	Grouped by Registration						
内资企业	Domestic-Funded Enterprises	115828791	90896800	3130555	78483284	37233064	188894473
国有企业	State-owned Enterprises	7320514	6034425	406267	3392590	3927924	14208963
集体企业	Collective-owned Enterprises	216261	91112	5950	144415	70949	176858
股份合作企业	Cooperative Enterprises	42190	36213	4435	30187	12003	44932
联营企业	Joint Ownership Enterprises	48352	41629	4756	26295	22057	425467
有限责任公司	Limited Liability Corporations	69189195	55424722	1636105	49406413	19750991	104320079
股份有限公司	Share-holding Corporations Ltd.	5816545	4331469	243196	3175230	2641315	11113216
私营企业	Private Enterprises	33175273	24920156	828007	22301974	10793544	58554518
其他企业	Other Enterprises	20460	17074	1839	6179	14282	50441
港澳台商投资企业	Enterprises with Investment from Hong Kong, Macao and Taiwan	2165742	2025469	33453	1734343	431399	4570648
外商投资企业	Foreign Invested Enterprises	3363721	2077049	163775	2278333	1085388	2529088
二、零售企业合计	**Retail Trades**	**32609532**	**20653986**	**3243172**	**22708820**	**9887158**	**69865972**
#国有控股	State-holding Majority Shares	6635213	3164054	826371	3558147	3078002	12321586
按登记注册类型分	Grouped by Registration						
内资企业	Domestic-Funded Enterprises	27233063	18130612	2431437	19285745	7952372	59173339
国有企业	State-owned Enterprises	259943	189129	12353	213891	46052	129462
集体企业	Collective-owned Enterprises	22574	19932	1707	8408	13903	49747
股份合作企业	Cooperative Enterprises	11996	10323	1564	5819	6178	35504
联营企业	Joint Ownership Enterprises	1899	849	200	634	1264	3822
有限责任公司	Limited Liability Corporations	11166085	7537035	799433	8624445	2545123	21450426
股份有限公司	Share-holding Corporations Ltd.	3266435	1330430	518524	1651936	1614306	7936179
私营企业	Private Enterprises	12482331	9036839	1095315	8775088	3709270	29553458
其他企业	Other Enterprises	21800	6077	2340	5524	16276	14740
港澳台商投资企业	Enterprises with Investment from Hong Kong, Macao and Taiwan	1216943	847223	126704	819646	378690	2583278
外商投资企业	Foreign Invested Enterprises	4159526	1676151	685032	2603430	1556096	8109355

17-10 续表 continued

单位：万元 (10 000 yuan)

指　标	Item	营业成本 Cost of Operation	税金及附加 Tax and Extra	管理费用 Cost of Management	财务费用 Cost of Finance	营业利润 Business Profits	利润总额 Total Profits
总　计	**Total**	**248729155**	**1743576**	**3885136**	**928440**	**6786651**	**6915625**
一、批发企业合计	**Wholesale Trades**	**184484538**	**1570888**	**2308802**	**626309**	**5935235**	**6002359**
#国有控股	State-holding Majority Shares	88026036	1357136	786851	244196	2496699	2524617
按登记注册类型分	Grouped by Registration						
内资企业	Domestic-Funded Enterprises	177611913	1557655	2232934	601305	5860305	5920270
国有企业	State-owned Enterprises	11226340	1188960	426677	-81733	1302418	1308137
集体企业	Collective-owned Enterprises	173810	356	3264	3483	422	941
股份合作企业	Cooperative Enterprises	37496	173	2621	247	275	235
联营企业	Joint Ownership Enterprises	417722	372	1631	268	2935	2985
有限责任公司	Limited Liability Corporations	99780291	222603	788553	434219	2235575	2263084
股份有限公司	Share-holding Corporations Ltd.	10644737	12762	45576	1308	242219	244844
私营企业	Private Enterprises	55284519	132418	963485	243439	2075187	2098774
其他企业	Other Enterprises	46999	12	1126	74	1275	1271
港澳台商投资企业	Enterprises with Investment from Hong Kong, Macao and Taiwan	4580135	6773	28809	13247	36505	42609
外商投资企业	Foreign Invested Enterprises	2292491	6459	47059	11756	38424	39480
二、零售企业合计	**Retail Trades**	**64244617**	**172689**	**1576334**	**302131**	**851416**	**913266**
#国有及国有控股	State-owned & State-holding Majority Shares	11507891	16857	164866	11402	465353	467331
按登记注册类型分	Grouped by Registration						
内资企业	Domestic-Funded Enterprises	54389361	138360	1326325	239203	864812	917245
国有企业	State-owned Enterprises	120125	256	4241	599	1298	2320
集体企业	Collective-owned Enterprises	42333	206	3046	7	2632	2636
股份合作企业	Cooperative Enterprises	31771	168	1704	34	616	675
联营企业	Joint Ownership Enterprises	3363	8	143	2	156	162
有限责任公司	Limited Liability Corporations	19846606	45161	465644	88375	258462	269932
股份有限公司	Share-holding Corporations Ltd.	7393378	10006	118385	8112	292790	293192
私营企业	Private Enterprises	26939645	82521	732502	142042	307551	347019
其他企业	Other Enterprises	12140	35	659	32	1308	1309
港澳台商投资企业	Enterprises with Investment from Hong Kong, Macao and Taiwan	2329425	11115	88531	5589	6693	9887
外商投资企业	Foreign Invested Enterprises	7525832	23214	161478	57340	-20089	-13867

17-11 各市(州)限额以上批发零售贸易法人企业主要财务指标(2022年)
Main Financial Indicators of Incorporated Enterprises above Designated Size in Wholesale and Retail Trades by Region(2022)

单位：万元 (10 000 yuan)

市(州)	Region	资产合计 Total Assets	负债合计 Total Liabilities	主营业务收入 Revenue from Principal Business	营业成本 Cost of Operation	销售费用 Selling Expenses	税金及附加 Tax and Extra	营业利润 Business Profits
全　省	**Sichuan**	**153967786**	**105204780**	**265860181**	**248729155**	**9654423**	**1743576**	**6786651**
成都市	Chengdu	84613450	58246085	150182765	141525249	5430239	600017	3537222
自贡市	Zigong	1297201	836905	3637787	3450599	89963	39334	60520
攀枝花市	Panzhihua	2457992	1813528	4773864	4490749	148236	26464	56166
泸州市	Luzhou	13873941	10146898	22224196	20678811	878323	189958	626084
德阳市	Deyang	7981811	5274907	11393152	10456048	616016	76260	220206
绵阳市	Mianyang	7601804	5431335	14672859	14224825	395450	88355	229076
广元市	Guangyuan	1237512	861449	1991889	1842305	66358	37368	29014
遂宁市	Suining	2054020	1164633	4032142	3586879	190296	45486	189886
内江市	Neijiang	2950609	2305253	5986729	5766828	111075	51429	48933
乐山市	Leshan	6264939	3820883	6163163	5829601	178621	58223	228919
南充市	Nanchong	2121481	1546309	4120024	3755572	127677	75599	105656
眉山市	Meishan	2421941	1588845	4059610	3869197	155441	52425	79180
宜宾市	Yibin	6634991	4665631	11686670	10365681	448138	93800	681154
广安市	Guangan	1314802	867640	2718051	2494111	90052	39122	56107
达州市	Dazhou	2021691	1135961	6203589	5524722	236036	72908	217173
雅安市	Yaan	1498494	915872	2567959	2375661	124807	25939	27333
巴中市	Bazhong	1048714	625398	1774861	1571140	89181	34831	43602
资阳市	Ziyang	1238538	930490	1742445	1626560	58279	31513	30873
阿坝藏族羌族自治州	Aba	149860	80073	323433	269817	15027	14000	17859
甘孜藏族自治州	Ganzi	211864	113799	465305	405856	23457	15355	8716
凉山彝族自治州	Liangshan	4972131	2832888	5139688	4618946	181752	75192	292975

17−12 限额以上住宿餐饮法人企业主要财务指标(2022年)
Main Financial Indicators of Incorporated Enterprises above Designated Size in Lodging and Catering Services(2022)

单位：万元 (10 000 yuan)

指 标	Item	资产合计 Total Assets	#流动资产 Current Funds	#固定资产净额 Net Value of Fixed Assets	负债合计 Total Liabilities	所有者权益 Total Owners' Equities	主营业务收入 Revenue from Principal Business
总 计	**Total**	**13367610**	**6190409**	**2845899**	**10024950**	**2705153**	**5931561**
#国有控股	State-holding Majority Shares	2077894	823827	603065	1513519	557190	391640
按登记注册类型分	Grouped by Registration						
内资企业	Domestic-Funded Enterprises	11446963	5113949	2599435	8932162	1877178	5233365
国有企业	State-owned Enterprises	421941	91677	215736	333063	88878	70847
集体企业	Collective-owned Enterprises	2702	731	304	238	2464	2418
股份合作企业	Cooperative Enterprises	55073	31780	10887	16273	38801	32546
有限责任公司	Limited Liability Corporations	4919329	2428533	845945	3474496	836404	1077831
股份有限公司	Share-holding Corporations Ltd.	111147	46560	27060	66344	44803	12547
私营企业	Private Enterprises	5932533	2513534	1497993	5039995	863346	4035666
其他企业	Other Enterprises	4238	1134	1511	1755	2483	1509
港澳台商投资企业	Enterprises with Investment from Hong Kong, Macao and Taiwan	476553	201705	75333	352034	124638	585548
外商投资企业	Foreign Invested Enterprises	1444094	874755	171131	740753	703337	112648

17−12 续表 continued

单位：万元 (10 000 yuan)

指 标	Item	营业成本 Cost of Operation	税金及附加 Tax and Extra	管理费用 Cost of Management	财务费用 Cost of Finance	营业利润 Business Profits	利润总额 Total Profits
总 计	**Total**	**3295333**	**40847**	**947481**	**143023**	**-82057**	**-14612**
#国有控股	State-holding Majority Shares	266242	6661	117683	17378	-79178	-67663
按登记注册类型分	Grouped by Registration						
内资企业	Domestic-Funded Enterprises	2935138	37363	866700	149523	-104908	-39814
国有企业	State-owned Enterprises	35371	1357	35205	5686	-30371	-22170
集体企业	Collective-owned Enterprises	2193	46	175	29	11	13
股份合作企业	Cooperative Enterprises	19291	490	5386	-198	-29	5361
有限责任公司	Limited Liability Corporations	635781	13912	262591	48185	-100320	-60318
股份有限公司	Share-holding Corporations Ltd.	9496	126	2325	747	-4128	-3839
私营企业	Private Enterprises	2232147	21432	560793	95054	29891	41080
其他企业	Other Enterprises	859	0	225	20	39	59
港澳台商投资企业	Enterprises with Investment from Hong Kong, Macao and Taiwan	307132	604	40635	2963	24059	26296
外商投资企业	Foreign Invested Enterprises	53064	2881	40146	-9463	-1208	-1094

17-13 各市(州)限额以上住宿餐饮法人企业主要财务指标(2022年)
Main Financial Indicators of Incorporated Enterprises above Designated Size in Lodging and Catering Services by Region(2022)

单位：万元 (10 000 yuan)

市(州)	Region	资产合计 Total Assets	负债合计 Total Liabilities	主营业务收入 Revenue from Principal Business	营业成本 Cost of Operation	销售费用 Selling Expenses	税金及附加 Tax and Extra	营业利润 Business Profits
全　省	**Sichuan**	**13367610**	**10024950**	**5931561**	**3295333**	**1751365**	**40847**	**-82057**
成都市	Chengdu	6980902	5090715	3426138	1637211	1353924	15109	-77997
自贡市	Zigong	223534	190393	82227	50669	13534	693	451
攀枝花市	Panzhihua	174068	145823	45765	27707	10636	533	-8407
泸州市	Luzhou	410620	230270	294369	182860	42896	3995	26381
德阳市	Deyang	223231	173425	92333	57409	20100	768	-8806
绵阳市	Mianyang	634904	453688	272057	172456	52882	2650	6598
广元市	Guangyuan	210327	163693	61084	42189	9735	586	-3961
遂宁市	Suining	369934	320845	105633	71478	12233	1013	-3061
内江市	Neijiang	228104	152336	120791	93467	19063	1418	-3428
乐山市	Leshan	251370	208774	122849	82174	22846	855	-9649
南充市	Nanchong	325545	251152	200716	141865	25940	2075	3013
眉山市	Meishan	244407	189162	75653	43330	17390	1145	-8464
宜宾市	Yibin	514268	358295	203091	136005	25839	1412	-394
广安市	Guangan	262404	232773	118234	82208	16271	1010	5417
达州市	Dazhou	284411	150308	350190	260702	31342	2870	22576
雅安市	Yaan	292960	227405	53523	37375	9538	416	-4795
巴中市	Bazhong	260915	250054	96575	61006	13981	1451	-6031
资阳市	Ziyang	82778	71169	27039	13499	7032	555	-2315
阿坝藏族羌族自治州	Aba	741980	702608	38215	13990	20210	424	-784
甘孜藏族自治州	Ganzi	242896	166666	36403	17749	4895	882	-3415
凉山彝族自治州	Liangshan	408053	295396	108675	69985	21079	988	-4986

主要统计指标解释

社会消费品零售总额 指企业（单位、个体户）通过交易直接售给个人、社会集团非生产、非经营用的实物商品金额，以及提供餐饮服务所取得的收入金额。个人包括城乡居民和入境人员，社会集团包括机关、社会团体、部队、学校、企事业单位、居委会或村委会等。

批发业 指向其他批发或零售单位（含个体经营者）及其他企事业单位、机关团体等批量销售生活用品、生产资料的活动，以及从事进出口贸易和贸易经纪与代理的活动，包括拥有货物所有权，并以本单位(公司)的名义进行交易活动，也包括不拥有货物的所有权，收取佣金的商品代理、商品代售活动；还包括各类商品批发市场中固定摊位的批发活动，以及以销售为目的的收购活动。

零售业 指百货商店、超级市场、专门零售商店、品牌专卖店、售货摊等主要面向最终消费者（如居民等）的销售活动，以互联网、邮政、电话、售货机等方式的销售活动，还包括在同一地点，后面加工生产，前面销售的店铺（如面包房）；谷物、种子、饲料、牲畜、矿产品、生产用原料、化工原料、农用化工产品、机械设备（乘用车、计算机及通信设备除外）等生产资料的销售不作为零售活动；多数零售商对其销售的货物拥有所有权，但有些则是充当委托人的代理人，进行委托销售或以收取佣金的方式进行销售。

批发和零售业商品购进、销售、库存额 指各种登记注册类型的批发和零售业企业以本企业为总体的，从国内、国外市场购进的商品总价、销售和出口的商品总价、库存的商品总价等情况。该指标可以反映商品流转过程中商品购进、销售、库存之间的比例关系和存在的问题。

商品购进额 指从本企业以外的单位和个人购进(包括从国外直接进口)作为转卖或加工后转卖的商品金额（含增值税）。

商品销售额 指对本单位以外的单位和个人出售的商品金额（包括售给本单位消费用的商品，含增值税）。

期末商品库存额 对于批发和零售业法人单位和个体经营户，是指报告期末取得所有权的全部商品金额（含增值税）；对于批发和零售业产业活动单位，是指报告期末实际在库且归属法人具有所有权的全部商品金额（含增值税）。

住宿业 指为旅行者提供短期留宿场所的活动，有些单位只提供住宿，也有些单位提供住宿、饮食、商务、娱乐一体的服务，不包括主要按月或按年长期出租房屋住所的活动。

餐饮业 指通过即时制作加工、商业销售和服务性劳动等，向消费者提供食品和消费场所及设施的服务。

营业额 指住宿和餐饮业单位在经营活动中因提供服务或销售商品等取得的全部收入（含增值税），收入主要来源于提供客房、餐费服务、商品销售和其他服务，如商务服务。不包括多产业法人企业附营的其他行业产业活动单位的餐费收入、商品销售收入等各项收入。其中，客房收入指住宿和餐饮业单位在经营活动中因提供住宿服务取得的收入（含增值税）。不包括多产业法人企业附营的其他行业产业活动单位的客房收入。餐费收入指本单位为顾客提供就餐服务取得的收入（含增值税），包括：经烹饪、调制加工后出售的各种食品，如主食、炒菜、凉拌菜等的收入。不包括多产业法人企业附营的其他行业产业活动单位的餐费收入。

限额以上批发和零售业统计单位 指年主营业务收入2000万元及以上的批发业统计单位和年主营业务收入500万元及以上的零售业统计单位。

限额以上住宿和餐饮业统计单位 指年主营业务收入200万元及以上的住宿和餐饮业统计单位。

Explanatory Notes on Main Statistical Indicators

Total Retail Sales of Consumer Goods refer to the revenue received by enterprises (units, self-employed individuals) through direct sales of non-production and non-business physical commodities to individuals and social institutions, and revenue from providing catering services. Individuals include rural and urban households, population from abroad, social institutions include government agencies, social organizations, military units, schools, institutions, neighbourhood (village) committees, etc.

Wholesale Trade refers to the activities of selling wholesale commodities for daily use and capital goods to other enterprises of wholesale and retail trades (including self-employed individuals) and other enterprises, institutions and government agencies and organizations, and the activities of engaging in import and export and acting as a trade agent. The wholesaler may have the ownership of the commodities for wholesale and trade in the name of its own (a company), and the wholesaler can act as commission agent or commodity broker without the ownership of commodities. Also included are the wholesale activities at the fixed stalls in wholesale market and the acquisition for sales purpose.

Retail Trade refers to the activities of department stores, supermarkets, franchised stores, brand stores, retail stalls and on-the-spot-making-selling stores selling commodities to the final consumers (residents) by any means, including internet, post, telephone, sales machine. It also includes shops with sales and production located in the same places (such as bakeries). Retail trade excludes the activities of sales of capital goods such as grain, seed, feed, livestock, mineral products, raw material for production, industrial chemicals, chemical products for agricultural use, machine and equipment (excluding vehicles, computers and communication equipment). Most retailers have the ownership of commodities to sell, but some are acting as agents or brokers to make transactions for a commission.

Purchase, Sales and Stock of Commodities by Wholesale and Retail Trades refer to the total volume of commodities purchased, total volume of sales and exports, and the stock of commodities by wholesale and retail enterprises of different status of registration from domestic and overseas markets. This indicator reflects the relationship among purchase, sales and stock of commodities in the circulation of goods and reveals the existing problems.

Total Purchases of Commodities refer to the total value of purchases of commodities by enterprises (establishments) from other establishments or individuals (including direct import from abroad) for the purpose of re-selling, either with or without further processing of the commodities purchased.

Total Sales of Commodities refer to value of commodities sold by the establishments to other establishments and individuals (including goods sold for self consumption, including VAT).

Total Stock of Commodities at End of Period For corporate units and self-employed individuals engaged in wholesale and retail trade, it refers to total value (including VAT) of commodities possessed at the end of the reference period; and for wholesale and retail establishments, it refers to the value (including VAT) of all commodities actually in stock and owned by their corporate units at the end of reference period.

Hotel Services refer to short-term accommodation services provided to visitors. Some units may provide only accommodation while others provide a combination of accommodation, meals, business services and recreational facilities. It excludes activities related to the provision of long-term primary residences, typically leased on a monthly or annual basis.

Catering Services refer to the activities of providing foods, serving locations and facilities to customers through instant processing, commercial sales and service-type labor.

Business Revenue refers to total revenue (including VAT) of hotels and catering services received from providing services or selling commodities through business activities. Revenue comes mainly from providing hotels, catering services, selling of commodities and other services, such as commodity services. It does not include revenue from providing meals or selling of commodities by establishments affiliated to other multi-industrial corporate enterprises. Income from hotel rooms refers to income (including VAT) of hotels and catering services by providing lodging services through business activities. Income from meals refers to income (including VAT) from providing catering services, including selling of cooked or prepared foods, such as staple food, cooked dishes, or cold dishes. It does not include income from meals provided by establishments affiliated to other multi-industrial corporate enterprises.

The Criteria for Wholesale and Retail Sale Trades above Designated Size refer to wholesale trade with annual principal business sales over 20 million yuan; and retail trade, with annual principal business sales over 5 million yuan.

The Statistical Units of the Enterprises of Hotel and Catering Services above the Designated Size refer to those with an annual income from main business at and over 2 million yuan.

18 对外经济贸易和旅游

Chapter 18 Foreign Trade and Economic Cooperation and Tourism

18-1 对外经济贸易
Foreign Trade and Economic Cooperation

指　标	Item	2016	2017	2018	2019	2020	2021	2022
进出口总额(万元人民币)	**Total Imports and Exports (RMB 10 000 yuan)**	**32630378**	**46058562**	**59467108**	**67659210**	**80818566**	**95136019**	**100767282**
出口总额	Total Exports	18475606	25384899	33326526	38923204	46543256	57086659	62151778
进口总额	Total Imports	14154772	20673663	26140582	28736006	34275310	38049360	38615504
进出口差额	Balance	4320834	4711236	7185944	10187198	12267946	19037299	23536274
进出口总额　(万美元)	**Total Imports and Exports (USD 10 000)**	**4934941**	**6810677**	**8993788**	**9805150**	**11680195**	**14732165**	**15105920**
出口总额	Total Exports	2795498	3755394	5039827	5638075	6724817	8840867	9302994
进口总额	Total Imports	2139443	3055283	3953961	4167075	4955378	5891298	5802926
进出口差额	Balance	656055	700111	1085866	1471000	1769439	2949569	3500068
进出口总额　(万美元)	**Total Imports and Exports of Goods (USD 10 000)**	**4934941**	**6810677**	**8993788**	**9805150**	**11680195**	**14732165**	**15105920**
出口总额	Total Exports	2795498	3755394	5039827	5638075	6724817	8840867	9302994
初级产品	Primary Goods	71820	80380	87334	88206	74185	105501	143553
工业制成品	Manufactured Goods	2723678	3675014	4952493	5549869	6650632	8735366	9159441
进口总额	Total Imports	2139443	3055283	3953961	4167075	4955378	5891298	5802926
初级产品	Primary Goods	126160	204725	260025	270328	240100	470266	827019
工业制成品	Manufactured Goods	2013283	2850558	3693936	3896747	4715278	5421032	4975907
外商直接投资　(万美元)	**Foreign Direct Investment (USD 10 000)**	**425072**	**617751**	**630972**	**1033698**	**1203947**	**973316**	**352590**
对外承包工程　(万美元)	**Foreign Contracted Projects (USD 10 000)**							
新签合同额	Value of Newly Signed Contracts	700000	791610	1026598	1851000	624000	904000	729551
完成营业额	Completed Turnover	447400	393093	610791	637200	518056	647000	657716

注：①进出口统计资料由成都海关提供。②外商投资统计资料由四川省经济合作局提供；自2019年起将原“外商直接投资”指标中“外商投资性公司投资”“外商投资企业再投资”等子项指标调入“外商其他投资”，故与往年不可比。

a) Import and export statistics are provided by Chengdu Customs; b) Statistics on foreign investment shall be provided by Sichuan Province Bureau of Economic Cooperation; "Investment by Foreign Investment Company" and "Reinvestment by Foreign Investment Company" of "Foreign Direct Investment" were altered to "Other Foreign Investment" since 2019, and are not comparable with those in previous years.

18−2 出口商品分类金额
Exports Value by Category of Commodities

单位：万美元 (USD 10 000)

商品类别	Category of Commodities	2016	2017	2018	2019	2020	2021	2022
总　额	**Total Value**	**2795498**	**3755394**	**5039827**	**5638075**	**6724817**	**8840867**	**9302994**
初级产品	**Primary Goods**	**71820**	**80380**	**87334**	**88206**	**74185**	**105501**	**143553**
食品及活动物	Food and Live Animals	26761	29115	26076	27909	26826	32986	59698
饮料及烟类	Beverages and Tobacco	16257	15801	24523	20124	14695	13342	13767
非食用原料(燃料除外)	Nonedible Raw Materials(Except Fuels)	26442	26337	27142	29270	20509	26729	24001
矿物燃料、润滑油及有关原料	Mineral Fuels, Lubricants and Related Materials	129	3920	2162	865	371	46	315
动植物油、脂及蜡	Animal and Vegetable Oils, Fats and Waxes	2231	5207	7431	10038	11784	32398	45772
工业制成品	**Manufactured Goods**	**2723678**	**3675014**	**4952493**	**5549869**	**6650632**	**8735366**	**9159441**
化学成品及有关产品	Chemicals and Related Products	223308	267795	328608	309436	307708	512635	851017
按原料分类的制成品	Manufactured Goods Classified by Material	255456	282485	326069	342855	272028	526988	758011
机械及运输设备	Machinery and Transport Equipment	1853546	2771439	3836523	4354846	5578891	6693438	6253926
杂项制品	Miscellaneous Products	299076	330687	440159	512901	477159	959320	1190514
未分类的商品	Products Not Classified	92292	22608	21134	29831	14846	42985	105973

18−3 进口商品分类金额
Imports Value by Category of Commodities

单位：万美元 (USD 10 000)

商品类别	Category of Commodities	2016	2017	2018	2019	2020	2021	2022
总　额	**Total Value**	**2139443**	**3055283**	**3953961**	**4167075**	**4955378**	**5891298**	**5802926**
初级产品	**Primary Goods**	**126160**	**204725**	**260025**	**270328**	**240100**	**470266**	**827019**
食品及活动物	Food and Live Animals	17408	30550	36635	45694	52528	76447	90747
饮料及烟类	Beverages and Tobacco	1995	2359	3574	4169	3350	2523	4525
非食用原料(燃料除外)	Nonedible Raw Materials(Except Fuels)	105114	163806	203331	186262	156549	256712	592412
矿物燃料、润滑油及有关原料	Mineral Fuels, Lubricants and Related Materials	953	7347	14607	28405	22859	121082	111917
动植物油、脂及蜡	Animal and Vegetable Oils, Fats and Waxes	690	663	1878	5798	4814	13502	27418
工业制成品	**Manufactured Goods**	**2013283**	**2850558**	**3693936**	**3896747**	**4715278**	**5421032**	**4975907**
化学成品及有关产品	Chemicals and Related Products	54534	67747	84755	109395	135245	167837	222395
按原料分类的制成品	Manufactured Goods Classified by Material	63777	79124	93306	123614	92929	107208	131961
机械及运输设备	Machinery and Transport Equipment	1708665	2516806	3284124	3431754	4228047	4861397	4304804
杂项制品	Miscellaneous Products	96490	163404	219553	203274	250438	261589	288958
未分类的商品	Products Not Classified	89817	23477	12198	28710	8619	23001	27789

18-4 各市(州)进出口总额
Total Imports and Exports by Region

单位：万元人民币 (RMB 10 000 yuan)

市(州)	Region	2014	2015	2016	2017	2018	2019	2020	2021	2022
全 省	**Sichuan**	**43147490**	**31902213**	**32630378**	**46058562**	**59467108**	**67659210**	**80818566**	**95136019**	**100767282**
成都市	Chengdu	34298302	24513092	27133815	39418475	49823510	58226928	71542077	82219702	83464154
自贡市	Zigong	412591	303508	259504	307496	325207	308382	318105	422338	525056
攀枝花市	Panzhihua	185183	159454	138750	262429	305871	317230	304255	414719	531041
泸州市	Luzhou	169416	195502	209070	1393313	835559	843142	897790	1295311	1922054
德阳市	Deyang	2385243	1899038	1160506	1040093	1265732	1411486	1163887	1436944	1834700
绵阳市	Mianyang	1791396	1625042	1165475	1149688	2600377	2090541	2162726	2505470	2690134
广元市	Guangyuan	259383	42767	14793	16918	50498	63279	26464	100663	148392
遂宁市	Suining	386979	390192	271032	235705	252456	362023	368764	493810	832192
内江市	Neijiang	193672	87705	87095	95890	141499	141361	197898	297193	398145
乐山市	Leshan	681727	546668	584625	697908	736496	586738	495554	919211	1104438
南充市	Nanchong	172118	68353	107715	195969	100503	648004	356178	520743	611616
眉山市	Meishan	204016	127244	137185	186721	438084	352722	395132	802731	1192424
宜宾市	Yibin	546618	589678	614223	576008	968599	1411234	1830371	2365333	3168554
广安市	Guangan	680505	662364	338901	200650	269160	343926	142160	238396	381748
达州市	Dazhou	199874	229028	106078	46741	57110	199229	265998	515357	722992
雅安市	Yaan	47297	49780	30546	30027	41966	72155	65825	129372	540666
巴中市	Bazhong	102641	117112	79903	26509	52700	60745	24870	53941	90953
资阳市	Ziyang	342331	210613	131618	114626	128776	154607	188871	274079	397077
阿坝藏族羌族自治州	Aba	29215	22333	23322	22670	21548	13721	17901	28642	29457
甘孜藏族自治州	Ganzi	8202	9166	6088	8027	12944	15605	12353	16216	21158
凉山彝族自治州	Liangshan	50781	53576	30134	32701	38512	36150	41386	85849	160332

18-4 续表 continued

单位：万美元 (USD 10 000)

市(州)	Region	2012	2013	2014	2015	2016	2017	2018	2019	2020	2021	2022
全　省	**Sichuan**	**5914360**	**6457884**	**7020297**	**5118856**	**4934941**	**6810677**	**8993788**	**9805150**	**11680195**	**14732165**	**15105920**
成都市	Chengdu	4761327	5070576	5592156	3942361	4102173	5830149	7536217	8439640	10338866	12731504	12527409
自贡市	Zigong	87374	101373	67150	49015	39353	45378	49364	44824	45988	65424	78331
攀枝花市	Panzhihua	26342	18714	30128	25643	20993	38706	46691	45972	44015	64185	79217
泸州市	Luzhou	18608	22654	27563	31343	31331	205717	276333	122010	130105	200951	283520
德阳市	Deyang	309231	339060	388352	305107	176354	153574	191518	204313	168325	222727	273401
绵阳市	Mianyang	221323	280998	291780	262710	176907	169832	391266	302895	312011	387534	405008
广元市	Guangyuan	33844	35019	42146	6953	2262	2522	7620	9194	3841	15570	21708
遂宁市	Suining	46507	56505	62808	63078	41029	34830	38169	52498	53548	76707	118551
内江市	Neijiang	31360	36298	31495	14115	13253	14204	21524	20531	28703	46080	59161
乐山市	Leshan	94539	111963	111031	88223	88772	102967	111977	85398	71548	142379	167507
南充市	Nanchong	41776	67249	28088	11044	16090	29065	15291	92397	50894	80658	90492
眉山市	Meishan	19458	28843	33376	20517	20812	27580	66267	51261	57655	124206	177319
宜宾市	Yibin	77648	81588	88989	95163	93128	84923	146859	204126	265101	366441	473983
广安市	Guangan	75377	98938	110634	106776	50852	29648	41154	50376	20405	36805	57196
达州市	Dazhou	18470	32106	32610	37078	15983	6909	8660	28693	38487	79852	108869
雅安市	Yaan	4269	6887	7696	7907	4645	4428	6356	10508	9607	19992	80579
巴中市	Bazhong	12475	14360	16680	19043	12151	3988	7860	8803	3626	8351	13586
资阳市	Ziyang	23552	41683	43254	19068	19780	16909	19614	22241	27124	42487	58778
阿坝藏族羌族自治州	Aba	3234	3927	4758	3600	3534	3337	3263	1996	2581	4440	4438
甘孜藏族自治州	Ganzi	911	1042	1334	1469	919	1193	1929	2231	1804	2520	3068
凉山彝族自治州	Liangshan	6735	8098	8263	8642	4622	4817	5852	5244	5960	13355	23799

18−5 各市(州)出口总额
Total Exports by Region

单位：万元人民币 (RMB 10 000 yuan)

市(州)	Region	2014	2015	2016	2017	2018	2019	2020	2021	2022
全　省	**Sichuan**	**27540270**	**20564533**	**18475606**	**25384899**	**33326526**	**38923204**	**46543256**	**57086659**	**62151778**
成都市	Chengdu	20766302	14802901	14504563	20649286	27447777	33098374	41068498	48412141	50050937
自贡市	Zigong	189768	164647	148063	175476	216357	230629	233124	306432	371752
攀枝花市	Panzhihua	104604	136110	91254	112078	125988	133543	119121	171283	362531
泸州市	Luzhou	153851	177375	186047	1330566	691476	409881	453087	698687	1144295
德阳市	Deyang	1903885	1449135	885378	708276	927477	1101669	823883	1136463	1254160
绵阳市	Mianyang	1272154	1186529	681538	613788	654625	705827	782831	1108895	1722546
广元市	Guangyuan	256237	40067	12193	12927	33320	30243	24457	96187	123208
遂宁市	Suining	257874	267961	166537	119841	138961	202735	183829	380651	658400
内江市	Neijiang	170821	73085	66798	76379	115742	101059	132548	210751	351725
乐山市	Leshan	515569	425790	449886	512786	579394	453078	369924	740111	952854
南充市	Nanchong	168751	61106	104334	187427	67536	631783	335949	479947	567713
眉山市	Meishan	128111	108014	124286	149372	187836	157203	224029	594830	793354
宜宾市	Yibin	372790	393379	364023	320064	607498	906454	1239113	1674766	2040140
广安市	Guangan	661020	659763	336659	190706	255195	323795	130870	227043	364172
达州市	Dazhou	168583	207824	104446	43484	54502	194497	232540	468958	664900
雅安市	Yaan	42896	44429	24161	25286	31869	32219	48151	78939	145854
巴中市	Bazhong	102641	117009	79896	26382	44558	51842	22703	43445	88084
资阳市	Ziyang	229141	170405	92070	74143	81743	97446	54022	131340	290136
阿坝藏族羌族自治州	Aba	16486	16464	17288	16009	14876	11228	11629	24115	24759
甘孜藏族自治州	Ganzi	8193	9163	6088	8027	12944	15603	12348	16212	21067
凉山彝族自治州	Liangshan	50595	53378	30097	32596	36852	34097	40599	85464	159191

18−5 续表 continued

单位：万美元 (USD 10 000)

市(州)	Region	2012	2013	2014	2015	2016	2017	2018	2019	2020	2021	2022
全 省	**Sichuan**	**3846907**	**4194906**	**4483913**	**3309290**	**2795498**	**3755394**	**5039827**	**5638075**	**6724817**	**8840867**	**9302994**
成都市	Chengdu	3042462	3198381	3390833	2390406	2193971	3055922	4150657	4795450	5932997	7496518	7502094
自贡市	Zigong	51746	61555	30902	26611	22496	25889	32863	33545	33745	47496	55129
攀枝花市	Panzhihua	22006	12306	17032	21923	13806	16537	19202	19395	17194	26513	53623
泸州市	Luzhou	15805	20459	25028	28422	27874	196438	254813	59388	65806	108525	166714
德阳市	Deyang	182412	235255	310129	234883	134598	104493	139943	159349	119302	176289	188193
绵阳市	Mianyang	137332	180331	207234	192082	103517	90760	99016	102093	112798	171738	258972
广元市	Guangyuan	27266	30838	41635	6522	1865	1928	5049	4390	3555	14875	17942
遂宁市	Suining	38368	41183	42014	43312	25257	17715	20929	29410	26565	59180	92956
内江市	Neijiang	27012	31546	27778	11755	10173	11316	17614	14701	19266	32664	52139
乐山市	Leshan	65871	82644	83959	68796	68273	75750	88169	65989	53346	114666	144811
南充市	Nanchong	39787	65446	27541	9868	15574	27789	10222	90050	47922	74337	83816
眉山市	Meishan	15639	19998	20865	17414	18861	22082	28504	22803	32867	91992	118989
宜宾市	Yibin	54180	56247	60693	63571	55226	47176	91780	131062	179570	259525	304575
广安市	Guangan	70245	98205	107457	106355	50512	28184	39064	47459	18782	35045	54585
达州市	Dazhou	9424	13705	27439	33469	15738	6427	8265	28014	33613	72658	100117
雅安市	Yaan	3787	6524	6982	7043	3670	3726	4820	4676	7059	12188	21929
巴中市	Bazhong	12475	14360	16680	19026	12126	3969	6629	7513	3296	6721	13173
资阳市	Ziyang	21351	14679	27459	15097	13807	10946	12504	13976	7800	20386	42824
阿坝藏族羌族自治州	Aba	2120	2277	2685	2655	2622	2352	2248	1633	1680	3739	3728
甘孜藏族自治州	Ganzi	911	1042	1332	1468	919	1193	1929	2231	1803	2519	3055
凉山彝族自治州	Liangshan	6708	7924	8233	8610	4615	4802	5606	4947	5849	13295	23630

18-6 各市(州)进口总额
Total Imports by Region

单位：万元人民币 (RMB 10 000 yuan)

市(州)	Region	2014	2015	2016	2017	2018	2019	2020	2021	2022
全　省	**Sichuan**	**15607220**	**11337680**	**14154772**	**20673663**	**26140582**	**28736006**	**34275310**	**38049360**	**38615504**
成都市	Chengdu	13532000	9710191	12629252	18769189	22375733	25128554	30473579	33807561	33413217
自贡市	Zigong	222823	138861	111441	132020	108850	77753	84981	115906	153304
攀枝花市	Panzhihua	80579	23344	47496	150351	179883	183687	185134	243436	168510
泸州市	Luzhou	15565	18127	23023	62747	144083	433261	444703	596624	777759
德阳市	Deyang	481358	449903	275128	331817	338255	309817	340004	300481	580540
绵阳市	Mianyang	519242	438513	483937	535900	1945752	1384714	1379895	1396575	967588
广元市	Guangyuan	3146	2700	2600	3991	17178	33036	2007	4476	25184
遂宁市	Suining	129105	122231	104495	115864	113495	159288	184934	113159	173792
内江市	Neijiang	22851	14620	20297	19511	25757	40302	65351	86442	46420
乐山市	Leshan	166158	120878	134739	185122	157102	133660	125630	179100	151584
南充市	Nanchong	3367	7247	3381	8542	32967	16221	20229	40796	43903
眉山市	Meishan	75905	19230	12899	37349	250248	195519	171103	207901	399070
宜宾市	Yibin	173828	196299	250200	255944	361101	504780	591258	690567	1128414
广安市	Guangan	19485	2601	2242	9944	13965	20131	11290	11353	17576
达州市	Dazhou	31291	21204	1632	3257	2608	4732	33457	46399	58092
雅安市	Yaan	4401	5351	6385	4741	10097	39936	17674	50433	394812
巴中市	Bazhong		103	7	127	8142	8903	2167	10496	2869
资阳市	Ziyang	113190	40208	39548	40483	47033	57161	134849	142739	106941
阿坝藏族羌族自治州	Aba	12729	5869	6034	6661	6672	2493	6272	4527	4698
甘孜藏族自治州	Ganzi	9	3				2	5	4	91
凉山彝族自治州	Liangshan	186	198	37	105	1660	2053	787	385	1141

18−6 续表 continued

单位：万美元 (USD 10 000)

市(州)	Region	2012	2013	2014	2015	2016	2017	2018	2019	2020	2021	2022
全 省	**Sichuan**	**2067453**	**2262978**	**2536384**	**1809566**	**2139443**	**3055283**	**3953961**	**4167075**	**4955378**	**5891298**	**5802926**
成都市	Chengdu	1718865	1872195	2201323	1551955	1908202	2774227	3385560	3644190	4405869	5234986	5025315
自贡市	Zigong	35628	39818	36248	22404	16857	19489	16501	11279	12243	17928	23202
攀枝花市	Panzhihua	4336	6408	13096	3720	7187	22169	27489	26577	26821	37672	25594
泸州市	Luzhou	2803	2195	2535	2921	3457	9279	21520	62622	64299	92426	116806
德阳市	Deyang	126819	103805	78223	70224	41756	49081	51575	44964	49023	46438	85208
绵阳市	Mianyang	83991	100667	84546	70628	73390	79072	292250	200802	199213	215796	146036
广元市	Guangyuan	6578	4181	511	431	397	594	2571	4804	285	695	3766
遂宁市	Suining	8139	15322	20794	19766	15772	17115	17240	23088	26983	17527	25595
内江市	Neijiang	4348	4752	3717	2360	3080	2888	3910	5830	9437	13416	7022
乐山市	Leshan	28668	29319	27072	19427	20499	27217	23808	19409	18202	27713	22696
南充市	Nanchong	1989	1803	547	1176	516	1276	5069	2347	2972	6321	6676
眉山市	Meishan	3819	8845	12511	3103	1951	5498	37763	28458	24788	32214	58330
宜宾市	Yibin	23468	25341	28296	31592	37902	37747	55079	73064	85532	106916	169408
广安市	Guangan	5132	733	3177	421	340	1464	2090	2917	1622	1760	2611
达州市	Dazhou	9046	18401	5171	3609	245	482	395	679	4873	7194	8752
雅安市	Yaan	482	363	714	864	975	702	1536	5832	2548	7804	58650
巴中市	Bazhong				17	25	19	1234	1290	330	1630	413
资阳市	Ziyang	2201	27004	15795	3971	5973	5963	7110	8265	19324	22101	15954
阿坝藏族羌族自治州	Aba	1114	1650	2073	945	912	985	1015	363	901	701	710
甘孜藏族自治州	Ganzi			2	1					1	1	13
凉山彝族自治州	Liangshan	27	174	30	32	7	15	246	297	112	60	169

18-7 旅游发展情况
Development of Tourism

指　　标		Item		2019	2020	2021	2022
旅行社数	**（个）**	**Number of Travel Agencies**	**(unit)**	**1258**	**1336**	**1422**	**1519**
星级饭店数	**（个）**	**Number of Star-rated Hotels**	**(unit)**	**360**	**356**	**347**	**339**
入境游客	**（万人次）**	**Number of Overseas Visitor Arrivals**	**(10 000 person-times)**	**414.78**	**24.61**		
外国人		Foreigners		313.09	20.10		
港澳同胞		Chinese Compatriots From Hong Kong and Macao		52.86	3.20		
台湾同胞		Chinese Compatriots From Taiwan Province		48.83	1.31		
国内游客	**（万人次）**	**Number of Domestic Visitors**	**(10 000 person-times)**	**75081.58**	**45107.41**		**63641.06**
旅游收入	**（亿元）**	**Tourism Earnings**	**(100 million yuan)**	**11594.32**	**7173.29**		
国际旅游(外汇)收入	(万美元)	Foreign Exchange Earnings from International Tourism	(USD 10 000)	202379.33	4679.05		
国内旅游收入	(亿元)	Earnings from Domestic Tourism	(100 million yuan)	11454.48	7170.07		7059.94

注：旅行社个数为登记数。

18-8 接待入境游客情况
Basic Conditions of Overseas Visitor Arrivals

单位：万人次 (10 000 person-times)

项　　目	Item	2005	2010	2015	2018	2019	2020
总计	**Total**	**106.28**	**104.93**	**273.20**	**369.82**	**414.78**	**24.61**
外国人	**Foreigners**	**68.27**	**74.97**	**193.44**	**276.47**	**313.09**	**20.10**
亚洲	Asia	47.50	40.95	83.83	104.64	133.31	9.46
日本	Japan	15.45	20.23	17.18	24.69	30.45	2.90
马来西亚	Malaysia	6.80	3.18	12.62	14.46	19.69	0.78
新加坡	Singapore	7.39	3.62	12.37	18.72	17.63	0.54
泰国	Thailand	5.80	2.13	6.45	17.73	21.02	0.84
欧洲	Europe	9.50	17.44	53.30	86.39	93.14	4.05
英国	United Kingdom	1.86	5.24	17.41	27.35	24.44	0.52
德国	Germany	1.95	2.42	9.70	15.43	19.95	1.26
法国	France	1.77	2.80	7.47	7.47	9.69	0.53
意大利	Italy	0.80	0.72	2.72	4.26	4.17	0.22
北美洲	North America	8.49	11.93	39.83	48.34	50.21	3.84
加拿大	Canada	1.12	2.20	7.12	8.84	7.35	3.19
美国	United States	6.99	8.91	28.78	33.02	38.04	0.45
澳大利亚	Australia	1.02	2.31	8.95	15.89	16.07	0.46
非洲	Africa	0.29	0.40	2.29	3.55	2.57	0.18
其他	Others	1.18	1.09	2.73	11.03	12.72	1.90
港澳同胞	**Chinese Compatriots From Hong Kong and Macao**	**13.99**	**15.11**	**43.49**	**49.65**	**52.86**	**3.20**
台湾同胞	**Chinese Compatriots from Taiwan Province**	**24.02**	**14.85**	**36.27**	**43.70**	**48.83**	**1.31**

18−9 各市(州)旅游发展情况(2022年)
Development of Tourism by Region(2022)

市(州)	Region	星级饭店数 (个) Number of Star-rated Hotels (unit)	国内旅游人数 (万人次) Number of Domestic Visitors (10 000 person-times)	国内旅游收入 (亿元) Earnings from Domestic Tourism (100 million yuan)
全 省	**Sichuan**	**339**	**63641.06**	**7059.94**
成都市	Chengdu	80	16378.75	1811.37
自贡市	Zigong	14	1606.81	127.04
攀枝花市	Panzhihua	15	1339.49	114.24
泸州市	Luzhou	17	4194.95	403.99
德阳市	Deyang	14	2292.03	154.65
绵阳市	Mianyang	22	7963.38	811.47
广元市	Guangyuan	21	1495.95	236.60
遂宁市	Suining	15	2256.07	179.81
内江市	Neijiang	4	5056.19	364.60
乐山市	Leshan	21	3751.33	339.23
南充市	Nanchong	16	3815.43	381.44
眉山市	Meishan	7	3387.41	170.54
宜宾市	Yibin	12	8546.44	696.93
广安市	Guangan	7	2468.69	195.75
达州市	Dazhou	9	1519.82	216.51
雅安市	Yaan	11	2481.00	243.26
巴中市	Bazhong	12	1321.13	79.28
资阳市	Ziyang	3	6103.74	263.24
阿坝藏族羌族自治州	Aba	14	962.12	120.97
甘孜藏族自治州	Ganzi	3	1362.63	109.47
凉山彝族自治州	Liangshan	22	615.69	39.57

注：国内旅游人数全省合计对重复统计人数进行了剥离，故各市州加总不等于全省合计。
a) The data of domestic visitors stripped the number of repeated statistics, so the sum number of cities and states is not equal to the total of the province.

主要统计指标解释

货物进出口总额 指实际进出我国关境的货物总金额。包括对外贸易实际进出口货物，来料加工装配进出口货物，国家间、联合国及国际组织无偿援助物资和赠送品，华侨、港澳台同胞和外籍华人捐赠品，租赁期满归承租人所有的租赁货物，进料加工进出口货物，边境地方贸易及边境地区小额贸易进出口货物，中外合资企业、中外合作经营企业、外商独资经营企业进出口货物和公用物品，到、离岸价格在规定限额以上的进出口货样和广告品(无商业价值、无使用价值和免费提供出口的除外)，从保税仓库提取在中国境内销售的进口货物，以及其他进出口货物。该指标可以观察一个国家在对外贸易方面的总规模。我国规定出口货物按离岸价格统计，进口货物按到岸价格统计。

实际利用外资 指批准的合同外资金额的实际执行数，外国投资者根据批准外商投资企业的合同(章程)的规定实际缴付的出资额和企业投资总额内外国投资者以自己的境外自有资金实际直接向企业提供的贷款。

外商投资 指国外及港澳台地区的法人和自然人在中国大陆地区以现金、实物、无形资产、股权等方式进行投资。其中，外商直接投资是指国外及港澳台地区投资者在非上市公司中的全部投资及在单个外国投资者所占股权比例不低于10%的上市公司中的投资。

对外承包工程 根据《对外承包工程管理条例》，对外承包工程是指中国的企业或者其他单位承包境外建设工程项目的活动。

对外劳务合作 指组织劳务人员赴其他国家或地区为国外的企业或机构工作的经营性活动。

入境游客 指报告期内来中国（大陆）观光、度假、探亲访友、就医疗养、购物、参加会议或从事经济、文化、体育、宗教活动的外国人、港澳台同胞等游客（即入境旅游人数）。统计时，入境游客按每入境一次统计1人次。入境游客包括入境过夜游客和入境一日游游客。

国内游客 指报告期内在中国（大陆）观光游览、度假、探亲访友、就医疗养、购物、参加会议或从事经济、文化、体育、宗教活动的中国（大陆）居民人数，其出游的目的不是通过所从事的活动谋取报酬。统计时，国内游客按每出游一次统计1人次。

国际旅游收入 指入境游客在中国（大陆）境内旅行、游览过程中用于交通、参观游览、住宿、餐饮、购物、娱乐等全部花费。

国内旅游收入(旅游总花费) 指国内游客在国内旅行、游览过程中用于交通、参观游览、住宿、餐饮、购物、娱乐等全部花费。

Explanatory Notes on Main Statistical Indicators

Import and Export of Goods refer to the value of commodities actually imported or exported across the border of China. They include the actual imports and exports through foreign trade, imported and exported goods under the processing and assembling trades and materials, supplies and gifts as aid given gratis between governments and by the United Nations and other international organizations, and contributions donated by overseas Chinese, compatriots in Hong Kong and Macao and Chinese with foreign citizenship, leasing commodities owned by tenant at the expiration of leasing period, the imported and exported commodities processed with imported materials, commodities trading in border areas, the imported and exported commodities and articles for public use of the Sino-foreign joint ventures, cooperative enterprises and ventures with sole foreign investment. Also included are import or export of samples and advertising goods for which CIF or FOB value are beyond the permitted ceiling (excluding goods of no trading or use value and free commodities for export), imported goods sold in China from bonded warehouses and other imported or exported goods. The indicator of the total imports and exports at customs can be used to observe the total size of external trade in a country. In accordance with the stipulation of the Chinese government, exports are calculated at FOB, while imports are calculated at CIF.

The actual utilization of foreign capital refers to the actual number of execution of the approved contractual foreign capital amount, the actual amount of foreign investment paid by foreign investors in accordance with the provisions of the contract (articles of association) for the approval of foreign-funded enterprises, and the total amount of enterprise investment actually provided by foreign investors to enterprises directly with their own overseas funds.

Foreign Investment refers to investment in China by legal or natural persons of foreign countries and of Hong Kong, Macao and Taiwan, in the form of cash, physical assets, intangible assets and equity and others. Foreign direct investment refers to investment by investors from foreign countries and from Hong Kong, Macao and Taiwan in a non-listed company, or the investment of over 10 percent or more in a listed company.

Overseas Contracted Projects refer to activities of contracting overseas construction projects by Chinese enterprises or any other units, which are stipulated in the Regulations on Administration of Foreign Contracted Project.

Overseas Labor Services refer to operational activities of organizing labour force to go abroad providing services to foreign enterprises or agencies.

Overseas Visitor Arrivals refer to the number of tourists of foreigners, Chinese compatriots from Hong Kong, Macao and Taiwan who come to China (mainland) within the reference period for sight-seeing, vacation, visiting relatives, medical treatment, shopping, attending conference, or to engage in economic, cultural, sports and religious activities (namely the number of overseas visitor arrivals). In compiling statistics, each arrival is counted as one person-time. Overseas visitor arrivals includes inbound overnight tourists and one-day tourists.

Number of Domestic Tourists refers to the number of Chinese (mainland) residents who travel within China (mainland) for sight-seeing, vacation, visiting relatives, medical treatment, shopping, attending conference, or to engage in economic, cultural, sports and religious activities. In compiling statistics, each travel is counted as one person-time.

Foreign Exchange Earnings from International Tourism refer to the total expenditure of overseas visitors during their stay in the mainland of China on transportation, sighting, accommodation, food, shopping and entertainment.

Income from Domestic Tourism refer to expenditure of domestic tourists on transportation, sighting, accommodation, food, shopping and entertainment while they travel.

19 金融业

Chapter 19 Financial Intermediation

SICHUAN STATISTICAL YEARBOOK

19-1 金融机构(含外资)本外币信贷收支表(资金来源)
Balance Sheet of Local and Foreign Credit Funds of Financial Institutions (Funds Sources)

单位：亿元 (100 million yuan)

项　　目	Item	2022	比年初增减数 amount over the beginning of the year
资金来源总计	**All Sources**	**118454.87**	**12734.17**
各项存款	Deposits	111661.28	11451.70
非金融企业存款	Deposits of Non-financial Enterprises	26424.93	1933.85
住户存款	Deposits of Households	63564.67	8480.93
#活期存款	Demand Deposits	17921.70	1641.87
机关团体存款	Deposits of Organizations and Communities	15856.18	732.50
财政性存款	Deposits of Fiscal	2166.61	137.14
非银行业金融机构存款	Deposits of Non-banking Financial Institutions	3554.84	317.87
金融债券	Financial Bonds	671.65	210.74
卖出回购资产	Assets Sold for Repurchase	25.14	-61.87
借款及非银行业金融机构拆入	Borrowing and Non-banking Financial Institutions Borrowing	12.46	-24.59
联行往来(净)	Inter-branched Exchange (net)		
应付及暂收款	Account Payable and Temporary Collection	2895.62	208.08
各项准备	Reserves	2943.17	225.14
所有者权益	Owners' Equities	4657.49	535.65
其他	Others	-4411.94	189.33

注：本表金融机构包括中国人民银行、中资全国性大型银行、中资全国性中小型银行、中资区域性中小型银行、城市信用社、农村信用社、财务公司、信托投资公司、租赁公司、外资金融机构和汽车金融公司(以下有关各表同)。

a) Financial institution of balance sheet includes the People's Bank of China, large, small and medium-sized Chinese-funded national banks, small and medium-sized regional and Chinese-funded banks, urban and rural credit cooperative banks, finance companies, financial trust and investment companies, financial leasing companies, Foreign financial institutions and auto finance company (the same as the following related tables) .

19−2 金融机构(含外资)本外币信贷收支表(资金运用)
Balance Sheet of Local and Foreign Credit Funds of Financial Institutions (Funds Uses)

单位：亿元 (100 million yuan)

项　目	Item	2022	比年初增减数 amount over the beginning of the year
资金运用总计	**All Uses**	**118454.87**	**12734.17**
各项贷款	Loans	92239.23	11771.66
住户贷款	Loans of Households	29412.93	2639.89
短期贷款	Shot-term Loans	4521.23	822.34
中长期贷款	Medium-term & Long-term Loans	24891.70	1817.55
企（事）业单位贷款	Loans of Enterprises (Institutions)	62205.91	9255.77
短期贷款	Shot-term Loans	12122.27	1682.33
中长期贷款	Medium-term & Long-term Loans	46618.21	6607.11
票据融资	Bill Financing	3329.72	992.83
各项垫款	Various Money Paid Back Later	50.00	-25.83
债券投资	Bond Investment	13289.27	2152.21
股权及其他投资	Equity and Other Investment	3898.75	-84.52
买入返售资产	Redemptory Capital for Sale	351.29	-332.46
存放非银行业金融机构款项	Due from Non-banking Financial Institutions	46.78	-6.81
联行往来(净)	Inter-branched Exchange (net)	7008.93	-798.82
应收及预付款	Account Receivable and Advanced Payment	1030.24	30.36
固定资产	Fixed Assets	586.92	2.85
外汇占款	Position for Foreign Purchase		
投资性房地产	Investment Property	3.47	-0.31

注：“企（事）业单位贷款”原为“非金融企业及机关团体贷款”，统计口径未变。
a) The indicator "loans of Enterprises (Institutions)" was originally the indicator "Loans of Non-financial Enterprises & Government", and the statistical caliber has not changed.

19-3 各市(州)金融机构各项存款和贷款(2022年底)

Deposits and Loans of Financial Institutions by Region at Year-end of 2022

单位：亿元 (100 million yuan)

市(州)	Region	本外币各项存款 RMB and Foreign Currency Deposits	人民币各项存款 RMB Deposits	#住户存款 Household Savings	本外币各项贷款 RMB and Foreign Currency Loans	人民币各项贷款 RMB Loans	#短期贷款 Short-term Loans	#中长期贷款 Medium and Long-term Loans
全 省	**Sichuan**	**111661.28**	**110279.84**	**63336.46**	**92239.23**	**91104.80**	**16045.50**	**71389.70**
成都市	Chengdu	53511.53	52235.47	22451.41	53733.02	52632.13	8259.30	42843.00
自贡市	Zigong	2740.70	2737.79	1920.05	1827.22	1825.82	448.85	1289.24
攀枝花市	Panzhihua	1274.01	1272.26	942.80	866.59	865.47	191.64	610.15
泸州市	Luzhou	3849.27	3841.86	2618.86	3080.03	3079.85	618.65	2275.48
德阳市	Deyang	4066.66	4046.82	2748.12	2578.87	2554.61	577.18	1703.82
绵阳市	Mianyang	6265.09	6246.74	3724.84	3752.67	3751.75	1007.66	2542.77
广元市	Guangyuan	2066.64	2065.42	1582.45	1275.42	1275.23	234.54	973.16
遂宁市	Suining	2429.87	2427.68	1841.05	1665.51	1665.49	378.03	1184.01
内江市	Neijiang	2475.31	2472.57	1976.64	1464.08	1464.07	400.36	972.62
乐山市	Leshan	3459.85	3450.96	2591.48	2402.31	2401.30	471.54	1746.57
南充市	Nanchong	4774.48	4770.79	3837.18	3381.45	3381.05	657.86	2566.02
眉山市	Meishan	3187.68	3184.07	2390.66	2215.92	2215.72	337.45	1779.92
宜宾市	Yibin	4657.54	4636.03	2330.15	3749.35	3745.74	627.66	2940.50
广安市	Guangan	2668.40	2667.44	2196.09	1309.42	1309.37	250.57	956.87
达州市	Dazhou	4334.73	4332.93	3401.63	2617.06	2617.04	495.79	2003.38
雅安市	Yaan	1567.36	1562.02	1124.86	1158.03	1157.92	261.08	831.80
巴中市	Bazhong	1792.77	1792.34	1492.55	1182.60	1182.59	156.70	989.34
资阳市	Ziyang	1886.44	1885.14	1507.85	1303.66	1303.65	227.33	1028.44
阿坝藏族羌族自治州	Aba	759.38	759.37	390.15	475.70	475.70	59.09	401.13
甘孜藏族自治州	Ganzi	909.09	908.88	369.81	523.64	523.64	47.82	452.99
凉山彝族自治州	Liangshan	2984.49	2983.25	1897.85	1676.68	1676.67	336.41	1298.50

注：成都市数据包含四川省本部数据(以下有关各表同)。
a) The data of Chengdu includes the data of Sichuan provincial headquarters (the same as the following related tables).

19-4 各市(州)金融机构人民币各项存款(年底余额)
Deposits of Financial Institutions by Region at Year-end(RMB)

单位：亿元 (100 million yuan)

市(州)	Region	2012	2013	2014	2015	2016	2017	2018	2019	2020	2021	2022
全 省	**Sichuan**	**41130.79**	**47667.28**	**53282.03**	**59184.83**	**65638.43**	**71591.42**	**76088.75**	**81783.68**	**90350.48**	**98645.13**	**110279.84**
成都市	Chengdu	20354.17	23662.21	26797.50	29474.92	31597.50	34581.17	36820.23	38777.88	42500.12	46905.62	52235.47
自贡市	Zigong	821.51	974.97	1075.20	1319.76	1524.05	1723.67	1708.76	2068.48	2375.19	2500.42	2737.79
攀枝花市	Panzhihua	765.69	784.18	802.87	856.81	938.59	981.36	1041.79	1080.64	1113.02	1173.64	1272.26
泸州市	Luzhou	1212.63	1409.46	1611.60	1829.88	2179.23	2459.19	2634.80	2802.82	3100.75	3423.87	3841.86
德阳市	Deyang	1663.30	1793.35	1918.54	2066.30	2307.72	2455.34	2694.37	2911.79	3288.48	3602.09	4046.82
绵阳市	Mianyang	2126.34	2410.27	2621.72	2882.91	3181.69	3588.52	3848.78	4457.80	5082.30	5618.92	6246.74
广元市	Guangyuan	833.32	933.80	1005.82	1134.41	1302.22	1417.40	1478.55	1559.34	1684.63	1822.50	2065.42
遂宁市	Suining	745.53	893.29	989.44	1187.12	1376.76	1554.82	1571.98	1650.51	1873.72	2109.41	2427.68
内江市	Neijiang	888.65	1077.59	1134.36	1202.20	1366.90	1512.92	1649.36	1799.07	2019.52	2196.82	2472.57
乐山市	Leshan	1264.58	1524.56	1709.12	1723.96	1858.89	2080.04	2217.55	2477.86	2731.04	2985.75	3450.96
南充市	Nanchong	1668.78	1916.56	2154.46	2561.43	3047.30	3216.07	3292.66	3540.73	3947.52	4201.43	4770.79
眉山市	Meishan	931.07	1115.04	1253.85	1432.08	1670.36	1961.14	2087.24	2322.95	2645.29	2827.25	3184.07
宜宾市	Yibin	1464.38	1573.67	1685.23	1911.25	2322.47	2646.64	2976.12	3366.80	3712.05	4124.40	4636.03
广安市	Guangan	937.31	1114.68	1265.03	1424.65	1662.73	1828.89	1867.48	1981.73	2196.21	2339.97	2667.44
达州市	Dazhou	1317.17	1588.05	1752.37	2086.42	2624.98	2801.93	2927.09	3187.16	3519.48	3838.62	4332.93
雅安市	Yaan	592.57	842.89	974.25	1008.95	1042.06	1104.51	1125.73	1206.49	1315.71	1397.89	1562.02
巴中市	Bazhong	568.61	678.61	777.13	921.73	1145.80	1247.67	1247.59	1298.15	1432.52	1595.86	1792.34
资阳市	Ziyang	925.73	1083.87	1245.84	1377.85	1673.02	1355.97	1418.75	1469.41	1598.65	1682.31	1885.14
阿坝藏族羌族自治州	Aba	424.51	435.15	473.60	535.36	568.00	594.92	652.71	664.59	738.32	729.48	759.37
甘孜藏族自治州	Ganzi	374.86	442.28	499.03	588.24	595.64	631.30	698.35	705.51	787.96	805.62	908.88
凉山彝族自治州	Liangshan	1078.02	1271.89	1386.67	1490.66	1652.53	1847.95	2128.87	2453.94	2688.01	2763.26	2983.25

19-5 各市(州)金融机构人民币住户存款(年底余额)
Household Deposits of Financial Institutions by Region at Year-end(RMB)

单位：亿元 (100 million yuan)

市(州)	Region	2012	2013	2014	2015	2016	2017	2018	2019	2020	2021	2022
全　省	**Sichuan**	**19567.57**	**22956.68**	**25731.62**	**28575.90**	**31950.42**	**34800.89**	**38402.77**	**43214.16**	**49289.28**	**54849.24**	**63336.46**
成都市	Chengdu	7157.04	8408.79	9280.25	9922.18	10831.38	11995.87	13168.73	14931.89	17121.44	19063.70	22451.41
自贡市	Zigong	543.29	639.49	718.51	819.38	923.57	1033.62	1145.90	1301.29	1555.06	1705.15	1920.05
攀枝花市	Panzhihua	368.02	411.91	431.79	462.44	522.97	575.92	658.90	712.86	778.82	850.90	942.80
泸州市	Luzhou	758.32	880.83	1000.65	1140.17	1313.47	1475.96	1631.83	1833.05	2080.07	2318.37	2618.86
德阳市	Deyang	931.33	1074.21	1188.39	1292.47	1425.36	1531.40	1703.84	1903.96	2148.38	2394.51	2748.12
绵阳市	Mianyang	1125.95	1328.09	1479.82	1640.86	1838.25	2028.73	2242.62	2524.03	2874.84	3221.01	3724.84
广元市	Guangyuan	474.09	557.47	641.05	733.00	811.44	891.97	979.68	1099.24	1238.67	1379.96	1582.45
遂宁市	Suining	508.96	577.96	649.28	788.08	910.44	1005.90	1117.10	1244.53	1417.71	1602.73	1841.05
内江市	Neijiang	641.20	749.61	836.39	935.67	1045.62	1144.95	1265.67	1411.39	1581.66	1741.58	1976.64
乐山市	Leshan	773.08	931.54	1057.43	1161.20	1277.37	1407.65	1574.30	1789.68	2035.55	2254.74	2591.48
南充市	Nanchong	1122.38	1306.68	1467.24	1723.13	2009.68	2175.10	2397.37	2668.48	3064.68	3373.76	3837.18
眉山市	Meishan	649.59	778.44	907.67	1020.38	1156.75	1275.28	1467.72	1651.38	1869.09	2078.81	2390.66
宜宾市	Yibin	674.28	770.04	886.63	1010.17	1150.62	1277.47	1424.08	1597.13	1814.39	2029.70	2330.15
广安市	Guangan	682.02	795.90	902.15	1061.78	1198.60	1316.29	1398.36	1534.74	1743.07	1915.63	2196.09
达州市	Dazhou	952.50	1139.67	1304.62	1505.90	1739.52	1917.50	2055.08	2329.22	2656.88	2966.39	3401.63
雅安市	Yaan	310.31	379.84	447.05	505.29	543.35	596.13	669.47	764.67	871.61	980.56	1124.86
巴中市	Bazhong	404.08	482.26	557.00	634.06	741.94	828.99	913.97	1016.36	1155.90	1304.97	1492.55
资阳市	Ziyang	691.67	806.05	938.20	1060.43	1211.38	884.28	967.07	1069.81	1188.39	1329.82	1507.85
阿坝藏族羌族自治州	Aba	132.92	148.26	164.64	186.67	215.71	233.12	257.07	277.37	315.71	347.14	390.15
甘孜藏族自治州	Ganzi	117.74	139.72	163.93	186.06	209.67	226.66	247.36	265.66	299.19	322.72	369.81
凉山彝族自治州	Liangshan	528.48	627.81	687.43	764.83	873.33	978.10	1116.65	1287.43	1478.18	1667.08	1897.85

19-6 各市(州)金融机构人民币各项贷款(年底余额)
Loans of Financial Institutions by Region at Year-end(RMB)

单位：亿元 (100 million yuan)

市(州)	Region	2012	2013	2014	2015	2016	2017	2018	2019	2020	2021	2022
全　省	**Sichuan**	**25560.36**	**29542.74**	**33884.06**	**38011.83**	**42828.13**	**48124.44**	**54097.84**	**61089.01**	**69504.94**	**78963.92**	**91104.80**
成都市	Chengdu	15630.39	17617.51	19778.93	21970.64	25522.23	28870.55	32057.77	35766.59	40376.89	45768.93	52632.13
自贡市	Zigong	371.19	449.33	520.81	614.57	708.35	825.98	1010.40	1198.43	1401.81	1600.48	1825.82
攀枝花市	Panzhihua	532.19	608.93	658.19	697.15	738.63	795.54	804.70	826.33	705.59	764.11	865.47
泸州市	Luzhou	629.59	766.70	919.42	1092.70	1281.64	1451.30	1714.16	2001.09	2366.98	2688.39	3079.85
德阳市	Deyang	849.28	956.40	1065.81	1075.92	1190.04	1292.54	1442.31	1650.09	1911.01	2193.54	2554.61
绵阳市	Mianyang	1086.78	1252.78	1398.50	1532.85	1667.43	1864.71	2167.25	2476.18	2812.66	3275.09	3751.75
广元市	Guangyuan	331.81	406.87	472.32	531.18	610.20	703.84	795.37	903.16	1001.20	1116.91	1275.23
遂宁市	Suining	399.92	499.02	615.01	740.81	820.20	922.72	1040.67	1171.96	1308.89	1430.35	1665.49
内江市	Neijiang	406.08	514.11	608.07	688.15	731.65	782.70	901.69	1020.70	1179.73	1302.39	1464.07
乐山市	Leshan	807.45	931.75	1086.79	1230.91	1308.83	1431.65	1558.88	1726.36	1917.68	2125.28	2401.30
南充市	Nanchong	653.62	824.66	1038.07	1293.89	1479.68	1684.34	1961.17	2268.61	2606.19	2951.50	3381.05
眉山市	Meishan	427.63	531.99	625.17	683.76	747.19	864.31	1042.89	1257.19	1537.92	1831.21	2215.72
宜宾市	Yibin	625.43	760.64	900.79	1054.48	1223.82	1390.60	1636.91	1971.69	2510.24	3053.21	3745.74
广安市	Guangan	341.19	424.53	514.94	582.13	639.09	725.86	809.57	930.22	1027.34	1150.15	1309.37
达州市	Dazhou	531.89	655.58	801.71	929.32	1077.62	1277.93	1502.91	1713.16	1949.66	2239.52	2617.04
雅安市	Yaan	330.68	412.44	474.98	510.09	527.85	594.84	657.82	764.79	853.94	977.50	1157.92
巴中市	Bazhong	203.60	264.93	345.03	457.83	542.50	641.40	716.43	804.30	932.73	1051.71	1182.59
资阳市	Ziyang	414.77	525.02	642.08	716.90	735.29	597.15	706.89	817.62	1017.77	1128.52	1303.65
阿坝藏族羌族自治州	Aba	165.89	186.44	205.68	221.63	252.47	269.70	299.56	336.97	375.46	417.34	475.70
甘孜藏族自治州	Ganzi	149.80	167.60	194.05	230.49	273.62	317.17	353.62	418.25	470.09	490.34	523.64
凉山彝族自治州	Liangshan	499.90	575.47	655.43	700.41	749.78	819.60	916.87	1065.32	1241.16	1407.46	1676.67

19-7 金融机构人民币存款基准利率
Benchmark Interest Rates of Deposits of Financial Institutions

单位：年利率% (Annual Interest Rate %)

项 目	Item	2014.11.22 Nov.22 2014	2015.03.01 Mar.1 2015	2015.05.11 May.11 2015	2015.06.28 June.28 2015	2015.08.26 Aug.26 2015	2015.10.24 Oct.24 2015
活期存款	**Demand Deposits**	**0.35**	**0.35**	**0.35**	**0.35**	**0.35**	**0.35**
定期存款(整存整取)	**Time Deposits(Lump-sum Time Deposit)**						
三个月	3 Months	2.35	2.10	1.85	1.60	1.35	1.10
半年	6 Months	2.55	2.30	2.05	1.80	1.55	1.30
一年	1 Year	2.75	2.50	2.25	2.00	1.75	1.50
二年	2 Years	3.35	3.10	2.85	2.60	2.35	2.10
三年	3 Years	4.00	3.75	3.50	3.25	3.00	2.75

19-8 金融机构人民币贷款基准利率
Benchmark Interest Rates of Loans of Financial Institutions

单位：年利率% (Annual Interest Rate %)

项 目	Item	2014.11.22 Nov.22 2014	2015.03.01 Mar.1 2015	2015.05.11 May.11 2015	2015.06.28 June.28 2015	2015.08.26 Aug.26 2015	2015.10.24 Oct.24 2015
短期贷款	**Short-term Loans**						
一年以内(含一年)	1-Year Or Less	5.60	5.35	5.10	4.85	4.60	4.35
中长期贷款	**Mediun-term & Long-time Loans**						
一至五年(含五年)	1-5-Year(including 5-Year)	6.00	5.75	5.50	5.25	5.00	4.75
五年以上	Longer than 5-Year	6.15	5.90	5.65	5.40	5.15	4.90
个人住房公积金贷款	**Loans For Public Accumulation Funds Of Housing**						
五年以下(含五年)	5-Year Or Less	3.75	3.50	3.25	3.00	2.75	2.75
五年以上	Longer than 5-Year	4.25	4.00	3.75	3.50	3.25	3.25

19-9 人民币对外主要外币年平均汇价(中间价)
Annual Average RMB Exchange Rate against Major Foreign Currencies (Middle Rate)

单位：人民币元 (RMB yuan)

年份 Year	100美元 $100	100日元 100 yen	100港元 HK $ 100	100欧元 € 100
1981	170.50	0.7735	30.41	
1982	189.25	0.7607	31.15	
1983	197.57	0.8318	27.36	
1984	232.70	0.9780	29.71	
1985	293.67	1.2457	37.57	
1986	345.28	2.0694	44.22	
1987	372.21	2.5799	47.74	
1988	372.21	2.9082	47.70	
1989	376.51	2.7360	48.28	
1990	478.32	3.3233	61.39	
1991	532.33	3.9602	68.45	
1992	551.46	4.3608	71.24	
1993	576.20	5.2020	74.41	
1994	861.87	8.4370	111.53	
1995	835.10	8.9225	107.96	
1996	831.42	7.6352	107.51	
1997	828.98	6.8600	107.09	
1998	827.91	6.3488	106.88	
1999	827.83	7.2932	106.66	
2000	827.84	7.6864	106.18	
2001	827.70	6.8075	106.08	
2002	827.70	6.6237	106.07	800.58
2003	827.70	7.1466	106.24	936.13
2004	827.68	7.6552	106.23	1029.00
2005	819.17	7.4484	105.30	1019.53
2006	797.18	6.8570	102.62	1001.90
2007	760.40	6.4632	97.46	1041.75
2008	694.51	6.7427	89.19	1022.27
2009	683.10	7.2986	88.12	952.70
2010	676.95	7.7279	87.13	897.25
2011	645.88	8.1050	82.97	900.11
2012	631.25	7.9037	81.38	810.67
2013	619.32	6.3323	79.85	822.19
2014	614.28	5.8196	79.22	816.51
2015	622.84	5.1543	80.34	691.41
2016	664.23	6.1243	85.58	734.26
2017	675.18	6.0244	86.64	763.03
2018	661.74	5.9890	84.43	780.16
2019	689.85	6.3347	88.05	772.55
2020	689.76	6.4626	88.93	787.55
2021	645.15	5.8735	83.00	762.93
2022	672.61	5.1261	85.89	707.21

19−10 保险业务经济技术指标
Economic and Technical Indicators of Insurance Business

单位：万元 (10 000 yuan)

项 目	Item	2016	2017	2018	2019	2020	2021	2022
保费收入合计	**Premium Income Total**	**17120774**	**19393937**	**19580848**	**21486588**	**22735688**	**22049053**	**22977901**
财产保险	**Property Insurance**	**4572146**	**4963608**	**5424358**	**5835613**	**6393823**	**6539641**	**7151125**
企业财产保险	Enterprise Property Insurance	130541	124654	130097	150880	156205	175623	165856
机动车辆保险	Automobile Insurance	3749762	3923080	3073062	3833437	3945521	3882642	4092582
货物运输保险	Cargo Transportation Insurance	13333	13923	16629	17020	19891	30992	69090
责任保险	Liability Insurance	186878	218753	285056	409698	497651	538072	573804
信用保证保险	Credit and Guarantee Insurance	19332	32972	39561	17633	24250	26047	18489
其他财产保险	Others	472301	650227	1249953	1406946	1750305	1886266	2231304
人身保险	**Life Insurance**	**12548628**	**14430329**	**14156489**	**15650974**	**16341865**	**15509412**	**15826776**
人寿保险	Life Insurance Business							
非分红产品	Non-participating	6476327	7480289	5158949	5359186	6259995	6338874	7646722
分红产品	Participating	3393194	4090501	6344701	6903222	6280889	5350268	4420659
投资连接产品	Unit-link	561	543	540	607	728	631	560
万能产品	Universal	42944	44849	45017	45260	42225	39032	38607
健康险	Health Insurance							
短期健康险	Short-term Health Insurance	526781	744711	873179	1294255	1618574	1588951	1717641
长期健康险	Long-term Health Insurance	1730729	1603716	1725761	2188912	2470089	2551576	2609066
意外伤害险	Personal Accident Insurance	378093	465720	511860	561815	581979	606398	564204
赔款给付支出合计	**Claim Total**	**5543581**	**5833192**	**6327362**	**6347551**	**6877491**	**7929963**	**7639003**
财产保险	**Property Insurance**	**2168841**	**2411127**	**3103449**	**3416508**	**3675059**	**4226426**	**4398946**
企业财产保险	Enterprise Property Insurance	46160	50036	99156	77395	106054	141212	79268
机动车辆保险	Automobile Insurance	1801011	1973086	2215797	2276536	2369671	2615979	2571834
货物运输保险	Cargo Transportation Insurance	4995	6850	7016	6647	8002	13069	36153
责任保险	Liability Insurance	72068	82785	110996	140322	210007	261823	295669
信用保证保险	Credit and Guarantee Insurance	18747	16584	11151	5459	12931	5627	14957
其他财产保险	Others	225860	281785	659333	910150	968394	1188715	1401064
人身保险	**Life Insurance**	**3374740**	**3422065**	**3224724**	**2931043**	**3202891**	**3704103**	**3240057**
人寿保险	Life Insurance Business							
非分红产品	Non-participating	335344	566454	594569	567437	542477	682697	594228
分红产品	Participating	2469916	2129803	1994973	1545693	1588210	1384944	1394456
投资连接产品	Unit-link	612	125	102	69	661	1848	422
万能产品	Universal	10211	10418	10505	9586	9418	10038	9217
健康险	Health Insurance							
短期健康险	Short-term Health Insurance	356824	459970	572261	787484	902640	1066142	1207364
长期健康险	Long-term Health Insurance	91049	132634	191031	251277	453273	923179	552706
意外伤害险	Personal Accident Insurance	110784	122660	71601	149933	172205	190620	187983

注：因部分机构目前处于风险处置阶段，数据口径暂时调整为不包含风险处置机构，直至相关机构风险处置结束(以下有关表同)。

a) As some institutions are currently in the risk disposal stage, the data caliber is temporarily adjusted to exclude risk disposal institutions until the risk disposal of relevant institutions is completed(the same as the following related tables).

19-11 各财产保险公司和人身保险公司四川省分公司保费收入
Premium Income of Property Insurance Companies (Sichuan Branch) and Life Insurance Companies (Sichuan Branch)

单位：万元 (10 000 yuan)

公司名称	Company Name	2021	2022
财产保险公司	**Property Insurance Companies**	**6539641**	**7151125**
中国人民财产保险股份有限公司	PICC Property&Casualty Insurance Company Limited	2230937	2355059
中国太平洋财产保险股份有限公司	China Pacific Insurance (Group) Co.,Ltd.	521938	628997
中国平安财产保险股份有限公司	Ping An Insurance (Group) Company of China,Ltd.	1473531	1602191
永安财产保险股份有限公司	Yong An Insurance Co.,Ltd.	45037	46823
华泰财产保险股份有限公司	Huatai Insurance Co., Ltd.	41396	45478
中华联合财产保险股份有限公司	China United Property Insurance Company	372712	411309
太平保险有限公司	TaiPing Insurance Company Ltd.	178650	218709
中国大地财产保险股份有限公司	China Continent Property & Casualty Insurance Company	149887	187188
华安财产保险股份有限公司	Sinosafe Insurance	56434	59789
中航安盟财产保险有限公司	Groupama-Avic Property Insurance Co.,Ltd.	83607	94183
中国出口信用保险公司	China Export & Credit Insurance Corporation (SINOSURE)	18913	10873
大家财产保险股份有限公司	Dajia Property & Casualty Insurance Co.,Ltd.	30884	35104
永诚财产保险股份有限公司	Alltrust Insurance Company of 'China ,Co.,Ltd.	44470	33845
安盛天平财产保险股份有限公司	AXA Tianping P&C Insurance Co.,Ltd.	17791	17965
阳光财产保险股份有限公司	Sunshine Property & Casualty Insurance Company of China.,Co.,Ltd.	176529	187636
都邦财产保险股份有限公司	Dubang Property & Casualty Insurance Company of China,Co.,Ltd.	18474	17689
渤海财产保险股份有限公司	Bohai Property & Casuatly Insurance Company of China,Co.,Ltd.	2340	2462
中银保险有限公司	China Bank Property & Casualty Insurance Company of China .Co.Ltd.	26819	19958
华农财产保险股份有限公司	Huanong Property & Casualty Insurance Co.,Ltd.	27871	40881
安诚财产保险股份有限公司	Ancheng Property & Casualty Insurance Co.Ltd.	20482	18333
亚太财产保险有限公司	Asia Pacific Property Insurance Company Limited	28672	19088
浙商财产保险股份有限公司	Zheshang Property & Casualty Insurance Co.,Ltd.	5312	7362
鼎和财产保险股份有限公司	Dinghe Property & Casualty Insurance Company of China ,Co.,Ltd.	13384	12104
英大泰和财产保险股份有限公司	Yingda Taihe Property & Casualty Insurance Co,,Ltd.	51587	56800
锦泰财产保险股份有限公司	JinTai Property Insurane Co.,Ltd.	170435	175867
紫金财产保险股份有限公司	Zijin Property and Casualty Insurance Co.,Ltd.	17832	22739
中国人寿财产保险股份有限公司	China Life Property & Casualty Insurance Co.,Ltd.	314686	354960
信达财产保险股份有限公司	Cinda Property Insurance Co.,Ltd.	21062	37030
国泰财产保险有限责任公司	Cathay Insurance Co., Ltd.	22636	26540
富德财产保险股份有限公司	Fund Property & Casualty Insurance Co.,Ltd.	10120	3884
安华农业保险股份有限公司	Anhua Agricultural Insurance Co.,Ltd.	8944	8926

19-11 续表 1 continued

单位：万元 (10 000 yuan)

公司名称	Company Name	2021	2022
中意财产保险有限公司	Generali China Insurance Co.,Ltd.	10526	12362
鑫安汽车保险股份有限公司	Sanguard Automobile Insurance Co., Ltd.	11620	15770
利宝保险有限公司	Liberty Insurance Co.,Ltd.	11664	10928
诚泰财产保险份有限公司	Cheng Tai Property Insurance Company Limited	16777	15272
富邦财产保险有限公司	Fubon Property Insurance Co.,Ltd.	5000	2283
珠峰财产保险股份有限公司	Everest Property Insurance Co.,Ltd.	7324	10170
中煤财产保险股份有限公司	China Coal Property Insurance Co.,Ltd.	8551	10191
长江财产保险股份有限公司	Changjiang Property Insurance Co.,Ltd.	4539	3522
前海联合财产保险股份有限公司	Qianhai United Property & Casualty Insurance Co.,Ltd.	6846	9752
恒邦财产保险股份有限公司	Hengbang Property Insurance Co.,Ltd.	9056	7762
京东安联	Allianz JD Property Insurance Co., Ltd.	28188	36050
泰山财产保险股份有限公司	Taishan Property Insurance Co., Ltd	13342	27183
现代财产保险（中国）有限公司	Hyundai Insurance(china)Company Limited		2056
北部湾财产保险股份有限公司	Beibu Gulf Property Insurance CO.,Ltd		587
众安在线财产保险股份有限公司	Zhongan Online Property Insurance Co.,Ltd.	140873	166123
中国铁路财产保险自保有限公司	China Railway Property Insurance Holding Co.,Ltd.	1803	1136
阳光渝融信用保证保险股份有限公司	Sunshine Yurong Credit and Guarantee Insurance Co.,Ltd.	63	4
泰康在线财产保险股份有限公司	Taikang Online Property Insurance Co.,Ltd.	59983	60165
安心财产保险有限责任公司	Answern Property & Casualty Insurance Co.,Ltd.	37	
众惠相互	Public Mutual Insurance Co.,Ltd.	73	38
人身保险公司	**Life Insurance Companies**	**15509412**	**15826776**
中国人寿保险股份有限公司	China Life Insurance(Group) Company	2969020	3019198
中国太平洋人寿保险股份有限公司	China Pacific Insurance(group)Co.,Ltd.	691641	882078
中国平安人寿保险股份有限公司	Ping An Insurance (Group) Company of China.,Ltd.	1533932	1466911
新华人寿保险股份有限公司	New China Insurance Co.,Ltd.	591117	604953
泰康人寿保险股份有限公司	Taikang Life Insurance Company	1018318	1019881
太平人寿保险有限公司	Taiping Life Insurance Co.,Ltd.	1383708	1399845
民生人寿保险股份有限公司	Minsheng Life Insurance Co.,Ltd.	75220	74129
中英人寿保险有限公司	Aviva Cofco Life Insurance Co.,Ltd.	224844	221069
富德生命人寿保险股份有限公司	Sino Life Insurance Co.,Ltd.	287408	277875
北大方正人寿保险有限公司	Founder Meiji Yasuda Life Insurance Co.,Ltd.	44882	47395
长城人寿保险股份公司	Great Wall Life Insurance Co.,Ltd.	85758	107044
中宏人寿保险股份公司	Manulife-Sinochem Insurance Co.,Ltd.	135559	139093
中德安联人寿保险有限公司	Allianz China Life Insurance Co.,Ltd.	32737	34818
农银人寿保险股份有限公司	ABC Life Insurance Co.,Ltd.	194510	238640
中国人民人寿保险股份有限公司	PICC Life Insurance Co.,Ltd.	854790	894031
华泰人寿保险有限公司	Huatai Life Insurance Co.,Ltd.	43856	44467
人保健康保险有限公司	PICC Health Insurance Co.,Ltd.	55717	48128
恒安标准人寿保险有限公司	Heng'an Standard Life Co.,Ltd.	24195	28369

19−11 续表 2 continued

单位：万元 (10 000 yuan)

公司名称	Company Name	2021	2022
招商信诺保险有限公司	CIGNA&CMC Insurance Co.Ltd.	51984	60140
合众人寿保险有限公司	Union Life Insurance Co.,Ltd.	88243	91972
阳光人寿保险有限公司	Sunshine Life Insurance Co.,Ltd.	181569	200203
中意人寿保险有限公司	General China Insurance Co.Ltd.	68136	78136
华夏人寿保险有限公司	Huaxia China Insurance Co,Ltd.		
中国平安养老保险股份有限公司	Ping An Insurance (Group) Company of China,Ltd. .	138905	74684
太平养老保险股份有限公司	TaiPing Pension Company Limited	30560	31598
恒大人寿保险有限公司	Evergrande Life Insurance Company Limited	615701	710982
中邮人寿保险有限公司	China Post Lift Insurance Co.,Ltd.	573822	627067
幸福人寿保险有限公司	Happy Life Insurance Co,Ltd.	69418	104079
中美联泰大都会人寿保险有限公司	Sino-US United Metlife Insurance Co.Ltd.	50478	47525
国华人寿保险股份有限公司	Guohua Life Insurance Co.,Ltd.	271387	299509
和谐健康保险股份有限公司	Harmony Health Insurance Company Limited	70089	209004
安邦人寿保险股份有限公司	Anbang Life Insurance Co.,Ltd.	256921	510179
光大永明人寿保险有限公司	Sun Life Everbright Life Insurance Co.,Ltd.	96373	55711
工银安盛人寿保险有限公司	ICBC-AXA Assurance Co.,Ltd.	175617	208548
百年人寿保险股份有限公司	Aeon Life Insurance Co.,Ltd.	280741	291674
中融人寿保险股份有限公司	Zhongrong Life Insurance Co.,Ltd.	257443	99701
英大泰和人寿保险股份有限公司	Yingda Taihe Life Insurance Co.,Ltd.	16765	20308
中银三星人寿保险有限公司	BOC Samsung Life Insurance Company Limited	112709	160529
建信人寿保险有限公司	CCB Life Insurance Company Limited	199917	238942
泰康养老保险股份有限公司	Taikang Pension Insurance Co.,Ltd.	42725	76850
同方全球人寿保险有限公司	Aegon THTF Life Insurance Co.,Ltd.	23953	25525
东吴人寿保险股份有限公司	SooChow Life Insurance Company Limited Co.,Ltd.	46687	78537
利安人寿保险股份有限公司	Lian Life Insurance Co,Ltd.	125852	137780
交银康联人寿保险有限公司	Bocomm Life Insurance Co.,Ltd.	32319	28967
前海人寿保险股份有限公司	Foresea Life Insurance Co.,Ltd.	788085	244554
长生人寿保险有限公司	Great Wall Changsheng Life Insurance Co.,Ltd.	55977	74835
安邦养老保险股份有限公司	Ampang Pension Insurance Co.,Ltd.	156	878
陆家嘴国泰人寿保险有限责任公司	Cathay Lujiazui Life Insurance Company Limited	27498	27922
太保安联健康保险股份有限公司	CPIC Allianz Health Insurance Co.,Ltd.	1967	1831
平安健康保险股份有限公司	Ping An Health Insurance Company of China,Ltd.	62801	70186
中信保诚人寿保险有限公司	CITIC Prudential Life Insurance Company Limited	38080	50879
国宝人寿保险股份有限公司	Guobao Life Insurance Co.,Ltd.	264703	133195
复星联合健康保险股份有限公司	Fosun United Health Insurance Co.,Ltd.	26702	31993
中华联合人寿保险股份有限公司	China United Life Insurance Co.,Ltd.	101490	148628
复星保德信人寿保险有限公司	Pramerica Fosun Life Insurance Co.,Ltd.	8551	10752
友邦人寿保险有限公司	AIA Life Insurance Co.,Ltd.	5504	12934

主要统计指标解释

金融机构信贷收支表 金融机构信贷收支表的统计范围包括中国人民银行、银行业存款类金融机构、银行业非存款类金融机构。银行业存款类金融机构包括银行、信用社和财务公司；银行业非存款类金融机构包括信托投资公司、金融租赁公司、汽车金融公司和贷款公司。中国人民银行总行根据金融机构的基层单位全面填报、并按各自系统汇总的资料，进行归并和汇总，最后得到金融机构的信贷收支表。

各项存款 金融机构资金来源的主要项目，包括住户存款、非金融企业存款、机关团体存款、财政性存款、非银行业金融机构存款和境外存款。

各项贷款 金融机构资金运用的主要项目，包括住户贷款、非金融企业及机关团体贷款、非银行业金融机构贷款和境外贷款。

保险公司 在中国境内的、经过保险监督管理部门批准设立，并依法登记注册的各类商业保险公司。

保险金额 指保险人承担赔偿或者给付保险金责任的最高限额。

保费 指投保人为取得保险人在约定范围内所承担赔偿责任而支付给保险人的费用。

赔款 指保险人根据保险合同的规定，向被保险人支付的赔偿保险责任损失的金额。

给付 包括死伤医疗给付和满期给付。死伤医疗给付是指保险人根据人寿保险及长期健康保险合同的规定，因被保险人在保险期内发生保险责任范围内的保险事故支付给被保险人(或受益人)的金额。满期给付是指被保险人生存期满，保险人按人寿保险合同规定支付给被保险人的满期保险金额。

Explanatory Notes on Main Statistical Indicators

Statistical scope of balance sheet of credit funds of financial institutions and data on cash income and expenditure cover the People's Bank of China, banking depository financial institutions, banking non-depository financial institutions. Banking depository financial institutions include banks, credit cooperatives and finance companies; Banking non-depository financial institutions include financial trust and investment companies, financial leasing companies, auto financing companies and loan companies. The grassroots units of the above financial institutions fill out the questionnaires and report to the higher authority. The higher authorities tabulate the data level by level. Finally, the Head Office of the People's Bank of China tabulates the data to obtain the national total.

Total Deposits are the main items of financial sources of financial institutions, which include deposits of households, deposits of non-financial enterprises, deposits of government departments & organizations, fiscal deposits, deposits of non-banking financial institutions and overseas deposits.

Total Loans are the main items of financial uses of financial institutions, which include loans to households, loans to non-financial enterprises and government departments & organizations, loans to non-banking financial institutions and overseas loans.

Insurance Companies refers to commercial insurance companies of various forms registered by law and established in China with the approval of insurance regulatory agencies.

Amount Insured refers to the maximum that the insurance will get for the claim of the case insured.

Premium is the fee paid by the insurance to the insurer to obtain the obligation of compensation from the insurance within the agreed terms.

Settled Claim is the compensation paid by the insurer to the insurance in accordance with the insurance contract.

Payment includes payment for death, injury or medical treatment and payment at maturity. Payment for death, injury or medical treatment refers to the money paid to the insurance (or the beneficiary) in accordance with the life or health insurance contract when the insurance encounters accidents within the insured period covered in the contract. Payment at maturity refers to the payment to the insurance in accordance with the life insurance contract at the end of the insured period.

20 教育、科技和专利

Chapter 20 Education, Science, Technology and Patents

20-1 各类学校数
Number of Schools by Type

单位：所 (unit)

年份 Year	普通高等学校 Regular Institutions of Higher Education	中等职业学校 Secondary Vocational Schools	普通中学 Regular Secondary Schools	小 学 Primary Schools	幼儿园 Kindergartens	特殊教育学校 Special Education Schools
1952	10		306	35373	609	
1957	13		488	43665	612	
1962	17		866	44683	305	
1965	20		3693	108974	1349	5
1970	18		2769	70263	687	3
1975	17		3287	86254	2397	3
1978	28		4605	72563	35306	3
1980	29		4524	67659	24814	3
1985	39		4017	61953	13280	9
1990	40		4332	55047	13831	22
1995	42		4578	55799	12485	53
1996	42		4506	48911	11602	59
1997	42		4420	46917	11223	55
1998	43		4448	46092	11385	62
1999	43		4375	45133	12016	63
2000	42		4321	43326	12780	63
2001	49		5154	31447	7875	69
2002	59		5093	25972	7935	68
2003	62		5000	24573	8388	70
2004	68		4965	21935	7602	73
2005	72		4995	19305	8875	83
2006	76		5181	17372	8596	88
2007	76		5093	15834	8580	88
2008	78		4937	13993	8425	93
2009	92		4809	12437	8562	95
2010	93	679	4738	9282	9483	100
2011	94	656	4704	8847	10162	107
2012	99	630	4643	8586	10794	113
2013	103	595	4630	7257	11759	119
2014	107	568	4633	6959	12111	122
2015	109	550	4590	6487	12365	124
2016	109	526	4555	5981	12903	125
2017	109	520	4476	5721	13243	127
2018	119	508	4484	5730	13396	128
2019	126	497	4513	5725	13568	129
2020	132	493	4469	5679	13752	132
2021	134	482	4328	5443	13407	135
2022	134	463	4162	5213	12869	137

注：普通高等学校包括普通本科学校和高等职业学校；中等职业学校包括技工学校。各类学校基本情况由四川省教育厅提供(以下相关表同)。
a) Regular Institutions of Higher Education include ordinary undergraduate schools and higher vocational schools; Secondary vocational schools include Technical Schools. The basic statistics of schools is provided by Sichuan Provincial Department of Education (the same as the following tables).

20-2 各类学校专任教师数
Number of Full-time Teachers of Schools by Type

单位：人 (person)

年份 Year	普通高等学校 Regular Institutions of Higher Education	中等职业学校 Secondary Vocational Schools	普通中学 Regular Secondary Schools	小 学 Primary Schools	幼儿园 Kindergartens	特殊教育学校 Special Education Schools
1952	1228		5953	111229	1556	
1957	3238		11873	132141	4679	
1962	5675		18597	146639	4523	
1965	6125		29097	225914	4720	35
1970	6414		55788	213151	3992	53
1975	7487		92015	334794	1858	20
1978	9047		167540	342661	39245	25
1980	10562		152660	343175	39028	44
1985	14577		145715	340164	32284	115
1990	16058		176179	321087	43573	322
1995	16439		190184	320923	55420	728
1996	16799		193942	323713	56052	730
1997	16786		196636	330212	56107	837
1998	17228		199357	334999	57738	987
1999	17891		207305	336356	58165	1148
2000	18418		217039	331551	58128	1113
2001	21984		227035	325123	30956	942
2002	26852		237425	321193	30591	973
2003	31372		247098	316029	32515	994
2004	39306		253358	307940	33997	1068
2005	44854		258924	307113	36654	1174
2006	52211		265540	306886	37530	1318
2007	55903		269967	306149	39337	1407
2008	59174		273559	307687	41827	1478
2009	61772		279414	306528	45136	1572
2010	64991	44051	284962	305741	51909	1711
2011	67448	48873	285755	305508	57528	1784
2012	73137	48186	290366	304899	65403	1941
2013	76795	45952	292629	305619	77336	2055
2014	81404	46767	292967	304909	86414	2211
2015	84430	46869	293165	308059	96885	2355
2016	85832	46621	294676	314406	105592	2503
2017	83949	46314	298805	325016	117052	2798
2018	86997	46046	304586	329927	122972	2970
2019	89796	45835	312867	337840	128724	3094
2020	95395	46606	321354	344855	132068	3220
2021	99025	52086	330723	349448	158076	3427
2022	104901	53266	335249	349535	164187	3607

20-3 各类学校在校学生数
Number of Enrollments of Formal Education by Type

单位：人 (person)

年份 Year	普通高等学校 Regular Institutions of Higher Education	中等职业学校 Secondary Vocational Schools	普通中学 Regular Secondary Schools	小学 Primary Schools	幼儿园 Kindergartens	特殊教育学校 Special Education Schools
1952	9104		155252	3807776		
1957	19565		320254	4574044		
1962	36587		324216	3962046		
1965	28236		669901	7859341	127921	398
1970			1481952	6341703	95325	503
1975	21203		2085366	11013460	199412	345
1978	35715		3838846	10745859	1389229	339
1980	48497		2974390	11441551	957632	347
1985	72812		2516824	10418664	833754	623
1990	91866		2892023	6873322	1062885	1422
1995	126280		2705466	7350179	1777728	509
1996	131459		2765730	7797611	1793653	7400
1997	140451		2748214	8270885	1779648	9444
1998	151905		2908894	8438446	1860762	10104
1999	180256		3364576	8270859	1923949	10771
2000	235470		3919813	8026506	1892626	8224
2001	316701		4282666	7948490	1658864	14616
2002	412357		4568419	7785414	1595534	13390
2003	512663		4810712	7554308	1588575	15839
2004	637340		4909216	7365754	1527298	17354
2005	775436		4855390	7145093	1526827	24788
2006	860640		5014951	7217750	1562466	28621
2007	918438		5054691	6965306	1560935	39900
2008	991072		5026261	6488221	1597919	41739
2009	1035934		4990033	6170471	1707263	41767
2010	1086215	1399557	4900896	5921080	1887545	41839
2011	1139316	1407636	4778133	5798017	2110148	40898
2012	1223680	1398563	4558398	5607407	2192890	44287
2013	1270818	1302260	4233225	5259536	2314907	43731
2014	1328329	1195396	4073109	5313193	2407717	42289
2015	1387889	1107828	3934438	5417353	2481681	43251
2016	1446559	1019183	3895408	5495234	2593131	47780
2017	1499715	973974	3904323	5518361	2625168	53461
2018	1564710	941636	4007635	5554589	2608595	56851
2019	1661737	926504	4135256	5557731	2644188	61072
2020	1800903	946700	4206686	5529052	2652303	64979
2021	1920825	1027419	4236307	5489827	2617586	65981
2022	2051526	1082668	4240293	5450163	2539742	64476

注：普通高等学校学生数为普通本专科学生数；特殊教育在校生数含随班就读、送教上门等人数(以下有关各表同)。

a) Number of students in regular institutions of higher education is the number of ordinary college students; Number of students in special education schools includes the number of students enrolled in the class(the same as the following related tables).

20-4 各类学校招生数
Number of Entrants of Formal Education by Type

单位：人 (person)

年份 Year	普通高等学校 Regular Institutions of Higher Education	中等职业学校 Secondary Vocational Schools	普通中学 Regular Secondary Schools	小 学 Primary Schools	特殊教育学校 Special Education Schools
1952	2353		81221		
1957	4823		116364	128678	
1962	4895		121261	1544971	
1965	6570		316756	2302127	
1970			747057	1899719	
1975	7569		1200679	2800872	33
1978	14916		1609352	2649457	34
1980	11610		1106948	2519225	87
1985	26069		943009	1455993	281
1990	26962		1019786	999538	485
1995	41714		1041585	1479126	1423
1996	43774		948623	1412690	1210
1997	46196		964969	1397645	1386
1998	49035		1176141	1293404	1232
1999	65481		1427007	1240217	1163
2000	95565		1527602	1256880	1182
2001	119470		1595486	1338908	2676
2002	152754		1717062	1320396	2157
2003	180308		1746751	1223734	2550
2004	215243		1696131	1169163	2726
2005	267198		1684360	1092214	3916
2006	266491		1767927	1151856	4503
2007	297566		1758759	1083015	6169
2008	328341		1754692	1006479	6333
2009	307127		1692325	945131	6483
2010	337892	575964	1641724	1231433	6684
2011	351846	575321	1593466	996827	6767
2012	381519	543472	1510249	1009618	8398
2013	376806	531212	1390078	950346	8230
2014	408941	482493	1332203	929667	8014
2015	436467	441280	1297254	934786	8096
2016	439286	414212	1322169	930103	9579
2017	460776	395511	1335486	911391	10361
2018	484148	376168	1385397	952217	10298
2019	525622	377015	1427850	933467	10914
2020	589288	399935	1405459	881239	11867
2021	603662	421504	1421976	896387	10919
2022	674407	412729	1426496	884407	11870

20-5 各类学校毕业生数
Number of Graduates of Formal Education by Type

单位：人 (person)

年份 Year	普通高等学校 Regular Institutions of Higher Education	中等职业学校 Secondary Vocational Schools	普通中学 Regular Secondary Schools	小学 Primary Schools	特殊教育学校 Special Education Schools
1952	2742				
1957	1773		75254	739606	
1962	5317		80499	303087	
1965	8489		104984	399595	
1970	4796		142279	829050	
1975	5701		626880	1279795	35
1978	5884		1268232	1782504	35
1980	7130		934730	1603760	82
1985	13592		728872	1446826	57
1990	27672		746250	1408170	66
1995	40915		644932	1018463	336
1996	37872		719950	897863	445
1997	35658		818628	875741	552
1998	36672		868089	1069005	1036
1999	35465		804529	1327862	943
2000	40104		818595	1397579	1190
2001	44602		992309	1347390	1824
2002	52405		1224114	1361854	1677
2003	74307		1299710	1324117	2090
2004	100998		1385780	1221872	2131
2005	139328		1510287	1187842	2160
2006	173287		1527428	1221708	2953
2007	228028		1554082	1247914	4565
2008	247707		1575017	1253417	5312
2009	252214		1571659	1166577	5933
2010	278577	357279	1587603	1113444	5817
2011	289165	387422	1606332	1042069	5486
2012	286756	405599	1571830	1001656	7969
2013	318407	447222	1512136	886816	9191
2014	338643	498424	1422928	830744	9004
2015	361510	452593	1379237	803044	8634
2016	362127	433944	1329596	842414	8192
2017	386145	386220	1293825	869517	9557
2018	393689	363828	1262078	919381	10094
2019	402922	345110	1298731	935545	11408
2020	433106	320695	1324237	922320	13123
2021	451644	297714	1377819	929839	12054
2022	510447	306969	1408731	924554	14259

20-6 普通高等学校情况(2022年)
Statistics on Regular Institutions of Higher Education(2022)

单位：所、人 (unit, person)

项 目	Item	学校数 Number of Institutions	毕业生数 Graduates	招生数 Entrants	在校学生数 Enrollment	教职工数 Staff and Workers
合 计	**Total**	**134**	**510447**	**674407**	**2051526**	**147550**
#女	Female		282180	338431	1034583	77686
综合大学	Comprehensive University	42	184674	241207	701705	47933
理工院校	Science and Engineering College	45	157005	222785	679003	50061
农业院校	Agriculture College	3	12976	17459	55942	4556
医药院校	Medicine College	12	32508	42689	133538	10396
师范院校	Teacher Training College	12	61178	65828	220351	15614
财经院校	Economics and Finance College	6	19968	28201	78640	5253
政法院校	Politics and Law College	2	2934	2928	9818	767
体育院校	Physical Culture College	2	2434	2604	9806	1428
艺术院校	Art Institutes	6	17278	25617	80140	6419
民族院校	College of Nationalities	2	9367	9788	38146	2735
语文院校	Chinese College	2	10125	15301	44437	2388

20-7 普通高等学校专任教师情况(2022年)
Full-time Teachers of Regular Higher Education Institutions(2022)

单位：所、人 (unit, person)

项 目	Item	专任教师数 Full-time Teachers	正高级 Senior	副高级 Sub-senior	中级 Middle	初级 Junior	未定职称 No Rank
合 计	**Total**	**104901**	**10545**	**26549**	**38544**	**19701**	**9562**
#女	Female	56420	3252	12580	21370	12399	5662
综合大学	Comprehensive University	33443	3116	8503	11578	6484	3762
理工院校	Science and Engineering College	35149	3681	9198	12641	6837	2792
农业院校	Agriculture College	3425	443	766	1597	368	251
医药院校	Medicine College	7859	952	2035	2876	1446	550
师范院校	Teacher Training College	11961	1272	3057	4762	2192	678
财经院校	Economics and Finance College	3786	420	1024	1398	567	377
政法院校	Politics and Law College	454	44	127	214	60	9
体育院校	Physical Culture College	739	93	193	301	145	7
艺术院校	Art Institutes	4239	211	726	1608	1020	674
民族院校	College of Nationalities	1934	266	582	879	96	111
语文院校	Chinese College	1912	47	338	690	486	351

注：普通本（专）科学校附设中职班的专任女教师未单独统计职称情况。
a) The professional titles of full-time female teachers in secondary vocational classes attached to regular undergraduate (junior) Institutions are not counted separately.

20－8 普通本科分学科学生数(2022年)
Number of Regular Students for Normal Courses in Higher Education Institutions by Discipline(2022)

单位：人 (person)

项 目	Item	毕业生数 Graduates	招生数 Entrants	在校学生数 Enrollment
合 计	**Total**	**253299**	**313570**	**1091431**
#女	Female	142607	170279	581838
哲 学	Philosophy	36	141	357
经济学	Economics	9363	8816	35114
法 学	Law	7944	8358	32246
教育学	Education	14595	23246	66802
文 学	Literature	25978	29895	110646
历史学	History	1092	1497	5845
理 学	Science	15840	17919	69051
工 学	Engineering	79073	103582	360106
农 学	Agriculture	3247	4165	14012
医 学	Medicine	16735	21636	77733
管理学	Management	46776	52752	172791
艺术学	Art	32620	41563	146728

20－9 分学科研究生数(2022年)
Number of Postgraduates by Academic Field(2022)

单位：人 (person)

项 目	Item	毕业生数 Graduates	#攻读博士学位 Study in Doctor Degree	招生数 Entrants	#攻读博士学位 Study in Doctor Degree	在校学生数 Enrollment	#攻读博士学位 Study in Doctor Degree
合 计	**Total**	**38517**	**3235**	**53186**	**5347**	**159262**	**20943**
#女	Female	20239	1470	26726	2131	78759	8250
哲 学	Philosophy	168	24	190	46	604	181
经济学	Economics	2279	162	2460	202	6594	976
法 学	Law	2014	93	2522	156	7468	704
教育学	Education	1769	33	2904	51	8457	219
文 学	Literature	1519	74	1820	124	5517	590
历史学	History	269	38	318	61	954	220
理 学	Science	2557	421	3505	604	10742	2351
工 学	Engineering	14343	1292	21033	2643	63277	10466
农 学	Agriculture	1959	99	3236	180	9197	695
医 学	Medicine	4510	789	6412	958	18854	3170
军事学	Strategics	4					
管理学	Management	5989	192	7266	282	23377	1282
艺术学	Art	1137	18	1494	14	4195	63
交叉学科	Interdisciplinary			26	26	26	26
专业学位	**Professional Degree**	**20929**	**415**	**30635**	**1244**	**87966**	**3404**

注：不含在职人员攻读硕士学位人数。
a) Data in this table does not include the number of on-the-job personnel studying for master's degree.

20－10 中等职业学校情况(2022年)
Statistics on Secondary Vocational Schools(2022)

单位：人 (person)

项 目	Item	毕业生数 Graduates	招生数 Entrants	在校学生数 Enrollment	专任教师数 Full-time Teachers
合 计	**Total**	**261971**	**345628**	**907951**	**42886**
#女	Female	115617	155414	410706	24669
#专业课	Specialty Course				24644
农林牧渔大类	Farming, Forestry, Animal Husbandry and Fishery	9249	11499	29419	720
资源环境与安全大类	Resources, Environment and Security	1403	2789	4960	86
能源动力与材料大类	Energy, Power and Materials	368	945	1938	94
土木建筑大类	Civil Engineering	8904	16291	35492	833
水利大类	Water Conservancy	181	160	478	8
装备制造大类	Equipment Manufacture	23346	34559	84964	2360
生物和化工大类	Biological and Chemical engineering	833	1584	2667	119
轻工纺织大类	Light industry and Textile	2666	3162	7987	230
食品药品与粮食大类	Food, Medicine and Grain	396	1980	3973	149
交通运输大类	Transportation	46080	49309	141399	2722
电子与信息大类	Electronics and Information	54400	76172	198511	5036
医药卫生大类	Medicine and Sanitation	27057	36035	104120	2175
财经商贸大类	Financial Business	18052	22783	62648	1880
旅游大类	Tourism Service	20675	23488	62703	1937
文化艺术大类	Culture and Art	6210	14587	33578	2063
新闻传播大类	News communication	508	1125	3426	64
教育与体育大类	Education and Sports	33264	32787	99988	3555
公安与司法大类	Public Security and Justice	537	639	1592	15
公共管理与服务大类	Public Management and Service	7842	15734	28108	598
实习指导课	Practice Guidance Section				3122
#文化基础课	Basic Courses				18242

注：专任教师数据不包含技工学校。
a) Full-time teachers exclude teachers in technical schools.

20−11 技工学校情况
Statistics on Technical Schools

单位：所、人 (unit, person)

年份 Year	学校数 Number of Schools	毕业生数 Graduates	招生数 Entrants	在校学生数 Enrollment	教职工数 Staff and Teachers	培训社会人员数 Number of Training for Social Personnel	#失业人数 Unemployed	#农村劳动者 Rural Laborers
1990	387	37673	46334	119125	25778	23049		
1995	407	60392	54438	130896	26504			
2000	186	20177	16753	40147	9843	54335	6830	
2005	121	28326	47042	101037	8992	141836	14470	36156
2006	122	37684	53857	120462	9821	129603	19098	36935
2007	112	40946	65242	136395	9671	131459	18164	49701
2008	120	40816	68771	144608	10080	153200	16114	53324
2009	121	43214	64335	162614	10404	227563	18741	66781
2010	116	46910	52019	141407	10136	181246	12921	57617
2011	115	46500	42362	136347	9368	204035	19838	58244
2012	92	33009	41243	107175	8064	181758	9923	63233
2013	87	30804	39157	113406	8354	180313	14542	39216
2014	85	30337	38651	116168	8324	132163	9752	33996
2015	83	29507	40500	120337	9589	130328	11112	29498
2016	81	30136	39632	106669	10480	117333	14350	36776
2017	84	32730	46180	113961	10775	127922	7561	29794
2018	89	35994	50395	121576	11694	137377	9921	28713
2019	90	37221	53160	130413	11713	105419	8693	25329
2020	96	38653	63194	148400	12144	130122	3913	21362
2021	99	42077	70109	165389	13249	131554	7049	20794
2022	100	44998	67101	174717	13413	166878	4465	16052

注：①本表由四川省人力资源和社会保障厅提供；②1996年以前的数据包括重庆市部分；③2009年开始，原指标“培训社会人员结业数”调整为“培训社会人员数”。

a) Data of the table are provided by Sichuan Provincial Department of Human Resources and Social Security; b)The data before 1996 included Chongqing; c) Since 2009, indicator "number of training personnel exit" is adjusted to indicator "number of training for social personnel".

20−12 成人教育情况(2022年)
Statistics on Adult Education(2022)

单位：所、人 (unit, person)

项　目	Item	学校数 Number of Schools	毕(结)业生数 Graduates	招生数 Entrants	在校学生数 Enrollment	教职工数 Teachers and Staff	#专任教师 Full-time Teachers
成人高等教育	**Adult Education Schools**	**85**	**152222**	**184121**	**406861**	**952**	**576**
职工高等学校	Schools of Higher Education for Staff and Workers	10	6413	4363	10417	346	251
广播电视大学	Radio and TV Universities	2	6019	8906	20221	606	325
普通高校成人教育	Adult Higher Education	73	139790	170852	376223		
成人技术培训学校	**Technical training school for adults**	**2332**	**961059**		**968393**	**11267**	**7864**
职工技术培训学校	Technical Training Schools for Staff and Workers	101	246814		200014	3105	2550
农村成人文化技术培训学校(机构)	Technical Training Schools for Peasants	1772	604949		669685	4590	2623
教育部门办	Sponsored by Education Department	1717	527538		589342	4505	2555
其他部门办	Sponsored by other Department	52	68264		71542	45	31
民办	Sponsored by Private	3	9147		8801	40	37
其他培训机构	Other Training Schools for Adults	459	109296		98694	3572	2691
教育部门办	Sponsored by Education Department	22	54179		37769	796	556
其他部门办	Sponsored by other Department	38	8225		8225	204	110
民办	Sponsored by Private	399	46892		52700	2572	2025

注：成人技术培训学校数据中含其他培训机构数据。
a) Data of adult technical training schools include data of other training institutions.

20−13 各类学校女学生和女教师数
Number of Female Students and Teachers of School by Type

单位：人 (person)

指　标	Item	2010	2015	2017	2018	2019	2020	2021	2022
女学生	**Number of Female Students**								
普通本(专)科学校	Regular Institutions of Higher Education	543727	740606	801108	834748	882046	940347	985927	1034583
中等职业学校	Secondary Vocational Schools	674900	495967	417361	383349	365796	368100	390005	410706
普通中学	Regular Secondary Schools	2371942	1924574	1915578	1968154	2028436	2065193	2084753	2091860
高中	Senior	724940	749832	724463	714093	719517	726030	741591	754870
初中	Junior	1647002	1174742	1191115	1254061	1308919	1339163	1343162	1336990
小学	Primary Schools	2799856	2586309	2648104	2669666	2671156	2660856	2643187	2625849
特殊教育	Special Schools	14002	15894	20171	21984	23553	25197	25367	24868
女教师	**Number of Female Teachers**								
普通本(专)科学校	Regular Institutions of Higher Education	29297	39740	40966	42924	43148	48818	51730	56420
中等职业学校	Secondary Vocational Schools	15680	19085	19253	19485	19712	20328	22847	24669
普通中学	Regular Secondary Schools	120391	136332	145893	151549	158665	165888	173794	179537
高中	Senior	32636	42558	45644	47370	48947	50495	53411	57149
初中	Junior	87755	93774	100249	104179	109718	115393	120383	122388
小学	Primary Schools	158241	179892	202473	210586	220222	227676	233123	236502
特殊教育	Special Schools	1166	1679	2042	2168	2278	2395	2542	2815

注：中等职业学校中不包括技工学校。
a) Female teachers in secondary vocational schools don't include technical schools.

20−14　各市(州)普通本(专)科学校情况(2022年)
Statistics on Regular Higher Education Institutions by Region(2022)

单位：所、人　　(unit, person)

市(州)	Region	学校数 Number of Schools	毕业生数 Graduates	招生数 Entrants	在校学生数 Enrollment	专任教师数 Full-time Teachers
全　省	**Sichuan**	**134**	**510447**	**674407**	**2051526**	**104901**
成都市	Chengdu	58	258019	330592	1035322	55844
自贡市	Zigong	3	14440	16635	54660	2612
攀枝花市	Panzhihua	3	7230	8900	27094	1350
泸州市	Luzhou	7	17629	31234	85172	3866
德阳市	Deyang	9	26145	45204	125494	5786
绵阳市	Mianyang	11	46510	59205	180501	8450
广元市	Guangyuan	3	6191	7850	21748	915
遂宁市	Suining	1	4948	8138	17450	715
内江市	Neijiang	4	12445	13394	41406	2102
乐山市	Leshan	3	15591	15999	50556	2668
南充市	Nanchong	7	25024	34137	108446	5368
眉山市	Meishan	6	12433	27204	70454	2986
宜宾市	Yibin	2	9920	11408	37684	2093
广安市	Guangan	1	6961	4691	14896	685
达州市	Dazhou	3	10994	14658	40054	1873
雅安市	Yaan	2	14739	15768	54701	3410
巴中市	Bazhong	1	2182	4181	11140	418
资阳市	Ziyang	3	4358	8609	18373	931
阿坝藏族羌族自治州	Aba	2	3966	4144	13452	715
甘孜藏族自治州	Ganzi	2	2483	3842	12011	540
凉山彝族自治州	Liangshan	3	8239	8614	30912	1574

20−15 各市(州)中等职业教育情况(2022年)

Statistics on Secondary Vocational Schools by Region(2022)

单位：所、人 (unit, person)

市(州)	Region	学校数 Schools	毕业生数 Graduates	招生数 Entrants	在校学生数 Enrollment	教职工数 Teacher and Staff	#专任教师 Full-time Teachers
全　省	**Sichuan**	**363**	**261971**	**345628**	**907951**	**51260**	**42886**
成都市	Chengdu	83	62145	79278	191539	11904	9820
自贡市	Zigong	8	7682	14151	36505	1630	1395
攀枝花市	Panzhihua	4	3230	4047	12302	730	596
泸州市	Luzhou	16	19139	28231	78083	3098	2868
德阳市	Deyang	16	7558	11629	29551	2178	1641
绵阳市	Mianyang	21	13055	19112	51122	2903	2516
广元市	Guangyuan	11	6427	10503	26252	1514	1298
遂宁市	Suining	10	5240	8210	20799	1517	1285
内江市	Neijiang	16	11820	12043	33570	1783	1420
乐山市	Leshan	18	10705	12965	37007	2246	1902
南充市	Nanchong	29	17268	23868	67820	4110	3077
眉山市	Meishan	16	11548	13527	37910	2462	1782
宜宾市	Yibin	16	21821	23256	66206	3754	3416
广安市	Guangan	26	17380	22299	48079	2238	1824
达州市	Dazhou	28	16732	21256	57292	3381	2719
雅安市	Yaan	8	4025	4559	12375	736	602
巴中市	Bazhong	9	7511	11888	33568	1649	1621
资阳市	Ziyang	7	4856	8745	23862	1024	1099
阿坝藏族羌族自治州	Aba	4	1101	1021	3485	340	282
甘孜藏族自治州	Ganzi	3	1913	2172	6800	374	276
凉山彝族自治州	Liangshan	14	10815	12868	33824	1689	1447

注：以上数据不含技工学校。
a) Data in this table exclude technical schools.

20-16 各市(州)普通高中情况(2022年)
Statistics on Regular Senior Secondary Schools by Region(2022)

单位：所、人 (unit, person)

市(州)	Region	学校数 Number of Schools	毕业生数 Graduates	招生数 Entrants	在校学生数 Enrollment	专任教师数 Full-time Teachers
全 省	**Sichuan**	**809**	**474281**	**503117**	**1464997**	**111409**
成都市	Chengdu	175	71552	89874	243000	21395
自贡市	Zigong	23	13809	13791	41298	2815
攀枝花市	Panzhihua	14	7392	7974	22822	1929
泸州市	Luzhou	29	33313	36085	111282	6895
德阳市	Deyang	25	16433	17134	48800	3934
绵阳市	Mianyang	36	35105	36853	104966	7817
广元市	Guangyuan	24	15145	16611	47408	3801
遂宁市	Suining	31	17541	18258	52983	4365
内江市	Neijiang	40	20263	21048	63147	4233
乐山市	Leshan	29	13591	15111	43753	3900
南充市	Nanchong	60	39843	35277	109501	7551
眉山市	Meishan	28	15135	15043	46126	4076
宜宾市	Yibin	41	27495	32156	89998	6636
广安市	Guangan	41	23719	23137	68857	5589
达州市	Dazhou	52	41271	40227	124671	7953
雅安市	Yaan	16	7241	8178	23507	1867
巴中市	Bazhong	43	24813	17655	54993	5484
资阳市	Ziyang	32	15632	19457	54803	3485
阿坝藏族羌族自治州	Aba	17	5308	4450	13762	1307
甘孜藏族自治州	Ganzi	14	5789	5513	16547	1270
凉山彝族自治州	Liangshan	39	23891	29285	82773	5107

20−17 各市(州)普通初中情况(2022年)
Statistics on Regular Junior Secondary Schools by Region(2022)

单位：所、人 (unit, person)

市(州)	Region	学校数 Number of Schools	毕业生数 Graduates	招生数 Entrants	在校学生数 Enrollment	专任教师数 Full-time Teachers
全 省	**Sichuan**	**3353**	**934450**	**923379**	**2775296**	**223840**
成都市	Chengdu	467	149639	162144	475692	39826
自贡市	Zigong	115	32434	28496	88566	6723
攀枝花市	Panzhihua	41	12389	11817	36523	3300
泸州市	Luzhou	185	73795	56374	188263	13973
德阳市	Deyang	108	30340	32170	94590	8020
绵阳市	Mianyang	129	52998	51035	158486	11924
广元市	Guangyuan	114	23357	25849	78626	6840
遂宁市	Suining	107	28050	30724	89496	6967
内江市	Neijiang	123	41253	34887	109814	8455
乐山市	Leshan	136	30100	29493	88936	7459
南充市	Nanchong	346	63238	60561	187092	16898
眉山市	Meishan	137	22913	27941	82636	7179
宜宾市	Yibin	230	65003	64447	193961	14545
广安市	Guangan	226	40781	39906	120766	11687
达州市	Dazhou	304	73322	66873	205827	16988
雅安市	Yaan	51	16118	13853	42014	3828
巴中市	Bazhong	174	33054	32827	99807	9848
资阳市	Ziyang	164	35777	29442	93583	7319
阿坝藏族羌族自治州	Aba	34	9531	9254	27236	2907
甘孜藏族自治州	Ganzi	36	16019	16174	45935	3274
凉山彝族自治州	Liangshan	126	84339	99112	267447	15880

20-18 各市(州)普通小学情况(2022年)
Statistics on Primary Schools by Region(2022)

单位：所、人 (unit, person)

市(州)	Region	学校数 Number of Schools	毕业生数 Graduates	招生数 Entrants	在校学生数 Enrollment	专任教师 Full-time Teachers
全 省	**Sichuan**	**5213**	**924554**	**884407**	**5450163**	**349535**
成都市	Chengdu	636	161620	222870	1180640	70031
自贡市	Zigong	104	28467	21977	147345	9644
攀枝花市	Panzhihua	55	10885	10969	65904	4532
泸州市	Luzhou	194	55876	45751	295885	17811
德阳市	Deyang	205	31828	28874	177776	11748
绵阳市	Mianyang	331	47984	45461	282314	17103
广元市	Guangyuan	254	26126	20632	136056	11705
遂宁市	Suining	176	30649	28021	176620	11817
内江市	Neijiang	223	35041	26423	179738	11919
乐山市	Leshan	207	29646	30412	185064	12019
南充市	Nanchong	266	59898	51211	331848	24101
眉山市	Meishan	171	27571	28749	171790	11489
宜宾市	Yibin	294	64631	50855	345016	21150
广安市	Guangan	157	40509	33415	221013	15209
达州市	Dazhou	257	66690	49098	341665	24887
雅安市	Yaan	128	14172	15201	85016	6285
巴中市	Bazhong	182	32592	29006	186806	15579
资阳市	Ziyang	149	28895	20193	141659	8914
阿坝藏族羌族自治州	Aba	203	10437	10653	63818	6122
甘孜藏族自治州	Ganzi	304	16703	18044	119572	7706
凉山彝族自治州	Liangshan	717	104334	96592	614618	29764

20−19 各市(州)幼儿园情况(2022年)
Statistics on Kindergartens by Region(2022)

单位：所、个、人 (unit, person)

市(州)	Region	园数 Number of Kindergartens	班数 Number of Classes	幼儿数 Children Enrollment	教职工数 Teachers and Staff	#教师 Teachers
全 省	**Sichuan**	**12869**	**90326**	**2539742**	**281784**	**164187**
成都市	Chengdu	2821	23078	662791	105840	51478
自贡市	Zigong	455	2168	59949	6589	3993
攀枝花市	Panzhihua	173	1224	35359	4305	2518
泸州市	Luzhou	685	4274	124366	11161	6579
德阳市	Deyang	394	2964	88084	9258	5656
绵阳市	Mianyang	794	5156	138673	16643	10525
广元市	Guangyuan	292	2349	67095	5136	3637
遂宁市	Suining	466	2906	80216	8773	5546
内江市	Neijiang	545	2960	78681	7618	4839
乐山市	Leshan	621	3199	83123	9822	6402
南充市	Nanchong	655	5328	143759	12397	9162
眉山市	Meishan	416	2973	87065	9040	5759
宜宾市	Yibin	876	4927	142933	15361	9230
广安市	Guangan	610	3305	93282	12524	7217
达州市	Dazhou	635	5655	147680	10324	7881
雅安市	Yaan	283	1638	45943	5136	3069
巴中市	Bazhong	299	2970	78346	5759	5339
资阳市	Ziyang	395	2070	56417	5060	3283
阿坝藏族羌族自治州	Aba	259	1115	28655	2588	2087
甘孜藏族自治州	Ganzi	375	1414	38341	4274	2082
凉山彝族自治州	Liangshan	820	8653	258984	14176	7905

20—20 研究与试验发展(R&D)情况
Basic Statistics on Research and Development by Region

年份 Year	R&D人员折合全时人员(人年) Full-time Equivalent of R&D Personnel (man-year)	#研究人员 Researchers	R&D经费内部支出(万元) Internal Expenditure on R&D (10 000 yuan)	#日常性支出 Routine Expenses
2001	48180	35325	574712	506285
2002	61312	44957	619233	571565
2003	57867	43995	794211	736462
2004	60201	46373	780066	713398
2005	65747	51403	962450	894850
2006	67932	53552	1075659	984546
2007	78452	62595	1391130	1273338
2008	87557	63130	1622607	1537790
2009	85921	48786	2144590	1755258
2010	83506	45205	2706452	2031519
2011	82485	44005	2941010	2371221
2012	98010	52059	3508589	2747195
2013	109708	57956	3999702	3133297
2014	119676	62756	4493285	3577596
2015	116842	67516	5028761	4274116
2016	124614	70834	5614193	4857028
2017	144821	77241	6378500	5546985
2018	158847	81071	7370813	6483823
2019	170777	91965	8709515	7720356
2020	189828	99173	10552846	9328686
2021	197143	103746	12145209	10896817
2022	227141	112489	12150136	10770864

注：R&D人员折合全时人员中的研究人员，在2009年及以前为科学家和工程师。
a) Indicator of researchers in the full-time equivalent of R&D personnel is the indicator of scientists and engineers before 2009.

20—21 研究与试验发展(R&D)经费构成情况
Basic Statistics on Composition of Research and Development Expenditure

指标	Item	2005	2010	2015	2020	2021	2022
研究与试验发展(R&D)经费 (万元)	Funds for R&D (10 000 yuan)	962450	2706452	5028761	10552846	12145209	12150136
地区生产总值(GDP) (亿元)	GDP (100 million yuan)	7195.88	17224.78	30342.01	48501.64	54087.98	56749.81
R&D经费与地区生产总值(GDP)之比 (%)	Ratio of Expenditure on R&D to GDP (%)	1.34	1.57	1.66	2.17	2.25	2.14
R&D经费按执行部门分组(万元)	**Grouped by Executive Departments(10 000 yuan)**						
科研机构	Scientific Research Institutions	384195	1239870	2116421	4165591	4717718	3536833
高等院校	Institutions of Higher Education	145941	363509	465250	851926	954977	1052181
企业	Enterprises	422936	1061086	2402691	5474433	6350920	7327081
#工业企业	Industrial Enterprises	397645	879858	2238051	4276383	4801710	5300775
其他	Others	9378	41987	44399	60897	121593	234042
R&D经费按资金来源分组(万元)	**Grouped by Funding Sources (10 000 yuan)**						
政府资金	Government Appropriation Funds	438399	1512528	2302223	4201990	5131656	3913968
企业资金	Funds Raised by Enterprises	456173	1136088	2439994	5707215	6516310	7604377
境外资金	Foreign Funds	3966	5958	12915	26565	4229	8223
其他资金	Other Funds	63912	51878	273629	617076	493014	623568

注：R&D经费与地区生产总值之比，根据地区生产总值最新核实数据作了修正。
a) Ratio of expenditure on R&D to GDP was revised by use of lastest updated data of GDP.

20−22 各市(州)研究与试验发展(R&D)经费支出情况
Basic Statistics on Research and Development Expenditure by Region

市(州)	Region	R&D经费内部支出（万元）Internal Expenditure on R&D (10 000 yuan)		R&D经费内部支出与地区生产总值之比 Ratio of Internal Expenditure on R&D to GDP	
		2021	2022	2021	2022
全　省	**Sichuan**	**12145209**	**12150136**	**2.25**	**2.14**
成都市	Chengdu	6319174	7332591	3.17	3.52
自贡市	Zigong	168772	156775	1.06	0.96
攀枝花市	Panzhihua	183294	147323	1.59	1.21
泸州市	Luzhou	244703	295670	1.01	1.14
德阳市	Deyang	877234	509144	3.26	1.81
绵阳市	Mianyang	2395462	2041392	7.04	5.63
广元市	Guangyuan	77799	50720	0.70	0.45
遂宁市	Suining	150865	124136	0.99	0.77
内江市	Neijiang	161611	136034	1.01	0.82
乐山市	Leshan	226304	164956	1.03	0.71
南充市	Nanchong	238018	200043	0.91	0.74
眉山市	Meishan	154702	221812	0.99	1.36
宜宾市	Yibin	441679	424572	1.38	1.24
广安市	Guangan	76325	55675	0.54	0.39
达州市	Dazhou	171445	105484	0.72	0.42
雅安市	Yaan	99745	85665	1.18	0.95
巴中市	Bazhong	24957	26481	0.34	0.35
资阳市	Ziyang	47735	28048	0.54	0.30
阿坝藏族羌族自治州	Aba	14551	11399	0.32	0.25
甘孜藏族自治州	Ganzi	6313	4527	0.14	0.10
凉山彝族自治州	Liangshan	64521	27687	0.34	0.13

20—23 各市(州)规模以上工业企业研究与试验发展(R&D)及专利情况(2022年)

Basic Statistics on Research and Development and Patent of Industrial Enterprises above Designated Size by Region (2022)

市(州)	Region	R&D人员全时当量（人年）Full-time Equivalent of R&D Personnel (man-year)	R&D经费（万元）Expenditure on R&D (10 000 yuan)	专利申请数（件）Number of Patent Application (piece)	#发明专利 Invention	有效发明专利数（件）Number of Valid Invention Patents (piece)
全　省	**Sichuan**	**117859**	**5300775**	**41462**	**16085**	**57722**
成都市	Chengdu	49404	2254268	22007	9598	31085
自贡市	Zigong	2767	135456	894	266	1546
攀枝花市	Panzhihua	2028	109969	630	229	1085
泸州市	Luzhou	5327	243869	1175	342	1740
德阳市	Deyang	9549	439014	2288	827	3610
绵阳市	Mianyang	15114	767253	4531	1853	7630
广元市	Guangyuan	1259	39457	359	55	413
遂宁市	Suining	2736	116032	966	205	1124
内江市	Neijiang	2597	113036	697	279	942
乐山市	Leshan	3196	129004	899	255	1609
南充市	Nanchong	2712	119380	848	241	649
眉山市	Meishan	5918	215112	1653	568	1605
宜宾市	Yibin	9319	386288	1942	623	1923
广安市	Guangan	1676	49483	557	134	515
达州市	Dazhou	1571	93042	625	149	530
雅安市	Yaan	933	48721	519	187	509
巴中市	Bazhong	735	17778	214	29	138
资阳市	Ziyang	684	15148	217	78	453
阿坝藏族羌族自治州	Aba	132	4272	74	30	128
甘孜藏族自治州	Ganzi	13	140	110	40	48
凉山彝族自治州	Liangshan	187	4055	257	97	440

20-24 各市(州)科学研究与技术服务机构人员数、经费收入和支出总额(2022年)

Personnel、Income and Expenditure of Scientific Research and Technology Service Institution by Region(2022)

市(州)	Region	机构（个）Institution (unit)	从业人员（人）Personnel (person)	经费总收入（万元）Total Income (10 000 yuan)	#科技活动收入 Income from Scientific and Technological Activities	经费总支出（万元）Total Expenditure (10 000 yuan)	#科技活动支出 Expenditure on Scientific and Technological Activities
全　省	**Sichuan**	**303**	**36942**	**1922608**	**1652827**	**1917558**	**1610452**
成都市	Chengdu	181	27993	1615487	1425270	1609295	1388928
自贡市	Zigong	7	407	12041	11303	12109	10728
攀枝花市	Panzhihua	7	446	14101	8058	14415	9404
泸州市	Luzhou	6	626	15672	10931	13671	10665
德阳市	Deyang	5	558	24604	18757	24291	17357
绵阳市	Mianyang	6	875	39507	23967	37362	23266
广元市	Guangyuan	4	118	4813	4518	4808	4578
遂宁市	Suining	2	76	3162	3162	3104	3104
内江市	Neijiang	7	498	16719	14531	16503	15672
乐山市	Leshan	8	948	25918	20959	26194	16969
南充市	Nanchong	12	1111	33285	26927	32848	28068
眉山市	Meishan						
宜宾市	Yibin	16	1196	38946	24348	45057	25954
广安市	Guangan	2	27	2295	2295	1629	1629
达州市	Dazhou	5	184	5461	5348	5457	5422
雅安市	Yaan	3	124	3566	3360	3424	3179
巴中市	Bazhong	9	125	4197	2498	4036	2978
资阳市	Ziyang	2	79	4974	3980	5202	4319
阿坝藏族羌族自治州	Aba	8	217	10287	9996	10048	9587
甘孜藏族自治州	Ganzi	5	205	6314	4283	6166	4037
凉山彝族自治州	Liangshan	7	1067	39025	26435	39302	22037

20−25 高等学校科技活动情况(2022年)
Science and Technology Activities of Higher Education (2022)

项 目 市(州)	Item Region	研究机构数 (个) Number of Research Institutions (unit)	R&D人员 (人) R&D Personnel (person)	R&D人员折合全时当量 (人) R&D Personnel Equivalent to Full-time Equivalent (person)	R&D经费内部支出 (万元) Internal Expenditure on R&D (10 000 yuan)	#基础研究 Fundamental Research	项目(课题)数 (项) Number of Projects (unit)
合 计	**Total**	**952**	**73136**	**32861**	**1052181**	**418240**	**84796**
理 科	Science	530	33572	24341	907471	375773	43164
文 科	Liberal arts	422	39564	8519	144710	42467	41632
成都市	Chengdu	593	45801	21720	830971	337367	53464
自贡市	Zigong	29	1615	582	15813	805	2270
攀枝花市	Panzhihua	15	1134	373	7131	1253	1373
泸州市	Luzhou	26	3262	1747	33767	13238	3647
德阳市	Deyang	24	1207	549	8758	1352	1018
绵阳市	Mianyang	62	3413	1574	32299	19171	5875
广元市	Guangyuan		266	61	397	35	295
遂宁市	Suining	2	237	40	342	222	126
内江市	Neijiang	12	1551	553	9189	3181	1796
乐山市	Leshan	50	1092	402	8247	2168	1209
南充市	Nanchong	65	5801	2028	48151	18315	6895
眉山市	Meishan		473	101	640	54	320
宜宾市	Yibin	24	1357	580	8431	810	1426
广安市	Guangan	2	308	77	705	35	171
达州市	Dazhou	14	1340	376	3655	1281	1063
雅安市	Yaan	15	2284	1467	35133	15989	2090
巴中市	Bazhong		30	14	61	23	51
资阳市	Ziyang		84	15	94	48	55
阿坝藏族羌族自治州	Aba						
甘孜藏族自治州	Ganzi						
凉山彝族自治州	Liangshan	17	791	376	4802	1580	876

20–26 科技成果水平及应用情况(2022年)
Level and Utility of Achievement in Scientific and Technical Research(2022)

单位：项 (item)

指　标	Item	合计 Total	科研机构 Research Institutions	大专院校 Universities and Colleges	企业 Enterprises	其他 Others
基本情况	**Basic Condition**	**3018**	**304**	**1065**	**1304**	**345**
登记项目数	Number of Projects Registered	2754	259	958	1208	329
奖励项目数	Number of Projects Praised	264	45	107	96	16
成果计划	**Achievements Plan**	**2754**	**259**	**958**	**1208**	**329**
国家计划项目	Projects of Country Plans	23	3	7	10	3
部门计划项目	Projects of Department	4	1	2	1	
地方计划项目	Projects of Local Government	2270	238	916	863	253
部门基金项目	Projects of Department Foundation	1				1
地方基金项目	Projects of Local Government Foundation	8		4		4
其他	Others	448	17	29	334	68
成果类别	**Achievements Type**	**2754**	**259**	**958**	**1208**	**329**
基础理论	Basic Theory	554	52	397	23	82
应用技术	Applied Technology	2164	200	546	1184	234
软科学	Soft Science	36	7	15	1	13
成果水平	**Achievements Level**	**1220**	**106**	**188**	**793**	**133**
国际领先	International Original	41	9	11	21	
国际先进	International Advanced	197	11	44	134	8
国内领先	Domestic Original	614	48	70	435	61
国内先进	Domestic Advanced	368	38	63	203	64
应用项目	**Projects Applied**	**2164**	**200**	**546**	**1184**	**234**
农、林、牧、渔业	Farming, Forestry, Animal Husbandry and Fishery	358	85	69	174	30
工业	Industry	651	17	87	541	6
建筑业	Construction	70		18	49	3
交通运输、邮电通讯业	Transportation, Postal and Telecommunication Services	98	3	35	60	
信息传输、计算机服务和软件业	Information Transmission, Computer Services and Software	290	13	84	187	6
批发和零售业	Wholesale and Retail Trades	2		1	1	
住宿和餐饮业	Hotels and Catering Services	5		1	3	1
金融、保险业	Banking and Insurance	3			3	
房地产业	Real Estate	1	1			
租赁和商务服务业	Leasing And Business Services	2			2	
科学研究、技术服务和地质勘查业	Scientific Research, Technic Services and Geological Prospecting	195	39	75	63	18
水利、环境和公共设施管理业	Management of Water Conservancy, Environment and Public Facilities	75	9	28	35	3
居民服务和其他服务业	Residential Service And Others	4		1	3	
教育	Education	4		2	1	1
卫生、社会保障和社会福利业	Health Care, Social Security and Social Welfare	376	30	136	46	164
文化、体育和娱乐业	Culture, Sports and Entertainment	8		5	3	
公共管理和社会组织	Public Management and Social Organizations	22	3	4	13	2
其他行业	Others					
未应用项目	**Projects not Applied**	**1**				**1**

注：科技成果水平及应用资料由四川省科学技术厅提供。

a) Data of achievement and application of information technology are provided by Sichuan Provincial Science and Technology Department.

20–27 专利授权量
Patent Granted

单位：项 (item)

项　目	Item	2015	2016	2017	2018	2019	2020	2021	2022
全　省	**Sichuan**	**64953**	**62445**	**64006**	**87372**	**82066**	**108386**	**146937**	**135507**
1. 发明	I. Creations and Inventions	9105	10350	11367	11697	12053	14187	19337	25458
实用新型	Utility Models	31420	31813	33613	53121	51521	73927	105328	89368
外观设计	Designs	24428	20282	19026	22554	18492	20272	22272	20681
2. 个人	II. Individuals	12750	12097	11274	13232	13450	18775	20952	16238
大专院校	Universities and Colleges	4693	6297	8165	10102	10858	14285	17441	17076
科研单位	Research Institutions	1469	1854	2133	2370	2471	2865	3285	4351
工矿企业	Industrial and Mineral Enterprises	45042	41064	41097	60199	53278	68699	96721	92283
机关团体	Government Agencies and Organizations	999	1133	1337	1469	2009	3762	8537	5559

注：专利资料由四川省知识产权服务促进中心提供。
a) Data of patent information are provided by Intellectual Property Service Promotion Center of Sichuan Provincial.

20–28 各类技术合同签订及执行情况
Concluded and Fulfilled Technical Contracts

单位：项、万元 (item, 10 000 yuan)

项　目	Item	合同数 Number of Contracts		合同成交额 Value of Contracts		技术交易额 Technology Business Value	
		2021	2022	2021	2022	2021	2022
全　省	**Sichuan**	**18497**	**23620**	**13967411**	**16497724**	**6968215**	**10759799**
技术开发	Technical Development	8651	10419	2556340	3220476	2363613	2871657
技术转让	Technical Transfer	1030	1284	479833	638228	435817	552140
技术咨询	Technical Consultation	1388	2465	72820	122128	69186	111677
技术服务	Technical Services	7428	9366	10858417	12459608	4099599	7169999
技术许可	Technical License		86		57283		54324

注：各类技术合同签定及执行情况由四川省科学技术厅提供。
a) Data of various types of technology and the implementation of the contract signed are provided by Sichuan Provincial Science and Technology Department.

主要统计指标解释

普通、职业高等学校 指国家依法审批的，实施高等学历教育的全日制大学、独立设置的学院、独立学院、本科层次职业学校、高等专科学校、高等职业学校及其他普通高教机构。

大学、独立设置的学院主要实施本科及本科层次以上的教育。独立学院主要实施本科层次的教育。本科层次职业学校主要实施本科层次职业教育。高等专科学校、高等职业学校实施专科层次的教育。其他普通高教机构是指承担国家普通招生计划任务不计校数的机构，包括普通高等学校分校、大专班等。

成人高等学校 指国家依法审批的，招收具有高中毕业或同等学力的人员为主要培养对象，利用函授、业余、脱产等多种形式，对其实施高等学历教育的学校。包括：职工高等学校、农民高等学校、管理干部学院、教育学院、独立函授学院、广播电视大学、其他成人高教机构等。其他成人高教机构是指承担国家成人招生计划任务不计校数的机构。

科技活动 统计资料范围为全社会有研究与试验发展（R&D）活动的企事业单位，具体包括工业法人单位、地级及以上独立核算的政府属科学研究与技术开发机构及科技信息与文献机构、全日制普通高等学校及附属医院以及研究与试验发展（R&D）活动相对密集行业（包括农、林、牧、渔业，建筑业，交通运输、仓储和邮政业，信息传输、软件和信息技术服务业，金融业，租赁和商务服务业，科学研究和技术服务业，水利、环境和公共设施管理业，卫生和社会工作，文化、体育和娱乐业等）中从事研究与试验发展（R&D）活动的企事业单位。创新活动统计资料范围为规模以上工业法人单位。

研究与试验发展(R&D) 指为增加知识存量（也包括有关人类、文化和社会的知识）以及设计已有知识的新应用而进行的创造性、系统性工作，包括基础研究、应用研究和试验发展三种类型。国际上通常采用R&D活动的规模和强度指标反映一国的科技实力和核心竞争力。

R&D人员 指报告期R&D活动单位中从事基础研究、应用研究和试验发展活动的人员。包括直接参加上述三类R&D活动的人员，以及与上述三类R&D活动相关的管理人员和直接服务人员，即直接为R&D活动提供资料文献、材料供应、设备维护等服务的人员。不包括为R&D活动提供间接服务的人员，如餐饮服务、安保人员等。

R&D人员全时当量 指报告期R&D人员按实际从事R&D活动时间计算的工作量，以“人年”为计量单位。为国际上比较科技人力投入而制定的可比指标。

R&D经费支出 指报告期调查单位内部为实施R&D活动而实际发生的全部经费，按支出性质分为日常性支出和资产性支出。不包括调查单位委托其他单位或与其他单位合作开展R&D活动而转拨给其他单位的全部经费。

R&D项目（课题）数 R&D项目（课题）是进行R&D活动的基本组织形式，通常由R&D活动执行单位依据项目立项书或合同书等形式明确项目任务、目标、人员和经费等。

专利 是专利权的简称，是对发明人的发明创造经审查合格后，由国家知识产权局依据专利法授予发明人和设计人对该项发明创造享有的专有权。包括发明、实用新型和外观设计。反映拥有自主知识产权的科技和设计成果情况。

发明(专利) 指对产品、方法或者其改进所提出的新的技术方案。是国际通行的反映拥有自主知识产权技术的核心指标。

实用新型(专利) 指对产品的形状、构造或者其结合所提出的适于实用的新的技术方案。反映具有一定技术含量的技术成果情况。

外观设计(专利) 指对产品的形状、图案、色彩或者其结合所作出的富有美感并适于工业上应用的新设计。反映拥有自主知识产权的外观设计成果情况。

Explanatory Notes on Main Statistical Indicators

Regular and Vocational Higher Education Institutions refer to full-time universities, independently established schools, independent colleges, undergraduate level vocational schools, higher professional colleges, higher vocational colleges and other regular higher education institutions approved by the state according to law and implementing higher academic education.

Universities and independently established schools primarily provide normal courses at undergraduate and higher levels. Independent colleges mainly provide normal undergraduate courses. Undergraduate level vocational schools primarily provide undergraduate level vocational courses. Higher professional colleges and higher vocational colleges primarily provide undergraduate of short-cycle courses. Other regular higher education institutions refer to educational establishments, which are responsible for enrolling higher education students under the State Plan but not enumerated in the total number of schools, including: branch schools of regular higher education institutions and junior colleges.

Adults Higher Education Institutions refer to educational establishments approved by the state according to law, enrolling personnel graduated from senior secondary school or with equivalent education, and providing higher education courses in forms of correspondence, spare time or full time, for adults. Adults higher education institutions include schools of higher education for staff and workers, schools of higher education for peasants, institutions of administration, educational colleges, independent correspondence colleges, radio and television universities and other educational establishments of higher education for adult. Other educational establishments of higher education for adult refer undertakings to enrol adult students under the State Plan but not enumerated in the number of schools.

Scientific and Technological Activities (S&T Activities) Data on scientific and technological activities cover research and experimental development (R&D) activities of enterprises and institutions of whole society, mainly including industrial corporate units above designated size, industrial corporate units below designated size, scientific research and technological development institutions and scientific and technological information and literature institutions of prefecture level and above under the government with independent accounting, full-time universities and colleges, affiliated hospitals, and enterprises and institutions engaged in R&D activities in relatively R&D-intensive industries (such as agriculture, forestry, animal husbandry, fishery, construction, transport, storage and post, information transmission, software and information technology service, finance, leasing and business services, scientific research and technical services, management of water conservancy, environment and public facilities, health and social service, culture, sports and entertainment). Data on innovation activities cover industrial corporate units above designated size.

Research and Experimental Development (R&D) refers to creative and systematic work undertaken in order to increase the stock of knowledge (including knowledge of humankind, culture and society) and to devise new applications of available knowledge. R&D includes 3 categories of activities: basic research, applied research and experimental development. The scale and intensity of R&D are widely used internationally to reflect the strength of S&T and the core competitiveness of a country in the world.

R&D Personnel refer to persons of R&D activities units engaged in basic research, applied research, and experimental development at the reference period, including persons of directly participating in the three activities above, as well as management and direct service staff related to R&D activities, such as literature provision, material supply, equipment maintenance staff, it excludes persons providing indirect support and ancillary services, such as canteen and security staff.

Full-time Equivalent of R&D Personnel refers to the ratio of working hours actually spent on R&D during a specific reference period (usually a calendar year) divided by the total number of hours conventionally worked in the same period by an individual or by a group. The measurement unit of the ratio is "man-years". This is an internationally comparable indicator of S&T manpower input.

Expenditure on R&D refers to the real expenditure of surveyed units on their own R&D activities in reporting period. It is divided into current expenditures and gross fixed capital expenditures for R&D according to the nature of expenditure. It doesn't include the fees transferred to cooperated or entrusted agencies on R&D activities.

Number of R&D Projects (subjects) R&D Projects (subjects) are the basic forms of R&D activities, The project task, target, personnel and expenditure are usually defined by R&D activity execution unit according to project approval specification or contract document.

Patent is an abbreviation for the patent right and refers to the exclusive right of ownership by the inventors or designers for the creation or inventions, given from the China National Intellectual Property Administration after due process of assessment and approval in accordance with the Patent Law. Patents are granted for inventions, utility models and designs. This indicator reflects the achievements of S&T and design with independent intellectual property.

Patented Inventions refer to the new technical proposals to the products or methods or their modifications. This is universal core indicator reflecting the technologies with independent intellectual property.

Patented Utility Models refer to the practical and new technical proposals on the shape and structure of the product or the combination of both. This indicator reflects the condition of technological results with certain technical content.

Designs refer to the aesthetics and industrially applicable new designs for the shape, pattern and colour of the product, or their combinations. This indicator reflects the appearance design achievements with independent intellectual property.

21 文化、体育和卫生

Chapter 21 Culture, Sports and Public Health

21−1 文化艺术、文物事业机构数

Number of Institutions for Culture, Art and Cultural Relics

单位：个 (unit)

年份 Year	艺术表演团体 Art Performance Troupes	公共图书馆 Public Libraries	文化馆 Cultural Centers	文化站 Cultural Stations	博物馆 Museums
1952	126	4	148	146	1
1957	148	21	163	115	2
1962	205	36	161	76	11
1965	198	36	167	31	13
1970	169	36	171	16	13
1975	190	36	178	13	13
1978	193	57	178	8	12
1980	183	71	177	656	11
1985	148	82	172	5196	24
1990	109	109	168	4957	34
1991	106	112	168	4973	37
1992	105	117	169	4329	37
1993	103	117	169	3745	37
1994	101	118	170	3634	42
1995	101	123	171	3613	42
1996	101	125	172	3384	44
1997	101	127	170	3574	44
1998	100	129	170	3689	47
1999	99	129	171	3666	47
2000	98	129	171	3667	50
2001	89	129	174	3720	51
2002	89	131	173	3525	51
2003	89	132	181	3722	51
2004	84	137	180	3701	54
2005	85	141	180	4515	54
2006	81	146	202	3600	59
2007	84	151	202	3795	62
2008	83	154	203	3873	85
2009	84	156	203	4019	89
2010	82	161	204	4448	108
2011	75	169	205	4593	144
2012	63	188	205	4595	152
2013	52	197	207	4595	188
2014	51	198	207	4601	206
2015	52	203	207	4578	225
2016	50	203	207	4574	239
2017	52	204	207	4578	255
2018	52	204	207	4574	252
2019	49	206	207	4410	256
2020	46	207	207	4231	258
2021	48	207	206	4089	267
2022	49	209	206	4083	316

注：文化艺术、图书馆、博物馆等资料由四川省文化和旅游厅提供；艺术表演团体为文化和旅游部门所属。

a) Data of culture and art, libraries, museums and other information are provided by Sichuan Provincial Department of Culture and Tourism; Artistic performance groups belong to the cultural and tourism departments

21-2 各市(州)文化艺术、文物事业机构和人员数(2022年)
Institutions and Personnel of Culture, Art and Cultural Relics by Region(2022)

单位：个、人、万册 (unit, person, 1 0000 volumes)

市(州)	Region	艺术表演团体 Art Performance Troupes		公共图书馆 Public Libraries			文化馆 Cultural Centers		博物馆 Museums	
		机构数 Institutions	从业人员 Employed Persons	机构数 Institutions	从业人员 Employed Persons	藏书量 Collections	机构数 Institutions	从业人员 Employed Persons	机构数 Institutions	从业人员 Employed Persons
全省	**Sichuan**	**49**	**3101**	**209**	**2578**	**5066**	**206**	**3189**	**316**	**7248**
成都市	Chengdu	6	547	22	555	1426	22	433	101	2338
自贡市	Zigong	6	266	7	67	83	7	70	9	348
攀枝花市	Panzhihua	2	136	6	49	99	6	77	5	124
泸州市	Luzhou	1	13	9	85	222	8	94	13	156
德阳市	Deyang	1	17	7	86	134	7	104	12	573
绵阳市	Mianyang	2	127	10	92	275	10	166	18	364
广元市	Guangyuan	2	21	8	77	162	8	85	18	274
遂宁市	Suining	1	41	7	84	108	6	72	6	150
内江市	Neijiang	5	111	6	90	108	6	115	7	100
乐山市	Leshan	2	131	12	86	119	12	115	15	266
南充市	Nanchong	4	170	10	91	267	10	137	12	530
眉山市	Meishan	1	34	7	64	85	7	66	6	147
宜宾市	Yibin	2	85	12	106	224	11	170	14	215
广安市	Guangan			7	99	242	7	162	4	256
达州市	Dazhou	2	177	8	119	173	8	229	7	141
雅安市	Yaan			9	74	127	9	95	11	144
巴中市	Bazhong	2	52	6	84	115	6	123	18	382
资阳市	Ziyang	2	18	4	47	87	4	78	3	131
阿坝藏族羌族自治州	Aba	1	88	14	81	101	14	120	22	219
甘孜藏族自治州	Ganzi	1	70	19	98	123	19	344	7	55
凉山彝族自治州	Liangshan	1	119	18	145	194	18	235	7	117
省本级	Provincial level	5	878	1	299	591	1	99	1	218

注：全省合计中含省直属单位数。
a) The provincial data includes those of unites directly under the province.

21-3 各市(州)文化站情况(2022年)
Statistics on Cultural Stations by Region(2022)

市(州)	Region	文化站(个) Cultural Stations (unit)	#乡镇文化站 Township Cultural Stations	从业人员(人) Employed Persons (person)	举办展览(个) Number of Exhibitions (unit)	组织文艺活动次数(次) Art Performances & Cultural Sessions (time)	藏书量(千册) Collections (1 000 copies)
全　省	**Sichuan**	**4083**	**3558**	**8273**	**6594**	**41567**	**17282**
成都市	Chengdu	335	152	1337	1149	14016	2576
自贡市	Zigong	99	74	159	105	1014	224
攀枝花市	Panzhihua	61	44	186	49	614	241
泸州市	Luzhou	126	100	205	249	1002	662
德阳市	Deyang	118	106	204	153	1110	958
绵阳市	Mianyang	289	272	575	411	1827	1400
广元市	Guangyuan	199	192	315	451	1398	1002
遂宁市	Suining	124	104	222	131	1250	574
内江市	Neijiang	120	106	248	125	791	417
乐山市	Leshan	200	189	614	164	1282	693
南充市	Nanchong	426	369	805	879	3021	1267
眉山市	Meishan	133	112	271	81	1230	385
宜宾市	Yibin	186	166	337	373	1995	916
广安市	Guangan	179	161	303	77	963	493
达州市	Dazhou	229	210	437	697	1327	934
雅安市	Yaan	142	127	296	279	1116	538
巴中市	Bazhong	185	168	277	731	2221	1405
资阳市	Ziyang	122	113	314	141	1844	386
阿坝藏族羌族自治州	Aba	174	174	287	89	776	376
甘孜藏族自治州	Ganzi	303	303	348	52	1354	487
凉山彝族自治州	Liangshan	333	316	533	208	1416	1350

21-4 群众艺术馆、文化馆(站)业务活动及经费情况(2022年)
Basic Statistics on Activities and Expenditures of Mass Art Centers and Cultural Centers (Stations)(2022)

项　目		Item		总计 Total	群众艺术馆(文化馆) Mass Art Centers (Cultural Centers)	文化站 Cultural Stations
单位数	(个)	Number of Units	(unit)	4289	206	4083
举办展览	(个)	Number of Exhibitions	(unit)	7762	1168	6594
组织文艺活动	(次)	Art Performances and Cultural Sessions	(time)	47990	6423	41567
举办训练班		Training Courses				
班次	(次)	Number of Classes	(time)	24803	5512	19291
培训人次	(万人次)	Number of Persons Completing Courses	(10 000 person-times)	85	19	66
群众业余演出团(队)	(个)	Part-time Art Groups	(unit)	23570	3759	19811
总支出	(万元)	Total Expenses	(10 000 yuan)	124378	69352	55026
#基本支出	(万元)	Basic Expenses	(10 000 yuan)	69637	45325	24313

注：本表各项指标仅指文化部门系统内的。
a) Data in this table only refers to those under the administration of cultural departments.

21−5 公共图书馆业务活动及经费情况(2022年)
Business Activities and Expenditures of Public Libraries(2022)

项　目		Item		总计 Total	省级公共图书馆 Public Libraries at Provincial Level	市(州)级公共图书馆 Public Libraries at Prefecture Level	县级公共图书馆 Public Libraries at County Level
总藏量	(万册、件)	Total Collections	(10 000 volumes)	5066	591	1526	2949
书架总长度	(万米)	Total Length of Bookshelves	(10 000 m)	154.65	4.02	99.53	51.09
书刊外借情况		Condition of Books Borrowed by the Readers					
人次	(万人次)	Total Number of Circulation	(10 000 person-times)	994	19	258	718
册次	(万册次)	Number of Books Borrowed by the Readers	(10 000 volume-times)	1803	59	493	1250
为读者举办各种活动		Service Activities Provided for Readers					
次数	(次、个)	Number of Activities	(time, unit)	6064	51	1176	4837
参加人数	(万人次)	Number of Readers Involved	(10 000 person-times)	291	9	135	147
总支出	(万元)	Total Expenditures	(10 000 yuan)	62033	9954	22626	29452
基本支出	(万元)	Basic Expenses	(10 000 yuan)	32744	4594	11258	16892
#新增藏量购置费	(万元)	Purchase of New Reserves	(10 000 yuan)	5874	950	1902	3022
本年新增藏量	(万册)	New Reserves this Year	(10 000 copies)	379	7	68	303
阅览室座席	(千位)	Seating Capacity of Reading Rooms	(1 000 seats)	86	3	21	62

注：总藏量从2013年起不包括电子图书。
a) Total collections don't include electronic books since 2013.

21−6 博物馆、文物机构业务活动及经费情况(2022年)
Business Activities and Expenditures of Museums and Cultural Relic Agencies(2022)

项　目		Item		博物馆 Museums	文物保护管理机构 Cultural Relic Agencies
藏品	(件/套)	Number of Collections	(piece/set)	4708922	129313
#一级品	(件/套)	Grade One	(piece/set)	3677	550
本年支出	(万元)	Total Expenses	(10 000 yuan)	152475	87513
#基本支出	(万元)	Basic Expense	(10 000 yuan)	56690	23937
#商品和服务支出	(万元)	Goods and Services Expenses	(10 000 yuan)	68714	33129

21－7 图书、杂志和报纸出版情况
Number of Books, Magazines and Newspapers Published

年份 Year	图书 Books Published				杂志 Magazines Published				报纸 Newspapers Published			
	种数 (种) Kind of Publications (kind)	#新出版 New Publications	总印数 (万册) Total Printed Copies (10 000 copies)	总印张数 (万印张) Total Printed Sheets (10 000 sheets)	种数 (种) Kind of Publications (kind)	每期平均印数 (万册) Average Printed Copies per Issue (10 000 copies)	总印数 (万册) Total Printed Copies (10 000 copies)	总印张数 (万印张) Total Printed Sheets (10 000 sheets)	种数 (种) Kind of Newspaper Published (kind)	每期平均印数 (万份) Average Printed Copies per Issue (10 000 copies)	总印数 (万份) Total Printed Copies (10 000 copies)	总印张数 (万印张) Total Printed Sheets (10 000 sheets)
1952	53	20	1481	3195	25	45	565	540	14	34	6799	5150
1957	52		909	1783					15	35	8109	6005
1962	86		2484	5256								
1965	65		6280	15006								
1970	24		4225	10677								
1975	292	233	17184	48499								
1978	277	241	24993	83916	13	57	562	1173	15	170	51889	43758
1980	549	502	31370	119063	71	341	3036	8699	22	214	50627	42305
1985	1273	1151	28023	99516	224	690	5532	17810	69	859	92878	64138
1990	2676	1896	21152	82360	226	324	3257	9149	66	818	94657	64642
1995	3017	1876	15438	83894	287	487	4993	14898	93	710	100500	122632
1996	3833	2256	27975	138772	289	409	4339	12025	95	680	109084	138292
1997	4510	2005	33272	153193	289	405	4336	12484	95	763	126818	227065
1998	4436	2369	31491	151112	284	403	4508	13211	100	757	124922	235944
1999	4306	2254	29852	147862	287	419	4754	14944	100	782	127708	240359
2000	3855	2134	27315	157672	275	451	4950	16238	91	711	133590	366840
2001	3820	2104	26032	158031	334	362	4172	16233	84	671	136737	394553
2002	3895	2244	25932	165312	256	440	5572	20688	92	654	135163	319004
2003	4131	2315	25889	170470	267	352	4767	21421	93	634	139266	357423
2004	4059	1911	21690	154980	225	293	5269	32515	107	651	155972	498494
2005	4836	2975	23643	193903	330	459	7502	60933	130	659	155865	671830
2006	4873	3070	19643	149609	335	509	8215	59996	136	618	155800	685570
2007	5150	3287	19591	146591	335	496	9514	74788	136	660	168638	656104
2008	5021	2885	19490	142562	336	475	8237	53222	136	670	164273	737694
2009	6719	3878	17492	127321	336	494	8303	52759	136	613	155286	797707
2010	6645	3396	19493	147325	340	498	10593	74892	136	687	170176	999545
2011	8081	3951	24787	179489	343	471	9293	67424	136	670	174021	1019233
2012	7794	4235	23587	176618	343	470	9066	63236	136	661	172573	865664
2013	8554	4946	23416	186771	346	417	7499	54658	137	687	170457	833132
2014	9095	5252	19623	156848	349	376	6382	44033	136	653	167699	752920
2015	10097	6074	24805	193337	352	330	5655	35616	134	642	162781	647618
2016	10878	6332	24264	196767	354	316	5045	29000	132	636	162153	646976
2017	13329	8287	29195	224165	355	282	5128	28702	130	551	141828	368846
2018	14456	8746	32520	254859	356	278	4997	28352	84	520	132695	327090
2019	13885	7305	36565	286394	358	282	5231	28804	79	476	120448	260286
2020	12891	6781	34996	271096	358	273	5131	28499	78	422	104858	207613
2021	14406	7190	41931	319411	354	251	5077	28040	71	410	99971	189102
2022	12944	6613	40882	315029	354	252	5079	27939	69	409	98258	174107

注：图书、杂志、报纸、音像制品出版资料由中共四川省委宣传部提供。
a) Data of books, magazines, newspapers, audio-visual products published are provided by Propaganda Department of the Sichuan Provincial Party Committee of the Communist Party in China.

21-8 录像和录音制品出版情况
Publication of Video and Audio Recordings

年份 Year	录像制品 Video Recordings		录音制品 Audio Recordings	
	种数 (种) Kind of Recordings (Kind)	数量 (万盒、万张) Volume (10 000 pieces)	种数 (种) Kind of Recordings (Kind)	数量 (万盒、万张) Volume (10 000 pieces)
2000	172	97.72	92	64.03
2001	260	391.98	114	93.53
2002	446	501.51	210	95.39
2003	490	310.23	158	127.27
2004	241	198.36	42	61.96
2005	294	171.80	177	88.20
2006	542	240.82	139	70.45
2007	491	164.01	164	71.73
2008	343	153.23	72	25.40
2009	250	124.30	75	40.58
2010	191	108.46	47	28.38
2011	96	73.13	32	25.77
2012	91	80.35	12	5.03
2013	77	45.54	35	19.70
2014	54	47.85	38	17.34
2015	48	67.45	15	8.65
2016	73	54.52	14	1.77
2017	53	61.25	17	3.80
2018	91	54.23	11	3.20
2019	43	2.92	9	0.53
2020	64	3.02	10	3.31
2021	40	2.75	18	2.00
2022	41	4.77	13	1.84

21—9 广播电视事业发展情况
Basic Statistics on Development of Broadcasting and Television

年份 Year	中短波发射台及转播台(座) Transmission Stations and Relaying Stations of Medium and Short Wave (set)	中波发射机功率(部/千瓦) Power of Transmitters of Medium Wave (unit / kw)	调频、电视发射台及转播台(座) FM, TV Transmitting and Relaying Stations (set)	电视发射机功率(部/千瓦) Power of Television Transmission (unit / kw)	广播综合人口覆盖率(%) Comprehensive Population Coverage Rate of Broadcasting (%)	电视综合人口覆盖率(%) Comprehensive Population Coverage Rate of Television (%)	广播电视台(个) Broadcasting and Television Stations of County Level (set)
1952	2	2 / 2			20.06		
1957	1	2 / 2			20.06		80
1962	4	3 / 23.8	1	1 / 1	30.18	3.87	129
1965	4	3 / 123.8	1	1 / 1	30.09	3.87	141
1970	4	5 / 260.6	1	1 / 1	35.28	5.29	150
1975	9	10 / 327.6	14	15 / 5.50	43.13	18.73	157
1978	9	11 / 413.3	82	76 / 6.74	46.91	38.60	165
1980	11	15 / 488.0	208	235 / 21.39	49.91	45.69	168
1985	13	20 / 442.5	865	921 / 73.05	52.37	58.70	169
1990	18	29 / 453.0	2100	2577 / 183.38	64.46	71.46	166
1995	27	43 / 515.1	3114	4036 / 218.38	80.40	85.50	134
1996	27	40 / 521.1	3303	3952 / 207.09	84.47	83.57	161
1997	27	48 / 556.1	3227	3959 / 230.62	86.34	87.37	162
1998	29	48 / 556.1	3264	4009 / 235.94	88.90	88.97	44
1999	30	47 / 654.2	2626	3244 / 185.04	91.05	91.98	46
2000	28	52 / 673.1	4779	5636 / 266.82	92.85	93.61	42
2001	35	68 / 482.5	4839	5598 / 267.37	93.66	94.46	42
2002	34	69 / 558.0	4428	5353 / 260.53	94.07	95.08	110
2003	34	69 / 558.0	4385	5696 / 263.36	94.83	95.54	111
2004	34	69 / 558.0	4308	4546 / 250.77	95.34	96.39	111
2005	35	96 / 658.0	3849	5044 / 262.29	95.41	96.74	113
2006	35	96 / 658.0	2471	5524 / 280.14	95.70	96.77	113
2007	37	112 / 711.0	2469	5757 / 376.57	95.92	97.05	114
2008	37	114 / 710.0	4434	5644 / 505.59	95.97	97.10	119
2009	37	96 / 680.0	3944	5323 / 600.38	96.19	97.27	152
2010	37	101 / 687.0	3482	4810 / 587.11	96.22	97.33	156
2011	37	102 / 787.0	3001	4121 / 628.24	96.60	97.69	158
2012	36	96 / 747.0	3056	4173 / 644.52	96.78	97.75	159
2013	36	96 / 747.0	2187	2906 / 661.39	96.98	97.89	165
2014	40	104 / 701.5	566	944 / 638.77	97.04	98.07	165
2015	36	95 / 659.2	403	942 / 1260.95	97.14	98.24	165
2016	36	104 / 774.0	338	934 / 978.76	97.19	98.29	165
2017	39	108 / 645.0	345	1059 / 656.74	97.42	98.54	165
2018	42	109 / 780.0	303	969 / 623.81	97.84	98.79	171
2019	42	109 / 688.0	312	992 / 616.83	98.23	98.95	171
2020	51	102 / 560.0	325	773 / 491.00	98.87	99.33	173
2021	42	101 / 568.3	331	1429 / 484.65	99.16	99.57	170
2022	44	94 / 524.6	322	1824 / 492.38	99.39	99.72	170

注：广播电视资料由四川省广播电视局提供。
a) Data of radio and TV broadcast information are provided by Broadcasting and Television Bureau of Sichuan Provincial.

21-10 广播电视播放情况(2022年)
Statistics on Broadcasting and Television(2022)

项目	Item	节目套数(套) Number of Programs (set)	公共广播(电视)节目播出时间(小时) Broadcasting Hours of Public Broadcasting (Television) (hour)	新闻资讯类节目 News and Referrence Programs	专题服务类节目 Special Subject and Services Programs	综艺类节目 Omnibus Enter-tainment Programs	广播(影视)剧类节目 Broadcast Movies And TV	广告类节目 Advertis-ement	其他类节目 Others
广播播出合计	**All Radio Broadcasting**	**154**	**724512**	**192679**	**156921**	**125274**	**52135**	**46907**	**150593**
省级广播电台	Provincial Level	8	61137	11748	18138	20881	1157	6279	2934
市(州)级广播电台	Prefecture Level	45	282834	65093	69607	41278	19728	22041	65085
县级广播电视台	County Level	101	380540	115838	69175	63115	31250	18587	82573
电视播出合计	**All Television Broadcasting**	**212**	**1215956**	**190974**	**130951**	**53067**	**585747**	**93230**	**161985**
省级电视台	Provincial Level	8	68522	10780	12287	3153	25110	12889	4299
市(州)级电视台	Prefecture Level	49	322242	51245	53490	12044	136263	40552	28645
县级广播电视台	County Level	155	825191	128947	65173	37869	424373	39788	129039

21-11 各市(州)有线广播电视情况(2022年)
Statistics on Cable Broadcasting and Television by Region(2022)

单位：户、皮长 (households, kilometer)

市(州)	Region	有线广播电视实际用户 Actual Users of Cable Broadcasting and Television	#数字电视实际用户 Actual Users of Digital Television	#付费数字电视实际用户 Actual Users of Pay Digital Television	有线广播电视传输干线总长 Total Length of Main Link of Cable Broadcasting and Television Transmission
全　省	**Sichuan**	**8891492**	**8586430**	**4792085**	**33277**
成都市	Chengdu	2903469	2821868	1393323	12993
自贡市	Zigong	237543	194108	103616	999
攀枝花市	Panzhihua	69065	67940	49185	320
泸州市	Luzhou	321154	321154	123307	896
德阳市	Deyang	607386	607386	260748	459
绵阳市	Mianyang	463168	409712	370470	1981
广元市	Guangyuan	336467	333421	159571	880
遂宁市	Suining	661521	661521	352156	450
内江市	Neijiang	228247	224995	129990	750
乐山市	Leshan	338446	338446	140322	752
南充市	Nanchong	443534	420008	372180	1840
眉山市	Meishan	152484	152484	126368	450
宜宾市	Yibin	337792	337792	193374	1146
广安市	Guangan	429338	381615	196184	466
达州市	Dazhou	505105	503821	340863	661
雅安市	Yaan	199812	185957	71702	685
巴中市	Bazhong	192490	171238	143955	675
资阳市	Ziyang	291332	287582	176854	536
阿坝藏族羌族自治州	Aba	27639	25841	13122	2088
甘孜藏族自治州	Ganzi	30247	26819	7450	1107
凉山彝族自治州	Liangshan	115253	112722	67345	3143

21－12　各市(州)农村广播电视有线传输情况(2022年)
Basic Statistics on Rural Radio and Television Cable Transmission by Region(2022)

单位：户、%　　(households, %)

市(州)	Region	农村有线广播电视实际用户数 Actual Users of Rural Cable radio and Television	农村有线广播电视入户率 Rural Households on Cable TV Rate	农村广播综合覆盖率 Comprehensive Coverage Rate of Rural Broadcasting	农村电视综合覆盖率 Comprehensive Coverage Rate of Rural Television
全　省	**Sichuan**	**2760151**	**14.80**	**99.21**	**99.63**
成都市	Chengdu	340697	17.30	100.00	100.00
自贡市	Zigong	72541	12.48	100.00	100.00
攀枝花市	Panzhihua	13739	9.78	99.94	100.00
泸州市	Luzhou	92959	10.47	99.55	99.48
德阳市	Deyang	287428	34.58	100.00	100.00
绵阳市	Mianyang	274862	24.20	100.00	100.00
广元市	Guangyuan	156741	21.95	99.73	99.73
遂宁市	Suining	340824	42.62	100.00	100.00
内江市	Neijiang	104500	10.38	97.87	99.21
乐山市	Leshan	81015	10.70	99.74	99.86
南充市	Nanchong	145285	8.62	99.97	99.98
眉山市	Meishan	61337	8.38	100.00	100.00
宜宾市	Yibin	176496	14.84	97.89	99.07
广安市	Guangan	169480	14.57	99.78	99.79
达州市	Dazhou	163794	11.34	100.00	100.00
雅安市	Yaan	40065	12.72	98.82	99.96
巴中市	Bazhong	57850	6.98	100.00	100.00
资阳市	Ziyang	138493	13.86	98.55	99.06
阿坝藏族羌族自治州	Aba	7001	3.24	91.79	99.41
甘孜藏族自治州	Ganzi	2248	1.12	98.29	98.21
凉山彝族自治州	Liangshan	32796	3.11	96.33	98.30

21-13 体育事业情况(2022年)
Basic Conditions of Sports Cause(2022)

项　目		Item		2022
国家级体育传统项目学校	(所)	Traditional Sports Events Schools of National Level	(unit)	53
省级体育传统项目示范学校	(所)	Traditional Sports Events Schools of Provincial Level	(unit)	276
#本年度新命名	(所)	Newly Named at the Current Year	(unit)	
国家级青少年体育俱乐部	(所)	Youth Sports Clubs of National Level	(unit)	155
#本年度新命名	(所)	Newly Named at the Current Year	(unit)	
国家级高水平体育后备人才基地	(个)	National High Level Sports Talented Reserve Bases	(unit)	22
四川省高水平体育后备人才基地	(个)	Provincial High Level Sports Talented Reserve Bases	(unit)	45
四川省县级业余训练重点单位	(个)	County-level Key Units of Amateur Training	(unit)	50
四川省幼儿体育基地	(个)	Provincial Children's Sports Bases	(unit)	50
城市街道体育组织累计	(个)	Sports Organizations in the Urban Streets	(unit)	3000
#本年度新增	(个)	Newly Added at the Current Year	(unit)	132
农村乡镇体育组织累计	(个)	Sports Organizations in the Rural Villages and Towns	(unit)	3808
#本年度新增	(个)	Newly Added at the Current Year	(unit)	
健身站(点)累计	(个)	Fitness Stations (points)	(unit)	17206
#本年度新增	(个)	Newly Added at the Current Year	(unit)	41
社区体育健身俱乐部累计	(个)	Community Sports Fitness Clubs	(unit)	1750
#本年度新增	(个)	Newly Added at the Current Year	(unit)	
行政村农民体育健康工程累计	(个)	Farmer Sports Health Projects in Administrative Village	(unit)	47391
#本年度新建	(个)	Newly Added at the Current Year	(unit)	
本年度举办全民健身科学知识宣传讲座次数	(次)	Number of Lectures on Scientific Knowledge of National Fitness	(time)	2000
本年度编印科学健身知识书籍册数	(册)	Copies of Books Published Scientific Knowledge of Fitness	(volume)	50000
审批社会体育指导员人数累计	(人)	Approval of the Number of Social Sports Instructors	(unit)	39654
#本年度审批人数	(人)	Number of Annual Examination and Approval	(unit)	2685
本年度培训社会体育指导员人数	(人)	Number of People Receiving Social Sports Instructor Training	(unit)	15604
世界级比赛获得奖牌数	(枚)	Number of Medals Won in the World Competition	(piece)	26
#金牌	(枚)	Gold Medals	(piece)	16
亚洲级比赛获得奖牌数	(枚)	Number of Medals Won in Asian Games	(piece)	7
#金牌	(枚)	Gold Medals	(piece)	5
全国比赛获得奖牌数	(枚)	Number of Medals Won in the National Competition	(piece)	135
#金牌	(枚)	Gold Medals	(piece)	59

注：体育事业情况由四川省体育局提供。
a) Data in the table are provided by the Sports Bureau of Sichuan Province.

21-14 各市(州)体育彩票发行情况(2022年)
Sports Lottery Distribution by Region(2022)

单位：万元 (10 000 yuan)

市(州)	Region	当年体育彩票发行额 Sports Lottery Issuance in Current Year	#足彩 Soccer Betting	#竞彩 Race Lottery	#即开型 Open-Type	当年提取公益金 Public Welfare Fund Drawn from Sports Lottery
全 省	**Sichuan**	**1442608**	**43719**	**933079**	**465809**	**355722**
成都市	Chengdu	639845	21064	400554	218227	30388
自贡市	Zigong	37906	1414	24585	11907	1775
攀枝花市	Panzhihua	31692	595	20899	10199	1490
泸州市	Luzhou	45442	1622	30125	13695	2116
德阳市	Deyang	61007	1183	43456	16368	2793
绵阳市	Mianyang	78081	2406	53894	21781	3589
广元市	Guangyuan	30592	946	21885	7762	1386
遂宁市	Suining	30509	499	20619	9391	1428
内江市	Neijiang	32775	1163	22092	9520	1520
乐山市	Leshan	63307	1781	40432	21093	2995
南充市	Nanchong	57460	1622	39096	16742	2660
眉山市	Meishan	40890	1265	25748	13877	1942
宜宾市	Yibin	66531	1213	48253	17065	3018
广安市	Guangan	28934	723	21901	6310	1286
达州市	Dazhou	45404	2251	28784	14370	2137
雅安市	Yaan	24041	1238	15586	7218	1119
巴中市	Bazhong	31007	761	19810	10435	1472
资阳市	Ziyang	21632	865	14660	6107	998
阿坝藏族羌族自治州	Aba	9715	66	4901	4748	494
甘孜藏族自治州	Ganzi	11198	144	5418	5636	573
凉山彝族自治州	Liangshan	54637	900	30380	23358	2698

注：当年提取公益金合计中含中央、省级提取数据。
a) Pubic welfare funds drawn from sport lottery include state and provincial data.

21−15　医疗卫生机构情况(2022年)
Statistics on Health Institutions(2022)

机构类别	Item	机构数(个) Health Institutions (unit)	实有床位数(张) Beds (bed)	人员合计(人) Personnel (person)	#卫生技术人员 Medical Technical Personnel	#管理人员 Administrative Personnel
全　省	**Total**	**74041**	**683873**	**887493**	**698209**	**44357**
医院合计	Total Number of Hospitals	2465	516961	522712	428135	29849
综合医院	General Hospitals	1441	298147	337054	280296	18655
中医医院	Hospitals of Chinese Medicine	268	75720	78806	67396	3300
中西医结合医院	Hospital Combining Traditional Chinese and Western Medicine	38	10169	11420	9647	767
民族医院	Minority Nationality Hospital	42	2235	2209	1811	103
专科医院	Specialized	660	129104	92493	68552	6950
#口腔	Stomatological	53	946	4482	3301	527
眼科	Ophthalmological	66	3478	5385	3436	651
耳鼻喉	Otolaryngology	11	837	924	622	88
肿瘤	Oncological	13	3873	4617	3906	151
心血管病	Cardiovascular System Diseases	2	624	838	728	45
胸科	Chest	1	65	47	35	1
妇产(科)	Gynecological and Obstetrical	1	60	58	46	7
血液病	Hematology	44	2365	6055	4020	491
儿童	Pediatrics	7	679	1377	1126	65
精神病	Psych iatrical	165	80514	27389	21394	1607
传染病	Epidemiological	7	1865	1979	1676	40
皮肤病	Dermatology	12	484	589	420	50
麻风病	Leprological	4	257	101	64	7
职业病	Occupational disease	2	804	980	803	104
骨科	Orthopedics	56	7516	6559	5198	408
康复	Recuperation	44	5953	4318	3469	394
整形外科	Orthopedic Survey	2	140	251	128	10
美容	Beauty	37	759	5350	2293	565
其他专科	Other Specialized	133	17885	21194	15887	1739
护理院(中心)	Nursing Home (center)	16	1586	730	433	74
康复疗养机构	Rehabilitation and Convalescent Institution	9	1383	721	475	124
社区卫生服务中心	Community Health Care Centre	548	20013	33278	28246	1293
社区卫生服务站	Community Health Service Stations	586	474	3432	3087	294
卫生院	Sanitation Station	2811	130412	113450	97377	4371
门诊部	Outpatient Department	1567	285	26359	18710	2250
诊所	Clinics	20550		59624	55867	1342
卫生所、医务室	Healthy Centre	758		2404	2209	67
村卫生室	Village Clinics	43823		61791	15316	
护理站	Nursing Station	28		230	109	28
急救中心(站)	First-aid Centre	23	56	627	413	87
采供血机构	Blood Collection and Supply Institution	56		3531	2653	269
妇幼保健院(所、站)	Maternity and Child Care Centre	202	13610	32822	27498	1842
专科疾病防治院(所、站)	Specialized Prevention Station	21	679	617	393	84
疾病预防控制中心(防疫站)	Epidemic Prevention and Control Centre	211		14975	11324	985
卫生监督所	Sanitary Supervision Station	162		2378	1956	140
医学科学研究机构	Research Institution of Medical Sciences	4		390	200	50
医学在职培训机构	Medical On the Job Training Institution	8		57	23	7
健康教育所(站、中心)	Healthy Education Centre	10		161	32	43
其他卫生机构	Other Health Care Institutions	199		7934	4186	1232

注：卫生机构资料由四川省卫生健康委员会提供。
a) Data of health agencies are provided by Health Commission of sichuan provincial.

21-16 卫生机构数
Number of Health Institutions

单位：个 (unit)

年份 Year	机构数 Number of Health Care Institutions	#医院 Hospitals	#社区卫生服务中心 Community Health Care Centre	#卫生院 Sanitation Stations	#疾病预防控制中心 Epidemic Prevention and Control Centre	#妇幼保健院(所、站) Maternity and Child Care Centre
2002	72768	1173	44	6280	214	200
2003	72810	1164	50	6048	208	198
2004	70944	1144	63	5369	209	196
2005	72399	1155	68	5179	207	197
2006	75262	1178	213	5012	207	202
2007	72862	1162	214	4845	208	201
2008	71195	1143	234	4817	208	201
2009	72907	1187	257	4745	207	202
2010	74311	1260	306	4688	207	203
2011	75814	1393	344	4619	206	203
2012	76555	1542	361	4607	204	200
2013	80039	1716	379	4595	207	202
2014	81081	1822	397	4575	207	202
2015	80114	1942	397	4511	206	202
2016	79516	2067	412	4493	206	202
2017	80480	2219	417	4476	206	203
2018	81539	2343	424	4437	206	201
2019	83757	2417	433	4421	208	201
2020	82793	2435	459	4317	210	202
2021	80249	2481	498	3687	212	202
2022	74041	2465	548	2811	211	202

21-17 各市(州)医疗卫生机构数
Number of Health Institutions by Region

单位：个 (unit)

市(州)	Region	2012	2013	2014	2015	2016	2017	2018	2019	2020	2021	2022
全　省	**Total**	**76555**	**80039**	**81081**	**80114**	**79516**	**80480**	**81539**	**83757**	**82793**	**80249**	**74041**
成都市	Chengdu	7605	7976	8190	8481	9853	10183	10755	12121	11954	12497	12333
自贡市	Zigong	2377	2460	2409	2346	2274	2333	2245	2238	2162	2143	2127
攀枝花市	Panzhihua	1024	1044	1079	1064	1060	1064	1056	1113	1009	1077	1070
泸州市	Luzhou	4351	4633	4619	4566	4560	4628	4616	4711	4727	4556	4513
德阳市	Deyang	2765	2795	2774	2717	2708	2738	2819	2822	2450	2251	2149
绵阳市	Mianyang	4325	4436	4494	4417	4371	4449	4674	4856	4857	4556	4493
广元市	Guangyuan	3313	3531	3554	3545	3460	3557	3540	3544	3370	3210	2736
遂宁市	Suining	3750	3798	3762	3735	3846	3822	3779	3725	3984	3907	3790
内江市	Neijiang	3119	3246	3228	3195	3096	3259	3297	3303	3579	3764	3787
乐山市	Leshan	3062	3286	3277	3098	3100	3206	3259	3251	3224	3237	3152
南充市	Nanchong	8399	8856	8780	8712	8703	8696	8583	8457	8248	8302	5347
眉山市	Meishan	1919	2059	2107	2057	2044	2068	2040	2139	2136	2247	2151
宜宾市	Yibin	4180	4389	5136	4963	5025	5062	5260	5120	4993	4867	4899
广安市	Guangan	3362	3561	3561	3500	3447	3446	3446	3443	3353	2333	2365
达州市	Dazhou	4172	4406	4397	4413	4172	4191	4293	4514	4548	4223	3685
雅安市	Yaan	1369	1520	1518	1494	1334	1426	1456	1573	1544	1365	1265
巴中市	Bazhong	3086	3305	3299	3164	3234	3218	3274	3348	3344	3366	3021
资阳市	Ziyang	4829	4969	4956	4902	3485	3460	3438	3432	3367	3225	2888
阿坝藏族羌族自治州	Aba	1570	1624	1683	1649	1642	1656	1683	1756	1728	1620	1546
甘孜藏族自治州	Ganzi	2701	2722	2776	2725	2706	2719	2777	2825	2813	2528	2585
凉山彝族自治州	Liangshan	5277	5423	5482	5371	5396	5299	5249	5466	5403	4975	4139

21－18　各市(州)各类医疗卫生机构数(2022年)
Number of Health Institutions by Region(2022)

单位：个　(unit)

市(州)	Region	机构数 Number of Health Care Institutions	#医院 Hospitals	#社区卫生服务中心 Community Health Care Centre	#卫生院 Sanitation Stations	#疾病预防控制中心 Epidemic Prevention and Control Centre	#妇幼保健院(所、站) Maternity and Child Care Centre
成都市	Chengdu	12333	662	165	150	25	21
自贡市	Zigong	2127	67	19	71	7	7
攀枝花市	Panzhihua	1070	28	14	37	6	6
泸州市	Luzhou	4513	144	31	108	8	8
德阳市	Deyang	2149	88	20	74	7	6
绵阳市	Mianyang	4493	136	24	174	12	10
广元市	Guangyuan	2736	82	13	137	8	7
遂宁市	Suining	3790	70	15	84	6	6
内江市	Neijiang	3787	79	14	73	6	6
乐山市	Leshan	3152	95	18	129	12	12
南充市	Nanchong	5347	183	53	211	10	10
眉山市	Meishan	2151	78	20	69	8	7
宜宾市	Yibin	4899	133	16	124	11	11
广安市	Guangan	2365	85	16	110	7	7
达州市	Dazhou	3685	145	24	187	8	8
雅安市	Yaan	1265	47	7	89	9	9
巴中市	Bazhong	3021	79	30	135	6	6
资阳市	Ziyang	2888	54	12	91	4	4
阿坝藏族羌族自治州	Aba	1546	41	10	171	14	14
甘孜藏族自治州	Ganzi	2585	46	2	295	19	19
凉山彝族自治州	Liangshan	4139	123	25	292	18	18

21−19 医疗卫生机构床位数
Number of Beds in Health Institutions

单位：张 (unit)

年份 Year	床位数 Number of Beds	#医院 Hospitals	#社区卫生服务中心 Community Health Care Centre	#卫生院 Sanitation Stations	#妇幼保健院（所、站） Maternity and Child Care Centre
2002	187179	119976	206	56467	4289
2003	187741	120173	144	56671	4501
2004	191523	123995	304	56945	4786
2005	194940	127129	1053	57460	5016
2006	201854	130677	2270	59707	5301
2007	214329	136757	3149	66063	5838
2008	244119	149289	4526	80697	6390
2009	275555	167271	5170	92403	7050
2010	302061	185459	6812	98252	7843
2011	335151	212282	8299	102544	7892
2012	390122	257333	8636	111550	8759
2013	426378	289022	9003	114412	9682
2014	459588	319155	9046	117090	10152
2015	488719	345791	8995	119156	10681
2016	519149	375708	9388	120387	11122
2017	563419	411911	10135	127419	11794
2018	598842	442215	10649	131644	12499
2019	631707	469814	11192	135840	12857
2020	649658	484823	12959	135807	13273
2021	662018	497531	15483	132305	13398
2022	683873	516961	20013	130412	13610

21-20 各市(州)医疗卫生机构床位数
Number of Beds in Health Institutions by Region

单位：张 (unit)

市(州)	Region	2012	2013	2014	2015	2016	2017	2018	2019	2020	2021	2022
全 省	**Total**	**390122**	**426378**	**459588**	**488719**	**519149**	**563419**	**598842**	**631707**	**649658**	**662018**	**683873**
成都市	Chengdu	92062	100957	108031	114726	128058	134507	143248	148941	153663	160833	167231
自贡市	Zigong	14304	15249	16396	17644	18832	20064	22014	23776	23646	23224	23857
攀枝花市	Panzhihua	8578	9254	9599	10097	9867	10004	10398	10453	10389	10538	10781
泸州市	Luzhou	20451	21897	22666	24548	26612	29256	31839	34561	34608	35014	37369
德阳市	Deyang	16895	17785	19118	19968	21190	22570	24254	26352	26377	27194	28120
绵阳市	Mianyang	25913	28755	30756	32110	33708	36322	38559	40316	40666	41878	43453
广元市	Guangyuan	14292	15567	16753	18211	19778	21233	22091	23892	24125	22137	21252
遂宁市	Suining	13421	14110	15825	17197	18174	19543	20139	21404	22752	20965	21578
内江市	Neijiang	17153	18399	19825	20326	20769	22605	24106	25859	25896	26436	26759
乐山市	Leshan	15807	17282	18979	19290	20553	22390	24063	25329	25834	26280	26490
南充市	Nanchong	24522	26779	29670	32634	36222	40193	41694	43726	45514	47009	47103
眉山市	Meishan	12429	14376	15830	16296	16687	19170	19693	19943	20370	21019	21561
宜宾市	Yibin	21070	23611	25061	26408	29437	32122	33454	35242	36215	36472	37380
广安市	Guangan	11033	12080	13213	14729	15940	18186	19777	21310	22242	21796	21790
达州市	Dazhou	20277	22225	22495	23998	25447	29915	32943	35862	39834	41557	44555
雅安市	Yaan	8649	9738	10812	11759	11861	12382	12344	13230	13818	14553	14851
巴中市	Bazhong	12160	13459	14608	15546	16767	19174	21769	22651	22687	22809	22829
资阳市	Ziyang	18423	19553	20847	22269	16302	17815	19004	20226	20687	21639	22700
阿坝藏族羌族自治州	Aba	3700	3883	4272	4435	4447	4551	4899	5121	5381	5288	5472
甘孜藏族自治州	Ganzi	3681	4136	5063	4918	5054	4955	5207	5381	5606	5506	8135
凉山彝族自治州	Liangshan	15302	17283	19769	21610	23444	26462	27347	28132	29348	29871	30607

21-21 各市(州)各类医疗卫生机构床位数(2022年)
Number of Beds in Health Institutions(2022)

单位：张 (unit)

市(州)	Region	床位数 Number of Beds	#医院 Hospitals	#社区卫生服务中心 Community Health Care Centre	#卫生院 Sanitation Stations	#妇幼保健院(所、站) Maternity and Child Care Centre
成都市	Chengdu	167231	139862	8244	15625	3236
自贡市	Zigong	23857	18507	492	3928	713
攀枝花市	Panzhihua	10781	9820	41	645	239
泸州市	Luzhou	37369	27310	1429	8065	556
德阳市	Deyang	28120	19218	921	7333	546
绵阳市	Mianyang	43453	29931	647	12120	693
广元市	Guangyuan	21252	16123	243	4356	510
遂宁市	Suining	21578	15258	583	5253	317
内江市	Neijiang	26759	19460	111	6773	391
乐山市	Leshan	26490	18874	745	5673	796
南充市	Nanchong	47103	36998	1475	7478	1065
眉山市	Meishan	21561	14464	1152	5276	651
宜宾市	Yibin	37380	28153	928	7804	495
广安市	Guangan	21790	16703	469	4280	338
达州市	Dazhou	44555	29731	1020	11910	612
雅安市	Yaan	14851	12753	245	1805	45
巴中市	Bazhong	22829	15287	407	6605	496
资阳市	Ziyang	22700	14985	199	6981	430
阿坝藏族羌族自治州	Aba	5472	4269	58	968	163
甘孜藏族自治州	Ganzi	8135	6044	4	1707	375
凉山彝族自治州	Liangshan	30607	23211	600	5827	943

21-22 医疗卫生机构人员数
Number of Persons Engaged in Health Institutions

单位：人 (Person)

年份 Year	人员合计 Total	#卫生技术人员 Medical Technical Personnel	#执业医师 Licensed Doctor	#执业助理医师 Licensed Assistant Doctor	#注册护士 Licensed Nurse	#管理人员 Administrative Personnel
2002	378830	248470	86978	33378	60098	20070
2003	373628	245326	86101	34124	59494	17960
2004	363179	242255	84785	34531	60871	17392
2005	362014	244367	86205	35832	61237	15825
2006	378374	255140	87944	41446	63730	15903
2007	388644	264206	91273	34848	73485	19467
2008	400248	277112	96460	25324	78062	18500
2009	437758	303050	109090	29594	91164	18456
2010	467774	323915	114734	29843	104930	23288
2011	505113	353561	122525	31489	121319	25632
2012	549866	389001	130106	33272	139811	26850
2013	595645	426597	139037	34805	157459	29675
2014	627159	451747	145026	34494	175522	32091
2015	647577	472816	149101	33110	190643	30778
2016	671305	496343	153859	32171	207691	31480
2017	710787	530935	162995	32590	228608	32747
2018	747160	563086	171554	34056	247322	34910
2019	794282	602428	185247	36000	270616	36742
2020	826989	633275	195693	39598	286010	37515
2021	865444	672722	209833	40564	306685	42532
2022	887493	698209	216016	42148	318267	44357

21−22 续表 continued

单位：人 (Person)

年份 Year	人员合计 Total	#医院 Hospitals	#社区卫生服务中心 Community Health Care Centre	#卫生院 Sanitation Stations	#疾病预防控制中心 Epidemic Prevention and Control Centre	#妇幼保健院(所、站) Maternity and Child Care Centre
2002	378830	144086	556	79247	11219	10053
2003	373628	142945	509	77447	10944	8672
2004	363179	142017	709	72939	10518	8674
2005	362014	142955	1487	70403	10410	8648
2006	378374	147122	2672	69172	10491	8856
2007	388644	167432	5918	73729	10450	10588
2008	400248	175472	7813	76405	10444	11188
2009	437758	195099	9370	82778	10352	11950
2010	467774	215902	11658	84200	10431	13153
2011	505113	243520	13773	88075	10638	14297
2012	549866	277344	14393	93287	11035	15656
2013	595645	309129	15091	95886	11307	16950
2014	627159	336694	15532	97671	11552	18096
2015	647577	359411	16003	100127	11593	20071
2016	671305	383958	17788	104809	12307	22440
2017	710787	412759	18699	109238	12697	24678
2018	747160	438202	19684	112784	12812	26133
2019	794282	463045	20847	116012	13127	28309
2020	826989	482747	23597	116090	13453	30084
2021	865444	508955	27195	115361	14007	31705
2022	887493	522712	33278	113450	14975	32822

21-23 各市(州)医疗卫生机构人员数
Number of Persons Engaged in Health Institutions by Region

单位：人 (Person)

市(州)	Region	2012	2013	2014	2015	2016	2017	2018	2019	2020	2021	2022
全　省	**Total**	**549866**	**595645**	**627159**	**647577**	**671305**	**710787**	**747160**	**794282**	**826989**	**865444**	**887493**
成都市	Chengdu	143410	153962	164273	173167	190236	200739	215863	237668	249639	270698	277488
自贡市	Zigong	19114	20598	21570	22318	22799	23899	24861	25651	25790	26411	27045
攀枝花市	Panzhihua	11283	12035	12683	12689	12776	12901	13130	13396	13426	14102	14381
泸州市	Luzhou	25008	27965	29513	30722	31196	34524	36642	40101	42218	42998	44264
德阳市	Deyang	23187	24803	25826	27038	28024	29404	30425	32032	32424	33454	34453
绵阳市	Mianyang	32803	35932	37303	37180	38265	39971	42343	44639	46252	48034	50062
广元市	Guangyuan	18689	20155	21006	21733	21979	22924	24382	25387	26713	26829	26512
遂宁市	Suining	18452	19195	19830	20634	21174	22718	23256	24397	26345	26402	26809
内江市	Neijiang	21431	23030	23486	23495	24017	25305	26184	27538	28703	29264	30459
乐山市	Leshan	21295	22671	23516	23790	24523	25762	26858	28270	29463	30234	31268
南充市	Nanchong	36264	39455	41401	42864	44833	47840	49793	50950	51263	53214	52260
眉山市	Meishan	17866	18784	20432	20077	20639	22705	23026	24013	24849	26213	27382
宜宾市	Yibin	26230	29572	31183	31702	33793	36343	38141	38967	40778	42421	46003
广安市	Guangan	16394	17459	18917	19835	20942	22295	22957	24811	25622	25623	26384
达州市	Dazhou	29878	32888	33415	33814	33435	36205	37522	39900	42378	45890	46238
雅安市	Yaan	10086	11435	12470	12758	13269	13983	14723	15809	16105	16509	17043
巴中市	Bazhong	18289	20502	21328	20891	21820	22523	23551	23760	24118	24126	24365
资阳市	Ziyang	23050	24593	25470	26113	18478	19138	19756	20352	21631	22327	22862
阿坝藏族羌族自治州	Aba	6306	7164	7736	8030	8498	8774	9228	9481	9726	9733	9980
甘孜藏族自治州	Ganzi	8151	8482	8711	9064	9387	9622	9931	10129	10563	10558	10854
凉山彝族自治州	Liangshan	22680	24965	27090	29663	31222	33212	34588	37031	38983	40404	41381

21−24 各市(州)各类医疗卫生机构人员数(2022年)
Number of Persons Engaged in Health Institutions(2022)

单位：人 (Person)

市(州)	Region	人员合计 Total	#卫生技术人员 Medical Technical Personnel	#执业医师 Licensed Doctor	#执业助理医师 Licensed Assistant Doctor	#注册护士 Licensed Nurse	#管理人员 Administrative Personnel
成都市	Chengdu	277488	216452	72999	6738	103342	17611
自贡市	Zigong	27045	22171	6584	1260	10146	1393
攀枝花市	Panzhihua	14381	12038	3998	357	5669	703
泸州市	Luzhou	44264	34964	10302	2269	16644	1623
德阳市	Deyang	34453	27343	8742	1798	12059	1892
绵阳市	Mianyang	50062	40137	12745	2345	18170	2492
广元市	Guangyuan	26512	20879	6051	1372	9019	1186
遂宁市	Suining	26809	20914	7160	1285	9035	1216
内江市	Neijiang	30459	24597	7446	2078	11266	1519
乐山市	Leshan	31268	24730	7434	1770	11583	1385
南充市	Nanchong	52260	40991	13419	3340	17587	2601
眉山市	Meishan	27382	21849	7230	1812	9197	728
宜宾市	Yibin	46003	37365	10100	2829	17606	2454
广安市	Guangan	26384	19635	5623	1261	8744	1108
达州市	Dazhou	46238	36015	10476	3414	16590	1506
雅安市	Yaan	17043	14178	4156	972	6181	772
巴中市	Bazhong	24365	18806	5379	1829	7938	824
资阳市	Ziyang	22862	17567	5075	1364	7786	1033
阿坝藏族羌族自治州	Aba	9980	7376	1980	698	2553	472
甘孜藏族自治州	Ganzi	10854	7578	1573	847	2520	480
凉山彝族自治州	Liangshan	41381	32624	7544	2510	14632	1359

21-24 续表 continued

单位：人 (Person)

市(州)	Region	人员合计 Total	#医院 Hospitals	#社区卫生服务中心 Community Health Care Centre	#卫生院 Sanitation Stations	#疾病预防控制中心 Epidemic Prevention and Control Centre	#妇幼保健院(所、站) Maternity and Child Care Centre
成都市	Chengdu	277488	179452	15586	11995	3276	8508
自贡市	Zigong	27045	16485	815	3736	551	1596
攀枝花市	Panzhihua	14381	9237	702	1100	294	617
泸州市	Luzhou	44264	25556	1652	6220	538	1289
德阳市	Deyang	34453	19907	1223	5208	544	1286
绵阳市	Mianyang	50062	29314	1118	8078	813	1925
广元市	Guangyuan	26512	15018	607	4897	449	1152
遂宁市	Suining	26809	13825	640	4402	429	764
内江市	Neijiang	30459	16507	342	5053	526	1163
乐山市	Leshan	31268	17678	853	4302	609	1729
南充市	Nanchong	52260	32024	1893	6898	657	2228
眉山市	Meishan	27382	14530	1498	4706	532	1631
宜宾市	Yibin	46003	25629	1223	7420	753	1429
广安市	Guangan	26384	14348	1071	5452	562	921
达州市	Dazhou	46238	24636	1357	8619	760	1330
雅安市	Yaan	17043	11429	387	2350	486	358
巴中市	Bazhong	24365	12494	545	5187	394	1017
资阳市	Ziyang	22862	11673	569	5132	392	816
阿坝藏族羌族自治州	Aba	9980	4999	207	2015	598	543
甘孜藏族自治州	Ganzi	10854	4621	43	2678	544	535
凉山彝族自治州	Liangshan	41381	23350	947	8002	1268	1985

21−25 前十大类病伤死亡原因及构成(2022年)
Death Rate of 10 Major Diseases Categories(2022)

顺位 No.	病伤死亡原因	Cause of Death	死亡率(1/10万) Death Rate (per 100 000 persons)	构成(%) As of Total Deaths (%)
1	循环系统疾病	Diseases of the Circulatory System	329.74	38.25
2	肿瘤	Tumor	189.68	22.00
3	呼吸系统疾病	Diseases of the Respiratory System	169.72	19.69
4	伤害	Trauma	63.74	7.39
6	内分泌营养代谢	Endocrine Nutrition Metabolism	32.71	3.79
7	消化系统疾病	Diseases of the Digestive System	25.15	2.92
5	神经系统疾病	Nervous System Diseases	15.39	1.79
8	传染病和寄生虫病	Infectious Disease and Parasitic Disease	9.75	1.13
9	泌尿生殖系统疾病	Diseases of the Genitourinary System	8.79	1.02
10	精神和行为障碍	Mental and Behavioral Disorders	4.38	0.51

21−26 前十位单病种死亡原因及构成(2022年)
Death Rate of 10 Single-species Major Diseases(2022)

顺位 No.	前十位单病种类目	10 Single-species Major Diseases	死亡率(1/10万) Death Rate (per 100 000 persons)	构成比(%) As of Total Deaths (%)
1	脑血管病	Cerebrovascular Disease	161.02	18.68
2	慢性阻塞性肺疾病	Chronic Obstructive Pulmonary Disease	136.27	15.81
3	缺血性心脏病	Ischemic Heart Disease	124.53	14.45
4	肺癌	Malignant Tumor	56.56	6.56
5	肝癌	Malignant Liver Tumor	28.24	3.28
6	糖尿病	Diabetes mellitus	27.51	3.19
7	跌倒	Fall	24.19	2.81
8	食管癌	Malignant Esophagus Tumor	23.46	2.72
9	高血压及并发症	Hypertension and Complications	22.06	2.56
10	结直肠癌	Colorectal Cancer	19.06	2.21

21−27 国家免疫规划疫苗基础免疫接种率(2022年)
Basis Inoculability Rate of National Immunization Vaccine Planning(2022)

种 类	Item	常规报告接种率(%) Inoculability Rate of Conventional Report (%)
卡介苗	Bcg Vaccine	99.45
脊灰疫苗	Poliomyelitis Vaccine	98.91
百白破三联	Chin cough, Diphtheria and Tetanus Joint Vaccine	98.83
麻疹疫苗	Measles Vaccine	98.68
乙肝疫苗全程	Hepatitis-B Vaccine Full Process	99.00

21−28 传染病报告发病及死亡情况(2022年)
Incidence and Death from Infectious Diseases(2022)

病　种	Item	发病率(1/10万) Incidence Diseases Rate (per 100 000 persons)	死亡率(1/10万) Death Rate (per 100 000 persons)	病死率(%) Mortality Rate per 100 Infectious Disease Patients(%)
甲乙丙合计	**Total of Category A, B and C**	**521.63**	**4.75**	**0.91**
一、甲乙类合计	**I. Total of Category A and B**	**248.32**	**4.75**	**1.91**
鼠疫	The Plague			
霍乱	Cholera			
传染性非典型肺炎	SARS			
艾滋病	AIDS	12.21	4.47	36.63
HIV	HIV	16.08	3.98	24.77
病毒性肝炎	Hepatitis	89.89	0.05	0.06
甲肝	A	0.97		
乙肝	B	66.87	0.03	0.05
丙肝	C	20.30	0.02	0.08
丁肝	D	0.02		
戊肝	E	1.47		0.08
肝炎(未分型)	Hepatitis (Not Classified)	0.25		
脊髓灰质炎	Poliomyelitis			
人感染高致病性禽流感	People Avian Flu			
麻疹	Measles	0.07		
流行性出血热	Hemorrhage Fever	0.25		
狂犬病	Hydrophobia	0.01		75.00
流行性乙型脑炎	Encephalitis B	0.02		
登革热	Dengue Fever			
炭疽	Anthrax	0.06		
细菌性和阿米巴性痢疾	Dysentery	3.00		
肺结核	Pulmonary Tuberculosis	50.77	0.20	0.40
伤寒和副伤寒	Typhoid and Paratyphoid Fever	0.37		
流行性脑脊髓膜炎	Epidemic Encephalitis	0.01		
百日咳	Pertussis	4.38		
白喉	Diphtheria			
新生儿破伤风*	Newborn Baby Tetanus			
猩红热	Scarlet Fever	1.52		
布鲁氏菌病	Brucellosis	0.31		
淋病	Gonorrhea	3.86		0.03
梅毒	Syphilis	42.46	0.01	0.02
钩端螺旋体病	Leptospirosis	0.01		
血吸虫病	Schistosomiasis	0.02		
疟疾	Malaria	0.08		
人感染H7N9禽流感	Human Infection with H7N9 Avian Influenza			
新型冠状病毒肺炎	Novel Coronavirus Pneumonia	39.03	0.01	0.02
二、丙类合计	**Ⅱ. Total of Category C**	**273.31**	**0.01**	
流行性感冒	Influenza	133.84		
流行性腮腺炎	Epidemic Mumps	8.68		
风疹	Rubella	0.07		
急性出血性结膜炎	Acute Hemorrhagic Conjunctivitis	0.48		
麻风病	Leprosy	0.02		
流行性和地方性斑疹伤寒	Typhus Fever	0.13		
黑热病	Kala-Azar	0.02		
包虫病	Echinococcosis	0.61		
丝虫病	Filariasis			
其他感染性腹泻病	Other Infectious Diarrheal diseases	68.04		
手足口病	Hand-foot-mouth Disease	61.42		

注：新生儿破伤风发病率＝当年发病数÷当年0岁组人口数×1000‰；新生儿破伤风死亡率＝当年死亡数÷当年0岁组人口数×1000‰。
a) Incidence diseases rate of newborn baby tetanus=Number of incidence diseases in current year ÷ Number of population of 0 age group in current year×1000‰; Death rate of newborn baby tetanus=Number of death in current year ÷ Number of population of 0 age group in current year×1000‰.

主要统计指标解释

艺术表演团体 指由文化部门主办或实行行业管理(经文化行政部门审批并领取营业性演出许可证),专门从事表演艺术等活动的各类专业艺术表演团体,含民间职业剧团。不包括群众业余文艺表演团体。

广播/电视节目综合人口覆盖率 指根据原国家广播电视总局制定的《广播电视人口覆盖率统计技术标准和方法》进行统计调查的,在对象区内能接收到由中央、省、地市或县通过无线、有线或卫星等各种技术方式转播的各级广播/电视节目的人口数占对象区总人口数的百分比。

医疗卫生机构 指从卫生健康行政部门取得《医疗机构执业许可证》,或从民政、工商行政、机构编制管理部门取得法人单位登记证书,为社会提供医疗保健、疾病控制、卫生监督服务或从事医学科研和医学在职培训等工作的单位。医疗卫生机构包括医院、基层医疗卫生机构、专业公共卫生机构、其他医疗卫生机构。

医院 包括综合医院、中医医院、中西医结合医院、民族医院、各类专科医院和护理院,不包括专科疾病防治院、妇幼保健院和疗养院。

卫生人员 指在医院、基层医疗卫生机构、专业公共卫生机构及其他医疗卫生机构工作的职工,包括卫生技术人员、乡村医生和卫生员、其他技术人员、管理人员和工勤人员。一律按支付年底工资的在岗职工统计,包括各类聘任人员(含合同工)及返聘本单位半年以上人员,不包括临时工、离退休人员、退职人员、离开本单位仍保留劳动关系人员、本单位返聘和临聘不足半年人员。

卫生技术人员 包括执业医师、执业助理医师、注册护士、药师(士)、检验技师(士)、影像技师、卫生监督员和见习医(药、护、技)师(士)等卫生专业人员。不包括从事管理工作的卫生技术人员(如院长、副院长、党委书记等)。

执业医师 指《医师执业证》"级别"为"执业医师"且实际从事医疗、预防保健工作的人员,不包括实际从事管理工作的执业医师。执业医师类别分为临床、中医、口腔和公共卫生四类。

执业助理医师 指《医师执业证》"级别"为"执业助理医师"且实际从事医疗、预防保健工作的人员,不包括实际从事管理工作的执业助理医师。执业助理医师类别分为临床、中医、口腔和公共卫生四类。

床位数 指年末医疗卫生机构实有床位,又称实有床位数、病床数。实有床位包括正规床、简易床、监护床、超过半年的加床、正在消毒和修理的床位、因扩建或大修而停用的床位。不包括产科新生儿床、接产室待产床、库存床、观察床、临时加床和病人家属陪待床。

甲乙类法定报告传染病发病率 指某年某地区每10万人口中甲乙类法定报告传染病发病数。即甲乙类法定传染病发病率=甲乙类法定报告传染病发病数/人口数×100000。

甲乙类法定报告传染病死亡率 指某年某地区每10万人口中甲乙类法定报告传染病死亡数。即甲乙类法定报告传染病死亡率=甲乙类法定报告传染病死亡数/人口数×100000。

Explanatory Notes on Main Statistical Indicators

Arts Performance Troupes refer to the various professional performing arts groups, sponsored by the cultural departments or guided by the cultural societies (approved by the cultural administration authority, or permitted with the commercial performance certificate), including non-public troupes. The mass amateur arts performance troupes are not included.

Population Coverage Rate of Radio/Television Programs refers to the percentage of population in the target region who can receive radio/television programmes transmitted by national, provincial, municipal or county stations through wireless, cable or satellite techniques, according to Statistical Standard and Method on Television and Radio Coverage of Population established by the State Administration of Radio and Television.

Health Care Institutions refer to the units which have been qualified with the Certification of Health Care Institution, or qualified with the Certification of Corporate Unit by the civil affairs, administration for industry and commerce, and engaging in medical care services, disease control services, health supervision services, or medicine research and on-job training, etc., including: hospitals, health care institutions at grass-root level, specialized public health institutions, and other health care institutions.

Hospitals include general hospitals, traditional Chinese medicine hospitals, hospitals of integrated traditional Chinese and western medicine, nationalities hospitals, specialized hospitals and nursing hospitals, as well as affiliated hospitals of medical colleges, excluding specialized disease prevention and treatment institutes, maternal and child health centers and convalescent hospitals.

Health Personnel refer to all employees engaged in the health care institutions, such as hospitals, health care institutions at grass-root level, specialized public health institutions, and other health care institutions, including health technical personnel, village doctors and assistants, other technical personnel, administrative staffs and logistics technical workers. Data are based on the year end payroll, including personnel employed (including contract workers) and re-employed after retirement by the institution for more than 6 months, excluding temporary workers, retired personnel, resigned personnel, personnel who have left the institution but kept the contract relation and personnel who are re-employed after retirement or temporarily employed for less than 6 months.

Health Technical Personnel refer to the professional staff engaged in health care, including licensed physicians and physician assistants, registered nurses, pharmacists, laboratory and imaging technicians, health care supervisors and intern doctors, pharmacists, nurses, and technical personnel, excluding health technical personnel engaged in management (e.g. president, vice president and secretary of the party committee etc).

Licensed Physicians refer to the medical workers with licenses of qualified doctors and are employed in medical treatment, disease prevention or healthcare institutions, excluding the licensed doctors engaged in management. The physicians are divided into 4 categories: clinician, Chinese medicine, stomatology and public health.

Licensed Physician Assistants refer to the medical workers with licenses of qualified assistant doctors and are employed in medical treatment, disease prevention or healthcare institutions, excluding the licensed assistant doctors engaged in management. Physician assistants are divided into 4 categories: clinician, Chinese medicine, stomatology and public health.

Number of Beds refer to the actual number of beds in health care institutions at year-end, also known as the actual number of beds or hospital beds, including regular beds, simple beds, monitoring beds, extra bed over 6 months, beds under disinfection or repairing, beds deactivated due to expansion or overhaul, not including neonatal beds, pre-delivery beds, inventory beds, observation beds, temporary beds and family accompany beds.

Morbidity Rate of Class A and B Notifiable Infectious Diseases refers to the number of cases of Class A and B notifiable infectious diseases per 100 thousand population in the reference year. The formula is:

Morbidity rate of Class A and B notifiable infectious diseases = number of cases of Class A and B notifiable infectious diseases / population *100000

Mortality Rate of Class A and B Notifiable Infectious Diseases refers to the number of deaths of Class A and B notifiable infectious diseases per 100 thousand population in the reference year. The formula is:

Mortality rate of Class A and B notifiable infectious diseases= number of deaths of Class A and B notifiable infectious diseases / population *100000

22 其他社会活动

Chapter 22 Other Social Activities

SICHUAN STATISTICAL YEARBOOK

22-1 收养类单位基本情况
Statistics on Adoption Units

项　目		Item		2022
单位数	(个)	Number of Units	(unit)	2859
工商部门登记	(个)	Registered in Business Administration	(unit)	386
编制部门登记	(个)	Registered in Establishment Departments	(unit)	1797
民政部门登记	(个)	Registered in Civil Administration	(unit)	523
一个机构多个牌子	(个)	One unit with more the one name	(unit)	153
床位数	(张)	Number of Beds	(unit)	350923
工商部门登记	(张)	Registered in Business Administration	(unit)	54637
编制部门登记	(张)	Registered in Establishment Departments	(unit)	226734
民政部门登记	(张)	Registered in Civil Administration	(unit)	61596
一个机构多个牌子	(张)	One unit with more the one name	(unit)	7956
工作人员	(人)	Persons Engaged	(person)	33705
工商部门登记	(人)	Registered in Business Administration	(person)	7269
编制部门登记	(人)	Registered in Establishment Departments	(person)	17779
民政部门登记	(人)	Registered in Civil Administration	(person)	7375
一个机构多个牌子	(人)	One unit with more the one name	(person)	1282

注：收养类单位情况由四川省民政厅、四川省退役军人事务厅提供。
a) Data of adoption units are provided by Sichuan Provincial Civil Affairs Department and Sichuan Department of Veterans Affairs.

22-2 收养类单位床位数及收(供)养人员数
Number of Beds and Persons Housed in Adoption Units

项　目	Item	床位数(张) Number of Beds (unit)		收(供)养人数(人) Person Housed (person)	
		2021	2022	2021	2022
合　计	**Total**	**53667**	**56613**	**32028**	**32187**
优抚事业单位	Units for Arranging the Family Members of Martyrs and Disabled Veterans	3327	2850	440	419
荣誉军人休养院	Convalescent Homes for Honored Ex-servicemen	1142	1060	134	145
复员退伍军人(精神病)医院	Mental Hospitals for Ex-servicemen	1460	310	31	29
光荣院	Homes for Disabled Veterans	725	1480	275	245
福利收养性单位	Welfare Adoption Units	50340	53763	31588	31768
社会福利院	Social Welfare Homes	28173	30380	14880	15053
儿童福利院	Children Welfare Homes	6405	6853	2510	2489
社会福利医院	Psychopathy Welfare Homes	15762	16530	14198	14226

22-3 社区服务机构情况
Statistics on Community Service Organizations

项　目		Item		2022
社区服务机构单位数	(个)	Number of Community Service Organizations	(unit)	30293
#农村社区服务机构	(个)	Rural Community Service Organization	(unit)	15695
#可以为居民提供便民办事服务的机构	(个)	Institutions to Provide Convenience Services for Residents	(unit)	13539
#可以为居民提供活动场所的机构	(个)	Mechanism for Providing Active Sites for Residents	(unit)	2094
#可以为居民提供养老等服务的机构	(个)	Institutions to Provide Pension Services for Residents	(unit)	15734
年末职工人数	(人)	Number of Employees at the end of this Year	(person)	104635
#女性	(人)	Female	(person)	42272
机构床位数	(张)	Number of Beds in Organizations	(unit)	132220
日间照料床位数	(张)	Day Care Beds	(unit)	60800
#农村	(张)	Countryside	(unit)	25141
住宿收养床位数	(张)	Residential Adoption Beds	(unit)	71420
#农村	(张)	Countryside	(unit)	41977
年末收养人数	(人)	Number of Adoption at the end of this Year	(person)	28237
#农村	(人)	Countryside	(person)	18333

22-4 婚姻登记和离婚情况
Statistics on Marriages and Divorces

项　目		Item		2010	2015	2020	2021	2022
按居住地分		By Residence						
内地居民登记结婚	(对)	Registered Marriages of Mainland	(couple)	713263	740186	535913	511063	463249
#涉外及华侨、港澳台居民登记结婚	(对)	Registered Marriages with Foreigner, overseas Chinese and the Citizen of Hong Kong, Macao, Taiwan	(couple)	1580	1340	617	546	659
按婚前状况分		By Premarital Situation						
初婚	(人)	First Marriages	(person)	1197122	1138435	766332	729011	673113
再婚	(人)	Remarriages	(person)	232564	344617	306728	294207	254703
#再婚中恢复结婚	(对)	Remarriages of Divorced Couple	(couple)	8594	29669	29484	25599	19728
内地居民离婚数	(对)	Registered Divorces of Mainland	(couple)	173824	241133	261983	147285	155406

22-5 各市(州)内地居民婚姻登记和离婚情况
Statistics on Marriage and Divorces of Mainland by Region

单位：对 (couple)

市(州)	Region	内地居民登记结婚 Registered Marriages of Mainland					内地居民登记离婚 Registered Divorces of Mainland				
		2010	2015	2020	2021	2022	2010	2015	2020	2021	2022
全 省	**Sichuan**	**713263**	**740186**	**535913**	**511063**	**463249**	**173824**	**241133**	**261983**	**147285**	**155406**
成都市	Chengdu	119408	125085	108875	112097	111841	43236	52726	61214	37669	41767
自贡市	Zigong	24959	24349	15417	14147	12545	6369	9259	9044	5106	5386
攀枝花市	Panzhihua	9780	10064	6827	6240	5880	3946	4344	3826	2193	2376
泸州市	Luzhou	38260	35798	25321	23489	21939	8331	11388	12354	6725	7067
德阳市	Deyang	26303	30978	19427	19044	17114	10157	12165	11377	6327	6316
绵阳市	Mianyang	46778	43988	28803	27565	24401	13033	15931	16040	8009	8543
广元市	Guangyuan	19400	23257	16292	14841	12152	4462	5735	6841	3363	3331
遂宁市	Suining	25423	31339	18981	17882	15746	4552	9395	9735	5043	5257
内江市	Neijiang	36061	32677	20899	18810	15821	8898	14161	13617	7147	7190
乐山市	Leshan	27988	29105	21018	19155	17426	9547	11438	12338	7121	7722
南充市	Nanchong	60430	57118	38344	35170	30177	9612	14884	17516	9620	9480
眉山市	Meishan	37337	30658	20584	19804	16920	10337	11454	10801	6948	7374
宜宾市	Yibin	40138	45466	32982	30234	27043	10830	15171	18231	9741	9967
广安市	Guangan	33873	34607	24953	23130	19545	5533	10169	11692	5974	5761
达州市	Dazhou	55942	56163	32874	30499	26934	7964	13322	14401	7093	6780
雅安市	Yaan	12715	13400	10338	9135	8235	3731	5371	5325	3125	3309
巴中市	Bazhong	40540	33497	21167	21974	18285	2757	5585	6896	3216	3775
资阳市	Ziyang	37014	35376	15732	14061	12384	7502	12479	8803	4822	4792
阿坝藏族羌族自治州	Aba	6145	7648	6389	6199	4649	381	1138	1529	923	958
甘孜藏族自治州	Ganzi	3949	12516	9403	8702	7472	458	1171	1787	1180	1397
凉山彝族自治州	Liangshan	10820	27097	41287	38885	36740	2188	3847	8616	5940	6858

注：婚姻登记情况由四川省民政厅提供。全省合计数包括涉外及华侨、港澳台居民登记结婚、离婚数。离婚数不包括法院判决数。

a) Data of marriage registration are provided by Sichuan Provincial Civil Affairs Department. The total of the province includes registered marriages and divorces with foreigners, overseas Chinese, and the citizen of Hong Kong, Macao, Taiwan. The number of divorces mediated by the count are not included in that of divorces.

22-6 律师、公证、调解工作基本情况
Basic Statistics on Lawyers, Notarization and Mediation

项 目		Item		2005	2010	2015	2019	2020	2021	2022
律师工作		**Lawyers**								
律师事务所	(所)	Number of Law Offices	(unit)	615	802	1130	1539	1718	1842	1965
律师工作者	(人)	Number of Lawyers	(person)	6331	9297	15526	23554	28011	30137	33936
#专职律师	(人)	Full-time Lawyers	(person)	6025	8504	14519	20878	22281	24415	27242
担任法律顾问的单位	(家)	Number of Units with Permanent Legal Advisors	(unit)	12704	15530	35510	43313	41184	48023	42709
民事诉讼代理	(件)	Agent of Civil Cases	(case)	35310	49772	96880	165423	181837	265119	274756
刑事案件辩护及代理	(件)	Defender and Agent of Criminal Cases	(case)	15852	33845	41613	48219	44359	50353	48937
非诉讼法律事务	(件)	Agent of Non-Litigious Legal Affairs	(case)	44558	42463	39122	72823	58428	52137	52859
咨询和代写法律文书	(次)	Agent of Advise and Legal Documents Written for Others	(copy)	283976	502229	315901	370105	194358	166918	174117
公证工作		**Notarization**								
公证处	(个)	Number of Notary Offices	(unit)	207	205	208	209	209	210	210
公证人员	(人)	Notarial Personnel	(person)	1165	1720	2221	2576	2686	2665	2499
#公证员	(人)	Notaries	(person)	679	723	839	931	938	989	983
受理国内公证	(件)	Internal Notarization	(case)	150854	732398	832457	1101043	1160722	1085978	1003966
受理涉外公证	(件)	Foreign-related Notarization	(case)	18322	65775	101597	142785	88269	96116	80704
受理涉台、港、澳公证	(件)	Notarization of Hong Kong Macao & Taiwan	(case)	2366	6886	6087	5394	2216	2329	3200
出证	(件)	Number of Notarized Documents	(copy)	170028	802173	943074	1249222	1251207	1184423	1087870
人民调解工作		**People's Mediation**								
专职司法助理员	(人)	Number of Full-time Judicial Assistants	(person)	1053	2739	3862	4536	4713	4728	4650
人民调解委员会	(个)	Number of People's Mediation Committees	(unit)	64879	63912	63587	61915	42566	40745	40557
调解员	(人)	Number of Mediators	(person)	524428	429763	376748	319403	236167	223031	222276
基层法律服务所调解纠纷	(件)	Mediation of Grassroots Legal Service	(case)	42060	39282	44755	433563	368094	366186	365321

注：律师、公证和调解资料由四川省司法厅提供。
a) Data of lawyers, notarization and mediation information are provided by Sichuan Provincial Department of Justice.

22-7 调解民间纠纷情况
Statistics on Mediation of Civil Disputes

项　目	Item	调解纠纷（件） Mediation of Disputes (case)		各类纠纷所占比重（%） Percentage of Disputes (%)	
		2021	2022	2021	2022
合　计	**Total**	**366186**	**365321**	**100.0**	**100.0**
婚姻家庭纠纷	Marriage and Family Disputes	74310	71382	20.3	19.5
邻里纠纷	Neighborhood Disputes	100125	101965	27.3	27.9
房屋宅基地纠纷	Homestead Housing Disputes	8243	7636	2.3	2.1
合同纠纷	Contracts Disputes	17488	18311	4.8	5.0
生产经营纠纷	Production and Management Disputes	6544	6086	1.8	1.7
损害赔偿	Damage Disputes	30789	29808	8.4	8.2
劳动争议	Labor Disputes	16875	17548	4.6	4.8
山林土地纠纷	Forest Land Disputes	16764	15612	4.6	4.3
征地拆迁纠纷	Land Acquisition and Resettlement Disputes	4559	3527	1.2	1.0
环境保护	Environmental Protection	1976	1872	0.5	0.5
道路交通事故	Road Traffic Accidents	33008	33062	9.0	9.1
物业纠纷	Property Disputes	6652	7323	1.8	2.0
医疗纠纷	Medical Malpractice	2031	2476	0.6	0.7
其他纠纷	Other Disputes	46822	48713	12.8	13.3

22-8 各市(州)检察机关审查批准、决定逮捕犯罪嫌疑人和提起公诉被告人情况
Criminal Suspects Approved and Arrested and Defendants Prosecuted by People's Procuratorate by Region

案件分类 市(州)	Case Item Region	批捕、决定逮捕合计 Total of Approval and Arrest 2021 件 (case)	2021 人 (person)	2022 件 (case)	2022 人 (person)	决定起诉合计 Total of Public Prosecutions 2021 件 (case)	2021 人 (person)	2022 件 (case)	2022 人 (person)
合 计	**Total**	**24695**	**36354**	**13651**	**19365**	**50450**	**75880**	**46170**	**70596**
公安、安全、监狱机关提请小计	**Sub-total of Requests by Departments of State and Public Security and Prisons**	**24673**	**36324**	**13631**	**19339**	**49594**	**74883**	**45250**	**69497**
危害国家安全、公共安全案	Offences Against State Security	1008	1108	373	430	15630	16018	13795	14160
破坏社会主义市场经济秩序案	Offences Against Socialist Economic Order	1056	1870	552	922	1896	4192	2144	4771
侵犯公民人身、民主权利案	Offences Against Citizens' Personal and Democratic Rights	3649	4193	2683	3038	5070	6229	4636	5598
妨害社会管理秩序案	Offences Against Social Management Order	9681	16584	4398	7349	14780	30967	14128	29066
侵犯财产案	Offences Against Properties	9262	12538	5625	7600	12191	17413	10536	15889
危害国防利益案	Offences Against National Defense	17	31	5	6	27	64	11	13
检察机关直接立案侦查案件小计	**Sub-total of Cases Handled Directly by Procuratorate Offices**	**22**	**30**	**15**	**20**	**855**	**992**	**920**	**1099**
贪污贿赂案	Offences on Corruption and Bribery	7	8	7	10	804	923	878	1035
渎职侵权案	Offences on Abuse and Dereliction of Duty	15	22	8	10	51	69	42	64
按市(州)分	**Grouped by Region**								
四川省人民检察院	Provincial Procuratorate								
成都市	Chengdu	8348	11513	3331	4473	15692	20967	11301	15732
自贡市	Zigong	823	1124	521	645	1785	2493	1788	2504
攀枝花市	Panzhihua	351	526	242	358	918	1307	1126	1685
泸州市	Luzhou	905	1300	638	890	2327	3550	2337	3440
德阳市	Deyang	772	1045	416	516	1967	2732	1699	2324
绵阳市	Mianyang	907	1299	511	732	2416	3800	2508	4005
广元市	Guangyuan	426	737	319	487	1390	2486	1333	2354
遂宁市	Suining	703	1000	489	641	1534	2193	1585	2215
内江市	Neijiang	1015	1521	649	960	1838	2864	1520	2402
乐山市	Leshan	888	1329	420	590	1929	2904	1765	2651
南充市	Nanchong	1496	2450	876	1404	2967	5254	3252	5804
眉山市	Meishan	828	1187	467	618	1705	2548	1407	2167
宜宾市	Yibin	1396	2092	967	1330	2961	4575	2669	4124
广安市	Guangan	804	1189	364	530	1564	2805	1451	2590
达州市	Dazhou	1180	1969	718	992	2064	3585	2249	3561
雅安市	Yaan	512	874	341	555	988	1722	875	1678
巴中市	Bazhong	527	798	311	429	1315	2064	1543	2339
资阳市	Ziyang	497	665	391	520	1203	1716	1448	2069
阿坝藏族羌族自治州	Aba	269	417	133	210	602	894	592	966
甘孜藏族自治州	Ganzi	523	872	251	412	710	1119	837	1221
凉山彝族自治州	Liangshan	1457	2364	1242	1997	2500	4119	2762	4551
四川省人民检察院成都铁路运输分院	Procuratorate of Chengdu Railroad Bureau	68	83	55	76	75	183	123	214

22-9 人民法院审理各类案件受理结案情况
Trial Cases Accepted and Settled by Courts

单位：件 (case)

项目	Item	受理 Cases Accepted		结案 Cases Settled	
		2021	2022	2021	2022
合 计	**Total**	**1616318**	**1667277**	**1741829**	**1587885**
一审	**First Trial**	**960765**	**974621**	**917402**	**927073**
刑事	Criminal	52344	47904	50716	45969
民事	Civil	893552	913646	852764	869094
行政	Administrative	13890	12278	13028	11299
行政赔偿	Administrative compensation	979	793	894	711
二审	**Second Trial**	**85836**	**93095**	**79244**	**84455**
刑事	Criminal	5839	5211	5497	4946
民事	Civil	71311	79731	66003	72065
行政	Administrative	7988	7566	7145	6906
行政赔偿	Administrative compensation	698	587	599	538
审判监督	**Trial Oversight**	**2977**	**2761**	**1989**	**1800**
刑事	Criminal	170	181	144	152
民事	Civil	2742	2542	1784	1614
行政	Administrative	62	35	58	31
行政赔偿	Administrative compensation	3	3	3	3
再审审查	**Retrial review**	**17779**	**19122**	**16467**	**17611**
国家赔偿与司法救助	**State Compensation and Judicial Assistance**	**5724**	**5850**	**5422**	**5550**
执行案件	**Enforcement cases**	**443864**	**477707**	**624056**	**459839**
刑罚与执行变更审查	**Punishment and Execution change review**	**23611**	**22360**	**23589**	**22174**
其他案件	**Other Cases**	**75762**	**71761**	**73660**	**69383**

注：人民法院审理案件等情况由四川省高级人民法院提供。受理案件中包括上年旧存。
a) People's court cases are prepared and provided by Sichuan Provincial Higher People's Court. Trial cases include the last year left.

22-10 人民法院执行案件标的和减、免、缓诉讼费情况
Subjects Implemented and Litigation Costs Reduced, Exempted and Deferred by Courts

项目		Item		2021	2022
首次执行申请执行标的	(亿元)	Subject matter of application for the first execution	(100 million yuan)	3478.40	3430.68
首次执行到位标的	(亿元)	Subject matter of the first execution in place	(100 million yuan)	693.06	1085.85
减、免、缓诉讼费案件	(件)	Cases of Litigation Costs Reduced, Exempted and Deferred	(case)	18056	2613
减、免、缓诉讼费	(万元)	Litigation Costs Reduced, Exempted and Deferred	(10 000 yuan)	8436.67	2312.40
减交	(万元)	Reduction	(10 000 yuan)	4335.63	286.39
免交	(万元)	Exemption	(10 000 yuan)	232.70	403.89
缓交	(万元)	Deferral	(10 000 yuan)	3868.34	1622.12

22-11 公安机关受理查处治安案件情况(2022年)
Offense Cases Against Public Order Handled by Public Security Organs(2022)

单位：起 (case)

案件类别	Category of Cases	受理 Cases Accepted to be Treated	查处 Cases Investigated and Treated
合　计	**Total**	**475206**	**326728**
扰乱公共秩序	Disrupt Public Order	26537	23352
#扰乱单位秩序	Disrupt Unit Order	2049	1707
#扰乱公共场所秩序	Disrupt Public Place Order	4223	3751
#扰乱公共交通工具秩序	Disrupt Public Transport Order	177	136
#妨碍交通工具正常行驶	Impedes Normal Conditions of Transport	174	136
#扰乱大型群众性活动秩序	Disrupt the order of large scale mass activities	2	2
妨害公共安全	Prejudice Public Safety	12755	11479
#违反危险物质管理规定 非法携带枪支、弹药、管制刀	Violation of Hazardous Material Regulations Illegal Possession of Firearms. Ammunition. Knife Control	1817	1623
#盗窃、损毁公共设施	Theft and Damage to Public Facilities	1198	990
侵犯他人人身权利、财产权利	Infringe upon the Personal and Property Rights to others	892	497
#强迫他人劳动	Forced Labor	301308	169582
#侮辱、诽谤、诬告陷害	Insult, Libel, Calumniation	6	5
#发送信息干扰正常生活	Send Information Interfered with the Normal Life	1753	1169
#殴打他人	Assault	271	165
#盗窃	Theft	89196	63778
妨害社会管理	Prejudice and Social Management	107322	38533
#阻碍执行职务	Impeding the Implementation of Duties	134606	122315
#违反旅馆业管理	Hotel Management Violation	1771	1603
#卖淫、嫖娼	Prostitution, Whoring	4603	4305
#毒品违法活动	Drug-related activities	7665	7102

注：治安情况、火灾事故和交通事故资料由四川省公安厅提供。
a) Data of law and order, fire and accident are provided by Sichuan Provincial Public Security Bureau.

22-12 各市(州)查处治安案件和刑事案件立案数
Number of Offense Cases Against Public Order Investigated and Prosecuted and Criminal Case Filed by Region

单位：起 (case)

市(州)	Region	治安案件 Offense Cases Against Public Order				刑事案件立案 Criminal Case Filed	
		发现 Discovered		查处 Investigated and Prosecuted			
		2021	2022	2021	2022	2021	2022
全　省	**Sichuan**	**405853**	**475206**	**265007**	**326728**	**296880**	**272555**
成都市	Chengdu	170989	191194	89421	107060	144396	135304
自贡市	Zigong	10355	12452	6192	6959	8705	8060
攀枝花市	Panzhihua	6677	7986	4794	6326	3467	3454
泸州市	Luzhou	12470	16152	11645	15071	8942	8569
德阳市	Deyang	14015	16186	7919	9013	12608	11266
绵阳市	Mianyang	16773	26034	8814	16691	11205	9277
广元市	Guangyuan	13329	14443	10035	11258	7294	6411
遂宁市	Suining	13443	16814	9972	14196	7994	6708
内江市	Neijiang	11739	11148	11193	10047	7705	7437
乐山市	Leshan	15702	14265	15702	14210	7644	7577
南充市	Nanchong	16525	30809	10898	24374	13364	11126
眉山市	Meishan	10734	10453	7978	7595	7806	6180
宜宾市	Yibin	21449	21717	7793	9215	14429	13847
广安市	Guangan	14270	15561	14231	15562	6692	6117
达州市	Dazhou	14457	16951	13689	15658	8201	6978
雅安市	Yaan	5121	4118	4094	3474	3657	3122
巴中市	Bazhong	9530	11070	8920	10691	5965	5758
资阳市	Ziyang	15243	14550	10498	8498	6423	5966
阿坝藏族羌族自治州	Aba	2284	1926	2176	1803	1692	1344
甘孜藏族自治州	Ganzi	2126	2365	1855	2272	1190	1277
凉山彝族自治州	Liangshan	8622	19012	7188	16755	6910	6777

22-13 火灾事故情况
Statistics on Fire Accidents

指　标	Item	合计 Total		特大事故 Extraordinarily		重大事故 Serious		较大事故 major		一般事故 Ordinary	
		2021	2022	2021	2022	2021	2022	2021	2022	2021	2022
火灾事故发生起数 (起)	Number of Fires (case)	31782	45630					3	6	31779	45624
死亡人数 (人)	Number of Deaths (person)	72	119					9	13	63	106
受伤人数 (人)	Number of Injuries (person)	51	132					1	2	50	130
损失金额 (万元)	Losses Converted into Cash (10 000 yuan)	24924	29314					50	4853	24874	24462
平均每起事故损失 (万元)	Losses per Case(10 000 yuan)	0.78	0.64					16.56	808.79	0.78	0.54

22-14 各市(州)火灾事故情况
Statistics on Fire Accidents by Region

市(州)	Region	火灾事故(起) Number of Fire Accidents (case)		火灾伤亡人数(人) Number of Deaths (person)		火灾损失金额(万元) Losses Converted into Cash (10 000 yuan)	
		2021	2022	2021	2022	2021	2022
全　省	**Sichuan**	**31782**	**45630**	**123**	**251**	**24924.0**	**29314.4**
成都市	Chengdu	9861	14924	33	70	7901.9	7550.3
自贡市	Zigong	1058	1991	2	6	594.8	651.3
攀枝花市	Panzhihua	624	700	7	5	141.4	1616.5
泸州市	Luzhou	2299	2922	10	25	1241.4	4928.4
德阳市	Deyang	798	1769	2	7	508.8	860.2
绵阳市	Mianyang	2538	2941	8	8	734.2	1058.9
广元市	Guangyuan	698	1054	1	16	647.4	963.2
遂宁市	Suining	595	2525	4	5	1007.4	759.4
内江市	Neijiang	1162	1257	6	10	735.9	790.1
乐山市	Leshan	747	1066	5	10	533.1	1702.8
南充市	Nanchong	2155	3536	20	22	1450.2	1467.7
眉山市	Meishan	856	1442	4	6	1256.9	476.8
宜宾市	Yibin	1964	2425	3	11	651.5	1776.9
广安市	Guangan	1901	1457	4	9	733.8	687.9
达州市	Dazhou	1547	1919	2	2	696.4	582.2
雅安市	Yaan	482	583	1	1	339.3	475.5
巴中市	Bazhong	973	915	3	17	1052.5	618.1
资阳市	Ziyang	491	1049		8	551.1	759.6
阿坝藏族羌族自治州	Aba	251	288		1	615.0	321.4
甘孜藏族自治州	Ganzi	250	228		3	1458.1	887.5
凉山彝族自治州	Liangshan	532	639	8	9	2072.9	379.7

22-15 交通事故情况(2022年)
Statistics on Traffic Accidents(2022)

项目	Item	合计 Total	特大事故 Extraordinarily	重大事故 Serious	较大事故 Major	其他 Others
发生数 (起)	Number of Traffic Accidents (case)	7561			27	7534
死亡人数 (人)	Number of Deaths (person)	2354			98	2256
受伤人数 (人)	Number of Injuries (person)	7919			49	7870
损失折款 (万元)	Losses Converted into Cash (10 000 yuan)	7330			464	6866
平均每起事故损失 (元)	Losses Converted per Case (yuan)	9694			171851	9113

22-16 各市(州)交通事故情况(2022年)
Statistics on Traffic Accidents by Region(2022)

市(州)	Region	发生数 (起) Number of Traffic Accidents (case)	死亡人数 (人) Number of Deaths (person)	受伤人数 (人) Number of Injuries (person)	损失折款 (万元) Losses Converted into Cash (10 000 yuan)
全　省	**Sichuan**	**7561**	**2354**	**7919**	**7329**
成都市	Chengdu	1344	504	838	415
自贡市	Zigong	227	49	259	28
攀枝花市	Panzhihua	134	19	155	14
泸州市	Luzhou	245	81	254	103
德阳市	Deyang	60	54	29	33
绵阳市	Mianyang	479	196	443	199
广元市	Guangyuan	398	70	521	65
遂宁市	Suining	86	36	92	95
内江市	Neijiang	72	24	82	26
乐山市	Leshan	558	179	578	298
南充市	Nanchong	227	109	190	125
眉山市	Meishan	192	69	178	44
宜宾市	Yibin	403	133	418	97
广安市	Guangan	31	18	23	8
达州市	Dazhou	227	79	248	85
雅安市	Yaan	471	60	594	402
巴中市	Bazhong	93	30	138	58
资阳市	Ziyang	106	93	79	12
阿坝藏族羌族自治州	Aba	273	61	473	328
甘孜藏族自治州	Ganzi	265	48	441	755
凉山彝族自治州	Liangshan	1269	255	1417	422

注：合计中不含高速公路交通事故的数据。
a) The total data exclude the data of Traffic Accidents on Expressway.

主要统计指标解释

社区服务机构和设施数　具有面向老人及其家庭的商品递送、医疗保健、家庭保洁、日间照料、陪伴服务等为社区居家养老服务的设施和突出综合服务的职能。指报告期末设立的社区服务指导中心、社区服务中心、社区服务站、未登记的农村特困人员救助供养机构、社区养老照料机构和设施、社区互助型养老服务机构、其他社区服务机构的总数。

公证（出证）　指公证处根据当事人申请，依照事实和法律，按照法定程序制作的，具有法律效力的司法证明文书。

批准逮捕　指人民检察院对公安机关、国家安全机关、监狱管理机关提出逮捕的犯罪嫌疑人进行审查，根据事实，依法做出逮捕决定。该指标主要反映人民检察院对提请逮捕犯罪嫌疑人进行审查后依法做出批准逮捕决定的情况。

决定逮捕　指人民检察院对直接立案侦查的案件，认为需要逮捕犯罪嫌疑人时，依据法律做出的逮捕决定。该指标主要反映人民检察院对直接受理的案件行使决定逮捕权的情况。

受理　指人民法院对符合诉讼法规定立案条件，决定立案审理的案件。受理包括上期“旧存”和本期“新收”案件两部分。

结案　指人民法院依照诉讼法规定审理案件，案件审理结束已作出处理决定的案件。

特大火灾　指造成 30 人以上死亡，或者 100 人以上重伤，或者 1 亿元以上直接财产损失的火灾。

重大火灾　指造成 10 人以上 30 人以下死亡，或者 50 人以上 100 人以下重伤，或者 5000 万元以上 1 亿元以下直接财产损失的火灾。

较大火灾　指造成 3 人以上 10 人以下死亡，或者 10 人以上 50 人以下重伤，或者 1000 万元以上 5000 万元以下直接财产损失的火灾。

一般火灾　指造成 3 人以下死亡，或者 10 人以下重伤，或者 1000 万元以下直接财产损失的火灾。

特大交通事故　指一次造成死亡 3 人以上，或者重伤 11 人以上，或者死亡 1 人，同时重伤 8 人以上，或者死亡 2 人，同时重伤 5 人以上，或者财产损失 6 万元以上的交通事故。

重大交通事故　指一次造成死亡 1 至 2 人，或者重伤 3 人以上 10 人以下，或者财产损失 3 万元以上不足 6 万元的交通事故。

Explanatory Notes on Main Statistical Indicators

Number of Service Institutions and facilities in Communities refer to the community institutions and integrated facilities offer the commodity delivery, health care, cleaning, adult day care, companion and others for the elderly. Including the total number of community service guidance centers, community service centers, community service stations, unregistered rural assistance and support institutions for the needy, community elderly care institutions and facilities, community mutual aid pension institutions for the elderly and other community service institutions at the end of the reporting period.

Notarization (certification) refer to legally binding judicial notary documents, developed at the request of the interested party based on facts and the law following certain legal proceedings.

Approval for Arrest refers to the decision made by people's procuratorate office, in accordance with law and relevant facts, to approve the arrest of the suspects as proposed by the public security departments, state security departments or prisons authority. This indicator reflects approved arrests made by people's procuratorate offices that are proposed by related departments.

Decision on Arrest refers to the decision made by people's procuratorate office, in accordance with law, to arrest the suspects in the cases that are accepted and to be investigated by the procurators office. This indicator mainly reflects the implementation of the decision on arrest by people's procuratorate office.

Acceptance of Case refers to People's Court decide to accept in accordance with the Provisions of Procedural law. The cases include two parts: cases turned over from previous year and cases accepted this year.

Settlement of Case refers to People's Court decide to accept the case and make decision in accordance with the Provisions of Procedural law.

Extraordinarily Serious Fire Case refers to a case which has caused over 30 deaths; or over 100 serious injuries; or a direct property loss over 100 million yuan(RMB).

Serious Fire Case refers to a case which has caused over 10 to 30 deaths; or over 50 to 100 serious injuries; or a direct property loss over 50 million to 100 million yuan(RMB).

Comparatively Serious Fire Case refers to a case which has caused over three to ten deaths; or over 10 to 50 serious injuries; or a direct property loss over 10 million to 50 million yuan(RMB).

Ordinary Fire Case refers to a case which has caused less than three deaths; or less than 10 serious injuries; or a direct property loss less than 10 million yuan(RMB).

Extraordinarily Serious Traffic Accident refers to an accident which has caused three or more deaths; or over 11 serious injuries; or one death and over 8 serious injuries; or two deaths and over 5 serious injuries; or a loss over 60 thousand yuan(RMB).

Serious Traffic Accident refers to an accident which has caused one or two deaths; or three to ten serious injuries; or a loss over 30 thousand yuan to 60 thousand yuan(RMB).